信念・勇気・決断

座右の銘

自らの道をひらく――人生の要諦と叡智

はしがき

「鳥のまさに死なんとするや、その鳴くや哀《かな》し。
　人のまさに死せんとするや、その言うや善し」曽子。

人間が極限の状態におかれたり、なにかに真剣に取り組んでいるときに発したことばは、誰の胸をも打つ。それがどのようなものであれ、偽りがなく真理を含んでいるからである。

毎日の生活のなかから、多くの人びとの知恵によって研ぎ澄まされ、汗と涙、笑いによって洗われてきたことば、「ことわざ」には、思わず唸ってしまうのではなかろうか。

ことば、ことば、ことば……、わたしたちはことばの洪水のなかで生きている。が、耳にする、目にするたくさんのことばの大部分は、右から左へと聞き捨てられ、忘れられていく。人びとの心のなかに残るのはごくわずかである。しかし、強い印象と共に出会ったことばによって、感動をおぼえ、心をゆり動かされ、人生の局面が一転する経験をした人は少なくないのではあるまいか。

同じことばにめぐり逢っても、その人のおかれている状況によって、受け取り方がそれぞれちがう。ことばからの影響は多種多様ではなかろうか。そのことばを発した人がどのような意味あいをこめていようと、聞く人、読む人は、一人ひとりの心のあり方によって、自分なりに受けとめ、かみくだき、嚥下し、消化して、血とし、肉とする。同じ文字で綴られ、同じ響を伝えることばでも、異なる精神、異なる個性によって、まったく独創的に意味づけられていく。それでいいのだろう。いや、そうでなくてはならない。

名言、名句、格言、箴言、ことわざといわれることばは数えきれないほどある。それらのすべては、人生について語り、生きようとする人びとに、なんらかの示唆を与えてくれる。どの時代のものであれ、洋の東・西を問わず、新鮮で、感動的である。が、人生や人間についての否定的な面を強調していることばがなんと多いのだろうか。ほんとうに驚ろかされてしまう。とくに、女性への蔑視としか考えられないことばの氾濫には目をむいた。むろん、男の女へのこよなき憧憬の裏がえしとは思うが、それにしてもである。

この本に集められていることばの選択基準は、人生・人間を肯定して、読む人に、希望と勇気、自信、信念などを与え、克己心を涵養し、自己を啓発し、人生展開の有力な資となるもの、である。愛の本質をさぐり、人生へのかぎりない洞察力を養うために少しでも役に立つだろうと考えられることばばかりを選んだつもりである。

座右の書として、机上の師、心の銘として参考になれば幸いである。

編集部

編集にあたって

本書の特色

本書は、名言・格言やことわざ、例話・訓話を集め、それを目的・項目別に分類し、各項目にふさわしいことばと教訓を選集して、活用しやすいように構成した。

編成と目次について

本書は主題別に一〇章で編成し、各章をさらに一〇項目に分け、各項目には副題として〈……のために〉〈……の人に〉のように、具体的に見出しを明記して、該当項目を手引きしやすくした。

また、各項目は、名言・格言のブロックと、ことわざ、例話・訓話のブロックにわけてレイアウトし、読みやすくした。

出典について

出典は、ゴシック活字もしくは（例）〈日本のことわざ〉で示した。

外国人人名は、英語読み、あるいはドイツ語読みのように、同一人名でちがった表記になっているが、これは出典どおりとした。

（例　ルター／ルーテル）

なお、本書を編纂するにあたって、引用、参照した参考文献は多大にわたるので、列記を省略させていただき、ここに謝意を表したい。

本書の活用

人生の悟り、教え、自戒のことば、励ましのことば、生きること、愛することの永遠のことば、これら名言・格言・教訓は心の支え行動のよりどころとなり、困難を克服して、自らに強く生きるため、愛ある人生を送くるための道標であり、栄光への指針である。

人生の哲理を集約したことばと、百の説教にもまさる例話を生活・仕事・教育などに活用すれば、先達の知恵にふれ、共感をよび、新たに、その才覚を発見することであろう。

また本書を祝辞やスピーチ、訓話や挨拶、文章などに引用すれば、感動と深い感銘を与えるであろう。

先人・賢者の叡智をひもとき、座右の書として活用されれば幸いである。

*目次

第1章

第2章　人間について理解する

第3章　自己を理解する

第4章　生きぬくための能力

第5章　心を豊かにもつために

第6章　愛のある人生を生きるために　311

第8章　人に好かれるために

第9章 道をひらく

第10章　希望の明日のために

本を開く。
その本どくとくのかおりがただよってくる。
期待に胸がふくらむ。
至福の一瞬である。

第1章
人生を最高に生きるために

もし、いま不幸な人生を送っていると思うのなら、あなたが存在しない世の中を想像してみるがよい。多分、あなたのまわりには、不幸になる人が何人もいるはずである。

1 人生とはなにか

▼人生にばくぜんと不安を感じている人に

人生でいちばん大事なことは、失敗したらじっと歯をくいしばって我慢し、成功してもすぐ有頂天にならないことだ。

ドストエフスキー

人の一生は重荷を負うて遠き道を行くが如し、急ぐべからず。不自由を常と思へば不足なく心に望みおこらば困窮したる時を思い出すべし。堪忍は無事長久の基。怒は敵と思へ。勝つ事ばかりを知って負くる事を知らざれば害その身に至る。おのれを責めて人を責むるな。及ばざるは過ぎたるより優れり。

徳川家康

幼にして謙遜なれ、弱にして温和なれ、壮にして公正なれ、老いては慎重なれ。

ソクラテス

寒さにふるえた者ほど太陽をあたたかく感じる。人生の悩みをくぐった者ほど生命の尊さを知る。

ホイットマン

人生は学校である。そこでは幸福より不幸のほうが良い教師である。

フリーチェ

なんとすみやかにわれわれはこの地上を過ぎてゆくことだろう。人生の最初の四分の一は、その使い途もわからないうちに流れ去り、最後の四分の一はまたその楽しさを味わえなくなってから過ぎていく。しかもこのなんの役にも立たない、両端にはさまれた期間にも、われわれに残された時の四分の三は、睡眠、労働、苦痛、束縛、あらゆる種類の苦しみによって費やされる。人生は短い。

ルソー

馬でいくことも、車で行くことも、ふたりで行くことも、三人で行くこともできる。だが、最後の一歩は、自分ひとりで歩かねばならない。

ヘッセ

人生は石材なり。これに神の姿を彫刻するも悪魔の姿を彫刻するも、

▼良馬はうしろの草を食わず

〈中国のことわざ〉

よい馬は、わざわざあともどりして、自分の足で踏んでしまった草は、けっして食べようとはしない。目の前にある新鮮な草を食べるために進んでいく。

過去にこだわっていたのでは、いつまでも前進できない。過去は過去、反省の材料とするのはよいが、あとはあっさり思いきって、未来にむかって努力していかなければならないという意味である。

過ぎ去ったことは、くよくよ思いわずらっても仕方がない。あきらめるときには、きっぱりとあきらめてしまう態度が人生には必要である。

が、少しの反省もなく、なぜ失敗したのか、なぜ成功できたのか、まるで考えないのはどうだろうか。あきらめも肝心だが、過去をふりかえる余裕もほしいものである。

各人の自由なり。

希望は人を成功に導く信仰である。希望がなければ、何事も成就するものではない。

スペンサー

自己に絶望し、人生に絶望したからといって、人生を全面的に否定するのはあまりにも個人的ではないか。人生は無限に深い。われわれの知らないどれほど多くの真理が、美が、あるいは人間が、かくれているかわからない。それを放棄してはならぬ。

ヘレン・ケラー

人生のほとんどすべての不幸は、自分に関することがらについて、あやまった考え方をするところから生じる。できごとを健全に判断することは、幸福への大きな第一歩である。

亀井勝一郎

スタンダール

わかるだろうか……人生には解決なんてないのだ。ただ、進んでいくエネルギーがあるばかりだ。そういうエネルギーをつくりださねばならない。解決はそのあとでくる。

サン・テグジュペリ

人生は一冊の書物に似ている。馬鹿者たちはそれをペラペラめくってゆくが、賢い人間は念入りにそれを読む。なぜなら、彼はただ一度しかそれを読むことができないことを知っているから。

ジャン・ポール

生は永久の闘いである。自然との闘い、社会との闘い、他の生との闘い、永久に解決のない闘いである。闘え！　闘いは生の花である。みのりの多き生の花である。

大杉　栄

人は生きねばならぬ。生きるためには戦はねばならぬ。名は揚げねばならぬ。金はもうけねばならぬ。命

▼群を率いるより群に従うがよし

〈ロシアのことわざ〉

グループのリーダーとなって、先頭に立って事にあたるより、みんなが進んでいく方向についていくほうがよい、という意味から、なにごとによらず、先走ってはわざわいを招く、付和雷同が安全という場合に使われるようになった。よくいえば民衆の知恵なのだろうが、これではしかし、悔いのない人生をすごせるだろうか。

「鶏口となるも、牛後となるなかれ」とは、むかしからいわれていることばである。小さな集団であってもリーダーとなれ、大きな集団であっても尻につくなとの意味もあり、日本人にはこちらのほうがどうもしっくりする。が、いまの若者たちはどうだろうか。群に従うもの、牛後となる者が多いのではなかろうか。群を率いるくらいの気持がなければ悔いが残ってしまうだろう。

がけの勝負はしなければならぬ。

徳富蘆花

平凡な人生こそ真の人生だ。実際、虚飾や特異から遠く離れたところのみ真実があるからだ。

フェーデラー

わが行く道に茨多し
　されど生命の道は一つ
　この外に道なし
　この道を行く

武者小路実篤

はるかなる山々は近づきやすく、登りやすそうにみえる。高峰はさし招くが、近づくにつれて険しさが姿を現わしてくる。登れば登るほど旅は苦しさを加え、頂上は雲の彼方にかくれてしまう。でも登山は骨を折るに値するものであり、独自の喜びや満足感を与える。恐らく人生に価値を与えるものは、その終局的な結果ではなくして、闘争の過程であろう。

ネルー

生きるということは考えるということである。

キケロ

人生は欲望だ、意味などどうでもいい。すべての生き物の目的は欲望なのだ。それぞれ欲望があるから、バラはバラらしく花を咲かせたがるし、岩はいつまでも岩らしくありたいと思ってがんばっているんだ。そうだ、人生はすばらしい。恐れの気持さえもたなければだ――なにより大切なのは勇気だ。想像力だ。

チャップリン

人生をしいて理解しようと欲してはならない。人生はそのままひとつの祭日である。ただ楽しくその日その日を生きることにしよう。無心に道を歩く子どもが、吹く風ごとに春の花びらを肩にいっぱいに浴びているように。

リルケ

➤床屋へ行けば一日幸せ
妻をめとれば一週間
新馬を買えば一ヵ月
家を建てれば一ヵ年
正直に暮らせば一生幸せ

〈イギリスのことわざ〉

正直に暮らすことがいかに大切であるかを説いているが、イギリスには正直な人が少なかったとみえて、正直にしているとよいことがあるぞ、といった意味のことわざや故事、金言が多い。

「正直は最善の策」。正直であれば、いろいろのかけひきをするよりかえって最後の目的を達する近道であるとか、「正直な人は神様のもっとも尊い作品である」「天は正しきものを守る」などはみんなイギリス人のいい出したことである。日本にも「正直の頭に神宿る」といういい方がある。正直な人には神が味方すると教えている。

人生において重大なのは生きることであって、生きた結果ではない。

ゲーテ

人生は芝居のごとし、上手な役者が乞食になることもあれば、大根役者が殿様になることもある。とかく、あまり人生を重く見ず、棄身になって何事も一心になすべし。

福沢諭吉

人生で最も苦しいことは、夢から醒めて、行くべき道がないことであります。夢を見ている人は幸福です。

もし行くべき道が見つからなかったらば、その人を呼び醒まさないでやることが大切です。……それで、私は思うのですが、もし道が見つからない場合には、私たちに必要なのは、むしろ夢なのであります。

魯　迅

あこがれ、愛、希望、欲望、これが真の人生なのだ。

コッツェブー

生きること、それは痛い思いをすることだ。しかし、生きることはいい！　……皮をすりむいて私は泣き声を出す。泣き叫ぶこと、それは生きることだ。私は存在する、そして私は存在したい。……先へ進もう！　私は進む、そして前方を見る。前方、それだけが私に重要だ。……しかし、前方には何があるのか？　私はどこへ、そしてどこまで、行くのだろうか？

ロマン・ロラン

人生は尻尾のようなものである。いかに長いかではなく、いかに良いかが大切なのである。

セネカ

人生は悪意にみちたものかもしれないが、どんな人間のうちにも一片の善意はひそんでいるものだ。

亀井勝一郎

➤貧乏人とは少ししかもたない者のことではなく、たくさんほしがる者のことである

〈スウェーデンのことわざ〉

読んで字のごとくで、そのままの意味。だとしたら、世の中にはなんとまあ、貧乏人が大勢いるだろうか。物質的にどんなに豊かになっても、精神的に貧しければ、人間としては貧乏であろう。

中国にも、「足るを知る者は富む」ということばもある。これで満足、必要以上のものを求めない気持が大切なのではあるまいか。人間、どうしても欲にかられて、手に入れれば入るほどほしくなる傾向がある。金銭に関しては特にそれがいえそうである。

なにごとにつけても、飽くことを知らずに物質を求める人間は、貧しいだけでなく、まことに醜い。人々の支持を失ってしまう。ひかえめにしている人を周囲は盛りたててやろうとする場合が多い。

邯鄲《かんたん》の夢

むかし、中国の邯鄲の旅籠屋で、呂翁《りょおう》という道士が休んでいた。そこに盧生《ろせい》という貧乏な若者が通りかかり話しかけた。そして、しきりに現在の不幸を歎き、さんざん不幸を訴えた。

やがて眠くなった盧生は、呂翁からひとつの枕を借りて寝た。その枕は陶器でできていて、両端に孔があいている。盧生が眠っているうちに、その孔がどんどん大きくなったので、盧生が入ってみると、そこには大きな立派な家があった。

盧生は、その家に住むようになる。名家の娘と結婚して進士の試験にも合格して官吏となる。それからとんとん拍子に出世していく。宰相となり、十年間、よく天子を補佐して善政を行い、賢相のほまれを高くした。位人臣をきわめ得意の絶頂期がつづく。

が、ある日突然、無実の罪によって捕えられ、謀叛をたくらむ逆賊として死罪を宣告されてしまう。盧生は

「出身地の田舎には、わずかばかりだけれどもよい田んぼがあった。欲を出さずに百姓をしていれば、ぜいたくなくらしはできないにしても、こんなことにはならなかったのに、どうして出世したいなどと考えたのだろう。むかし、邯鄲の道を都へのぼろうと、ぼろを着て歩いていたころがなつかしい。でも、これでもうおしまいだ」

と歎き、悲しみ、自殺をはかろうとする。が、妻におしとどめられてしまう。ところが、逆賊として捕えられた仲間がみんな殺されたのに、盧生だけが宦官のはからいで死罪をまぬかれて、遠隔の地へと流される。数年ののち、盧生の無実であることがわかり、許されて再び陽のあたる場所に出て天子の信を得て働くようになる。

五人の子どもたちも、それぞれ出世して、天下の名家と縁組をする。盧生は、十数人の孫にかこまれて幸せな晩年をすごす。しだいに健康がおもわしくなくなり、病の床に伏すと、見舞客が絶えず、天子からは名医や良薬が贈られた。しかし、年齢には勝てずとうとう、大勢の人々に惜しまれながら、まことに見事な一生の幕を閉じた。

大きなあくびをひとつして、盧生はめざめる。と、まだあの邯鄲の旅籠屋ではないか。呂翁もそばにいる。旅籠屋の主人は、盧生が寝る前に、黄粱《あわ》を蒸していたのだが、その黄粱さえもまだできあがっていなかった。すべてはもとのままだった。長いと思った一生は、ごく短い間の出来事にすぎなかった。盧生は、人生のすべてを経験した。もう欲を出さずに、田舎へ帰ろうと決心して、去っていく。

「邯鄲の夢」とは、人生の栄枯盛衰は、邯鄲の夢のようにはかないものだという場合に使うことばである。「一炊の夢」「黄粱の夢」ということばも同じ意味で使われる。

2 人生の目的

▼何をよりどころにして
生きるか迷っている人に

生きることが人生最高の目的。

グリルパルツァー

かれの考えによると、人間はある目的をもって生まれたものではなかった。これと反対に、生まれた人間に、はじめてある目的ができてくるのであった。最初から客観的にある目的をこしらえて、それを人間に付着するのは、その人間の自由な活動を、すでに生まれたときに奪ったと同じことになる。だから人間の目的は、生まれた本人が、本人自身につくったものでなければならない。

夏目漱石

一人では何も出来ぬ。しかし、まず誰かが始めなければならぬ。

岸田国士

人は食うために生きるのではない。生きんがために食うのである。

ソクラテス

この地上ではなすべき事が実に多い、急げ。

ベートーヴェン

人間が人間として生きなかったというぐらい恥かしいことはない。

山本有三

自ら正しいと信じる者は王の万軍よりも強く、自ら正しさを疑う者はいささかの力も有せず。

カーライル

人生何事かなせば必ず悔恨はつきまとう。そうかといって何事もなさざればこれまた悔恨となる。

亀井勝一郎

命も要らず、名も要らず、官位も要らぬ人は始末に困るものなり。この始末に困る人ならでは艱難を共にして国家の大業を成し得ざるものなり。

西郷隆盛

人生にはめざすべきふたつの事が

▼四〇にして惑わず

〈儒教の創始者として知られる孔子の言行を弟子たちが綴った本『論語』のなかに出てくる有名な一節のことば〉

「子いわく、われ十有五にして学に志し、三〇にして立ち、四〇にして惑わず、五〇にして天命を知る、六〇にして耳にしたがう、七〇にして心の欲するところに従って矩《のり》をこえず」

とある。子とは孔子のこと。

「わたしは一五歳のときに学問によって身を立てようと決心した。が、三〇歳になってようやく独立した立場ができ、人に認められた。四〇歳になってあれこれ迷わず、自分のいく道に確信がもてるようになった。五〇歳で天から与えられた使命をはっきり自覚した。六〇歳で人の意見に素直に耳を傾けられるようになった。七〇歳になって、心の欲するままにふるまっても道をはずれない自在な境地に達した」

ある。ひとつは諸君が欲するものを手に入れること。もうひとつは手に入れたのちこれを楽しむこと。ところで第二のほうに成功するのは、きわめて少数の賢い人間だけにすぎない。

ローガン・ピアソール・スミス

生涯の幸福な時は、全体的に見て仕事をしている時である。……最後の息をひきとるまで能動的であることは現在の生活の意義であり、解決である。学者にとっても僧職にあるものにとっても、――かくあることこそわれわれの運命なのである。

ヒルティ

大事をなさんと欲せば、小なる事をおこたらず勤むべし、小積りて大となればなり。

二宮尊徳

人生は短く、芸術は長く、機会は去りやすく、経験は疑わしく、判断はむずかしい。

ヒポクラテス

人は、自分自身のために生きるより、他人のために生きるほうが、満足が大きいのだ。

ヘッセ

もともと地上には、道はない。歩く人が多くなれば、それが道になるのだ。

魯　迅

どんなときでも人間のなさねばならないことは「たとえ世界の終末が明日であっても、自分は今日リンゴの樹を植える」ことだ。

ゲオルギー

何をなすべきかを知るだけでは足りない――さらにそれを遂行する勇気をもたなければならない。

ディミトロフ

自分のめざすところをはっきり自覚し、たゆまぬ前進をするもの。自

以上がおよその内容である。「四〇にして惑わず」とは、四〇歳になったら、自分の生きる目的に疑いをもたず、まっしぐらに進んでいくくらいの確乎たる信念がなければならない、といったいましめのことばとして使われている。

が、一般の人々にとって、「十有五にして学を志し、三〇にして立つ」のは、なかなかむずかしい。だから、「四〇にして惑わず」ではなく、おおいに迷っているか、もう人生の行く末を見きわめて、あきらめている人々が多いのではなかろうか。「四〇にして惑わず」を、まだまだ迷いが多くて、とても孔子のような心境にはほど遠いという意味に、逆に使っている場合もある。

宝塚歌劇の創始者小林一三は、「四〇、五〇は鼻たれ小僧、働きざかりは七〇代だ」といっている。人生への目的をもつのに、早い遅いはないと考えなければならないだろう。

分の目的に対する手段を知ってそれをとらえ利用することを知っている人間は尊敬に値する。その目的が大きいとか、小さいとか、賞賛に値するとか非難に値するとかいうようなことは後になって批判されることだ。元来不幸とか不遇とかいっているものの大部分は、その原因をただすと、人間がいかに怠けもので、自分の目的を的確に知ろうとせず、たとえそれを知っても、それに向かってまじめに突進しようという努力の足りないところにある。人間にとってもっとも尊ぶべきことは、はっきり自覚した目的を持つことと決断、さらに実行である。

ゲーテ

行動はいつも幸せをもたらすものではないが、行動なくして幸せはない。

ディズレーリ

人生の目的は行為にして思想にあらず。

カーライル

志を立つることは大にして高くすべし。小にしてひくければ、小成に安んじて成就しがたし。天下第一等の人とならんと平生志すべし。

貝原益軒

人間はこの世で何の目標もなく、無為に日を送っているのではありません。もし自分の仕事によって、まわりのすべてがよりよくなるならば、人間にとってこれ以上の成功はありません。ですから、幸福というものは、ひとりきりではけっして味わえないものです。

アルブーゾフ

目的は必ずしも達成されるために立てられるものではなく、照準点の役目をするために立てられるものである。

ジューベル

生活の目的は自己完成にあり、そ

▼人の生くるはパンのみによるにあらず

〈新約聖書「マタイによる福音書」いわゆる「マタイ伝」の第四章に出てくることば〉

「約」とは、神が人間に対してなさる約束、契約のことである。マタイ伝第四章の冒頭の部分は次のように綴られている。

さて、イエスは御霊によって荒野に導かれた。悪魔に試みられるためである。そして、四十日四十夜、断食をし、そののち空腹になられた。すると試みる者がきて言った「もしあなたが神の子であるなら、これらの石がパンになるように命じてごらんなさい」。イエスは答えて言われた。『人はパンだけで生きているものではなく、神の口から出る一つ一つの言で生きるものである』と書いてある」。

「書いてある」とは、イエスが読んだ聖書に書いてあるという意味だろう。「パン」とは、主食、副

して不死の霊の完成は人生の唯一の目的である。

トルストイ

意識する存在にとって、生存するということは変化することであり、変化するということは経験を積むことであり、経験を積むということはかぎりなく己れ自身を創造していくことである。

ベルグソン

ひとは大きな目的をもってこそ
――おのずから――大きくなる。

シラー

人間の生活には目的はない。生きていること、そのことがすなわち目的である。

アルツィバシュフ

我々の人生は、我々の生きようとする意志と世界との対決であり、この対決において我々は、生きようとする意志を低下させないように、たえず抵抗しなければならない。我々は常に悲観論の深淵に沿って、ごろごろした石を踏んで歩いて行く。我々が自分の生活あるいは人類の歴史において体験するものが、我々の生きようとする意志を圧迫し、我々から生気と思慮を奪ってしまうならば、我々は支えを失い、崩れる石に足をとられて深みに落ちるかもしれない。しかし、我々を下で待ちうけているものが死であることを知るがゆえに、我々は再び小道をよじ登るのである。

シュバイツァー

目的をとげるのに、長い忍耐をするよりも、めざましい努力をすることのほうが、まだ容易だ。

ラ・ブリュイエール

生きる、ということは徐々に生まれることである。

サン・テグジュペリ

食も含めた食事全般のことである。

悪魔が石をパンに変えてみよと迫ったとき、イエスは、パンなぞ食べなくても、神様のことばさえあれば立派に生きていけるのだ、と反発しています。このことから、

「人間は食べ物ばかりで生きているのではない。精神的な支えがなければ、動物と少しもかかわりがない」

といった場合に、このことばが利用されている。

とかく、食べるのに追われて生きるために生きているのか、食べるために生きているのかわからない人が少なくないのではあるまいか。ひとつの目的をもたなければ「いや、生きるために食べている」と主張しても、説得力はない。真剣に自分自身の仕事に取り組まず、遊び半分にやっている人も、また食べるためにだけ生きているといわれても仕方がない。

不思議なリスの行動

水車のような回転車を備えつけた箱のなかに、一匹のリスを入れてから、その箱の外側のリスからよく見える場所に好物の餌、たとえばニンジンなどをおくと、リスはどんな行動を示すかという実験がある。

餌の距離が遠くて、リスから見て手に入る可能性がないと、リスは餌をじっと見るだけで少しも動こうとはしない。が、徐々に餌を近づけていくと、餌をとろうとして行動を起こしはじめる。リスの運動は、餌が近づくほど激しくなり、あばれまわるので、車輪の回転はしだいに急速になっていく。

リスだけではなく、人間にもこれと同じような心理的な傾向がある。

リスが餌をとろうとする意欲を起こすこと、あるいは人間がなにかをやろうと気持を昂揚させることを、心理学では「動機づけ」という。人生をより充実してすごすための動機づけとは、人間らしく生きたいと願う欲求、生きようとする要求をもつことである。

動機づけはどのようにして起こるのだろうか。

英語の want という単語を辞書でひいてみると、「必要である」「要求」と「不足する」「欠乏」のふたつの意味があるのがわかる。これは日常生活のなかで、人間がなにかが欠けている、足りないと感じると、それを満したい欲求や要求が起こってくる経過を示している。なにもかも満ち足りている状態では、欲求は起こらない。のどが乾いたなと感じなければ、水を飲むための行動を起こさないだろう。また、いくらのどが乾いていても、すぐ手の届くところに水がなければ、動機づけは起こらないのがふつうである。どこまでいっても砂また砂の砂漠の真ん中では、水を飲みにいこうとする行動はけっして起こさないにちがいない。人生を生きる動機づけも、原理的にはこれと少しもかわりがない。

〝なんのために生きるのか〟という目的がしっかり決まっていないと、充実して生きようとする動機づけは起こらないだろう。それにあまりにも大きな遠い目的だと、リスが餌を見ても動かなかったように、なかなか意欲的に行動しようとする気持にはなれない。

人生の大きな目的を定めたら、その目的に到達するためにしなければならない段階的な手の届く目標を決めて、ひとつひとつ昇っていく必要がある。目標は近くで、すぐに達せられると感じると意欲は強くなってくる。百万円を貯えるためには、まず一万円を目標におき、一万円がたまったら、次の目標を五万円にするといったふうに、より具体的で、実現可能な目標の階段をつくるのである。

「目的は遠く、目標は近く」におくことが、人生を人間らしく生きるための大切な条件といえる。

3 人生にとって時間とは

▼時間を有効に使いたいと願っている人に

時は一切を征服する。我々は時に従わねばならぬ。

ポープ

私は時がすべてのものを熟させるという考え方を持っている。時の力によってすべてのものは明らかになる。時は真理の父である。

ラブレー

何をなすべきか、いかになすべきか、をのみ考えていたら、何もしないうちにどれだけ多くの歳月がたってしまうことだろう。

ゲーテ

時はよく用いるものには親切である。

ショウペンハウエル

「時」の歩みは三重である。未来はためらいつつ近づき、現在は矢のようにはやく飛び去り、過去は永久に静かに立っている。

シラー

明日の考察。これ実に我々が今日において為すべき唯一である。そして総てである。

石川啄木

太陽の下には、永遠なものは存在しない。運命の女神は、その変化を楽しもうとし、人間は、それによって彼女の力をあきらかに知るのである。

マキャベリ

短き人生は、時間の浪費によって一層短くなる。

サミュエル・ジョンソン

過去を顧みるなかれ、現在を頼め。さらに雄々しく未来を迎えよ。

ロングフェロー

一生を五十年として、その半分を寝ることと食うことに費やしてしまうとすれば、一生の間に、創作的態度に出られる期間は僅かに五年か六年しかない。

▼幸福な人には、時は打たない

〈ドイツのことわざ〉

幸せいっぱいな人には、時は気のつかないうちにあっという間にすぎていってしまう。まさに光陰矢のごとしである、といった場合によく使われる。

こうした経験は誰にでもあるのではあるまいか。恋人といっしょに食事をしたり、喫茶店でお茶をのんだりしているときの、時間の過ぎていくの速いこと速いこと、二、三時間などまたたくうちである。が、デートの約束をして、約束の時間になっても恋人のあらわれないときなど、一分、一分がなんと長く感じられるだろうか。

「一日千秋の思い」ということばもある。一日が千年のような気がすること、待ちこがれることを表現しているのだが、人間は気持のもちかたによって、同じ物理的な流れと長さをもつ時間でも、がらりと感じがかわり長くも短くもなる。

光陰は矢のごとく、とりかえすすべもなく、風にさらわれるように去ってしまう。

賀川豊彦

過ぎゆく時をとらえよ。時々刻々を善用せよ。

ジョンソン

時間を無駄にしないのは、時間だけだ。

ルナール

われらはつねに命の短きを嘆じながら、あたかも命の尽くる時期なきごとくふるまう。

セネカ

年をとるにつれて、我々は時間の価値についての感覚を鋭くする。実際、他のなにものも何の重要さもないように思われる。そして我々は時間のけちん坊になる。

ウイリアム・ハズリット

明日しなければならないことがあったなら、今日のうちになせ。

フランクリン

時間の値を知らない者は、生まれながらに栄光には向いていない。

ヴォルヴナルグ

時は苦しみや争いを癒す。というのは、ひとが変わるからである。ひとは、もはや同一人ではないのである。

パスカル

けっして時計を見るな、これは若い人に覚えてもらいたい。

エジソン

時間の使い方がもっとも下手な者が、まずその短さについて苦情をいう。

ラ・ブリュイエール

朝寝は時間の浪費である。これほど高価な出費は他にない。

デール・カーネギー

時間だけではなく、人間の周囲をとりまくあらゆる環境が心のあり方しだいで、どのようにも変化する。心理学者コフカのあげる有名な例を紹介しよう。

ある吹雪の晩、馬にのった旅人が宿屋にたどりついた。宿の主人にどこからきたのかと尋ねられて、旅人はいまきた方向を指さした。宿の主人は驚いて

「あなたはコンスタンス湖の上を横切ってきたのですよ。ご存知だったのですか」

と尋ねた。すると旅人は馬から落ち死んでしまった。コンスタンス湖は〝死の湖〟と人々から恐れられていた場所であった。旅人は吹雪のため白一色の広野だと信じたからこそ平気で横切って来たのである。が、宿の主人のことばを聞き、そこが恐ろしい湖の上であったのを知ったとたんにショックを受け耐えられなくなって死んでしまったのだろう。

それまでしっかりした白い大地

未来がどうなるか、あれこれせんさくするのをやめよ。しかして、時がもたらすものが何であれ、贈り物として受けよ。

ホラティウス

おまえがいつの日か出会う禍いは、おまえがおろそかにしたある時間の報いだ。

ナポレオン

現在は過去以外の何ものも含んでいない。そして、結果のなかに見出されるものは、既に原因のなかにあったものである。

ベルグソン

時は流れる川である。流水に逆らわずに運ばれる者は幸せである。

モーレイ

現在、一つを持っているほうが、未来において二つ持つよりも値打ちがある。一方は確実だが、一方はそうではないから。

ラ・フォンテーヌ

時のいうことをよく聞け。時はもっとも賢明なる法律顧問なり。

ペリクレス

時間を得る最良の方法は、一週に六日（五日でも七日でもなく）、一定の昼の（夜中でない）時間に、規則正しく働くことである。夜を昼となし日曜日を働き日とすることはけっして時間と働く力を得ることのない最悪の方法である。

ヒルティ

時は金である……そしてそれによって利益を計算するひとたちにとっては多額の金である。

ディッケンズ

時がたつのが速いと思うのは、人生というものがわかってきたからだ。

キッシング

だった場所が、われやすい危険に満ちた氷面であるとわかってしまうと、同じ白い平面ががらりと様相をかえて、旅人に迫ったのである。

人間の心理にはそうした傾向が強い。気持ちしだいで「あばたもえくぼ」になり、白だって、黒に感じられることさえある。

時間でも、短いからなにもできないといってなにもしなければ、ほんとうにむだになってしまう。が、短くてもなにかできると利用すれば、かなり充実した時間になるはずである。

▼待つことを知る者には、万事が適当なときにくる

〈フランスのことわざ〉

じっとがまんして待っていれば、やがては幸運がめぐってくるという場合に使われる。

「待てば海路の日和あり」「待てば甘露の雨を得る」「嵐のあとには凪がくる」

盛年重ねて来たらず、一日ふたたび晨《あした》なりがたし。時に及んで勉励すべし、歳月人を待たず。

陶淵明

時は人間が消費しうるもっとも価値のあるものなり。

テオフラストス

寸陰を利用することが、いかなる種類の戦いにも勝利を博す秘訣である。

ガーフィールド

明日ありと思う心のあだ桜、夜半《よわ》に嵐の吹かぬものかは。

親鸞

時は偉大な医者である。

ディズレーリ

いちばん忙しい人間が、いちばんたくさんの時間を持つ。

アレクサンドル・ビネ

普通人は時をつぶすことに心を用い、才能ある人間が心を用いるのは、時を利用することである。

ショウペンハウエル

過去にしがみついて前進するのは、鉄球のついた鎖をひきずって歩くようなものだ。囚人とは罪を犯した者ではなくて、自分の罪にこだわり、それを何度も繰り返して生きている人間のことだ。

ヘンリー・ミラー

汝は生命を愛するか、しからば時間を浪費するな。時間こそ生命を作りあげている材料ではないか。

フランクリン

グズグズしていることは、時間を盗まれることである。

エドワード・ヤング

など、日本にも同じような意味をもっていることわざがある。光陰は矢のごとく過ぎさってしまうが、あせって時を待たずに行動するとかならず失敗する。すべての事柄には、それにふさわしい時期があり、じっと期して待つ忍耐強さも大切なのである。軽はずみな、あてのない行動は慎まなければならない。

▼桃栗三年柿八年

桃と栗は植えてから三年、柿は八年たたないと実を結ばない、利益をあげるためには、それだけの準備期間もいるし、心のこもった世話をしてやる必要もある、各個人個人によって、花を咲かせ、結実する時期がそれぞれちがい、早い人もいれば遅い人もいる、といった意味の日本のことわざ。

「桃栗三年柿八年、柚《ゆず》は九年でなりかかる、梅はすいとて十三年」ともいう。

時は金なり

ある町のある商店での出来事。

ひとりの男が店に入ってきて、一ドルの品物を手にして、「これがほしいのだけれど八十セントにまけてくれないか」といった。しかし、店の主人は、その客がどんなにことばをつくしてもどうしてもまけなかった。とうとう客はあきらめて、正札どおりの値段で買いましょうと仕方なくいった。が、店の主人、頭を横にふりながら、

「あなたは、わたしの貴重な時間を浪費した。だから、一ドルで売ったのでは損をしてしまいます。一ドル二十セントなら、売りましょう」といった。西欧人らしい合理的で、抜けめのない話である。「時は金なり」という考え方が、いかに血となり肉となっているかを示すエピソードだといえる。

「時は金なり」とは、どのようなところからいわれ出したのだろうか。

生活のなかで毎日かかわりあいをもち、時の流れに密着した日用品にカレンダーがある。Calendar はラテン語の Kalendarium または Calenarium から派生したことばだといわれている。もともとローマでは Kalendarium は、借金台帳のことであった。その当時、借金の利息はいまのように月末に払うのではなく、毎月の第一日 (Kalends) に支払う習慣だったところから、この名称が生まれたのである。

古代ギリシアでは、月の第一日に両替屋が利息を支払うという商習慣があり、その日になると、専門にやとわれた通報者が、街々を「きょうは利息の支払いです」と知らせて歩いたのである。ギリシア語の「呼ばわる」という意味の Kalends が、月の第一日目を指すようになったという。それがローマに入り、時の尺度をあらわすカレンダーになった。

時と金はこのように古い時代から深い関係があった。一日利息の支払いが遅れると、それだけ損害をこうむったのではあるまいか、それで「時は金なり」といいならわすようになったのだろう。

時について語っていることわざは、西欧社会には多くみられる。「ひまを利用しない人は常にひまなし」「歳月は書物より多くを教える」「時はすべてを忘却させる神の霊薬なり」「時は速い足で逃げ、そしてけっして帰らない」などなど。

東洋にももちろんたくさんある。「少年老いやすく学成り難し」「年々歳々花相似たり、歳々年々人同じからず」「往時渺《びょう》としてすべて夢に似たり、旧遊零落して半ば泉に帰る」などなど。

まことに時間は貴重である。にもかかわらず、日常生活のなかで反省すると、ほんとうにむだにしているなあと思わされてしまう。とくに、先人のことばに接したときなどには……。

4 人の一生

▼一生を有意義に過ごしたい人に

すべての嬰児は、神がなお人間に絶望していないというメッセージをたずさえて生まれてくる。

タゴール

人間がすることでもっともよいことは、生まれること、生きていること、そしてすぐ死ぬこと。

ピエトロ・アレティノ

誕生とは死の始まりに他ならない。

エドワード・ヤング

子どもにはすべてのもっとも大きな可能性がある。

トルストイ

泣きたいだけ泣き、笑いたいだけ笑うのは、ただ子供たちだけが持っている特権だ。小鳥とともに目をさますのも子供らである。太陽とともにおどるのも子供らである。落日の最後の光まで草の中をかけずりまわるのも子どもらである。光にめぐまれ、土の香りにめぐまれ、やわらかな春の風にめぐまれるのも子供たちである。

吉田絃二郎

幼年時代は成人を示顕する。朝が昼を示顕するように。

ミルトン

子どもは五歳までに、その生涯に学ぶべき事を学び終わる。

フレーベル

無垢とあらゆる完全な可能性とを持っている子どもがたえず生まれてこなかったとしたら、世界はどんなに恐るべきものになったろう。

ラスキン

子どもと動物はずいぶんよく似ています。どちらも自然に近いのです。でも子どもが狡猾な猿よりもよく理解することがひとつだけあります。それは偉人のりっぱな行為のことです。

アナトール・フランス

▼栴檀《せんだん》は双葉よりかんばし

〈日本の古典である『保元物語』や『平家物語』などに出てくることば〉

栴檀は香木の名で、まだ芽が出たばかりの双葉のころから香気が強いのにたとえて、人間でもすぐれた人は、子どものころからどこかみどころがあり、それが知らず知らずのうちに表面にあらわれてくるという意味である。

出世した人を見て、そういえばあの人は子どものころからどこか人とちがっていた。えらくなる人はやっぱりねえ、といった場合に使われる。

「栴檀は双葉より芳し」というのは確かだが、これはもともと人の一生が見とおされてからいうことばだろう。子ども時代にいかにすぐれた一面をみせていても、あてがはずれてしまう例が多いからである。「一〇で神童、一五で才子、二〇歳《はたち》すぎればただの人」ともいう。

少年は、親たちが思っているより三年早く大人になっている。しかし彼が考えているよりは二年ほど遅い。

ルイス・ハーミー

少年時代には、あらゆる本が占いの本で、未来を教え、長い旅路を見通す占い師のようだ。

グリーン

可愛い少女の頭を抱こうとするのは至難の業である。しかし彼女の悲しみを共に感じてやることは容易である。

ウォルター・ランダー

少年はすべての権力を敵とみなす。

ヘンリー・アダムス

少年期の理想主義のなかにこそ、人間にとっての真理が認められるのである。少年期の理想主義こそなにものにもかえがたい人間の富である。

シュバイツァー

青春は人生にたった一度しか来ない。

ロングフェロー

青春にはあらゆる可能性が秘められている。

大町桂月

私はその人柄のうちにいくらか老人的なものを持っている青年を好ましく思う。同じように青年的なものをいくらか持っている老人を好ましく思う。このような規則に従う人間は体が年をとっても心が老いることはけっしてない。

キケロ

青春の夢に忠実であれ。

シラー

青春時代にさまざまな愚かさを持たなかった人間は、中年になってな

平家物語では

「およそ資盛奇怪なり。栴檀は双葉よりかんばしとこそ見えたれ。(中略)礼儀骨法をも存じてこそ振舞うべきに、かかる言うかいなき者召し具して、祖父、入道の悪名を立つ」

というふうによい芽ではなく、悪い芽の例に栴檀が使われている。「栴檀は双葉より……」に似たことわざがお隣りの朝鮮にある。「実の成る木は葉のうちからわかる」がそれ。

▼大器晩成　〈中国の故事〉

大人物は一朝一夕で生まれるものではない、長い年月とたゆまざる努力によって生まれてくる。はじめのうちは平凡な人物にみえても、やがて頭角をあらわし、大きな花を咲かせ、実を結ぶ。人物は長い目で評価しなければならない、という意味である。

魏の国に崔琰《さいえん》という武将がい

んらの力も持たないだろう。

コリンズ

青春は単なる人生の花盛りではなく、来たるべき結実の秋への準備の季節である。

竹越与三郎

人間は四十を越すと、だれでも自分の顔に責任をもたねばならぬ。

リンカーン

お若く見えますなと、友人からお世辞を言われたときにはいつでも、だんだん老けてきたなと思われているのだと確信するがいい。

アーヴィング

二十歳にして重きをなすのに意志、三十歳にして機知、四十歳にして判断。

フランクリン

二十五歳まで学べ、四十歳まで研究せよ。六十歳までに全うせよ。

四十歳で愚物はほんとうの愚物だ。

オスラー

人間はだんだん年をとって行くものだと始終考えていることほど、人間を迅速に老けさせるものはない。

リヒテンブルク

年をとることを恐れるな。心配しなければならないのは、年をとるまでのいろいろの障害を乗り越えることだ。

ショウ

どういうふうにして年をとっていくかを知ることは、人生の知恵にとって主要な仕事であり、偉大な生き方におけるもっともむずかしい一章である。

アミエル

老年の悲劇は、彼が老いたからで

た。大人物の風格があり、天子の信任も厚かった。ところが、従弟の林《りん》は茫洋としていて利口そうにみえなかった。だから、一族のものから軽視されていた。が、崔琰だけがただひとり林の人物を見抜いていた。いつも

「いまにあの男はかならず大きな人物になるだろう。大きな鐘や大きな鍋が簡単につくれないように、人間だって大才能はそんなにたやすく育つものではない。完成するまでには、どうしても時間がかかる。林は、大器晩成の組なのだから、時を待たなければならない」といっていた。そのことばどおり、林は後に天子を補佐するほどの大人物となった。

「大器晩成」はよい意味での「栴檀は双葉よりかんばし」と内容的に対照をなすことばである。人の一生をおおづかみにつかんで評価する代表的ないい方だといえるだろう。が、どちらにしても「努力」の二字なくしては栄光の座へは昇

はなく、彼がまだ若いところにある。

ワイルド

しわとともに品位が備わると敬愛される。幸せな老年にはいいしれない黎明がさす。

ユーゴー

女は年老いる術を早くから学ぶべきである。しかもそれは並み大抵な才能でできることではない。

セヴィニエ夫人

老人は一日をもって十日として日々楽しむべし。常に日を愛惜して一日もあだに暮すべからず。

貝原益軒

老年の欠乏をおぎなうにたりるものを青年時代に身につけておけ。そしてもし老年は食物として知恵を必要とするということを理解したら、そういう老年にいたって栄養失調にならぬよう、若いうちに勉強せよ。

レオナルド・ダ・ヴィンチ

人が青春のころ得たいと願ったものは、老年にいたって豊かに与えられる。

ゲーテ

若いときには、われわれは愛するために生きる。年齢が進むと生きるために愛する。

テヴルモン

長生きするためには、ゆっくりと生きることが必要である。

キケロ

青年時代に日々は短く、年は長い。老年時代は日々が長く、年は短い。

バーニン

われわれの年齢は植物のそれである。芽をふき、成長し、花を咲かせ、しぼみ、そして枯れる。

ヘルダー

葬式はその死と比較されることが多い。

ウィリアムス

れないのではあるまいか。

二十歳《はたち》のときハンサムでなく
三十のとき強くなく
四十のとき財がなく
五十のとき賢くなけりゃ
けっきょく一生なんでもない
〈イギリスのことわざ〉

いい得て妙といえることばである。が、自戒を含めて、イギリス人ばかりでなく、日本にもこのことばどおり「けっきょく一生なんでもなく」おくる人々のなんと多いだろうかと溜息が出てしまう。世に名を残し、立派な仕事をした人はいざしらず、たとえ懸命に生きたとしても、結局平凡な一生を終わる人は、つまり一般大衆は、たいていこのような一生なのではあるまいか。

角度をかえて考えてみると、「一生なんでもない」生き方をするのは、平凡にみえながらなかなかたいへんなことである。

十二支の意味

むかしから親しまれている「十二支」は、一年十二カ月を一月から順にあらわした数詞である。次のように表記される。

子《し》　丑《ちゅう》　寅《いん》　卯《ぼう》　辰《しん》　巳《し》　午《ご》　未《び》　申《しん》　酉《ゆう》　戌《じゅつ》
亥《がい》

こうした数え方を文盲の庶民に教えるために、わかりやすく動物にあてはめ、

鼠《ネ》　牛《ウシ》　虎《トラ》　兎《ウ》　竜《タツ》　蛇《ミ》　馬《ウマ》　羊《ヒツジ》　猿《サル》　鶏《トリ》　犬《イヌ》
猪《イ》

としたといわれている。中国の文字「漢字」は表意文字といわれ、それぞれ意味をもっている。〝物〟の形からできているのであるが、十二支も例外ではない。二、三例をあげてみると、二月の「丑《ちゅう》」は、草々の若芽が地中から出てくる姿の変形である。三月の「寅《いん》」は、若草が地中に根を張る姿をあらわした字である。八月の「未《び》」は、稲穂が実り、根がしっかりついた姿が変形した字。九月の「申《しん》」は、柿が枝にたわわに成っている姿をあらわした文字である。十月の「酉《ゆう》」は酒をかもす壺の姿が変化したもの。この月に収穫した新米によって酒をつくるところから「酉」が十月の意味になった。このように十二カ月をあらわす十二支の文字は、植物の成長と結実に深い関係をもっている。というより草花や植物の生態を表現したものといったほうが正確かもしれない。植物たちは次のような生命の盛衰を繰り返している。

(1)種子……自分の生命に適合した季節を待つ
(2)萌芽……土中で殻を破り生命が始動する
(3)屈伸……根と茎とが上下に向かって伸びる
(4)上伸……双葉が土の上に顔を出す
(5)繁茂……枝や葉を伸ばす
(6)開花……生命力が極限に達して花を咲かせる
(7)受胎……交媒して結実の準備をする
(8)衰退……花を散らし、葉や枝の伸びを止め、結実に全力をそそぐ
(9)落葉……結実した生命の種は成熟していき、葉はしだいに働きを弱め、落ちていく
(10)死滅……種はしっかりと堅い外皮のなかで、成熟の極に達する
(11)閉蔵……幹や枝は活動を休止する
(12)休絶……すべての生命力は滅び、種だけが静かに翌る年の活動の季節を待つ

この十二の行程を十二支にあてはめてみるとよい。それぞれぴたりと一致する。

植物が種類によって芽をふく季節、花を咲かせる時期がそれぞれちがうように、人間もまた一人ひとり、花を咲かせるとき、結実する年齢《とき》がちがう。もっとも生命力が充実する時代がある。その秋に大きな実を成らせるために、おおいにあらゆる栄養をとって、準備をしておかなければならない。

5 志を立てる

▼成功への志を抱いている人に

人間、志を立てるのに遅すぎるということはない。

ボールドウィン

決断――なすべきことをなそうと決心せよ。いったん決心したことはかならず実行にうつせ。

フランクリン

英雄に普通の人より勇気があるのではなく、ただ五分間ほど勇気が長続きするだけである。

エマーソン

青年よ大志をいだけ。

クラーク

働きたくてうずく筋肉、ただ一個人以上のものをつくり出そうとしてうずく心、これが人間なのだ。壁をつくり、家を建て、ダムを建設し、そしてその壁と家とダムのなかに自分自身をそそぎこむこと、その建設からたくましい筋肉をかちとり、その構想から明確な線と形とを引きだすこと、人間とはそういうものなのだ。なぜなら人間は、宇宙におけるさまざまな組織体のどれとも異なって、自己の創造したものをのり越え、自分の思想のわくを踏み越え、自分のなげたものの彼方に立ちあらわれるものであるからだ。

スタインベック

野心はひとつの悪徳なるも、それは美徳の父ともなりうる。

クウィンティリアス

人生劈頭一個の事あり、立志是なり。

春日潜庵

志の固き人は幸いなるかな。なんじは苦しむ。しかれども長く苦しむことなし。また誤って苦しむことなし。

テニスン

大事を思い立つ者が小事に拘る事なかれ。

近松門左衛門

燕雀安《えんじゃくいずく》んぞ鴻鵠の志を知らんや

〈中国の故事〉

つばめや雀のような小鳥には、こうのとりや白鳥のような大鳥の志はわからない。小人物には、英雄、大人物の心はわからないことをいう。つまらぬ人間には、立派な人物が心に抱いている大きな望みは理解できないと、いった場合にも使われる。

後に英雄となる陳勝《ちんしょう》が、まだ日雇い百姓をしていたとき、仲間に将来の野望を語ると、仲間はあざ笑ってとりあわない。その態度を悲しんでいったのが、この「燕雀安んぞ……」のことば。

日本の相撲界にも「燕雀」という四股名の力士がいた。なかなか出世しないので名前負けしているのではないかと調べてもらうと、なんと「つばめにすずめ」だといわれ、どうりでと納得したとか。本人はさぞ驚いたのではあるまいか。嘘のようなほんとうの話。

充実した一日がしあわせな眠りをもたらすように、充実した一生は幸福な死をもたらす。

レオナルド・ダ・ヴィンチ

志有る士は利刃の如し、百邪辟易す。志無き人は鈍刃の如し

佐藤一斎

この道いかに正しくともいまだわが国にては行なわれず、したがって当代に志を述べんとするものは用うべからず。

吉田松陰

大胆、また大胆、そして常に大胆。

ダントン

改革すべきはたんに世界だけでなく、人間である。その新しい人間は、どこから現われるのか？　それは外部からではけっしてない。友よ。それを君自身のうちに見いだすことを知れ。しかも鉱石から純粋な金属をとるように、この待望の新しい人間に君みずからなろうとせよ。君からそれを得よ。各人は、驚くべき可能性を内蔵している。君の力と若さを信ぜよ。たえず言い続けることを忘れるな。「ぼくしだいでどうにもなるものだ」と。

ジード

世界を動かさんと欲する者は、まず自ら動くべし。

ソクラテス

二流の人物がときに異常な決意を固めて成功することがあるが、別に彼らがすぐれた人物だからではなく、不安な気持から抜け出ようと努めた結果なのである。

モンテルラン

汝の道を歩め、人々をしてその言うにまかせよ。

ダンテ

学問は脳、仕事は腕、身を動かすは足である。しかしいやしくも大成

身を捨ててこそ浮かぶ瀬もあれ

〈日本の故事〉

自分の身を犠牲にしてもいとわないくらいの決死の覚悟をもって事にあたれば、窮地を脱することもできる。また、はじめて物事に成功することも可能である、といった意味。

このことばは次のような和歌のなかにもみられる。

惜しむとて　惜しまれぬべき此世かは　身を捨ててこそ　身を助けめ

川水に　流れ流るるちから藻も　身を捨ててこそ　浮かぶ瀬もあれ

もののふの　矢竹心の一すじに　身を捨ててこそ　浮かぶ瀬もあれ

志を立て、なにかを成就しようとする場合、失敗を恐れ、わが身をかばっていては、なんにもできないだろう。捨て身の気持になってかかると、おのずから、明鏡止水の心境に達して成功するのではあるまいか。

を期せんは、先ずこれらすべてを統《す》ぶる意志の大いなる力がいる、これは勇である。

大隈重信

大道行くべし、又何ぞ妨げん。

木戸孝允

まだ感じやすいうちに心を訓練するは容易なり。

セネカ

他人を当てにしてはならない。……われわれはみんな取るために生きているので、あたえるために生きているのではない。

ゴーリキー

名声は、それを求める者から逃れ、それを無視する者を追う。いかんとなれば、前者はその同時代の趣味に安住し、後者はこれに反抗するからなり。

オロシウス

人類の幸福を促進する労働を除いて、真の永久的な名声というものは見出されない。

チャーチル・サムナー

大切なことは、大志を抱き、それをなしとげる技能と忍耐をもつということである。その他はいずれも重要でない。

ゲーテ

臆病でためらいがちな人間にとっては、一切は不可能である。なぜなら、一切が不可能なように見えるからだ。

ウォルター・スコット

完全な作品をつくり上げて名声を得ることは、すでに得た名声によって平凡な作品に箔をつけることほどにやさしくはない。

ラ・ブリュイエール

九十九パーセントまでは努力——一パーセントが才能——この一パー

▼二兎を追う者は一兎をも得ず

〈ローマのことわざ〉

中国の故事にありそうなフレーズだが、実はヨーロッパのもの。「二匹の野兎を追いかける者は、どちらも捕えられない」というラテン語のことばから出ている。

二匹の兎を同時に捕えようとしてもむりである。結局、両方とも逃がしてしまうだろう。そうした意味から、いっぺんにいろいろな事柄に手をつけると、どれもこれも中途半端になり、なにもできない結果になるぞという警告として使う。

ひとつの大きな目的に向かって歩き出したら、あれこれ迷わず、ただ一途に歩き続けなければほんとうの成功はありえない。「こけの一心」というのもある。愚かな者でも、一心不乱にひとつの事だけにあたっていると、立派な成果が得られるとの意。気が多く、あれもこれもと目移りしない方がよい。

セントがよければうまくいく。

チャップリン

危険もなしに勝つというのは、栄光を伴わぬ勝利だ。

コルネイユ

才能とは、自分自身を、自分の力を信ずることである。

ゴーリキー

つねに行為の動機のみを重んじて、帰着する結果を思うな。報酬への期待を行為のバネとする人々の一人になるな。

ベートーヴェン

速やかに生長するものは早く枯れ、徐々に生長するものは永存する。

ホーランド

人を相手にせず、天を相手にせよ。天を相手にして己を尽くし、人をとがめず、わが誠の足らざるを尋ぬべし。

西郷隆盛

男子志を立てて郷関を出ず、学若し成らずんば死すとも帰らず、骨を埋むるにあに墳墓の地のみならんや、人間いたるところ青山あり。

月性

真の欲求なくして真の満足はない。

ヴォルテール

恐るべきは霊魂の死である。ひとが教えられたる信条のままに執着し、言わせられるごとく言い、させられるごとくふるまい、形から鋳出した人形のごとく形式的に生活の安をぬすんで、いっさいの自立自身、自化自発を失うとき、すなわちこれ霊魂の死である。

徳富蘆花

ことのはじめにあたって、結果がどうなるかをつねに考えよ。

ウインバー

▼人がなければ、その人になれ
〈イスラエルのことわざ〉

世に成功者といわれる人たちは、誰も気づかないちょっとしたことをヒントに、まったく新しい考え方や方法を思いつき、人々に先がけて世の中に問い、人々をあっと驚かせ、心をつかんでしまう。こんなものがあったらいいなあ、こんなことをしてくれる人がいたらいいなあと人が望むような〝もの〟〝人〟を自分で考え出したり、自分自身がなったりする人になれ、そうすれば成功が約束されるだろうとの意。

新しい分野のパイオニアとして活躍するためには、前人未踏の荒野を選ばなければならない。人が手を染めてから、あそうか、じゃ自分もと、あとからノコノコついていくようでは大きな成功を望めないだろう。「人があるときには、その人になるな」である。人真似では限界がある。

叩けよ、さらば開かれん

新約聖書、マタイによる福音書七章にあることば。この章にはよく知られている箴言のもとになっているフレーズが多く含まれているので、前半を紹介しよう。

人をさばくな、自分がさばかれないためである。あなたがさばくそのさばきで、自分もさばかれ、あなたが量るそのはかりで、自分にも量り与えられるであろう。なぜ、兄弟の目にあるちりを見ながら、自分の目にある梁を認めないのか。自分の目には梁があるのに、どうして兄弟にむかって、あなたの目からちりを取らしてください、と言えようか。偽善者よ、まず自分の目から梁を取りのけるがよい。そうすれば、はっきり見えるようになって、兄弟の目からちりを取りのけることができるだろう。

聖なるものを犬にやるな。また真珠を豚に投げるな。恐らく彼らはそれらを足で踏みつけ、向きなおってあなたがたにかみついてくるであろう。

求めよ、そうすれば、与えられるだろう。捜せ、そうすれば、見いだすであろう。門をたたけ、そうすれば、あけてもらえるだろう。すべて求める者は得、捜す者は見いだし、門をたたく者はあけてもらえるからである。

あなたがたのうちで、自分の子がパンを求めるのに、石を与える者があろうか。魚を求めるのに蛇を与えるものがあろうか。このようにあなたがたは悪い者であっても、自分の子供には、良い贈り物をすることを知っているとすれば、天にいますあなたがたの父はなおさら、求めてくる者に良いものを下さらないことがあろうか。だから、何事でも人々からしてほしいと望むことは、人々にもそのとおりにせよ。これが律法であり、預言者である。

狭い門からはいれ。滅びにいたる門は大きく、その道は広い。そして、そこからはいって行く者は多い。命にいたる門は狭く、その道は細い。そして、それを見いだす者は少ない。

「豚に真珠」は、この章からとられている。真価のわからぬ者に高価なものをやっても無意味で、けっしてよくないという意味。

「狭き門」も同じ。聖書では、信仰によって真の生命を得る方法を説いている部分だが、一般には、楽な道より苦労の多い道を選んだほうが、最終的にはよい結果が得られ、ほんとうの真価が発揮されるという意味に広く使われる。

「求めよ、さらば与えられん」「叩けよ、さらば開かれん」も、この章からのもの。口語訳の聖書から抜粋したのが前文だが、文語訳ではこのようになっている。信仰の門、神の国への門はただなんとなく待っていても開かれない。自ら進んで努力し、求め、探さなければいけない、といった意。

6 理想への挑戦

▼理想と現実のギャップに悩んでいる人に

必要はもっとも確実な理想である。

石川啄木

理想とは、要するに一元を望むことだ。ああでもよし、こうでもいいでは、どうしても承知ならない気持だ。――だから、必ずしもえらいとはいわない。ただえらくなった人の、えらくなる道程を見るに、必ず、あれはああ、これはこうだ、そして、最後には一時たりとも、はたの人々をも、その一元の境へ引きずり込んでしまうのだ。

里見　弴

われわれがもっとも必要とすることは、事実を理想化するように、理想を現実化しないことだ。

ヘッジ

希望はすこぶるウソつきではあるが、とにかくわれわれを楽しい小路をへて、人生の終りまで連れていってくれる。

ラ・ロシュフコー

人間を賢くするのは、未来への期待だ。未来の期待を心の内に失わない人は、いつも若々しいのだ。

鶴見祐輔

理想とは、精神が秩序を予見することである。精神は精神であるから、つまり永遠をかいま見ることができるから理想をもちうる。

アミエル

理想はひとりの青年の夢想ではなく、また単なる抽象的観念でもなく、われわれの生活を貫いて、いかなる日常の行動にも必ずや現実の力となってはたらくものである。

南原　繁

われわれはだんだんおとなになってくると、おとなの考えになってきて、抱いていたあらゆる希望が崩れてしまう。それは乾いた土に水が浸みこんでいくようなもので、今まで

▼桃　源　境

〈中国の物語からのことば〉世俗を離れた別天地、理想像という意味に使われる。

むかし、武陵という土地にひとりの漁師が住んでいた。ある日、魚を求めて山峡の川を上っていったところ、両岸に桃の花が咲き乱れる林があらわれた。さらに舟を進めていくと、やっと人間がくぐりぬけられるほどの洞窟があった。そのなかに入っていくとパッと目の前が開けた。そこには豊かな田畑が広がり、人々は楽しげに働いていた。漁師がここは中国にはちがいないがどこだろうといぶかって、ながめていると、村人が近づいてきて、ここにくるまでの一部始終を尋ねた。それから家に招いてくれ、歓迎の宴をはってくれるのだった。村人たちは、幾百年ものむかし、戦乱をのがれて移ってきて、それ以後外界との接触を断って暮らしているという。数日を村で過した漁師は、この里

の希望はすっかり消えてしまう。人の世のはかなさを思うようになる。けれどもいくら希望が失われてしまったといっても、根こそぎうせてしまったのではない。少年時代には少年としての希望が、壮年時代には壮年にふさわしい希望が、老人にも老人らしい希望がある。つまり人間は希望を持っていないと一日としてこのはげしい生活に耐えて生きていけないのである。

スチーブンソン

人生、理想、はた秘密、詩人の夢よ幻と、われ笑いしも幾たびぞ。

土井晩翠

希望はそれを求める気の毒な人をけっしてみすてはしない。

ジョン・フレッチャー

理想はわれわれ自身の中にある。同時に、その達成に対するもろもろの障害もまた、われわれ自身の中にある。

カーライル

理想と現実とは独立したものである。理想と現実が衝突するならば悲しいけれども、そのために理想を捨てて、あるいは理想を低くせねばならぬ理由はない。理想は理想として立てて、ただ悲しむべきである。理想をあきらめてはいけない。愛されたい願いが善い願いであるならば、事実として愛されていなくとも、死まで依然として愛されたいと願うべきである。

倉田百三

希望！　どんな不幸におちいっても、われわれは希望の太陽を心からすててはならない。つねに楽天的であること。つまり天命を楽しむこと、これこそがわれわれを幸福に導く信仰である。今日を立派に生きることが、明日の希望を見いだすことであり、明日の希望があってこそわれわれは明るく生きることができる。現在を嘆き悲しむものはやがて不運を

へきたことを固く口止めされて、故郷に帰った。

この話を聞いた郡役所の太守は、さっそくあの美しい村を、漁師の案内で訪ねようとしたが、どうしても仙境のような里に通じる道はみつけ出すことができなかった。漁師が帰り道にひそかにつけておいた目印を発見できなかったからである。

漁師の不思議な経験から、その美しい、仙境のような村里を、人々は桃源境と呼んで、いつまでもさがし求めた。

▼ユートピア

〈イギリス人トーマス・モア（一四七八～一五三五年）によって、ラテン語で書かれた本「ユートピア」から出たことば〉

ユートピアとは「どこにもない国」という意味である。

ユートピア国は、大西洋の真ん中にある。王も貴族も僧侶もなく、理想的な共産主義社会で、物資、

招くことになる。
ヘレン・ケラー

理想とは不満の意を表明する方法のことである。
ヴァレリー

希望は丈夫な枝である。忍耐は旅装束である。それを身につけて、ひとは世界と墓場を通り抜け、永遠への旅にのぼる。
ローガウ

どの時代にもそれぞれ課題があり、それを解くことによって人類は進歩する。
ハイネ

熱心な希望は事業の先駆なり。
ヒルス

今日なし得ることに全力をつくせ。しからば明日は一段の進歩あらん。
ニュートン

なにもかも失われたときにも、未来だけはまだ残っている。
ボビー

物の発展は、つねに弁証法的に行われるものである。
マルクス

神はこの世における心配事のつぐないとして、われわれに希望と睡眠とを与え給うた。
ヴォルテール

一歩後退、二歩前進
レーニン

人間にとっては、しばしば憧憬のほうが好ましい。
ラングベーン

長い長いあいだ持ち続ける希望は、短い驚喜よりも甘美である。
ジャン・ポール・リヒター

ユートピアを描いていない世界地

財産は国民の共有であり、誰もが同じように労働を楽しみ、貧乏というものがない。ダイヤモンドや真珠、金銀は玩具でいつまでもそれらをほしがっていると軽蔑される。金貨や宝石への欲望は少しももっていない人たちばかりが住んでいる。が、怠惰は罪であり、一日六時間は働かなければならない。あとは読書や音楽、高尚な談話などをして一日をすごす。心身の健康が重視され、病気をすると罪となる。信仰の自由も認められている。男女は平等であり、戦争を放棄していて、絶対に軍備をしないと決められている。もし、戦争をしかけられたら、外国の傭兵によって国を守るのである。

　まさしく、理想境であり、現在の多くの国々が理想としているような国家の姿を描いている。こんな国があったらどんなに楽しいだろうか。が、著者であるモアは

　「ユートピアとは、贋《にせ》物の一つもない社会をいう。あるいは真実

図は、一見する価値がない。

ワイルド

新しいものは旧いものの敵である。したがって、新時代はいつも旧時代から犯罪視される。

シラー

希望は強い勇気であり、新たな意志である。

ルター

人間は希望的動物なり。かれにありては前を望むは自然にして、後をかえりみるは不自然なり。希望は健全にして、回顧は不健全なり。「後にあるものを忘れ、前にあるものを望む」と罪を忘れ、疾病を忘れ、失敗を忘れ、怨恨を忘れ、神と生命、成功と愛に向かって進まんのみ。

内村鑑三

なにごとにつけても、希望するものは絶望するよりよい。可能なものの限界をはかることは、誰にもできないのだから。

ゲーテ

みずからを向上しようと試みることが必要である。この意識は生きているかぎり持続すべきである。

クリスティーヌ女王

希望は永遠の喜びである。人の所有している土地のようなものである。年ごとに収益があがって、けっして使いつくすことのできない確実な財産である。

スチーブンソン

進歩が生まれるのは、多様性のなかの選択からであって画一性の保持からではない。

ラスキン

悩むかぎり希望をいだけ。人間の最高の幸福は、つねに希望、希望である。

シェーファー

の一つもない社会でもいい」といっている。イギリス人らしい皮肉である。

▼庭に花
食物に香辛料
着物に宝石
空に星
言葉にことわざ

〈イスラエルのことわざ〉

庭や食べ物、着物、空にはそれぞれ花と香辛料、宝石、星がないとどこかきりりとしまらない、美しくない、魅力が半減するように、会話のなかに気のきいたことわざが入っていないと、寸言よく人を刺す表現はできない。人の心をとらえることは不可能だという意味だろう。平凡ではあるが、なくてはならないもの、ひとつの理想を求めている気持が行間から味わえるのではなかろうか。

鳴くまで待とうほととぎす

封建日本を完成させた徳川家康がいったことばだといわれている。

武家社会を安定させたのは、なるほど家康であり、最後の勝利者といえるだろう。が、家康とて信長、秀吉というふたりの先人の地ならしがなければ、あれほど見事に「江戸時代」の基礎を築けなかったのではあるまいか。江戸の狂歌師は、三人について、実に巧みにそれぞれの役割を歌っている。

「織田がつき、羽柴（秀吉）がこねし天下餅、うまうまとひとり食うは徳川」

群雄割拠の混乱のなかから、まず信長がひとり抜け出して、京都に進出、まがりなりにも天下を統一する緒につく。が、光秀に暗殺される。そのあとを信長の部将であった秀吉が引き継ぎ全国統一を完成するが、天下は長く続かず病死する。と、機会をじっと待っていた家康が巧みな戦術や強大な武力、人心収攬術によって、対立する諸大名を抑え、豊臣家を滅ぼして、江戸幕府を開き、徳川三百年の礎とするのである。

三人の武将の天下を統一していくまでの過程をみていると、それぞれの性格がよくあらわれていて興味深い。

ほととぎすは、カッコウ属の鳥で、夏鳥として日本に渡ってくる。カッコウ属の鳥は、いずれも声に特徴があり、まったく異なっているが、ほととぎすの鳴き声もかわっていて面白い。

「テッペンカケタカ」

「トッキョキョカキョク」（特許許可局）

と聞こえ、かん高く、早口に鳴く。朝はまだ未明のころから鳴きはじめ、夜になってもさかんに鳴きつづける鳥である。

それはさておき、三人の武将の性格を実にうまく表現しているのが、それぞれの「ほととぎす」に対する態度である。本人がほんとうにいったかどうかは別にして、なるほどと思わせるものがある。

鳴かぬなら殺してしまえほととぎす

これが信長。信長は若いころ尾張の大うつけなどといわれていたが、どうして、理性的で合理精神の持ち主で、軍事的な天才であるといってよい。そうした一面が、このことば、態度によく出ている。

鳴かぬなら鳴かしてみしょうほととぎす

これが秀吉。まことにすごいばかりの自信である。細心でありながら、こだわらない、人の評価など気にしない明るい性格がぴたりあらわれている。自己顕示欲が強いのである。外向的といえよう。

鳴かぬなら鳴くまで待とうほととぎす

これが家康。どんな逆境にもじっと耐え、適応していく忍耐強さ、精神の強靱さがひしひしと伝わってくるようである。ずるさという人もいるかもしれない。

7 成功と失敗を生かす

▼失敗することをおそれている人に

成功は結果であって目的ではない。

フローベル

自信は成功の第一の秘訣である。

エマーソン

この世で成功するには、馬鹿のように見えて、その実、利口でなければならない。

モンテスキュー

成功というものは、その結果ではかるものではなく、それについやした努力の統計ではかるべきものである。

エジソン

千古不滅の名声は、小さな種子よりも成長が遅いカシの木のようなものである。成長の早い一年草、また虚偽の雑草にも似て、俗な名声は芽を出すことも早いが、根こそぎにされるのも早いものである。

ショウペンハウエル

成功の秘訣は目的の一定不変にある。

スマイルズ

ひとの気に入るかどうかを問題にしない人間は、世の中で成功することができる。

キンケル

成功には何のトリックもない。私はただいかなる時にも私に与えられたその仕事に全力をつくしてきただけだ。左様、普通の人々よりほんのちょっとだけ、より良心的に努力してきただけだ。

カーネギー

その功の成《な》るは成る日にあらず、蓋《けだ》し必ず由って起こる所あり。禍の作《おこ》るは作る日に作るにあらず、また必ず由って兆《きざ》す所あり。

蘇　洵

成功の秘訣を問うな。なすべきひとつひとつに全力をつくせ。

ワナメーカー

▼すべての木からパイプは彫れない

〈ドイツのことわざ〉

パイプにする木は、どんな種類のものでもよいというわけではなく、パイプにするには、それにふさわしい材料が必要である。よい材料からよいパイプが彫られる、という意味から、何にでも、向き不向きがあるといった場合に使われる。

成功は、努力の結果によってかちとられるのである。しかし、いくら努力しても失敗ばかりしている不運な人もなかにはいる。そんなときには、自分自身が、その仕事にふさわしいかどうかを反省してみる必要があるだろう。人間には個人差があり、それぞれ適性がある。適性がないところで頑張ってみても、大きな成功は望めない。適性とは、「特定の活動を遂行するのに必要な潜在的な能力」である。

人間は、ほんとうに利口でほんとうに精を出し、ほんとうに辛抱強ければ必ず運が開けてくるものだ。わしは、これをバカのひとつ覚えで、「ウン・ドン・コン」とお題目のように唱え続けている。人間にもっとも大切な運は、鈍でなければつかめない。利口ぶってこちらでチョコマカすると、運のほうでツルリツルリすべって逃げてしまう。鈍を守りきるにはどうしても根がなければならない。

古河市兵衛

世の中で成功を収めるには、ひとから愛される徳と、ひとを怖れさせる欠点とが必要であろう。

ジューベル

小利を見れば　大事ならず

孔　子

成功の栄冠にあこがれることは、とがむべきではない。ただ、栄冠にのみあこがれて、その日を空費することこそ、とがめられるべきである。

J・H・ポアンカレ

成功して満足するのではない。満足していたから成功したのである。

アラン

成功というものは、風に吹かれる穂波のように、それに対して人が身をかがめ、そののちに再び起こす。そういう成功があるだけだ。

リルケ

成功に秘訣というものがあれば、それは他人の立場を理解し、自分の立場から物ごとを見ることのできる能力である。

ヘンリー・フォード

ひとが軽蔑する事柄に成功することは、立派なことだ。それには、他人と自分とに打ち勝たねばならないからだ。

モンテルラン

➤もし若者が知っており、老人ができたら、できあがらないことはないだろう

〈イタリアのことわざ〉

若者には、ありあまるエネルギーがあり、実行力がある。が、残念ながら思慮に欠け、知識が不足している。いっぽう、老人は、それまでの経験からさまざまなことをよく知っている。考え深い。しかし、いかんせん、エネルギーが枯渇し、実行力がない。

老人のような思慮と若者のようなエネルギーが、ふたつながらに備わった人物がいたならば、行くところ可ならざるはなしで、なんでもできてしまうだろう。成功疑いなしである。だから、若者はいっときでも老人のことばには耳を傾けなければならない。また老人は若者のがむしゃらな行動をただ抑えるだけでなく、認めてやる気持がほしい。

自分の心を隠せない人は、何事にも大成しないし、成功しない。

カーライル

私たちのつとめは成功ではない。失敗にも負けずさらに進むことである。

スチーブンソン

ときとしてわれわれは、ひとりの人間の徳からよりも失敗から多くのことを学ぶだろう。

ロングフェロー

諸君は必ず失敗する。ずいぶん失敗する。成功があるかもしれませぬけれど、成功より失敗が多い。失敗に落胆しなさるな。失敗にうち勝たなければならぬ。たびたび失敗すると、そこで大切な経験を得る。この経験によって、もっと成功を期さなければならぬのである。

大隈重信

私の現在が成功というのなら、私の過去はみんな失敗が土台づくりをしていることにある。仕事は全部失敗の連続である。

本田宗一郎

失敗は落胆の原因ではなく、新鮮な刺激である。

サウザーン

過去においていくら失敗した事実があったにしろ、今後失敗するとは限っていない。人類の歴史は、過去に失敗したことをねばり強く何度もやってみることで人類が成長してきたことを物語っている。昔一度失敗したことは、未来において必ず失敗するなどと考えていたら、人類に進歩はないわけだ。百度失敗したことでも、百一度目にものにならないとは限らない。そんなことがわかってたまるものではない。

武者小路実篤

もし最初成功しなかったら、試みよ、再び試みよ。

ヒクトン

▼**道に迷うことこそ道を知ることだ**

〈東アフリカのことわざ〉

読んで字のとおりである。日常生活のなかで誰にでもこうした経験はあるのではないだろうか。学校の宿題などで、わからないながらも、自分ひとりでああでもない、こうでもないと考え、解いた問題は答がたとえ誤りであっても、正しい答を与えられると、あとでけっして忘れないものである。が、なんにもしないで、人から正解を教えてもらって、写していった場合など、答あわせが終わったとたんにすっかり忘れてしまう。

試行錯誤を繰りかえしながら身につけていったものは、知識であれ、技術であれなんでも生涯自分の血となり、肉となって成功への基礎となる。道に迷うこと、失敗を恐れてはならない。失敗をしないように、十分な準備をしてから行動しなければならないが、行動を開始したら徹底すること。

失敗しない者は、つねに何事もなしえない。

フェルプス

失敗とは、一つの教訓にほかならないし、好転する第一歩だ。

フィリップス

予は常に青年の失敗を興味をもって見ている。青年の失敗こそは、彼の成功の尺度である。彼は失敗をどう思ったか、それから彼はどうしたか。落胆したか。引退したか、あるいは更に勇を鼓して前進したか。それで彼の生涯はきまるのである。

モルトケ

まちがったことをして、それに苦しむことのできない人間くらい、度々まちがったことをする人間はない。

ラ・ロシュフコー

間違いと失敗は、われわれが前進するための訓練である。


失敗は真理の成長する学校なり。

チャニング

失敗に達人というものはいない。ひとはだれでも、失敗の前には凡人である。

ピーチャー

失敗の最たるものは、なにひとつそれを自覚しないことである。

プーシキン

失敗は資本の欠乏よりエネルギーの欠乏からしばしば起こる。

カーライル

青年の辞書のなかには、〈失敗〉ということばはない。

ウェブスター

リットン

▼どんな名馬でもつまずかぬものはない

〈フランスのことわざ〉

南フランスのある商人が、息子殺しの容疑で訴えられ、最高裁判所の判決によって車裂きの刑で処刑された。が、あとでいろいろな証拠が出てきて、その裁判が誤審であることがわかった。そのとき、判事のひとりがこの諺をあげて弁解した。日本流にいえば、さしずめ「弘法も筆のあやまりですよ」といったところだが、よくもまあ平気でいえたものだと、大胆さに感心する。一七六二年（江戸時代、宝暦一二年）の出来事である。鉄面皮の判事の態度に、人々は怒り、「一頭の馬がつまずくのは仕方がないが、馬小屋の馬の全部がつまずくとはなんたることだ」と罵ったという。どんな名馬でも確かにつまずくかもしれないが、つまずいたあとの処し方が大切である。

天才とは一パーセントの霊感と九十九パーセントの汗である

アメリカの生んだ偉大なる発明王トマス・エジソンのことばである。数々のすぐれた発明に心をうたれた人々は、その天才的霊感のすばらしさをしきりに称えた。するとエジソンは「天才とは……」といって答えたという。確かに、トマスの発明は、ある日突然のひらめきによって生まれてきたものではない。「エジソンの不眠隊」といわれるくらい集中的な実験が繰り返された結果である。

トマスは、実験室でよく徹夜をした。ある朝、夜どおし続けられた実験で疲れてしまったのだろう。つい居眠りをしてしまっていた。そこへ助手のひとりが朝食を運んできた。その助手はいかにもアメリカ人らしい、いたずら好きの人物だった。これはよいチャンスとばかり一仕事たくらんだ。

助手は、自分の食べた空の皿やコップを盆の上にのせ、トマスのわきにおいた。しばらくしてはっと目をさましたトマスは、目の前にある空の皿やコップを見て、自分は朝食をして満腹したので居眠りしてしまったのだと勘ちがいして、そのままさっそくまた実験にとりかかった。

仕事や実験、研究への熱中ぶり、集中度を語るエピソードは、トマスの場合、数えきれないほどある。

ある日、トマスは税金を納めるために、税務署の前にできた長い列に加わり、順番がくるのを待っていた。が、トマスの頭は税金のことではなく、いま続けている研究のことでいっぱいだった。時と場所を忘れて考えていた。ようやく順番がきて、名前を呼ばれたのに返事をしなかった。たまたま近くにトマスを見知っている人がいて、

「あなたの名前はトマス・エジソンではありませんか。呼んでいますよ」

と注意をうながしたが、トマスは

「ええ、どこかで聞いた名前ですね」

としばらくぼんやりしてから、やっと

「あっ、それはわたしの名前だ」と思い出したという。そのときの経験を「ほんの二、三秒の間だったが、命を取るぞといわれても、あのときばかりは自分の名前がどうしても思い出せなかった」と、そうあとで書いている。なんとも驚きいった集中力ではないだろうか。

大きな仕事を成功させるためには、トマス・エジソンにみられるような努力、絶えまのない仕事への集中が必要なのである。

「天才とは努力である」

「天才とは強烈なる忍耐者である」

などなど、すぐれた業績を残した人々は自らの成功をこのようにいっている。たとえ、ささやかな能力しかない者でも、忍耐と努力を適性のある仕事にそそげばかならず成功する。

8 男と生まれて・その人生観

▼男とはなにかを
考えている人に

少女が愛せられるのはそのありのままにてなれど、青年はその将来の見込みによって愛せられる。

ゲーテ

私にとって最も不快なものはあきらめである。あきらめ切れぬ、という言葉は、あきらめを肯定してそれに到達しえぬ場合にのみ用うべきものである。が、私はあきらめを敵とする。私の日々の努力は、実に、このあきらめと戦うことである。あきらめるくらいなら自殺した方がよほどましである。というよりも、あきらめと戦うためには私はけっして自殺をも否定しない。死んで勝つということは絶対ないが、しかし死んで敗北から逃れるということはあるのである。

北条民雄

登山の喜びは、山頂を極めたときに頂点に達する。しかし私にとって、一番の楽しみはけわしい山脈をよじ登っているときである。けわしければけわしいだけ、心臓は高鳴り、勇気は鼓舞される。

ニーチェ

われ張りつめた氷を愛す、かかる切なき思いを愛す、われその虹のごとく輝けるを見たり、かかる花にあらざる花を愛す、われ氷の奥にあるものに同感す、その剣のごときもののなかにある熱情を感ず、われはつねに狭小なる人生に住めり、その人生の荒涼のなかに呻吟せり、さればこそ張りつめたる氷を愛す、かかる切なき思いを愛す。

室生犀星

悔いにみちた人生ではあるが、それが私にとって私の人生なのだ。私としては精一杯生きてきた人生である。それと違った人生を、はたして私が持ちえたかどうか。悔いにみちたこの人生こそ私の人生で、それ以外に私の人生はありえなかったのだ。

それは私が私の人生を、悔いにみ

▼お前のことばを、お前の財布に合わせよ

〈イタリアのことわざ〉

あまり経済的に恵まれていない人ほど口では大きなことをいい、いかにも豊かなようにふるまうのは、洋の東西を問わず、同じらしい。財布の中身が軽いと口も軽くなるのだろうか。

実現できそうもない大きなこと、心にもないことを見栄を張っていっていると、いつかは取りかえしのつかない失敗をしたり周囲の人々から信用されなくなってしまう。男であれば、いや女だってかわりがないが、ひとたび口に出したら、なにがなんでも実行しなければならない。もし、それがいやなら、経済的に責任のとれる範囲の発言でとどめておかなければならないだろう。

逆に、自分が豊かだからといって、よい気になってふるまっていると、反感をかってしまう。

ちた人生にせよ、不遇の人生だったと思わないからか。事実、私は私の人生を不遇とは思わない。と同時に、私の人生を何も栄達の人生だとも思っていない。つまり客観的に私の人生がどうあろうと、私のこの人生しか私にはなかったのだ。人生とは私にとって、私の人生しかないのだ。

高見　順

なにもせずにじっとしておれば、一日が二日みたいな気になるものだ。もし一生涯を全部こんな気分に切りかえることができれば、七十まで生きたとしても、それは百四十歳の寿を得たことになる。こんなすばらしい長生きの薬は、めったに有るものではない。副作用もなければ金もかからぬ。人間はだれでも、この処方をそなえておるのに、困ったことには、よい白湯がないため、せっかくの薬が服めぬという始末だ。

蘇東坡

野原のマツの林のかどの、小さなカヤブキの小屋にいて、裏に病気の子どもがあれば、行って看病してやり、西につかれた母があれば、いってその稲のたばを負い、南に死ぬるような人があれば、いってこわがらなくてもいいと言い、北に喧嘩や訴訟があれば、つまらないからやめろといい、日でりの時は涙を流し、寒さの夏はおろおろ歩き、みんなにデクと呼ばれ、ほめられもせず、苦にもされず、そういう者にわたしはなりたい。

宮沢賢治

熟練した船長は、暴風雨にあえば、いたずらに暴力に抵抗するの愚はしないが、しかもまた、いたずらに絶望して波風のほんろうに船を委せはしない。つねに確固たる自信と成算をもって、最後の瞬間まで全知全能をつくして活路を開くことにつとめるのである。人生の困難突破の要諦である。

マクドナルド

▼多すぎなければ十分ではない

〈フランスのことわざ〉

人間の欲望はまことに際限がない。どんなに恵まれていても、もっと、と思う。が、それでばかり失敗してしまう。満腹であるのにさらに食べて、下痢をしたり、腹痛に悩まされるのによく似ている。

金銭や名誉に関しても、人間はかぎりがなく、貪欲に追い求めてやまないが、特に、権力に対する欲望は強い。さまざまな歴史上の人物たちがそれを証明している。権力の座に汲々とし、もっともっと、と望むために周囲との軋轢《あつれき》が生まれ、人々を苦しめ、その結果自らを崩壊へと導いていくのが常である。追い求めるほど追うものは逃げ出し、追わないとむこうからやってくるものは少なくない。ある程度、満足できるほどのものを手に入れたら、それ以上をけっして望まない態度が人に好感を与え、味方をつくる。

堅い信念をもつ。それは人間としてもっとも重要なことである。しかしいかに堅い信念であっても、ただ沈黙して胸にしまっておいたのではなんにもならない。いかなる代償を払っても、よしや死を賭しても、かならず自己の信念を発表し、実行するという勇気が必要である。ここにはじめてかれのもつ信念が生命をおびてくるのである。

トスカニーニ

東京を何か偉いものに思い、崇拝し模倣するに汲汲たる例は実に多い。私は「あちらでは」といった風の、まるで洋行してきたのを鼻にかけている連中が、外国の事を語っている時のような表現にしばしばぶつかって、一体どこをさしているのかといぶかしげに思うのである。すると、それは東京のことなのである。若年の衒気の多い手合いによって東京が尊敬されているだけでなく、その傾向は「大阪の」全体の住民の間にある。老人たちが「へえ、東京に住んでなはるのか、そらよろしおまんな、どうだす、あったの景気は」と心からいう中年者もある。

武田麟太郎

われわれの多数は、他のヒツジどものやることに支配されてばかりいる愚かなヒツジによくにている。その愚かなヒツジは、先導者が橋の右がわをわたって川に落ちるのを見ていながら、自分もそのあとにしたがって、川に落ち込むのである。先導者が落ちたら、自分は左がわをいけばよい。ただそれだけの注意と独創力が必要なのだ。しかし、多数のものはそのことに気づかない。

ハースト

「よし」というためには、汗を流し、袖を捲りあげて、人生を両腕にしっかり抱えこまなければならない。死に直面しているときさえ、「いや」ということは易しいのだ。動かずにただ待っていればいいのだからね。生きるために待っている、かと

▼酒と女と歌を好まぬ者は一生ばかである

〈ドイツのことわざ〉

中世の沈滞した宗教界に敢然と挑戦して宗教改革をとなえ、世界の歴史に大きな転換をもたらしたマルチン・ルターがいったことばとして伝えられている。ほんとうかどうかはつまびらかではないが、宗教にかかわりあう人がいっただけによけいに心にひびく。ルターには

「酒は強く、王はもっと強く、女はそれよりさらに強い。けれども、真理はもっと強い」

ということばもある。酒と女についてよほど関心があったのだろう。酒と女、歌はたしかにすばらしい。男の人生を豊かにしてくれる。が、溺れてしまったら人生をだめにしてしまうのも酒と女、歌である、といいたいのではあるまいか。過ぎたるは及ばざるごとしである。自戒しなければならない。

思うと殺されるために待っている。意気地がなさすぎるよ。人間の発明したことだ。お前、樹木が樹液に向かって「いや」といったり、けものが自分たちの愛や狩の本能に向かって「いや」といったりする、そんな世界でも夢みているのかい？　けものたちをごらん、みんな善良で、単純で、がまん強い。同じ道を互いに押し合いへし合いしながら勇敢に進んでゆく。

倒れれば次の連中が乗り越えて行く。安心して死んでいけるというものだ。どの種族も必ず子孫を残し、同じ道を同じ勇気を以って進んでいく、先に行ったものと全く同じように後につづくのだ。

アヌイ

ごらんなさい、この勤勉なアリを。アリは私ども人間よりも高等動物です。

けんかしたり、だましあったりはしません。人間がアリのように利己主義をすてて公共のために働けば、世のなかはもっとよくなるのですが……。

小泉八雲

ひとり徒歩で旅したときほどゆたかに考え、ゆたかに存在し、ゆたかに生き、あえていうならば、私自身であったことはない。徒歩は私の思想を活気づけ、生き生きさせる何ものかをもっている。じっと止まっていると、私はほとんどものが考えられない。私の精神を動かすためには、私の肉体は動いていなければならないのだ。

田園の眺め、快い景色の連続、大気、旺盛な食欲、歩いて得られるすぐれた健康、田舎の料亭の自由さ、私の隷属を思い起こさせる一切のものから遠ざかることが、私の魂を解放し、思想に一そうの大胆さをあたえる。

ルソー

▼どんな道でも進んで行かなければ山にたどり着かない

〈ノルウェーのことわざ〉

考えてばかりいて、実行しなければ、なにごとも実現しない、といった意味に使われる。まず実行といいたいのだろう。

イギリス人は歩きながら考える、フランス人は考えながら走りだす、そしてスペイン人は走ってしまったあとで考える、といわれているが、ノルウェーの人たちはどのタイプに属するのだろうか。

こんなことわざがあるところから考えると、とにかくやってみよう、できるかできないかはそれから。でも、なんとかなるだろう、とノルウェー人は信じているらしいふしがある。すると、イギリス人に似ているといえそうである。

いずれにしても、生き方としては、果報は寝て待つよりも、まず行動するほうがよい結果が得られる可能性があるだろう。

命がけで生きる

　三重県上野市の山の中にある私立日生学園という学校は、男女共学の全寮制の高校である。生徒たちは午前四時半に起床してから、午後九時の消灯、就寝まで秒刻みの生活のなかで鍛えられている。校長をはじめ、教職員のほとんどが午前二時起床というきびしさ。教師と生徒が一体となって一日二四時間、学校は道場である、学問は修業であるとして学んでいる。

　青田強校長は率先垂範、七〇歳をすぎてなお教師と生徒をひっぱっていく。青田校長は自らの人生観を次のように語っている。

「マラソンには死点がある。全力を出して走っていると、息がきれ、腹はいたみ、喉はカラカラにかわききり、足は棒のように重くなって、もうこれ以上走れないというところまでくる。心身共にこうした限界状態に達しているところが〝死点〟である。

　しかし、死点にさしかかったランナーが、もし、そこで斃《たお》れてしまったら、そのランナーは永久に栄光のランナーとなることはできない。人生もまたマラソンと同じである。死点にさしかかったとき、妥協してしまうか斃れたら、その人の人生も終りだ。

……死点は、天が君を脱皮させ、大きくするために与えてくれた恵みの鞭である。全力を出して挑戦している者を自己革命させてやろうという愛の障害なのである。第一の死点を突破して、そのランナーは、その意志、その体力、その人間性を一段と高めたといえる。しかし、このランナーには、まだ第二、第三の死点が訪れてくると思わなくてはならない。

　マラソンだけではない。人生の道にはすべてこの死点がある。全力を出して死点にさしかかったとき、死力をつくして死点を突破した者だけが自己を向上させ、新しい自己を誕生させ、事を為しとげることができるのである。苦しみをいやがる者、苦悩に耐えて、これを突破する意欲のない者には永遠に進歩はない。

　死点を招くほどの全力を出そう。死点を喜んで迎え、死点を突破するために、さらに真向一途の努力をしよう。このようにして永遠に自己を脱皮し続け、永遠に自己を革命していくのが真の人生なのだ」

　日生学園では、毎朝一キロの駆け足、放課後に六キロのマラソン、月一回の十キロマラソンが実施されている。むろん全校生徒が参加する。入学して卒業までの三年間に、生徒全員が北海道から沖縄まで往復した距離を走る計算になるという。

　日生学園の生徒たちの日記をみると

「朝一時半に起きて、助動詞の勉強をした。よく頭に入る気がした……」

などというのがある。教職員、生徒たちのすべてに、青田イズムである〝命がけで生きる〟精神が浸透しているのである。

9 女と生まれて・その人生観

▼女とはなにかを考えている人に

無学な人々は女子教育の生まれつきの敵である。

スタンダール

自分の仕事の結果を最大限に利用して、全体の人びとの幸福を忘れずに自分自身の利益をも保持するというような実際的な人間が、人類にとって必要なのはいうまでもない。しかし、また利害を超越して、ひとつの計画を展開することは、きわめて魅力的であるために、自分の物質的な利益に意をもちいてはいられないような夢想家も、人類にとっては必要である。

キュリー夫人

人間もときどき地球をはなれて火星に転地旅行でもすることができるようになったら、今より地球のことも客観的に考えられて、人類がもっとずっとリコウになりはしないかしら、なんて考える。

野上弥生子

人は女に生まれない。女になるのだ。

ボーヴォワール

神様がお言いつけになられたのだから、そのとおりにしなければならないと思いました。たとえ父親が一〇〇人、母親が一〇〇人あったとしても、たとえ王様の娘だったとしても、それでもやはりわたしは出発したことでしょう！

ジャンヌ・ダルク

私は貧乏と病気のどん底を生き抜いて来ました。

「あらゆる人にふりかかる悩みをあなたはどうやって切り抜けてきたのですか」

と尋ねる人があれば　私はいつもこう答えます。

「私は昨日耐えました。今日も耐えることができます。そして明日のことは決して考えないことにしています。」

D・デイックス

▼神が女を、
男の頭から造らなかったのは
——男が支配されないため。
男の足から造らなかったのは
——男の奴隷にならないため。
男のアバラから造ったのは
——男の脇に居てもらうため。

〈イスラエルのことわざ〉

男女は平等であり、男には女が必要だということなのだろう。旧約聖書、創世記第二章には次のように女性誕生のいきさつが綴られている。

「……人にはふさわしい助け手が見つからなかった。そこで主なる神は人を深く眠らせ、眠った時に、そのあばら骨の一つを取って、その所を肉でふさがれた。主なる神は人から取ったあばら骨でひとりの女を造り、人のところに連れてこられた。」

夫と妻はこうして結ばれるという。

母体としての社会的な地位を確立することこそが、真のウーマン・リベレーション達成への第一歩である。

D・フュージ

はやるかんざし髪かたちより　すぐな心がうつくしい。

『近世歌謡』

愛は一切に勝つ？

特別に女子のためとして作られた書物は、すべて女子を低能児たらしめる劣等の書である。

ヒルティ

まず手始めに、女は男に対してもっと心を開こう。男に対して素朴な心を開けない女は同性である女に対して変質的な嫉妬心が強いのが普通である。それは欲求不満の変形と言える。自分が異性に対して素朴になれない腹いせを同性に対する八つ当りで解消しているだけなのだ。素朴にふるまいたいという欲望はごく自然のことであり、それを抑圧されると、抑圧されていない人を憎む心が生ずる。他人の恋愛事件を不道徳だとそしる心理の多くは、不道徳であることを憎む心より、自分でやりたくて仕方がないことを他人がやったのが、癪にさわるのである。

与謝野晶子

私の生涯の物語を作り上げているのは、私のお友だちであることがおわかりでしょう。思えば数えきれぬほどたくさんの方法で、この人々は私の欠陥を、かえって美しい特権に変え、私の眼と耳の損失が醸し出す闇と沈黙の谷の陰を、心静かに幸福に歩ませてくださるのであります。

大庭みな子

元始、女性は実に太陽であった。

今、女性は月である。他に依って生き、他の光によって輝く、病人の真正の人であった。

ヘレン・ケラー

▼煖炉から降りる間に、女は七十七の胸算用

〈ロシアのことわざ〉

女性がどんなにすぐれた働き手であるかを称えたことばである。

寒い国のロシアでは、寝床が煖炉の上にあったのだろう。煖炉から降りるとは、目覚めてから寝床を離れること。寝床から起き出すわずかな間にも、女たちは一日の家事のことやなにかをあれこれ心を配り、なにをどうしようと考え、手順を誤りなく胸におさめてから働き出す。

が、現今の女性はどうだろうか。男性からこのような賛辞を受けるに価する人たちがどれほどいるだろう。少ないのではあるまいか。といっても、男のほうだって女から、その能力と忙しさに対して、尊敬といたわりを受ける価値のある者がどれほどいるか、ちょっと疑わしい。お互いさまというところか。

ような蒼白い顔色の月である。

平塚らいてう

　せっかくのお招きですけれど、私は夜ふかしをすることができません。なぜなら私は朝早く起きて教師としての義務を果たすために準備をしなくてはなりません。疲れている教師ほど役に立たないものはありませんから。

エレン・ケイ

　私はフランスの女の美しさには、無条件で賛成する。が、あの細い腰と小さい顔は、フランス王朝時代以来のフランスの不健全さとぜいたくを表現しているのであって、けっして堅実な社会向上の傾向をあらわしているのではないことを痛感した。観念的には支那のテン足と変らないほどの美的観念が、女の腰のまわりを長いあいだ緊縛していたにちがいない。そういうきゃしゃな女を扱うために男の過度な親切が生まれるのは当然である。また男たちのあの親切さは、女性のきゃしゃに対する賛美の表現なのである。この習慣が武骨なアメリカへ渡ってもなお栄えたのは、開拓当時のアメリカに女が少なかったためだと解すべきだろう。日本の女はかならずしもうらやましがることはない。

平林たい子

「わたしは女であるまえに人間だ」というのは論理学の命題としては真です。しかしこう主張しただけでは女から人間になることはできません。よくインテリ女性がこの論理的命題をふりかざして、なにごとも男と対等にやってのけようと奮闘し、男からは「女としてより人間としてきみを尊敬する」などといわれて得意になったりしていますが、これは多くの場合、「きみは女の魅力がないね」というだけのことかもしれません。「女権を拡張すれば女性も男性と同等の人間に昇格するだろう」式のこっけいな観念論にまどわされないようにいたしましょう。あなたはと

▼子を育てることを覚えてから嫁に行く女がいるか

〈朝鮮のことわざ〉

　不言実行こそ美徳といった意味。実際にやってみもしないで、予想される結果だけをあれこれ思いわずらってもなんにもなりはしない、まずなにはともあれ、やってみなければ事のよし悪しはわからない。

　日本の古典である『徒然草』のなかにもこれに似た話が出ている。僧侶になるためには、どのような知識、教養が必要かと考え、その準備をあれこれしているうちに、とうとう出家する機会を失ってしまう男の物語である。

　が、子どもを生み、育てるという現実が、男と女の結びつきから生まれてくるのをまるで忘れてしまっている男女が少なくないのも事実である。子どもを生むための覚悟は、あらかじめしておく必要があるだろう。

にかく女でしかないのです。……かといって男性に劣等感をいだく必要はありません。どうせあと七十年も生きればあなただって女でもなく男でもないもの、つまり「人間」になれるのですから。

倉橋由美子

政治は本来、女性の仕事だと思う。男性より女性の方がずっとうまくやれるのよ。それは非常に単純な歴史的および社会学的理由からよ。女性は何千何万年もの間、家庭を司ることを社会から課せられてきたの。本人が意識するしないにかかわらず、女性は支配することを身につけている。女性は社会、経済、教育、宗教などあらゆる分野を統合的に運営する方法を知っている。人は父親ではなく母親の影響と管理の下に育つのよ。

オリアナ・ファラチ

聡明な女性は生まれながらに数百万の敵を持っているが、それはみなおろかな男たちだ。

エッシェンバッハ

子どもを、いつ、何人もつかを決めるのは女性の権利で、これを制限するようなことはすべきでないと思う。

H・シピラ夫人

女性は意識して母になるかならないかを決めるようにならなければ、ほんとうに自由とはいえない。

M・サンガー

育児は芸術である。

ハーロック

男は駄目だよ。位階や勲章に目がくらむからね。そこへ行くと、女には勲章をぶら下げて喜ぶような馬鹿はいないから頼もしいよ。

福田英子

化粧は女の社会的地位を表現するものだ。

ボーヴォワール

➤楽しい人には草も花、いじけた人には花も草

〈フィンランドのことわざ〉

心のあり方ひとつで、醜いものも美しく、美しいものも醜くなるといった意味か……。

男は確かに、女の容姿についてきびしい見方をしている。魅力的な女性とそうでない女性ではまるで扱い方がちがう。だからだろう。女は自分の容姿について敏感であり、ほんのちょっとした欠点を気にして、くよくよと思い悩む。長所を認めようとしない。

男にとって、ひがみっぽい、いじけた女ほど扱いにくい存在はない。悪いところなど忘れて、よい点を強調して明るくふるまうことである。すると、案外、さまざまな世界が開けてくる。容姿の欠点など、なんとも感じていないと思わせる女性は誰からも愛される。外見よりも内面の充実がそれを可能にする。

ゴダイヴァ夫人の裸

西暦一〇六〇年代といえば、日本では平安時代である。女性、特に上流社会の女性は家の奥深くに住んで、めったな人々には顔さえ見せなかった。まして、顔以外の肌を人に見せるなど思いもおよばないころである。

こんな話がある。

久米ノ仙人ハ和州上郡ノ人ナリ。深山ニ入リ仙トナル。一時《アルトキ》、偶《タマタマ》河辺を過《ヨ》ギリ、婦人足ヲ以ッテ衣ヲ踏ミ洗ウ脛ノ白キヲ見テ心ヲ染メ、即時ニ墜落ス。

空をとぶことができるほど修業をつみ、俗欲を棄て去った仙人が、女の脛、つまり膝から足首までの間を見て、心を乱され、術を失って落ちてしまうのである。いまでこそミニスカートだ、ビキニスタイルだと、女の肌があらわになってもなんでもない時代になっているが、久米の仙人のころにまでさかのぼるまでもなく、昭和の初めでも、女性が足首を人に見せるのは恥かしいこととされていたのである。それだけに、女性の肌への男性の憧れは、いまよりずっと強かった。洋の東西を問わず、それは変わりなかったらしい。

中世イギリス、一〇六〇年代の封建領主マーシア伯爵レオフリックは強欲で、領有する町に重税を課そうとした。妻のゴダイヴァ夫人は、夫に似ず心やさしく、信仰のあつい人であったので、町の人々を苦しめようとする夫をいさめ、重税を思いとどまるようにいくたびも説得した。が、レオフリックはいっこうにとりあおうとせず、あまっさえたわむれに、「もし、お前が白昼裸で町で馬を乗りまわしたら、町のものどもの税は免じてやろう」という。が、そんな理不尽な夫のことばにひるむどころか、夫人はレオフリックの要求を承知する。町の人々には通りへ出ることを禁止して、夫人は裸で町をひとまわりした。

町の人々は、自分たちのためにあえて恥をしのんで犠牲になった夫人に深く感謝して、誰もが禁をおかそうとしなかった。が、どこにでも例外的な人物はいるもので、トムという好色な仕立屋は、深窓の貴婦人の裸はどんなものかと好奇心をもやしてひそかにのぞき見ようとした。すると、どうだろうか不思議なことに、仕立屋が目的を達する前にめしいてしまって、夫人の裸を見られなくなった。

男たちは一般に、女性のあらゆる行為に対してまだまだ「のぞき見トム」のように好奇の念をもって接する者が多い。が、女もまた男性のそうした態度を期待しているといったふしがある。それはいまもむかしもかわりないのではあるまいか。

ゴダイヴァ夫人の行為は、女性の典型的な姿だといえる。愛と自己犠牲のなかで、宗教的ともいえる陶酔にひたる人は少なくないだろう。トムもまた男性の典型である。

10 運命をきりひらく

▼未来をわが手にしたい
と願っている人に

人間は毅然として現実の運命に耐えていくべきだ。そこにはいっさいの真理がひそんでいる。

ゴッホ

みんなが「不景気だ不景気だ」というときは、まだ不景気ではない。みんなが「もうダメだ」と思ったときがい本当の不景気なんだ。

松下幸之助

運命は、我等を幸福にも不幸にもしない。ただその材料と種子とを我等に提供するだけである。

モンテーニュ

汝の運命の星は汝の胸中にあり。

シラー

好運といい、不運といい、それは後になっていえることである。ただ自分がよいであろうと思うことを現実の条件から裏づけをし、あとは勇を鼓して一歩を踏み出すだけである。

大川　博

われわれの運命は、前進することにある。それぞれの社会においては、その一つ上のものへと進歩せずにはおかない。

フーリエ

運命の中には偶然はない。人間はある運命に出あう以前に、自分がそれをつくっているのだ。

T・W・ウィルソン

われわれがわれわれの運不運をつくる。そしてわれわれがこれを運命と呼んでいる。

ジズレリー

運命は神の考えるものだ。人間は人間らしく働けばそれで結構である。

夏目漱石

運命に向かい喚き、罵しりてなんの利益ありや、運命はつんぼなり。

エウリピデス

➤犬も歩けば棒にあたる

〈江戸いろはかるたの第一句〉大阪の第一句は「石の上にも三年」である。

犬だって出歩くと棒にあたる。つまり災難にあう、だからおせっかいはよせというのが元の意味。だが、いまはまるで逆なふうに使われている。「くよくよすることはない、世の中、なにかしているうちにかならず思いがけない幸福に出会うものだ」という意味に転じているのだから不思議である。

災難のシンボルであった棒が、幸運にかわったのは、日本人の心のなかにある大凶は大吉に通じる、大吉は大凶に転じる可能性があるといった考え方によるものではあるまいか。不幸がきわまれば、あとはそれ以上落ちることはない、よくなっていくばかりである。そう考えて楽天的に生きていかなければ、当時の庶民としては耐えられなかったのだろう。

平らな道でも、つまずくことがある。人間の運命もそうしたものである。神以外にだれも真実を知るものはないのだから。

チェーホフ

人間の一生を支配するものは運であって、知恵ではない。

キケロ

理想は星のようなものである。諸君はそれに手を触れることはできないが、荒涼たる大洋を航海している人のように理想を水先案内人として選び、これに従うことによって諸君は自らの運命を決定するであろう。

ヤール・シュルツ

すべての人は自己の運命の創造者である。

スティール

人間には、それぞれ運命があるにしても、人間を超越した運命というものはない。

人間の運命は人間の手中にある。

カミュ

人の運命を決定するものは、その人が自分自身をいかに理解しているかということである。

サルトル

運は吾人より富を奪い得ても勇気を奪い得ず。

ソロー

たいていのひとびとは、運命に過度の要求をすることによって、みずから不満の種をつくっている。

セネカ

予はときに感ずることがある。人間には運命というものがあって、自分である程度までこれを開拓していくことができる。世人に暇があったら何をなすとか、金があったら何々を実行するとかいって、暇と金とに

フンボルト

▼山に近ければ山を食い、海に近ければ海を食う

〈中国のことわざ〉

中国料理は、フランス料理と並んで世界中いたるところで食べられる。世界の料理といってよい。それだけ中国人がいろんな国々にちらばって住んでいるということだろう。中国人たちは、移り住んだ国で料理店を開いても、けっして本国から材料を輸入したりはしない。その土地でとれるものを巧みに使って中国料理をつくるのである。

「山に近ければ……」は、現在自分がおかれている状況を知り、そのなかで得られる最良の条件を活用して生きていくのが、幸福への近道といった意味である。そうした生活哲学が料理にも反映して、ある材料だけで本国に負けない中国料理をつくってしまうたくましさが培われてきたのかもしれない。

全責任を負わせている者が多数である。が、実際、この暇と金とも自分でどうにかしてこしらえるものだということを深く確信しているものはないようである。予はこの当時は、別にどうとも感じなかったが、今から考えてみると、たしかに人間というものには一種の運命というものがあって、これをある点まで支配することができるものだと思う。

片山　潜

運のはなはだ悪いひとは安心するがいい。なぜなら、なおいっそうの悪運に陥る心配がないからである。

オーヴィット

運命はわれわれの行為を半分支配し、他の半分をわれわれ自身にゆだねる。

マキャベリ

われわれは運命によって強く叩かれたり、柔かく叩かれたりするが、それはわれわれの素質の問題なのである。

エッシェンバッハ

「今が最悪の事態だ」といえる間は最悪ではない。

シェークスピア

人間は自分の一生は自分自身が導いてゆくのだと考えている。しかし心の奥底には、運命の導くままにこれに抗《あらが》いえないものを持っている。

ゲーテ

具体的には未来が決まっていないということは人間にとって喜ばしいことで、運のない世界、つまり何事も自分の思う通りになる世界があるとしたら、想像もつかぬほど退屈した世界であろう。健康・財産・権力、その他あらゆる幸福といわれるものがそなわっているとしても、運のない世界はいとわしいものである。世の中には運というものがある。運こそは人間に活気をあたえる。運があるので生活は単調でなくなる。幸福

▼一日をくださる神だもの、一日の糧もくださるだろう

〈ロシアのことわざ〉

「おてんとうさまと米のめしはついてまわる。くよくよするな」という意味。少々の困難に出あっても、「ニチエボー（なんでもないさ）」といってすましてしまう、いかにも楽天的なロシア人気質が生んだことばといえる。新約聖書・マタイによる福音書の六章に、

「……何を食べようか、何を飲もうかと、自分の命のことで思いわずらい、何を着ようかと自分のからだのことで思いわずらうな。

……空の鳥を見るがいい。まくことも刈ることもせず、倉に取りいれることもしない。それだのに、あなたがたの天の父は彼らを養っていて下さる」

とあるが、聖書のこの部分からとったのだといわれている。鳥さえ養ってくれるのだから、まして人間は……というわけである。

の一滴は知恵のひとたるほどの価値がある。一粒のよき運はロバの一荷のよき技能にまさるように、運は人世にはなくてはならないものである。運をつかむことは今でも必要なことであるといえる。

ストダート

運命は偶然よりも必然である。〈運命は性格のなかにある〉といふ言葉はけっして等閑に生まれたものではない。

芥川龍之介

わたしは運命ののどくびをしめあげてやるのだ。けっして運命に圧倒されないぞ。この人生を千倍も生きたなら、どんなにすてきだろう。

ベートーヴェン

人類がみずからの意図によってつくるもの以外に、人類の運命というものはない。それゆえに、人類が没落の道を最後までたどらねばならないとは信じない。……私は真理と精神との力を信じるがゆえに、人間の本来を信じる。

シュバイツァー

自らを不遇と推断するほど、その身を不遇にするものはない。

セネカ

この世の中にはいろいろな不幸がある。しかしその不幸からよきものを生み出そうとし、また生み出し得るものは賢い人である。与えられた運命を最もよく生かすということは人間にとって、大事なことである。

武者小路実篤

運命というものは、他のことにおいてもそうであるが、特に戦争においては最大の役割を演ずるものであり、それは小さな原因から決定的な変化を引き起こすのである。

カエサル

▼ほかの指は並んでいても、親指だけは離れている

〈西アフリカのことわざ〉

「天は人の上に人を造らず、人の下に人を造らず」といったのは、福沢諭吉だが、こうした万民平等思想と真向から対立する考え方である。人々の上に立つ者は生まれたときからちがう。栴檀は双葉よりかんばしである。その人に備わった運命や才能は生まれながらのものでどうすることもできない。王様や酋長になる者は最初からきまっている、と指摘したことば。親指だけははじめから離れていて、太い。他の指とは形にしろ、力にしろまるで同じ指とは思えないほど異っている、というわけである。

現在の日本で、特に学校教育の場で、こんな発言をしようものなら、競争原理による差別思想だとばかり、非難の集中砲火をあびてしまうのではなかろうか。

人間万事塞翁《さいおう》が馬

中国の故事。

人間の幸、不幸、運命の変転はきわまりないものであり、吉凶禍福もまた定まり難い、なにがきっかけで幸福がつかめるか、不幸のどん底に落ちるかわからない。そのときどきの出来事で有頂天になったり、嘆き悲しんだりしていても、けっしてうまくいかないだろう。幸福のあとには不幸を、不幸のあとには幸福を予想して生きていかなければ、いたずらに運命にもてあそばれるだけである、といった意味に使われている。

中国を訪れた人は、たいてい万里の長城に案内される。延長約二千四百キロにおよぶ壮大なこの建造物は、約二千年以上の歳月をついやして完成したものである。北方から食糧獲得のために侵略してくる異民族〝胡〟を防ぐために造られたという。

胡の地との国境を接する城塞に、占術をよくするひとりの老翁が住んでいた。老翁は立派な馬を飼っていたが、どうしたはずみか、あるとき、その馬が一頭胡の地に逃げ出してしまった。隣人たちが気の毒がって慰めると「いや、これがどんな幸福に転じないと誰がいえましょう」と平気な顔をしていた。はたせるかな数ヵ月の後、逃げた馬が胡の良馬をいっしょに連れて帰ってきた。こんどは隣人たちがうらやましく思いながらお祝いを述べると、

「これがいつ、どんな禍に転じないといえるでしょうか」とふだんとかわらない調子で答えた。老翁の家は良馬に富むようになったが、乗馬好きの息子が、馬から落ちて太股の骨を折った。生まれもつかぬ不具になった息子をかわいそうに思った隣人たちは、慰めにやってきた。

「いやいや、これがどうして幸福につながらないといえますか」とさして落胆しているふうではなく、見舞いの人たちに老翁はいった。

骨折の事故があってから、一年後、胡人が城塞になだれ込んできた。村の若者たちは、戦争にかり出され、手に手に武器をとり、弓を引いて応戦した。が、激しい戦が終ってみると村の若者は十人中九人まで戦死していた。しかし老翁の息子は不具だったおかげで戦争にいかずにすみ父子共に無事生き残った。これが話のすじである。人間の運命は、塞翁の馬がもたらすように、ひとつのことが幸福にも、不幸にもつながるというわけ。

塞翁が馬の話は、中国の古典のひとつである『淮南子《えなんじ》』の「人間訓《じんかんくん》」のなかに載っている。老子、荘子の説くところにもとづいて書かれている教訓の書である。人生の運命は、偶然によって左右されると説いているように思われるが、著者の淮南子はそうではないという。〝それ禍いの来るや、人自らこれを生ず、福の来るや人自らこれを生ず〟

第2章
人間について理解する

人間の存在を表現するのに、人間ということばはどうも似つかわしくない。もっと正確にあらわしたら「可能性」。若者も、年配者も、ひとしく可能性。

1 人間、このすばらしきもの

▼人間の偉大さを知りたい人に

人間は考えるために生まれている、従って考えることなしに一瞬もいない。

パスカル

少年の頃は打ち解けず、反抗的、青年の頃は、高慢で、御しにくく、おとなになっては、実行に励み、老人になっては、気軽で、気まぐれ――君の墓石にはこう記されるだろう。

確かに、それが人間なのだ。

ゲーテ

なんというすばらしい傑作だ。人間というやつは！　理性はひいで、能力は無限、その表情と動作とは、いかに適切で、いかにみごとであることか。その行動は天使のごとく、理解力は神にもまがう。世界の華、生きとし生けるものの亀鑑。

シェークスピア

諸君がもしその読み方を知っているとすれば、人間はすべて一冊の書物である。

チャニング

人間こそ笑いまた泣くところの唯一の動物である。つまり人間こそあるがままの事実と、あるべきはずの事実との相違に心をうたれる唯一の動物である。

W・ハズリット

人間の偉大は、彼が自己の悲惨を知っている点において偉大である。

パスカル

人間は笑うという才能によって、他のすべての生物よりすぐれている。

アディソン

人間よ。汝、微笑と涙との間の振子よ。

バイロン

人間の偉大な価値は、人間が外界

▼スフィンクスの謎

世界には二種類のスフィンクスがいる。ギリシアとエジプトとに……。

これはギリシアのスフィンクスの話。むかし、テーベの郊外のピノキオンの山の頂上に一匹のスフィンクスが住んでいた。顔は乙女、胴体は獅子、翼をもっているという怪獣である。町近くの道端にある岩の上に座って、通りかかる旅人に向かって

「朝は四本足で、昼は二本足、そして夕方は三本足で歩き、足の多いときほど弱い動物はなにか」と謎をかけた。そして答えられなかった者は食い殺した。勇士エーディプスが、

「それは人間だ。赤ん坊のときは手足を使ってはい、成長すると二本足で歩き、老人になると杖をつくから足は三本となる」。

見事に謎を解いたので、さしもの怪獣もがっかりして岩から身を投げて死んだという。

の事情にできるだけ左右されずに、これをできるだけ左右するところにある。

ゲーテ

人間の生活力の強さ！　人間はどんなことにもすぐ慣れる動物である。私はこれこそ人間に対する最上の定義であると思う。

ドストエフスキー

人間は万物の尺度である。

プロタゴラス

人間は道具を使う動物である。

カーライル

人間のなかには、なにかしら悪魔的なものもあると同様、神に似たなにものかが存在する。

ネルー

自然は回転するが、人間は前進する。

ヤング

人間が不滅であるのは、生物のなかでただ人間のみが耐えることのない声をもっているからではなく、魂、つまり同情し、特性となり、忍耐する力のある精神をもっているからにほかならない。

フォークナー

花が花の本性を現じたる時最も美なるが如く、人間が人間の本性を現じたる時は美の頂上に達するものである。

西田幾多郎

境遇が人間をつくるものではない。境遇そのものは人間のつくったものである。われわれは自由なる能動者であり、人間はつねに物質より強力である。

ジズレリー

人間は自然のうちでもっとも弱い一本の葦にすぎない。だがそれは考える葦である。これを押しつぶすのに宇宙全体が武装する必要はない。

ギリシア語のスフィンクスには「締め殺す」「摑み殺す」の意味がある。

ちなみに、エジプトのスフィンクスは頭は人間で身体はライオンだが、こちらは謎をかけたりはしない。頭が鷹で身体がライオンのもの、頭が羊で身体がライオンのもの、頭が人間で身体が黄金虫のものなど、頭と身体が別々な動物からできている石像で、王者の墓、ピラミッドの傍にあり、じっと守り続けている。

➤考える葦

人間が話題になると、かならずひきあいに出されるのが、パスカルの『随想録』のなかにある

「人間は自然のうちでもっとも弱い一本の葦にすぎない。だがそれは考える葦である」

という名高いことばだろう。なぜ、パスカルは、人間をかよわいものといい、葦になぞらえたのだろうか。

水蒸気や一滴の水もこれを殺すに十分である。だがたとえ宇宙がこれを押しつぶすにしても、人間は人間を殺すものより崇高であろう。なぜなら、人間は自分が死ぬことと、宇宙に対する自分の優位とを知っているからである。だが宇宙は何も知らない。

パスカル

人間、なんという高尚な音をたてることだろう！　人間は憐むべきものではない。尊敬すべきものだ。

ゴーリキー

一日まさりになじめば、人ほどかはいらしき者はなし。

井原西鶴

人間は、ときには誤謬を犯しながらも、足をのばして、つまずきながらも前進する。

スタインベック

人間は神がつくったということは僕は信じられない。神がつくったものとしては人間は無常すぎ、不完全すぎる。しかし自然が生んだとしたら、あまりにも傑作すぎるように思うのだ。

武者小路実篤

人間は安泰のなかに満足を見出すべきである、といっても無駄である。人間に必要なのは行動である。そしてもし行動が見つからない時には、人間はそれを創り出すであろう。

シャーロット・ブロンテ

正直とか親切とか友情とか、そんな普通の道徳を堅固に守る人こそ、真の偉大な人間というべきである。

アナトール・フランス

人間をよく理解する方法は、たった一つしかない。それは、彼らを判断するのをけっして急がないことである。

サント・ブーブ

人間一般を知ることは、ひとりひ

西欧的なものの見方、知恵、意識のなかには、聖書から影響を受け、導き出されたものがほんとうに多い。だから、西欧世界を理解しようと思ったら聖書は欠かせない教科書であるといってよいだろう。

聖書のなかでは折れやすい頼りないものを「葦」にたとえている。

「今あなたは、あの折れかけている葦のつえ、エジプトを頼としているが……」(旧約聖書「列王紀下」第十八章第二十一節より)

「また傷ついた葦を折ることなく」(旧約聖書「イザヤ書」第四十二章第三節より)

また、新約の「マタイによる福音書」の第十一章第七節には、

「イエスはヨハネのことを群衆に語りはじめられた。『あなたがたは、何を見に荒野に出てきたのか、風に揺らぐ葦であるか……』」

パスカルが、聖書のなかのこれらの文字を意識して、「人間は考える葦である」といったのは確かで

とりの人間を知ることよりやさしい。

ラ・ロシュフコー

人間であるということは、責任を持つことにほかならない。……人間であることは、自分の意志をそこに据えながら、世界の建設に参加していると感ずることである。

サン・テグジュペリ

人間は人種とか色の付帯事情の理由によっては優越ではない。人間は最上の心――最上の頭脳――をもつ者がすぐれている。

インガソル

あらゆる階級を通じて、目立って気高いひとは誰か。どんな長所をもっていても、つねに心の平衡を失わないひとだ。

ゲーテ

人間は自由であり、つねに自分自身の選択によって行動すべきものである。

サルトル

人間だけが赤面できる動物である。あるいは、そうする必要のある動物である。

人間は時間のなかに生活してもさらに進んで永遠のなかにはいり、肉体的な水準を棄てて、精神的な水準に生きるようにつとめねばならない。

トーマス・ハックスリ

人間とは、自分の運命を支配する自由な者のことである。

マルクス

強い人間になりたいと思ったら、水の如くでなければならぬ。障害物がなければ水は流れる。堰があれば水はとどまる。堰がのぞかれればふたたび流れる。四角の器にいれれば四角になるし、円い器にいれれば円くなる。このように謙譲であるために、水はなによりもいちばん必要で、またなにより力強いのだ。

老子

ある。

➤人間を探している

恋に陥りし人間は、快楽と引き替えに不幸を手に入れた。

名門・名声は悪を示す仰々しき飾りなり。

かの金持ちは財産を所有するにあらず。奴の財産が奴を所有するなり。

など、ちょっと変わった言動で目立ったギリシアの哲学者ディオゲネスは、人生を白眼視した反文化・反社会的な一群、「犬儒学派」のいっぽうの旗頭であった。

あるときディオゲネスは、明るい真昼なのに灯をともしたランプをもって、アテネの大通りを歩いていた。変な男だと通りがかりの人が、なぜそんなことをしているのか尋ねた。すると「人間を探している」と答えた。人間らしい形をしているのはたくさん歩いているが、ほんとうの人間はなかなかいないという皮肉である。

善人なおもて往生をとぐ、いはんや悪人をや。しかるを世のひとつねにいはく、悪人なほ往生す、いかにいはんや善人をやと。

真宗の安心を和文によって記し、他力信仰の奥義を示そうとして編述された『歎《たん》異《に》鈔《しょう》』のなかの親鸞上人の有名なことば。親鸞は鎌倉時代の人、浄土真宗の開祖である。

善悪の社会的基準は〃往生〃の観点からいえば意味がない。外的基準をよりどころとして善行を積むことは、人間の救いに通ずるものではないと説いている。往生とは、現世を去り浄土に行って生まれかわることである。

世間の人の考える善人往生の説に対して、真宗の極意である悪人成仏の趣旨を示したことばが「……いはんや悪人をや」である。悪人往生は逆説だが、宗教にはこうした逆説が必要なのだという。この点が道徳とはちがう。愚かな者、悪に手をそめる者を根本においている点に親鸞の考え方のユニークさがある。

悪い心のまま往生できるかどうか、議論のわかれるところだろうが、悪い心を悔い改めた者は間違いなく往生できるのではあるまいか。「悪に強ければ善にも強し」とむかしからいわれている。極悪非道な犯罪をおかした者が、ひとたび改心すると、こんどは逆に強い善人になる。

死刑囚、中村實は、幼い時代から教師や友だちに軽蔑され、低能児、劣等生とののしられながら成長した。二四歳のとき、雨の夜、飢に耐えかねて農家に押し入り二〇〇〇円の金のためにその家の主婦を殺してしまう。昭和三四年のことである。わずか三三歳で処刑され短い生涯を終った。

歌人、島秋人の歌集『遺愛集』が昭和四二年に出版されると、専門家からは絶賛され、一般の人々にも評判が高く、島はその頭脳の明晰さと感情の鋭敏さを評価された。だがそうした声は秋人の耳には届くはずもなかった。島秋人とは中村實のペンネームだったからである。

低能児・實を頭脳明晰な歌人・秋人に変身させたのは、中学校時代の教師夫妻の暖かい励ましである。先生の手紙のなかに書いてあった短歌によって、歌よみの道に入り、刑務所の独房でひとり研鑽にはげむ。そして、實の秘められた才能が大きく花開く。

ふるさとの　番神岬の浜にゐて
　日昏《ぐ》れひもじく　聴きし鐘恋う

人間はほんとうに死んだ気になってやればなんでもやれるといわれるが、これほど見事に成長する例はあまり多くはないのではあるまいか。獄中の秋人を手紙をとおして、大きな人間愛で見守ってやっていた人々のすばらしさはどうだろうか。

2 人間、この哀しきもの

▼人間の本性を知りたい人に

地球は皮膚を持っている。そしてその皮膚はさまざまな病気をもっている。その病気の一つが人間である。

ニーチェ

たんに人間がどんなに鳥獣に似ているかということはこのうえなく危険である。と同時に、人間の持つ低劣さをぬきにして偉大さのみを知らせることも危険である。人間は自分の値うちを評価することだ。自分は良いことのできる性質をもっているのだから、自分を愛すべきである。低劣さはできるだけ愛さぬように努めながら、人間は真実を知り、幸福になる能力を持っている。しかしけっして一定した真実や満足な真実を持ってはいない。だから私は、それについて発見することを望むようにまた、それを見つけていけるよう準備をし、欲情からのがれているように説きいましめていきたい。

ポール・シャシャール

人間の本能は「善」である。なぜなら人間は忘れっぽく、なまけ者で軽々しく信じ、浅薄であるからである。

ヴァレリー

人は何もいうことがないと、いつも悪口をいう。

ヴォルテール

人間とは何か。愚かな赤ん坊よ、空しくもがき、戦い、焦慮し、すべてを要求し、何物も受ける価値なく、小さな墓場が一つ彼の得るすべてである。

カーライル

人間というものは、結局は消化器と生殖器からなりたっているのだ。

グールモン

欺瞞し、裏切るが、人間生来の心根なり。

ソフォクレス

一〇歳にして菓子に動かされ、二

➤お前が美しいから美しいのではない。わたしの目に美しいから美しいのだ

〈朝鮮のことわざ〉

「うむ、なるほど」と感心してしまうようなことばではあるまいか。すべてのものの価値は絶対ではなく相対的である。人それぞれには考え方はちがうし、時代がかわり、社会制度が異なれば価値観もかわってくる。個人を越え、時代・場所にかかわりなく正しいといえる存在などあるわけがない。

ある時代・国での醜さが、別な時代・国では美しさと認められる場合だって少なくない。また、いくらひとりでわたしは美人、美男子とうぬぼれていても、周囲の人々が認めてくれなければ、けっして美人、美男子とはいえないだろう。が、ひとりでも認めてくれたらそれでも美人、美男子である。人が偉いといってこそ、はじめて偉いのであるが、それを忘れている人々は多い。

○歳にしては恋人に、三○歳にしては野心に、五○歳にしては貪欲に動かされる。いつになったら人間は、ただ英知のみを追って進むようになるのであろう。

ルソー

人間というものは、すでに持っている物に加えて、さらに新しい物が獲得できるという保証があるときでないと、物を所有しているという安心感にひたれない。

マキャベリ

人間というものは、皆他人をうんざりさせようと躍起になる場合のほかは、他人のことは少しも構わないのだ。

ロマン・ロラン

人間は天使でもなければ、獣でもない。しかし不幸なことは、人間は天使のように行動しようと欲しながら、獣のように行動する。

パスカル

欺瞞者は「悪魔」ではなく人間である。あらゆる欺瞞の最初の、そして最悪のものは、己れをあざむくことである。これをやってしまえば、あらゆる罪悪は容易に後からついてくると思うがよい。

ジェームズ・ベイリー

この世の中に、人間ほど凶悪な動物はいない。オオカミは共喰いをしないが、人間は人間を生きながらにして丸飲みする。

ガルシン

人間にもっとも多くの災禍をもたらすものは人間なり。

プリニウス一世

人間は他のどんな動物よりも病弱であり、不安定であり、変化しやすく不確定である。人間は病める動物なのだ。それはなんによるのか？人間が他の動物すべてを合わせたより勇敢で、反抗し、運命に挑戦したのはたしかである。永遠に未来のも

▼和尚がひとり　水を担《かつ》いで飲む
和尚がふたり　水を抬《かつ》いで飲む
和尚が三人　水は飲めやせぬ

〈中国のことわざ〉

世界で飲み水が日本ほど豊富な土地はないといわれている。中国は飲み水の便がよいとはいえない土地柄のところが多く、むかしはそれでよけいな苦労をさせられたのである。

「担《たん》」とは、天びん棒の両端に荷物をぶらさげ、真ん中を肩にかけてひとりで運ぶ方法。「抬《たい》」とは、棒の中央に荷物をぶらさげ、両端をふたりで肩にかけて運ぶ方法をいう。家のなかまでこのようにして水を運び貯えた。

ひとりとふたりのときは水が運べて飲めるのに、三人になると運べなくなり飲めなくなるのは、人間は三人あつまるとそれぞれ意見がわかれ、喧嘩になってしまうからである。「三人寄れば文殊の知恵」「三人よれば師匠の出来」とまったく反対のことば。

のである人間、自己自身の迫真力のために安息できず、あらゆる現在のうちに未来を拍車のように食いこませる人間、こういう勇敢でゆたかな動物が、もっとも重く病めるものでないわけがどうしてあろうか。

ニーチェ

好人物は何より先に天上の神に似たものである。第一に歓喜を語るのによい。第二に不平を訴えるのによい。第三に——いてもいなくてもよい。

芥川龍之介

やったと思えばどじを踏む。それが人間の仕事です。朝に計画を立てたとて、昼にすることはへまばかり。

ヴォルテール

最もどう猛な野獣でも自分の巣くつのなかではおとなしく、やさしいものです。しかるに人間ときちゃ、自分の家庭では野獣よりもなおさら悪いものです。

ヘルツェン

動物にさまざまな種類があるように、人間にもさまざまな異なった種類がある。そして、人と人との関係は、異った動物と動物との関係によく似ている。なんと多くの人間が罪のないものたちの血と命で生きていることか！　あるものはトラのようにいつでも狂暴で、残忍だ。他のあるものはライオンのように、いくらか寛大らしい外観を持っている。またあるものはクマのように粗野で貪欲だ。またオオカミのように強奪をこととし、無慈悲きわまりないものもあれば、キツネのように、知恵才覚で生活し、人をだますのを商売にしているものもある。

ラ・ロシュフコー

まったく人間くらい驚くべく空虚な、まちまちな、そして変わりやすいものはない。その上に一定不変の判断をたてることは容易でない。

モンテーニュ

▼土地がよければ道路が悪い、国がよければ人が悪い

〈デンマークのことわざ〉

気候が温和で土地も豊か、それほど苦労せずに生活できる場所に住んでいる民族は怠け者が多く、あまり進歩しない。そういえば、世界の文明といわれるのは、すべてが北半球で生まれている。

日本の国がまだ貧しく、国民全体がつつましい生活を強いられていた時代は、子どもも、おとなもみんなよく働き、身体を動かした。都市の犯罪も少なかった。が、いまではどうだろう。第三の大国といわれ、経済的には肥え太った日本人は、世界の人々、特にアジア諸国からどんなふうにみられているか考えてみると、このことばが身にしみるのではあるまいか。水準の高い福祉国家として栄えているデンマークは、きびしい風土のなかにある国である。

一体ね、人間というものは、まるでドブ鼠かなんぞのように、ガタガタ大騒ぎをやるくせに、広い世間の存在を忘れている。くだらん、狭い判断を下して得々としているんだ。まるで、なっちゃいない。

イプセン

人間はおべっかを使う動物である。

ハズリット

およそ人間ほど非社交的かつ社交的なものはない。その不徳により相集まり、その天性によって相知る。

ボードレール

人間も、ほんとうに低劣になってくると、他人の不幸を喜ぶ以外にはもはや何らの興味も持たなくなる。

ゲーテ

人間に理性と創造力が与えられているのは、自分に与えられたものをふやすためである。だが、人間は今日まで破壊するばかりで創造をしたことがない。

チェーホフ

人間は愛するものによってたやすくだまされる。

モリエール

アダムはリンゴがほしかったから食べたのではなかった。禁じられていたからこそ食べたのだ。

マーク・トウェーン

最上の金属は鉄、最上の植物は小麦、最悪の動物は人間である。

フラー

人間はいっぱんに見知らずで、うつり気で、うそつきで、危険にたいしては臆病、利益にたいしては貪欲である。父親が殺されたことはすぐ忘れても、その遺産をなくしたことはなかなか忘れない。現実に人間がいとなむ生活のし方と、かれがなすべきだとされる生活のし方のあいだには大きな距離がある。

マキャベリ

➤誰でも長生きしたいが、年寄りとはよばれたがらない

〈アイスランドのことわざ〉

一〇代後半の男女は、若く見られるのが好きでないらしい。早く二〇代に入りたいと考えている。が、二〇代も後半になると女性は〝年齢のサバ〟をよみたい心境になる。男性はもう少し遅く、三〇代なかばをすぎると若い年齢にあこがれをもつ。男も女も「若いですね。とてもその年齢には思えません。へえ、驚いたなあ」

などといわれると、表面はともかく内心はたいていの人が嬉しい。年齢が高くなると、心身共に衰え、頭の回転が鈍くなり、筋肉は張りを失ってしまうと考えているからだろう。五〇代の人に「暦の年齢は五〇歳でも、内臓や筋肉は二〇代です」といえば、たいへんな賛辞になる。しかし、年配者には、若者にない長所がふんだんに与えられているのである。

カインの末裔……？

人類最初の人殺しをしたのがカイン、しかも兄弟殺しである。カインの末裔とは呪われた者の子孫、罪深き人々という意味である。つまり地球上の人間みんなのことをいう。なぜわれわれは呪われているのだろうか。よく知られているアダムとイブの物語にまでさかのぼらなければならない。

エホバの神との約束を破り、誘惑に負けて「禁断の実」を食べた罪として、イブは妊娠し、子どもを生まなければならなくなった。まず兄カインを生み、次に弟アベルを生んだ。カインは土を耕す者となり、アベルは羊を飼う者となった。

カインは地の産物をもってきてエホバに献じ、アベルは群れのういごと肥えた羊を捧げた。が、エホバはアベルの供え物は喜んだが、カインの貢物には見向きもしなかった。カインはおおいに怒って、顔をふせた。

それを見たエホバは態度が悪いと叱る。不満でいっぱいのカインは、兄弟ふたりで野原に出ていたとき、打ちかかって、アベルを殺してしまう。エホバはカインに「弟のアベルはどこにいますか」と尋ねた。カインは「知りません。わたしは弟の番人ではありません」と答えた。

「あなたはなにをしたのです。エホバは事情を悟って、あなたの弟の血の声が地下からわたしに叫んでいます。いまあなたは呪われて、この土地を離れなくてはなりません。この土地が口をあけて、あなたの手から弟の血を受けたからです。あなたが土地を耕しても土地はもはやあなたのために実を結びません。あなたは地上の放浪者となるでしょう」

といった。カインは答えた「わたしの罰は重くて負いきれません。あなたはきょうわたしをこの地から追放されました。わたしが放浪者となれば、途中で出会った人は誰でもわたしを殺すでしょう」。エホバは「いや心配はいらない。カインを殺す者は誰でも七倍の復讐を受けるでしょう」といい、出会う者がカインを殺さないようにしるしをつけた。カインはエホバの前を去り、エデンの東、ノドの地に住んだ。そこで妻をめとり、エノクを生んだ。

旧約聖書「創世記」第四章にある話である。が、ちょっとおかしい。エホバの神は、まず最初にアダムを造り、さらに、そのあばら骨からイブを造った。アダムとイブは結ばれて、カインとアベルを生んだ。地球上に四人の人間が誕生した計算になる。カインがアベルを殺したので、さしひき人間は親子三人であるはずである。それなのに放浪者となったカインは、出会う人に殺されるかもしれないと心配している。ノドの地で妻をめとっている。どこにそうした人たちがいたのだろうか。

3 ホモ・サピエンスを支えるもの

▼人類の発達の過程を知りたい人に

私の考えでは、全宇宙で最もすばらしく、神秘的な物質は人間の脳である。

オズボーン

人は、脳によってのみ喜びも楽しみも、笑いも冗談も、はたまた、嘆きも、苦しみも、悲しみも、涙のでることも知らねばならない。

特に、われわれは、脳があるがゆえに思考し、見聞し、美醜を知り、善悪を判断し、快不快を覚えるのである……。

ヒポクラテス

ホモサピエンスとは、人間に与えられた学名であり、〝知恵ある人〟という意味である。人類の医学の祖といわれるギリシアのヒポクラテスがいみじくもいっているように、人間の知恵、精神活動は大脳のなかにある約百四十億という脳細胞によって生み出される。

脳細胞は二重構造になっている。外側にある脳細胞の層を「新しい皮質」、内側にあるのを「古い皮質」という。

新しい皮質は思考力や判断力、創造力、協調性、おせっかい、無関心、優越感、劣等感、辛抱強い、あきっぽい、喜びや悲しみの情操など、高等な精神活動を司る。

古い皮質は、おとなしい、乱暴、臆病、大胆、明るい、気がめいる、好奇心、活発、もの静か、怒りっぽい、精力的、落ち着きがないなど、本能の欲求や情動の心に関係した精神活動を生み出している。

動物の脳と人間の脳と比較して、根本的にちがっている点は、新しい皮質の発達である。特に前頭葉とよばれている額にあたる部分がすばらしく広い。ここは意欲の座ともいわれ、なにかをしようと意欲したことが成功すると喜びを感じ、失敗すると悲しみをおぼえるといった喜怒哀楽の感情を司る場所である。他の動物には、積極的な意欲がなく、それに伴う喜怒哀楽がみられないのは、意欲の座が大脳のなかにほとんどないからである。だから、この部分は

▼人間の赤ちゃんは生理的早産児である

〈動物学者ポルトマンのことば〉

哺乳動物の赤ちゃんは、多少の例外はあっても、たいてい生まれるとすぐに歩き出し、おとなと同じ行動をする。が、人間の赤ちゃんは母親がなにもかも面倒をみないと育つことはできない。歩けるようになるまでにはほぼ一年から一年半はかかる。他の哺乳類の赤ちゃんに比べて、この意味で、人間の赤ちゃんは一年ほど早く母親の胎内から出てきた「生理的早産児」なのである。

動物の赤ちゃんの脳は、生まれたときにすでにおとなと同じくらいに成熟しているので、すぐに歩けるが、人間の赤ちゃんの脳はまったく未熟なので、なにもできない。哺乳動物の脳と同じくらい成熟してから生まれてくるためには、母親の胎内に二一ヵ月ほどいなくてはならないという。

もっとも人間的な部分といえる。人間の本質は、なにかを積極的にしようと意欲する精神なのである。

人間の脳と全く同じ働きをするロボットはつくれない。たとえわずか似ているものでも、丸の内くらいの大きさがなければならず、それに配線するのに何十年もかかるであろう。それに要する電力は、現在東京の大部分で使用されているくらいであろう。そしてそれに必要な冷却装置は、隅田川の流れを全部引いて水を補給しなければならないであろう。

ウィーナー

新しい皮質の知的な精神活動は、古い皮質の本能的な活力（気力）によって下から支えられている。古い皮質の働きが鈍り、衰えると知的活動はしだいに低下してしまう。

古い皮質の本能は、新しい皮質にやどる理性（知性）によって抑圧されている。古い皮質の活力は新しい皮質によって弱められ、コントロールされているのである。

新しい皮質による古い皮質への抑圧のことを〃精神のストレス〃という。ストレスがいつまでも解消されず、欲求不満、気苦労、心の飢えがつのってくると、さまざまな障害が心身にあらわれてくる。

脳細胞の新しい皮質の疲労は、睡眠によって回復して、働きは活発になる。眠る時間は個人によってそれぞれちがうが、年齢によってほぼきまっている。一五、六歳前後から二〇歳くらいの人であれば八時間、三〇歳以降の人ならば七時間半くらいが標準である。

が、古い皮質の疲労（精神的なストレス）は、睡眠では回復しない。ストレスによる欲求不満を解消するためには新しい皮質の働きを弱め、古い皮質を抑圧から解放し、ゆがみ、ひずみをまっすぐに伸ばさなくてはならない。新しい皮質の理性をとりはらい、古い皮質をむき出しにしてやるもっとも効果的な方法は〃遊ぶこと〃である。仕事の悩みなどなに

▼氏より育ち　〈日本のことわざ〉

たとえ血筋や家系、生まれがよくなくても、育つ環境しだい、努力しだいで、どのような立派な人間にもなれるという意味。氏が遺伝とすれば、育ちは環境によって後天的に身につくものである。

人間をきめるのは遺伝か環境か、双生児の研究からははっきり断定できない例がたくさんあることがわかっている。が、新しい皮質でいとなまれる精神活動は環境の影響を大きく受け、古い皮質でいとなまれる精神活動は遺伝の影響がかなり強い、というのが学者のほぼ一致した意見である。

古い皮質の活動は、新しい皮質の理性によって十分にコントロールできるから、人間の大脳の働き方は、育ち（環境）によって左右されるといってもよいだろう。「氏より育ち」は古くて、新しいことわざである。

もかも忘れて、行動することである。これが人間らしさを高める。

脳は神秘である。これまでも神秘であったが、これからもやはり神秘のままであろう。脳はどのようにして考えを生み出すのだろうか。これが中心をなす疑問であり、我々はまだその答を得ていない。

サー・シェリングトン

人間の脳は体重に比べてあらゆる動物の脳よりもはるかに重い。が、その進化はまだつづいている。脳の現在の状態は何か他のもの、何かもっと良いものになる途上の過渡的段階にあると考えてよいであろう。

ウェリントン

脳は小さいくせに非常にぜいたくにできています。大人の脳は、体重の二・二パーセントですが、脳を流れる血液は心臓から送りだされる血液の約二〇パーセントにも達しておりますし、六歳の子供ですと、脳は体重の六パーセントであるのに、流れる血液は全体の四〇パーセントです。

時実利彦

心身の健康を支え、知的な精神活動を活発にするためには、バランスのよい栄養をとり、適度に運動をしたり、レクリエーションを楽しみ、十分な休養をとることが必要である。もっとも効果的な休養が睡眠である。大脳の脳細胞についてもそれがいえる。

脳細胞に栄養を運んでいくのは血液である。脳細胞に流れていく血液の量が少なくなると自然に活動は鈍くなる。脳細胞は栄養を十分に貯える機能をもっていないからである。だから、一日働き続けると、すっかり栄養分が不足してくる。と、脳細胞の自動制御装置が作動して休養に入る。そして、その間に次の日の活動に備えて栄養をせっせと補給する。大脳の自動的な休養が睡眠である。

浅い眠りより深い眠りのほうが短

▼子どもに教えるのは
石に刻むようなもの
おとなに教えるのは
海に波を起こすようなもの

〈アラブのことわざ〉

幼い子どもは、いったんおぼえたことは一生忘れない。三つ子の魂百までもである。鉄は熱いうちにうてといわれるのもこのためだが、おとなになって、頭が固くなった人間に新しいことを教えるのはとかく混乱がおこり、平和がくずれる、といった意味。

人間の赤ちゃんは生理的未熟児であり、大脳はまったく白紙のまま生まれてくるから、どのようにも仕上げられる可塑性に富んでいる。環境や教育しだいで大きく伸びていく可能性がある。人間の赤ちゃんは、人類社会が築いてきた文化や風俗、習慣の歴史法則によって育てられ、人間になる。猿に育てられれば猿になってしまう。

時間で、必要な栄養分の補給を終るといわれている。

頭脳の能力はほとんど無限である。……人類はじまって以来最も賢明な人でも、この驚くべき頭脳の機能を限度いっぱいに使いこなしてはいない。一般の人はおそらく、頭脳の能力の一〇パーセントから一五パーセントしか使っていないだろう。……生まれつきの頭脳がどうであろうと、重要なのはそれをどう使うかということである。知能指数が平均の一〇〇に相当する脳細胞を持っている人が、それを十分に使いこなせば、記憶力に関するかぎり、過去のどんな天才が作った記録をもはるかにしのぐことができる。……体の筋肉組織と同じように、脳は使わずにおくと退化し、訓練すればますますよくなるものである。

ブリベン

人間の大脳は、生まれ落ちたその瞬間から、周囲の環境に、あらゆる事象に反応し、学びとって急速に発達をとげていく。そして一〇歳ころまでにほぼ成人とかわらないくらいになる。あとはゆっくり発達して、二〇歳のころに完成する。約一四〇億個にものぼる脳細胞をどれだけ多く生き生きと働かせるようになるかは、二〇歳までの環境によって大きく左右される。が、二〇歳で大脳の発達が終わり完成されたからといって、頭をあまり使わないでいると、脳は退化していく。

成人では、睡眠中に約三〇万個の脳細胞が死滅していくといわれている。しかし、朝起きて意欲的に頭脳を使い、積極的に行動すると、まだ使われないまま放置されていた細胞が活性化し、働き出して死滅した細胞と入れかわる。死滅する細胞と活性化する細胞のバランスが崩れ、死滅するほうが多くなると、頭脳の働きは急激に衰えていく。頭の働きは、使えば使うほど増していく。年齢が高くなって頭脳が鈍くなるのは使わないからだといえる。

重いばかりが〝脳〟じゃない

人をからかったり、軽蔑したりするとき、「あいつ少し脳が軽いんじゃないか」などという。脳は重くて、大きいほどすぐれた頭脳の持ち主とむかしから考えられているからだろう。確かに、人類の発達過程を追うとそれは大脳の発達、大きさと重さの増加の歴史であることがわかる。だから、一般的に大脳は大きくて重い人のほうが知能も高く、他の面でもすぐれているといえる。事実、天才といわれる人々の脳は大きくて重い人が多い。日本人の脳の重さの平均は男・一四〇〇グラム、女・一二〇〇グラムである。が、天才といわれる人々のなかにも、日本人の平均よりはるかに軽い脳の持ち主も少なくない。脳が重いからといって、必ず優秀だとはかぎらない。ただ、一〇〇〇グラム以下の脳は、白痴や精神薄弱児になってしまう。

立ち上がった猿

チンパンジーの遠い親類の人間は、なぜ脳が大きく、後足で歩くのかということを知ろうとしたシドニーのW・ブリットン博士は、バージニア州シャルロットビルの湖の小島にボンガという名の雌のチンパンジーを住まわせた。やがて雪がバージニアの冬とともにやってきた。地上が雪におおわれると、ボンガは手と腹が濡れてひえるのを防ぐために、まっすぐ立って歩いた。

すべてはそこから始まったのかもしれない、とブリットン博士は考えている。百万年の大昔、氷河がだんだんおりてきて気候が寒くなったとき、類人猿は立って歩きはじめたのだ。すると、いままでよりも多くの血が脳へいくようになり、脳はだんだん大きくなった。類人猿を人間と化した知識への長途の旅は、このときに始まったのだ。

『タイム』誌より

直立して歩行する習慣を身につけ、しだいに脳を大きくしていった人間は、動物として多くのものを失っていく。そのなかの最大のものは、敵の襲撃から身を守るための敏速な行動力である。皮肉の好きな人々にいわせると、たくさんの人々を悩ます〝腰痛〟と〝胃下垂〟も、直立歩行するときから起ったのだそうな。

行動が遅く、力の弱い人間は、絶えず敵からの脅威にさらされ、生命をまっとうするために、さまざまな工夫をこらさなければならなかった。道具をつくり、火を発見したのは、長い苦闘の歴史の必然であった。そして、ますます脳を大きく発達させていく。人類の進化は、その状態や地質年代から考えて、猿人、原人、旧人、新人の四つの段階に大きく分類できる。

約七十万年ほどのむかし、洪積世前期に生存していた猿人アウストラロピテクス・アフリカヌスの頭蓋骨の容積は、平均五五〇立方センチメートル（四五〇～六五〇）と算定されている。ちなみに類人猿の頭蓋骨の平均容積は四五〇立方センチである。

約五十万年前、洪積世中期に住んでいた原人ピテカントロプス・エレクトウスなどの化石人類の頭蓋骨の容積は、猿人の約二倍の九〇〇～一〇〇〇立方センチメートルと発達してくる。

約二十万年以前、洪積世後期に存在していた旧人ホモ・ネアンデルターレンシスの頭蓋骨の容積は、現代人とほとんど同じで、平均一三五〇立方センチメートル（一二〇〇～一六〇〇）である。現代人の平均は一四五〇立方センチメートル。

旧人を経て新人（クロマニオン人など）につながり、さらに進化を重ね、現生の人間ホモ・サピエンスとなるのである。

4 人間をつくるもの

▼心・身のバランスをとりたい人に

人間は九八セント分の化学成分から出来ているという古いことわざは再検討されなければならない。デュポン社によると、化学薬品のエネルギー値が判明した現在、人体は八五〇億ドルに値するエネルギーをつくり出すことができる。

LPI

体重六三キロの男には、石鹸七個分の脂肪、鉛筆九〇〇〇本分の炭素、マッチの頭二二〇〇本分の燐、下剤一服分のマグネシウム、中ぐらいの釘一本分の鉄、にわとり小屋を塗りかえるに十分な石灰、一四の犬からのみを追い出すに十分な硫黄、一〇ガロンの樽にいっぱいの水分がある。

F・E・ローソン

人間の身体は、ほとんどが水分でできているとか、どんな美人もひと皮むけば骸骨であるなどとはむかしからいわれてきた。ローソン博士の指摘するように〝精神〟を取りのぞいた人間は、おおよそこの程度のものなのである。まことに哀しくもあわれな存在というしかない。が、たったこれだけの物質にひとたび機能が与えられると、あらゆる方面でのすばらしいエネルギーが発散される。

脂肪や炭素、燐、水分などでできている人間の身体を機能させる容器は、どんな工合なのか平均的数値を調べてみるのも意味があるかもしれない。

まず身長。むかしから比べると日本人もかなり大きくなっている。

江戸時代（天明年間・一七八一〜八九年）の平均身長は男性＝五尺二寸（一五七センチ）女性＝四尺八寸（一四五センチ）であった。明治時代に入っても男女の平均身長はほとんど変化していない。それが現在では、一七歳で男性＝一六八・八センチ、女性＝一五三センチと、半世紀の間に約一〇センチも伸びている。ちなみにアメリカの白人男性は一七八センチ、女性一六六センチである。

次に〝面の皮〟。これにはむかしの

▼性的という概念と性器的（生殖器的）という概念は、はっきり区別する必要がある

〈社会文化のいろいろな現象を性欲によって説明しようとしたオーストリアの精神病理学者フロイトのことば〉

男女を性器的に解剖してみよう。まず女性。

世の産婦人科医のほぼ一致した意見によれば、性行為のとき、男性器が挿入され、赤ちゃんが誕生するとき通過してくる膣の圧力、膣圧は、個人差が大きく、同じ二十歳代の人でも加圧力が平均の四倍の四〇〇ミリ以上の女性もいれば、数ミリしかない人もいるという。お産をした女性の膣をしぼりあげる力は、一回もお産をした経験のない女性よりも、多少おちてくる。が、お産のあと、膣をすぼめる訓練をしながら、足腰の筋肉を鍛えると、膣圧は回復する。

データはないが、全身を被っている皮膚の厚さの平均は、現代の日本人で約二ミリ。顔の皮膚はほぼ一ミリ、額や鼻の先は一・五ミリ、上まぶたは〇・六ミリである。残念ながら男女の〝面の皮〟の厚さはまったく同じだという。いわゆる面の皮は精神によって左右される。

少しの欠点も見せない人間は馬鹿か偽善者である。警戒せよ。欠点の中には美点に結びついて美点を目立たせ、矯正しないほうがよいというふうな欠点もあるものである。

ジュールベール

性格は、人間をつくるものの大きな要素のひとつである。が、性格は絶対的なものだろうか。スイスの心理学者バウムガルテンは、「人間は、ただそこにいっしょにいるというときでさえ相互に影響しあい、特定の情緒や観念、偏見などを経験するものである。この可逆的な影響の本質についてはまだはっきりわかっていない。しかしながら、われわれは誰でも、あの人はただ〝そこにいるだけで、反感、敵意を起こさせるが、他の人はその反対に、なんとなしに明るいユーモラスな雰囲気をかもし出すという人もいる〟というような経験がある事実を否定できないであろう」

といっている。なるほどそのとおりではあるまいか。

ある人の評価をA、Bふたりの人間がしたとする。すると、Aは次のようにいう。

「あの人は意志が強くてたのもしい」

が、Bはまた別な印象を受けるのか、

「そうですね。頑固です。扱いにくい」

というかもしれない。こんな例はよくあるのではあるまいか。人の性格は接する相手、場所、状況など、さまざまな条件によって、感じ方、評価は変化してくるのがふつうである。積極的な人はあつかましいといわれ、素直な人は自主性がないと批

▼夢の中ではすべて複雑な機械や器具類は十のうち八、九は男性の性器である。夢のシンボルではこの男性の性器を、言葉の洒落と同じく、さまざまに姿をかえて描写している

〈フロイトのことば〉

男性にとって、特に若い男性にとって性器が大きいか小さいか、長いか短いかはもっとも関心をひかれる問題である。そして、ほとんどの人々は、自分のは小さすぎるのではないかと悩み、劣等感をもつ。滑稽だけれども事実である。が、医師にいわせると、そんな悩みはナンセンスだという。

日本人の平均サイズは、室温摂氏一四度で次のとおりである。

ふつうのとき長さ八・一センチ、太さ二・六センチ。膨張したとき一二・七センチ、太さ三・七センチ。大きい小さいといっても、せいぜい五センチ内外の問題なのである。小さい小さい。

判されたりする。さっぱりした人柄の人は単純だと笑われたりする。だから、あまり性格を矯めようなどと思わず自由にふるまい、もし相手に反感、敵意を感じられたら、黙って身をひくか、対策をこうじればよいだろう。角を矯めて牛を殺すようなふるまいはできるだけ避けるようにしなければならない。

知は愛、愛は知である

西田幾多郎

ものを知るためには、その対象物への愛がなければならない。また、ものを愛するにはその対象物をよく理解することが条件だろう。平凡なことばのようだが、考えれば考えるほど深い意味をもってくるフレーズである。愛を失った知がなんと世の中にあふれているだろうか。愛のない知、精神活動しかできない人間は、単なる水分や炭素、マグネシウムのかたまりでしかない。

知は、人間をもっとも人間らしくする最大の要素である。とすれば、愛もまた人間をつくるもっとも重要なものといえる。愛のない人々は、約二ミリの皮膚に被れた骸骨にしかすぎないだろう。

若いころ、私は人世の「幸福」として認められていることを個条書きにしてみたことがある。健康、愛、才能、権力、富および名声等の現世的な欲望を並べたて、それを賢明な先輩に得々としてみせた。

その先輩は言った「なかなか結構だな、それに、順序もまずまず無難だ。しかし、それがないと君の表が耐えがたい重荷となる唯一のものが欠けているようだ」。

彼は私の表を消して次の文字を書いた――心の平和。

ジョシュア・リーブマン

心の平和、精神の安定なくしてなんの愛だろう、知だろうという。すべての根本は心の平和である。そうであってこそ知はおおいに発揮され、愛は高まっていく。

ここでいう〝知〟とは単なる知能

▼言葉は思うところをいつわるために人間に与えられた

〈フランスのことわざ〉

「言葉は思うところを表現するために与えられた。言葉は心の代弁者であり魂の姿である」とは、フランスの劇作家モリエールの著作『強いられた結婚』のなかに出てくる科白である。これもまた真実であり、人間は誰でもそうありたいと願っている。が、ことばはまたなんと思うところを偽わるために並べられるだろうか。思うところを隠すためになんと多いことばが語られるだろうか。

行動の伴わないことばは意味がないが、思うところを偽わることばには、ぜったいに行動は伴わないのがふつうである。

真実のことばには飾りがないが、かっこよいことばには真実がない、という老子のことばもある。

でも知識でもない。教養といったほうがより正確かもしれない。人間が人間らしく生きていくための知恵である。知恵は、ものの本質をとらえ、理解するための物差といえる。

想像力は知識よりも大切である。
アインシュタイン

想像力は万事を左右する。それは美や正義や幸福を作る。それらはこの世の万事である。
パスカル

パスカルは〝人間は考える葦である〟ともいっている。人間の心は絶え間なく動き、感じ、考え、少しもとどまるところを知らないからである。このような人間の常に流れている心の動きを思考という。

思考には、次々と新しく生まれてくる現実の問題をどう解決していくか、推理、判断する働きから、空想や夢、白昼夢など、現実からまったく離れた自閉的なものまでがある。が、ここでいう思考は、現実的な問題解決能力のことである。

また、パスカルやアインシュタインが指摘している〝想像力〟とは、単なる推理や空想ではなく、与えられた問題からひとつの解決をみつけ出していく過程のなかで、まったく新しいものをつくり出す働きをさしているのだろう。現代的な表現でいえば〝創造力〟である。

人間と他の哺乳動物とでもっともはっきりちがっている点は、思考力があるかないかである。特に、創造力は他の動物にはみられない人間だけの特性である。

創造力をもっと別ないい方で表現すると、どのような時代にも適応し、たくましく、人間らしく生きていく能力である。単なるアイデアを生み出す力ではない。創造力は、知能検査で計られる知能指数とはかかわりなく、ぜんぜん別な能力である。

▼人がらを知るには三つ、酒と財布と怒りかた
〈イスラエルのことわざ〉

酒を飲むと、アルコール分によって大脳の新しい皮質の理性が麻痺して、抑圧がとりはらわれ、古い皮質でいとなまれる本能の欲求がおおいに羽をのばし、情動の心に関係した精神活動が活発になるので、日ごろ考えていること、不満に感じていることが言動にあらわれ、本心が姿をみせる。金銭のからんだ問題になるとやはり赤裸々な心がむき出しになって、この人にこんな一面があったのかと驚かされる場合がしばしばある。人間的にできた人、知恵のある人はめったなこと、細かいことでは怒ったりはしない。大きな理不尽、不条理に静かな怒りを燃やすものである。酒と財布、怒りは、人間を計る尺度である。この三つはくれぐれも慎まないと、人間関係にひびが入ってしまう。

初《はじ》めに言《ことば》ありき

新約聖書「ヨハネによる福音書」第一章第一節の文句である。

「初めに言があった。言は神と共にあった。言は神であった。この言は初め神と共にあった。すべてのものはこれによってできた。できたもののうち、一つとしてこれによらないものはなかった。この言に命があった。そしてこの命は人の光であった。光はやみの中に輝いている。そして、やみはこれに勝たなかった」

とある。素人にはやや抽象的でよくわからない。専門家の間にもさまざまな解釈があるようだが、この聖書の文章から、ことばはむかし、単に人と人とのコミュニケーションの手段として使われているだけでなく、それ以上の神聖なものとして考えていたらしいことが伝わってくる。ことばをもっているのは人間だけ、他の動物にはないものだからだろうか。ともかく人間を人間らしくしている要素のひとつが〝ことば〟である。

ことば自体にすぐれた能力があり、神と同じ働きをすると西欧世界では信じられていたふしがある。が、日本でも似たような考え方があった。

『万葉集』巻五に

「神代より、言ひ傳《つ》て来《く》らく、そらみつ、倭《やまと》の国は、皇神《すめかみ》の、厳《いつく》しき国言霊《ことだま》の、幸《さき》はふ国と、言ひつぎ、言ひつがひけり……」とある。

神代からわがこの国は、ものすごい神の威力とすばらしい言語の霊を、強靱に発揮される国、そういってきた国柄……といった意味である。ここでは日本を「言霊《ことだま》の幸はふ国」と表現している。「しき島のやまとの国は……」というのと同じである。

この時代には、ことばに霊威があり、その力がはたらいてことばどおりの事象がもたらされると信じられていた。言霊《ことだま》とはことばのもつ不思議な力のことである。

ことばは思考そのものであるといってよい。また人類は言語によって進歩してきたといっても間違いはないだろう。むかしの人々がことばに対して、神への尊敬と同じような畏怖の念をもち、敬意をあらわしていたとしても不思議ではない。

現在の聖書には

「初めに言があった。言は神と共にあった。言は神であった」と訳されているが、明治時代の訳文は

「太初、道（ことば）ありき、道は神とともにありき、道は即ち神なりき」とある。これは漢文の聖書から日本文に翻訳したためである。

聖書の訳文は、その道の専門家でありすぐれた人々によって綴られたのだろうが、現代のものより、明治時代に行われていた文章のほうが香りが高いような気がしてならない。もっとも、いまの文章はわかりやすいが……。

5 人間は争う

▼闘争心について
知りたい人に

生物学的に考察すると、人間はもっとも怖しい猛獣であり、しかも同じ種族を組織的に餌食する唯一の獣である。

ジェームス

もし、われわれを無意識の願望の動きをもとにして判断するならば、われわれ自身もまた、まさしく原始人のごとく人殺しの群である。

フロイト

ライオンは、食欲をみたすためにシマウマを倒すが、ライオン同士の争いでは、仲間をけっして殺さない。ところが、私たち人間はホモサピエンス（知恵ある人）という同じ種属でありながら、お互いに殺しあいをしている。人間の闘争には、血なまぐささが漂い、軍書は血潮にぬれている。

なぜなのだろうか。幸か不幸か、個性をうみ出し、私たちをして自主的に行動させる新皮質の前頭連合野があまりにもよく発達したためである。

時実利彦

人間は、非常に広い、発達した前頭葉をもっていると前述した。哺乳動物でサルのように高等な動物でも、前頭葉はほとんどないといってよい。だから、人間ほど血なまぐさい争いはしない。争ってもほどほどである。逃げていくものはけっして追わない。

動物たちは、本能の命令に従って行動する。そして、その行動がはばまれ、本能の欲求が満たされないと不快感をいだく。不快感が高まって頂点に達すると怒り、行動を妨げているものを攻撃する。が、妨害している存在が強くとても排除するのが困難だと悟ると、あっさり身をひいて、別な場所に目的をさがそうとする。古い皮質でいとなまれる本能による出処進退のあざやかさが、動物たちの身を危険から守るのである。

闘争こそ万物の父であろう……人間が生きたり動物界に君臨したりす

▼いちばんひどいのは負け戦
次にひどいのが勝ちいくさ
〈イギリスのことわざ〉

戦争というものが勝っても負けても、どのように悲惨な結果をもたらすかを説いている。誰もがそれを知っている。にもかかわらず地球上のどこかで戦争は続けられている。戦争とは正当化された人殺しにほかならない。「ひとり殺すと殺人だが千人殺すと英雄」なのである。

「戦争は人間の生活問題を何一つとして解決しません！　何一つ！　それは働く者のみじめな状態を更にはげしくするだけだ」とは『チボー家の人々』の作者マルタン・デュ・ガールのことばであるが、「もし私が英国人であるようにアメリカ人であったならば、外国の軍隊が私の国に上陸している限り、私の武器をけっしておかない」というウイリアム・ピットのことばもある。

るのは、人間性の原理によるものではなく、最も残忍な闘争によるものだ。人間は生きるために闘わなければ、断じて生命をかちとることはできない。

ヒットラー

狂暴な性格を特徴としている、どのような肉食動物でも、同じ種類同士では、縄張り争いや雌の獲得のために激しい闘争をするが、最後の最後まで相手を追いつめて、殺してしまうような行動には出ない。お互いに傷つき血を流しても、そこまでである。どちらかが敗けた事実を認める態度に出ると、闘争はそこで終りとなる。しっぽを巻いている小犬を強い大きな犬は嚙み殺したりしない。動物たちは争い、かなり残忍な行為はするが、強い順序、勢力分野が決定すると平和になる。もし、殺しあいが続き、とも食いの習慣が肉食動物の間にあったら、どの動物もとっくに地球上から姿を消しているにちがいない。

猿の社会でも、ひとりのボスが群をひきいていく能力がなくなると、ボスの座から去って新しいボスが選ばれる。が、もし、ボスになった猿がいい気になって、弱い者いじめを繰りかえしていると、他の猿たちは団結してボス猿をひきずりおろして、ふたたび群を守ってくれるボスを選びなおす。

動物たちは、自分たちの平和な生活を守るために争い、闘う。が、人間はどうだろうか。闘いのための闘いをする。そうした人間のむき出しの欲望を別なところへ昇華させるために考え出されたのがスポーツであり、格闘技ではあるまいか。

動物たちは、古い皮質のなかにやどる臆病さから、闘争を最後まで続けないが、人間たちは臆病さからくる恐怖感から逃れようとしてとことん争い、相手が完全に立ち上がってふたたび挑戦してこられないように、やっつけてしまうのである。

「ふだんは、うねったり、波が立ったりしてる海を見ただけじゃあ、別

▼空腹のときはやさしい男でも気をつけろ
満腹のときはつまらぬ男でも気をつけろ

〈アラブのことわざ〉

食欲、性欲に飢えたオオカミ、いや人間がどんな行動に出るか考えてみると、このことわざが身にしみる。食欲、性欲を征服欲とおきかえてもよいだろう。人間はどのような状態におかれていても、空腹であっても、満腹であっても、危険な存在であるという意味である。とくに、男と女の関係においてそれがいえるだろう。

ものごとに飢えているときは、誰でも、どんな対象でも、やさしく、おいしくみえる。が、満腹しているときはどんなにすばらしい対象でも、つまらない、平凡な存在に感じられる。だから、絶対的な価値の評価を誤りがちである。注意しなければならない。

に海ん中の魚の闘いは感じられねえっぺ。だっけんが、今日みてえに海から飛び出す飛び魚を見ると、この海ん中じゃあ、魚が追いつ追われつしてるって、実感できるだっぺさ。おらがたち人間社会も一見平凡に見えるけっかんが、実はいろんな争いが渦巻いてて、今のおらがと同じように苦しんでる人も、多勢いるに違いねえー」

近藤啓太郎

大脳の前頭葉は、意欲の座ともいわれ、なにかを意欲し、創造していく働きをする場所であると述べた。

意欲の座の脳細胞が働きはじめるのは、四歳前後からである。

誰でも、なにかを創造しようと意欲を燃やして目的を達成すると喜びを感じ、失敗すれば悲しむ。喜びや悲しみの情操は、意欲の座でいとなまれている。意欲の座は、〃個性を生み出し、私たちをして自主的に行動させる〃場所でもある。

三歳の幼児は、駆けっこをさせてもまるで競争しようとせず、勝っても負けても平気な顔をしている。仲よくみんなでわいわい走っていくだけである。が、意欲の座のある前頭葉の脳細胞が働きはじめる四、五歳になると、自意識が発達して個性が身につき、自分を強く主張するようになる。自分の存在が無視されると悲しむ。

自己主張をするようになると、自負心や負けん気、優越感が生まれて、しだいに競争意識が芽ばえ、大きくなっていく。だから、四、五歳の幼児を競争させると、一所懸命にいちばんになろうと争って走る。

競争意識は人間らしさのひとつである。が、競争意識が強くなると、野心となり、征服欲へと発展していく危険性をはらんでいる。征服欲のいきつくところは〃戦争〃であり、〃殺し〃である。

物質的な敵対行為という武力戦争は廃止され停止されようが、精神的な闘争はなくなることはできない。そして、この闘争の心は、人間の原

▼戦に目なし

〈東アフリカのことわざ〉

戦争は、人道主義者をも鬼にする。家庭にあってはよき父であり、夫である人、やさしい息子であり、兄である人が、ひとたび戦争の場に立たされると、まるで狂気のようになって誰かれの差別なく殺してしまう。戦闘員、非戦闘員などおかまいなしである。いちばんの被害者となるのは老人であり、女性であり幼い子どもたちである。

「人間がもう少し気狂いでなかったならば、戦争から生まれる悲劇を免れたはずである」

と、フランスの作家ジイドはいう。が、もう少し気狂いでないにしても、やはり戦争はまるで関係のない罪なき人々を巻き込み、さまざまな悲劇を招くのではあるまいか。いま、戦争を知らない若い世代が増えつつある。戦争のみじめさ、馬鹿々々しさはいくら声を大にしてもいいすぎではない。

罪であって、この心が私たちの創造行動を発動させており、私たちをして理想実現のために努力させているのである。

トインビー

人間以外の哺乳動物も、餌をあさり、食欲を満たすために他の動物を殺すが、満腹するとけっして殺そうとしない。また仲間同士で争っても、恐れをいだいて逃げ出す本能をもっている。逃げ出していく相手に追いうちはかけない。

ところが人間はどうだろうか。人類の歴史をみると、まさに殺しあいの連続といってよいだろう。同じ種属同士で血を洗っている。意欲の座の征服欲が強まると、競争相手を消してしまいたいという欲求のとりこになり、ついに我慢できなくなって攻撃をしかけるのである。

「屈辱に生きるよりは、報復に死ぬがいい」とはアラブのことわざだが、アラブの人々にかぎらず、どこの民族でもこうした考え方を根強く、血のなかにもっている。

殺しの心は、人間だけがもつ広い前頭葉から生まれてくるのである。人間を人間らしくしている創造的な意欲の精神を活動させる同じ場所が、殺しの元凶とはなんとも皮肉なめぐりあわせといえる。人間らしくなろうとするほど、殺しの心は大きく育ってしまうのだから……。が、トインビーのいうように、人間らしさの最大の特徴である競争意識をうまくコントロールして、生かしていけば、すばらしい成果が期待できる。

なにか大きな仕事に成功した人々の周囲をみわたすと、かならず力の拮抗した競争相手、ライバルが存在する。スポーツの世界をみるとよくわかる。争いのなかからなにかを摑んでいく者が成功者となる。

➤目は口ほどにものをいい

〈日本のことわざ〉

わざわざ口に出していわなくても、目の表情ひとつで、自分の思いのたけを相手に伝えられるという意味である。

「諸国大名は弓矢で殺す。糸屋の娘は目で殺す」

というのもある。大名の殺すのはむろん敵方の武将や兵卒だが、糸屋の娘の殺すのは、若者の心である。

「人間のまなざしが相手を殺すことができるならば、街という街は、死骸でいっぱいになるだろう」

といったのはフランスの詩人だが、人間の心にある殺しの心はまことに恐ろしい。「あいつを殺してやりたい」と、誰かのことを憎しみをもって考えた経験のない人は、おそらくひとりもないのではあるまいか。目にものをいわせるのは恋心くらいにしてほしいもの。

石器時代から縄ばり争いはあった

明治一〇年、東京の大森貝塚を発見したアメリカ人モールスは、貝塚の出土品のなかにあった人骨が、他の獣骨と同じように切断されているのをみて、日本の古代人には食人風習が存在していたにちがいないと主張した。しかし、これだけの資料で食人風習を云々するのは、少々乱暴だったようで、現在まで食人風習の事実は証明されず、疑問のまま残されている。

食人風習があったかどうかは判然としないが、他の部族と争って死闘を繰り返していたらしい証拠は数多く発見されている。

縄文式土器が使われていた時代、西暦で数えると紀元前五百年のころの人骨に、石の鏃《やじり》がつきささっていた例がある。まさか誤って骨までとどくほどの傷を負って死ぬわけはないのだから、武器をもって戦い、殺しあった証拠のひとつといえるだろう。

まだ原始的な社会であり、上下の階級もなく、あるひとつの部族が他の部族を征服して奴隷にするような時代ではなかった当時でも、争いのために死んでいった人間がもういたのである。

なぜ争ったのだろうか。古代の日本の自然は比較的恵まれた状態であり、ヨーロッパなどに比べると、食糧とする動植物は豊かにあった。

縄文時代の遺跡である貝塚を発掘した結果の報告をみると、出土する動植物の種類が多いのには驚かされる。貝類は、現在ではあまり食べられてはいないものまで含めて二百種に近く、魚の骨や哺乳動物の骨もたくさんある。ひとつの村落で、数百種類の動物が食べられていたという事実を物語っている。植物性食品も豊富だった。野生のヤム芋やタロ芋、トロロ芋、山の芋、葛の根など、根茎類にことかかなかったのである。

食用の動植物がふんだんにあり、安定した生活をいとなんでいた日本人も、食糧を得るための狩漁生活のなかで、縄ばりを争ったのではあるまいか。

限られた食糧をできるだけ多く確保するために、奪いあいが起り、争いの原因になるのならわかる。が、豊かな食糧に恵まれていて、わりあい長い間一定の場所に定住していたと考えられる日本人が、石の鏃をとって争ったのは、まことに不思議で説明しようがない。闘争本能のためというより、人間特有の競争意識、征服欲がこの時代の人間たちにももう芽生えていたとしかいいようがないのである。

現在出土する石器時代人の骨は、発育もよく、立派で、栄養的にすぐれた食生活をしていたことがひとめでわかるという。食糧事情がよかったからだろう。日本人の骨が貧弱になり、身体が小さくなっていくのは歴史時代に入ってからである。というより、平安時代になってからだといってよい。

6 大自然に学ぶ

▼自然からなにかを学びたい人に

苔寺のよさを理解し、苔を美しいと感じるのは湿気の中に生きる日本人だけの感覚である。自然と闘い、征服する過程で文化を築きあげてきた欧米人と、自然にさからわず、できるだけ壊さず、自然と融和していく過程で文化を育ててきた日本人との差であろうか。

樋口清之

自然を翻訳するとみんな人間に化けてしまうから面白い。崇高だとか、偉大だとか、雄壮だとか、みんな人格上の言葉になる。人格上の言葉に出来ない輩《もの》には、自然が毫も人格上の感化を与えていない。

夏目漱石

自然はやさしい案内者である。賢明で、公正で、しかもやさしい。

モンテーニュ

いかなる自然の中にも美を認め得ないものは、その人の心に欠陥のあることを示す。

天地ほど正しく全き師あらんや。

シラー

ただ天地を師とせよ。天地何を好み何をか嫌う。ただ万物を入れてよく万物になずまず、山川、江河、大地、何ものも形をあらわしてしかも載せずということなし。

山鹿素行

自然は一巻の書物であり、神がその著者である。

ハーヴェイ

わたしはすべての自分の書物を閉じてしまった。そのなかでただ一冊だけすべての人間の眼に対して開かれたものがある。それは自然という書物である。この偉大で崇高な書物によってこそ、わたしはその神聖な作者に奉仕し、その作者を崇拝することを学ぶのだ。

ルソー

自然は生きている。而して人間以

▼植えた草木は君を助ける　育てた人間は君を追い出す

〈アラブのことわざ〉

どんなに飼いならされた動物でも、ときとして野生にかえる。すると、狩猟の場で餌をとりあい、殺しあった遠い記憶が甦えるのだろうか。ましていまだに野生のままでいる動物は危険きわまりない。人間もまた、野生を内に秘めた動物とかわりがない。大きく、強く育った者ほど、育てた者の手におえなくなり、反逆する例が多い。人類の歴史はヒト家畜化の失敗の歴史であると説く人もいる。が、植物はけっして人を裏切らない。春には美しい花、夏には涼しい木陰、秋には豊かな稔、冬には暖をとるための薪をもたらしてくれる。アラブの地では、砂漠のなかのオアシスの泉を守るのは緑の樹木である。草木は、日本などよりももっと強い人間の味方なのだろう。

上に強く高い意志をもっている。時には君がつかっている日本語そのものよりも、もっと感情の表現の豊かな平明な言葉で、自然は君に話しかける。

有島武郎

自然に人情は露ほども無い。之に抗するものは容赦なく蹴飛ばされる。之に順うものは恩恵に浴する。

長岡半太郎

自然は、それを愛するものの心を裏切ることはけっしてない。

ワーズワース

自然は常に教育よりも一層大きな力を持っていた。

ヴォルテール

なぜ私は結局、好んで自然とまじわるのか。自然は常に正しく、誤りはもっぱら私の側にあるからである。自然に順応することができれば、事はすべておのずからにして成るのである。

ゲーテ

自然に強制を加えてはならず、むしろ、これに従うべきなり、

エピクロス

自然は常に完全である。けっしてまちがわない。まちがいはわれわれの立脚点、視点の方にある。

ロダン

自然淘汰とは、有用でさえあればいかに微細なものでも保存される原理である。

ダーウィン

われわれはすべて自然を観賞することばかり多く、自然とともに生きることがあまりにも少ないように思われる。

ワイルド

樹木の亭々として大空に秀で、よく暴風大雨に耐え得るは、これに過

木は天にまで達しないように配慮されている

〈ドイツのことわざ〉

どのように年ふり、長い樹齢を保っている木でも、けっして天まで届くほど高く大きくはならないように神は配慮されている。つまり、どんな事柄にも自ずから限度があるという意味に使われる。

「とかく、大きくなりすぎたものは自分自身の力をも顧みず、もっと大きくなろうとしたり、限度をこえた望みをいだくのがふつうである。が、そうした場合、かならず前途には大きな陥穽は、いたるところで、ひそかに牙をといでいる——」

といったのは推理作家の土屋隆夫である。欲望の虜になっている者を陥穽は逃さない。

当する根あって地中にわだかまるが故なり。

蟻の共和国と蜜蜂の王国に学ぶがよい。

新島　襄

蟻は富のすべてを共同に分け合い政府はなくとも混乱を知らない。蜜蜂は君主の支配はあってもつねに個々に窩《いえ》と財産を保持する。

ホープ

雑草とは何か、その美点がまだ発見されていない植物である。

エマーソン

水から学べ！……水は生命の声、存在するものの声、永遠に生成するものの声だ。

ヘッセ

花、無心にして蝶を招き
蝶、無心にして花を尋ねる
花、開くとき蝶来り
蝶、くるとき花開く
知らずして帝則に従う

良　寛

動物達は自分達の状態について汗を流し、泣言を言わない。彼等は暗がりに目覚めていて、自分達の罪を泣いたりしない。彼等は神に対する義務を論じて私をうんざりさせはしない。一匹だって所有欲で狂っていない。一匹だって他の奴に膝を屈しない。世界中に一匹だって高い身分の者やせっせと働く奴もいない。

ホイットマン

花は黙っています。それなのに花はなぜあんなに快く匂っているのでしょう？　思い疲れた夕など、窓辺に薫る一輪の百合の花をじっと抱きしめてやりたいような思いにかられても、百合の花は黙っています。そして、ちっとも変わらぬ清楚な姿でただじっと匂っているのです。

牧野富太郎

▼陸は口さきで、海は手で支配される

〈デンマークのことわざ〉

理論的にいくら正しくとも実行ができないのであれば、畳の上の水練といわれてもしかたがない。水泳については、陸上にいるときにはどんな立派な発言もできるし、人を説得するのも可能である。が、いったんプールに入ってしまえば、自分で泳いでみせるしか相手を感心させる方法はない。

陸上では口先ひとつで一国はおろか、世界を征服してみせることもさしてむずかしくはないが、海上に出ると巧みなだけのことばなどなんの役にも立たない。船をあやつる技術と天候を読む能力、度胸がものをいう。経験のない者はたちまち馬脚をあらわすだろう、机上の空論といった意味である。

〃凪の日なら誰でも船長〃〃風と波とは常に優秀な航海者に味方する〃〃船は海を経験させてから評価すべきだ〃というのもある。

太陽を見よ、太陽は惜しみなく、光と熱を地上に与えているではないか。他の生命の根源に奉仕している。太陽のように人と社会に奉仕して、しかも自らも輝いてやまぬ人物にならなければならない。

青田　強

木は神聖なものである。木と話し、木に耳を傾けることを知るものは真理を知る。木は教義も処方も説かない。木は個々のことにとらわれず、生の根本法則を説く。

ヘッセ

結婚する前に①新家庭をいとなむための住居を新築する。②新築がむりとしたら、せめて借家を用意する。③そのあとで花嫁候補と見合する。④ふられれば、別の候補とまた見合するが、両性に合意が成立すれば、生涯離れることとなく厳格な一夫一婦のちぎりを守りつづける。

こんなふうに書き出すと、読者は多分心がけのよい青年を思い浮かべられるだろうが、じつは人間の話ではない。ある鳥の習性を簡単に要約してみたのである。

松原宏遠

動物はほんとうに気持のいい友だちである。彼らはいかなる質問もしないし、いかなる批評もしない。

ジョージ・エリオット

蟻ほど上手に説教するものはない。しかも蟻は一言もしゃべるわけではない。

フランクリン

魚も一匹だけのときは警戒心が強く、なかなか餌にとびつくものではない。それが複数になり群集になるほど警戒心より競争心が強くなり、なかまのやることにはわれ先にととびつき、見境もなく釣餌にとびついてくる。そして、ひとの取ったものがすばらしく見えて、餌をくわえたなかまを追いかけていく。

富永盛治郎

▼りんごはりんごの木の近くへ落ちる

〈ロシアのことわざ〉

子どもは親の鏡、子どもは親に似ている、といった意味。蛙の子は蛙であって、めったに鳶が鷹を生むことはない。瓜のつるに茄子はならぬのである。

が、氏より育ちで、生まれてから育つ環境によって、子どもの性格、能力が変化して、親をしのぐようになる場合もある。

遺伝学者のスペンサーの「スペンサーの法則」によれば、同族近親婚は三代目で優性転化して優秀な子どもの誕生がみられ、異人種間の結婚は一〇代目で優性転化するという。最近では、たいていの人は異人種間に近い相手、つまり血のつながりがまったくない配偶者を選んで結婚している人がほとんどである。だから、一世代三〇年として、優秀な子どもの生まれるのが期待できるのは、あと百年と考えておいたほうがよい。

近親婚を避ける植物たち

『古事記』は、日本のもっとも古い歴史物語として誰にでも知られている。上巻に綴られる神話は興味のつきない内容の話ばかりである。なかでも、最初の主役、ヒロイン、ヒーロー、天照大神《あまてらすおおみかみ》と須佐之《すさの》男命《おのみこと》のふたりの物語は面白い。アマテラスとスサノオは、大八島（日本群島）を生んだ伊邪那岐大《いざなぎのおお》神《みかみ》の子どもである。つまり姉と弟である。

姉アマテラスの問いにスサノオは

「わたしは別に反逆心があってきたわけではありません。父君のイザナギから追放された事情を申し上げ、お別れにあがったのです」

と答える。するとアマテラスは

「それではお前の心が清く明るいことを証拠だてなさい」と反論する。スサノオはためらいもなく次のようにいった。

「お互いにうけいして子どもを生みましょう」

うけいは誓いである。結婚して子どもを生み、生まれた子どもによって身の潔白を証明しようとスサノオは申し出たのである。そして、アマテラスはスサノオの佩いていた十拳剣によって、スサノオはアマテラスの勾玉によって、それぞれたくさんの子どもを生む。といった記述があるが、これは明らかに姉弟による近親婚を綴ったものといってよい。スサノオの剣とアマテラスの玉は性器象徴であり、それを交換して口にして子を生むのであるから、結婚と考えてよいだろう。

ずっとむかしは、兄妹、姉弟の間だけでなく、父娘、母息子の交婚がふつうだった。さまざまな国の神話にそれが語られている。

植物は、花を咲かせ、花のなかにある雄しべと雌しべが成熟すると、雄しべの花粉が雌しべについて結婚を成立させる。植物は受粉によって雌雄が結びつき子どもを生むのである。雌しべに雄しべの花粉がつくといえば、たいていの人はひとつの花のなかの雄しべの花粉が同じ花の雌しべにつくのだと考えているのではあるまいか。が、ごく一部の植物を除いて、同じ花の雌しべと雄しべは結合しないのである。近親結婚を避けるものがほとんどといってよい。

同じ花のなかの雌しべと雄しべは離れているし、雌しべより雄しべは短く、同じ花の雄しべの花粉がこぼれ落ちても雌しべにつかないようになっている。また、同じ花のなかの雌しべと雄しべは、成熟して結婚できるようになる時期がずれている。雄しべが早く成熟して花粉を放出したあとで、雌しべが成熟すると、雄しべはもう枯れて役に立たなくなっているといったふうである。

植物は、人間よりもずっと早い時代から、近親結婚により子孫への悪影響を避けているのである。が、人間はどうだろう。近親婚をタブー視するようになってから、まだ二千年もたっていない。

7 生きるということ

▼生きる喜びを感じたい人に

風立ちぬ、いざ生きめやも。

ヴァレリー

ゆうゆうとあせらずに歩む者にとって長すぎる道はない。しんぼうづよく準備する者にとって遠すぎる利得はない。

ラ・ブリュイエール

わたしは生きようとする生命にとりかこまれた、生きようとする生命である。

シュバイツァー

何とかして生きたい。

島崎藤村

世の中に自分でためして見ないで判る事なんかないぜ。音楽は一つの体験だ。予想じゃない。頭の中で新しいコードを考えるだけで、良い演奏家といえるかね？　君は試してみるべきだよ。その上で無意味だと思えば、それが真実だ。仮定ばかりの上に自分の思想や、音楽を組みたてようたって無駄だと思うな。

五木寛之

喜びを持てば持つほど、われわれは完全さを持つことになる。完全さとは充足感である。食物・衣服・感覚・遊戯、すべてにわたりよい感じを与えるものは、いかなる害も与えない。これはわれわれには娯楽であるかもしれないが生活に欠くことのできないもので、これらのものがなかったら、われわれはこの苦しい人生を生き通すことができないかもしれない。人間は人生にあるこれらのよいものをできるだけ利用し、できるだけ多く愉快に、快活に努めるとともに、自分だけ愉快になって喜ぶのでなく、他の人びとにも喜びを分けてやるがよい。喜びが大きければそれだけ、生活への意欲はいっそう大きく強くなるものであろう。

スピノザ

生きているといえるのは、ただお前の今日が明日をもっているときだ

➤死なれぬ難面《つれな》くて、さりとは悲しくあさましき

〈江戸時代・元禄文学を代表する芭蕉、近松と共に三大文豪に数えられている井原西鶴の作品『好色一代女』に出てくることば〉

毎日毎日がつらくて死ねるものならいっそ死んでしまいたいが、でも死のうにも死ねないせつなさ、まことに悲しくもあさましい、といったほどの意味である。

真剣に自分の心に忠実に生きようとすればそれだけ大きな障害にぶつかる。だから、生きるのは悲しい。が、悲しさにすがって生きていかなければならない人生は、なんともおどろにあさましいことか。でも、人間はひとたび生まれてきたからには、どのような思いをしても、どんなに大きな障害が待ち受けていても、死ぬまでは一所懸命に生きなければならない。人間の生命はなによりも貴重であり、なににもかえがたいから。

けである。

ガイベル

この世に生きるということは、いわば演劇だ。帳簿をつけるのとはわけが違う。だから、自分というものに忠実に生きようとすれば、何回も下稽古を積まなくてはならないのだ。

サローヤン

私は生かされている。野の草と同じである。路傍の小石と同じである。生かされているという宿命の中で、せいいっぱい生きたいと思っている。せいいっぱい生きるなどということは難かしいことだが、生かされているという認識によって、いくらか救われる。

東山魁夷

生の歓びは大きいけれども、自覚ある生の歓びはさらに大きい。

ゲーテ

あなたが身につけているもののうちであなたの表情ほど重要なものはない。次の機会に飾り窓やカウンターの向こうの鏡に映る自分を見たら、帽子のまがり工合を気にする代わりに、その下にある表情をよく見てごらんなさい。そしてその陰欝な表情を何かもっと魅力的にするために時間をさくのは、意義のあることだと決心しなさい。

ジャネット・レーン

生きるとはなんのことか——生きるとは——死にかけているようなものを、たえず自分から突き放していくことである。

ニーチェ

じぶんのためには何も望むな！　求めるな、心を動かすな、うらやむな。人間の未来も、お前の運命も、おまえにとってはつねに未知のものでなければならない。だがあらゆる事態に対する覚悟だけはしっかりときめて、勇気をもって生きることだ。

▼道は近くても行かねば到着せず、事は小さくとも行なわなければ成就しない

〈中国のことわざ〉

ああでもない、こうでもないといたずらに思い悩んでいたところで、なんの役にも立たない。まず行動することである。明日こそ、明日こそと考え、いくら胸をふくらませて、夢をひろげても仕方がない。どんなに小さな一歩でもよいから、歩き出さなければならないだろう。一歩踏み出せばかならず先へ進む。一歩が千回繰りかえされれば千歩の距離になる。

生きるというのは、目的に向かって一歩一歩と近づいていくことではあるまいか。たとえその目的がどのようにささやかなものであっても……。

一日でも動き出すのが遅れると、それだけ後悔する量が増えてくる。

そしてあとは神のみこころにまかせるのだ。

トルストイ

生といふは、たとへば人のふねにのれるときのごとし。このふねは、われ帆をつかひ、われかぢをとれり、われさををさすといへどもふねわれをのせて、ふねのほかにわれなし。われふねにのりて、このふねをもふねたらしむ。

道　元

僕はよく思うんですがね、もし人生をもう一度新しく、それどころかちゃんと自覚して始めるとしたら？とね。すでに生きてしまった一つの人生はいわゆる下書きで、もう一つのほうが――清書だったらねえ？その時こそ、われわれはめいめい、まず何よりも自分自身を繰り返すまいと努力するだろうと思うんですがね。

チェーホフ

この地上における我々の立場は旅人のようなものである。我々のだれもがしばらくのお客として地球を訪れるのだが、何故そうなるのか知らない。もっとも時にはその目的がわかるような気がすることもあるけれど。

それは、人間は他の人間のために この地上に存在するということである。――楽しみや幸福を共にしている親しい人々はもちろん、また同情という絆で結ばれている無数の未知の人々のために――。

アインシュタイン

もっとも尊重せねばならぬのは、生くることにあらず、よく生くることなり。

ソクラテス

人生を真剣に生きようと欲する者は、あたかも末長く生きていかなければならぬものとして行動すべきであり、同時にまもなく死ぬべきものとして身を処さなければならない。

リトレ

➤憎まれっ子世にはばかる

東京式のいろはかるた「に」の項がこれ。

子どもの時代から周囲の人々から憎まれるような強い自己主張をもち、行動力のある者でなくては出世できない。他人からあの人はほんとによい人だと評価されている人々は比較的つつましやかに、ひっそりと生きているが、あの人はどうもとかんばしくない評判の立つような人ほど、大きな顔をして堂々と世の中をのし歩いている、どうしようもないのがこの世といった意味。社会のこうしたきびしい現実をあきらめに似た気持で認めざるを得ない弱き者のつぶやきといえるかもしれない。が、〝憎まれっ子……〟などと消極的に生きていたのでは、いつまでも人の後塵を拝して泥まみれになってしまう。憎まれっ子がどのような生き方をしているかみきわめて参考にする気持がほしい。

この世はあなたの安息の場ではないのに、なにをそこで訪ね回っているのか。天上こそあなたの住居があるはずである。それゆえ、地上のすべてのものはすぎゆくものと眺めるべきである。

ケムピス

なんのためにあなたたちは生きているのですか。国のためですか、家のためですか、親のためですか、夫のためですか、子のためですか、自己のためですか。

愛するもののためですか、愛するものをもっておいでですか。

武者小路実篤

今日は今日だけのことを考えるにとどめ、いちどに何もかもやろうとしないこと、これが賢い人のやり方だ。

セルバンテス

僕には死んでゆくことは少しもこわくない。いま自然に死んでゆけるのだったら、どんなにうれしいか、とまで思っている。だが、僕もこうして人間に生まれて来たんだから、やはり、何か生き甲斐が感じられるまで生きている義務はあると思う。

リンカーン

生きるということは徐々生まれることである。

サン・テグジュペリ

絶望は人生に必ずつきまとうものだ。絶望しないような人間はある意味でたよりない人だといえる。なぜなら小さな自己に満足し、なんらの努力も考えごともしない人に、絶望は起こりえないからだ。

亀井勝一郎

人は、のぞみを失っても生きつづけて行くのだ。見えない地図のどこかに、あるいはまた、遠い歳月の彼方に、ほの紅い蕾《つぼみ》を夢みて、凍りつく風の中に手を差しのべている……。

水木洋子

▼三人行けばかならずわが師あり　〈中国のことわざ〉

専門家として名をなした人でも、ときには弟子だとか、年少者の意見に教えられることがある。といった意味で、「負うた子に教えられて浅瀬を渡る」ということわざがあるが、これもちょっとそれに似ている。謙虚な気持になって、心を静かに保ち、どんな人からでもいつも学ぶ態度を崩さなければ、どのような小さな事柄、人物からも学べるものである。

三人で旅をすると、そのなかにかならず自分の先生になる人物がいる。旅先のさまざまな場面で、なるほどと感心させられる経験にはこと欠かない。とりもなおさず、それが先生である。旅にかぎらず人生もまた同じ。学ぼうとする気持があれば、周囲の人々はすべて先生である。思い上がった態度では、どのような貴重な体験もつまらぬ出来事としか感じられない。

生きていくか、死ぬか、それが問題だ

シェークスピアの戯曲『ハムレット』第三幕第一場で、主人公ハムレットが独白する科白。

いろいろ考え、悩み、苦しみぬいて、どうしようもなくなったときに発することばだといえる。母親のガートルードによって人間の肉欲のあさましさを知り、父親の仇を討つという難事をひかえ、生きていくのがつくづく苦痛になった。それならいっそ自殺することによって、悩みと苦痛を解消してしまえばよい。が、命を絶つことで果して苦痛と悩みから逃れられるだろうか。死後の世界のことは、生きている人間にはうかがえない。そこへ旅立った者は誰ひとり帰ってきた人はいないからだ。死は苦悩だけを永遠の世界に持ち込むだけであるかもしれない。ハムレットは、だから、生を選ぶか、死を選ぶか迷いに迷うのである。名作ハムレットには、多くの翻訳がある。原作にある冒頭の科白は

To be, or not to be : that is the question. であるが、いろいろな人の訳で、ハムレットの苦悩を聞いてみよう。

ながらふべきか但し又、ながらふべきに非るか、爰《ここ》が思案のしどころを。　（矢田部良吉）

死ぬるが増か生くるが増か、思案をするはここぞかし。　（外山正一）

生か死か……それが問題だ。　（久米正雄）

生きるか、死ぬるか、そこが問題なのだ。　（市河三喜・松浦善一）

生か、死か。それが疑問だ、どちらが男らしい生きかたか、じっと身を伏せ、不法な運命の矢弾を堪へ忍ぶのと、それとも剣をとって、押しよせる苦難に立ち向ひ、とどめを刺すまであとへ引かぬのと、一體どちらが。いっそ死んでしまったはうが。死は眠りにすぎぬ――それだけのことではないか。眠りに落ちれば、その瞬間、一切が消えてなくなる。胸を痛める憂ひも、肉體につきまとふ数々の苦しみも。願ってもないさいはひというもの。　（福田恆存）

個人でも、国家でも、これで終りかもしれないぎりぎりの瀬戸際に追いつめられた場合、西欧諸国ではハムレットの科白を常套句のように使う。自国語に翻訳しないで英語のまま使用するという。

ハムレットは、内省的で懐疑家、行動より先に思考があり、自己をじっとみつめて苦悩する。そこからこうした性格・行動パターンをもっている者を「ハムレット型」といっている。ハムレット型の逆が「ドン・キホーテ型」。

8 老いるということ

▼すこやかに老いたいと願っている人に

人は、たどりつくことができるかも確かでないくせに、老年になるのをおそれる。

ラ・ブリュイエール

諸器官の減退は、人では、三〇代のはじめからはじまり、四〇代で明らかになり、五〇代で著明になる。そして七〇から八〇代になると老衰してついに死に至るのである。

杉　靖三郎

老人は何も言うことがなくなると、すぐに近頃の若い者は……と言うものだ。

チェーホフ

老人は若者より病気は少ないけれども、彼らの病気は彼らから去らず。

ヒポクラテス

人間の寿命は、脳が生物学的にやられてしまう時期といえる。脳細胞の大半は生まれたときから細胞分裂しない。それが生物学的に完全に寿命を終えるのは、発達の五倍、脳の発達は二五歳だから、百二五歳が寿命といえるだろう。

時実利彦

老い先短いことをかこち、希望を失いがちな現代の早老者たちは、自らの人生を縮めつつある。機械文明の発達した今日では、腕力よりも頭脳の力を重要とする。だからだんだん青年はいらなくなる。古くさい青年万能主義はやめて、思想が円熟し、経験にとむ年長者を重視しなければならない……。人生は、四〇で初めて一人前になるのだから、真の人生は四〇にしてようやく始まるのだ。……労少なくして得るところ多い楽しい生活は、四〇以後にはじめて味わえるのだ、……

しかしだ、この四〇で始まる人生のためには、青年は、それまでに十分な修養と訓練とをへておかねばならない。けっして早く名をなそうなどとあせらず、着実に働いて、多幸な四〇歳を迎えねばならない。……

▼白髪は老いたしるしであり叡知をあらわすものではない

〈ギリシアのことわざ〉

四〇歳代もなかばをすぎると、たいていの人たちは老眼鏡をかけなければならなくなる。だから、老化はその時期から始まるように感じている人は多いが、そうではない。目の老化は七歳から始まる。

毛髪は、一般に三〇歳代から老化して、年とともに少なくなり、白髪もふえてくる。白髪の原因は、毛の色素が毛根から抜けるためとか、空気が入るためなどといわれている。見事な白髪は、いかにも知的に見える。が、禿げ頭と同じで単なる老化現象にほかならない。深い知性が髪の毛を白くするのではなく、身体全体の衰えが白髪となってあらわれるのである。皮膚に脂気がなくなり、乾燥して荒れ、しわが多くなるのが人間的な豊かさをあらわしているのでないのとかわらない。

これは、女性でも同じことだ。更年期になったからとて、女の役が終ったと思って老けこんではならない。本当の女の生活も四〇からはじまるのだ、……というのは、女の本務は母になることだけではない。女で良い仕事（頭脳的な人間としての仕事）をした人たちは、みな四〇を過ぎてからだ。……

人生の楽しさも、生き甲斐も四〇からだ。親になるなら四〇までにだ。四〇になるまでに、子供には独立自営の道をつけねばならない。この楽しい時期を子供のために、消費してはならない。……こうして、君たちは健康になり、長寿することができる。四〇を過ぎた人生の旅は、何と楽しいものではないか……。

ピトキン

精神のいちばん美しい特権の一つは、老いて尊敬されることである。

スタンダール

心には皺《しわ》はない。

セヴィニエ夫人

四〇歳は青年の老年期であり、五〇歳は老年の青春期である。

ユーゴー

自分の青春を、老年になってはじめて経験するような人々がいる。

ジャン・パウル

感情の未熟と真の若さを混同するような誤りをおかしてはならない。真の若さは成熟を要するのである。感情的に成長するのを拒む男女は、真っ先に年をとるのが普通である。後年、第二の幼年期に逆戻りする人々は、最初のそれから真に抜け出していないのである。年よりも若く見せかけたりするのは、感情的に成長していないという確かな証拠である。

ジョージ・ロートン

老いは、われわれの顔よりも心にしわをつける。

モンテーニュ

▼人間の老化はひとつずつの細胞が弱まるためではなく、細胞の数が減るためにおこる。〝量の変化〟が〝質の変化〟をもたらすのだ

〈アメリカのショック博士のことば〉

一定の年齢に達すると人間は突然老化してくるのではない。目の老化が七歳頃から始まるように、身体の老化は若い頃から徐々におこっているのである。人間の成長は二〇歳から二五歳ぐらいをピークとして、あとは下り坂を降りていくいっぽうである。

細胞の量の変化だが、大黒ねずみの肝臓の細胞は一九一日から四五三日で入れ替わるが、その交替の回転は年をとるとともに遅れてくる。だが、切り取ったあとから再生してくる肝細胞は若いときとまったく同じである。細胞そのものは少しも老化していない。ただ数が少なくなるため、肝臓の機能が低下する。これが老化現象である。

その年齢の知恵を持たない者は、その年齢のすべての困苦を持つ。

ヴォルテール

妻として老いたおんなは、肉体的にも、精神的にも、その夫のこころをつなぎとめるだけのものをもち得る人は少ないようです。まして金銭的に男をつなぎとめ得る女は稀有なことですし、またそれだけで男がこころまで繋がれることは、あり得ないことでしょう。ですから、ひたすら子どもに心をそそぐわけです。その子もやがて離れて、そこには母の座はあっても席がないわけです。つまり安心して座れる席がなくなるわけです。

倉富孝子

世代は次から次へと層を成して積み重なっていくものである。要するに、人びとはこの成層の下に葬られていくのである。

A・ゴルボフスキー

老人は数年前の事においても往々錯誤あり、今みだりに人に語らば少差を免れず、或は障害をなさむ、慎まざるべからず。

佐藤一斎

閑暇は定年退職者に新しい可能性を開いてはくれない。彼がようやく強制から開放されたとき、人びとは彼がその自由を活用する手段をとりあげるのである。彼は孤独と倦怠のなかで無為に生きるべく運命づけられる。たんなる屑として。

ボーヴォワール

あらゆる年代の人に適した、なにか一つの運動があるだろうか？　大多数の権威者は、水泳がそれだと言うだろう。水泳のよいところは、あらゆる筋肉の運動になっていながら、体は水に浮いていることである。

キーチス・ミッチェル

それでは君、ホイスト（カルタ遊び）はおやりにならないのかね。あ

▼老いたる馬は道を忘れず　〈中国の故事〉

年齢の高い者は、経験も豊富でなんでもよく心得ていて、ものごとの方針を誤らないという意味。恩を受けた主人のことは忘れないという場合にも使われる。

むかし、斉《せい》の桓公《かんこう》という人があって、胡竹国《こちくこく》を伐って、春にきた道を冬帰ろうとすると、雪のため道に迷った。桓公に従っていた管仲《かんちゅう》は、老いた馬は道をおぼえているものですから、放してみましょうといって老いた馬を放し、そのあとについていったところ、果たして道に出た。この話から「老馬の智」ということばが生まれた。

これと反対のことばに「老いては騏驎《きりん》も駑馬《どば》に劣る」というのがある。一日千里も走る名馬（騏驎）でも、年をとってしまうと、つまらない下等な馬にも及ばなくなる。賢人も老年になると凡人にも劣るようになる。

あ何という悲しい老年を君は自分のために準備していることであろう。

タレーラン

老年は騒音から遠ざかる。沈黙と忘却に仕える。

ロダン

老いて病み恍惚として人を識らず。

頼　山陽

精神病なのか。老耄は。痴呆。幻覚。徘徊。人格欠損。ネタキリ。

有吉佐和子

老年の歳月における人生は、悲劇の五幕に似ている。人間は悲劇的な最後の近いことは知っているが、それがいかなるものであるかは、いまだに知らない。

ショウペンハウエル

彼らには老年がどんなものかわからないのだ。人生から何も得られず、また死から何も期待できないという刑罰、あなた方には想像できまい。人生の彼方に何もないなんて、説明もなく謎の言葉も与えられないなんて。

モーリアック

その老人は死ぬ一寸前に、わたしに云った。わしはこれで百年も生きてきたことになるが、別にこれといった不足もおぼえず、ただ体だけはどうにもいうことをききませぬ、と。そのうちこの男は、フィレンツェのサンタ・マリア・ヌォーヴァ病院の寝台の上に座ったまま、身動きもせず、何の騒ぎもなく、この世から去っていった。

かくまでに甘い死の原因は何であったかを確かめようとして、解剖したのであったが、(やってみると)血管は固く、乾からびていたが、血管はつまっていた。屍体には脂肪がなく、しめり気がなかった。二歳になる子どもでは、この反対のことがみられた。

レオナルド・ダ・ヴィンチ

➤老いての後学　〈日本のことわざ〉

老い先短い人が「後学のために……」などといって、細かいところをいちいちせんさくすること。あまり好奇心のある老人は若い者に敬遠されるが、しかし知的好奇心を失った人は、精神的な若さを保てないだろう。

身体的な若さは、性ホルモン分泌を中心とするホルモン環境に支配されるが、精神的な若さは、ときとしてホルモン分泌にまで影響をおよぼす。

知的好奇心をもちつづけ、いつも生活意欲をもって、周囲の出来事に積極的に対処していく姿勢を崩さなければ、少なくとも精神的な老化はやってこない。「老いての後学」をおおいにおすすめしたい。学ぶのに年齢などあるわけはないし、老人を敬遠するような若者は、すでに精神が老いているのである。相手にしてもはじまらない。

僕は彼岸を信じない。彼岸なんてものは存在しない。枯れた木は永久に死に、凍死した鳥は二度とよみがえらない。

ドイツの詩人であり、作家であるヘルマン・ヘッセのことば。

彼岸は来世、あるいはあの世といった意味に使っているのだろう。魂が永遠だとは信じられない。人間は死んで生まれてくる過程を永久に繰りかえすことはけっしてないだろう。肉体が滅びたとき、すべてが終る、と主張しているようであるが、果して本心はどうだろうか。

一般に、知識階級といわれる人たちも、死後の霊魂について、これほど割り切ってはいないのがふつうだからである。〝枯れた木は永久に死に、凍死した鳥は二度とよみがえらない……〟と説くのは、逆説か、反語に感じてならない。シェークスピアもハムレットに死後の世界について、次のようにいわせている。

「……死んで、眠って、ただそれだけなら！　眠って、いや、眠れば、夢も見よう。それがいやだ。この生の形骸から脱して、永遠の眠りについて、ああ、それからどんな夢に悩まされるか、誰もそれを思うと――いつまでも執着が残る、こんなみじめな人生にも」（福田恆存訳より）。

評論家であり英文学者としてよく知られている中野好夫は、霊魂について次のように語っている。

「私自身の願いといえば、できることなら肉体をもった私の、この世での生命が終るとき、霊魂もいっしょに消滅してくれるなら、どんなにうれしいことか、心からそれを願っている。死後の生存などというものは、なくて幸福、あってくれてはただもう大迷惑というに尽きる。地獄も天国も、どちらも私には興味がない。要するに、生命などというものは、今のこの世だけでたくさんであり、一つだけでもありすぎる。……といって、むろん私には、死後の生存を否定する絶対の証拠があるわけでない。多分は私の考える通りに、肉体細胞の死の瞬間に、私の霊魂もまたいっさい無に帰し、ひどくサバサバした話になるだろうと、ひそかに高をくくっているが、さればとて、私の願いがそのまま実現するともかぎらない。もし万一私の霊魂などが、死後にまで生き残り、地獄だか天国だかしらぬが、また同じ後悔と汚辱にみちた一生をウロウロくりかえさなければならないとすれば、それはもう居ても立ってもいられないやりきれなさであろうということだけだ」（『夏日随想』より）

死んでしまえば、あとにはなにも残らない、灰だけだろう、といいながらも、まだ霊魂への疑いを棄てきれない人々は多いのではあるまいか。むろん、どちらだってよいと考えている人も少なくないだろう。あなたはどちらだろうか。

9 死を思う

▼生と死の問題で悩んでいる人に

人間には三つの事件しかない。生まれる・生きる・死ぬ。生まれることは感じない、死ぬことを苦しむ。そして生きることは忘れている。

ラ・ブリュイエール

生は死から生ずる。麦が芽ぐむためには種子が死ななければならない。

ガンジー

死は生の自然の継続である。最もよき生の後に最も悪き死が来る理由がない。……死に対する最良の準備が最もよく生きることに在るは疑ひがない。

阿部次郎

つねに死ぬ覚悟でいる者のみが、真に自由な人間である。

ディオゲネス

生れたものに死はかならず来る。死せるものはかならずまた生まれる。さけられないことをなげいてはいけない。

生れる前には、存在は人の感覚で明らかでない。生れてから死ぬまでの間だけ明らかであり、死とともに、また明らかでなくなる。ここになんの悲しむべきことがあろう。

生きているものすべてのなかに住むかれは、永遠にうちこわされることがない。だから何者のためにもけっしてなげくことはないのだ。

バガヴァド・ギーター

死は人間を泣かせるものである。にもかかわらず人生の三分の一はねむりのなかに過ごされる。

バイロン

死はわれわれの不断の発展における一歩にすぎない。われわれの出生も同様の一歩であった。ただ異るところは、出生は生存のある様式にとっての死であり、死は生存の他の様式への出生であるという点である。

パーカー

➤鳥の将に死せんとするとき、その鳴くや悲し、人の将に死せんとするとき、その言や善し

〈孔子とその弟子たちの言行録である『論語』のなかのことば〉

人間がまさに息をひきとろうとするときにいうことばに悪いものはない。本来の善性にたちかえっているからであるといった意味。

では、死を目の前にして、人々はどのような臨終のことばを残しているだろうか。

ついにゆく道とはかねて知りながら、昨日今日とは思わざりしを。

在原業平（平安朝の歌人）

全能の神よ！……森の中でわたしは幸せ、……一本一本の木がおまえによって語りかける、……神、森のなかでわたしは幸せ、……なんてすばらしいのだ！

ベートーヴェン

（ドイツの作曲家）

死を怖れることは、自分が賢くもないのに賢いと思いこむことと同じである。

マッティーアス・クラウディウス

あらゆる生あるものの目ざすところは死である。

フロイト

生まれ死ぬ。死ぬ生まれる。かくて人生は新しく、常に新鮮である。貴きものが死ねば、又貴きものが生まれる。

武者小路実篤

死のない生とは何か？　死がなければ、生を重んじる者はいないだろう。

ボスハルト

人間のもつ死の恐怖はすべて自然に対する認識の欠如に由来している。

ルクレティウス

死を願望する者は惨めであるが、死を怖れる者はもっと惨めである。

ハインリッヒ四世

あるいは、死は、生とひとしく、生は、死とひとしいと言えるかもしれない。生きて、飲みかつ、喰うこと、これも、われわれの感覚のでっち上げたえそらごとなのかもしれない。されば、死とは、永遠のねむり以外の何ものであろうか？　生とは、ねむりつつ、かつ、喰うことに、存するのではなかろうか。

アリストパネス

人間は死を怖れる。ちょうど子供が暗闇を恐れるように。そして子供のうちのこの恐れが色々な物語によって大きくなるのと同じように、死への怖れも大きくなる。

ベーコン

死は存在せず。なんとなれば、われらの存在するかぎり死の存在はなく、死の存在あるとき、われらは存

さようなら。じゃあ、また、と言っておこう、また会えるのだから……。

マーク・トウェーン（アメリカの作家）

わたしは真実を愛する……とても……真実を愛している。

トルストイ（ロシアの作家）

わたしの時間になった。死ぬことなどは何とも思わない……だが、この世に愛するものを残していくのは、なんと心残りだろう！……さあそれでは眠ることにしよう……。

バイロン（イギリスの詩人）

幕を引け、茶番劇は終ったのだ。

ラブレー（フランスの作家）

➤**心が正しくあれば、頭がどちらにあろうと問題ではない**

イギリスの軍人で作家のサー・ウォルター・ローリーが断頭台に

在することをやめるからなり。

エピクロス

死は感覚の休息、衝動の糸の切断、心の満足、または非常召集の休止、肉への奉仕の解放にすぎない。

アウレリウス

朝に死し、夕に生まるるならひ、ただ水の泡にぞ似たりける。知らず、生まれ死ぬる人、いづかたより来りて、いづかたへか去る。

鴨　長明

どこに死がわれわれを待っているかわからないのだから、いたるところで待とうではないか。死を予測するのは、自由を予測することである。死を学んだ者は屈従を忘れ、死の悟りはあらゆる隷従と拘束からわれわれを解放する。

モンテーニュ

死はイメージを欠いているから想像できない。死は思想を欠いているから考えられない。されば われわれは永遠に生きる者であるかのように生きなければならない。

モロア

この生死は、すなわち仏の御いのちなり。これを厭ひすてんとせば、すなはち仏の御いのちを失はんとするなり。これにとどまりて生死に著さば、これも仏の御いのち失ふなり。厭ふことなく慕ふことなき、このときはじめて仏のこころにゐる。

道　元

もし我々に死がなかったら生の倦怠をどうしようか。死こそは実に我々に恵まれた甘露である。とはいへ、私もまた生の執着をもってゐる。ただ執着である。愛ではない。

中　勘助

死そのものよりも、死についての想像のほうが、はるかに我々を恐怖せしむる。

亀井勝一郎

頭を横たえたときのことば。さすが軍人と思わせる沈着さがあり、度胸がすわっていると感じさせられる。

もう少し臨終のことばを聞いてみよう。

書くんだ、紙、鉛筆……。ぼく死ぬ……。

ハイネ（ドイツの詩人）

お母さん、お母さん！

アナトール・フランス（フランスの作家）

おまえ（妻）のために、こういう銘を入れた賞牌を作るべきだろうね。

「あらゆる看護婦の中でももっともすぐれた者に」とね。

コナン・ドイル（イギリスの作家）

天がわしをもう五年間だけ生かしておいてくれたら、わたしは真

臆病者は、死に先立って何度も死ぬが、勇敢なものは、一度しか死を味わわない。

シェークスピア

人生は、ほんの一瞬のことにすぎない。死もまた、ほんの一瞬である。

シラー

僕が死を考えるのは、死ぬためじゃない、生きるためなのだ。

マルロー

われわれは、大人も子供も、利口も馬鹿も、貧者も富者も、死においてはすべて平等である。

ロレンハーゲン

泣くことも笑いも愛欲も憎悪も長くはない。一度死の門をくぐれば、それはもはやわれわれにかかわりない。

ドースン

春くれて、後夏になり、夏はてて秋のくるにはあらず。春やがて夏の気を催し、夏より既に秋は通ひ、秋は則ち寒くなり、十月は小春の天気、草も青くなり、梅もつぼみぬ。木の葉の落つるも、まず落ちてめぐむにはあらず、下よりきざしつはるに堪へずして落つるなり。迎ふる気下にまうけたる故に、待ちとるついで甚はやし。生老病死のうつり来る事、また是に過ぎたり。四季は猶定まれるつりであり、死期はついでを待たず。

吉田兼好

あたかもよくすごした一日が安らかな眠りをあたえるように、よく用いられた一生は安らかな死をあたえる。

レオナルド・ダ・ヴィンチ

死の痛ましい姿も
聖者には怖れとならず、信者には終焉とならず。
それは、前者を生にもどし活動を教え後者を力づけ来世の祝福への希望を与える。
両者にとって死は生となる。

ゲーテ

の画家になれただろうに。

葛飾北斎（画家）

わたしは余命いくばくもない。医者にそういわれたよ。医者は数字をあげさえしたんだ。でもわたしには時間がある。疲れがなおるための数日間だって、まだ、あるだろう……。

ベルリオーズ（フランスの作曲家）

ねえ（夫の神父に）、あたしは死なないわね？　あたしたちは離れやしない、あんなに幸せだったんですもの。

シャーロット・ブロンテ（イギリスの作家）

おしまいだ生命《いのち》！　生命はおしまいだ……息をするのが苦しい。何かがぼくを粉砕する。

プーシキン（ロシアの詩人・作家）

一日数秒の健康法

身体的に衰えてくると、精神的にも老いてくる。精神が老化すると、身体も水々しさがなくなり、しぼんでしまう。

身体的に健康を保つための第一条件は〝身体を動かすこと〟である。

「運動は量より質が大切である。私が働いていたドイツの研究室で、筋肉はごく少量の規則正しい運動で発達することがわかった。どの筋肉でもいいから、一日一回その筋肉がもつ最大限の力の約三分の二程度まで緊張させ、六秒間そのままでいると、筋肉として最大速度で発達する。

一日のうちには、ときどき六秒間くらいくつろぐ暇は誰でもあるはずである。それだけでもたいしたものである。お腹を引っ込めて、あごを引き、体をねじる。あくびをする。のびをする。この一連の運動を執務時間中にやりなさい。どこかへでかけるみちすがらやるのもよいし、とにかくこれを日課にすることである」

と、体操をすすめているのは、ジョージ・ウイリアムズ大学学長で、生理学教授でもあるアーサー・H・スタインハウス博士である。博士はさらに、

「タオルを輪にして首のうしろからかける。あごを引っ込め、タオルの両端を前に引っ張りながら、これに抵抗して首を六秒間後方へ、できるだけ強く押す。これを一回だけ。次に腰部にタオルをすべり落とし、そこでまた両端を前方に引っ張りながら、でん部と腹部の筋肉を緊張させて思いきり後方に押す。六つ数えて、それは終わり、今度はタオルを足の指下に輪にしてふんまえながら、上に持ち上げるように引く。これも六秒間。そして放す。これを片足ずつ一回やって一日分の運動は全部終了である」

といっている。風呂あがりのタオルを利用するとよいだろう。

健康を保ち、老化を防ぎ、生き生きと働くために、自分でできる適当な体操を工夫してみるのもよい方法だろう。むずかしくはない。やれる範囲でやればよいのだから……。

(1)疲れたなと感じたら大きくのびをする
(2)背を曲げて仕事をしたあと背中を伸ばす
(3)首をぐるりぐるりとまわす
(4)お腹を繰りかえしひっこめる
(5)空気のよい場所で深呼吸をする
(6)好きなように腕を屈伸させる
(7)両足を適当に曲げ、伸ばす
(8)足の指を曲げたり伸ばしたり繰りかえす
(9)手の指を握ったり、開いたりする
(10)ぴょんぴょん飛びはねる

など、やれる運動をやれる場所で実行していると、かなりの効果が期待できる。

10 信仰とはなにか

▼宗教や信仰について悩んでいる人に

私の宗教――それは生きとし生けるすべてのものに対する愛である。

コルドーフスキー

神はよき思想のうちに、真実の言葉のうちに、誠実なる行為のうちにあらわれる。

ゼンダウェスタ

神の有無は、二〇年考えても二千年考えても、信ずることはできるが説明することはできない。

カーライル

人間が互いに愛情を示し合うところ、神は近くにある。

ペスタロッチ

生ける神をまともに見たいと思うのは、彼の思惟の大空の空しさのなかではなしに、人間への愛のなかに神をさがすべし。

ロマン・ロラン

神の国は目で見るべきものではなく、また語るべきものではない。神の国はここにあり、かしこにあり、それゆえに神の国はわれわれの心のうちにある。

トルストイ

神の本体は愛と英知である。

スウェーデンボルク

神を雲のかなたに求めるなかれ、神は汝の中にあり。

フィヒテ

人においては偶然を考慮に入れなければならない。偶然とはひっきょう神のことになる。

アナトール・フランス

正しく考えるとき我々は神の中にある。

正しく生きるとき神は我々の中にある。

アウグスチヌス

私は進歩を信ずる。人類が完全な

➤苦しいときの神だのみ　〈日本のことわざ〉

いつもは神や仏に手をあわせることもしない、信仰心のない者でも、困難にぶつかったり、災難がふりかかってくると、あわてて神仏に祈って助けを求める人々のなんと多いことだろうか。そんな身勝手な行為のたとえである。

受験生たちが、合格祈願の絵馬を神社にあげ、祈っているのはもう見なれた風物になったが、あれなどは典型的な〝苦しいときの神だのみ〟といえる。が、受験生の立場になってみると、一方的に非難したりできないだろう。心理学者にいわせると、神仏に祈ってくると、よし大丈夫という自己暗示にかかり、精神的に安定するから、まったくの無駄ではないとか。〝叶わぬときの神だのみ〟〝せつないときの神だのみ〟〝人窮すれば天を呼ぶ〟というのもある。

幸福にいたるべき運命を持っていることを。それゆえに、神が人間をただ苦しめるために創り出したと妄想する、いたずらな信心家たちより、自分は、はるかに神について大きな考えを持っている。最後の審判の日に天上に現われるという信心家どものいうあの極楽の状態を自由な政治と産業の設備の恵みによって、この地上に打ちたてたいと思うのだ。

ハイネ

世界の事象をすべて神の業として表象すること、これが宗教である。

シュライエルマハー

不死不滅という希望は、いかなる宗教からももたらされないが、大半の宗教はその希望からきている。

インガソル

あらゆる宗教の本体は、何のために私は生きるか、自己をとりまく無限無窮の世界に対する私の関係はどのようなものであるか、という疑問に対する解答の中にのみ存する。

トルストイ

あらゆる宗教は、道徳をその前提とする。

カント

人間的行為の自由がないところには、いかなる宗教も存在しえない。

サミエル・クラーク

人間は宗教の起点であり、宗教の中点であり、また宗教の終点である。

フォイエルバッハ

宗教とは、われわれの義務のすべてを神の命令とみなすことである。

カント

宗教は生活の腐敗を防ぐべき香料である。

ベーコン

正義に合する宗教には一物のよく抗するなし。

グラッドストン

▼和尚は逃げても寺は逃げない

〈中国のことわざ〉

杖とも、たよりともしていた和尚に逃げられてしまった村人は、とほうにくれてしまう。が、まだ幸いに寺だけは残っている。本堂により集まって相談して善後の対策をたてられるではないか……、といったところから、失敗したり、挫折したりして、苦しい立場になった場合でも、よく考えるとかならず局面を打開する道が残されているものだ。どのような損害をこうむっても、いくらかは利益があるはずだ、という考え方。

どんなにきびしい現実にさらされても、絶望して、あきらめてしまってはいけない。どこかにかならず活路があるはずである。それをさがし出す勇気をもたなければならないだろうと教えている。いかにも中国人らしい思考ではあるまいか。さすがに〝百年河清を俟《ま》つ〟お国柄である。

宗教は逆境に打ちひしがれたものの溜息であり、非常な世界の感傷であり、魂のないところに魂を見るものである。それは民衆のアヘンである。

マルクス

一人いて悲しい時は三人いると思え、二人いて悲しい時は三人いると思え、その一人は親鸞なり。

親鸞

信仰は理性の延長である。

ウイリアム・アダムス

信仰とは、熱望の形をとった愛である。

チャニング

人は決して死を思考すべきではない。ただ生を思考せよ。これが真の信仰である。

ディズレーリ

真の信仰とは、何曜日に精進ものを食べ、何曜日に教会へいって、どんな祈りをささげるか、ということを知ることでなく、つねにすべての人を愛して、正しい生活をいとなみ、つねに自分にしてもらいたいと思うことを隣人にしてやることである。ここに真の信仰がある。ほんとうの賢人、またあらゆる民族の聖者たちはすべて、つねにこの信仰を教えてきたのである。

トルストイ

信仰は、見えないものへの愛、不可能なもの、ありそうにないことへの信頼である。

ゲーテ

信仰とは我々の目に見えないものを信じることである。そしてこのような信仰のもたらす報酬は我々が信じるものを眼で見るということである。

アウグスチヌス

良き信仰をもつ者は、良き市民で

▼お祈りは唱えても、櫂《かい》の手は休めるな

〈ロシアのことわざ〉

苦しいときに神だのみしても、手をこまねいてなにも努力しないでいては、苦しさから脱け出すことはできない。嵐に出会って、神に無事を祈るのはよい。が、櫂は一生懸命に漕がなければ、船はけっして岸にはつかないだろう。ロシア人の信仰心と現実性の見事な結合がここにある。

信仰心はもたなければならないが、しかし、いざという場合、頼れるのは自分自身しかない。神は自ら助ける者を助けるであるとの教えである。神でなくとも、なにか大きな力の援助があると人はとかく安心してしまって、つい怠け心が出る。現実の日常生活のなかで、そんな経験はないだろうか。誰かのバックアップがあっても、やるべきことはきちんとやらなければ、結局は失敗する。

ある。

信仰とは神の恩寵についての生き生きとした、己を賭けた確信である。そのため「千たび死するともいとわざる」ほどに。

ウェブスター

迷信は弱々しい精神の宗教である。

ルター

信仰を投げ捨てたところに、迷信ははびこるであろう。

エドマンド・バーク

迷信は、恐怖と弱々さと無知の産物である。

リュッケルト

いちばん質の悪い迷信は、自分の迷信をましなほうだと思うことだ。

フリードリッヒ大王

レッシング

迷信は、下劣な魂の持主たちに可能な唯一の宗教である。

ジューベル

世に迷信なし。行者より見ればすべて信仰は真行なり。不信者より見れば、すべての信仰は迷信なり。

高山樗牛

迷信の首魁は民衆である。すべて迷信においては、賢者たちが愚者どもに追随する。そして正常の場合とは反対に、まず実行があって、あとから理論がこれに当てはめられる。

ベーコン

信仰は扉を閉されれば、迷信となって窓へはいってくる。神々を追い払うと、幽霊がやってくる。

ガイベル

迷信は大なる真実の影である。

エドワード

▼神が教会を建てると、そのそばに悪魔が礼拝堂を立てる。

〈ドイツのことわざ〉

教会の隣にはよく居酒屋が建てられるが、心ある人々が、そうした現実を苦々しく思っていったことば。

教会や修道院では、おいしいビールを醸造しているところが少なくなく、巡礼者があると歓迎のために飲ませる習慣があった。それをよいことに、ビールを飲みたいばかりに巡礼にいく者までもあらわれるしまつだった。

庶民のこうした傾向は、なにもドイツだけにかぎらない。日本にもごく最近まであった。神社仏閣にお参りにいくと称して出かけ、お参りがおわると、精進おとしといって、遊女屋にあがって、一夜の歓楽をつくしたものである。だから、大きな神社仏閣の近くには、かならず遊郭があった。浅草の観音さまに吉原というふうに……。

わたしが信者だからといって、人間味が少なくなるわけではありません。

フランスの喜劇作家として知られるモリエールの喜劇『タルチェフ』のなかのせりふ。

この喜劇は、別名『ペテン師』ともいわれ、傑作に数えられている。

舞台は一七世紀のフランス。宗教に夢中になってなにもみえなくなった人妻エミールが、偽善的宗教家タルチェフの口車にのせられて、一家の生活をめちゃめちゃにするという筋である。当時のフランスの社会には、宗教の袖の下にかくれて、さまざまな悪が横行していた。僧侶たちの行状は、聖職者とは名ばかり、目に余る乱脈ぶりであった。法衣をまとって利欲に目の色をかえ、宗教の威信をかさに婦女子を誘惑して、女色にふける破戒僧が大手をふって歩いていた。その典型がタルチェフである。

第三幕第三景で、タルチェフはエミールを口説いている。エミールは恋の告白に驚き、貴方のような信仰の篤い、評判のよい、立派な方が、そんな行動に出るのはちょっと意外だと反発する。するとタルチェフは、

「ああ！　私が信者だからといって、人間味が少なくなるわけのものではありません。ですから貴女のこの世のものならぬ美しさを見る時は、心は捕えられ、分別臭いことはいわなくなるのです。私がこんなことを申しあげるのを、異様にお思いになるだろうということは承知しています。しかし、奥さん畢竟私も天使ではありません……」（小場瀬卓三訳による）といい、わたしの告白が不届きなら、人をうっとりさせる自分の魅力を責めなさいなどと迫っている。

別の訳によれば〝ああ！　私が信者……〟のところを「たとえ信仰の道にはいっても、わたしはやはり男です」とある。油ぎった中年男の欲念のおぞましさが、ひしひしと伝わってくるようである。

モリエールの生きた時代は、宗教全盛であり、僧侶は大きな力をもっていたので、この喜劇は僧侶たちの強い怒りをかい、いろいろ弾圧をうけ、迫害された。一六六四年、ヴェルサイユ宮での初演で、ただちに上演は禁止された。その後上演が許可されるまでに五年もかかっている。

キリスト教がまだ微々たる勢力しかもたず、異教徒からの迫害に苦しんでいた時代には、信者は、誠実に、愛の宗教といわれるキリスト教の理想を実現するために、それぞれが努力していた。聖職者はそのお手本であった。が、組織が巨大になってくるにつれて、まず世俗的な欲望のために堕落していったのは僧侶たちであったらしい。そして、自分たちのそうした姿をかくすために、信者たちには厳格な要求をつきつけていくようになった。

第3章
自己を理解する

危機的な場面に遭遇すると、誰でも赤裸々な自分をさらけ出す。多くの困難を切り抜けてきた人ほど、だから自己への理解が深く、幻想をもたないのが常である。

1　人と生まれて

▼孤独感に悩まされている人に

われわれは友人はなくとも生きていける。けれども隣人なしには生きていけない。

ファラー

自分の食べるものに、なんらの注意も払わなかったり、そのような態度をわざと見せびらかすひとびとは、食物に関して教養のないひとびとである。わざと人類の水準の上にぬきんでることを拒もうとするひとびとだ。

グールモン

人間のもっとも基本的な、本能的な欲望のひとつが「食欲」である。当然ではあるまいか。食べ物から栄養をとらなければ、生命の維持ができないからである。もっとも本能的な部分を文化にまで高めたのが人間であるといえる。というより、人類の歴史をさかのぼってみると、文化は〝食べること〟と深くかかわりあっていることがわかる。

フランスの詩人のいうように、自分の食べるものに、なんらの注意をはらわない人は、教養がない、ばかりでなく、人間らしさの一部を棄て去った人々といえそうである。

さまざまな食べ物や飲み物によって、栄養のバランスをとり、心身の健康を保っているのが人間だが、食欲をひとつの行動に移すために重要な働きをしているのが味覚である。

味覚には、甘さ、塩からさ、苦さ、酸っぱさの四つの種類があるのはよく知られている。これらの味覚のうち、食べ物や飲み物の味を深くするための手がかりとなるのが甘さと塩からさである。苦さ、酸っぱさは、身体にとって害になるものをとらないように防衛的な役割を果している。

が、有害な食べ物から身体を守るための苦さ、酸っぱさも、ごく早い時代から食欲を増進するための〝味〟にまで高められている。

心身をゆったりさせ、親しい人々との楽しい食事は、なによりも人間を豊かにする。苦しみを忘れさせ、お互いの心を解けあわせる。

▼パンと塩を食うとも真実をいえ
〈ロシアのことわざ〉

相手を説得する場合に、もっとも手近に利用されるのが酒食による接待である。ロシアでも日本でも同じであるらしい。たとえご馳走になっても、心をいつわって嘘をいってはならないと教えている。

絶対に嘘をいいませんと宣誓するとき、聖書などに手をのせてする習慣が、西欧諸国にはみられるが、ロシアのモルドウ地方では、聖書のかわりにパンと塩を使う。パンを一切れとり、それに塩をかけて、ナイフで突き刺して食べてから宣誓をする風習がある。〝パンと塩を……〟とは、そんなところからきているのだろう。

食べるということは、生命維持のうえでたいへん重要である。が、食欲にかけて誓うのは、なんとも現実的というか、正直というか胸をつかれるものがある。

「人はパンのみに生きるにあらず……」とは真実だが、パンもまた重要であり、「パンさえあれば……」というところもある。

動物は子孫をもうけ得る時期だけしか交わりません。しかるにわれわれ人間は、このいまわしい万物の霊長はですね、快楽が得られさえすればかまわんというわけで、時と場所をわきまえません。

トルストイ

なるほど、そのとおりである。人間の性欲は時と場所をわきまえず起こってくる。が、動物たちでも、いつでも食べ物が手に入り、敵から攻撃される危険のない環境に長くおかれると、性欲は恒常的になってくるらしい。動物園のライオンは、いつも満腹であり、あとはなにもすることがないので、もっぱら異性を求め交わるという。そのため、野生では絶滅へと歩みを速めているライオンが、動物園では増えている。

性欲を強め、性行動を起こさせるのは、嗅覚である。しかし、男女では少し性欲の起こり方がちがっている。

男性は、観念的な要素、つまり想像したり、見たり、聞いたりしただけで、強く性的な興奮をおぼえて性行動に移りたいと感じる。が、女性は、皮膚にふれ、粘膜への刺激によってでなければ、性的興奮は起こらないのがふつうである。男性の性行動は、多分に、大脳の新しい皮質の知的な働きにかかわりあいがある。これに対して女性の性行動は、古い皮質の本能的な働きにおうところが多いらしいといわれている。

時と場所を選ばない人間の性欲は、食べ物や環境にもおおいに関係があるにはちがいないが、発達した広い大脳の前頭葉にかかわりあいがあるといってよさそうである。むろん、種族保存のための本能によっても動かされる部分も大きいのだが……。

食欲と並んで人間のもっとも根源的な欲望が性欲である。性欲を満た

▼男が川なら、女は水たまり

ところ変われば品かわる……〈アラブのことわざ〉

で、アラブ諸国の川は、日本のようにいつも水をたたえて流れているわけではない。乾季にはすっかり乾燥をして川底が、荒れはてた道くらいにしかみえない。が、雨季ともなり連日の雨を集めると、鉄砲水のような奔流となってなにもかも押し流してしまう。これが川のイメージである。止めても止まらない猛烈さで、すべてを流してしまうが、あとはさっぱりしている川の姿は、男性の生理そっくりである。

女性の生理は、水たまりか、湖水のようにおだやかである。しかし、これまた雨によってあふれると、やはり周囲の土地に洪水をもたらす。いつもは静かにみえても、奥深い、計りしれないエネルギーを秘めているのである。

すことによって、男女はより深く理解しあい、心と心を強く結びつける。

孤独はこの世でいちばん恐しい苦しみだ。どんなに激しい恐怖にも、みんながいっしょなら、堪えられるが、孤独は死に等しい。

ゲオルギー

人間の三大欲求といわれるのが、食欲と性欲、集団欲であるといわれている。人間が孤独に耐えられないのは、本能的に同じ仲間と群がっていようとする強い欲求のあらわれである。喧嘩し、憎しみあい、ときには殺しあいさえするのに、人間はひとりではいられない。なにかの集団をつくってかたまろうとする。人間関係がうまくいかず、ひとりぼっちの生活が長くなると、誰でも精神が不安定になり、健康にも影響する。

ダイコクネズミを仲間の群から一匹だけ隔離して飼うと興味深い変化がみられるという。四、五週間もたつと、おとなしかったネズミが、乱暴になり、十週間もすると手がつけられないくらい狂暴になってしまう。皮膚にも炎症ができてくる。が、もとの仲間の群に入れてやると二、三週間ですっかりおとなしいネズミにもどる。健康もとりもどす。

人間に対する孤独実験もあるが、その結果報告でも、精神的、肉体的にパニックの状態になる事実が確かめられている。

集団欲を満たすために仲間を求めるが、最初はその相手は誰でもよい。淋しいとき、孤独だなと感じるとき、歩行者天国など大勢の人々の群がっている場所に身をおくと、いっとき淋しさがまぎれ、孤独が忘れられる。が、しばらくすると、いっそう強い孤独感がやってくる。大勢の人の歩いているなかにいるときに孤独を感じる人は少なくないだろう。

これは心と心とが融合しあえる相手が側にいないからである。本能的に群がりたいと思う心と知的な意味で誰か相手を求める心とが人間にはある。孤独にはだからふたつの種類があるといえる。集団欲の充足は、

▼袖すりあうも他生の縁

〈日本のことわざ〉

他生とは、仏教で前世、来世のこと。袖すりあうとは、道でいちどすれちがうくらいの関係のまったくない人といった意味。現世の出来事は、どんなに小さなことでも前世からの因縁によって結ばれている。だから道でいちど袖がふれあうのも、前世からのなにかの因縁であると教えている。

日本人の対人関係の処理のしかたのなかには、むかしから、こうした仲間意識があった。同じ日本人同士じゃないか、と考えるのである。バーや一杯飲み屋などで隣りあって腰かけるのもなにかの因縁とばかりに、すっかり意気投合してしまう人も少なくない。同窓生意識の根底にも、そういった考え方がひそんでいるのではあるまいか。他生の縁によって結ばれていると感じるのは、集団欲の別なあらわれともいえる。

人間にたくましさを与えるといわれている。

孤独で生きよ！　これは言うにはたやすい言葉だが、じっさいにやってみるには、きわめてむずかしい——ほとんどかぎりなくむずかしいことなのだ。

F・リュッケルト

ハーバード大学のスキナー教授は、労働者にやる気を起こさせるためには、ニコニコ笑いながら、肩をポンとたたき、「よくやったな。またたのむよ。君はなんといっても会社の大切な一員だよ。やはり君でなけりゃね」と声をかけなければならないと指摘している。

日本にはむかしからあるニコポン戦術だが、心理学者たちは、まことに効果的な方法と認めている。

励ましのことばをかけ、肩をたたくと、相手は「ああ、自分は上司に認められている」と自己顕示欲を満足させると同時に、会社という集団への一心同体感、帰属意識も満たされ、心が安定して、よしやろうとするたくましい精神が生まれてくるのである。ニコポン戦術は心身のスキンシップ法といえる。

ダイコクネズミの隔離実験で、隔離したネズミを毎日、五秒間ずつ檻から出してやり、他のネズミと皮膚を接触させると、心身に異常が起こってくるのがずっと遅れるという。肌と肌がふれあうと、動物でも孤独感がいやされ、集団欲が満足させられるのである。

スキンシップといっても、なにも肌と肌とをふれさせることばかりではない。やさしいことばやおだやかな表情、思いやりのある態度などによっても、スキンシップはできる。むろん、互いに身体の一部をふれあい、そのうえでことばや表情、態度を添えれば、申し分のないスキンシップが成立する。

異性との交情が、単なる性欲の発散に終らず、心と心が結びつくのは、肌と肌のふれあいによるスキンシップのためではあるまいか。

▼友には友があり、その友にはまた友がある

〈イスラエルのことわざ〉

富は多くの新しい友を作る
しかし貧しい人はその友に捨てられる

旧約聖書の「箴言」第十九章では、友情のむなしさをこのように述べている。確かに友情には貧富によって左右される弱い一面がある。また、人はひとりで生まれ、ひとりで死ぬ。だからそれだけに、友を求め、隣人をほしがるのではあるまいか。せめて生きているうちだけでも、親しい友にかこまれ、群がりあい、暖めあっていきたいと願うのだろう。

ひとりのよい友だちから、多くの人間関係が成り立っていく例は非常にたくさんある。次から次へと紹介しあって大きな集団ができあがり、新しい方向にむかって動き、ひとつの世界をつくりあげていくのが人間の常である。

完全に孤立した人間は存在しない

サン・テグジュペリ

人間がある集団をつくり、集団で同じ目的にむかって仕事をする場合、また、自由に自然に集まった場合でも、誰かを知らず知らずのうちに、この二人はよい仲間、あの人はそうでもないと選択しているのがふつうである。一人ひとりの選択によって、集団のなかでいくつかの型（タイプ）が生まれてくる。

(1)　孤立型――誰からも選ばれない人。
(2)　リーダー型――誰からも選ばれる人で、集団のなかではリーダー格の人物として扱われてくる。
(3)　相愛型――お互いに選択しあい、この人はよい仲間であるとの感じ方が一致した人。
(4)　三角型――三人が相互にこの人ならと選択する。三角関係に似ている。

などである。集団のなかで、どの型（タイプ）が多いかによって、その集団の結束度や性格、意欲などがわかってくる。なにかひとつの目的のために働いている場合、集団の構成員が選択した人物と、職務上の管理者が一致していないとうまくいかない。たとえば、野球チームの監督が、選手たちから選択されなかったらどうなるだろうか。チームワークはバラバラ、結合力は弱くなり、勝とうとする意欲は盛り上ってこないだろう。

集団のなかでは、選択の関係の他に、「つっつき」の関係というのも自然に生まれてくる。動物の世界にみられる弱肉強食の関係によく似ている。

カラスの集団で、一匹のカラスが餌場で餌をあさっていたとする。そこにそのカラスより強いカラスがくると、弱いカラスは餌場をあけわたさなければならない。そうしないと頭をつっつかれ追いはらわれる。抵抗すれば争いになり弱いほうが傷つく。強いカラスも、もっと強いカラスがあらわれたら、やはり餌場をゆずらなければならなくなる。こうしていちばん強いカラスは誰からもつつかれないで餌を手に入れるが、強いほうから弱いほうへと順ぐりにつっつっついていって、いちばん弱いカラスはつっつかれるばかりで、自分のつっつく相手がいない。これが「つっつき」の関係である。

誰からも選択されない者が、いちばん弱いカラスである場合はあまり問題が起こらない。いや、集団としての問題は起こらないが、本人は非常な苦痛を味わい、心身に異常があらわれてくるだろう。が、いちばん強いカラスが誰からも選択されなかったら、やがて反乱が計画され、集団リンチのような状況が出現しないともかぎらない。

集団として群がるとき、選択の関係とつっつきの関係をよく観察し、理解してからないと、文字どおり烏合の衆となってしまい、集団としての機能をはたせなくなるだろう。

2 自己を知る

▼自分自身を
よりよく知るために

あるものを正しく判断するためには、それを愛した後、いくらか離れることが必要だ。それは国についても、人間についても、そして自己自身についてもほんとうである。

ジード

いかにして人間は自分自身を知ることができるのか。観察によってではなく、行為によってである。なんじの義務をはたさんとつとめてみよ。そうすれば自分の性能がわかるであろう。

ゲーテ

人生における第一の大事は自己を発見することであり、そのためには諸君は孤独と沈思をときどき必要とする。

ナンセン

人間てやつはどんなときでも他人にだまされるよりは、自分で自分に嘘をつく場合のほうが多いものなんだ。そしてもちろん、他人の嘘よりも自分の作り話のほうを余計に信じるものと相場が決まっている。

ドストエフスキー

自分を知るためには他人を知らなければならない。

ベルネ

自分のことしか考えられないものとは、自分がまったく見えなくなっているもののことである。つまり自我の意識のみあって自我の認識を欠くもののことである。

岸田国士

自己の弱点を知るは、損失をつぐなう第一歩。

トマス・ア・ケムピス

アダムとイブの時代このかた、つまり、ひとりの人間がふたりの人間になってからこのかた、他人の身になって見ようとしなかったもの、他人の目で見ようと試みることによって自分の真の状態を知ろうとしな

▼酒は知己に逢えば千杯といえども少なく話は機に投ぜざれば半句といえども多し

〈中国のことわざ〉

自分を知ることはなかなかむずかしい。が、自分を知ってくれる人と出会うのもそう簡単ではない。友人として意気投合し、肝胆あい照して酒をくみかわせる人物のこれまたなんと少ないだろうか。

「酒に十徳あり」という。礼を正し、労をいい、憂を忘れ、欝をひらき、気をめぐらし、病をさけ、毒を消し、人と親しみ、縁を結び、人寿を延ぶ。

また、百薬の長、長寿を保つ、旅行に食あり、寒気に衣あり、推参に便あり、憂を払う、位なくして貴人と交わる、労を助く、万人和合す、独居の友となる、というのもある。

酒を飲むときの態度によって、人が知れるとむかしからいわれている。ほどほどに飲んでいても自

かったもの、そういうものはだれひとりとして生きながらえることはできなかったのだ。

トーマス・マン

われわれはつねに自分自身に問わなければならない。もしみんながそうしたら、どんなことになるだろうと。

サルトル

我を知らずして外を知るということわりあるべからず、されば己を知るものを知れる人というべし。

吉田兼好

人間はおのおの他人の中に自分を映す鏡を持つ。そして、その鏡により自己のもろもろの罪過や欠点や、その他のあらゆる種類の悪い方向を見て、わが身をかえりみ、正すことのできるものこそ賢人といわれるに価するものである。

カトー

自分に対する尊敬、自分についての知識、自分に対する抑制、この三つのもののみが、生活に絶対的な力をもたらす。

テニスン

各人は自己の前を見る。私は自己の内部を見る。私は自己だけが相手なのだ。私はつねに自己を考察し、検査し、吟味する。

モンテーニュ

人はあるいは宇宙を知っているかも知れない。しかし、自己は知らない。自己はどんな星よりも遠い。

チェスタートン

人間は、他人の心のなかにあることを観測しないために不幸になることはほとんどない。しかし、自分の心の動きを注意しない人は必ずや不幸におちいる。

アラレソウス

〈汝自身を知れ〉という格言は適

然に己れがあらわになる。

▼酒は一時的な自殺である。飲酒がもたらす幸福は、たんに消極的なもので、不幸の一時的な中絶にすぎない

〈イギリスの哲学者バートランド・ラッセルのことば〉

酒の効用について述べて、害についてふれないのは公平さに欠けるので、酒に益なしとする人々のことばをいくつかとりあげてみよう。

百楽の長といえども、万《よろ》づの病は酒よりこそ起これ

吉田兼好

バッカス（酒神）はネプチューン（海神）よりもずっとよけいに人間を溺死させた。

ガリバルジー

酒が入ると、英知が出ていく。

ハーバート

切なる言にあらず。〈他のひとびとを知れ〉という言がより実用的なり。

メナンドロス

眼を閉じよ。そしたらお前は見えるだろう。

サミエル・バトラー

自己のことについて何もかも知っていることは、他人のことについてもすべて知っていることである。

ワイルド

己《おのれ》の感情は己の感情である。己の思想も己の思想である。天下に一人のそれを理解してくれる人がなくたって、己はそれに安んじなくてはならない。それに安んじて恬然《てんぜん》としていなくてはならない。
森　鷗外

いかに多くのひとびとが、汝より前進しているかをみるならば、いかに多くのひとびとが汝よりおくれているかを考えよ。

セネカ

自分を知りたいと思ったら、他人と他人の仕事に注意することである。他人を知りたいと思ったら、自分の心のなかをのぞきこめばよい。

シラー

なんじ自身のうちにあるあらゆる新大陸や新世界を発見すべきコロンブスとなれ。そして、貿易のためでなく、思想のための新航路をひらけ。人はみな、だれでもそれぞれ一国の君主である。

ソロー

わが実力の不十分なることを知ることこそ、わが実力の充実なれ。

アウグスチヌス

私の会うすべての人々は必ずある点において私にまさっている。その点において私はその人より学ぶところがある。

エマーソン

▼一本の毛にもその影がある
〈ドイツのことわざ〉

どのような細い毛一本一本にもかならず影がある。実体があるから影もまたある。あの人物はたいしたことがないからと軽くあしらっていると、足元からすくわれかねない。一寸の虫にも五分の魂である。どんなに小さな虫だって身体の半分くらいの肝っ玉はもっている。意地もあり、感情もある。あなどって接していると、かならずなにかのときしっぺがえしをされてしまう、といった意味。

逆にいえば、こちらをとるに足りない存在だと無視するような態度で接してくる人物は、いってみればまあたいした人ではない。それだけのものであると考えてよいだろう。が、どのような立場の者にも、きちんとした礼をつくして、少しでもよい点を認めようとして近づいてくる人物は、見誤ってしまうと大きな失敗の原因になる。

お前の道を進め、人には勝手なことをいわせておけ。

ダンテ

自己におもねるまい。自己を軽蔑すまい。自己をそれがあるべき相当の位置におこう。もしその位置が与えられなかったとしたら、それを発見し、創立することに骨を折ろう。

有島武郎

自分を買いかぶらない者は、本人が信じているよりもはるかに優れている。

ゲーテ

自分自身を知れということは、いかなる場合でも重要であるが、さてわれわれは自己をかえりみるだけで、はたして自己を知ることができるであろうか。またそういう考えを起したことがあるだろうか。自己を知るということはただ自己を見つめているだけでは知ることはできない。自分以外にあるもの、つまり自己のそばにある自分でないものを見ることによって、はじめて自己を知ることができる。自己の力量と他人を比較して初めて自分の力量がどれくらいのものであるかわかるのである。自分の背は高いか低いか自分だけではわからない。他人と比較して自分の背が高いか低いかがわかる。このように自己を知ることは他と比較することによってはじめてわかるのである。

ラスキン

世界を怖れるな、唯自己を怖れよ。

杉浦重剛

われわれはあまりにも自分を知らなさすぎるので、多くの人は、健康なときに自分は死ぬのではないかと思ったり、死にかけているときに自分は健康だと思う。熱が出そうになっているのに、腫れものができそうになっているのに、少しもそれに気がつかない。

パスカル

▼狭い川はすぐ渡られ、浅い海はすぐ測られ、小さい心はすぐかきたてられる

〈フィンランドのことわざ〉

怒りっぽい人をからかって、瞬間湯わかし器などというが、小人物はすぐに心の動きを言動にあらわしてしまう。喜怒哀楽が激しいのがふつうである。

嬉しさ、楽しさを素直に表情にあらわすのは悪くない。周囲の人々の心をなごやかにしてくれるから。相手に不愉快にならない程度に感情を表現するのはかまわないが、はしゃぎすぎはむしろ反感をかうのではあるまいか。自重が必要である。

が、どのような場合でも、怒りをあらわにした人物は、特に個人的な原因で怒っている人は醜い。醜いものはいかなるときでも人々には受け入れられない。

いずれにしても、あらわな言動は心中をみすかされてしまう。

己れの欲せざるところは人に施すなかれ

中国の故事。

現在では、自分が他人からしてほしくないような行為は人にもするな。他人の人格は尊重しなくてはならない、といった意味に使われている。が、もとの意味は少しちがう。

孔子の高弟で子貢という人がいた。ある人が「子貢は仲尼《ちゅうじ》（孔子の字《あざな》）よりも賢人だ」と評するほど、世俗的な知恵や才覚にはすぐれていた。しかし、孔子からみると、自分のすぐれているのをいつも得意そうにしているのが、はなはだ不満であった。自意識が過剰で鼻もちがならないと感じていたふしがある。あるとき子貢が、

「わたしは、自分が他人からされたくないことを、自分も他人にはしないように心がけているのです」

といった。自分が自分がという自意識をありあまるほどもっていながら、それをあらわにして、他人にも認めさせようとしないのは、どうも不自然で、事実そんな態度をとることはできないのではあるまいかと思った孔子は、よい機会だと、

「そのような態度はお前にはできまい」

ときめつけた。が、内心、自我を捨てて天の権威に従うという孔子自身の教えに、子貢のことばは矛盾するものではないと思っていた。そこで、子貢が謙虚に、

「なにかひとこと、終身努力しなければならないということばをいただけないでしょうか」といったとき、孔子は「それ恕《じょ》か。己れの欲せざるところは人に施すなかれ」と、子貢自身の考え方をそのままかえしてやった。

心して、終身努力しなければならないのは、思いやりである。お前の望まぬことは他人にしてはならないと教えたのである。〝恕〟は、己れの欲するごとく他人に仁をほどこす心である。他人に仁をほどこすために自己はさっぱりと棄て去らなければ不可能である。だから、自分から離れよ、と子貢にいったのである。〝仁〟とは、誠意と思いやり、愛情をもって人につくすことをいう。

〝己れの欲せざるところ……〟は、自己の人格の独立と尊厳をあくまで主張しながら、他の人々の人格を認識する、といった個人主義思想から発せられたのではない。自己を放棄するところから、周囲の人々の人格の独立と尊厳を守れといっている。もとの意味、孔子の本意は、自己放棄の要請といえる。

人並すぐれた人ほど、対人関係のなかで相対的に自分自身の優秀さがよくわかってくる。相手がバカに見えてしかたないだろう。つい自己過信におちいり、うぬぼれが頭をもたげる。しかし、自己を過信し、自分の力を人に認めよと強制するような態度で終始していたら、いざ周囲の人々の献身、援助が必要という場面で、かならず冷たい反応に会う。

3 性格を正しく知る

▼自分の性格をつかみきれない人に

性格とは、固くもなければ不変でもなく、活動し、変化して、肉体と同じように病気にもなるものだ。

ジョージ・エリオット

性格とは一つの「慣習」である。それは熟慮することもなく、魂からスムーズに流れ出る一定の行為である。

イヴン・スインナー

英語のパーソナリティ（personality）を正しく訳すと〝性格〟となる。が、日本語では、なぜか〝人格〟と訳されている。キャラクター（character）の訳語として〝性格〟を採用している。

パーソナリティの語源は、ラテン語のペルソナ（persona）である。ペルソナは古代ギリシアの演劇などでかぶった仮面のこと。それが転じて、劇中の人物の役割をさすようになり、一般個人の特性を示すことばとなった。

キャラクターの語源は、ギリシア語（Kharaktein）で、もともとは彫るという動詞から出ている。意味は「彫られた刻印」である。彫りこまれたもの、刻みつけられたもの全般をいうのに使われていた。

ペルソナは、遺伝的に親から受け継いだ素質的な特性であり、カラクテルは、生まれてから育つ環境のなかで、後天的に刻まれた特性である。カラクテル、キャラクターには、道徳的な意味が含まれている。日本語の人格には価値的、道徳的なニュアンスがあるから、パーソナリティの訳を人格とするのは、ちょっとどうか……。

性格とは、という心理学的な定義はさまざまであり、ある人によれば四九種類もあるという。ないのと同じであるが、一般的には「人間の行動様式の比較的固定した持続的固定した傾向」であるといわれている。

つまり同じ人は、同じような場面で、いつもだいたい同じような行動をするが、これが性格のあらわれである。意識するしないにかかわらず、ついそうなってしまう傾向であるか

➤ドン・ファン型

「ドン・ファン」は世界共通語として使われている。曰く、好色漢、漁色家、女たらし。次から次へと女性をわたりあるき、誘惑していく男の代名詞である。

現実の世の中にも、こうした男性は多い。が、男性であれば、誰の心のなかにもドン・ファンのようにふるまいたいという欲望があるのではないだろうか。ということは、男の性格には多かれ少なかれ、ドン・ファン型の傾向がまじっているといえそうである。

一七世紀のスペインの劇作家ティルソ・デ・モリーナが創造した遊蕩児の名が、ドン・ファンである。その後、多くの作家の手によって、ドン・ファンはさまざまな性格が与えられ、新しい解釈のもとで登場してくる。が、いずれも遊蕩児の生活をおくっているのが共通している。最後に、よい結末で終っていない。

ら、自分自身の性格を正しく知るのはなかなかむずかしい。人に指摘されてはじめて気づく場合が多い。

人は、他人と違っているのと同じくらい自分自身とも違っている時がある。

ラ・ロシュフコー

自分自身の性格だから、自分にはよくわかっていると誰でも考えている。が、案外、こうした自己評価は正しくない場合が多い。多分に経験や環境によって影響を受け、主観的に評価するので誤りやすい。

一般的な傾向として、客観的に分析、評価した場合（性格検査の結果など）より、誰でも自分は神経質で、劣等感の持ち主だと感じているし、気が変わりやすいと思っているのがふつうである。

自分自身の性格を、こうだと判断する場合ですら、しばしば誤りをおかしてしまう人間である。他人を評価する場合にはもっと誤差は大きくなる。表面的にあらわれた行動だけをとおして評価しようとするので、内面的なものをつい見落としてしまうからである。

ある人が誰かの性格（特性）を判断するとき、ある特性について高く評価すると、それとあまり関係のない、その他の特性についても高く評価してしまう傾向がある。

逆に、ひとつの特性を低く評価すると、その他の特性も低いと評価する。たとえば、美人で、ゆったり行動している女性をみると、頭がよくて、落ち着いている、思いやりのある人だとつい感じてしまうのが人間である。が、実際は、頭脳はまあまあ、おっちょこちょいで、意外に冷たい人物だったという例は多い。

きれいでじょうずな、わかりやすい文字を書くから、几帳面な人かと思っていると、実際はだらしない人だったりする。いつもぼんやりしていて、ポカッと口をあけているので、鈍感な人だと軽く考えていると、鋭い感性の持ち主だったりすることも少なくない。

➤ドン・キホーテ型

スペインの作家セルバンテスの名作『奇想驚くべき郷士ドン・キホーテ・ラ・マンチャ』の主人公の名が「ドン・キホーテ」である。「あれはドン・キホーテだよ」と人がいう場合、理性を失い、誇大妄想にとりつかれ、現実の不正に戦いをいどんでいく狂気の男ドン・キホーテに似ているといった人物評なのである。また、現実に目をつぶり、もっぱら夢想にふける男、冒険を求め、理想を追求する男という意味にも使われている。

ドン・キホーテは、いたるところで現実の厚い壁にぶつかり失敗をかさね、人々の嘲笑の的になる。が、最後は、狂気と誇大妄想の夢がさめ、理性をとりもどして、人々に赦しを請い、敬虔な気持になって大往生をとげる。

ハムレット型（前述）が内向型の典型だとすれば、ドン・キホーテ型は外向型の代表者といえる。

正しく、自分の性格を知るためには、専門家と話しあうなり、検査を受けるのが、もっとも効果的である。

お前の部屋を見せるがいい。そうすれば、お前の性格を言いあててみせよう。

ドストエフスキー

同じ人は、同じような場面で、いつもだいたい同じような行動をするが、これが性格のあらわれであるといわれているが、別な説を主張している人々もいる。

「人間の行動には、表面にあらわれるものと、その根底にあって行動を支配しているものがある」という。

たとえば、ある人が泣いていたとする。かならずしも悲しくて泣いているとはかぎらない。嬉しくて泣いているのかもしれないし、腹が痛いからかもしれない。くやしいから泣いている場合もあるだろう。

表面から観察しただけでは、人間の内面的な心の動きは判断できない。人間をほんとうに理解するには、表面にあらわれた行動が、なんによって支えられているかを探らなければならないという考え方である。

性格についても同じだろう。人間の心は複雑である。表面にあらわれているものだけで判断すると、思わぬ誤解をしてしまう。表面的な言動は、その人物の本性、本心の正しい表現ではない場合のほうがむしろ多いのではあるまいか。

おとなしく、人あたりもよく、腰の低い、やさしい人物が、グループの黒幕的な存在だったりする。人を人とも思わず、ビシビシやっつけるきびしい上司が、実際は部下のことをほんとうに親身になって考えてくれる、心の暖かい人であったりするのが現実ではないだろうか。

個人の部屋は、その人の城である。だからその人の性格も、人格もすべてあらわになっているはずである。部屋を見れば性格がわかるとは、まことにするどい指摘である。玄関を見ればその家の生活態度がわかる、といった人もいる。

▼ジュリアン・ソレル型

現代の若者にも、ときとしてみられるタイプが、ジュリアン・ソレル型。ドン・ファンがそうであったように、男性の血のなかにはジュリアン・ソレルのようにふるまいたいと願う潜在意識があるのではなかろうか。

フランスの作家スタンダールの代表作『赤と黒』の主人公の名が「ジュリアン・ソレル」。まれにみる記憶力とすぐれた知性、繊細な美貌に恵まれたソレルだが、出身が下層階級であったため陽のあたる場所になかなか出られない。が、もちまえの不屈の闘志で、特権階級に激しくも、根強い憎悪をいだきながら、それらの階級に属する女性を踏み台にして出世欲を満たし、野心を貫いていく。しかし、女性関係のもつれから殺人未遂の罪をおかし、ギロチンにかけられる。「赤」は軍人の栄光と名誉、「黒」は聖職者をあらわす。

ごく小さな孔から日光を見ることができるように、小さな事柄がひとの性格を浮き彫りにする。

スマイルズ

性格をあらわすことばで、もっとも一般的なのは〃内向的〃といった表現ではないだろうか。

「人間のなかには、リビドーとよばれる心的なエネルギーがあって、それが外界から個人に向う場合（内向型）と、個人から外界に向う場合（外向型）とがある。どちらの傾向が強いかによって性格が決まる」といったのはスイスの精神病理学者ユングである。

内向型（内向的）の人は、自分のなかにこもる傾向があり、感情をはっきり表にあらわさない。

外向型（外向的）の人は、活動的で、人づきあいもよく、感情を素直に表にあらわす。

が、現実にふたつのはっきりした型があるわけではなく、もっとも多いのは両者の中間型である。もう少し詳しく説明しよう。

〈内向型の人の行動の特徴〉
すぐ赤面しやすい
他人の感情をそこなわないように話す
書くことに長じている
個人の持物に注意深い
異性と友だちになるのをためらう
群衆の前に出るとまごつく
議論を好む

〈外向型の人の行動の特徴〉
よく笑う
遠慮なく率直に話す
雄弁である。話すことに長じている
物の貸し借りをよくする
日常の決まった行動が早くできる
公衆の前で平気で話をする
友だちをつくりやすい

どちらの傾向をよけいもっているだろうか。

ノラ型

ノルウェーの劇作家イプセンの戯曲『人形の家』の女主人公の名が「ノラ」である。

この戯曲の中心テーマはノラの家出。三人の子どもを残して、八年の結婚生活に別れをつげて、「わたしは人形妻であることに耐えられなくなった」といって、敢然として出ていくノラの姿に、しいたげられてきた女性の解放のために戦う闘士の姿がだぶるのだろうか。ノラは、新しい女、解放された女の代名詞として使われている。

現代日本にも、ウーマン・リブの嵐が吹き荒れた。解放され、自立して生きている女性も多い。が、男性の支配する専制的な社会をよしとして、ぬくぬくと未解放のままとどまっている人々もたくさんいる。

血液型と性格との間には密接な関係がある

古川竹二

むかしから、人の性格を判断するのはむずかしかったのだろう。性格を知るためのさまざまな方法が考えられている。生まれた年月日の十干十二支によるものや木火土金水の五行説などによるもの、手相、人相、骨相など、非常にたくさんある。

九星術では、生まれた年月日によって九つの星のもとに生まれた人々を「一白水星」「二黒土星」などと名づけ、基本的な性格をあらわしている。「二黒土星」の人は、黒い土という性格をもっていて、万物を生育させ、成熟させる徳があると解説する。科学的な裏付けはないのだが、これが不思議になるほどとうなずける場合が多いのには驚かされてしまう。

血液型と性格には深いかかわりあいがあると、最初に報告したのは東京女子高等師範学校（現・お茶の水女子大学）の古川竹二教授である。昭和二年、心理学研究会で発表して大きな反響をよんだ。が、学問的には認められないまま、今日におよんでいる。

古川教授は、各血液型の長所と短所を細かく指摘したあと、各血液型の気質（性格）の共通点と相違点を次のように述べている。ここでいう血液型とはAOB方式である。

一　O型者とB型者とは、活動様式が類似し、感情と意志との強弱はほとんど相反する。

二　O型者とA型者は、活動様式も感情および意志も、ほとんど相反する。

三　A型者とB型者とは、活動様式がほとんど相反し、感情方面では相通ずる。

四　O型者、A（O）型者およびB（O）型者の三者は、意志の方面で相通ずる点がある。

五　AB型者は、その活動様式において相反するA型者とB型者との混合型であるため、気質の判断が外面上からは困難である。しかしこの両者には、感情方面で共通点があるのでこの傾向はあきらかにうかがわれる。

周囲の人たちの言動を観察してみて、この説にうなずけるところがあるだろうか。

ひとりの心理学者とその協力者たちの研究の結果と、九星術や十干十二支などと比較して云々しようとするわけではない。また、同じといっているのでもない。ただ、血液型と性格の関係について、専門誌上で盛んに論じられた時代が過去にあったという事実を紹介したかっただけである。

血液は、人間の体液の一種であるが、古代ギリシアの時代から、体液による性格のちがいが論じられている。多血質や胆汁質、粘液質といったことばを耳にした経験はないだろうか。これらのことばは現代の心理学でも生まれているし、医師の間でも使われている。

4 男と女のちがい

▼男と女のちがいを知るために

女性は女である証拠を心の中に持っているが、男性は男である証拠を頭の中に持っている。

コッツェブー

聖伝によれば婦人は田地であり男子は種子であると言われている。すべて肉体のあるものは、田地と種子との結合により生まれる。ときには種子が優れ、また、ときには婦人の胎内がまさる。けれど、両者が平等なときに子孫はもっとも尊ばれるものである。

インドの「マヌ法典」より

男らしさ女らしさを周囲の人々に感じさせる性的な特徴は三つある。

(1) 第一次的性特徴（男と女の間にある基本的な特徴）――生殖器、生殖腺に関する決定的な差。

(2) 第二次的性特徴（性的な成熟をともなって、男と女の間にあらわれるはっきりした特徴）――筋肉、骨格、乳房、髭髯、皮膚、声帯などの差。

(3) 第三次的性特徴（情緒、性格、思考形式、興味などにみられる特徴）――羨望、羞恥、あこがれ、内気などの差。

この他、立居振舞、物腰、動作、行動などによっても、男らしさ女らしさという概念は組み立てられる。が、最近では、外見的な行動から男女を区別する作業はしだいにむずかしくなっている。同じように、性格や情緒、思考形式など、心情的な内面の動きにも男女差が少しずつなくなってきている。

ある人にいわせると「勇気」や「強さ」「忍耐力」などは、むかしは男らしさを感じさせる大きな要因だったが、いまはちがう。女らしさのきわだった特徴だという「やさしさ」「思いやり」「繊細さ」は、男らしさの概念を形成する要因だと主張する。

だから、男らしさ女らしさとは、第一次的・第二次的性特徴に関していうのなら、抵抗はないが、優雅な容姿をもっていたとしても、心理的な傾向について、男らしさ女らしさを区別するのは間違いではなかろうか、ともいっている。男女は形がち

▼男は度胸女は愛嬌

〈日本のことわざ〉

男はなにものも恐れない勇気、胆力が大切であり、女は細やかで、かわいらしく、やさしい態度が大切であるという男らしさ、女らしさの美徳を教えたことば。

が、現在の男女の間には、すんなりとは通用しなくなっていることばではあるまいか。ウーマン・リブの人々ならば、男も女も度胸と愛嬌といいそうである。

事のよし悪しは別にして、日本の社会は男社会である。だから、女性が男性と肩を並べて第一線で活躍しようと思ったら、愛嬌だけではどうにもならないだろう。度胸もなくてはならない。男なら度胸がなくても、まあなんとか生活していく場はどこかにあるが、度胸のない、消極的な女はとてもひとりで独立して暮らしてはいけないのではあるまいか。女だからこそ度胸が必要ともいえる。

がうだけで、内面的なものに優劣はないということだろう。

老年は男女間の友情には最も適当した時代である。そのわけは彼らはその頃には、ちょうど男であり女であることを止めてしまったから。

モロワ

第一次的・第二次的性特徴を別にして、第三次的性特徴だけをとりあげ、心理的な面だけにスポットをあてて、男らしさ女らしさを調べる方法がある。村中兼松らの「簡易性度検査」がそれ。

簡易性度検査によって導き出された男らしさ女らしさの一般的な傾向は、身体的に成熟がすすむにつれて、男性度、女性度がそれぞれ高くなり、二〇歳前後で最高に達する。その状態が二五歳くらいまで保たれ、それ以降は徐々に低くなっていく。

男らしさ（男性度）とは、理性的で能動的、感情をコントロールできる傾向をいう。

女らしさ（女性度）とは、感情的で受動的、感情をよく表現する傾向である。

実際の男と女がそうだと評価しているのではなく、男性度、女性度をそのように規定しているということである。両者の間には優劣の差はない。単なる心理的な傾向である。

男性の場合、もっとも男性度が高くなるのは学生では、高校時代から大学に入学する前後である。社会人では二五歳から二九歳までに最高になる人が多い。

女性の場合、もっとも女性度が高くなるのは学生では、中学の二年生ころ。社会人では、年齢が高くなるにつれて、女性度が高くなっていく。

男性は、老齢期に近づくにしたがって、女性化していき、女性は、男性化していく。男女差がしだいになくなってしまう。女性の男性化が始まるのは、更年期のあとからである。男性ではそれが一律ではない。

偉大なる精神は男女両性を具えている。

コールリッジ

▼おてんば　おきゃん　おちゃっぴい

男は度胸女は愛嬌といわれていた時代には、女性の着物の裾がめくれて、くるぶしが見えるのは恥ずかしいこととされていた。実際に女性たちは恥ずかしがった。自転車に乗る女を誰も想像すらできなかった。そんな時代にも、因習的で、閉鎖的な考え方に反抗する勇敢な女たちがいた。これがおてんば、おきゃん、おちゃっぴいである。

しとやかさに欠けた活動的で、くるぶしなど見えても平気という娘がおてんば、おきゃんは男の子のような言動をするし、自転車に乗るような蓮っぱなところのある娘のこと。おちゃっぴいは、口数の多い、こっけいなしぐさ、行動の多い娘である。

現代女性は十人中七、八人まではこの三つのタイプのどれかに属しているのではあるまいか。

男女共に性度の高い者は知的である。

知的な仕事に従事している人たちの性度は高く、とくに女性では男性的な傾向が強くなっていく。大学の男子学生では、優秀な者は平均よりも男性度が低い。それほど優秀でない学生は平均より男性度が高くなっている。女子学生では、優秀な者は平均より男性度が高い。

農山村育ちと都会育ちの子どもたちを比較すると、案外なことに、都会育ちは男性度が高い。男の子も女の子も農山村育ちは女性的である。都会育ちの女の子は、農山村育ちの男の子に近い性度を示している。

子どもをもっているかどうかで、夫婦の性度は変化する。父親となった男性は、子どものない人よりも女性的である。子どもが増え、家族の構成員の数が多くなるにつれて、夫も妻も女性度が高くなる傾向がみられる。が男の子の父親も、母親も男性的になっていく。

逆に、子どもが女の子だけの両親も、それぞれ女性度が高くなる。男のひとりっ子をもつ母親は、ますます女性的になる。

あまり幸せでない結婚生活をやむなく続けている男性は、離婚にふみきってさっぱりした男性よりもずっと男性度が高い。離婚した女性は、結婚生活を幸、不幸にかかわらず継続している女性よりも、男性度が高くなる傾向をもっている。

何人かの兄弟のなかの、ひとりっきりの女の子は、その年代の平均よりも男性的になる。何人かの姉妹のなかのひとりっきりの男の子は、同じ年ごろの平均よりずっと女性度が高くなる。母親だけに育てられた男の子は女性的になり、ひとりっ子は男女共に女性度が高くなる傾向がある。

男らしさ女らしさは、おかれている環境によってさまざまに変化する。

ひとは女には生まれない。女になるのだ。……文明の全体が人間の雄

▼女の話は一里《ひとさと》かぎり

〈日本のことわざ〉

女は多少の読み書き計算ができれば、あとは家事一般に熟達するように努力しなければならない。家庭の主婦として恥ずかしくないようになるのはそれが第一である。といってむかしは女性を小さいときから教育した。そのため、女は見聞も狭く、話題も貧弱で、自分が育てられたごくかぎられた範囲の社会の事しか知らないという意味である。

現在でも、心情的に女の子なんだから、男の子なんだからといった男女差別の傾向が強く残っている。が、女性が、わたし女だからそこまでしなくともよい、女はこの程度にやっていればよいなどと、引っ込み思案をきめこんでいたのでは、いつまでたっても精神的な深いところで男女平等はやってこない。男女が対等に話しあえる社会が理想ではあるまいか。

と、去勢物の中間のものを女性と呼んでいるのだ。

ボーヴォワール

六歳からの何年間、人生の前半のほとんどの時間をすごす学校生活から、人々は大きな影響を受けながら性格形成をおこなっている。男らしさ女らしさの傾向も例外ではない。男も女も、男女共学の学校の生徒より、男女別学の生徒のほうが、それぞれ男性度、女性度が高くなり、男は男らしく、女は女らしくなる。

男子校の生徒は、共学校の男子生徒より男性的傾向が顕著であり、女子校の生徒は、共学校の女子生徒より女性的傾向を強くもっている。

男女共に平均より男性度の高い人は、外向的な性格である。逆に、平均より女性度の高い人は内向的な性格といえる。

男の場合、男性度の高い人々は、一般的に、旅行、スポーツ、機械、科学、文学、社会生活などに興味を示す。男性度の低い人々は、宗教、美術、芸術、音楽などに関心をもっている。

女の場合、女性度の高い人々は、宗教、家事、社会生活に強い興味を示している。女性度の低い人々は、科学、機械、スポーツ、政治などに関心がある。

第三次的性特徴が男性度、女性度の高い人たちが、それぞれ男性的であり、第二次的性特徴でも、女性的であるかというとかならずしもそうではない。逆な場合もあり、第二次的性特徴と第三次的性特徴との間にはあまり関連性は認められないのがふつうである。

おしとやかで、立居振舞いがなんともいわゆる日本的な女らしさを感じさせる女性が、内面的には男らしく、活動的、積極的で、動的なものが好きという場合も少なくない。その逆もある。レスラーのような体格の髭のこい男性が、意外に女性度が高かったりする。

➤男は外回り女は内回り

男性は外に出て働き生活の資を得る。女性は家庭を守って、子どもを育て、夫につかえるのが役割という意味。いまでもほとんどの夫婦がこのとおりの生活をしている。が、共働きをする人々も増え、家事一切に関しても役割分担をきめて、実行している例もよくみられるようになった。

「女は外回り男は内回り」を文字どおり、実践している夫婦もいる。妻が外で働き、どんな場合でも家事は絶対に手伝わない。夫は食事のあとかたづけをやり、つくろいものをして、妻よりあとから床につき、朝は早く起きて食事の支度してから、妻に声をかけるという。めずらしいケースだが、やってやれないことがないという証拠である。男、女にこだわらず家庭をきりもりする能力のある者が内回りをしていくほうが、かえって幸せなのではあるまいか。

女は三界に家なし……か

むかしからよく知られていることわざである。

嫁ぐまでは父母に従い、嫁しては夫に従い、老いては子に従うのが女の道であるとされていた。生涯女主人として家をもつことはなく、三界、つまり三千世界（全世界）に自分の家はないのだという意味に使われている。封建時代の女性の地位の低さを物語ることばである。

が、よく考えてみると、女性をそのように蔑んだ裏には、長い間、虐げられてきた男性の怨念がかくされているのではないかと思われてならない。第一の証拠は、女は三界に家なしなどといいながら、日本の家屋の中心は「母屋《おもや》」である。「父屋」ではない。第二の証拠は、嫁しては夫に従い、といいながら、「夫婦」と書いて「めおと」と読む。女性が男性より上になっている。中国から夫婦ということばと文字を直輸入して、結婚した男女の意味にあてたまではよかったが、男性上位の中国とはちがって、女性上位の日本では「めおと」と逆に読まざるを得なかったのである。ふつうなら「おとめ」と訓ずるのがほんとうではあるまいか。

「妹背」は、いもせと読み、夫婦、兄妹《いも》、姉弟、男女の関係をあらわすことばである。妹は、男が、妻をはじめとする親しい間柄にある女を呼ぶときの慣用語である。

筑波嶺《つくはね》のさ百合《ゆる》の花の夜床《ゆとこ》にも愛《かな》しけ妹《いも》ぞ昼も愛《かな》しけ

などというふうに使った。『万葉集』巻二〇にある歌である。筑波山のゆりの咲く原の夜の寝床でもいとしかったわが恋人は、昼間でもいとおしくてならない、そんな意味である。

それはさておき、背《せ》は、兄《せ》、夫《せ》であり、女が夫をはじめとする親しい間柄にある男を呼ぶときのことばであった。

わが背の君はなでしこが花にもがもな

などと、文学の世界では、いとしい人、恋人よと女性が男性に呼びかける場合に背の君といった。が、「背の君」と呼ばれてロマンチックだなあと鼻の下を長くしている男はよほどおめでたい存在といわれても仕方がないだろう。「背」は文字どおり背中である。背の君とは、女性の背中のほうにくっついている男性のことである。つまり女性への従属者をさしている。

原始女性は太陽であり、男性はその従属者であった証拠がここに残されているのである。家族が一組の夫婦から成り立っている現代の家庭生活の中心は女性である。男性は単なる働き蜂にすぎず、実権は終始握られどおしではあるまいか。一ヵ月働いて得た報酬は銀行振込みでそっくり妻の手元に入り、管理される。しかし、意識のうえでは男性はいぜんとして男性上位だと考えている。

5 健康であること

▼身も心も健康であるために

健全なる精神は健全なる身体に宿る。

ユヴェナリス

人間の肉体と精神の間には、つねに何か奇妙な関係が存在する。四肢の一つを失うと、精神も何か感情の一つを失うものである。

レールモント

「病は気から」とはむかしからいわれていることばだが、近代医学でも、病院に通ってくる病人の八〇パーセントは、精神的な事柄が原因で病気になった人だと指摘している。

心身症という病気の群がある。胃かいようと十二指腸かいようが心身症の典型的なものである。心身症の原因は人によってさまざまだが、すべて抑圧された精神によって起こってくる。つまり欲求不満がこうじて、それが身体に病気となってあらわれてくるのが心身症である。

なにか心配ごとが重なって、胃が痛んだり、心臓に圧迫感をおぼえたという経験はないだろうか。心配ごとがある、情緒的に安定していないといった状態。ことばをかえれば、精神的に健康でないと身体の健康もまた保たれなくなってくる。

心身共に健康であった人が、ちょっとした不注意から、病気になったとしたらどうだろうか。たとえば、熱がある、頭痛がする、身体がだるい、疲れやすいといった状態になると、誰でも消極的になり、根気がつづかなくなる。精神的に不安定になってくるのがふつうである。

もっと重い病気にかかり、なかなか治らない、先の見通しが明るくないとわかったらどうだろうか。やはり精神的にまいってしまい、絶望的になったり、劣等感をもったりするだろう。精神の健康はそこなわれてしまう。

精神的な健康と身体的な健康は、切っても切れない関係にある。どちらかが病気になると、かならずもういっぽうに影響を与えずにはおかないのである。

➤澄んだ小便、医者殿防ぐ

〈イギリスのことわざ〉

身体が疲れているとき、小便がひどく黄色くなったり、濁ったりした経験は誰でももっているだろう。小便がきれいに澄んでいるかどうかによって、健康状態がだいたい判断できるものである。小便の色、清濁の程度によって病気発見のいとぐちをつかんだという話もよく聞く。小便が澄んでいるうちは医者にいかなくてもよいといった意味。

健康体の人の小便は薄い黄色である。が、濁った黄色になったり、白っぽくなったときは要注意。また、赤くなるのも、たとえ血尿でなくとも病気の前兆と考えてよい。色だけでなく、たびたび尿意があり、夜中に二度以上も小便に起きるような人もちょっと正常ではないだろう。反対に、小便の回数が少なくなったり、残尿感があるというのも危険信号。

身体的な健康には誰でも気をつかうが、精神的な健康は忘れがちだ。

魂の病は身体のそれより危険であり、怖ろしい。

キケロ

身体的な病気は、たいてい不快感や異常感、苦痛などと共にやってくる。だからすぐにどこかが悪いのではないかと誰でも悟ることができる。が、精神的な不健康は、これとはっきりわかる症状がないのが一般的である。

ある精神科の医師が、患者の幻聴についての訴えを聞いて、その内容を分析しながら、「心配いりません。わたしも同じような幻聴を何回も聞いていますから……」と診断した。

ところが、その医師は数ヵ月後に、精神病患者であることがわかって、入院させられた、という話がある。

精神病ばかりでなく、精神的に健康がそこなわれても、この話のように自覚症状はない。

では、精神的に健康でなくなった人はどのような状態になるだろうか。次にあげる。

▽行動に一貫性がなくなり、気分によって動かされる。

▽性格的にどこかゆがみが出てきて、円満でなくなり、むら気になる。

▽仕事に対して能力がないと感じたり、自信がもてなくなってしまう。仕事と娯楽の調和が失われる。

▽友だちやその他の人々と調和し、親しい関係を結んだり、親しい感じをもったりできなくなる。うまくやっていけなくなる。

▽集団に喜んで、積極的に参加し、協力できなくなる。

▽合理的で、現実的な生活目標がもてなくなり、幼児のような行動をし、注意散漫になる。

▽食欲不振や頭痛、不眠、貧乏ゆすりなどがあらわれ、身体的な健康もそこなわれる。

▽自分の長所、短所が客観的に評価できなくなってしまう。

▽神経過敏になって、恐怖や不安を強く感じ、なにごとにも緊張す

➤寝る前のりんごで

医者がやせ細り

〈イギリスのことわざ〉

一人ひとりによって、家族によって、あるいは土地土地によって独特の健康法があるが、就寝前にりんごを一個食べるのは、イギリス人の健康法なのだろう。みんなが寝る前にりんごを一個ずつ食べると身体が丈夫になり、医者は患者不足で、収入がなくなってしまうといった意味。りんごはイギリス自慢の特産物である。

「医者殺し」ということばが日本にはあり、たいていおいしくて、安く、健康によい食べ物をさしているようである。

が、いくら食べ物に注意し、健康に気をつかっていても、ときには病気になる場合だってある。そんなとき、どんな医師にかかったらよいだろうか。よい医師（病院）を選ぶポイントをあげておこう。

(1) 信頼できる人。できれば医師や病院から紹介してもらえる病

ぎるようになる。

心配ごとは循環、心臓、腺、神経系全体に影響を及ぼす。私は、過労が直接の原因で死んだ人を知らないが、心配がもとで死んだ多くの人を知っている。

チャールズ・メーヨー

現在の状態に満足して、なんの不満もないと感じている人はいないだろう。もし、そんな人がいるとしたら、多分その人は死んでいるにちがいない。

生きている人であれば、誰でも、さまざまな欲求をもっている。それが生きているあかしであるともいえる。ひとつの欲求が満されても、すぐ次の欲求が生まれてくる。いつまでたっても、これで十分、満足だという状態はやってこないだろう。たとえ満足だと感じたとしても、そんな状態はけっして長続きはしない。

人間は、生きているかぎり、欲求不満の状態が正常であるといってもよいだろう。「欲求」ということばを「心配ごと」とかえてもよい。心配ごとはいつでも、どこまでも人間の生活にはついてまわる。逃れようとあせっても、逃れるすべはない。だから、心配ごとがあっても思いつめないことである。

心配ごと、欲求不満を解消するために、行動に移るのが人間である。欲求不満があるから、わたしたちは新しい行動をするのだともいえる。行動の結果、欲求が満されず、心配ごとが解消されないとどうなるだろうか。心のなかにゆがみが芽をふいてくる。このゆがみが大きくなってくると、情緒が不安定になり、ついに精神的な健康も失われてしまうのである。精神的健康が失われていく過程のなかで、身体的健康もむしばまれていく。

欲求不満が正常という状態のなかで、精神的な健康を保っていくためには、仕事、仕事、仕事と、仕事にばかり集中しないで、仕事をすっかり忘れて、おおいに遊ぶことが大切である。

院（診療所）へいく。紹介者が医師と親しく、社会的地位の高い人であるほどよいだろう。

(2)　相性のよい医師。気心がよくわかって、ときにきびしく注意してくれる人がよい。

(3)　忙しすぎる医師は避ける。一日に百人以上の患者を診察しているような人は、じっくりみてくれないからである。

(4)　なるべく家の近くの医師。気快く往診してくれるし、気心もわかる。

(5)　よく勉強している医師。勉強しているかどうかは、専門科目のちがう医師に聞くと教えてくれる。最新医学を知っている医師がよい。医学の進歩は急速である。

(6)　良心的で、人柄のよい医師。やたらに薬を出し、注射をしたがる人は敬遠する。

(7)　患者離れのよい医師。いつまでも決定的な診断をくださず、長く通院させる人には注意する。

君の健康を回復するためには、薬も療法も君に必要ではないのだ。もっとも簡単に暮すことがいちばんよい方法かもしれない。少し食べ、少し飲み、そして早くから休むことだ。これは世界的な万能薬だ。

ドラクロア

身体的な健康を保ち、さらに増進させるためには、規則正しい生活が第一である。平凡なようだがそれしかない。バランスのとれた栄養と適度な運動、十分な睡眠は絶対に欠かせないだろう。

精神的な健康を保つためには、おおいに遊ぶことだといったが、日常生活のなかで、起こってくる欲求不満をうまく解消していく工夫も必要である。では、人間の欲求にはどんなものがあるだろうか。

まずあげられるのが、生命を維持し、種を保存していくためには欠かせない欲求、空腹になると食べ物を求め、寒ければ暖をとり、危険がせまれば逃れようとし、異性を求めあうといった生理的欲求である。生理的欲求も、空腹だからただ食べ物さえあればよいという素朴な欲求から、親しい人と豪華で、おいしく、楽しく食べたいという高度な欲求まである。衣・食・住すべてにそれがいえる。

次にあげられるのが社会的欲求である。

▽一人前の人間として社会から認められたい
▽価値ある仕事をなしとげたい
▽未知のものへ憧れ、新しい経験をしたい
▽人を愛し、人から愛されたい
▽仲間との競争で勝利者となり、安定した地位を得、権威者、リーダーになりたい
▽自主独立をして、自己を強く主張したい

などなど。

精神的に成熟してくるにしたがって社会的欲求がしだいに強くなり、社会的欲求を満たすことによって、より高度な生理的欲求をも満足させられるようになってくる。

▼口中涼しく足温かく、これで長生き太鼓判

〈イギリスのことわざ〉

日本では、体温を計るとき、たいてい体温計はわきの下に入れる。が、西欧諸国では口にくわえるのが一般的である。そこで口の中の温度が健康のバロメーターというわけなのだろう。口の中が涼しくて足が温かい状態がずっとつづいていれば長生きは間違いなしと保証している。

「頭寒足熱《ずかんそくねつ》」ということばが日本にもある。頭を冷やし、足を暖めるといった意味から、いろいろな場面に使われる。夜、よく寝れないときは、頭寒足熱の状態にすると自然に眠くなってくる。病気で発熱したときも、頭に氷枕をあて、足元には行火《あんか》や湯たんぽを入れたりする。健康な人間の身体は、頭寒足熱の状態になっているのがふつうである。

戦いに行く前に一度祈れ、海に行くなら二度祈れ――そして結婚生活にはいる前には三度祈れ。

ロシアのことわざ。

戦争は常に死の危険がつきまとう。だから武運長久を祈れ、航海はまた戦争以上に生命の危機にさらされる場合が多い。だから航路の無事を祈らなければならない。そして、結婚生活は、ドイツの詩人ハイネがいうように、いかなる羅針盤もかつて航路を発見したことがない荒海である。何度祈っても祈りすぎはしない……といった意味ではあるまいか。これはしかし、ロシアの男性の正直な感慨だろう。女性は多分、結婚に対してこんなふうには感じていないだろうから……。

スイス生まれの心理学者メダルト・ボスは著書『心身医学入門』(三好郁男訳・みすず書房)のなかで、結婚と男性の心理について次のように述べている。

「……特に男の場合ですが、結婚前後を身体的な病気にならず切り抜けてゆける人はそんなに多いものではない、という興味ある事実があるからです。(中略)……男というものは意識的には結婚を喜び幸福を感じていても、他方ほとんどつねに、それは彼にとって、多くの個人的あるいは男性的な独立性の決定的な放棄を意味するからです。そのほかにもこのさし迫ってきた共同生活は男心に、女性に対する非常に深い、生来の、抑圧された不安を呼び醒まします。その不安は強い男性的な行動によっても欺くことができません。この抑圧された不安感情を結婚前の男たちは意識化することなく、多くの場合身体的症状の形で放出するのです。またこの結婚前後のさし迫った発病は、しばしば秘かで、無意識的な、結婚からの最後の逃避の試みを意味するように思われます。

ここで、私は軍隊生活で起ったある愉快な偶然のことをお話しせざるをえません。動員されて一週間目に、ある部隊でほとんど同時に二人の士官と一人の補助勤務兵とが結婚しました。それまでは部隊には病人は一人もおりませんでした。ところが結婚する士官は二人とも体格もよくずっと健康だったのに、一人は結婚前日に、一人は二日後に激しい気管支炎にかかりました。一人はその上になお同じ頃、事故によってひどい大腿部出血までしたのです。兵士のほうは結婚当日に眼を怪我しほとんど挙式不可能になるところでした。この兵士を加えた三人で、部隊内の結婚を希望すると同時に結婚を恐怖する若人の三幅対が出来たわけです。」

精神の深い、深いところへの抑圧、欲求不満の蓄積は、このように身体的な病気という形をとってあらわれるのである。

6 知的水準をあげる

▼知識を実践に
生かすために

その年齢の知恵をもたない者は、その年齢のすべての困苦をもつ。

ヴォルテール

更にそこから生まれるもののなき博学は下らない。知識のコレクションに過ぎない。読んだだけ、聞いただけが只残って行くという意味の物知りがある。これは知恵というものにはならない。

志賀直哉

頭のよし悪しを計る単位のなかに「知能指数」と「知能偏差値」というのがある。知能指数が一〇〇なら年齢相応の知能(頭のよさ)、知能偏差値が五〇なら同年齢のなかでふつうを意味している。一〇〇や五〇より数値が多くなればそれだけ頭がよいことを示す。天才といわれる人々は、知能指数が一五〇以上の人がほとんどである。

知能指数は知能検査によって計られるが、世界にさきがけて、いちはやく知能検査を採用して効果をあげたのはアメリカ陸軍である。アメリカ陸軍は、第一次、第二次世界大戦のとき、それぞれ立派な知能検査をつくり、応募兵全員に実施した。

その結果をもとに、一人ひとりの知能の高低、知能の方向などを知り、兵員の配置、訓練を行って、非常な好成績をおさめた。知能検査が各国で見直され、利用されるようになったのは、それ以降である。

日本の学校でも、知能検査によって、児童・生徒の知能指数を調べているところは多い。が、実際の学業成績との相関関係を比べてみると、知能指数の高い者がかならずしも成績がよいとはかぎらない。知能指数が低いのによい成績をおさめている者も少なくない。

児童・生徒だけでなく、大学生、社会人でも同じである。せっかくの頭のよさをさっぱり使ってない人もいるし、まあまあの頭をフル回転させてすばらしい仕事をしている人も大勢いる。志賀直哉のいうように、単なる物知りに終っているか、得た知識を現実の場で実践にどう利用

➤ほしいままに食わせた馬はどうにも手におえない

〈イスラエルのことわざ〉

旧約聖書の箴言の第二十九章にむちと戒とは知恵を与える

わがままにさせた子はその母に恥をもたらす

…………

あなたの子を懲らしめよ

そうすれば彼はあなたを安らかにし

またあなたの心に喜びを与えるとある。人間はきびしく育てられるほどすぐれた者になるといった意味。西欧のことわざにも「いちばんよい馬は、いちばんたくさんムチをあてた馬」というのもある。人を育てる場合だけでなく、自分自身を律するときでも同じことがいえるだろう。きびしく律して、正しく行動すれば、かならずよい結果が得られるものである。

し、結びつけていくかの差である。知恵のあるなしといってもよい。

想像力は、知識よりも大切である。
アインシュタイン

知能が高いのに、それにふさわしい成果があげられない人、知能はふつうなのに、どんどん仕事をして成功している人、知識を実践の場でどう生かすかによって差が出てくると説明したが、想像力のちがいといいなおしてもよいだろう。

むろん、知能が高くてよい仕事をたくさんしている人々も多いが、知能はそれほどでもないのに社会の第一線で活躍している人も少なくない。それらの人々に共通しているのは、想像力の豊かさである。想像力を創造力、創造性と置きかえるともっと正確だろう。

創造性という能力は「柔軟性」「独創性」「流暢性」の三つから成り立っているといわれている。

柔軟性とは、ひとつの問題をいろいろな角度から考える力である。ある方法でいきづまっても、それにこだわらず柔軟に対処して、他のもっとよい方法を見つけ出していく能力をいう。

独創性とは、過去の経験や知識をもとにして、誰もが思いつかなかった、まったく新しいもの、めずらしい考え方、方法を発見していく能力をいう。

流暢性とは、いろいろな考え方がすらすらと、よどみなく生まれてくる、よいアイデアがあとからあとから浮んでくる能力をいう。

これらの三つを総合した能力をもち、実践の場で生かせる人が、創造性の豊かな人である。創造性というと、とかく新しいアイデアを考え出すことと思われがちだが、ほんとうはそれだけではない。どのような困難な場面にぶつかっても、なんとか解決の方法を見つけ出していく能力、いってみればたくましい生活能力が創造力である。

知識をいくら積み重ねても、実践できなければ、知識がないのと同じ

➤螢の光　窓の雪　〈中国の故事〉

〜螢の光　窓の雪　文読む月日……

卒業式などでかならず歌われる歌の冒頭に出てくることばである。苦学すること。転じて学問に励む意味に使われる。

中国の東晋の時代（千五百年以上のむかし）に、車胤《しゃいん》という勉強好きの少年がいた。家が貧乏で、本を読む灯火に使う油さえ買えなかったので、夏になると、螢をたくさんつかまえて絹の袋のなかに入れて、その光で勉強した。同じころ、孫康《そんこう》というやはり貧しいが、学問好きな少年がいた。冬になると降り積った雪の明かりに、本をかざして読みふけったという。車胤も孫康も、やがて努力が実って出世した。

「螢雪の功」とは、苦学したかいのあることである。「螢窓雪案」も苦学することをさす。

である。

真の才能というものは、孔雀の尾のように、自分で引き出さなければならない。

ノヴィコフ・ブリボイ

タレント（talent）というと、テレビや舞台、ラジオ、映画、レコードなどの世界で活躍している人々をさすのが、日本では一般的である。が、英語本来の意味は「才能」である。**talent** は、古代ギリシア、ヘブライで使われていた貨幣の単位で、そこから価値あるもの、役に立つもの、という意味になり、才能となった。

心理学者は「才能とは、ある活動を立派に成就させるいろいろな能力の結合された力」であると定義している。また「どれほどできるか」「できないか」という力をさすともいい、具体的には、音楽の能力、体操の能力というように、ある機能（はたらき）についての可能性であるとも指摘している。

才能は、現在何かができるという能力ではなく、将来なにかができるようになる可能性であり、ことばをかえていえば、潜在能力であり、素質である。

誰でも、案外、自分にどんな才能があるか知らないでいる場合が多いといわれている。一生気づかないままずごしてしまう人もいるという。

積極的に生きた人だけが、自らの才能を自ら発見し、周囲の人々に認めさせることができる。積極的に生きようとすれば、いきおいさまざまな新しい事態に直面しなければならず、あらゆる努力が要求される。困難な局面にぶちあたればあたるほど、打開するためにすべての能力の動員をよぎなくされる。内に秘められた才能が開発される機会はそれだけ多くなるのである。

経験はときに人間を無力にする。なれ親しんだ習慣、ぬるま湯から脱け出せず、惰性によってつい行動してしまうからである。未知へ向って歩き出すところから才能は生まれる。

▼人間には三種ある

自分から学ぶ人——賢人
他人から学ぶ人——才人
何ものからも学ばない人——バカ

〈アラブのことわざ〉

どこの国でも人間への評価判断は同じである。なにものからも学ばない人がバカで、他人から学ぶ人が才人であるのはわかる。人の複雑性に畏怖して、誰からも謙虚に学ぼうとする態度から、さまざまなものが得られるからである。

自ら学ぶ人とは、自らをきびしく律し、努力していくなかで、自らの才能を見つけ出し、伸ばしていく人である。試行錯誤を繰りかえしながら、少しずつ自らに力をつけ、大きくなっていく人物こそほんものなのではなかろうか。人の目、評判など気にせず、自分の思うところを迷わず実行していく蛮勇もまたときには必要だろう。

私は今までちょっとした偶然で何か値打のある事をなしとげたこともないし、私の色々の発明のどれも偶然になされたものではなかった。それは働く事によってできたものである。

エジソン

エジソンは非常な努力家で、仕事に集中しはじめると、なにもかも忘れて、何日も徹夜することがしばしばあったと伝えられている。日本人にもエジソンと同じような傾向があり〝モーレツ〟な頑張りをみせる。なにか大きな目的をなしとげようとするとき、自分自身に、周囲の人々に、部下たちに〝モーレツ〟を要求する。が、人間の心身のスタミナには限界がある。働きつづけると心身共に疲労する。

新しい仕事をはじめると、しばらくはしだいに作業量が多くなり、油がのってくると、作業量は最大になる。しかし、疲労はまだごくわずかである。最大の能率をあげられる時期、長さは、仕事の種類、速さ、むずかしさなどによって、また個人個人の熟練度、性格によってもちがってくる。

一定時間、全力をつくして連続的に仕事をつづけると、疲労が強くなり、作業量が減少しはじめる。そのまま仕事をつづけると、最後には疲労が極限に達して、いくら努力しても仕事ができなくなってしまう。足腰はだるくなり、感覚が鈍くなる。注意力は散漫になり、情緒は不安定になって、思考力や記憶力、判断力などが衰えてくる。心身共に疲労困憊の状態になり、作業量は零になる。

仕事をする場合、疲労が強くなり、作業量が減少する時期はどのへんにくるか、しっかりと把握しておいて、作業量が減りはじめたら、小休止することである。短時間（十分くらい）で疲労は回復して、ふたたび効果的に仕事ができるようになる。

がむしゃらに仕事をつづければよいというものではない。

▼幾何学に王道なし　〈西欧の故事〉

アレクサンドリアの学者ユークリッド（B. C. 367〜283）は、平面幾何学を体系づけ、まとめあげた人。

あるとき、ユークリッドはエジプト王プトレマイオス一世に招かれて、ユークリッド幾何学を講義した。王は、その内容のむずかしさと、厖大さにすっかり閉口して、

「幾何学を学ぶのにもっと早くわかる方法はないのか」

と尋ねた。するとユークリッドは

「幾何学に王道はありません」

と答えたと伝えられている。学問の世界では、世俗的な意味の権力は通用しません、といったのである。学問の権威を物語るエピソードとしてよく知られている。

ひとつの山の頂上をきわめようとするならば、やはり麓から登らなければならない。

鉄も使わざれば錆び、水も用いざれば腐敗し、あるいは寒冷にあたって凍結する。人の知力もまたこれと同じく、絶えず用いざればついに退化する。

ダ・ビンチ

知能や才能、性格などということばで表現される人間の精神活動は大脳から生まれてくる。人間の大脳は誕生と同時に発達が始まり一〇歳前後でほとんどが完成し、あとは二〇歳ころまでゆっくりと発達していく。二〇歳前後に完成された大脳は、それ以降はけっして発達はしない。

二〇歳前後で完成する大脳は、電子計算機にたとえると、いわゆるハードウエアの部分である。完成した脳をいかに使うかは、どのようなプログラムを組むかにかかっている。二〇歳以降の勉強ぶり、頭の使い方いかんによって、よいプログラム、どのようなソフトウエアができてくるかが決定する。ハードウエアがどんなに立派であっても、ソフトウエアがおそまつだったら、宝のもちぐされであり、せっかくの機能がむだになってしまう。

ハードウエアのほうを使わないで放っておけば、電子計算機の電気回路の配線がさびついたり、断線したりしてしまう。また、いろいろな知識を導入し、頭脳を訓練しつづけないと、よいソフトウエアの開発はできないだろう。頭脳を使わないと退化するというのはこのためである。

日本人の知能の優秀性は、世界の何人かの学者の調査研究によって証明ずみである。といっても、知能的にすぐれているのは児童・生徒、せいぜい高校生どまりである。欧米人の児童・生徒の知能指数を一〇〇とすると、日本人の児童・生徒は一一四となるという。が、残念ながら、大学生や社会人となると、知能レベルが欧米人より急速に低下する傾向がみられる。激しい受験戦争の末に、大学に入り、社会人となってしまうと、急に頭を使わなくなるのが原因で、知能レベルが落ちてくるのだと指摘している学者も少なくない。

「十で神童、十五で才子、二十すぎれば只の人」という人がほとんどなのではあるまいか。そのうえ「四十くらがり、五十ボケ」になっている人もいる。

大脳のハードウエアの部分は二〇歳をすぎると発達はしないけれども、頭をたえず使い、訓練していると、すばらしいプログラムが組上り、立派なソフトウエアが供給できるようになって、頭脳は明晰になり、知能レベルは向上する。頭は使えば使うほどよくなっていくのである。

知能や才能といった精神活動が活発で、レベルの高い人ほど、どのような仕事についても成功率は高いのはよく知られている。

運動しなければ、身体が衰えるのと同じで、頭のトレーニングをしないと大脳も衰える。

7　自分自身を発見する

▼自分の行動に
迷いが生じたときに

自分がなんであるかを知りたいと思うならば、自分がなにを好むかをみればよい。

ニーチェ

われわれが人間の心に発見する最初にして、もっとも単純な感情は好奇心である。

パーク

ある出来事や事物、人物に出会い好奇心をおぼえると、その対象のすべてを知りたくなるのが人間ではあるまいか。そして、詳しく知ると、好きか、きらいかを決定しないではいられなくなる。好奇心を興味といいかえてもよいだろう。興味（好奇心）について考えてみよう。

なにかの対象に興味をひかれるのは、自分の心のなかにある潜在的な欲求不満を満足させようとする思いがあるからである。

街を歩いている。素敵な女性とすれちがう。ガールフレンドがほしいと考えている男性であれば、オッといって、ふり返るのであるまいか。ガールフレンドがほしいという欲求を満足させるために、素敵な女性に心ひかれ、興味をおぼえたのである。

勇気をもって、心ひかれる女性に話しかけ、友だちになってもらえたら、ガールフレンドがほしいという欲求が満たされたら、情緒的に「快」となる。もし、拒絶にあい、欲求が満足されないと「不快」の感情が起こってくる。情緒的な「快」が好きであり、「不快」がきらいである。

興味は、人間を行動させる推進力となり、情緒をさまざまに変化させる。だから、誰かの人格を判断理解するのに、興味は、きわめて重要なポイントを握っているといってよいだろう。むろん、自分自身を理解する場合、まず自分はなにが好きなのだろうと考えることから出発すると、自分の人格的な輪郭が浮んでくる。

興味よりも、好奇心はもっと積極的で、本能的な一面をもっているような気がしてならない。そのため、興味よりもっと行動に結びつきやす

▼**好きこそものの上手なれ**

〈日本の故事〉

歌舞伎の名作といわれる『菅原《すがわら》伝授手習鑑《でんじゅてならいかがみ》』のなかに、

「上根とけいこと好きと三つのうち、好きこそ物のじょうずとは、芸能修業の教えの金言」

とある。つまり器用であること、稽古をすること、好きであることのうち、やはり好きであることが上達のもっとも近道であるという意味である。好きなことは、誰からいわれなくても、熱心に稽古をするし、苦しい修業にも耐えて努力をするから、やがて名人、上手といわれるようになるというわけ。

好きな道に苦労なし、好きは上手のもと、好きに身をやつす、というのもある。好きだからこそ、勉強もするし、研究もする。自分からすすんでやる勉強や研究、努力は実を結ぶのも早いといわれている。

く、大きな感情の変化をともなうのではあるまいか。

知は目の如し、百歩の外を見て、睫《しょう》を見る能《あた》わず

『韓非子』

目は遠くは見えても、まつ毛は見ることができない。同じように、他人の欠点は目についても、自分の欠点には気がつかない、との意味。

自分の欠点だけでなく、実は、自分が好きだ、きらいだといっている「興味」も、かならずしも自分のほんとうの興味でない場合がしばしばあるといわれている。

なぜ、自分がほんとうに興味をもっていないものを、興味があると勘違いをし、信じ込んでしまうのだろうか。アメリカの心理学者ビリンガムは、その原因を三つあげている。

(1) 知識・情報の不足――実際にやってみなければわからないのに、青少年のロマンチックな傾向から、誤った興味が生まれてくる。

(2) 特殊な経験を一般化する――テレビドラマのスマートな外科医の言動や服装を見て、医者が好きになるなど。

(3) 自分をいつわる――ほんとうは好きなのだが、自分の好きな人、尊敬している人、あんな人になりたいと憧れている人が「好きじゃない」というので、きらいだというように周囲の人々に影響されてしまう例も少なくない。

自己分析をしてみて、現在の自分のもっている興味は、ほんものかどうか判断してみてはどうだろうか。ほんとうに興味をもっている人でなければ習得できないような知識や能力、反応傾向があればほんものである。

学校や職業を、誤った興味から選択して、こんなはずではなかったと後悔している人々は意外に多いのである。つまり、自分自身がいったい何者であるかわからないまま、職業選択などをすると失敗の可能性が大きい。

▼下手の横好き

〈日本のことわざ〉

「好きこそものの上手なれ」というのは確かに真理であるが、「下手の横好き」という人も世の中には多い。ゴルフやマージャン、碁、将棋などでは、いくらやっても上達しない人もいる。そのくせ三度の飯よりも好きなのだから幸せである。

下手の横好きとは、興味があり、やる気十分なのだけれど、そのことにむいていないのか、さっぱりうまくならない人、といった意味である。ニュートンの神学研究なども、その一例ではあるまいか。

が、下手だ下手だと周囲から軽く扱われているうちに、いつのまにか上手になって、あっと人を驚かせるほどの腕前になる人がなかにはいる。ひとつの事柄にずっと興味をもちつづけ、根気よく取り組んでいると、いつか才能が開花する例は少なくない。

しっかりした知性のもつ変わりのない特質のひとつは好奇心である。

サミエル・ジョンソン

好奇心は、誰にでもあるが、一人ひとりによって強弱にかなりの差がみられる。

好奇心は、人間の知的な精神活動であり、生まれてから環境のなかで育てられるものと考えられがちであるが、実は遺伝の影響を強く受ける本能的な欲求にかかわりあいが深い精神活動である。が、知性を支える大きな力になっているのが好奇心であることはまちがいがない。

好奇心をそそられる対象があり、一所懸命に研究をしても、あまりみるべき実績もないという場合が案外少なくない。

万有引力の法則や光の粒子説などの発見者としてよく知られているイギリスのニュートンは、国立造幣局長としてすぐれた才能を示したといわれているが、知らない人が多いのではなかろうか。

ニュートンが、もっとも力を注ぎ、寝食を忘れるほどの情熱を燃やして取り組み、一生涯研究をうむことなくつづけた対象は、すばらしい業績を残した物理学でも、造幣局の仕事でもない。「神学」である。

ニュートンは、キリスト教の教理、信仰、実践について熱心に研究していたのである。しかし神学研究家として、ニュートンの名をあげる人はまずいないだろう。物理学者としての名前が大きすぎたからではなく、さしたる実績がないからである。あれだけの知能をもち、心血をそそいだにもかかわらず、後世に名を残すような仕事を、神学の分野ではできなかったのだから不思議というほかはない。

好奇心は、しっかりした知性のもつ変わりのない特性ではあるけれども、それだけでは、人々を驚かせるほどの成果はあげられないのだということがわかる。やはり人には得手不得手があり、ふさわしいものがあるのだろう。自分にぴったりとあった職業を選ぶむずかしさがここにある。

下手は上手のもと

〈日本のことわざ〉

世に名人、上手とうたわれ、脚光をあびている人々でも、最初から上手であったわけではない。その道に入ったとき、始めたばかりのときは、誰でも下手だったのであり、下手な時代がずっとつづいていた人だって多いのである。

先生や先輩、仲間たちから、下手だ下手だといわれながら、一心不乱に励み、努力してこそ、名人、上手が生まれる。最初から、多少上手な者はすぐ天狗になって上達が止まってしまう場合が往々にしてある。

いまは下手でも、たゆまず一所懸命にやっていればかならずいつかは上手になる、だから頑張りなさいと激励するときに使うことばがこれ。

やはり、なにがなんでもうまくなろうとする気力が大切なのではあるまいか。

る。

好奇心は希望の別名にほかならない。

チャールズ＝ヘーア・ウイリアムス＝ヘーア

ニュートンの例にもみられるように、好奇心だけでは、興味だけでは、確かに大きな業績は残せないで終わる場合もあるだろう。が、好奇心をもちつづけるということは、充実した生涯をおくるためには欠かせない要素である。ものごとに対する好奇心、興味がなくなった人間は、ぬけがらのようなものではあるまいか。希望をなくした人間の精神力が急速に衰えていくのと似ている。

すぐれた能力をもっていても、興味がなければ能力は発揮できないのがふつうである。アメリカの心理学者ストロングは両者の関係について次のようにいっている。

「能力と興味の関係は、ちょうど、モーターと舵手の関係に似ている。モーターは能力である。これによってボートのスピードがきまる。舵手は興味である。ボートの方向がこれで決定する。ボートの進んだ距離が業績である。業績は、モーターと舵手の働きできまるのである。」

モーターの馬力が弱ければ、舵手がどのようなすばらしい技術を駆使しても、ボートの進む距離には限界がある。また逆に、強力なモーターがあっても、舵手にやる気がなかったり、目的がはっきりしていなかったりしたら、ボートは迷走してしまう。事故にあう危険性だって出てくるだろう。

ニュートンが、神学の研究であまりみるべきものが残せなかったのはなぜだろうか。能力が不足していたのか、興味が、ほんとうの興味ではなかったのか。おそらく両方ではあるまいか。

ひとつの分野で成功しないからといってあきらめるのは早い。

▼好きなものには騙されやすい

〈日本のことわざ〉

人間は弱い存在である。好きな事柄には、多少の障害があってもつい手を出したり、話にのってしまう傾向がある。そして、まだまだ、こんどこそこんどこそと思いながらずるずると深入りして、取り返しのつかないところまでいってしまう。

好きだと感じてしまうと、とたんに理性や冷静な判断力が失われて、周囲の状況もみないで飛びつくのが人間だから、くれぐれも注意しなさいよという忠告のことばである。

好く道より破る、禍は好むところにあるというのもある。同じ意味に使われる。

野球選手や評論家の話を聞くと、バッターのもっとも好きなコース、ポイントの近くに盲点があり、弱点があるという。好きなものには騙されやすい例である。

有無相い生ず

中国の故事。

春秋時代の周の人、老聃《ろうたん》の撰といわれる道家思想の根底を説く本『老子』のなかにあることば。次のように書いてある。

「天下、みな美の美たるを知ればこれ悪なるのみ、みな善の善たるを知ればこれ不善のみ。ゆえに、有無相い生じ、難易は相い成し、長短は相い較《ちか》し……」

口語訳にしてみると「これが美しいと認めるのは、同時に、もういっぽうに悪があると認めることである。善と不善の関係も同じ。このように、ひとつの存在はそれと対立する存在を認めることによって存在する。有は無があるから存在し、難は易により、長は短によって存在する」となる。この世の中にあるすべての存在は、相対的であり、ふたつの関係によって存在する。あらゆる価値もまた相対的なものであると説いている。

少々むずかしいが、もっとやさしくいってみれば、日本ことわざにある「下手があるので上手が知れる」というのとほぼ同じだろう。上手な人がいるから下手な者ができ、下手な者がいるから上手だとわかるのである。

ものごとはふたつのものの関係、比較によって価値づけられることばかりである。絶対的な上手な者などはいない。きのうまで上手だと評価されていた人でも、下手な者に追い抜かれれば、その人はきょうは下手な者になり、下手な者だった人が上手といわれる。

有は無から生れて無に帰っていく、存在することは無くなることである、といった意味で「有無相い生ず」と使われる場合もある。

「有無相い生ず」「下手があるので上手が知れる」は、なかなか含みの多いことばであり、いろいろな解釈ができるのではあるまいか。得意の絶頂にあっても、油断しているとたちまち、不遇のどん底に沈んでしまわないともかぎらない。逆に、不遇のうちに呻吟しているのは、陽のあたる場所への第一歩であるともいえる。そんなふうにも考えられる。満月はやがて欠け、三日月には満ちていく希望がある。どのような状態もけっして永久に続くわけではない、やがてまったく別な状態があらわれてくる前兆である。そう覚悟をきめると、なにやら安心が得られるような気がするから不思議である。結果はなりゆきにまかせ、現在只今を一所懸命に生きるしかないだろう。いつかやってくるかもしれない、不幸や不遇を思いわずらっていてもはじまらない。そのときはそのときである。

「有無相い通ず」とは、お互いに有るものとないものとを交換しあい、ゆうずうしあうという意味で、読んで字のとおりである。これは『史記』のなかに出てくる。

8 自分はなにに向いているか

▼職業への適性を知るために

職業は生活の背景である。

ニーチェ

芸能やスポーツにおいては、プロとアマとの区別はきびしい。……甘えてはいられない。学校を出て会社や官庁にはいる。はいれば月給がもらえる。月給をもらうということは、いいかえればその道において自立したということであり、つまりはプロの仲間入りをしたということである。

お互いプロとしての自覚があるかどうか。

松下幸之助

プロの道はまことにきびしい。きょうの失敗がもう明日の収入にひびくのである。いいわけはけっして許されない。結果だけがものをいう。

が、一般のサラリーマンはどうであろうか。なるほどそれなりのきびしさはある。優勝劣敗があり、信賞必罰はあるだろう。が、一、二回の失敗はさして問題にされず一生懸命にやった努力をかわれ、失敗を教訓として次の機会に生かすように励まされるといったところがある。

それはそれでよい。人を育て、大きくしていく方法ではある。しかし、周囲のそうした温情に甘えている者が少なくないのではあるまいか。心のどこかに甘えがあっては、かならず生存競争に負けてしまうだろう。

サラリーマン（ビジネスマン）といえども、収入をそこから得ている以上プロである。自らの仕事に賭けるという覚悟がなくてはならない。仕事場は戦場であり、少しの油断が死につながるのだと姿勢を正し、いつも緊張感を持続していく必要がある。

「兵は死地なり」ということばがある。戦いは命がけのものだとの意味だが、毎日の仕事はまさに戦いなのである。のんびりはしていられない。

いつまでもアマチュアのようなつもりであってはならないだろう。自分はプロフェッショナルなんだと、しっかりいい聞かせて一日一日をす

▼出る杭は打たれる

〈日本のことわざ〉

人よりすぐれている者は、周囲の人々から特に目上の人から憎まれがちであり、攻撃されたり、嫉妬されたりする。また、あまりさし出たふるまいをすると他人から責められ、災難に出会うといった意味に使われる。

江戸時代に、身分制度が固まるにつれて、本来の意味あいが転じて、人間はさし出たふるまいはするものではない、という退嬰的な人生訓として生まれかわった。いままでも、そうした使い方をする人が少なくないし、そうだと信じている者もたくさんいる。

が、どうだろうか。打たれるくらいに出る杭でなければ、若者としてはふがいないし、壮年に達した人でも、過当な競争が行われている現代社会で人並以上の仕事はできないだろう。憎まれっ子世にはばかるである。おおいに自分を主張するとよい。

ごさなければ、いつのまにか取り残されてしまい、敗北者となるだろう。

蟹《かに》は甲に似せて穴を掘る

日本のことわざ

カニは自分の甲羅の大きさがちょうど入るような穴を掘り、もぐり込む。人間も同じで、一人ひとり分相応の願いをもち、その人にふさわしい考えをし、行動をするものだ、といった意味である。西欧にも「小さな鳥は小さな巣を求める」というのがある。

が、個人個人の生き方をみていると、小さな鳥でありながら大きな巣を求めたり、大きな鳥なのに小さな巣に身をちぢめている、といった人々がいる。自分自身の能力にふさわしくない日常をおくっている人々がなんと多いだろうか。つまり自分に適していない職業についている人がよく目につくのである。

「職業適性」ということばがある。学者たちは、職業適性をさまざまに定義しているが、ごく一般的にまとめてみると、

「職業適性とは、ある特定の職業について、その道で成功できるかどうかを予見する潜在的な能力である」

となる。潜在的とは、たとえば自動車が運転できるとか、微分積分をよく理解しているなどといった現実的な能力ではなく、そうした能力を身につける可能性をもっているという意味である。

適性のある仕事、職業分野につけば、比較的早く、しかも高い成功率があるといわれている。自分の甲羅にふさわしい穴を掘った者が、職業的な成功者となる可能性が大きいのである。が、自らのなかで眠っている潜在的な能力、適切な訓練によって、ある特定の分野で成功するために必要な能力が伸ばせるかどうかは、自分自身で発見するのはなかなかむずかしい。

どのような職業に自分がふさわしいのかは、職業適性検査を受け、専門家の診断を待つのがもっともよ

➤新しい草鞋《わらじ》を買う前に古い草鞋を捨てるな

〈朝鮮のことわざ〉

新しいものの魅力にとりつかれて、それまで慣れ親しんできた古いものを弊履のごとく捨ててしまう人は多いが、そんな人はきっと後悔する、といった意味。

「バスに乗り遅れるな」ということばがある。誰でも、新しい方向に走るバスに争って乗り込もうとする傾向をもっているが、なんの考えもなしに乗ってしまって、こんなはずではなかったのに……とほぞをかむ人をよくみかける。バスに早く乗ればよいというものではない。どんなバスか、目的地はどこか、はっきりみきわめる冷静さ、状況判断が必要である。

新しい草鞋を買っても、古い草鞋をすぐ捨ててしまわないで、なにか別な用途はないか考えてもよいのではないだろうか。

い。適性ありと診断されたら自信がつくのではあるまいか。

人間には二とおりある。一つは仕事にありつけないとへこたれてしまう人間、もう一つは、たとえ仕事がなくとも、必ず自分に何かやれる仕事があると信じている人間、この二とおりの人間である。

ディズニー

「下手の横好き」については説明したが、適性のある分野に、その人がかならず興味をもつかというとそうではない。適性があまりないのに興味をもち、一生懸命にやる。しかし、上達しないというのが「下手の横好き」である。が、下手でもなんでも根気よくやっているといつか上手になる、それが「好きこそものの上手なれ」である。

適性がなくとも、努力してその仕事に取り組んでいると、しだいに適性が生まれてくるのは事実である。

適性検査によって、適性なしと診断されたからといって、ああもうだめだとあきらめてしまったり、へこたれてしまっては、それこそだめだろう。好きな道、職業ならば、自分はきっと成功してみせると頑張って初心をとおすのも生き方である。人の能力は固定的なものではなく、教育や訓練によって変化していくからである。

さまざまな経歴をもった人々が、第二次世界大戦のとき、高度に専門化された軍隊の任務を、入隊前の職業とはかかわりなく、誰もが同じような熟練度で遂行した、という話がある。セールスマンだった男が、エンジニアとして働いていた男とほとんど同じようにエンジン室の操作をやってのけたという。軍隊、戦争という緊迫した雰囲気のなかで仕事に従事したので〝適性〟が自然に身についてきたのではあるまいか。

適性のある仕事に、興味をもってあたるのは、成功への近道にはちがいないが、好きならば、あるいはやらなければならないと覚悟をきめて、とことんやりぬくとよいだろう。

➤能ある者は労多し　〈中国のことわざ〉

能力のある人は、世間から受け入れられ、さまざまな仕事をまかせられ、忙しい思いをする。それだけにまた苦労も多い、といった意味である。ほんとうに忙しくしている人に

「忙しいのは、それだけ世間的に、能力があると認められているということじゃありませんか」などと励ましとも、慰めともつかないことばをかけられた経験はないだろうか。

人間、忙しいうちが花である。みんなが忙しく働いているのに、自分だけが暇をもてあましているようではおしまいだろう。落伍者といわれてもしかたがあるまい。世の中は、能力のある者をけっして遊ばせてはおかないのがふつうである。忙しさは能力を計るバロメーターといってもよいかもしれない。

道は開けてくる。

野鴨は馴らすことができる。しかし馴らした鴨を野生に返すことはできない。もう一つ、馴らされた鴨はもはやどこへも飛んでいくことはできない。ビジネスには野鴨が必要である。

ワトソン二世

ビジネスにかぎらず、野鴨は必要なのではあるまいか。最近の若者には、馴らされた鴨が多すぎる。小さくまとまっていて将来の大きな可能性を見つけ出すことが困難である。ときに、自らの甲羅以上の穴を掘ってみるのもよいではないか。人がなんといおうと自分の信ずる道を歩いてみる。失敗したら失敗したで再び出なおせばよい。再出発できるのは若者の特権である。

後悔先に立たずである。人生が終ろうとする晩年になって悔んでも取り返しがつかない。若い時代には試行錯誤が許されるし、そのなかで自分の進むべき道が見えてくる。

「当事者の勘」ということばがある。なにかものごとに真剣に取り組んでいると、直感的にこうしたほうがよいのではないかとひらめくことがある。それが常識はずれな考え方であったりする。

が、そうした第六感が教えてくれる暗示は正しい場合が多い。「当事者の勘」がはたらいたら、そのとおりに従ってみるとよいだろう。ある大きな転機になるかもしれないからである。

弱気になってはおしまいである。理不尽な強引さは失敗をまねくばかりでなく、もう立ち直れなくなる打撃をうけ、周囲の支持を失う危険性があるが、成算ありと信じての強気はおおいに結構ではなかろうか。もし、失敗しても、あとでその失敗が生きてくる。

失敗は誰でもする。が、人間としてすぐれているかどうかは、なぜ失敗したかを分析し、すぐその原因を発見できるかどうかである。失敗など恐れてはなにもできない。

ゆっくりいけば遠くへいける

〈ロシアのことわざ〉

遠くへいくつもりなら、ゆっくりしたペースを守らなければならない。最初から張り切って急ぎすぎると、途中でへばってしまって挫折する。

若い時代には、たっぷり時間があるのにとかくオーバーペースになりすぎるきらいがある。他人のちょっとした成功をうらやましがり、自分もとあせるからだろう。

人にはそれぞれリズムがある。若いときにリズムが高潮する者もいれば、壮年になってからリズムのピークを迎える人もいる。春に花を咲かせる草木もあれば、冬に花をつける樹木もある。冬に花を咲かせる木が、自分も春に……とあせったところでどうにもならない。冬まで待つしかない。周囲の人々のペースとはかかわりなく、自分にちょうどよい速さで、着実に歩いていくことである。

鳴かず飛ばず

中国の故事。

ふだんあまり目立つ存在ではなく、あいつはなにを考えているのだか……などといわれていた者が、ひとたび立ち上がって事を起こすと、世間をあっと驚かすようなことをやって成功する。そんな人のたとえに使われることば。

古代中国にあった国、楚の荘王は、後に諸侯を統一して天下をおさめるほどの人物になったすぐれた男である。が、楚の国王になったばかりのころは、まったくだらしのない君主だった。酒色におぼれ、政治に少しも関心を示そうとはしなかった。

ある日のこと、部下の伍挙《ごきょ》に

「おい、いっしょに酒を飲もう」と強要した。すると伍挙は、

「酒のお慰みに謎々を出しますから、ひとつ解いてみていただきましょう。三年もたつのに飛びもしなければ、鳴きもしない鳥が岡の上にいます。なんという鳥かおわかりですか」

といって応じた。荘王は、

「お前がなにをいいたいのかよくわかっている。だが、その鳥はいちど飛べば天まで飛ぶだろう。いちど鳴けば人々を驚かすぞ」

といい、伍挙の真剣なことばも耳に入らなかったように、相もかわらず酒色にふけり、行状を改めようとはしなかった。

それから数ヵ月後、蘇従という男が荘王を諫めた。王を諫める者は死刑になるという法律があったのにである。自らの死を賭けて、禁を破った蘇従をみて、荘王は、翻然として自分の非、愚さを悟る。それ以来、ぴたりと酒色を絶って、政治に目を向ける。そして天下を統一して覇王となるのである。

世の中には、文字どおり鳴かず飛ばずに一生を終ってしまう人が多い。鳴かず飛ばずにいる間にしっかりと鳴くときの、飛ぶときの準備をしておかないからではなかろうか。

ひとたび飛び、鳴いたとき人々を驚かすような人物は、その事蹟をさぐってみると、不遇の時代に、例外なくコツコツと勉強をしている。勉強といっても学問ばかりではない。さまざまな経験をとおして、生きていくために必要な能力を身につけている。また、けっして弱音をはいたり、絶望したりはしていない。いつかは秋《とき》がくると堅く信じて一所懸命に毎日をすごしている人々ばかりである。

「ゴーリキーの大学」ということばがある。ロシアの文豪のあのゴーリキーである。ゴーリキーは、若い放浪の不遇時代に多くの人にあい、貴重な体験をしながら、数かぎりないものを学んだという。広いロシアの国土、大勢の出会った人々は、ゴーリキーにとって大学の教室であり、教授であったと述懐している。

9　うその戒め

▼人を信じられない
人に信じてもらえないときに

うそつきは本当のことを言う場合も信じられない。

キケロ

ひとつのうそをつくものは、自分がどんな重荷を背負いこんだのかにめったに気がつかない。つまり、ひとつのうそをとおすためには、別のうそを二十発明しなければならなくなるのである。

スイフト

ある女性の話である。

パートタイムで働いている職場で、同僚の人たちに、最初、自己紹介するときに実際の年齢よりも五歳も若くいってしまった。女心だなあと知っている人は黙って笑っていたが、さあ、それからその人の苦労が始まった。

お茶の時間など、休憩のとき、中学校時代の話が出れば、卒業年次や入学年次について気をつかわなければならず、干支の話題になり、生まれはなにと尋ねあうと、あわてて指を折って答えねばならなかった。

結婚した年月日、主人との年齢差、子どもを生んだ年月日などなど、いちいち五歳の年齢差を真実にみせるために頭のなかですばやく計算する必要があった。なんでもないようだが、本人にしてみるとたいへんな気苦労らしい。話を聞いてみると、

「女の人たちって、どうしてああも年齢に関係のある話ばかりするんでしょう」

というのが、その人のいつわらざる述懐であった。

あるとき、その職場のパートタイムの人たちだけで台湾旅行をすることになって、いろいろな手続きをいっしょにやっているうちに、とうとううそがバレてしまった。

「うそってつらいですね」

とも告白していた。年齢のサバなど、たわいもないが、仕事にかかわりあいのある事柄や自分自身の人格に関係のあることで、うそをついて、つきとおそうとしたら、もっとつらいのではあるまいか。うそは、かならずいった人に復讐する。

➤うそから出たまこと　〈日本のことわざ〉

ふたとおりの意味に使われているめずらしいことばである。

その1　自分の行動を正当化したり、ごまかしたりするために、いろいろ話をしているうちに、ついうっかり口をすべらせて、真実をいってしまう場合がある。風邪ぎみですのでと早退した人が「あの場面はすごかったね。どぎもをぬかれたよ」などときのう封切られたばかりのロードショー映画の話をしてしまうのがよい例である。

その2　うそをついて、あることないこと話をして、相手を信じさせていたのに、ひょんなところから、そのうそがほんとうになってしまったこと。ペテン師が小金ほしさに「これは当り間違いなし」などと、宝くじを買い値の何倍かに売りつけたところ、ほんとうに一等にあたってしまった……。

自分自身をあざむくほど容易なことはない。なぜなら、われわれの欲するところのものを、われわれはいつでも信じようと心かまえているからである。

デモステネス

誰でも、こうありたいと考えている理想像がある。もし、自分がこうであったらと願い、できるだけその姿に近づこうとするのが人間ではあるまいか。

こうありたいと願う気持が、心のなかで発酵してくると、人にも話さずにはいられなくなるのが人情である。人に話して賛同を得て、それが間違っていないのを確認したくなってくる。

ここまでは正常な人々でも、たいていの人がもっている心理的な傾向といえる。が、虚言傾向のある人は、ここから先がちがってくる。

こうありたいと願う気持を人に話をしていくうちに、しだいにこうありたいではなく、こうであるというふうに話すようになる。

最初に話した人には「こうありたい」であったのが、三人、四人の人に話すうちに「こうである」になっているのである。「恋人がほしい」が「恋人がいる」になり、しまいに「恋人ともうすぐ結婚する」と発展してくる。

本人がうそをついていると自覚してうそをついている場合には、話のなかのどこかに破綻が出てきて、聞いている人にうそだなとなんとなくわかる。

が、虚言傾向のある人は、話をしながら、それが願望ではなく、真実だと信じてしまうのである。だから、話は真に迫り、とてもうそとは思えない。

「恋人がほしい」が「恋人がいる」になるくらいなら、誰にも迷惑はかからないが、仕事のうえでも、虚言傾向のある人は平気でうそをいう。うそだろうと指摘されてもあまり反省の色がなく、ほんとうだとあくまでも主張するので、ついだまされてしまう。

うそは泥棒のはじまり　〈日本のことわざ〉

うそを平気でいうほどになれば、盗みも恥ずかしくなくなる。うそはすべての罪悪の出発点、道具になる、といった意味。このことわざは関係ないが、うそに関する小話をひとつ。

ジュリエットがうそつきの現場を母親にみつけられて叱られた。

「ママはね、あなたの年齢では、うそなんかけっしてつかなかったよ」

するとジュリエットはけげんな顔でいった。

「じゃあ、いつからうそをつきはじめたの。ねえ、ママ」

うそは泥棒のはじまりですよと注意した子どもから、約束を破って、うそつきと責められ、泥棒のはじまりだと逆にいわれる父親や母親は多い。子どもは鋭い感覚をもっていて、おとなのうそを見抜くのがうまい。

嘘つきの受ける罰は、ひとが信じてくれないというだけのことではなく、ほかの誰をも信じられなくなる、ということである。

バーナード・ショウ

監督する人がいないと怠けて真剣に働かず、監視されていると一所懸命に働いているふりをする人物がいたとする。たまたまその人が、監督する立場になったらどうだろうか。多分、部下たちは自分がいないと怠けているだろうと考え、真剣に働いているところを見ても、ただ働くふりをしているだけだろうと憶測して不安になるのではあるまいか。

なにかを評価、判断するとき、誰でも自分自身の経験を基本的な物差しにする。自分もこうだから、あの人もこうにちがいないと信じようとする。

うそは、なるほど一時しのぎにはなり、相手を安心させる。が、うそをつく癖のある者はやがて「うそつき」として真面目につきあってもらえなくなる。それはしかし自業自得だからしかたがないが、ショウが指摘するように、自分自身の日ごろの言動からおしはかって、疑心暗鬼となり、他の誰もが信じられなくなったら、まさに地獄ではなかろうか。

他人が信じられる人の情緒はいつも安定しているはずである。なんの疑いもないのだから心の乱れようがない。もちろん、話の内容が不安をかもし出すようなものであれば別だが……。

しかし、他人が信じられなくなった人は、話の内容がよくても悪くても、あれこれと思いわずらい、逆のことを考えたり、オーバーに推測したり、過小に誤解したりするだろう。その結果、いつも期待は裏切られて精神は不安定になる。常に緊張感から解放されず、ストレスはたまるいっぽうである。

近くにいる、ごく親しい関係の人を目の前にして、この人は自分にうそをついているのではないか、と想像してみるとよい。どんなに不安になるかがよくわかる。

➤うそも方便

〈日本のことわざ〉

仏さまが衆生（いっさいの生き物）を救うためにとるうまい方法が、方便。そこから転じてつごうのよい手段という意味に使われている。やむを得ない場合に、うそをついて、自分も、うそをつかれた人も幸せになるのであれば、うそをついてもよいだろう。うそはときによっては必要な手段として有効である。助からない病人に、もうすぐ全快しますよと慰めるのは、うそも方便。

うそをつかないほうがよいにきまっているが、あまり赤裸々に真実を告げてしまっても、うそより相手を深く傷つける場合がある。うそだとわかっていながら、真実を告げられなかったのを相手が喜ぶ例も少なくない。脚の太いのを気にしている女性に「あなたの足はほんとうに太い」などと平気でいうのはやはり神経がおかしい。

日常生活で、ひとびとがおおむね正直なことを言うのはなぜか。神様が嘘をつくことを禁じたからではない。それは第一に、嘘をつかないほうが気楽だからである。

ニーチェ

うそをつかないほうが確かに気楽である。そのうそが大きければ大きいほど、精神の緊張感は高まる。が、小さなうその場合はかならずしもそうとばかりはいえないのではあるまいか。ちょっとした失敗を咎められたとき、うそをつくつもりはなくとも、つい「わたしじゃありません」などといって、攻撃をかわして、あとはうそをついたことすら忘れてしまうからである。

　しかし、どのような小さなうそでも、たびたびつくと、つかれたほうはおかしいぞと思いはじめる。いったんうそだと気がついた人は、どんなに小さいうそでも連続してつかれたことに腹を立てるだろう。大きなうそをひとつぽんとつかれるよりもずっと怒りは強いのではなかろうか。小馬鹿にされたと感じて、うそをつきつづけた人を憎んだりする可能性がある。

　ちょっとした失敗をとりつくろうために、うそをつき、それが原因で信用を失った人の例は数えあげればきりがないだろう。失敗したときは、素直に「申しわけありません」とあやまってしまうのが、もっとも賢明である。少々勇気がいるかもしれないが、失った信用を回復するまでの苦労と比較すればなんでもない。

　うそではないのだけれど、ちょっとした失敗を咎められて「わたしはそんなつもりはなかったのに……なにがどうしたから……」といいわけをするのも見苦しい。自分の失敗の責任を他に転嫁しようとする気持がいやらしいのである。

　うそも、いいわけも、けっしてその人の評価をあげたりはしない。

▼うそ八百　〈日本のことわざ〉

大江戸八百八町などといわれているが、江戸の街が八百と八町から成り立っていたわけではない。江戸の末期に千三百余町もあったという。八百八町とは、八百万《やおよろずの》神々《かみがみ》と同じで、概数であり、多いという意。

　うそ八百の「八百」も、数の多いこと。うそのありったけをいうのをうそ八百と表現している。世の中、いまもむかしもうそで満ち満ちている。まさにうそ八百である。うそばかりをつく奴を「千三つ」という。千に三つもほんとうのことをいわないという意味。

　人間万事うその世の中。うそをつかねば仏になれぬ。うそで固めた世の中、などなど、うそに関することわざはたくさんある。「うそをつかねば仏……」とは、お釈迦さまも、衆生済度のためからうそをいったとのシャレ。

裸の王様

西欧の故事。

おしゃれで、見栄っぱりな王様が詐欺師にまんまとだまされて、現在ついている地位にふさわしくない人物やおろかな者にはけっして見えないという洋服をつくらされた。そのたぐい稀な洋服を着て王様は街を歩いた。ほんとうは洋服など着ていないで、裸なのだが、誰もが口をつぐんで、立派なものだと感心してみせる。洋服が見えないと正直にいって、おろかな者、地位にふさわしくない人物といわれるのを恐れたからである。

見えもしない王様の洋服をほめたたえている大勢のおとなたちにまじっていたひとりの子どもが「王様は裸だ」と叫ぶ。子どものひと言で、真実があからさまになり、おとなたちのおろかしさが暴露する。

アンデルセンのよく知られた童話『裸の王様』のあらすじである。おとなの偽善と虚栄が、偏見のない子どもの澄んだ目で見事にあばかれる、まことに痛烈な物語である。鋭い文明批評さえ感じさせる名作といってよいだろう。

「裸の王様」とは、伝統や慣習、虚飾の殻のなかに閉じ込もって、そこから出てこようとしないおとなたち、現実を直視し、行動する勇気をもたないおとなたち、といった意味だろうか。

真実をしっかりみきわめるのは、きわめてむずかしい。新約聖書の「マタイによる福音書」の第七章に次のようなイエスのことばがある。

「なぜ、兄弟の目にあるちりを見ながら、自分の目にある梁《はり》を認めないのか。自分の目に梁《はり》があるのに、どうして兄弟にむかって、あなたの目からちりを取らしてください、と言えようか。偽善者よ、まず自分の目から梁を取りのけるがよい。そうすれば、はっきり見えるようになって、兄弟の目からちりを取りのけることができるだろう。」

まず自分の目から梁を取りのけるがよい、とは、真実を直視し、正しく行動せよ、いかに困難でもそれをしなければならない。でないと、やがて滅びるだろうとの教えであると解釈できる。アンデルセンの意識のなかには、イエスのこのことばがあったのではないだろうか。

世の中には裸の王様は多い。権威あるものほどそうである。が、「あれは裸だ」と指摘できる人はごく少数の勇気ある人々である。けれども、そうした人の声は一般大衆の耳にまではなかなか届かない。いや、届いていてもそれと気づかないで、聞き流してしまっているのである。

裸の王様の見えない洋服をひきはぎ、ほんとうは裸なんだと白日のもとにさらすのはよいけれど、しかし、そうすることで社会の秩序が乱れるのは好ましくないと考えている人々もまた少なくないのは確かである。

10 怠惰の戒め、勤勉のすすめ

▼人生を有意義にすごすために

怠惰は弱い頭の逃避場、愚者の休日にすぎない。

チェスターフィールド

この山を登らんとする者、
　麓にては大いなる苦しみにあわん。
されど登るにつれそは減ずべし。
そのゆえに、辛苦も愉《たの》しみになりつるとき、
登ることいといとやさしくみえて、
　速き流れを小舟にて下るがごとし。

ダンテ

幸福な人びととは、なにかを生産している人びとである。退屈なる人びととは、やたらと消費してなにも生産しない人びとである。

イング

青年にすすめたいことは、ただ三語につきる。すなわち働け、もっと働け、あくまで働け。

ビスマルク

明日は明日、今日だけはダメと怠け者はみんな言う。

ヴァイロ

怠け者に不足しているのは、いつも、仕事をする時間である。なぜ仕事を休むかという理由には、けっして不足しない。

リュッケルト

怠惰は人間の敵である。それは人間の肉体を眠りこませる。労働は人間の友である。それは人間に新しい力を与える。

ボーレン

われわれの本性は怠惰へ傾いている。だがわれわれは、活動へと心をはげますかぎり、その活動に真の悦びを感ずるのだ。

ゲーテ

わずかずつ加うることを繰り返さば、やがて大なるものとならん。

ヘシオドス

➤賃金よりも仕事に満足せよ

〈アラブのことわざ〉

ほんとうに一所懸命に働いた経験をもっている者でなければ、労働の楽しさを理解することはできないだろう。その仕事がなにかの役に立つものであれば、楽しさはいっそう大きくなる。よく考えてみると、労働によって利益が得られるから楽しいのではなく、働くこと自体に喜びがあり、楽しさがひそんでいるとわかる。

が、利益を得るためにだけ働いていると、仕事はけっして面白くも、楽しくもない。労働はむしろ苦痛である。なるべく少ない労働で多くを得ようとするから、さまざまな不満が生まれてくる。不満をもって働いているときには、よい仕事はけっしてできないだろう。結果が悪ければ、支払われる賃金も低くなってくる。悪循環である。どのような仕事であれ、まず集中することである。

魚は食いたい、足は濡らしたくないの猫そっくり、「やってのけるぞ」の口の下から「やっぱりだめだ」の腰くだけ、そうして一生をだらだらとお過ごしなさるおつもり？

シェークスピア

貧となり富めるものとなるのは偶然のことではない。富める人は富を得る原因があり、貧しいものは貧しくなる原因がある。富は節倹をなし、よく働くものに集まってくるもので、偶然集まってくるものではない。財は油断すれば自分のもとより逃げていく。富財を得ようとするには、勤勉と節倹・努力によってのみ得られる。一日働けば働いただけ利益があるが、一日働かねばそれだけ損失が大きい。こういうわかりきったことがなかなかおこなわれないのが人間のありさまである。明日をたのまず、今日一日働くべきである。

二宮尊徳

倦怠は人生の大患である。ひとはたえず人生の短いことを嘆くが、その実、人生は長すぎる。なぜなら、ひとはその使い道を知らないからである。

ヴィニィ

自ら努めて意の如くならざるは天の命なり。自ら怠りて一業をなし得ざるは己の罪なり。

フィヒテ

だから、怠惰は母親なのだ。怠惰には、盗みという息子と、飢というむすめとがある。

ユーゴー

君のもっとも手近な義務からおこなえ、いずれの義務でも、待たされればさらに七つの義務を引きつれてもどってくる。

キングスレー

人間にとって、苦悩に負けることは恥辱ではない。むしろ快楽に負けることこそ恥辱である。

パスカル

▼人間は、努力するかぎり迷うものである

〈ドイツの作家、詩人であるゲーテの傑作『ファウスト』のなかにあることば〉

努力こそ人生、人生は迷いの連続である。迷いのなかにこそ生命があり、そこから思想が生まれ、光明が見いだせる、といった意味。迷いもなにもなく、悟りきったような顔をしている人がいるが、そんな人にかぎって人生とはなにか、考えたことも、苦しんだこともなく、なにも知らないのではあるまいか。

真剣に生きるためには、努力を怠ってはならないし、努力を重ねるほど、いろいろなものが見えてくる。人間は、深く知るほど、決断し、行動するまでに時間がかかるのではないだろうか。が、ひとたび決断すれば、軽く腰をあげた人よりもすばらしい仕事をするにちがいない。

人間は働くことのできる動物である。こんな小さな人間でも働こうと思えば底知れぬ力が湧きでてくる！信じるのだ、こんな小さな人間でもやろうという意志さえあればどんなことでもやれるということを！

ゴーリキー

われわれの怠惰を罰するためには、自分の不成功ということ以外に、他人の成功ということがある。

ルナール

怠け者は、毎週七日の休日をくれるような主人をほしがる。

レーマン

あらかじめ考えをまとめるとか、仕事について熟考するとかいうのは、たいていの場合、仕事を逃れる口実である。ことにその上、葉巻に火でもつけようというときはそうである。

ヒルティ

予の成功は単に勤勉にあり、予は一生の間一片のパンだにも、決して座食せざりき。

ウェブスター

怠惰は一切の悪徳の母である。

ウイリアム・クーパー

労働は美徳の泉である。

ヘルダー

疑う余地のない純粋の喜悦のひとつは、勤労のあとの休息である。

カント

休息と幸福は誰しも渇望するところであるが、それはただ勤勉によってのみえられる。

ケムピス

怠け者は、長針も短針もない時計だ。かりに働きだしたとしても、止まっているときと同様に役にたたない。

ウイリアム・クーパー

▼ごろ寝をさせて神は馬鹿を養う

〈ロシアのことわざ〉

馬鹿な者がごろ寝をしてなにも働かないのは、神様のおぼしめしである。だから、馬鹿が寝ていると、幸運がめぐってくるではないか、といった意味である。ロシアの民話には、馬鹿な者が幸せとなり、めでたしめでたしで終わる話が多い。なぜだろうか。ほんとうの馬鹿は、虚心であり、欲望づくで動かないからではあるまいか。利巧な者が、枕元に幸せを呼びよせようと馬鹿の真似をしていてもけっして神様は幸せをくれない。怠け者として貧乏という罰を与えるだろう。ふつうの人々は寝てばかりいて、働かないと、少しもよい結果にはならない。

よく知られている話『イワンの馬鹿』の主人公イワンは、少しうすのろだけれども、働き者である。働くイワンを見習って周囲の人々も働き者になっていく。

若いときに、にがい水を飲まなかったやつは、ひだちが悪いよ。おれは「苦労」を、お山の「先生」だと思っているんだ。人間「苦労」にしこまれないと、すぐいい気になっちまう。

山本有三

人間がなすべき自然のことは労働すること。そして繁栄と幸福とは、正直な労働を通じてのみ得られるのであることを認識すべきである。

フォード

人間の力量いっぱいの月給を取ると弱くなるよ、況んやそれ以上を取るに及んでは大ていのものが堕落する。

堺　利彦

働くことは、私の感じでは、食べることや眠ることよりも、人間に必要である。

フンボルト

人間が幸福であるために避くべからざる条件は勤労である。

トルストイ

お前は二つの手と、一つの口を持っている。その意味をよく考えてみよ、二つが労働のために、一つが食事のためにあるのだ。

リュッケルト

人生は活動の中にあり、貧しき休息は死を意味する。

ヴォルテール

労働は人生を甘美にさせる。労働を憎むものだけが悩みをもつ。

ウイルヘルム・ブルマン

明日の朝にしようなどと言ってはならぬ。朝が仕事を仕上げて持ってきてくれるわけがない。

クリソストムス

労働のなかにだけ、平和がやどり、労苦のなかには、安息がやどる。

フォトネル

▼果報は寝て待て　〈日本のことわざ〉

果報は、しあわせという意。人の考えや行いの善悪によってよいむくいもあれば、悪いむくいもあるというのが因果応報である。

因果応報は、人の力でどうすることもできないから、あせらず時機がくるのを静かに待つしかない。ときがくればかならず幸せになれる。

寝て待てとは、文字どおり働かずにごろごろ寝て待っていろではなく、一所懸命に働きながら、じっと待てばよいことがむこうからやってくるとの意味だろう。

「果報は寝て待て」と誰かのいうのを聞いた怠け者が、これはよいと毎日寝てくらしていたら、とうとう痩せおとろえて死んでしまった。そんな小話がある。この男、怠け者のうえに馬鹿だったらしい。毎日真剣に生きていなければ幸運などやってきはしない。

悪貨は良貨を駆逐する

西欧の故事。

十六世紀のイギリスの貿易商サー・トマス・グレシャムは、財務に熟達した手腕があり、エリザベス一世の財政長官をつとめた人である。ロンドン取引所の設立者としても知られている。このことばは、グレシャムが、女王に財政上の進言をした手紙の冒頭に出てくるもの。

品質の悪い貨幣が出まわると、品質のよい貨幣は市場から姿を消すということで、もともとは、経済学上の原則である。これを「グレシャムの法則」という。

一両小判が二種類あって、どちらも一般通貨として通用していたとする。二種類の一両小判は表示値は共に一両なのだが、金の含有量に差があって、いっぽうの貨幣が他のものより本質的な価値が高かったらどうだろうか。金の含有量の多い、価値の高い小判は良貨である。金の含有量の少ない小判は価値が低く悪貨である。

こんな二種類の一両小判がどちらも社会で通用していたとすれば、あなたならどうするだろうか。どちらを先に使う気持になるだろう。議論の余地もない。人情として誰だって、良貨を手許に蓄えておいて、悪貨を使うのではあるまいか。みんながそうすれば自然に取引市場に残るのは悪貨だけとなる。悪貨が流通して、良貨は人々の眼には触れなくなるだろう。悪貨は良貨をこのように駆逐してしまうのである。

グレシャムの法則は、経済の場合にだけあてはまるわけではない。大勢の人間の集まる役所や会社、団体など、人間関係の場でも、この法則はそっくりそのまま通用する。あまり性格のよくない、悪質な人間がとかくはびこり、すぐれた、よい人々は表面から消えてしまう、といった状態はどこにでもみられる。周囲をちょっと注意して観察すれば、なるほどそのとおりだとわかるはずである。

現在では、表示値が同じであり、本質的な価値のちがう二種類の貨幣が流通している例はほとんどみられないから、この名言はもっぱら人間関係の場で使われている。

学校や会社、団体など、大勢の人間のいる集団には、よい者もいれば、悪いものもいる。が、不思議なのはよい者の噂はあまり広がらず、悪い者の評判はあっというまに誰でも知るようになる。で、悪い者の評判がそのままその学校なり、会社なりの評価につながっていくのである。四、五人しか非行少年少女のいない学校でも、この四、五人がなにか問題を起こし、新聞で報道されたりすると、その学校の生徒がみんな非行傾向があるように誤解される。大部分を占める一般の生徒はすっかり忘れられて「どうもあの学校は……」という評価がいつまでも残る。

第4章 生きぬくための能力

ヒトの歴史のなかで、現代ほど若者たちがくじけやすくなった時代は、かつてあっただろうか。むかしは「近ごろの若い連中は……」といわれながらも、もっと逞ましかった。

1 バイタリティはあるか?

▼やる気のなくなってきたときに

人生の競争で肉体がなお立場を守っているのに、魂が気絶するのは魂の恥辱である。

アウレリウス

いま、組織のなかでもっとも求められている人間像のひとつは、バイタリティのある者である。知能や才能、教養も必要だろう。が、それらはバイタリティによって裏うちされていなければ何の役にも立たない。

バイタリティとはなんだろうか。生きようとする気力である。気魄といってもよい。自分の可能性を追求し、理想や目的を達成し、与えられた義務を果たそうとする強い欲求である。

バイタリティを生むものは、強靱なる精神である。精神がなえ衰えてしまっては、どのように健康な身体があっても無意味である。血のかよわない、魂のない蠟人形を思ってみるがよい。もっと具体的にいえば、出世したい、お金がほしい、よい生活がしたいなど、いま感じている欠乏感を満たすために動き出そうとする心が、バイタリティの根源である。

ひとつの欲望が満されると、すぐまた新しい欠乏感がやってくるのが人間である。恥ずかしがったり、恐れたりすることはない、自分自身のために、あるいは誰かのために、やろうと覚悟する。ためらわずにまず身体と頭を働かせてみるとよいだろう。活動しているうちにやる気は生まれてくる。

「会社のために身命を投げうって働く、などというのは欺瞞である。自分自身のために働こうとする意欲が人を動かす」

と主張する人もいう。そのとおりにはちがいない。が、自己を犠牲にして、他の人に献身しようとする、純粋な精神もまた人を強くし、大きな仕事を成就するエネルギーとなるのではあるまいか。打算も、名誉も、なにもかも捨てて、一途に目的に邁進しようとする人びとは、いつまでも精神が若々しい。

最大の名誉はけっして倒れないこ

▼金があれば勇気は失せる
〈日本のことわざ〉

すべての事柄が金銭で解決するとはかぎらない。が、ほとんどのことは〝金〟によってなんとなくうまくおさまる。逆に、金銭にかかわりある利害関係のなかからは激しい対立が生まれ、憎しみが醸成される。大部分の人々にとって〝金〟は万能といってよい。

「なぜ働くのか」と尋ねられて、名誉のためといえる人が何人いるだろうか。むろんそういう人もいるだろう。しかし、そういう人は生活に困らない人ではあるまいか。誰でもまず最低生活をおくるためのお金を得るべく働く。名誉や生きがい、奉仕などが目的で働くのは生活がある程度安定してからだろう。

〝金〟があると、人間誰でもそれを守ろうとする。守りからは積極的な勇気、冒険は生まれてこない。

とではない。倒れるたびに起きあがることである。

一、頭を使って知恵を出せ
一、知恵の出ないものは汗を出せ
一、知恵も汗も出ないものは静かに去れ

孔　子

ある会社の社訓である。なにかの目的、目標を達成しようとするとき、なにがなんでもやりぬこうとする強い意志がなくてはならない。が、それだけではなんにもできないだろう。いかに目的までたどりつくか。頭を働かせ、考えた内容を実践していかなければ、どんな小さなことだって実現しない。

「知恵の出ないものは汗を出せ」といっているが、知恵と汗は不可分ではあるまいか。いくら知恵を出しても実践がともなわなければ、それは絵に描いた餅である。額に汗して一所懸命に働いたところで、知恵の裏付けのない行動は、舵取りを失った船である。どこへいくかわからない。難破の危険もある。

しかし、知恵と汗とによって支えられた行動だからといって、まったく失敗もなく、目標に到達するとはかぎらない。むしろ、失敗の連続、試行錯誤のあけくれと考えなくてはならないだろう。

目標が遠く、目的が大きければ、それだけ失敗の可能性は多くなってくる。が、失敗を恐れていてはなにもできない。失敗は恐れてはならないが、けっして忘れてはならない。失敗を心に刻み、いつまでも忘れずに、二度と再び同じ失敗を繰りかえさないという不退転の決意は必要である。

「われに七難八苦を与えたまえ」と三日月に祈ったのは山中鹿之助だが、祈らなくても、現実は困難と苦しみに満ち満ちている。失敗し、転んだら、負けてたまるかと起きあがり、困難にぶつかり、苦しみをのり越えていかなければ、人並みの仕事さえできないだろう。人生、七転び八起きである。二回や三回の失敗で泣いていたら負けてしまう。

▼むちをほんとうに感ずるまでは、泣いてはいけない

〈ドイツのことわざ〉

ほんとうに不幸になってから泣け、まだどうなるかわかりもしないのに、大騒ぎするなんて愚の骨頂である、といった意味。もしかしたら悪い結果になるかもしれないという予想や予感だけで、不安になり、ああでもないこうでもないと取り越し苦労するよりも、いまやらなければならないことを着実にやっていく、そして万一、予想どおり悪い結果になっても、むちをほんとうに感じても、泣いたりしないのがバイタリティのある人間である。

なにかが起こり、どうしてよいかわからない場合でも、いまやれると思うところから手をつけ、少しでも悪い結果をよくするように努力する。そうすれば、いつかきっと解決のいとぐちがつかめる。

戦いは万物の父、万物の王なり。
そは或る者たちを神とし、或る者たちを人間として示す。また或る者たちを奴隷とし、或る者たちを自由人とす。

ヒッポリュトス

毎日をぼんやりとすごしている人々はなにも気づかないだろうが、少しでも目を見開いて、自らの仕事や生活、人生などについて考えてみた経験のある者なら、毎日毎日が〝戦い〟であることがわかる。そして、消極的でやる気のなくなった者、バイタリティを失った者は、どんどん脱落していってしまう、きびしい現実をはっきりと見るだろう。

ひとつの仕事にたずさわっている人々を分類してみると、「二・六・二」になるという。たとえば十人のサラリーマンがいると、ふたりは苦労を苦労とせず、困難な仕事に挑戦して頑張りぬき、よい成績をあげる者たち。将来を嘱望される模範社員。六人はまあまあで可もなし不可もなしの人々。月給相当の仕事をしている平均的社員。残りのふたりは、意欲もなく、仕事も半人前で、会社のもてあまし社員といった構成になる。サラリーマンだけでなく、どこの世界でも同じだろう。

「二・六・二」のうち、どのグループに入るかは、バイタリティのあるなしによってきまる。どのように生きるかは一人ひとりの人生観によるだろうが、ひとつの集団のなかで生き、働いているかぎり、「二・六・二」で選別され、評価される。

社会の陽のあたる場所に出て、人々から認められるのは、困難な仕事に挑戦を繰りかえし、失敗を恐れず、たえず前進しようとして苦しみ、転んでも転んでも立ち上がっていく戦士だけである。

「生き、苦しみ、戦うことだ。苦しみと、戦いと、男々しく堪えていくことによってのみ、一個の人間になれる。」（ロマン・ロラン）

なにものにも恐れず、挑戦していく精神がバイタリティであるともいえる。

▼七転び八起き　〈日本のことわざ〉

失敗しても、ああもうだめだと気力を失ってしまわないで、なにくそとかえってファイトを燃やし、くじけることなく、何回でも奮起して困難に立ち向かっていくこと。また、失敗したり成功したりの繰りかえしが人生であるということ。「あらゆる失敗は成功に向う第一歩である」（ウイリアム・ヒューエル）。

なんの挫折もなく、すんなりと大きくなった人間ほどひ弱な存在はない。少し強い風が吹くとすぐ倒れてしまう。温室育ちの草木のようなものである。冬もあり、夏もあり、雨も、風も、雪もあり、たえずきびしい季節の変化のなかで育てられた草木は強い。多少のことではへこたれないだろう。

成功は確かによい経験になるが、失敗よりは学ぶことが少ないのがふつうである。

人は極端になにかをやれば、必ず好きになるという性質をもっています。好きにならぬのがむしろ不思議です。

岡　潔

もしかしたら失敗するのではないかとか、わたしにはできないのではないかなどと、ちらりとでも考えたらなにごとも成就しないだろう。その場で進歩は止まってしまう。

「よし、これだ」と信じたら、まず行動に移る。あたって砕けろで、まずやってみる。これが大きな仕事をなしとげる端緒となるだろう。

そして、ひとたび行動しはじめたら、マイペースをつらぬきとおすこと。他の人々がどうであろうとかまわない。隣りの芝生は色あざやかに見える。つい気が散りがちだが気にしない。あせりは禁物である。まわりの動きなど気にせず、集中してやっているうちに、かならずチャンスはめぐってくるものである。

時に利あらず、不運な結果に終る場合もあるだろう。が、じっと耐えぬいていれば、いつかは明るい陽ざしがさす。根気よく努力を続けなければならない。

ひとつのことをたゆまずやり続けていると、しだいにそのことが好きになってくる。好きになったらしめたものだろう。運・根・鈍――ということばがある。なにかに成功するための三つの条件といわれている。

成功するためにはなによりも「運」が大切である。が、運をよぶには「根気」が必要である。根気は、目先の利にとらわれないよい意味での「鈍」な精神から生まれてくる。たとえ鈍であっても、誠心誠意やっていれば、そのことに関する専門的な知識や技術が身についてくる。と、成功の女神はかならず微笑みかける。

行動をしたからといって成功するとはかぎらないが、行動しなければけっして成功はしないだろう。ただ考えているだけでは、なにものも生まれてこない。

▼壕にいちど落ちれば、知慧がひとつふえる

〈中国のことわざ〉

いくらたくさんの書物を読んでも、現実に経験してみないと、知識は身についた実践に役に立つものとはならない。経験のなかから一つひとつ学び、一歩一歩、前進していくのが人間の真の姿である。

壕にいちど落ちた者は、同じような状態におかれたとき、注意深く行動するため、けっして再び落ちたりはしない。前の失敗によって知恵がついているからである。これもまた失敗は有益であるという教訓。

ひとつの経験をし、ひとつの知識が身につくと、それと似た出来事に出会ったとき、誰もが、オヤッ、と考え、前に学んだ知識を利用して対処する。ひとつの経験から得た知識は、さまざまな実践の場で生きてくるのである。

石に立つ矢

中国の故事。

ことばの説明の前に……。むかし、運動会のとき騎馬戦が盛んに行われたが、紅白両軍が対峙して、次のような歌をまずうたった。

〽敵は幾万ありとても、すべて烏合《うごう》の勢《せい》なるぞ
烏合の勢にあらずとも、味方に正しき道理あり
邪《じゃ》はそれ正《せい》に勝ち難く、直《ちょく》は曲《きょく》にぞ勝栗《かちぐり》の
堅き心の一徹《いってつ》は、石に矢の立つためしあり
石に立つ矢のためしあり
などて恐るる事やある
などてたゆとう事やある。

歌い終って、ワッとおめき叫んで攻めあったものである。

中国のむかし。漢の文帝につかえた李広将軍は、遊牧騎馬民族である北方の匈奴《きょうど》にも劣らない騎馬戦術と弓の腕前をもつ豪傑であった。文帝の侍従武官をしていたときのこと。狩のお供の途中、突然、襲ってきた一匹の大虎を組み打ちして見事に仕止め、危うく文帝の命を救った。いまさらのように李広の武勇に驚いた文帝が、どんな望みがあるかと尋ねると、李広は、匈奴と戦う国境の守備隊長になりたいと答える。

こうして李広は辺境の守備の任にあたる。匈奴との干戈を交える毎日のなかで、数えあげられないほどの手柄をたてる。が、世渡りがうまくなかったせいなのだろう。いっこうに出世せず、あるときなど免職にさえなりかかった。中央では、李広の器を評価する者が少なかったのである。しかし、将軍は、敵方である匈奴からは非常に恐れられ、漢の飛《ひ》将軍と呼ばれた。さしも勇猛果敢な匈奴も、あえて将軍の城塞をうかがおうとしなかった。真価を知っていたのは敵方だったのである。

ある日、李広は野原のなかで虎に出会う。渾身の力をこめて弓をいっぱいにひきしぼり、ねらい定めて矢をひょうと放つ。矢は虎に命中する。ほっとして近づいてみると、なんと虎だと見誤ったのは石であった。が、その石に矢鏃《やじり》がかくれるくらい矢が深々とつきささっていた。石に矢が立ったのである。

石だとわかってから、ふたたび矢を射てみると、今度は失敗する。一所懸命に無心に事に当れば、かならず成就する。「一念巌《いわ》をも通す」という故事が、ここから生まれた。「精神一到何事か成らざらん」である。

李広将軍の家は先祖代々の武人の血統を誇り、天下に勇名をとどろかした将軍がつぎつぎに輩出する。匈奴の侵略を防ぐために、寡兵を率いて北辺に出撃し、敵の大軍に善戦するが、ついに敗れ、失神したまま捕虜となり、波乱の生涯をおくる将軍を描いた、中島敦の小説『李陵』はよく知られている。李陵は李広の孫である。

2 責任感はあるか？

▼自主的に行動できなくなったときに

誠実は、人間の保ちうる最も高尚なものである。

チョーサー

どのようにすぐれた能力をもっていたとしても、その人が気まぐれで、無責任、いきあたりばったりの、誠実さのない人間であったらどうだろうか。おそらく、その能力に感心しても、けっして能力が生かせるような場を誰も与えてはくれないだろう。その能力をおしんで一回は機会をくれるかもしれないが、次からは協力してくれなくなるだろう。

どんなに孤高な仕事であっても、ひとりだけでやれるものはない。周囲の人々の協力が必要である。まして、ある組織の一員であれば、集団として行動しなければならないから、他人との協同作業は必須である。計画的で、理性的、自らを向上させるために積極的に努力していくだけの誠実さがあるかどうかによって、仕事の質も、量もちがってくる。相手が信頼できる人物だと評価すれば誰でも協力をおしまないだろう。

誠実さ、とは責任感の別な表現である。自分の取り組んでいる仕事の結果にとことん責任をとる。失敗したら罰を受けるというのではなく、失敗しないようにあらゆる努力をおしまないのが〝責任〟である。

「六日《むいか》の菖蒲《しょうぶ》」ということばがある。五月五日の端午の節句に付き物の菖蒲が六日に届くという意味から、時機に遅れて役に立たないことのたとえに使っている。

卑近な例だが、責任感とは、五月五日の節句に、早すぎもせず、遅すぎもしないで、みずみずしい菖蒲を届けようとする心がけといってもよい。むろん頼まれたときにではあるが……。

いかに立派な仕事を完成させても、時機を失したのではなんにもならない。完成しなかったのと同じである。人生に対する真面目さがなくてはならないだろう。

人間の生き方に変化が生じるのは当然である。だがしかし、人間は、

▼天下に難《かた》きことなしただ心ある人を怕《おそ》る

〈中国の故事〉

「心ある人」の「心」とは、単なる感情ではなく、なにかをなしとげようとする「志《こころざし》」である。志をもって努力さえしていけば、どのような困難でも克服でき、目標に到達できる。世の中に、やりとげられないほどむずかしいものなどない、といった教訓だろう。

「心ある人」の「ある」とは、志をひとたびいだいたら、それをずっともちつづけていくという意味で、いろいろな志をいだいても、すぐ別な志に心移りしていくようでは大事はならないと教えている。

志に忠実に、あくまでもくじけず生きていくことこそ、成功につながるのではあるまいか。が、これはいうはやすく、行うは難しである。志のなかばにして倒れた人の屍はるいるいとしている。

その変化を、あくまでも外的条件の所産たらしめず、霊の所産たらしめねばならないのである。

トルストイ

周囲の人々に誠実であるためには、まず自分自身に忠実でなければならない。自分をごまかそうとする心からは責任感は生まれてこないだろう。

ひとつの仕事の結果が思わしくなかった場合など、とかく人間は外的条件に責任を転嫁して自らを守ろうとする。が、こうした態度は、協力して仕事をした人々から信頼を失うきっかけとなるもっとも大きな要素である。外的条件がどうであれ、ひとつの結果には、その仕事にたずさわった人々が責任をおわなければならないからである。

集団として行動し、ひとつの結果が出たとき、もし成功であれば周囲の人々、協力した人々の功であると感謝し、もし失敗であれば自分ひとりの罪であると反省しなければならない。人の上に立つ者であれ、人に従っている者であれ、常にそうした思いがなければ信頼感はお互いの間に生まれないだろう。

が、ただめくらめっぽう自分が悪かったというのは責任感ではない。なぜ結果がそう出たのか、自分はどうすればもっとよかったのか、詳しく状況を分析して、次の失敗を防ぐ手段をこうじるのが責任だろう。

失敗の大きな原因が、万一、集団のなかの他の人にあったとしても、自分の立場から、その人を援助できなかったかどうかを考えなければならない。とくに、上に立つ者はそうである。

仕事に対してだけでなく、人生をどう生きていくか、という問題にも同じことがいえる。自分自身へのいいわけをいつも、周囲のなかに求めるようでは、真剣に生きているとはいえない。人々の眼には、そんな人は醜いとうつるだろう。

だれも、ふたりの主人に兼ね仕えることはできない。一方を憎んで他

▼縁の下の力持　〈日本のことわざ〉

「力持」とは怪力をみせる芸をいう。むかし、偉い人のお屋敷の庭先で、お祝いごとのときなど、力芸をみせた。が、いくら重いものを持ち上げてみせても、座敷にいる主人にはよくみえなかった。そこから、人のみえないところでむだ骨折りをする、という意味になった。

のちに、しだいに転意して、表面に立つ人の陰にかくれて、能力や業績がありながら世の中に認められない人。あるいは人の目につかないところで、報酬を期待せず、一所懸命に頑張り、実績をあげるのを目的とする人、をほめたたえるときに使うことばになった。

名を求めずに、人のために働く人の姿は、日本人の感動をよぶ。とかく表面に立ちたがるばかりで、責任は人まかせという存在が多いこのごろではなおさらだ。

方を愛し、あるいは、一方に親しんで他方をうとんじるからである。あなたがたは、神と富とに兼ね仕えることはできない。

イエス・キリスト

新約聖書「マタイによる福音書」第六章のなかにあることばである。

聖書学者の解釈が、この一節に対して、どうなのかよく知らない。牧師や神父、神に仕える人々が、このことばをどう受け取っているかも聞いたことがない。が、ここの部分を読むたびに、いつも〝誠実さ〟という文字が浮んでくる。

イエスのいうように、ふたりの主人に兼ね仕え、どちらにも忠実に行動できる人がいたらどうだろうか。どちらにも忠実ではないと誰もが感じるだろう。ふたりの主人が、たとえば神と富のように二律背反する存在であるならば……。

いっぽうの主人は白が善だといい、別のほうは白が悪だというのに、忠実に従い、どちらにも矛盾しないように行動することなどできないからである。

が、神と富との双方に兼ね仕えている人々のなんと多いことだろうか。それとは気付かずにそうしているのではあるまいか。神と富とは、二律背反するものの寓意としていっているのであるが、自分自身をふりかえってどうだろうか。

「全方位外交」ということばが一時はやった。すべての国々と仲よくやっていくといった意味である。しかし、これほど矛盾したいい方もない。自国ときびしく対立している国に笑顔をむけ、握手しながら、あなたのほうとも仲よくしましょうといわれた国はどう感じるか。誠意がない、どころか不信感でいっぱいだろう。

すべての人にあてはまる誠実さはない。ある人への誠実さを、自分への不誠実さと受け取る人が少なくないのである。

長ずるにしたがって、肉体的に成長し、成人に達すれば、感情的にも

功労は働いた人に、罪は犯した人に

〈朝鮮のことわざ〉

「あたりまえじゃないか」といってしまっては、朝鮮の一般大衆の心はわからないだろう。あたりまえのことが、あたりまえのような結果にならないのが世の中である。いや「功労は働かない人に、罪は犯さない人に」など、むしろ逆の場合が多く、いつでも被害者となるのは弱い立場の人ばかりである。

あたりまえの、なんのへんてつもない常識が、ことわざとして残っているところに、きびしい民衆の批判精神がうかがわれる。

世の中に起こってくるさまざまな出来事でも、帳尻をあわせるために、いつも責任をおわされるのは庶民であり、もっとも責任を感じなければならない人々は、知らぬ存ぜぬで押しとおす例は数かぎりない。

成熟し、行動も大人なみになる。自分自身について考え、自分の行動に責任をとるごとに、感情面での円熟度を増していく。

マッケーグ

精神的にまだ未熟かどうかを計る物差しは、いろいろある。判断力と常識の不足、強い依頼心、高すぎる自尊心、強い劣等感、寛大さに欠け、衝動的で、自己中心的な考え方などである。が、完全に精神的に円熟した人間は存在しない。だから、誰でもこうした傾向をもっている。

精神的に未熟な人間の特徴は、あげればきりがないほどあるが、もっとも特徴的なことは、無責任である。集団や社会のルールに従えず、周囲との調和を好まないで、どのような責任もおうのをいやがり、他の人々との協同作業を避けようとする。

苦しくも、困難な仕事をくぐりぬけるたびに、つまり自らの言動に責任をとるごとに、精神的に成長していくのが人間である。企業が新入社員を採用する重要なポイントとして〝責任感〟のあるなしをみるのは、責任感そのものがあるかどうかを調査するだけでなく、どれだけ人格的に円満か、成熟しているかを評価、判断する材料を得るためである。

精神的に成熟していくと、現実に対抗する力が身につき、判断力、先見力、自己の限界を知る能力が養われる。精神的な成熟は、親の庇護を早く離れて、自立し、世の中の荒波のなかを泳ぎまわる経験を積んだ者ほど早くやってくる。ある種の責任をいつもおわなければならない立場にある者ほど、円熟して、人間らしくなってくるのである。

子どもたちの過保護の害が、さかんにいわれているが、どんなに学業成績がよくとも、精神的に成熟していない若者は、社会に出てから落伍者となる例が多い。

➤負けるが勝ち

〈日本のことわざ〉

相手に勝をゆずって、一時的には敗者として沈んでしまうが、結局、大きな目でみると有利になるように身を処することをいう。とことんまで、理論的に争い、お互いに傷ついてから勝敗をきめるのではなく、なんとなく妥協し、譲歩しておいて、最終的にはいつのまにか、自分の利益になるようにしてしまう、いかにも日本人的な処世術といえそうである。が、同じような意味のことわざは、どこの国にもある。たとえば、イギリスには

「勝たんがために屈服する」

「譲歩も、ときには成功の最良の方法」

といったのがある。

責任感や誠実さを考えた場合、負けるが勝ちということは、なかなか含蓄の多いことばではあるまいか。

成功した人物は、ひとつの仕事あるいは職場で、仕事に対する生まれながらの素質を持っているからよい成績をあげ、その職場の指導者になったのではない。最初から一心に働き、仕事をマスターして、遊びより仕事をしているほうが楽しいほどになってしまったから成功したのである。

マッケーグ

J・H・マッケーグは、アメリカの工業心理学者である。成功者がなぜ成功したのかと説明したあとで、さらにことばついでに、次のようにいっている。

換言すれば、働くことあるいは仕事を仕上げることへの純粋な快感に促されて、彼はその分野でのエキスパートになったのである。

彼を指導者にしたのは、素質ではなく性格である。素質はしばしば無駄に消される。性格がいやおうもなく顔を出し、物事を決定づけるのである。

成功のカギを握る性格のなかで、重要なポイントが五つあるとして、マッケーグはあげている。

積極性　どのような困難な仕事を与えられても、かならずやりとげると自分自身の力を信じ、「イエス」という能力をもち、明るい面ばかりをながめて行動する。苦しくとも、周囲からみると楽しんでいるように働き、なんでも自分の力で解決しようとする態度をいつも示さなければならない。

気力　仕事に対して全力を傾注できる力であり、どのような障害ものり越える熱心さがなければならない。ひとつの困難を克服して、仕事を成功させると、喜びと満足感が生まれ、次の仕事に積極的に取り組んでいこうとする気持を推進させる。責任をあくまで果そうとする強い気力が必要である。

安定性　人間関係の処し方がうまく、行動にてらいや無理がなく、穏便で常識的であり、人々に安定感、信頼感をもたせる存在でなくてはならない。が、いっぽうでは、ひとたび決断したことはあくまでもやり抜く意志の強さと、他の人があきらめても、最後までもくいさがる執念が大切になる。

円熟味　人々から信頼されるような、現実に即した考え方をもち、苦境におちいっても、じっと耐えぬく力がある。行動にむだがなく、判断は適確であり、責任感が強く、努力をいとわず、あらゆる事柄を前進という観点からとらえて処理する能力が円熟味である。自制心、協調性もなくてはならない。

知性（素質）　性格のなかに、知性（素質）を含めるのは奇異に感じられるが、ここでいう知性とは、適確性に富み、年齢にふさわしく経験が豊かで、すぐれた一般教養の持ち主であることである。知的に低い能力しかもっていない者は、どうしても仕事の範囲はかぎられてくる。

3 協調性はあるか？

▼人間関係のむずかしさに悩んでいるときに

士《し》は己《おのれ》を知らざるものに屈《くつ》して己を知る者に信《の》ぶ

中国の故事

どのような職場にあっても、現在もっとも重要で、欠かせない能力のひとつは、いろいろな人々と協力して仕事をしていく、協調性である。社会性、適応性といってもよい。

その集団が一人ひとりの力を結集して、相乗的な能力を発揮するためには、集団の構成員の人間関係が円満にいっていなければならない。

人々の協調性を描き出すのは、集団の先住者たちが、新しく加入してきた者の人物評価を正しくして、欠点になるべく目をつぶり、長所を伸ばしてやることではあるまいか。新加入者も、少しゆとりが出てきたら、相手の立場に立ってものを考えることをつとめて心がけなければならない。両者が、集団の一人ひとりがお互いにそうした態度に終始すれば、かならず人間関係は好転して、よい結果が得られるはずである。

「士は己を知る……」云々は、こうした事情を見事にいいあてている。意味は、男子は自分を認めてくれない者には能力を押し殺し、ほんとうの力を発揮して協力はしない。が、認めてくれる者に対しては、おおいに協力し、もてる力以上の力をふるい、ますます能力を伸ばしていくこと。

「あいつはだめな奴だよ」などと、自分を軽く扱う上司や同僚、部下に対しては、けっして心も開かないし、協力はしないのがふつうである。

士は己を知る者の為に死す

中国の故事

男子は、自分を認めてくれる者のためには、その意気に感じて、命を捨てることだっていといはしない、ともいわれている。

人必ず自ら侮《あなど》りて然《しか》る後に人之《これ》を侮る

中国の故事

中国の思想家、孟子の言行を記録した本『孟子』のなかに、

▼ひとはことばで捕えよ。牡牛は角で捕えよ

〈スペインのことわざ〉

人の心をしっかりとつかむもっともよい方法はことばである。ほんのちょっとしたことばによって、人々は協力的にもなるし、敵にもまわる。

「君、よく努力したね。でももう少しだ。よい結果を待っているよ」

「君いくら努力してもね。結果がうまくいかなければ、努力しないのと同じだよ。わかっているかい。じゃ、たのむよ」

両者とも叱責のことばである。が、どちらのほうが「よし、あと少しの頑張りだ」といわれた人に感じさせるだろうか。

上司や同僚のなにげない発言によって、励まされ、うれしくなったり、侮辱だと腹をたてたり、わかっていないなと悲しくなったりするのが人間である。

「夫れ人必ず自ら侮りて然る後に人之を侮る。家自ら毀れて後人之を毀す。国必ず自ら伐ちて後人之を伐つ」

とある。意味は、自分で自分を軽くみて、わたしなんかと卑下ばかりしていたり、自らを侮っていると、かならず周囲の人たちからもばかにされるということ。

　人と協調しよう、集団のなかに早く適応しようと心をくだくあまり、是を是とし、非を非として自分の考え方を鮮明に主張しないで、あいまいな態度をとりつづけ、人のいいなりに、なんでもかでもハイハイといっていると、他の人からしだいに軽く扱われたり、ばかにされてしまう。

　人と協調して、人間関係をうまく保てとは、妥協ばかりしたり、へりくだって遠慮しろということではない。いうべきはいい、引きさがるときはさがる。ひとたび決定した事項に関してはいつまでも、ブツブツ文句をいわず、すっきりと割り切って行動する。出処進退を誤らず、集団のなかにとけ込み、共通の目的にむかって働き、協力しあって困難を克服していく。それが協調性である。

　「自らを侮り」、少しも自己主張をしない者は、だんだん空気みたいな存在になり、誰からも相手にされなくなる。が、その反対に、いつも、なにがなんでも自分の考えでなければと、人の話もきかずに、ごり押しをする者もまた敬遠され、集団から浮き上がってしまうだろう。ごり押しをする人たちの、最大の欠点のひとつは、自分の意見がいれられず、別な者の意見で総意がまとまったとき、いつまでも自説にこだわり、非協力的な態度をとることである。これほど集団のやろうとする意欲をそぐ行為はない。

中国の故事

人に三怨あり

　道徳に関する本として『老子』『荘子』と共に代表的なものに数えられている『列子《れっし》』のなかに出てくるこ

▼冷たい茶と冷たい飯はまだ我慢できるが、冷たい言葉と冷たい話には耐えられない

〈中国のことわざ〉

同じことばをかけても、自分の伝えようとしている意味とまるで逆にとられてしまう経験はないだろうか。

　冷たいことばをあびせられても、ほんとうに自分のためを思っているのだという雰囲気が言外に感じられると、そのことばを暖かいいたわり、励ましと受け取れる。が、暖かいことばをかけられても、軽蔑したような、あるいはひどく押しつけがましい響きがあると、逆効果である。これだけバックアップしてやっているのに、どうして応えられない、しょうがないな、というニュアンスが感じられると、強い反発心が芽生えてくる。

　ことばそれ自体の意味するところも重要だが、裏にひそむ思いも大切である。

とば。他の人から怨まれないようにつつしめと教えている。

孤丘に住む老人が、楚の令尹《れいいん》（大臣）・孫叔敖《そんしゅくごう》の就任祝いにきて

「人には三怨といって爵（身分）が高ければ人がねたみ、官位が高ければ人が憎む。禄（給与）が多くなれば人がうらやみますよ」

といった。すると孫叔敖はうなずいて

「爵が高くなれば、ますます志を低くします。官位が高くなれば、ますます心をくばって、十分に注意しましょう。禄が多くなればますます人に施します。こうして三怨を避けていくつもりです」

と答えた。まことに立派というほかはないが、孤丘に住む老人の忠告との意味で、これを「孤丘の誡《いましめ》」という。

どこの国の人々の気持も、いまもむかしも人の心の動きは、あまりかわりがないらしい。ある集団のなかで、孤丘の誡のまったく反対の言動をして、人々のうらみをかっている人がほんとうに多いのではなかろうか。出世して高い地位につくと、おおいにそっくりかえり、人を人とも思わないような扱いをし、大言壮語してはばからず、ケチになっていく人々を指折り数えようとすれば、すぐにも十指にあまるだろう。

他の人から怨まれるような上司をいただく集団では、かならず協調性は乱れ、集団の意欲は減退する。一人ひとりてんでんばらばらな気持になって、円満な人間関係は崩れてしまう。

派閥ができあがり、お互いに腹をさぐりあい、疑心暗鬼になって、仕事どころではなくなるのではあるまいか。孤丘の老人の声に、現代日本人も耳を傾ける必要があるだろう。

人に事《つか》うるを知る者にして然るのちに以て人を使うべし。

中国の故事

他の人に使われた経験のある者でないと、他人をうまく使いこなすことはできない。他の人に使われた苦

▼やさしい言葉で冬中暖かい

〈日本のことわざ〉

どんなに貧しくとも、やさしいことばをかけあって暮らせば、きびしい冬も暖かくすごせる。心のぬくもりをもっとも相手によく伝えるのは、やさしいことばである、といった意味か。

ことばは人格の総合ではあるまいか。というより、同じことばでも誰がいうかによってまるでちがうといったほうがよいだろう。

日ごろの言動から、敵意をもっていると思われる人からいわれるほめことばより、好意をもってくれていると思われる人からのからかいのことばのほうが、ずっとうれしいのではないだろうか。この逆であれば、心の動きの振幅はもっと大きくなる。

すぐれた人格の人がいったことは、どのようなことばであれ、激励となり、心に残る。いわれた人は感動する。

しい思い出がないと、使われる者がどんな気持でいるかわからないからである。人情の機微が理解できず、自分のわがままばかりをとおそうとするので、人はついてこず、使用する人の力を十分に利用できない結果になる。

が、成人してしまうと、自分の子どもの時代をすっかり忘れてしまって、子どもがいまなにを考えているか少しも思いやろうとせず、おとなの理屈を押しつける人が少なくないように、人の上に立つと、自分の下積み時代をまったく忘却したようにふるまう人も多いのではないだろうか。

人間関係をうまく保ち、お互いに協調しあうためには、自らの下積のころがどうだったか、じっくり思いおこす必要があるだろう。

人に善言《ぜんげん》を与うるは布帛《ふはく》よりも煖《あたた》かなり。　**中国の故事**

孟子の性善説に対して、性悪説を説いた人荀況《じゅんきょう》の著した本『荀子』のなかのことば。

人をいたわり、人のためになることばをかけてやるのは、着物よりも暖かに感じられるということ。このあとに、「人を傷つける激しいことばを投げつけるのは、刃物で切るよりも心に深い傷をおわせる」とつづく。

ある冬の寒い日、鬼のような心をもった女囚に看守が「そこでは寒いだろう。こっちへきて日なたぼっこをしなさい」とやさしいことばをかけたのがもとで、心がなごみ、女囚は改心したという。性悪説とは、人の生まれつきの性質は悪である。これを善にするのは人々の暖かい思いやりの心であるとする説。

どの宗教でも、たいてい人間は、罪ある存在として語られている。つまり性悪説である。が、どうだろうか。信仰を説く人びとのコトバには、聞くべき内容も多いが、性悪説一本槍なのは、どうも納得がいかないのである。

▼ことばはスズメではない。行ってしまったら、もう二度とつかまえられない　〈ロシアのことわざ〉

ひとたび口をついて出てしまったことばは、なんとしても取り消すのは不可能である。相手を傷つける内容であれば、人間関係がうまくいかなくなるきっかけになる危険性は充分にある。

が、相手を喜ばせる内容であったらどうだろうか。誰でも自分の都合のよい、おいしい話は無条件で信じてしまう。おいしい話を聞いて、それがいつ実現されるのかと、わくわく期待している人を、故意ではなくとも、結果的に裏切るような言動があったらどうだろう。裏切られた者は、傷つき、不信感を心に育てる。

自分の前でいったことばと、第三者の前でいった話がひどくくいちがっていた場合も、同じである。

涙を揮《ふる》って馬謖《ばしょく》を斬る

中国の故事。

諸葛孔明《しょかつこうめい》（一八一～二三四年）といえば、中国の三国時代に、蜀漢《しょっかん》の劉備《りゅうび》に仕えた宰相で、空前の戦略家として知られている。

魏《ぎ》の名将仲達のひきいる二十万の大軍と、孔明が祁山《きざん》（甘粛省）で戦ったときである。仲達もまた孔明と並んで、軍《いくさ》上手として名高い将軍であった。さすがの孔明も陣を敷くのには慎重だった。仲達を破る作戦は成っていたが、ただ一ヵ所だけ不安があった。蜀軍の糧秣の輸送路にあたる街亭《がいてい》が弱点といえば弱点だったのである。ここを誰に守らせようかと苦慮していた。すると「ぜひ、わたしに守らせてほしい」と願い出た者があった。孔明の親友である馬《ば》良《りょう》の弟馬謖である。が、馬謖は仲達と対抗させるには若すぎるので、孔明はためらった。

「失敗したら一族をことごとく軍罰に処せられてもけっしてうらみません」

と、なおも懇願する馬謖に、孔明はとうとう「陣中の約束に嘘はなしだぞ」と念を押して、作戦をさずけ、副将として王平《おうへい》を選んでつけ、街亭に急がせた。

孔明の命令は、山麓の道を死守して魏軍をよせつけるなというものであった。が、馬謖は現地の地形をみて、敵を引きつけて討つには絶好の地であると考え、王平の諫めをふりきり、山上に陣取った。結果は、魏軍に包囲され、水を絶たれて馬謖は惨敗する。孔明はやむなく全軍に退却を命ずる。そして、敗戦の責任を問うて馬謖に斬罪を申しわたす。

「馬謖のような有能な士を失うことは国家にとって大きな損失です」といって止める人もいたが、孔明は、

「馬謖は惜むべき男だ。国家の損失になるのもわかる。が、私情をはさんで馬謖を許せば軍の規律は守れない。さらに大きな損失を招くことになる。断じて斬って大義を正さなければならない。」

孔明は刑吏をうながして馬謖を斬らせる。馬謖が刑場に引かれていったあと、孔明は顔を袖でおおい、床に泣きふして、

「馬謖よ許してくれ、ほんとうの罪は自分にある。お前の力を見ぬけなくて街亭にいかせたわたしが悪かった。しかし、わたしは自分の首をはねることができない。生きて蜀のために、お前の死を活かす仕事が残っているからだ」

といったと伝えられている。馬謖の首は陣中にさらされたが、全軍の将士は、孔明の心情を知って涙しない者はなかった。

ひとつの目的を達成するためには、たとえどんなに人物でも、協調を乱し、規則を破った者にはきびしい罰を加える覚悟がなければ、現代社会でも大きな集団は守れないだろう。

4 魅力ある個性はあるか？

▼自分は平凡だなあ
と悩むときに

にくげなる調度《ちょうど》のなかにも、一つよき所のまもらるるよ。

清少納言

平安朝時代の有名な随筆『枕草子』のなかにある一節である。

どのような醜いものにも、一個所はとりえがある、という意味。平々凡々で、なんの特徴ももっていない人物でも、よく観察したり、つきあってみると、かならずひとつは、きらりと光るよい点をもっている。

自分は個性がなくて、少しも人に誇れるところがないと考えている人はいないだろうか。少しも個性的でない人など世の中にはひとりもいない。少しも個性的でないというのは、それだけで十分個性的なのである。

ある会社の面接試験でのこと。

背の高い学生が試験の部屋に入ってきたので、面接担当者が、からかい半分に

「君、ずいぶん背が高いね。天井に手が届くかな」

と尋ねた。するとその学生、やにわに、「ヤアッ！」かけ声もろとも飛び上がり、天井をポンとたたいた。それから一礼して用意されている椅子に腰かけたという。面接試験の結果、この学生は〃魅力ある個性の持ち主〃として採用された。

背が高すぎるのを、なんとなく引け目に感じて、オズオズと部屋に入っていったのに、いきなり痛いところをつかれて、やけのやんぱちで夢中で飛び上がっていたとその学生は述懐している。

背が高いことを自分の個性だとは思わず、欠点だと劣等感に近い感情をもちつづけていたのに、この時以来きれいに払拭できたともいっている。個性とはそうしたものである。

自分自身のなかには、他人とはちがった点がかならずあり、それが案外魅力となって人々に影響を与えている例は少なくない。

少しの欠点も見せない人間は馬鹿か偽善者である。警戒せよ。欠点のなかには美点と結びついて美点を目

▼十人十色《といろ》　〈日本のことわざ〉

「十色」の「色」は、いろいろの「いろ」であり、品とか、種類をあらわしている。人間が十人寄り集まれば、一人ひとり、思想や性格、趣味、嗜好など、精神的なものはみんなちがう。つまり個性がみんな異なる、という意味。

「十人寄れば十国《とこく》の者」といって、出身地、慣習、生育の条件などがそれぞれ別だから、どこの国の人か容易に見分けられるというのもある。

人には長所も、欠点もある。他人の欠点ばかりをあげつらっていたり、長所をうらやましがっていても、進歩はない。他人の欠点を鏡として自らを反省し、長所を手本として真似するだけでなく、自分にもよい点はあると自信をもってふるまわなければならない。試行錯誤によって個性は磨かれてくる。

立たせ、矯正しない方がよいというふうな欠点もあるものである。

ジューベール

誰でも自分自身のことはよくわからない。こんな笑い話がある。

ある妻が夫に、溜息まじりにいった。

「ああ、わたしもう少し美人に生まれついていたら、もっと幸福だったわきっと。一生、この顔とつきあっていくのはもうたくさん」

すると夫が、渋い表情でいった。

「まあ、でもお前はいい。その顔につきあうのは朝と晩だけだからね、一日中見ていなければならないぼくの気持にもなってくれ」

欠点や長所は、本人よりも周囲の人々によって認められるものである。自分ではよい点で、これこそ魅力的なところと自負していても、まわりであまり評価しない場合もある。

逆に、どうもいやな点で、できればかくしておきたいと願って、ひそかに劣等感のとりこになっている特徴が、第三者からみると、なかなか捨てがたい味があり、ひきつけられると感じられる場合もある。

個性とよばれる、一人ひとりがもっている心身の特性は、長所と結びついているよりも、欠点によって導き出されていることのほうがずっと多いような気がしてならない。魅力ある個性は、まるで欠点のない特性からより、欠点という塩味がちょっぴりきいた長所から生まれてくる。欠点が長所をいっそうひきたて、あざやかに浮き彫りにしてくれるのである。

が、すべての欠点が長所を目立たせるわけではない。長所をすっかり帳消しにしてしまう欠点だってある。こんな欠点は魅力的な個性のかくし味にはならないだろう。周囲の人々は、それを「醜」といい、「悪」とよんで避けようとする。

己が性にまかせて長じ、とりどりにめでたくあるべし。

大隈言道

▼婆さんには婆さんの理《り》、爺さんには爺さんの理

〈中国のことわざ〉

「理」とは、一般大衆の間で正しいと認められた道理や理屈、主張などのこと。中国では個人的な利害が一致せずに、お互いに争う場合、それぞれ自分の「理」を述べあう。どちらが正しいかを判断するのは、争いを見に集まってきた民衆、やじ馬である。すぐに法律に訴えたりしないのが、中国人の紛争解決の方法である。

「理」は、それを主張する人間の数だけあり、一人ひとりちがうのだから、まず耳を傾けてやらなければ不公平である、というのが庶民の考え方。まことに民主的といえる。中国人の自分の「理」を大切にする態度は、ほんとうに真剣だという。

ひとつの考え方を誰かが認めると、いっせいに右へならいする日本人とずいぶんちがう。

現代日本の子どもたちはかわいそうにも、受験戦争に巻き込まれ、過密な教育過程のなかで、つめ込み教育の犠牲者となる。五段階相対評価による「5」や「4」「3」によって人物の評価がおこなわれ、「1」や「2」ばかりの子は、〝落ちこぼれ〟と白い眼でみられ、すっかり畏縮して、もっている個性を伸ばしきれずにいる。

親たちは、体育や技術家庭、図工の成績がよくてもけっして喜ばない。受験には役に立たないと誤解しているからである。小学校にあっては、算数、国語、理科、社会が万能であり、中学校、高校でも、数学、英語、国語、理科、社会によい成績があげられないと、本人はもとより、親たちも肩身の狭い思いをして、絶望的になる。たまたま美術の点数がよかったりすると、まるでそのために他の教科の成績が悪くなったとでもいうように、

「美術がよくったってどうしようもないわ」

と非難がましく、攻めたてる。こんな教育からは画一的な、それこそ没個性的な人間しか育ってこないだろう。体育が得意、美術が好きというのは、すばらしいことではあるまいか。

一人ひとりの顔がちがうように、それぞれ能力の方向にも差がある。その子どもがもっている他の子どもにはない能力を、それがどのようなものであれ、ぐんぐん伸ばしてやるのが、子どもの将来にとってはるかに有益であり、幸せではあるまいか。

東京大学の一年生は、アメリカの東大ともいうべきハーバード大学の一年生より高い学問的水準に達している。が、二年生になると両者の位置は逆転するという。個性を殺す教育と個性を重視する教育の差があらわれてくるからだろう。

人各《おのおの》能、不能あり、我れ孔明たるあたわず、孔明我れたるあたわず。

伊藤仁斎

孔明は、中国は蜀の賢臣、前述の

▼一家に一人は片輪者

〈ロシアのことわざ〉

片輪者と書くと差別用語ではないかと批判されそうだが、ロシア語からの正確な翻訳であるから許していただきたい。ひとつの集団にはかならずひとりの異端者、みんなとちがった考え方の者がいる、という意味に使われる。

個性を認める自由な社会では、生まれてこないことわざではあるまいか。全体主義のなかによくみられる傾向といえる。

自由主義社会であれば、ひとつの集団のなかには、その構成員の数だけ異なる考え方の持ち主がいるといえそうである。「婆さんには婆さんの理……」である。が、自由主義社会である日本でも、「一家に一人は……」と自分とは別な考えをもっている者を、村八分にして糾弾する傾向がないとはいえない。思想的に極端な人々ほどそうしたかたむきがある。

諸葛孔明のこと。人にはそれぞれ特徴があり、よい点も悪い点もある。あのすばらしい才能を誇った孔明には、とても拮抗する能力も、実績もない。が、孔明といえども、わたし自身にはなれない。わたしはわたししかもっていない能力があるからだ。

　まことに自信に満ち満ちたことば。思いあがりも……と批判が出てきそうだが、そうではない。人間にはそれぞれ個性があり、誰にも真似のできない特徴をもっている。それを誇りとし、自信として行動しなければならない。そうしなければよい仕事ができないと説いているのである。江戸時代の儒者として、教育に力をつくした仁斎は、個性を描き出すことこそ真の教育だと主張しているのである。

　ちょっとわき道にそれる。

　涙を揮って馬謖を斬った孔明は、ふたたび軍を率いて、司馬仲達の大軍と五丈原《ごじょうげん》で相対し、戦う。が、対陣中、孔明は病に倒れてしまう。もし自分が死んでも、死を秘して自分の人形を先頭に攻撃をしかけよ、との孔明の遺言どおりに作戦を展開した蜀軍に、仲達は抗しきれずに敗走する。「死せる諸葛、生ける仲達を走らす」といって民衆は笑ったと伝えられている。

　孔明のようにすぐれた能力の持ち主は、死んでもなお威力をみせ、生きている者もおそれさせる、という意味に使われる故事だが、「死せる孔明、生ける仲達を走らす」のほうが一般的である。

　優秀な能力をもち、他の人々より抜きん出ている人物をみると、とかく圧倒されてしまって、自分の能力を十分に発揮できなくなる人が多い。それが人間の心理の傾向だが、なにくそと対抗する意欲をみせてほしいとも、仁斎はいっているのである。

➤背伸びできないほどの巨人もなければ、かがめないほどの小人も世にはいない

〈ノルウェーのことわざ〉

長身者の多い、いかにもノルウェーらしいことばである。

あまりにも背が高すぎて、ちょっと背伸びすれば天につかえるほど大きな人がいるわけでもない。逆に、小さすぎて背を曲げると見えなくなってしまいそうな人もいない。大小貧富の差など、この世の中にあるすべては相対的なものであり、絶対的な大小、貧富があるわけではないとの教え。

　一人ひとり個性があり、他の人にはない特徴をもっているといっても、相対的なちがいであり、同じような傾向の人々が集まれば、個性などかき消えてしまう。個性とはその程度のものだろう。が、たとえば背の高い、低いはそれぞれの特徴として大切にし、生かしていく気持はなければならない。

汝自身を知れ

西欧の故事。

よく省みて自分自身を知れということ。

ギリシアの中央部にコリント湾が深く入り込んでいる。その奥の北側にキルラの港がある。港から見上げると、海抜二四五七メートルのパルナッソス山が望める。この霊山の麓に、有名な神託所であるデルポイのアポローンの神殿がある。むかしは全ギリシア世界から貢納物が絶えず、神殿にいたる参道の両側には、諸国から送られてくる献上物を納めるための宝の庫が立ち並んでいたと伝えられている。

アポローンの神殿の前室には、七賢人とよばれていた人々の、人生についての金言が刻まれていた。そのなかのひとりである、アテネの立法家ソロン(B.C. 六四〇～五六〇年ころ)のことばが、「汝自身を知れ」である。

もともとは「自分の分限を忘れるな」との教訓だったが、文字どおり、「自分自身の人間性を深く掘りさげて研究しよう」という意味になり、哲学の合言葉となったのは、哲学者ソクラテス以降である。

小アジアにあるギリシアの植民地ミレトスの人ターレス(B.C. 六二四～五四六)は、哲学の祖といわれ、「万物の原素は水である」と唱えている。それ以来、ギリシアの哲学者は、宇宙の森羅万象を研究の対象としていた。が、ソクラテスに至って、自分自身の無知を悟ることが、知ることのはじめであるとして、人間自らを研究対象とするようになった。そして、人間性の研究は弟子のプラトンやアリストテレスに受け継がれていく。

哲学祖ターレスも、「汝自身を知れ」といっている。あるときある人に、

「この世の中でもっともむずかしいことはなんですか」

と尋ねられて「自分自身を知ること」と答えているのである。また、

「いちばんやさしいことはなんですか」

と問われて「他人に忠告すること」といっている。さらに

「いちばん楽しいことはなんですか」

と尋ねられて、「目的を達成すること」と返事をしている。

ソクラテスといえば、妻クサンチッペのことが思い出される。人間研究の大家でありながら、後世の人々から悪妻の代名詞として使われるほど、すごい女性と結婚している。自らの結婚生活をふりかえってソクラテスは、

「結婚して、良い女房に当ったら人生これほどの幸福はない。そしてだ、もし悪い女房に当ったら哲学者になれるよ」

と自嘲をこめて述懐している。

5 判断力はあるか？

▼なにをするにも
迷ってしまうときに

危険と責任感は、名将の判断力を活発にするが、凡将の判断力をだめにする。

クラウゼウィッツ

いかにも軍人らしいことばである。危険と責任感は凡将の判断力をだめにする。というが、自分の率いる集団が危険にさらされたとき、あるいは自分に重大な責任がおわされたとき、だめになるような判断力は、判断力とはいえない。判断力とは危機的な場面や、右するか左するかによって大きな転機なる場合にこそ発揮されなければならない。

なにかの目的に向って行動し、よい成果をあげるためには、決断する勇気をいつももっている必要があるが、決断の前には冷静な思慮と正しい判断がなければ、かならず失敗するだろう。正しい判断を描き出すものは、なにがなんでもやりとげようとする闘志、いいかえれば責任感ではなかろうか。

熟慮断行ということばがある。十分に考えた後に、すばやく行動に移ることだが、世の中には熟慮したのち、断行しない人々が少なくない。いや、行動しよう、しようとためらっているうちによい機会を逸してしまう人たちをたくさんみかける。少しも考えないで、飛び出していくような無謀な行動からはなにも生まれてこないが、じっとしていてはやはり、よい結果は得られないだろう。

どうしてよいかわからず、いつも誰かのことばを頼りにしたり、占いのような種類のものによって判断した経験はないだろうか。もしあるとすれば、判断力のない人といわれてもしかたがないだろう。自分自身の考えと、判断によって行動したのでなければ、人間はその結果に対してどうしても無責任になってしまう。責任を転嫁して身を守ろうとするのではあるまいか。

判断力は、いまたずさわっている仕事への真剣さから芽生え、育ってくる。真剣さは責任感によって支えられている。

➤立つ鳥あとを濁さず　あとは野となれ山となれ

〈日本のことわざ〉

「立つ鳥……」は、飛び立つ水鳥が、あとをけっして濁していかないように、人も立ち去るとき、ある地位を離れる折にはあとが見苦しくないようによく注意しなければならない、ということ。

「あとは野……」は、自分がいなくなったあとは、野になろうが、山になろうが意に介さない。自分が関係していた事柄の結果がどうなろうとかまわない、責任はもたないという意味。

お互いに矛盾することわざであるが、どちらも世の中で通用しているし、なるほどそうだといった場面にもしばしば出会う。これらの矛盾したふたつの内容を、生活のなかでどう生かし、役に立てていくかは、一人ひとりの判断に待つしかない。

　私は無名人の成功物語をたくさん読んだが、それを分析してみると、一つの共通点がある。成功者といわれるようになった転換期は、失敗の理由、うまく思いどおりに運べなかった責任を、本人以外に求めなくなった瞬間に始まっている。自らをよくつかみ、献身的な活動を始めた瞬間に、形式を一変させるのである。

レターマン

　失敗の原因やなかなか思いどおりにうまくいかない理由を、誰でもがなぜだろうと考える。と、まず思い浮かぶのは環境条件であり、周囲の人のことではあるまいか。自分は一所懸命にやった。それなのに……という発想をする。

　われわれ凡人は、いつも自分自身を除外してしまうのである。つまり失敗のいいわけを最初にしようとする。こうやろうとしたのに、あのとき、あの人がああしてくれなかったから、せっかくの努力がむだになってしまった。こちらのいうとおりにしてくれさえしたら、というわけである。責任のがれといってよいだろう。

　が、人々の上に立ち、大きな仕事に取り組んで成功をしているような人は、すべての責任は自らにありとして、謙虚に反省して自分自身の行動から改めていく。あくまでも自分を中心にものごとを考え、よしこれだと判断すると、それを演繹していくのである。

　また、さまざまな事実から、問題点を取り出して対処の方法を導き出す。そしてためらわずに実践している。

　いいわけや責任のがればかりしていては、判断力はけっして身につかないだろう。謙虚な反省といっても、正しい状況分析による裏付けがなければ、次の機会に再び同じ失敗を繰りかえすだけである。反省しないのと少しもかわりがない。判断力を養うためには、間違ってもよい、まず自分の判断によって決断し、行動してみることではあるまいか。

▼分別過ぎれば愚にかえる
分別の上の分別

〈日本のことわざ〉

　分別は、考えである。
「分別過ぎ……」は、なにか行動しようとするとき、あまり慎重に考えすぎると、かえってつまらない考え方に陥って失敗してしまうということ。
「分別の上……」は、なにかの目的に向かって行動を起こす前には、じっくり考えなければならない。軽はずみな行動は失敗を招くだろう。考えたうえでさらに考えてから動き出しても遅くはないということ。
　いつも決断が遅く、ぐずぐずしていて、機会を逸している人は前者を、おっちょこちょいで、腰の軽い人は後者を戒めとするとよいのではあるまいか。
「下手な考え休むに似たり」というのもある。世の中むずかしい。

敵を知り、己を知れば百戦危うからず。

孫　子

兵法の祖といわれる人、孫子（B.C.三八〇〜三二〇）のことば。

敵のすべてを知り、味方の力をよく把握して戦いに臨めば、百戦しても百勝するだろうといった意味。孫子はさらにいう。敵を知り、戦わずして相手を降伏させるのが最上の兵法である。相手をうち破って勝つのは次善のものでしかない。だから「百戦百勝」は最善とはいえない。

知によって勝つのが第一、威によって勝つのが第二、武器を用いるのは第三、城を攻めるのは最下の策である、と説く。

戦う相手がどのような敵か、よく知ることによってのみ、どんな作戦によって攻めるか適確な判断ができるのである。誤りのない判断をくだすためには、まず知ることだろう。

人間や組織体が目的志向的な行動選択をするのに役立つ一切の報らせ

――これが情報である。

増田米二

山を登る場合、よく知りつくしている山であれば、危険がせまった場合、どのように対処し、行動をとればよいか、すばやく判断できる。よく知らない、経験の浅い山ではとほうにくれてしまうだろう。だから、むずかしい山であればあるほど、登山家たちは事前によく調べ、情報を集め、あらゆる場面を想定し、自らも訓練してから出かけていくのである。

情報量の多少や経験の有無、知識の深浅によって、判断力は大きく左右される。事にあたるとき、熟慮し、行動に移る前にその事に関する情報をできるだけ多く集める努力が大切である。

が、情報を集めようにも、あまりにもなにもなく、五里霧中という状態におかれる場合だってある。そんなときは迷わずに、信じるところを実践することである。座して待っていても局面は打開できない。

▼無患子《むくろじ》は三年磨いても黒い
無患子も三年磨けば白くなる

〈日本のことわざ〉

無患子は、本州中部地方以西にみられる大木である。黒く堅い種子はむかしはねつきの羽につけられた。

「……黒い」は、むくろじの木は三年磨いても黒い、ということから、物の天性は改め難い、人間もまた同じ。素質のない者はすぐれた人物にはなれない、という意味になった。

「……白い」は、どのような人でも、一所懸命努力し、周囲の人々と切磋琢磨すれば、その効果はやがてあらわれ、きっと大成するということ。

人間の性格や能力を決定するのは、育てられるときの環境か、遺伝的にもって生れた資質か、と問うているのである。どちらと判断すればよいのだろうか。どちらともいえないと学者はいっている。

初心忘るべからず。

世阿弥元清

若い時代に習った芸や当時の未熟だった技術、初めての苦い、さまざまな経験を忘れてはならない、という原意が転じて、ものごとを習いはじめたときの謙虚な、くもりのない気持、未知のものへのおそれ、緊張感を必ず、いつまでも忘れてはならないという教訓として使われている。

迷わない人間などひとりもない。誰でもひとつの目標に到達するまでには、いくどとなく迷い、方向を見失い、失敗の危険にさらされる。

よく知りつくしている山であれ、未知に近い山であれ、突然、状況に変化があって、どうしてよいか判断に迷い、前進するか、じっと待つか、後退するか、決めかねるときには、躊躇なく出発点に戻って考え直すのが最良の方法である。と熟練した登山家たちはいう。つまり原点に帰れと教えている。

登山の場合だけではなく、あらゆる場合にそれがいえる。どうしてよいか判断できないときは、初心にかえるのである。くもりのない、純真な気持になって、じっくり考えれば、やがて、いかなければならない方向が見えてくるはずである。ぐずぐずしていると、さらに条件が悪くなって、登山の場合であれば、遭難の危険は刻一刻と高くなってくる。決断は早いほどよい。決断を先へ先へ延ばしていると、好機を失ってしまう。

それでもなお迷ったらどうしたらよいだろうか。尊敬できる上司や先輩、同僚など、誰でもよい。信頼できる人の言動を思い出し、あの人ならばどうするだろうと考えると解決のいとぐちがつかめる。本人に直接相談して、忠告をしてもらい、その人がなぜそう判断したのか、じっくり分析するのも方法である。が、いつまでも他人を頼っていては、判断力は育たない。

▼せいては事を仕損じる
先んずれば人を制す
〈日本のことわざ〉

「せいては……」は、あまり急いで仕事をしたり、よく考えもしないで判断すると、かえって失敗するということ。「急ぐことはゆるりとせよ」「あわてる乞食はもらいがすくない」「急がばまわれ」なども同じ意味。

「先んずれば……」は、なにごとも、人より先に行い、機先を制すると有利である。成功の確率も高いということ。「早いが勝ち」「先手必勝」なども同じ意味。

事にあたる場合、機先を制する者が勝利者になることも少なくないが、ゆっくりと二番手について、最後に追い抜き、勝ちを得る者もたくさんいる。

相反することわざは多いが、それをふたつながらに認めて使っているところに、人間の知恵の深さがうかがわれる。

クオ・ヴァディス

イエス・キリスト

新約聖書「ヨハネによる福音書」第十六章に、次のような一節がある。

「けれど今わたしは、わたしをつかわされたかたのところに行こうとしている。しかし、あなたがたのうち、だれも『どこへいくのか』と尋ねる者はない。かえって、わたしがこれらのことを言ったために、あなたがたの心は憂いで満たされている。」

キリストが昇天前に使徒たちに語っているところである。「クオ・ヴァディス」とは「どこへいくのか」という意味のラテン語である。このことばが名高くなったのは、一九世紀のポーランドの作家シェンキウィッチの小説『クオ・ヴァディス』が出版されて以来である。

小説の舞台は、爛熟しきったローマ帝国のネロ皇帝の時代である。

キリストの死から数世紀の間、絶え間のない迫害によってキリスト教徒は苦難の道をたどっている。皇帝をめぐる貴族たちは、奴隷の労働に依存して、日夜をわかたぬ享楽的な消費生活におぼれていた。ぜいたくで、退廃的な貴族たちの生活があるいっぽうには、食うや食わずの、まるで家畜のような貧民の悲惨な生活があった。

禁欲的で、内省的なキリスト教は、じわじわと、人間あつかいを受けない下層階級の人々の間に浸透していった。権力にあぐらをかき、安逸をむさぼる貴族には、異国の教えであるキリスト教が民衆の共感をよぶのが我慢がならなかった。あらゆる野蛮な、きびしい弾圧があとから加えられる。

さしも忍耐強いキリスト教徒たちも、一人またひとりと、ローマを去っていく。キリストの十二人の使徒のひとりペテロも、捕縛をのがれ、迫害のローマを棄てようとする。ペテロは、夜中にローマを立ち、明け方アッピア街道をたどっていた。と、太陽が昇りはじめ、まぶしい光がさしてくる。その黄金の光のなかに、ペテロは天上のキリストの姿をまざまざと見る。思わずひざを屈したペテロは、

「クオ・ヴァディス・ドミネ（主よ、どこへいかれるのですか）」

と尋ねる。すると、キリストの答える声が聞えてきた。

「あなたがわたしの羊たちをみすてるのなら、わたしはローマへいき、もういちど十字架にかかろう。」

その声によってペテロは、ふたたび、教徒迫害のローマに引き返し、十字架上で自らも殉教する。これが小説の大要。ペテロの殉教がきっかけになって、キリスト教はヨーロッパ世界に広がっていく。暴君ネロが自殺するところで小説は終る。

6 創造性はあるか？

▼解決できそうもない問題にぶつかったときに

正しく哲学するためには、一生に一度、自分のあらゆる持説を捨てる決心をしなければならない。

デカルト

ある固定観念にとらわれると、まるでサングラスをかけたときのように、対象物のもともとの色がわからなくなってしまう。サングラスをはずし、ほんとうの色を肉眼でみても、「おかしいな、こんなはずではなかったぞ」などと考え込んでしまったりする。

江戸川乱歩の小説だったと思う。記憶はさだかではないが、ある事件の犯人の目撃者がふたりいる。ひとりは犯人は白い着物を着ていたと証言し、もうひとりは、いや犯人は黒い着物だったとゆずらない。どちらも偽証ではけっしてないと主張する。嘘をいってもなんの利益にもならないふたりの目撃談に、探偵はすっかり困りはてる。

結果をいってしまうと、犯人は白と黒の縦じまの着物を着ていたのである。ふたりの目撃者は、犯人を格子ごしに別な角度から見たので、ひとりは白に、もうひとりは黒に見えたのである。

ものごとは、ちょっと角度をかえたり、立場を逆転して考えると、まるでちがった様相を呈してくる。いきづまったら、ばかばかしいと感じられる考え方でもなんでも検討してみる必要がある。なるほど理屈だと納得できる理路整然とした意見よりも、とらえどころのない、支離滅裂な話のなかから、突破口が開けてくる場合がしばしばある。

大きく飛躍しようと考えたら、あるいは袋小路に迷い込み、どうしても出口が発見できなかったら、自分のあらゆる常識を捨て去り、虚心に、一から考え直していく。そうした素直さが創造性の生みの親である。

素朴で、新鮮な創造性の持ち主は、まだ正式に教育を受けていない、幼児であるといわれている。このへんに創造性の秘密がかくされているのではあるまいか。

▼故《ふる》きを温《たず》ねて新《あたら》しきを知る　〈中国のことわざ〉

冷えたスープや食べ物を温めなおして飲んだり、食べたりするように、過去の伝統をもういちど考えなおして、新しい意味を知ること。たんに、知識として過去のことを知っているだけではなんにもならない。それをよく研究して、そこから新しい価値を発見することが大切であるという教え。

よき古きものは、常に新しい価値がある。古いもののなかに、新しい価値を見出す能力も、創造性のひとつである。

「稽古《けいこ》照今《しょうこん》」ということばもある。これは古きを稽《かんが》えて、今に照らし出すということで、「温故知新《ふるきをたずねてあたらしきをしる》」とほぼ同じ意味である。

「稽古《けいこ》をする」とは、古い方法を教えてもらい、なぜそうするのか考え、繰りかえし、その意味を問いなおし、現在にふさわしい能力にかえ、身《み》につけていくことである。

常識とは二点間の最短距離を意味する。

エマーソン

AとBのふたつの地点があり、AからBへ、BからAへといかにむだなく、最短距離をとおっていくか、さまざまな議論の末に、決定された道順が常識というものである。が、AとBの二地点の間には、最短距離をとおる以外にもいくつもの道すじがある。その道すじをなるべく多く発見しようとする作業が創造的活動である。

では、創造的活動によってなにが得られるか。AからBへの最短距離をとおるよりも、もっと時間的な短縮ができるかもしれないし、多少、時間がかかっても体力的なエネルギーの省力化が可能かもしれない。もっと多くのメリットが発見されないとはいえないだろう。また、AからBへ最短距離をいくだけでは得られなかった、まったくかかわりあいのない、驚くようなアイデアが生まれてくるかもしれない。

たとえば、こんぶをできるだけ軟かく煮る工夫をしているうちに、洋服のシミ抜きの画期的な方法を思いつくかもしれない。コーヒーをいかにおいしくいれるかを研究していて、遺伝に関する新しい発見があるかもしれないというように……。

毎日同じ方向から同じ散歩道を歩く習慣のある人が、ある日偶然の機会から、反対方向からその散歩道を歩いてみると、これが通いなれた同じ道かと驚くほどちがった印象を受けたと話していた。創造性とは、たまには方向をかえて、散歩道を歩くことである。

同じ方向から同じ散歩道をいくにしても、誰かといっしょだと、やはり気持はがらりとかわり、雰囲気にも変化がみられるだろう。相手の人がかわればまたちがってくる。同じ行動をするにしても、いろいろ条件を入れかえてやると、新しい経験が得られる。こうした経験の集積から、常識では思いもおよばないなにかが飛び出してくる。

長い物には巻かれろ

〈日本のことわざ〉

どのように抵抗しても、勝てそうもないほど力の強い者、権力のある者には、抵抗してもむだだから、最初からあきらめて、相手のいいなりになっていたほうがよいという意味である。なんとも消極的で、なさけない考え方だと思うが、しかし、なんの力ももたなかった民衆の生活の知恵だったのだろう。

江戸時代の町民の生活ぶりをみていると、長い物に巻かれていながら、いや、巻かれているふりをしながら、自分たちのいい分をとおし、しだいに経済力をつけていくなかで、武士との間の力関係を逆転しているのだから、なさけない考え方と決めつけるのは、早計だろうか。

が、長い物には巻かれろ、といった発想では創造性はあまり期待できないだろう。

人間の能力は、いまだにその限界が知られていない。人間になにができるか、先例から判断することもできない。人間の試みてきたことは、あまりにも少ないから。

ソロー

競泳の一五〇〇メートルの驚異的な記録の短縮とマラソン競争のスピード化のピッチの速さには目をみはるばかりである。身体的な方面でのこうした進歩は、ぎりぎりの限界まで挑戦し、練習する強靱な肉体と精神力にも支えられているが、科学的な方法の導入と利用にもよることが大きい。

三十年前のトップクラスの科学知識や、ノーベル化学賞などの受賞対象になるような学者たちの研究課題は、いまや大学生の常識だといわれている。

科学にかぎらず、あらゆる分野での発展は、のり越えるのが不可能と思われるような高くて、分厚い壁が、常に人間の前に立ちはだかっていたからである。というより人間は、壁があると信じたからである。壁をのり越え、打ち破ることによって、その向うにきっとなにかすばらしいものが存在していると疑わなかったからだろう。

打ち破らなければならない壁は、壁があると意識する者の前にだけ、現実のものとしてあらわれてくる。自己の限界を越えようとする者の前にだけ、黒々と実現する。が、その日の暮らしに満足し、平々凡々な平和な生活を守るためにだけ汲々としている人々の前には、壁はけっして立ちはだかろうとはしないだろう。

人間は壁を自らつくり、打ち破り、前進し再び壁を眼前にまざまざと見る。創造性とは、壁をつくる能力であり、打ち破るための思考活動であるといえる。人間の能力には限界がないといわれるのは、なにもない空間に思いのままに、自分が打ち破るための壁を見ることがいつでもできるからではあるまいか。

けわしい山を登るためには、最初

▼生兵法は大怪我のもと

〈日本のことわざ〉

いいかげんな知識や技術しかもっていない者が、なまじっかな自信をもって、大きな事に臨んで行動すると大失敗をするということ。

繰りかえすと、創造性とは、新しいアイデアを考え出す能力といわれているが、それだけではなく、たくましい問題解決能力でもある。ただ単にアイデアだけでなにかをしようとするととんだ失敗を招く。幼い子どもには、新鮮なアイデアを生む、柔軟な能力はあるが、それを実践して閉された状況を拓り開いていく能力はまだない。

創造性の一面だけをみて、生兵法で、問題を解決できると考えるのは誤りだろう。が、各年代の者が、その年齢にふさわしい問題解決能力を身につけていく努力は必要である。

ゆっくり歩くことが必要である。
シェークスピア

創造性は、人間のあらゆる能力とかかわりあいがあるが、とくに、忍耐力との関連が深い。前人未踏のけわしい山をきわめるためには、身も、心も苦しさに耐えて頑張らなければならない。それと同じように、なにか困難にぶつかり、いままで誰もが解決の方法を発見できなかった問題が山積みされていた場合には、身も心もくだいて、解決法がみつかるまで悪戦苦闘を強いられる。

最後の勝利者となるのは、そうした苦しさに耐えぬいた者だけである。あせって走り出した者は、途中で疲れ果ててバタバタと倒れてしまう。

大きな問題を解決しようとするときには、よい機会がめぐってくるまで、じっくりと待つしんぼう強さがなければならない。嵐に行く手をはばまれ、一歩も動けないと判断したら、嵐が去るまでいつまでも待つ勇気が大切なのである。

だが、嵐が去ったからといって、遅れを取り戻そうと急に行動を起こすと、やはり失敗する。よく状況をみきわめてから、一歩一歩目的に向かわなければならない。

山頂をきわめるのに、近道だからといって、ただがむしゃらにその道だけをたどるのはどうだろうか。むだだと考えられる回り道をすることもときに必要である。もし、危険だとわかったら、いままで歩いた道を分岐点まで戻り、あらためて別な道をいく余裕もなければならないだろう。

なんの障害もなく山頂まで達した者より、さんざん紆余曲折をへて頂上にたどりついた者のほうが、それだけ経験が豊かになり、精神が鍛えられているはずである。いつかきっと役に立つなにかが身についているのではあるまいか。

創造性には、未踏の山頂をきわめるという華やかな一面もあるが、そこに達するまでの地道な努力も欠かせないのである。

▼小児と酔人は真実を話す
〈デンマークのことわざ〉

酔った人のいうことはたわいがなく、取るに足らない内容が少なくないが、ときとして鋭い洞察を含んでいる場合がある。アルコールによって、常識や道徳についての感覚が鈍り、日ごろ、理屈ではなく、肌で感じていることをずばり発言するからである。

幼い子どもの心は、おとなのような計算も、打算もなく、くもりのない純粋な好奇心に満ちている。心に浮んだ事柄を、なんのためらいもなく口にする。幼い子どものことばなどと軽く考えないで、よく耳を傾けるとよい。いろいろな示唆にとんでいるはずである。

酔のたわごとはおくとして、なにか問題にぶつかった場合には、幼児の心、素人の素朴さにかえって、「なぜだろう」とあらためて問うてみるとよい。

コロンブスの卵

西欧の故事。

クリストファ・コロンブス（一四四一〜一五〇六年）が、困難な航海の末にアメリカ新大陸を発見して、援助者のスペイン皇后イサベルのもとに戻ってくると、国民は誰かれの別なく大歓迎した。まさに大スターであり、爆発的人気にコロンブスはもみくちゃにされた。が、成功者をみると、嫉妬して、すばらしい業績になにかとケチをつけたがる心の狭い連中がどこにもいる。なにもできない者にかぎって、うるさく陰口をたたく。

ある歓迎の宴会の席で、凱旋将軍のように称賛をあびているコロンブスの姿をみて、ある者が意地悪く、

「新大陸の発見といっても、こんなに大騒ぎをするほどの出来事かな。船をただ西へ西へと走らせていって、偶然ぶつかっただけじゃないか。さして困難な事業というわけでもあるまい」

と冷笑した。するとコロンブス、

「おっしゃるとおり。わたしも新大陸の発見を自慢できるとは思ってないし、ことさら自慢していない。ただ、船を西へ西へと走らせていけばきっと大陸にぶつかるはずだと、誰よりも先に思いついたのを手柄にしているだけですよ」

と応じてから、テーブルの上にある卵を一個手にして、これを立てられる者がいたら、ここでいま立ててみせてくれるように提案する。冷笑した男をはじめ、その場にいあわせた人々が卵を立てようと、いろいろ工夫してやってみるが誰ひとりとしてできなかった。コロンブスは、

「あまりむずかしいことではありませんよ。まあ、わたしのやるのを見ていてください」

といい、卵の尻のところを軽くテーブルにぶつけて、へこませてから立ててみせた。なるほど卵は立ったのである。それを見ていた人々は、

「なんだ。そんなら誰にもできる。なんでもないじゃないか」

といいあって、笑った。コロンブスは、

「そうです。卵を立てるなどなんでもないんですよ。でも、あなた方は誰ひとりとしてこうした方法に気がつかず、卵を立てられなかったではありませんか。わたしだけが気づいたのです。新大陸の発見だって同じです。なんでもないことでも、最初に思いつくのが問題なのです。そうではありませんか。人がやってしまったあと、なんだ簡単だと批判するのは子どもだってできます。」

そういって、新大陸の発見にケチをつけた連中をみつめた。

コロンブスの卵とは、創造性という能力の性格を巧まずしていいあてていることばといってよいだろう。

7 時間をうまく使っているか?

▼時間がなくて
困っているときに

時間が流れる、とわたしたちは言う。これは正しくない。進んでいるのは、わたしたちであって、時間ではない。わたしたちが川をボートで行くとき、動いているのは岸で、わたしたちの乗っているボートではないように思われる。時間もそうだ。

トルストイ

ボートを速く漕ぎ、スピートがあがると岸は、あとへあとへと過ぎ去っていく。が、もっと速くと考え夢中になって、漕ぐことに集中していると、もはや岸は見えなくなって、ボートのなかの人にとって、ボートは止まっているのと同じような状態となる。

なにかを一所懸命にやっていると、確かに、時間はあっという間に流れていってしまう。が、その時間の充実感は、ほんとうに長い時をすごしたのと同じくらい、どっしりと重い。物理的な時間の流れは、まるで止まっているように感じられるからである。

真剣になにかに取り組んでいて、すっかり時のたつのを忘れていたという経験はないだろうか。はっとして時計をみて「ああ、もうこんな時間か」と気がついたりする。そんなとき、時間が刻一刻と過ぎていくのを意識していただろうか。多分、意識などけっしてしていないのではあるまいか。意識のなかに存在しない〝時〟は、現実にないのとかわりがない。

この仕事こそ自分の天職だと信じて、毎日、寸暇を惜しんで働いている人に聞いてみると、たいていの人は、

「時間がいくらあっても足りない。もっともっと時間がほしいですね」と答える。が、表情には少しもあせりはない。毎日、労働にうちこんでいる時間に永遠を感じているからではあるまいか。時計の針のすすみ方にかかわりなく、働いているときは、完全に止まった時のなかにいるからだろう。

普通人は時をつぶすことに心を用

石の上にも三年

〈日本のことわざ〉

石のように冷たいものでも、その上に三年もすわっていると、少しは暖まってくる。どのような悪い状況のなかにおかれても、よく耐え忍べば、かならずよい結果が生まれる。万事忍耐が大切である。三年たてば、なんとか道が開けてくる、という意。

不安で住みにくい石のようなものの上でも、三年も辛抱して努力していると安住の地となるという意味にも使われる。

ここでの三年とは、長い年月のたとえである。三年を、六年とか、十年とかいってしまうと、あまりの長さに絶望される恐れがあるので、希望を与えるために、三年と区切っている。

短時間のうちに、よい悪いの結論を出してしまうのではなく、長い目でものごとを考えなければならないと教えている。

い、才能ある人間が心を用いるのは、時を利用することである。

ショウペンハウエル

なにげなく、だらだらと過していると、かなりの時間があっても、たいした仕事はできない。が、計画的に、段取りよくものごとを処理していくと、短い時間でもけっこうかなりの仕事が消化できる。

一日は二四時間ある。この限られた時間をどう合理的に利用するかによって、仕事の量がちがってくる。では、どのように時間を配分するのが理想的だろうか。

一日二分主義というのがある。一日二分主義とは、一日二四時間を、一二、一二のふたつにわけて生活時間を設計する方法である。ひとつを基礎時間とし、もうひとつを個人的時間とする。

基礎時間の配分は、睡眠が八時間、食事のために二時間、入浴や洗面、トイレなどに一時間、趣味や教養、娯楽のために一時間、あわせて一二時間とする。

個人的時間とは、たずさわるそれぞれの職業によってちがう生活時間である。通勤時間や労働時間、社会人としての社交の時間などあわせて一二時間とする。

休日の時間の配分は、また自ずからちがってくるのだが、このように一日を大きくふたつに分けて時間を利用するのである。

計画的に、時間割をつくって生活するなんて、時間にしばられて、自由がきかなくなるからいやだという人も多いのではなかろうか。が、案外、そうでもないのである。

自分なりに生活時間を設計してみると、意外なむだが発見できるし、計画にそって生活していくと、以前よりもずっと自由時間があるのに気づくはずである。ひとたび計画的に生活をし、それに慣れてくると、もう無計画な時間利用をすることが、生理的にできなくなってしまう。

寸暇を利用することがいかなる種類の戦いにも勝利を博す秘訣であ

▼時と潮汐《ちょうせき》は何人をも待たない
〈イギリスのことわざ〉

潮汐は、しおの満ち干である。時間としおの満ち干は、けっして人を待っていてはくれない。いちどいってしまうともうどんなに大声で呼び戻そうとしても帰ってきてはくれない。現在という時間がどんなに大切か悟るがよい。現在は再びやってこないのだからということ。

若い時代は、時間などありあまるほどあると感じているせいだろう。なにもしないで、意味もなく浪費している人がたくさんいる。が、年齢が高くなるにつれて、時間の少なさを歎くようになってくる。そして、若い時代にむだにしてしまった厖大な時間に思いをはせて、絶望的になる。

教訓は、いつの場合でも年老いた人々の口から出るので、若者は耳をかそうとしないが、残念だといったのも老人だった。

る。

ガーフィールド

　日本人は勤勉でよく働くけれども、どうも計画的に行動するのは苦手らしい。無計画の計画ということばがあるほどだから、いかに計画的な生活がなかったかがわかる。

　一日二分主義でもなんでも、自分なりの生活設計をして、計画的な時間割に沿って生活すると、五分、一〇分というこま切れ時間が実にたくさんあるのに驚くのではないだろうか。それまで、むだにしていた五分でも、一〇分でも利用してなにかをすれば、一ヵ月、一年の間には、きっとまとまったものになる。

　一日五分間を一〇日間利用すれば、五〇分である。一ヵ月で一五〇分、二時間三〇分となる。五分間ではなにもできないと考えていたら、ほんとうになにもできない。まず実行してみることである。

　電車やバスがくるのを待っている時間に、毎日本を読んでもよい。人々の表情や服装、態度などをじっくり観察して、その人についてさまざまに考えてみるのもよいだろう。ただ、ぼんやりしていないで、なにかをやるのである。

　五分間、一〇分間をうまく活用できるかどうかは、利用しようとする意欲があるか否かである。最初は、なかなか有効に使えないかもしれない。が、ほんのわずかな努力でできるようになる。毎日つづけていると、それが訓練になり、習慣ができて、短い時間を最大限に生かせる能力が身についてくる。だまされたと思ってやってみるとよい。

　五分なんて短いよ、という人は、一時呼吸を止めてみると、五分間がいかに長いかわかる。もうひとつ、五分間だけつま先立ってじっと立ってみたらどうだろうか。五分間の長さが実感できるはずである。

　なにかの資格試験に挑戦しようとする人には、ぜひ短時間の利用をおすすめする。

　多くのことをなす第一の捷径は一

▼青春と失った時とは、永久にもどってはこない

〈ドイツのことわざ〉

文字どおりの意味。

　功なり名をとげた成功者が、いまなにが一番の望みかと尋ねられて、金も、名誉もいらない。ただ若さだけがほしい。若さが手に入るのなら、いま自分のもっているもののすべてを投げ捨ててもよい、といった話がある。人間は、現在ふんだんにもっているものの価値を知ろうとしない。で、失ってはじめてそれがどんなに貴重な宝物だったかと、遅ればせながら悟るのである。その代表的なものが青春と時ではなかろうか。

　青春が遠い過去となった人々でも、まだ、自分自身の時はもっている。明日ではなく、きょうという日を、いかに生きるかに心くだき、実践することによって、青春時代が甦ってくるのではあるまいか。

度にただ一事をなすにあり。

シセル

若者の間には「ながら族」という人種が増えつつある。ラジオやレコードを聴きながら勉強したり、仕事をしたりする人々である。確かに、音楽は、不愉快な雑音とちがって大脳を刺激し、頭の働きを活発にする効果をもっている。が、残念ながら人間の大脳は、あるなにかに集中すると、それ以外のものに対する感覚が鈍くなるようにできているのである。

音楽を聴きながら、仕事をしていると、自分自身では気持よく、効果的に能率をあげているつもりでも、実は、逆なのである。意識するしないにかかわらず、つい音楽のほうに注意がいってしまい、仕事がお留守になる。音楽が親しい、よく知っているものであればあるほど、注意はひきつけられる。

アメリカの学者が、ポピュラー音楽とクラシック音楽が、読書能率(ことばと理解の検査)にどう影響を及ぼすかを調べている。

ことばの検査では、どちらの音楽もあまり影響はみられなかったが、理解の検査では、はっきりと悪い影響があらわれている。とくに、ポピュラー音楽のとき、理解度が極端におちている。ポピュラー音楽は簡単に理解でき、親しみがもてるので、無意識のうちに耳を傾けてしまって、読書への注意が散漫になるためである。

クラシック音楽は理解しにくく、意識して聴こうとしないと、耳を傾けるほど親しみがもてないので、読書への影響は少なかったのだと分析されている。

仕事一般についても、二兎を追う者は一兎をも得ずで、ひとつの仕事を一途にやるのでなく、あれもこれもと手を出していたのでは、やはり成功は遠くなるだろう。限られた時間を有効に活用して、最大の成果をあげるためには、ひとつの事柄に集中することである。「ながら族」的仕事ぶりは失敗を招く。

▼魚とお客は三日でにおう

〈デンマークのことわざ〉

ヨーロッパの各国に、同じようなことわざがある。ここでの三日は、長い月日のたとえではなく、短い時間の表現である。

魚とお客は三日もすると、鼻についてくる。にこやかに歓迎されているようにみえるからといって、気をゆるして腰をすえているときらわれてしまう。もっといてくれたらよいのに、と残念がられるくらいのうちに引き揚げるのが賢明であり、よい人間関係が保たれる、といった意味か……。

「まだ、よろしいじゃございませんか」といわれたときが、失礼して帰るタイミングだ、と聞いたことがあるが、そのとおりである。居心地がよいとつい居座ってしまいたくなるが、お客をするほうは、なかなかたいへんなのである。洋の東西を問わずお客への考え方が似ているのは面白い。

ラブレーの一五分

西洋の故事。

レストランなどで食事をしたあとで、支払わなくてはならない勘定が足りないのに気づいて、どうしようと困り果てた瞬間をいう。

ラブレーとは『ガルガンチュアとパンタグリュエル物語』の作者として知られている一六世紀のフランスの大作家フランソワ・ラブレーである。

食事を終って、レジスターのところへいき、さて、勘定を払おうと思って内ポケットに手をやったとき、財布がなかったとしたら、あなたならどうするだろうか。ラブレーのとった作戦を紹介しよう。

当時のフランス王フランソワ一世の命令で、六カ月間のイタリア旅行ののち、ラブレーは帰路につき、ようやくリヨンまでやってきた。そのとき、ラブレーの懐には一フランの金も残っていなかった。ホテルから一歩も出られず缶詰状態をよぎなくされた。身分をあかし、事情を話せばなんでもなかったのだが、そこは根が意地っ張りで、いたずら好きのラブレー、どうしたら窮地を脱出できるか、じっと考えること一五分。ハタと膝をうった。

誰にも正体を見破れないように完全に変装をして、長い研究旅行から帰ってきた医師であるが、重大な発表があるから町中の医師たちに集まってもらいたいと申し出る。

講演会の席上、作り声で声までかえ、医学上の非常にむずかしい問題を長々と話をしている途中、耳を傾けていた熱心な聴衆を前に、ラブレーは急に黙り込んだかと思うと、あたふたと会場の窓という窓を自分で閉めてから、

「わたしがこれから話す内容は、けっして他言をしないように。よろしいでしょうか。これは絶対の秘密ですが、あなたがたにだけこっそり教えましょう。ここに薬の包がふたつあります。こちらには〝国王に与える毒〟、こちらには〝王妃に与える毒〟と書いてあります。わたしははるばるイタリアまで毒物の研究の旅をしてきた者ですが、このふたつの包の毒はごく少量で、一瞬にして人を殺す力があり、しかもいかなる解毒剤も効かないものです。わたしはこれからパリへいって、国王と王妃、その子どもたちに、この毒を飲ませる手はずを整えています。あなたがたをはじめとするフランス国民のために、あの暴君一家を皆殺しにする計画です」

と話した。医師一同はことばもなく、顔を見あわせてこそこそ会場を出ていった。

しばらくすると町の警吏がやってきて、ラブレーを捕え、重大犯人として丁重にあつかい、パリまでなに不自由をさせず護送する。

フランソワ一世は、にっくき犯人めと、直接首実検をしてみると、親しいラブレーであるのでびっくり。その打ち明け話をきいて大笑いしたという。

8　忠誠心はあるか？

▼自分の所属する集団に
疑いをもったときに

国民は各々自分の天職に全力を尽すがよい。これが祖国に報ゆる道である。

ゲーテ

忠誠心とはなにかを、見事に表現していることばではあるまいか。与えられた仕事を黙々とやりとげる精神、これが忠誠心である。忠誠心などというと、どこか時代錯誤的な響きを感じる人は多いだろう。が、そうではない。自ら選んだ仕事への誠実さ、真剣さが忠誠心である。いつの時代でも、人間として欠かしてはならない心であるといえる。

誰でも、精神的に成熟した人間であれば、自己の可能性を追求し、理想や目的、願望を達成しようと欲求する。天職とは、そうした欲求を実現できると信じられる仕事をいうのではないだろうか。天職に全力を尽くすなかで、欲求が満されると、人々は生きがいを感じ、幸福だと思う。

忠誠心を養うためには、まず自らの天職をさがすことであろう。

が、天職を、はじめからこれだと発見できる人はそう多くはないのではあるまいか。とにかく、生活をしなければならないと、一所懸命に働いているうちに、ああ、いまやっている仕事がわたしの天職だったのかと気づく人がほとんどだろう。

仕事への意欲を燃やしつづけるためには、その仕事に自分をいかに適応させ、興味をどのように展開させていくかを考えなければならない。

いまたずさわっている仕事、ことばをかえると、いま所属している会社や団体、集団は、どういう機能をもち、どんな目的で存在し、なにをするために自分がそこにいるのかをしっかり自覚して行動しなければ、適応もできないし、興味を持続し、展開して進歩へのあしがかりとするのは不可能である。未知なものを知ろうとして学び、積極的に行動するところから天職は生まれてくるのではあるまいか。

もし私の住んでいる国が侵略されたなら、私も他の人びとと同様、立

▼後足で砂をかける　〈日本のことわざ〉

犬や馬などが、後足で砂をけちらして走っていくように、自分の去ったあとはどうなろうと平気である。これまでの恩義を忘れるばかりか、去りぎわにさらに迷惑をかけるという意味に使われる。世話になった人に恩を仇でかえすような仕打ちをすることの表現としても用いられる。

犬や猫などは、糞をしたあと、かならず後の足で砂をかけるような動作をするが、いかにも自分のした糞をいやがっているみたいに感じられる。犬や猫のそうした様子が、人間社会でのある種の人間関係とそっくりであるところから、「後足で……」のことわざがつくられたのではあるまいか。

「後足で砂をかけられた」「後足で砂をかけるような真似をする」といった使い方をする場合もある。

派に犠牲的精神をふるって行動を共にする。しかしながら、なにがなんでも祖国を愛せよというのは、反対せざるを得ない。それはナチズムになれということだ。そのときは私は遠慮なく祖国から出ていくつもりだ。

チャップリン

この高名なイギリスの喜劇役者は、愛国心について語っているのだが、祖国、あるいは国というところを、会社や集団、団体としても同じだろう。誰もが、自分の所属している集団を愛している。いや、少なくとも愛したいと願っているのではあるまいか。

祖国を選ぶということはなかなかむずかしい。ほとんど不可能といってよい。が、心から愛し、よし、その集団のためならなにがなんでもやってやろうと思える集団を選んで所属するのは、やさしくはないが可能である。

しかし、自分の所属する集団への熱い思いを、はじめから終りまで持続している人はあまりいない。チャップリンのいうように、なにがなんでも集団を愛せよ、と強制するところが多いからである。

企業の求めている人物像の、理想的な要素のひとつは、忠誠心である。あくまでも企業のために殉じる人物がほしいという。企業だけでなく、どこの集団でも、忠誠心の旺盛な人々を求めている。そして、その集団に積極的に所属しようと希望する人々は、誰でも忠誠心はもっている。が、忠誠心を失わせる最大の原因は、集団の指導者層のなかにある。

「すきっぱらではだれも愛国者になりえない」(ブランキ)なのである。

胸にたぎっている忠誠心を持続させるエネルギーは、集団に所属している人々に、この集団こそ自分を守ってくれる、自分の願望を実現させてくれるという意識である。忠誠心をただ強制するのはむだである。

愛国心だけでは足りない。だれに対しても憎しみやきびしさを私は

▼あとは野となれ山となれ

〈日本のことわざ〉

亡くなった妻、イザナミを冥土《よみ》の国に訪ねイザナギは、妻のあまりのかわりように驚き、おそれて逃げかえる。が、イザナミは黄泉《よみ》の醜女《しこつめ》をつかわして、イザナギを捕まえようとする。イザナギは、いっさんに逃げながら、もうすぐ追いつかれそうになると、櫛や剣、髪かざり、桃の実などを投げつけて、あとを野にしたり、山にしたりして難をのがれる。

逃げる男を追いかける女のすさまじい執念を綴っている古事記のなかに出てくる物語である。日本古来から使われていることわざ。意味は転じて、自分の行為に対する責任は放棄して、あとはどうなろうと意に介しないということになった。

「あとは野となれ山となれ、三十六計逃げるにしかず」というふうに使われる。

持ってはならないのです。

キャヴェル

エディス・ルイザ・キャヴェル（一八六五～一九一五年）はイギリスの従軍看護婦である。第一次世界大戦のとき、負傷した敵兵を見殺しにできず、看護する。そのためスパイの疑いを受けて、ドイツ軍によって銃殺されてしまう。その死刑執行直前に、キャヴェルは「愛国心だけでは……」といい、従容として死につく。

死を前にして、キャヴェルの心のなかには、新約聖書のなかのイエスの次のことばが浮んでいたのではなかろうか。

「『隣り人を愛し、敵を憎め』と言われていたことは、あなたがたも聞いているところである。しかし、わたしはあなたがたに言う。敵を愛し、迫害する者のために祈れ。」

愛国心、忠誠心というと、自らの所属する集団への強い帰属意識から、その集団以外の人々に対して、反発心や敵慨心、ときには憎しみさえもちがちである。が、そうした感情は、集団にとって危険である。むろん、集団へのあからさまな誹謗や攻撃、侮辱などがあった場合に反発し、相手を憎むのは自然な心の動きであろう。集団への忠誠心の証として、敵慨心や憎悪をむき出しにするのは、集団の存在さえもあやしくする。

また、集団のなかで、忠誠心を競うに熱心なあまり、ライバル同士が憎しみあうのも、ばかげている。

「敵を愛し、迫害する者のために祈れ」

そんな余裕のある気持で、仕事に取り組み、競争者にあたらなければよい結果は得られないだろう。しかし、むずかしいことにはちがいない。

国内の一番とるに足りぬ者でさえ正義の鎧《よろい》に身を固めた時は、不正の大軍勢より強い。

ブライアン

あるひとつの目的意識をもって組織されている集団にとっても、その

▼魚心あれば水心

〈日本のことわざ〉

相手に好意があれば、こちらも好意をもつということ。相手の出方しだいでこちらにも応じ方があるが、多くは男と女の間柄について使われる。

人間心理の微妙な動きを巧みにとらえていることばではあるまいか。好意ではなく、悪意、敵意でも同じだろう。こちらが敵意をもてばあちらもまた敵意をもつ。表面的にいくらとりつくろっても、真意は知らず知らずのうちに相手に伝わっていくから不思議である。好悪の印象は、案外、自分自身の鏡である場合が少なくない。

魚や水に心があるわけではないが、魚は、水がなければ住めず、水は魚を得てはじめて流れる。お互いにもちつもたれつである。親密な仲のものを「魚と水」ともいい、「水魚の交り」という語もある。

集団のもっとも末端にいる者でさえ、忠誠心の鎧に身を固めたときは、おそらく、集団としての意欲が最高に盛りあがってくるときではあるまいか。

「忠誠心の鎧」などとむずかしくいわなくとも、集団の一人ひとりが喜んで働いているかどうかを問いかけてみれば、集団としての強さがわかってくる。

では、人間はどんな条件が与えられると喜んで働くのだろうか。ある心理学者が管理職に対する調査を行なった結果を紹介しよう。

(1)　高い賃金が得られる
(2)　昇進の機会がある
(3)　賃金が公正に支払われている
(4)　作業環境が快適である
(5)　よい仲間といっしょに働ける
(6)　興味のある仕事である
(7)　自分の着想が生かされる機会がある
(8)　堅実な仕事である
(9)　安全な仕事である
(10)　やりやすい仕事である

以上のような場合、人々は仕事に満足して、喜んで働くと答えている。つまりこうした条件が整っていると、誰でも「忠誠心の鎧」に身をかためようとするといってよい。従業員に対する調査でも、ほぼ同じ結果が出ている。

「高い賃金が得られる」「昇進の機会がある」「賃金が公正に支払われている」という三つの事項を、ほとんどの人々が喜んで働くための条件としているのである。

企業や団体、集団が、そこに所属する人たちに、忠誠心を要求しようとするのなら、少なくともこれらの三つの条件を提示し、実現してやらなければならないだろう。これらにかわるものは他にはない。

▼思えば思われる　〈日本のことわざ〉

〽しのぶれど色に出にけりわが恋は、ものや思うと人の問うまで

百人一首のなかにある平兼盛の歌。どんなにかくしていても、わたしの恋心は顔色に出てしまったらしい。「誰かを恋しているのですか」と人があやしみ尋ねるほどまでに。

恋にかぎらず、心のなかで思っていることがあると、辛抱してかくそうとしても、自然に顔色にあらわれる。

人に対して好意をもてば、人もまた自然に自分に好意をもつようになる。好意や善意はやがてかならずわが身にかえってくる。

が、恋の場合「思う人には思われず」という悲劇がしばしばある。世の中ままならない。「思わぬ人から思われて」迷惑した経験は誰にでもあるのではなかろうか。

人は成人するにしたがって他人から重要人物視されたい、あるいは他人に好かれたり役に立ちたいという心理的欲求を抱くようになる。金銭上の報奨もこの種の欲求を一応満足させる要件にはなるが、むしろ満足感は仕事中の過され方や雰囲気に左右されることが多い。こうした部下の心理的欲求を満足させる条件を設定するすべてを心得ている経営者こそ、すぐれた経営者になり得る。

マッケーグ

部下たちは、なによりも自分の直属の上司から好意をもたれ、理解してもらっていると感じていると き、一所懸命に働こうとする意欲がわき、所属している集団に忠誠であろうとする。

好意をもたれているだけでなく、上司が自分のしている仕事を認めてくれている。信用されていて、重要な人物として扱っていると意識したときもまた、よしやろうという気持になる。

その集団では自分はなくてはならない存在であり、集団は自分を必要としている。これからも集団の目的のために献身し、役立たなければならないと決心した人間も大きな仕事、困難な問題に積極的にぶつかっていこうとする。

周囲の人々から、とくに、自らの生殺与奪の権を握っている上司からの尊敬のまなざしを肌に感じると、ふるい立つ。この人のためならと思ってしまうのである。

人間は不思議な動物である。ひとつの仕事にたずさわって、そこから報奨金をもらうだけでは満足しない。むろん報奨金は仕事への意欲を刺激するし、働く者にとって重要にはちがいない。が、その仕事を遂行していくなかで、自分を向上させ、開発させていく可能性があると悟ると、おおいに発奮する。いつも進歩を求め、自分を大きくしていこうとする。そして、少しでも進歩があると人間は満足感を味わうのである。

克服しなければならない困難をともなう仕事は、誰だってきついから避けようとする、と考えてしまうが、そうではない。人間は、自分ならなんとかできる、自分のもっている能力をいっぱいに使って挑戦すれば、かならず成就できるというむずかしい仕事が与えられると、意欲的になるのが一般的である。

集団全体がひとつの目的に向って、悪戦苦闘を強いられながら、一致団結して働いているとき、ひとりだけ取り残されたらどうなるだろうか。仕事への意欲はたちまち萎えてしまう。集団の目的達成への作業に参加し、しかも貢献していると感じると、気持は昂揚する。

ひとつの組織のなかに、ライバルがいて、よい意味での競争意識があると、仕事への関心も高まり、負けるものかとファイトを燃やすはずである。一プラス一が二ではなく、三にも四にもなる。

9 表現力はあるか？

▼思っていることをうまく
相手に伝えられないときに

自分は有用な材であるという自信ほど、その人にとって有益なことはない。

カーネギー

どんなにすばらしい考え方をもっていても、それを口にしたり、文章にして示さなければ、なにももっていないのと同じである。たとえ、口に出したり、文章にしても、説得力のある表現がともなわなければ、やはり相手は納得しないだろう。かえって、なにを支離滅裂な話をしているのだと軽蔑されてしまうのがオチではあるまいか。

説得力のある話をし、文章を書くためには、それなりの訓練が必要だろう。訓練よりももっと大切なものがある。自分自身への自信である。絶対にこれは真実であるという信念がなければ、どのように美しい表現を使い、絢爛たる修辞を駆使しようと、相手の心をうたないだろう。

読書や人の話によって身につけた知識は、なるほどないよりはましである。しかし、なによりも強いのは、経験によって自分のものとなった知識ではあるまいか。いくら何冊もの水泳の技術書を読み、泳ぎ方の技術を説明できるようになっても、しょせんは畳の上の水練で、人々を説得するほどの力をもたないだろう。

実際に泳ぎを習いながら、本を読み、身につけた水泳に関する知識は、単なる知識以上のものといえる。その人が、誰かに泳ぎ方を教えようと話し出したら、聞くほうは話にすい込まれ、知らず知らずのうちに、納得し、手足を動かすにちがいない。

自らが体験して身につけた事柄に関しては、自信がもてる。そうした自信は、その人独特の迫力ある表現力を生むものである。真似ごとでない、自分自身のことばで語られる内容は、人々の心を動かす。

経験し、体験したことを、深く思索し、理論武装をするところから、ほんとうの自信が生まれ、表現力と結びつく。

話上手の第一の要素は真実、第二

▼目は口ほどにものをいう

〈日本のことわざ〉

人間の感情がもっともよくあらわれる場所は顔だろう。そのなかでも生き生きと、表情ゆたかに、心にある思いを相手に伝えるのは目である。

目は、口のように観念をことばとして表現できないが、生きた感情をそのままあらわすことができる。あらわすというより自然にあらわれる。口は心の内とは裏はらな表現をしたり、嘘をいってかくしたりするが、目は正直である。顔で笑って心で泣いているときなど、目だけはけっして笑わない。

「目は口ほど……」とは、口に出していわなくとも、目つきで自分の気持を相手に伝えることができるという意味。

目は正直であるといったが、恋をしている女性などは、意図的に、目の力を強調して相手を見る場合もある。

は良識、第三は上機嫌、第四は頓知。

ウイリアム・テンプル

まったく泳げなかった人が、きびしい練習を繰りかえして、何百米も泳げるようになっていく。その途中経過で、おそらく何回も水を飲んでしまう経験をするのではあるまいか。ガブリと飲んでしまったときの苦しさはなんともいいようがない。

水を飲んだときの苦しさはどんなだったと尋ねてみると、一人ひとりみんなちがった答えをする。「鼻にツーンときた」「日なたくさい匂いがした」「死ぬかと思った」「目の前が暗くなった」などなど。同じ経験をしても、それを表現するとき、人はそれぞれ別ないい方をする。感じ方に差があるからだろう。この差が個性である。

ステレオタイプの表現には、新鮮な魅力はない。人の心をひきつけ、印象深い表現は、いつの場合でも個性的であり、その人でなければいえないことばによって綴られている。

聞く人々を魅了する話のすべては、語る人にとって真実である。嘘のまじった話は、面白いかもしれないが、心は動かされない。良識によって裏打ちされていない話は、興味をひくかもしれないが、誰もが信じようとはしないだろう。不機嫌に語られる真実よりも、人は上機嫌に話される真実のほうを、ほんとうだと受け入れるにちがいない。

日本人の会話には「頓知」がないという。ユーモアが多少はあるが駄洒落やあてこすりが多く、エスプリ（才智）やウィット（機智）に欠けると外国人は感じるらしい。

会話には、言外の意や皮肉、自己批判、隠された涙など感じさせる頓知がないと、魅力的な表現力をもたないし、個性的でもないというのが西欧人の考え方である。

どうも日本人は、そうした意味での会話は苦手のようである。

他人を説得するのは、自分自身の道理によってできる。しかし他人を納得させるのは、ほかならぬ他人の

▼自慢高慢馬鹿のうち

〈日本のことわざ〉

自分のことを鼻にかけて、えらそうに吹聴している者は馬鹿であるということ。

自分の考えている内容を巧みな表現力で誰かに伝え、納得してもらわなければならない場面は、生きていくうえで数かぎりなくあるだろう。が、それが自慢になってしまってはおしまいである。自慢する心が芽生えてくると、他の人の話をよく聞き、もっと知恵を磨こうとする努力をしなくなる。進歩向上もそれまでである。

「自慢は、知恵の行きどまり」というのもある。謙虚さの感じられない巧みな表現力は、聞く人にとって、なにやらインチキくさくて、たぶらかされるのではないかという不安がつきまとう。

ひかえめに語られる真実の話は、巧まずして相手を説得する。

道理によってでなければならない。

ジューベール

誰かと話をするとき、会話を生き生きとはずませようと思ったら、相手がもっとも関心をもっている事柄を話題にするとよい。人間がもっとも関心をもっている事柄とは、誰かれの差別なく、自分自身のこと。

相手の考え方や行動を是として認めるように話を展開させていくと、かならず耳を傾けてくれる。その間に、こちらが相手に伝えたい内容を少しずつはさんでいくとよいだろう。きっと納得してくる。

そのためには、まずなにより相手を知り、理解しなければならない。相手を理解する第一の条件は、相手のいうことをじっくり聞いて、相手の考え方をしっかりつかむことである。

自分の考えを相手に伝えたい、納得してほしいと思うあまりに、ただただ自己主張し、自分の論理だけを一方的に話をするのは、むしろ逆効果である。誰かを納得させるには、まずその人の話をよく聞くところから始めなければならないだろう。

話し上手といわれる人々の話を注意深く、聞いてみると、かならず相手の周辺の出来事や話題を巧みに取り入れている。例外なくそうである。また、人間観察が鋭く、相手の長所、欠点を四、五分の短い会話のうちにたちまち把握してしまう。

会話の途中でも、けっして相手の話の腰を折らない。なにかいいたいことがあっても、相手が話し出そうとする気配が感じられると、あっさりゆずる。が、いわなければならない事柄、主張したいポイントはちゃんと話をしている。人の話をじっと聞くのは、なかなか忍耐力のいる作業である。それなりの覚悟がなくてはならない。

「思ったとほりに書け」いふ文章訓があって、これがなかなか評判がいいらしい。話が簡単で威勢がいいから受けるのだらうが、わたしに言はせれば大変な心得ちがひである。

▼いいたいことは明日いえ

〈日本のことわざ〉

感情的にたかぶり、冷静さを失っているときは、とかく相手の人格を傷つけるような内容の話をしてしまいがちである。きっとあとあとまで悔む結果になる。いったん口から出たことばは、けっして戻りはしないのである。自分もまた傷ついてしまう。いいたいことがあったら、もういちどよく考え、明日になって発言しても遅くはないという意味。

興奮したり、酒を飲んだりして、理性の制御がきかなくなっているときに書いた手紙は、一日おいて、もう一回読みなおしてから出せともいわれている。ことばは、たとえ相手に聞かれても、一瞬にして消え、残らないが、手紙は永久に相手の手元におかれたままになるからである。ことば以上に取りかえしのつかない事態になる。

腹のたつことは明日いえ。

と言っても、もちろん、思ったとほりに書くな、心にもない嘘八百を並べなさいとすすめるつもりはない。第一、思ってもゐないことを書いたりすれば、よほどの嘘つきならともかく普通の正直者ではたちまち文章に力が抜け、張りが失せることだらう。

丸谷才一

話もうまく、説得力があり、なかなかの表現力の持ち主でも、いざ文章を書かせてみると、どうも話すときほどの冴えをみせない人が多い。なぜだろうか。理由は簡単である。日ごろからあまり文章を書いていないからである。

「わかりやすい文章を書くコツは、思っている内容を、話すように書くことである」

などと書かれている本が少なくないが、思ったことを話すように書いても、実は文章にはならない。人の話は、文章にそのまま直してみると、たいてい非論理的で、支離滅裂である場合が多いのである。テレビなどで話している人の話の内容を、そっくり写してみるとよい。まったく文章の体をなさないだろう。小説家の丸谷才一は、思ったとおりではなく、文章は、ちょっと気取って書けといっている。そのとおりではあるまいか。

それよりなにより、説得力があり、しかもわかりやすい文章を書く力をつけるためには、毎日文章を書きつづけるしかない。なんでもよいから、ひとつのテーマを決めて、一行でも二行でも短文を書く練習をしていると文章力は自然についてくる。その場合、あとで人に読んでもらうつもりで、ちょっぴり気取って書くのである。

一本の電話より一本のはがきのほうが説得力を発揮する例はいくらでもある。

▼問うに落ちず語るに落ちる

〈日本のことわざ〉

人に秘密をもち、かくそうとしているときは、人から問いかけられても用心してかくしとおせる。が、なにげなく自分で話をしているときに、ついうっかり秘密をもらしてしまうものだということ。

落ちるとは、こちらが望んでいるところに落ちてくる、つまり知りたいと思う事実をもらすこと。

嘘や秘密、隠しごとは、かならずどこかにほころびが出てくる。それをなんとか辻褄をあわせようとすると、ますます嘘を重ねなければならなくなり、傷口はしだいに大きくなっていく。そして、しまいにはかくしきれなくなってしまう。

明らかな事実をかくしておくことは、ほんとうに困難である。秘密をもつことも想像以上に苦しいものである。

子ゆえの闇

日本の故事。

天暦五年（西暦九五一年）につくられた勅選和歌集「後撰和歌集」のなかに、藤原兼輔という人の次のような歌がある。

〽人の親の心は闇にあらねども子を思ふ道にまどひぬるかな

人の親の心は闇でもないのに道に迷う。それは子を思う道に迷ったのである。わが子に対する愛のために親の心がにぶる、といった意味。闇ではないのに闇のようだという表現が、いつか「子ゆえの闇」ということばにかわってきたのであろう。

戯曲『国境の夜』などで知られる劇作家・秋田雨雀に『白鳥の国』という作品がある。紹介しよう。

「ある湖のほとりに白鳥の夫婦が住んでいた。二匹とも自分たちほど立派な白鳥はいないと自慢していた。実際、羽並といい、姿といい、ほかの白鳥と比べると美しく、品がよかった。が、二羽とも片目であった。白鳥の夫と妻は、なにをみても、なにを話しあっても、ことごとに意見が一致したので、自分たちほど世の中を正しくみている者はいないと信じて疑わなかった。

やがて、仲むつまじい夫婦の間に、四羽のひながかえる。二匹は大喜びする。が、子どもは四羽ともふたつずつの目をもっていた。二匹ともそれをたいそう悲しく思った。ひなたちは、よく見えるふたつの目があったので、両親の目に映る世界とは、別な、もっと広い世界がよくみえた。四匹とも好奇心が旺盛であった。だから、翼がまだ一人前にもならないうちから、心配する両親など知らぬげに、遠くのほうまで遊びにいくのであった。

夫婦は、子どもたちが冒険好きで、いつも飛びまわり、外の世界に心を奪われているのは、目がふたつもあるからだと判断する。で、子どもたちの目を片方だけ、夜寝ている間につぶしてしまう。子どもの幸福のためにと悲しみに耐えながら母親は、あえて実行したのである。あるとき、二羽の大わしが襲ってきて、四羽の白鳥を鋭い爪にかけ、あっという間に、空高く飛び去ってしまう。片目にされた子どもたちは、大わしが襲ってくるのがみえなかったのである。」

誰の意見でも、それがどんなに立派で、すきのないものだと本人が自負していても、完全ではあり得ない。狭くて、一方的である場合が多い。この白鳥の夫婦のように……。

わが子に関することとなると、人間の意見は、いっそう〝独断と偏見〟に満ちたものになりがちである。子ゆえに闇となるのである。親心が子どもの一生を台なしにしている例は少なくない。親は、だから、子どもがいまなにを考え、どう行動したがっているか、じっくり話を聞いてやることだろう。

10 リーダーとしての資格はあるか？

▼リーダーとして
人の上に立ったときに

自ら正しいと信ずる者は王の万軍よりも強く、自ら正しきを疑う者は些《いささか》の力をも有せず。

カーライル

人の上に立つ者は、つねに孤独である。誰にも頼れない。自分を守ってくれるのは自分だけである。だから、まずなによりも自分自身をよく知り、強い自分をつくっていかなければならない。

強靱な精神力を鍛えあげるのは、目的に向かってなにがなんでもやりとげたい、やらなければならないという熱い欲求である。自分の行動を正しいと信じ、とことんあきらめず一歩一歩前進していこうとする情熱である。心のうちに秘めた不退転の決意が人間を強くする。

苦しさや困難、孤独に屈しようとしない精神力、不退転の決意が信念である。ひとたび確乎たる信念をもった者は、一見不可能と思えるようなむずかしい仕事をもやってのける。信念をもって行動している人々は、美しくみえる。人の気持をひきつけて離されない。

信念があっても、信念だけでは他の人はついてはこない。信念を支える実力がなければならない。どのような場面や場所にあっても、自分のおかれた立場をしっかりと認識し、適確に適応していく能力をもち、仕事をすすめていくうえでの知識、技能を身につけている必要があるだろう。

人生について、人間について、深く考え理解して、他の人々のために働く心の広さもなくてはならない。自分のたずさわっている仕事の世界での知識や技能だけでなく、広い視野でものごとをとらえる良識、一般的な洞察力も大切である。

燃えたぎるような信念と実力が両々相まって、実践がおこなわれるとき、強烈なリーダーシップが生まれてくる。黙っていても人はついてくるだろう。

情熱がなければ、人は単なる潜在力と可能性とにすぎない。

▼先生からは多くを、
仲間からはもっと多くを、
弟子からはもっと多くを、
学ぶものだ

〈イスラエルのことわざ〉

教壇に立って、実際に、児童や生徒、学生に教えてみて、ほんとうにいろいろなものを学んだ。実践をとおして会得したことが、これほど身につくとは想像以上だと述懐する教師はたくさんいる。教えてみて、はじめて覚えなければならなかったのはなにかをはっきり自覚するからだろう。「教えることは学ぶこと」「人は教えることで学ぶ」ということわざが西欧諸国にもある。

人の上に立つ者にとって「教えることで学ぶ」という教訓は忘れてはならないだろう。部下の言動からいつも学ぶ態度があれば、かならず部下はついてくるにちがいない。信頼もされるはずである。

アミエル

偉大なる業績を残している人々の生きた歴史をみると、例外もなく、つねに鞭うち、少しでも向上しようとする火の出るような意欲、情熱に支えられている。

大きな仕事をしてきた人々は、初めからすぐれていたわけではない。むしろ、少年少女時代は目立たない、というより劣っている存在であった例が少なくない。それがなにかのきっかけで、たとえば母親の励ましや偶然に読んだ本、友だちのひと言などで、触発され、魂が熱く燃焼して、すばらしい人生をおくるきっかけをつかんでいる。こうした事実からも、人は誰でも燃焼できるなにかを内に秘めていることがわかる。

上に立つ者が、情熱をもって生き、周囲の人々に接していると、誰でももっている潜在能力、可能性にも知らず知らずのうちに点火して、情熱の火が燃えさかり、隠されていた能力が抽き出されてくる。

リーダーの熱意や情熱、熱心さは、いっしょに仕事にたずさわる者に伝染する。部下の心にも火がつくと、連鎖反応を起こして、火勢は強くなり、燃え広がっていく。いちど点火し、広がった情熱の火は、消えにくく、いつまでも燃えつづけ、さらに広い範囲を焼きつくしていく。

集団のなかの情熱の火を消し、人々の心を急速に冷えさせていくものは、上に立つ者の、自分のためだけの功名心である。部下への愛情と信頼感とによって燃えている火でなければ、一時的な火勢で終ってしまうだろう。

リーダーとして、ついてくる人々の情熱の火をいつまでも燃焼させるためには、誠意と創意というガソリンをいつもそそいでいなければならない。熱意と誠意、創意がリーダーシップに輝きを与える。

何びとも信用しない者は己れ自身が信用されないことを知っている。

アウエルバッハ

初対面の人と接するとき、知らな

▼ふすまの中に混じる者は豚に食われる

〈ドイツのことわざ〉

謙譲の美徳を発揮して、万事ひかえめにふるまう態度は好ましい。が、必要以上にへりくだってばかりいると、他人にいいように扱われてしまうということ。

もうひとつ、「朱に交われば赤くなる」という別な意味もある。朱のなかにまじっていると朱にそまって赤くなるように、悪い人とつきあっていると、自然に品性が悪くなる。人は交際する友だちによって、善悪いずれにもなってしまう。ふすまにまじっていると、ふすまなみになるとのたとえ。

自分が自分がと功名心にかられて、部下たちを少しも認めない上司は、いつか足元をすくわれるだろうが、かといって、ひかえめで、ちっとも自分の意見さえいおうとしない上司も、あなどられて信用を失ってしまうだろう。

いうちに自分自身の狭い視野で、相手をみて評価・判断しがちである。また、自分の周囲に集まってくる人々を〝よい人〟〝すぐれた人〟だと考えたくなる傾向を誰もがもっている。だから、初めはよい点ばかりを期待して、欠点には目をつむりたい気持になる。

そして〝よい人〟だと判断して、しばらく接する。と、欠点のない人はいないから、しだいに欠点が目についてくる。裏切られたと感じて、こんどは欠点ばかりが気になり、評価を低くする。

上に立つ者は、これでは部下たちのほんとうの人間性をとらえ、信頼して仕事をまかせられなくなるだろう。人には長所もあり、欠点もある。おかれた状況によって長所が出てくるときもあれば、欠点ばかりが目立つ場合もある。

人を短兵急に評価・判断するのは危険である。まず、その人を信頼して、あるがままに行動させ、よい点も悪い点もじっくり観察する余裕が必要だろう。そして、長所も欠点も含めて、その人だけが持っている独特の性格を理解し、尊重してやることである。そうした態度が信用ではないだろうか。

信用されていると感じたら、信用してくれる人をめったに裏切らないのが人間である。信用しあっている同士の間に生まれてくる信頼感は、お互いの情緒を安定させ、仕事への大きなエネルギーの根源となる。

上に立つ者は、ともすると自分の考えを部下に押しつけたくなる。むりに従わせようとしても、けっしてよい結果は期待できないだろう。部下の考え方をうまく生かしていく、広い度量がなければならない。が、そのためにも部下一人ひとりが、どのような状況で、どんな態度を示すか、しっかりと把握しておく必要があるだろう。

相手に気に入られる最上の方法は、あなたが聞いたとおり、相手が語ったことを再び語ることだ。

➤ウマは明日、息子はひげが生えてから、娘はとついでからほめよ。自分自身はけっしてほめるな

〈フィンランドのことわざ〉

身内はなるべく遅くほめたほうがよい。とかく、親ばかぶりが出て、ほめすぎになるきらいがある。が、自分自身のことを自慢するのは、いつの場合でも早すぎる。自慢はきっと人々の反感をかうか、軽蔑されるのがオチであるといった意味。

人間の評価がきまるのは棺をおおってからである。自重せよとのまことにきびしい教えではあるまいか。

「妻は二年目に、婿は三年目に、息子は白髪になってからほめよ」と、もっとすごいのもある。

上司が部下に対してとる態度にも、このことわざが教えてくれている内容は、参考になるのではなかろうか。

マーク・トウェーン

ある心理学者が、小・中学校の児童・生徒を対象に、どんな先生が好きか、嫌いかという調査をしている。その結果。

好きな先生＝教え方が上手。熱心に教える。やさしい。ほがらか。親切。親しみやすい。美しいなど。

嫌な先生＝短気。怒りっぽい。教え方が下手。独断的でいばる。不熱心。陰険。理解がない。不公平など。

学校を卒業して、就職したばかりの社員にどのような上司を望むか、どんな上司が嫌かと尋ねたら、おそらく同じような答えがかえってくるのではないか。また、入社して五、六年という社員に同じ質問をしたらどうだろうか。十中八九は、

「なんでも、気がねなく、自由に話せるし、じっくり聞いてくれる人が最高です」

と応じるのではあるまいか。ビジネスマンの不平不満は多種多様だろうが、最大公約数的なものをあげると、

「部下のどんな意見にも耳を傾けようとしない。あの人にはなにをいってもむだですよ」

という声ではないだろうか。小・中学生でも、成熟したビジネスマンでも、自分のいい分を十分に聞き理解して、公平に扱ってくれる人に、信頼感をおぼえ、好意をよせる。

リーダーとして欠かせない資質のひとつは、部下のことばに熱心に耳を傾け、積極的に理解してやろうとする態度をいつもくずさないことである。部下に迎合すればよいというのではない。是は是とし、非は非としなければならないが、その前にまず相手のいい分を聞く必要があるだろう。是であれば認め、非であれば、なぜ非なのか納得できるように話してやらなければならない。

▼機会が人を見捨てるよりも、人が機会を見捨てるほうが多い

〈フランスのことわざ〉

どんな重大な危機にみまわれ、もうだめだと観念しなければならない状況に追い込まれても、かならず局面を打開する機会はめぐってくるはずであると信じて、ねばり強く頑張りぬいていると、案外、危機をのがれられるものである。

勝負の世界では、あきらめたほうが負けるといわれているが、仕事の場でも同じだろう。自分が苦しいときは、相手も苦しい。どこまで苦しさに耐えられるかが成功不成功の分岐点となる。じっと機会を待つ忍耐力、気力のある者が勝つ。危機的場面にぶつかったとき、その人のほんとうの実力がわかる。また、危機をのり越えられず、失敗したときにこそ、人物の大きさが試されるのである。死中に活を求める勇気もまたリーダーには必要だろう。

一将功成りて万骨《ばんこつ》枯る

中国の故事。

中国の唐代の末期。大唐といわれ、文化が咲きほこる牡丹にたとえられたほどの唐の国も、しだいに政治が乱れ、各地に戦乱がまきおこって、急傾斜の道をころげ始める。

武将たちは、いまこそ功名をあげて富貴をとるべき絶好の機会だと、戦火を広げ、民衆をかりたてて戦いつづけた。土地は荒され、徴兵されていった民百姓は、各地で転戦するなかで死んでいった。故郷を離れて、あてもなく流浪していく名もない人々も多かった。こんな時代をなげき、悲しんで、詩人の曹松《そうしょう》は、次のように歌っている。

沢国《たくこく》の江山、戦図に入る。
生民なんの計あってか、樵魚《しょうぎょ》を楽しまん。
君にたのむ、語るなかれ封侯のこと。
一将功成りて、万骨枯る。

平和な山も、川も、いまは戦火にまきこまれた。木をきり、魚をとっていた庶民ののびやかな暮らしも、もうつづけられない。将軍たちよ、諸侯に任ぜられるなどという話はやめてくれ。将軍が功を立てて出世するかげには、骨となってくちはてる名もない何万もの人がいるのだぞ、といった意味。

「一将功成りて……」とは、ひとりの将軍がはなばなしい手柄をたてるかげには、戦場に散って、むなしく骨となるたくさんの兵士たちの犠牲がある。けっして将軍だけの武勲とすべきではなく、そのかげの力となった人々を忘れてはならないということ。

武勲に輝く将軍のかげには、多くの兵士たちの白骨があった。が、これは将軍と兵士との間柄だけにある関係ではない。咲きほこる文化、華やかな政治のかげにも、かえりみられず枯れはてていく万骨があるのをやはり忘れてはならないだろう。

エリート・コースを歩み、出世していく高級官僚のうしろには多くの縁の下の力持がいる。財をなした富豪の足もとには、たくさんの労働者の汗と涙がたまっているのである。

陳陶《ちんとう》という人も、同じような詩を書いている。

誓って匈奴を掃《はら》うと　身をかえりみず
五千の貂錦《てんきん》　胡塵に失う
憐むべし　無定河《むていか》辺の骨
なおこれ春閨夢裏《しゅんけいむり》の人

誓って匈奴を討つと、身をかえりみず出ていった。が、五千の兵士たちは、辺疆の砂塵のうちに倒れた。いまは無定河のほとりに、あわれな骨が残るばかり、ああ、いまも故郷にいるその妻子たちは、春の夜の夢うつつに、なおなつかしい夫たちの姿を求めているであろうに……。

現代生活の現実もまた同じではあるまいか。

第5章 心を豊かにもつために

精神ほど脆弱なものはない。ほんのちょっとしたすきをつかれると、たちまち狂ってしまう。が、ひとたび信念によって鎧われるとすばらしい強靱さを発揮する。

1 幸福をつかむ

▼幸福とはなにかを
考える人のために

人間は意欲すること、そして創造することによってのみ幸福である。

アラン

どんなとき幸福に感じるか、なにをもって幸福というかは、おそらく個人個人によってそれぞれちがうのではあるまいか。が、どのような幸福であろうと、自分はいま充実して生きているという実感がまずはじめにあるにちがいない。

空腹になればいつも充分な食べ物によって、食欲を満たし、危険に出会ったときには、巧みに逃がれ、好ましい異性を獲得して共同生活を営む、こうした状態が持続しているところからまず幸福が生まれてくるのではあるまいか。

しかし、これは人間でなくとも、他の動物だって同じである。人間には動物にはない精神活動を与えられている。なにかを意欲して、積極的に創造していこうとする心の動きである。人間は、なにかを意図的にめざして、新しく創り出したとき、非常な喜びを感じるのがふつうである。夏目漱石は、

「午前中の創作の喜びが、午後の肉体の愉快となる」

といっている。精神的な喜びが、身体的な快感にまでつながるような昂揚感が、幸福ではないだろうか。

ギリシアの物理学者アルキメデスは、あるとき、王様の純金の冠《かんむり》の真偽を検査することを命ぜられた。王冠は壊せないので、ずっと考えつづけるしかなかった。ある日、風呂に入っていて、湯の中で自分の足が軽くなるのを知って、問題を解決する。いわゆるアルキメデスの原理を発見するのだが、発見の喜びに、アルキメデスは湯から飛びあがり、

「わたしは発見した、わたしは発見した」と叫んで裸のまま踊り歩いたと伝えられている。すべてを忘れて喜びにひたる、これが幸福のすばらしい一瞬だろう。

個々の不幸が一般的に幸福をつくるのです。したがって、個々の不幸が多ければ多いほど、すべては善な

▼幸福は思いがけないときに翼にのって近づき、不幸は松葉杖をついてびっこをひいてくる

〈ロシアのことわざ〉

思いがけないときに、想像もしなかったような方向から幸福は身がるにやってくる。が、うっかりしていると、あっと思う間にもう遠くに去っていってしまう。不幸は、コッコッと不気味な音をたてながら、ゆっくりではあるが確実にやってくる。そして、疲れをいやすために、じっくりと休んでいく。居心地がよいと住みついてしまう奴もいる。離れていくときも、歩みは遅い、といった意味か。

「幸福の便りというものは、待っている時にはけっして来ないものだ」

とは太宰治のことば。そのとおりではあるまいか。しかし、幸福にしろ、不幸にしろ、どちらもあまり長くはつづかないと考えていたほうが賢明である。

のです。

ヴォルテール

どこに線を引くかは、人によってさまざまだろうが、どん底まで沈んで、呻吟した苦しい経験をもち、なみなみならぬ努力によって表面にまではいあがってきた人は、精神的な強さをもっている。少々の困難では驚ろかない。が、ほんのささいなよい出来事にも大きな満足を感じる。あのどん底時代に比べれば、まるで天国だというわけである。

どのような行為であろうと、よしやろうと自らすすんで、喜んで実行して、その結果がいかにささやかなものであっても、失敗でなければ素直に、よかったと喜べる人、そんな人はいつも幸福ではあるまいか。

幸福は、満足感にも似ている。ひとつの甘い菓子を食べ、コップ一杯の酒を飲んでも、ああ、おいしかった、よかったと感じる人もいるだろう。が、まあまずくはないけれども、もっとたくさんほしい。いやもっとうまいのがあるはずだと不平をいう人もいるだろう。どちらが幸福だろうか。にわかに判断するのはむずかしい。

前者はむろん幸福にはちがいない。小さなことにも充実感をおぼえ、満足しているのだから。しかし、後者を不幸な奴だときめつけるわけにもいかない。もっとたくさんほしい、もっとうまいものがあるはずだと不満をもらす時点では、確かに幸福ではないかもしれない。が、その不満感を行動のエネルギーとして、自分の望むものを求めて意欲的に動き出し、望みどおりのものが手に入ったとしたらどうか。

どんな小さなことにも満足し、幸福に感じ、その喜びを次の行動へのスプリングボードとして生かせる人が幸福である、といえるのではあるまいか。人間の欲望にはきりがないからである。

幸福と不幸とはともに心にあり。

デモクリトス

人間は不思議な動物である。自ら

▼幸福というチョウザメは、臆病の網ではけっして捕えられない

〈フィンランドのことわざ〉

チョウザメの仲間は多いが、たいていは、サケと同じように、北半球の海や湖で生活している。ある時期になると、産卵のために大きい川やその支流をさかのぼる。人々は、のぼってくる雌を捕えて卵をとる。世界の珍味といわれ、高価なものとして知られているキャビアをつくるためである。

チョウザメの仲間は、驚くほど多産であるが、毎年の雌の捕獲のために、年ごとに数が減少しているという。

川をさかのぼるチョウザメを捕るのは、比較的やさしい。が、それでも積極的に、大胆に漁をしなければ逃げられてしまう。同じように、幸福を得ようとするなら、消極的で、臆病であっては、いつまでも幸福にはなれないだろう。

の思惟によって、自分を変化させていくことが可能だからである。

暗い、さびしい道で「恐い、恐い、恐い」と思いつづけて歩いていると、肌が泡立つほどの恐怖感にとらわれる。が、「恐くない、なにが恐いものか、恐くないぞ」と心で繰りかえして、胸を張っていくと、少しも恐ろしくなくなってくる。

どのような状況におかれても「自分はほんとうに幸せだ」とまず考え、幸せである理由をできるだけたくさん数えあげて「ほら、こんなに幸せじゃないか」と、何回も自問自答してみるとよい。なんとなく幸せなんだと感じられるようになり、しだいに確信をもって、幸せだといえるようになるはずである。もし、どうしても、幸福感が得られなかったら、夜、寝る前に、寝床の上にゆったりと、全身の力をぬいて、横になり

「毎日、あらゆる点でわたしはますます幸福になっていく」

と、二〇回唱えるとよい。フランスのエミール・クーエという人の考え出した自己暗示の方法である。試してみる価値はあるのではないだろうか。結果がよかったと述懐する人も少なくない。

意識して「不幸だな」と考えていると、その心の動きは、無意識によって受け入れられ、現実の生活のなかにも、不幸だなと感じられる出来事が、なぜか目について仕方がなくなってくる。だから、不幸だと思ったら不幸になってしまうと覚悟しておくとよいだろう。

なにかにつけて、自信のもてない場合も、適当な短いことばを考えて、就寝前に、できるだけ口早に、呪文を唱えるように繰りかえしていると、だんだん自信がもてるようになってくる。

ほんとうに心を満足させる幸福は、私たちのさまざまな能力を精一杯に行使することから、また私たちの生きている世界が十分に完成することから生まれるものである。

バートランド・ラッセル

▼知らぬが仏　〈日本のことわざ〉

なにかについて知っていたり、かかわりあっていると、つい邪推や心配やらをして、腹が立ってくる。が、知りもしない、かかわりあいももたなければ、平穏無事な心境を保っていられる。仏のように慈悲深い心でいられる、といった意味。

なにごとにつけても、あまりにも知りすぎているのは幸せなものではないらしい。ほどほどに知り、憧れをもったり、もっと知りたいと願う気持が、幸福につながる例は少なくない。なまじ知ってしまうと、いろいろあらがみえてきて楽しくなくなるといった経験は誰にでもあるだろう。

「知らぬが仏見ぬが神」「知らぬが仏見ぬが極楽」「見ぬが仏聞かぬが花」などなど、類似のものもたくさんある。なんにでも鼻を突っ込まないこと、それにかぎる。

自己暗示によって得られる幸福は、アリストテレスが裸で踊り歩くほどの身体的な喜びにはつながらない。飛びあがり、じっとしていられないような幸福感をつかむためには、自分のもっている能力を十分に生かして行動しなければならない。喜びは行為によって生まれてくるからである。最高の喜びは、最高の行為をした結果から生まれる。

最高の行為とはなんだろうか。

人間は、他の人が悲しんでいると き悲しみ、喜んでいるときに喜ぶ。だから、ほんとうの喜びをかみしめたいと思うと、誰でも他の人を喜ばそうとする。意識してそうするわけではない。無意識のうちに、自分の喜びのために、他人を喜ばすのである。

人の生命はなにものにもかえがたい。貴重である。地球よりも重いといった人さえいる。たとえば、自分の力で、しかも犠牲的に、人の生命を救う行為は、最高の行為である。そこには最高の幸福が感じられるだろう。

アメリカン・フットボールというスポーツがある。攻撃をする者と守備をする者とが、はっきり分担制になっている。野球にたとえれば、守りにつく選手はバッターボックスにはけっして入らない。バッターは絶対に守備はしない、といったやり方で試合をする。守備要員（ディフェンス）は、ひたすら守るだけである。犠牲的で、攻撃要員（オフェンス）に比べると華やかさがない。

スターとして人気を集めるのはたいてい攻撃要員である。が、若い人たちの間では、守備要員になりたいと希望する者が多い。敵の攻撃を身を挺して守る行為に、喜びを感じ、成功したときに幸福感にひたれるからであろう。

▼幸福にくらすには夫がつんぼ、妻がめくらでなければならない

〈フランスのことわざ〉

夫も、妻も、お互いに寛容でなければ、家庭の幸福は保たれない。聞えぬふり、見ぬふりをする忍耐強さこそ、夫婦の幸せを長持ちさせるというたとえ。

夫と妻にかぎらず、いっしょに生活や仕事、遊びをしている相手の欠点が気になりだすと、我慢できなくなるのが人情である。また、ひとついやな点をみつけると、その人のやることなすことといやになってきてしまう。こうなっては両者の間に平和は維持できない。〝性格の不一致〟といって、別れる結果になる。

長所だけをみ、欠点は見ざる、聞かざる、言わざる。これが共同生活をする者の心得なければならない大前提であるまいか。目をつぶる勇気、広い心が大切である。

一箪《いったん》の食《し》、一瓢《いっぴょう》の飲《いん》

中国の故事。

清貧な生活に甘んじ、楽しむことのたとえ。

孔子（B.C. 五五一年〜四七九年）は、儒教の創始者として知られた人。「聖人」として、いまも中国の思想界に重きをなしている存在である。日本でも、戦前（昭和二〇年）までは、小学生でさえ孔子について勉強させられた。

孔子は、はじめ政治を志すが成功せず、引退して、多くの弟子を養成する。その弟子は三千ともいわれている。そのうち高弟と称する弟子が七十二人。俗に、これらの人びとを「七十子」と称している。七十子のなかでも、孔子からもっとも信頼され、〝賢〟といい、〝仁〟とほめられ、完璧な人物よと認められていたのが顔回《がんかい》。のちに顔回に先立たれたとき、孔子は顔をおおい、涙を流して、

「天は世を滅ぼした」

と嘆き悲しんだ、と小学校の教科書に出ていた。

孔子は私生児（むかしは、法律上の夫婦関係でない男女の間に生まれた子をそういった、いまはちがう）だった。両親の野合という不幸な出来事からこの世に生をうけた。で、生涯、天から認められようとして悩み、生まれたままの自分自身を否定しようと葛藤し、コンプレックスを克服しようと努力している。が、顔回は生まれも、育ちもよく、あるがままの自分をそのまま伸ばしていけば、〝賢〟〝仁〟の域に到達できる可能性を、はじめからもっていた。

孔子は、顔回のそうした、安定した自然さ、おおらかさを愛し、憧憬さえもっていたらしい。孔子は顔回についてこう語っている。

「賢なるかな回《かい》や。一箪の食、一瓢の飲、陋巷《ろうこう》にあり。人はその憂いに堪えず。回やその楽しみを改めず。賢なるかな回や。」

顔回は偉い男だ。竹かごひと盛りの飯と、ひょうたんに水がいっぱい入っているだけで、しかも路地裏住いで満足している。ふつうの人間なら不安やあせりにとてもああはいくまいだろうに。顔回は少しも気にせず、楽しそうに道をいそしんでいる。貧しさに心を動かさない顔回は賢人だ。

世俗的な欲望にとらわれず、わが身を天にまかせきって、なんの懐疑も抵抗もなく、自然のなかにとけ込もうとし、そうすることに無上の喜びを感じている顔回の姿は、孔子にとって、このうえもなく尊い存在としてうつったのだろう。孔子もそうした日常の生活を理想としていたのである。

名利世俗にとらわれず、伸びやかに生きている人ほど強い者はいない。なにものも恐れなくてよいのだから。そんな心境に達したら、どんなに幸せだろうか。欲望が多すぎる凡人にはむりか。

2 不安からの脱出

▼不安と焦燥に
かられている人に

人生そのものが試行錯誤の過程である。なんの過ちもおかさない人は、何もしない人たちである。過ちが足しになるのは、われわれが失敗から学んだ時である。

P・スローン

あるヴェテラン役者の話。

「もう舞台生活半世紀近くなろうとしていますが、幕があがり、さあ出番だという前になると、緊張感に胸がしめつけられ、足がふるえます。じっとりと冷汗をかくんですよ。なぜか、いつまでたってもなおりません。」

この人だけではなく舞台の出を待つ間の、いいようのない不安感、緊張感を語る人は少なくない。何十回、何百回と舞台を踏み、度胸がすわっているはずの人びとである。なぜだろうか。

不安は「これから先どうなるかわからない」という意識のなかから生まれてくる。それに、失敗したらどうしようといった意識があると、不安は倍加する。さらに、失敗した場合のいいわけをさがそうとする意識が加わったら、不安は恐怖感に近くなるのではあるまいか。ここでの意識とは、むろん無意識の意識である。

目の前にさしせまった危険がせまってくると、人間は、いや動物は恐れをいだくが、一定の対象のない、漠然とした未来に対する危険を感じると不安が心のなかに生まれてくる。舞台に立つ人が、緊張し、不安になってくるのは、このためではなかろうか。舞台に一歩踏み出し、声を出すと、すっと落ち着いてくるという。これは稽古に稽古を重ねているので、いったん動き出すと、失敗はしないという確信がもてるからだろう。

人生の舞台、ヴェテラン役者のように、失敗もなく幕が降ろせるわけがない。失敗してもともと、もし失敗したら初めから「科白《せりふ》」をいいなおせばよい。それくらいの気持がないと度胸をすえて生きていけないだろう。

▼濡れている者は雨を恐れない
裸の者は盗賊を恐れない

〈ロシアのことわざ〉

友人の結婚式などに、たった一枚しかない晴れ着を着て出席した帰り、雲ゆきがあやしくなって、ひと雨きそうだ、が、傘もないといった状況になったら、やはり不安だろう。内ぶところに大金をもっている人が、暗い夜道をひとりで通らなければならないとしたら、不安になってくる。

しかし、いったん濡れてしまえば、もう雨が降ろうが降るまいがどうでもよくなる。大金を強奪されてしまえば、無念さはあっても、もう強盗を恐れる者はいない。不安があったら、不安の原因だろうと感じる対象に、思い切ってぶつかってみることである。いったん経験すると、対処の方法がわかり、不安はずっと少なくなる。危険は避けようとする者のほうへ近づいてくる。

小心な人間は危険の起こる前に怖れる。臆病な人間は危険の起こっている間怖れる。大胆な人間は危険が去ってから怖れる。

リヒター

ちょっといいかえてみよう。

小心な人間は行動（どうなるか予想のつかない行動）を起こす前に怖れる。臆病な人間は行動している間怖れる。大胆な人間は行動し終ってから怖れる。

「怖れる」を「不安になる」と入れ替えてもよいであろう。

用心深い人は新しい経験をこれからしようとするとき、結果を考え、不安になり、うまくいかなかったらどうしようかと怖れて、なかなか行動を起こそうとしない。

ちょっとした出来事にも、いつもビクビクしている人は、未知な経験をしているとき、風の音や人の声、犬の遠吠といった、ふだんならなんでもない事柄にさえ、疑心暗鬼となり、不安をつのらせ、怖れおののき、行動を中止してしまったり、別なところに方向転換して目的を果たせなかったりする。

失敗や挫折をものともしない人は、未知の世界に平然と足を踏み入れ、思い切った行動をして、それなりの結果を手にする。が、いまきた道をふりかえって、よくぞここまできたものだ。あのときもし、ああした幸運がなかったらどうなっていただろう、と反省して自分の思慮の欠けた一挙手一投足に冷汗を流す。いまさらのように不安を感じ、恐れに顔色をかえる。ふるえる膝頭を押えて苦笑する。

が、未知なるものに挑戦するとき、不安になり、怖れても、さっと行動に移れば、その不安や怖れは、よい方向を示唆するなによりの指針となる。行動しながら、不安をつのらせ、怖れおののいても、行動を最後まで中止しなければ、不安と怖れは、平凡な経験にも輝きを与えてくれるだろう。

人間は明日の朝に対して、なにが

▼幽霊の正体見たり枯尾花

〈日本のことわざ〉

枯尾花はすすきである。暗い道を幽霊でも出てくるのではないかと、ビクビクして歩いていくと、デター！　白い経帷子《きょうかたびら》（死人に着せる着物）の女が、うらめしやあとゆらゆらゆれている。びっくりして腰を抜かしたのだが、落ち着いてよくみると、白いすすきの穂が夜風にゆれているだけであった。幽霊の正体はすすきだったわけ。

いろいろ想像をめぐらして、ありもしないことを恐れるたとえである。「恐ろしければ藪《やぶ》が動く」「なすびを踏んで蛙と思う」「芋頭が敵にみえる」などもある。

まだ、困難にぶつかったわけでもないのに、あれこれ考え、不安がっていると、実際の困難に出会う前に、なんでもないことを困難だと誤解して神経をすりへらしてしまう。堂々としている者を困難は避けて通る。

しかの恐怖と希望と心配をもたずにいられない。

シラー

ある精神科医の話。

「医者をかえ、薬をかえてもどうしても口のわきにできた湿疹が治らないと訴える、美しい女子大生が相談にきました。何回か面接を繰りかえしているうちに、なぜ湿疹ができ、治癒しないかがわかってきました。

仲のよい友だちとして信じきっていた同じクラブのボーイフレンドが、クラブ活動で遅くなったとき、彼女を送ってくれたんですね。で、途中の暗がりへくると、安心して無防備の彼女に突然抱きつき、接吻しようとしたんです。必死に抵抗して、突き飛ばして帰ってきたと話していましたが、そのときの精神的ショックが、湿疹としてあらわれたんです。

この女子大生の心理の深層には、男性に抱かれたい、接吻をされたいという強い性的な欲求があるのですが、正常な、成熟した女性ならみんなそうなんですが、その欲求を満たす絶好の機会に恵まれながら、機会を逸してしまい、その性的な欲求を発行為のなかで、発散できず、逆に、強く抑圧してしまったんですね。で、男性に抱かれたい、接吻されたいという欲求が、湿疹に姿をかえて、あらわれてきていたんですね。」

誰の心理の深層にも、性的な欲求だけでなく一人ひとり、それぞれちがった欲求がかくされている。そして、もしかしたら、その欲求がいつまでも満たされずにいるのではないかと恐れるいっぽう、いや、希望はあると楽観し、その時期はいつだろうと不安になる。

他の人に迷惑のかかる事柄でなければ、こうしたいと感じたとき、前後の事情を考えて、すぐ行動することだろう。むりに抑圧すると、どこかに〝湿疹〟に類する〝病気〟となって自分の欲求が吹き出してくる。

己れの感情は己れの感情である。己れの思想も己れの思想である。天

➤太陽はひとりで沈む

〈イスラエルのことわざ〉

いろいろに解釈できる面白いことば。

まず、自分のことも満足にできない小物ほど、他人の世話を焼きたがる。大物は自分のことは自分でしまつをつけるから余計な手出しはするな、というたとえ。そういえば、下手なゴルファーほど、初心者に教えたがる。が、シングルプレイヤーは声をかけるまで知らん顔をしている。

また、どのように成功して、一世を風靡した人でも、死ぬときはたったひとり、孤独である、という意味。あるいは、太陽のように、絶対的な権力者として人々の上に長く君臨した人でも、いつかは凋落する。

人はそれぞれ自分の人生がある。自分の生き方で精一杯生き、働けばよいではないか。他人のことなど気にしないほうがよい。

下一人《いちにん》それを理解してくれなくたって、己れはそれに安んじなくてはならない。

森　鷗外

堂々たる哲学であり、生きざまである。まことにうらやましいが、誰でも、これくらいの意気で生きていかなければ、現代のような社会では押しつぶされてしまう。

自分の感情や思想が、理解されない、受け入れられないからといって、自分の考えていることは間違いだろうか、自分は自分が感じているほど、実力もなければ、価値もない人間だろうか、などと悩み出したら、不安で、不安で仕方があるまい。他人の目ばかり気にするようになり、ついには劣等感のとりこになってしまうだろう。

劣っている人間ではないかと、自分自身を疑い、心配する感情が劣等感である。他の人と自分を比較して、もしかしたら自分は……そんな不安があると劣等意識が生まれてくる。だから、実際に劣っているという意識ではない。

他の人と比べて、ある分野で絶対的に劣っていたらどうだろう。その人の前でその分野について話をするとしたら、畏縮はするだろうが、間違いを指摘されてもともとと考え、たいていの人は落ち着く。オリンピックの水泳選手と競争して負けたって、一般の人は誰も劣等感などもちはしない。さすがすごいと、笑って称賛するのではあるまいか。

自信のない自分を、実際以上に価値あるようにみせたいという欲求が、うぬぼれといってもよいが、不安を生み、劣等感へとつながっていくのである。開き直って、自分はこれだけの者、どうあがいてもまあこの程度の者だと思っていれば、不安など吹っ飛んでしまうだろう。誰も認めてくれなくたってよい、わが道をいくだけだと歩き続けていけば、いつか、誰かがきっと認めてくれる。

▼耳のなかにノミがいる

〈フランスのことわざ〉

現在は、どこの家にもノミなどいない。清潔なものである。が、むかしはたくさんいた。夏など、きたない話だが、パンツの紐（ゴム）のところに赤黒いノミの糞がたくさんついていた。寝ていてあまりのかゆさに、枕を持ち上げてみたら十数匹のノミが飛び出してきたこともあった。枕元のタンスの裏にねずみが死んでいて、宿主を失った連中が人間さまへと移住してきたからである。

こんな経験はあるが、耳のなかにノミに入られたことなどいちどもない。フランスのノミは、日本のノミと種類がちがうのか……。

「耳のなかに……」とは、なぜか心配するという意味である。「耳のなかにノミを入れる」というと心配させること。世の中には、耳のなかにノミがいるような状況が多すぎて困ってしまう。

猫の首に鈴をつける

西欧の故事。

危険な、成功の見込みのない計画に人より先に手をつける、という意味に使われる。

フランスの作家ラ・フォンテーヌ（一六二一年～一六九五年）の最高傑作『寓話詩』は、動物たちの姿や生活に託して、さまざまな道徳的教訓を美しい詩として物語った、楽しい作品である。

おだてられて、チーズを狐にまんまと取られた烏の話。大きいのが自慢で、牛のようになろうと、一所懸命これでもかこれでもかと腹をふくらませ、ついに破裂してしまう愚かな蛙の話。力は正義なりという教訓を教えてくれる狼と小羊の話。愛情の美しさを身をもって示してくれる二羽の鳩の話など、幼いころ絵本のなかで出会った、なつかしい話がたくさん出てくる本が『寓話詩』全一二巻。そのなかの第二巻第二話に「ねずみの会議」というのがある。話を聞けば、ああ、あれかと多分思いあたるのではあるまいか。

猫のロディラルデュスが、あまりにねずみを捕っては食べてしまうので、たまりかねたねずみたちが、どうしようかと対策会議を開く。音もたてずに近づいてきて、すばやい身のこなしで、鋭い爪をふるい、牙で仲間を何十四も殺した危険な猫から、身を守る方法を討議した。さまざまな迷案、珍案が出るなかで、検討に検討を重ねた結果、よい案がなくて、みんな困って沈黙してしまう。と、一匹の長老ねずみが、

「猫の首に鈴をつけてはどうだろう。いや、どうしても鈴をつけなければならない。猫の首に鈴がついていれば、猫の襲ってくるのが前もってわかるから、さっと逃げ出せる」

と、提案する。みんなもなるほどとうなずき、すばらしい方法だと賛成する。

やっとこれで安心して暮らせるとホッとしたのもつかの間、別なねずみの

「でも、誰がいったい猫の首に鈴をつけにいくのですか」

との発言に、みんなハタと困り、ふたたび重苦しい沈黙がくる。命がいくつあっても足りないような危ない仕事を、自分がやろうと申し出る勇気あるねずみは一匹もいなかった。

むずかしいのは鈴をつける作業である。

「オレはいかないぞ。それほどばかじゃないからな。」

あるねずみがいえば、他のが、

「そんな仕事は、オレにだってできない」

と応じた。が、それだけであとは誰も声を出す者もいなかった。で、結局、なんの稔りもないまま一同はすごすごと散っていった。

3 憂うつの原因

▼憂うつな気分を
晴らしたい人のために

他人もまた同じ悲しみに悩んでいると思えば、心の傷はいやされなくとも、気はらくになる。

シェークスピア

ほろ酔いのある中年サラリーマンの話。

「あなたね、その年齢にしては、髪の毛が白いとおっしゃるけど、仕方がありませんな。これあ、サラリーマンとしてのわたしの勲章です。話せば長いんですがね……。」

長い話を要約しよう。わたしは、いちおう将来の幹部社員として採用された。入社二、三年は順調にいったのだが、なまじ仕事ができるようになったばかりに、上司にとかく反抗的な態度を示すようになった。上司は生意気な奴だと憎んでいたのかもしれない。一〇年たった年の人事異動で、わたしは課長補佐だと噂されていたし、わたし自身もそれを信じていた。自負もあった。

しかし、発表された人事では、一年後輩の、さして仕事のできるとは思われない男が、わたしを飛び越して課長補佐になった。それからは、もう何人に追い越されたことか。定年にあと何年もないこの年になって、まだ課長どまり。後輩に抜き去られるたびに、白髪は増えていった。

どこの社会にでもある話だが、身につまされる人は少なくないだろう。こんなとき、誰でも後輩に置いていかれるのはオレだけではないと自らを慰めて、悲しさや怒り、くやしさを押し殺そうとする。

人事異動で、同僚ならまだしも、後輩に敗れたと知ったときのサラリーマンほど、悲しみを味わう者は他にいないだろう。くやしくもある。が、そんな感情は我慢し、表面には出してならない性質のものだ。気持の昂ぶりを抑圧しようと必死になる。と、胸にずっしりと重くつかえる憂うつ感がやってくる。

出世競争に敗れた場合だけではない。人生には、こうした悲しみと怒り、そこからわいてくる憂うつ感が満ちている。

▼虎は描けても骨は描けない

〈朝鮮のことわざ〉

むかしは、朝鮮半島にはたくさん野生の虎がいたらしい。いまでも虎をかいた絵が多く残っているという。が、形ばかりうまくかいてあっても真実の虎を写したものはごく少ない。骨、つまり虎の本質をえぐったような傑作があまりないように、人は、他の人々について、いろいろ評価し、文章に書き、話もするが、人間の複雑さを表現したことばはほとんどない。結局、人間とはなにか誰もがよくわからないのではあるまいか、といった意味か。

古い古い時代から、人間の精神について、何百、何千という人々が、さまざまな角度からアプローチし、分析しているが、いまだにこれだと万人を納得させる決定的な学説がない。きょうの定説は、新しい研究によってくつがえされ、別な考え方が定説となる。

自分自身に対していだく憎しみこそ、おそらく、ゆるしのない唯一のものだろう。

ベルナノス

悲しみや怒り、くやしさは、涙を流し、泣き叫び、怒り狂い、なにかにあたりちらすと、いくらかうすらいでくる。時が経過すればだんだん忘れられる。が、憂うつは、暴れようが、わめこうが……いやいや、暴れもできず、わめきもできないのが憂うつである。

時がたっても、憂うつの原因が完全に取り除かれないかぎり、いつまでも胸の底に居座っていて、ときどき烈しい痛みを送ってくる。まだここにいますよと存在を知らせる。

他の人に対する敵意や憎しみ、怒りの爆発は許されない。社会的な常識ではタブーである。もし、敵意などを直接行動に移せば法律で罰せられる。発散できないような感情のとりこになって苦しむ、そんな状況に追い込まれたのは自分の責任である。自分が悪いと自虐的に自らを責めて悩む人と、あくまでも他の人が悪いとしてゆずらず、憎しみや怒りの火を心のなかで燃やしつづける人とがある。

自分が悪いと悩み、うつうつとして楽しまない心理状態が憂うつの正体である、とする精神病理学者もいる。なかなか魅力的な説だがどうだろうか。

キリスト教が文化の端ばしにまでいき届いている西欧世界の人びとであれば、自分自身に対して憎しみをおぼえ、いつまでも持続するのは可能かもしれない。が、日本人ではどうだろうか。おそらく自分を憎む、という感覚さえ理解できないのではあるまいか。

憂うつは、自分だけではどうしても解決できない問題をかかえていて、しかも誰もが援助してくれないような状況におかれたときに感じられる、心と肉体の苦しみであり、うずきではないだろうか。憂うつは、どこといって病気もないのに、どうもひとつ身体の調子が悪いという場

▼ズボンを脱いで屁《へ》をひる　〈中国のことわざ〉

簡単なことにぎょうぎょうしく手数をかけることのたとえ。

単純で、簡単にできる事柄でも、人間は自分のこととなると、もったいをつけて、いかにも複雑でむずかしい問題のようにみせかけたがる。周囲の人々の注目を引こうとする魂胆がみえみえな人が、まま いる。

疲れてもいないのに、ぐったりとしてみせて同情をひこうとする。さして苦労もせずに得た成功を、いかにも苦心惨憺の末にようやくたどりついた結果とオーバーにいい、称賛を期待する。

が、いやらしくはあるけれど、こうした人たちは、健康といえば健康である。あっけらかんとしている。一般大衆のもつずるさだが、愛せる種類のものではあるまいか。自虐的な傾向のある人よりずっとよい。

合によく似ている。

誰にとりても自己の糞は匂いがよい。

エラスムス

少し品のよくない話になるが、ちょっとの間ご容赦……。人のおならはまことに臭い。たとえどんなに愛している男性のものでも例外ではない。が、自分のはそれほどでもない。ほのぼのとした感じを伝えてくれる、なつかしい匂いである。大便にしても、あまりかわりがない。自分のしたものに嘔吐をもよおす者はいないだろう。

自分の排泄物に対するそこはかとない愛着と同じような感情を、人々は自分の身体や能力、人格に対してもっているのがふつうである。いや、もっと積極的に、自分はすぐれているとひそかに自負している人がほとんどではなかろうか。

いろいろなところで挫折感を味わい、憂うつが胸のうちに恒常的に居座っている状態がずっとつづいていると、誰でももっている、「自分は……」という自負の念がしだいにぐらつき、うすらいでくる。

「どうも身体の調子がよくない。自分はなにをするにも半人前だ。能力のない人間らしい。すぐ人をうらんだり、憎んだりする。よくない人間かもしれないな……」と考えるようになって、周囲の事象や人びとに興味を失う。

生きていこうとする積極性がなくなってしまう。自信の喪失がやってくる。じっと自分のからに閉じ込もって出てこようとはしない。

自分の糞の臭気に気づき、人の前に出るとその臭みをあたりかまわずふりまき、人々から軽蔑されるのではないかと疑う。憂うつ感が深まってくると、そんな状態にはまり込んでしまう。

憂うつに占領された精神は、自分だけでなく周囲のあらゆる人びとも、能力がない、無力である、つまらない存在だと思いはじめるようになる。

去年の雪のことは、誰も考えたがらない

〈スウェーデンのことわざ〉

もう過ぎ去ってしまったいやな問題、苦しかった経験、つらかった想い出は、誰しも忘れてしまいたいというたとえ。

過去にあった出来事を、すべて、いつまでも記憶していたら、人間はたちまちノイローゼになってしまうだろう。忘れるというすぐれた能力のおかげで、平和な日々をすごしていられるのが人間である。

「喉元過ぎれば熱さを忘れる」「病治りてくすし（医師）忘る」というのもある。苦しかったことを時間がたってケロリと忘れてしまうのはわるくないが、苦しいときに恩を受けた人を、楽になってすっかり忘れ、ありがたく思わないのはどうだろう。

「天災は忘れたころにやってくる」といわれている。

私の疲れた心よ、生きるということはなんと困難なことだろうか。

アミエル

自殺をする者には、例外なく、深い憂うつ感がともなっている、と心理学者たちは指摘する。「生きていることの困難」を自分ひとりで背負っているような顔をしている。さもなければ、髪の毛をかきむしり、のたうちまわって苦悶しているか、どちらかである。

憂うつから逃れるにはどうしたらよいか。自らのすべてを肯定して、積極的に行動するしかない。苦しいだろうが、なにもかも忘れて夢中になれるなにかをさがし、集中するしか方法がない。

浮びあがれないほど憂うつのなかに沈んでしまわないうちに、憂うつの原因になったなにかより、もっと喜びの大きいものを目的として、すぐ、いまから出発しなければならないだろう。成功への予想、期待感が、ゆっくりではあっても憂うつと入れ替ってくる。

青春の真只中にいる人ならば、いや、壮年期にある人たちでも、重苦しさや胸の鈍痛を伴った憂うつだけが、憂うつではないと気づいている人は少なくないのではあるまいか。どこか甘い雰囲気のある憂うつもあるからである。あるいはある種の快さを含んだ憂うつもあるという。遠い日の苦い想い出に似た憂うつ感である。

苦悶する憂うつを、快さを含んだ憂うつにかえてくれるものに、アルコールがある。

感情を抑圧しようとする憂うつ感が生まれてくるが、感情を抑圧するのは人間の理性である。アルコールは理性を簡単に麻痺してくれる。が、アルコールによる憂うつ感の消失は一時的なものである。理性が麻痺から醒めれば、ふたたび憂うつ感はやってくる。前よりもいっそう重くなる場合だってある。アルコールでまぎらわせようとした自分自身への嫌悪感が加わるからである。

▼馬鹿にするより馬鹿になったほうがよい

〈フィンランドのことわざ〉

なかなか誰もが、こんな心境にはなれないのではあるまいか。すぐ馬鹿にする側にまわりたくなる。他人を馬鹿にし、悪口をいうのはまことに愉快だからである。が、馬鹿にされるほうの身になってみるとつらい。そこをニコニコ笑ってすごせるようだと人物である。馬鹿になったほうがよいと考える人々が増えれば、世の中うまくいくのではあるまいか。

しかし、馬鹿を装うのはよいが、ほんとうに馬鹿になって、誰もが自分勝手なふるまいをしだしたら、とんでもない混乱が起こってしまうだろう。だから「馬鹿にする……」は、やはり馬鹿になってみせるほどの度量の人がよいと解釈するのが正しいだろう。

「大賢は愚なる如し」ともいう。

杞《き》憂《ゆう》

中国の故事。

あれこれといらぬ取り越し苦労をすること。いわれのない心配をすることのたとえ。「杞人の憂」「杞人憂天」ともいう。

『烈子』の「天端篇」のなかに面白い話が載っている。

周代（B.C. 五〇〇年前後）のころ、中国に杞の国とよばれる小さな国があった。その国にたいへん気の小さいひとりの男が住んでいた。この男、

「もし、天地が崩壊してしまったら困るぞ。身のおきどころがなくなってしまう。そうなったらどうしょう」

と、そればかりが心配になって、夜も寝られず、食事も満足にのどをとおらなかった。世の中、よくしたもので、その男が心配しているのを心配する人があった。その人は男のもとを訪ねて、

「天は空気が積っただけなんだ。空気のないところなんかありゃしないよ。人間は、そのなかで呼吸をし、身体を動かしているんだ。いつも天のなかでそうしているんだ。どうして天が崩れおちるなんて心配するんだね。」

そういってさとした。すると男は、

「天がほんとうに空気の積ったものなら、月や星、太陽も落ちてくるんじゃないですか」

という。そこでまた、

「月や星、太陽もやっぱり積った空気のなかで輝いているので、たとえ落ちてきたとしても、あたって怪我をする心配はないさ」

といい聞かせた。するとまた、

「どうして大地は壊れないんですか」

と尋ねるので、ふたたび、

「大地は土が積っただけなんだ。それが四方八方にあって、土のないところなんかありゃしないよ。とんでもはねても、みんな地上じゃないか。どうして大地が壊れるなんて心配するのかね。」

そう説明してやった。そこで男はようやく胸のしこりがとけて、たいへん喜んだ。いい聞かせた人のほうも気が晴れてやはり嬉しいと思った。

烈子は、ふたりの会話をとらえ、

「天地がくずれるとか、くずれないとかは、われわれの知るところではない。それはわれわれが心配する必要のない問題だ」と教えている。

天が崩れ、大地が壊れるのではないかと憂えて食欲がなくなり、不眠症にかかった男を、しかし、誰が笑えるだろうか。絶対と誰もが信じている事象を疑ってかかる精神は、なかなか得がたい。心配のあまり消極的になるのは感心しないが、疑いを晴らすために、自ら行動していたら「杞憂」はもっと別な意味となったのではあるまいか。杞憂に類する話はいまでも多い。

4 日本人の笑い

▼幸福を招きよせたいときに

人間は笑う力を授けられた唯一の動物である。

クレヴィル

人間の笑いもさまざまである。心理的な要素のまったくともなわない病的な笑いもあるが、ふつう笑いというと次の三つがある。

①嬉しさの笑い、②おかしさの笑い、③ことばとしての笑い。

これらの中間にある笑いもあるだろう。親しい人との談笑、仲間へのほほえみかけ、苦笑いなどである。

嬉しさの笑いは、さわやかで気分がよく、あとからあとからこみあげてくる、昂揚する気持が抑えきれなくなって、笑ってしまう笑いである。

予想もしなかったような出来事が突然起こってうれしくなったとき、この笑いが生まれてくる。あるいは予想はしていたものの、実現するかどうか非常にあやぶまれたことがやっと実現して、うれしくなったときにも嬉しさの笑いがこみあげてくる。

嬉しさの笑いには、感情の昂ぶりによって、動作がともなう場合もある。大学の入学試験に合格して、掲示板の前で

「ヤッター!」

と飛びあがり、こぶしを突き上げたりして大声で笑い出したりする。

この他、抑圧されていた精神が解放されたような場合に、自然にニヤニヤするのも嬉しさの笑いといえるだろう。

うれしくとも心を非常に激しくゆれ動かされるような状況の変化にあうと、笑いは出てこない。人間は泣いてしまうのである。戦死したと思っていたわが子が、元気に帰ってきたのを迎えた母親は、ただ涙、涙である。

オリンピックのような大舞台で、苦しい試合をいくつも重ねてきて、とうとう念願の優勝を手にしたスポーツ選手の、泣いている姿をよく目にするのではないだろうか。感情の抑制がきかなくなると人間は反対の表現をする。

多く笑う者は幸福にして、多く泣

▼笑いと泣きの間の橋は、長くはなくて、ごく短いことがしばしばだ

〈ジャマイカのことわざ〉

喜びが大きすぎて、極度の緊張状態におかれたとき、人は笑わないで涙を流すという意味ではない。ここでの笑いとは幸福であり、泣きとは不幸である。

幸せに酔っていると、たちまち不幸がやってくる。不幸であっても一所懸命に生きていれば、かならず幸せがつかめるというたとえだろう。

が、このたとえは、不幸でもいつかはかならず幸せになるというふうな、積極的な生き方への勇気づけのためにつかわれるより、幸福なんかに一般庶民がそう長くひたっていられるものではない。不幸はすぐやってくるぞという警告として使われるほうが多いのではあるまいか。悲しいたとえだが、それが現実である。

く者は不幸である。

ショウペンハウエル

人間はうれしいから笑い、悲しいから泣く。笑うような状態におかれている人は幸福であり、泣かなければならない身の上は不幸である、と考えるのがふつうである。が、このことばは、たくさん笑う人は幸福になり、泣いてばかりいる人は不幸になると教えているように聞こえる。こうした考え方は西欧の世界にもあるが、日本にはむかしからある（274頁参照）。

悲しいときでも、むりにでも笑顔をたやさず、にこやかにふるまい、行動していると悲しさはうすらいでくる。別に、少しも悲しくなくても、泣く真似を繰りかえしていると、しだいにほんとうに悲しくなり、涙があふれてくる。嘘ではない。やってみるとよくわかる。試してみたらどうか。

嬉しさの笑いは、人間だけの独占物ではなく、猿などの高等動物にもあるという。進化論で有名なダーウィンは、猿をかわいがったり、急にうれしくなるような状態にしてやると笑うと説明している。

が、おかしさの笑いは、人間だけのものではなかろうか。いくら頭のよい猿でも、仲間の猿が曲芸で失敗するのを、おかしそうに笑うのなどみたこともない。

おかしさの笑いとは、道をすまして歩いている人の背中に、誰かがいたずらをして「この人新婚です」といった紙が貼りつけてあるのを発見したときなどに、思わずこみあげてくるあの笑いである。漫才や落語、滑稽な話を聞いて笑うのもおかしさの笑い。これはかなり知的な精神活動といえるだろう。

ほんとうにおかしくて笑い出すと、ときとして、笑いの対象でないものをみても、連鎖的に笑い出してしまう場合がある。経験はないだろうか。箸がころげてもおかしいのは、この連鎖的な笑いのように思える。

毎日の中で、一番むだに過された

➤笑っている顔はなぐれない

〈朝鮮のことわざ〉

独特の伝統文化をもった歴史の古い国には、ウムと感心させられることわざ、故事のたぐいが非常に多い。朝鮮半島の国もそのひとつといえるだろう。

いつもニコニコ笑ってすごしていれば、不幸は避けてとおる、というたとえ。

現実にもニコニコ明るい笑顔で近づいてくる者に、いくら腹が立っていても、こぶしをあげるのはむずかしい。

古い話で恐縮だが、旧軍隊時代、内務班で古兵に殴られそうになると、タイミングよく、ニコッと笑いかけると不思議に殴られなかった、殴られても強さがちがっていたと話している人がいる。よく殴られる戦友に、それを教えてやったところ、タイミングを失して笑ったので、貴様、ニヤついていると逆に激しくやられたとか。

日は、笑わなかった日である。

シャンフォール

嬉しさの笑いであれ、おかしさの笑いであれ、笑いのない生活は寒々としている。家庭生活で一回も、誰もが笑わない日がなかっただろうか、もしあったら、その日のことを思い出してみるとよい。どんなにとげとげした、心の通いあわない一日だったかがわかる。

心のなかにわだかまりがあると、素直に笑えないのが人間である。笑えるという精神状態は、だから、きわめて健康なのである。

笑え、笑えといっても、うれしいこともおかしいこともないのに、そう簡単には笑えないよ、役者じゃないのだから……そんな声が聞こえてきそうである。が、そうではない。

たとえば、新婚で、まだお互いが恋人同士のような想いをもちつづけているカップルが、朝、目覚めて最初に相手の眼差しと出会ったとき、どうするだろうか。多分

「おはよう。よく眠れた？」

というにちがいない。いや、そういう前に、にっこり微笑むかもしれない。ことばがなくても、この微笑には「おはよう。よく眠れた。愛しているわ」といった、さまざまな意味が含まれているのではないか。

笑いは、ことばとしても役割を果たす。誰かの目と目があったとき、軽くにっこりしたとする。こんな場合の笑いは「あなたに好意をもっていますよ」ということばと同じである。また、フンと鼻先で笑ったらどうだろうか。「お前なんか、なんだい」といった敵意や憎しみ、軽蔑などが相手に伝わるだろう。

家族同士だけでなく、一般の人間関係も好意をあらわす微笑をすることによって、円満にいくのではなかろうか。

ことばとしての笑いは、ことばよりも、もっとゆたかな表現力をもっているし、説得力がある。

私は二つの顔をもつヤヌスなのだ。一つの顔で笑い、他の顔で泣い

▼目糞鼻糞を笑う

〈日本のことわざ〉

目くそも、鼻くそも、どちらもきたない分泌物である。強いていえば、目くそのほうが多少ましかもしれないが、それにしても五十歩百歩たいしたかわりはない。それなのに目くそが、鼻くそに向って「お前はまあなんてきたない奴だ」と笑って、馬鹿にした。公平な第三者がそれをみたらどう感じるだろう。目くそって、身のほど知らない馬鹿な奴と軽蔑するのではあるまいか。

自分の欠点に気づかずに、他人の欠点をとやかくいうことのたとえ。電車のなかで、

「あなた女の子でしょ。もっとていねいなことばを使いなさいよ」

とわが子に注意した母親が、連れの人とひどく乱暴なことばで会話をしているのを聞き、ひそかに笑ってしまった経験がある。

ている。

　ヤヌスは古代ローマの神。最初は戸口の守り神で、すべての行動の初めと後には日月歳の初めをつかさどる。前と後ふたつの顔をもっている。

キェルケゴール

　屈折した複雑な心をもつ人間は、表面的にあらわれた表情だけをみていても、ほんとうの心の動きはわからない。表情とはうらはらな場合も多いのである。顔で笑って、心で泣いて……なんて経験はたくさんあるのではないだろうか。

　うれしさ、喜びがきわまると笑いではなく、泣いてしまうのが人間であると述べたが、心理学者たちはその理由を次のように説明している。

　なにかに喜び、嬉しくなると、身体を動かさずにはいられなくなり、踊りまわったり、バンザイと飛びあがったりする。こうして身体のなかにわいてくるエネルギーを、笑いのなかで発散する。が、喜びが非常に大きく、激しく心が動かされるとき、また身体を動かすことにブレーキがかけられるとき、たとえば公衆の面前なので、踊りまわったりできない場合など、うれし涙となって、エネルギーは放出される。

　大きく強い喜びが、笑いという筋肉運動にも涙にもならないで、放出されないと、エネルギーは内へ内へとこもってしまう。そして、恍惚状態に入る。うっとりとなって、周囲から声をかけられてもわからなくなる。

　悲しいと泣けてくるのは、悲しさのためにうちひしがれ、身体を動かそうとしなくなるので、感情の昂ぶりがやはり涙となってあらわれてくるのである。が、激しい大きな悲しみは、涙だけではエネルギーの放出をしきれないので、泣き叫び、身体を動かして発散する。

▼モナ・リザの微笑　〈世界の故事〉

　イタリアの生んだ天才レオ・ナルド・ダ・ビンチの傑作、世界でもっともよく知られた絵が「モナ・リザ」。モナ・リザとは、イタリア語で「わがエリザベス」という意味。ダ・ビンチがフィレンツェの富豪フランチェスコ・デル・ジョコンダから頼まれて、三番目の夫人エリザベッタを描いたものだといわれている。

　この肖像画を有名にしているのが、エリザベッタの口もとにかすかにたたえられている微笑である。微笑といえばいえるし、そうでないといえばそうでもないように感じられる、ナゾめいた表情を、モナ・リザの微笑という。

　ギリシアや東洋の彫刻にも同じような独特の微笑がみられる。日本にもある。法隆寺夢殿の救世《ぐぜ》観音像は、口の両端を引きしめて神秘的な笑いをたたえている。

笑う門には福きたる

日本の故事。

いつも笑いの絶えない家庭には、いつかかならず幸福がやってくるという意味。

狂言「筑紫のおく」に「笑う門……云々」が出てくる。そのあらすじは……。

丹波の国（京都府）のお百姓と筑紫（九州）の奥から出てきたお百姓が道連れとなる。いっしょに領主の館へいき、それぞれ田一反につきひと笑いさせられ、最後には、お奏者（取次ぎ役）もまじえて三人いっしょにどっと笑って終る。

しごく簡単な内容である。ひと笑いずつするときに、

「左様でござれども笑う門には福来たると申すに依《よ》て、追付《おっつ》け御加増を取らせられ御立身を被成《なさ》れうは疑いもござらぬ。是非とも笑はせられ被下《くださ》れい」という。笑いを珍重する精神から生まれた狂言である。

笑いは一種の呪術であり、神様の前で笑うと、神の力、笑いの行動によって人間は幸せになれるという考え方が、日本人にはむかしからあった。笑うと神様の霊性を強く、高くし、人間の霊性もゆたかになるという信仰である。

性を描写した絵、いまでいえばポルノの絵を、むかしは笑い絵といった。そして、武家では、鎧びつのなかに笑い絵をおさめ、魔よけと戦勝のまじないとしている。

神の呪力を強くするのが、人々の笑いであると考えたむかしの人は、性による生命の再生、性の喜びのなかに、人間の生命力を強くするなにかを感じて、性行為を笑いと表現したのである。笑いによって魔が払われると信じていたので、性行為の絵を鎧びつに入れ、戦勝と無事の帰還を祈った。

日本では、むかしから終るとか、やめるということばを忌む風習があった。持続、発展しないものをきらったからだろう。だから、終る、やめるではなく、お開きという。未来に向って開いていくのを非常に喜んだ。扇子を末広がりといい、おめでたい席に欠かせない品物としたのはこのためである。

顔の表情を開くのが「笑い」である。顔の表情をいつも開いていると幸運に恵まれると考えた日本人は、苦しいことがあるほど笑って、早く悪い状態から脱け出そうとした。

急いで階段を降りてきて、目の前で電車のドアがしまり、乗り遅れたとき、なぜ日本人は笑うのか、怒るのが人間の感情じゃないか、といった外国人がいた。これは日本人の伝統的な信仰が生んだ「笑い」を知らない評言である。笑う行為に呪術的な意味があると教えてやったらどんな顔をするだろうか。

日本人の典型的な笑いは、おかめとひょっとこの表情にみられる。

5 虚栄心を考える

▼生きる目的のはっきりしない人に

虚栄心はあらゆる人間的なもののうちで、最も人間的なものである。

三木 清

さまざまな欲求をもっているのが人間である。食べたい、睡りたい、排泄をしたい、空気を吸いたいなど。が、これらの欲求は平和な時代に住む、ふつうの人ならばほとんど満たされているのではあるまいか。おとなも子どももそうだろう。

心身共に健康で、成熟した人ならば、異性がほしい、人よりすぐれた存在になりたいと思っているのではないだろうか。しかし、人間のもっている欲求のなかで、もっとも満足させにくいのが性的欲求と優越欲求であろう。

「弱い者の空威張り」「弱い犬ほどよく吠える」ということわざがあるが、声だけは威勢がよくいかにも強そうにみえるが、ほんとうは実力のないたとえである。弱いものは、人間でも動物でも、わが身を守り、生きていくために、強いふりをする。これが素朴な意味での虚栄心である。力のない者ほど見栄を張りたがるのはこのためだろうか。

なかなか満たされないのが性的欲求と優越欲求だといったが、誰でも、このふたつの欲求を満たそうとして失敗し、自らの弱さをいやというほど思い知らされた経験があるのではないだろうか。

自分の求める女性を得ようとして、男性は強くたくましく、頭脳明晰な男として印象づけようとする。自らの弱さを知っている男性ほどそうした傾向がある。女性だって同じだろう。容姿や頭脳に自信がない女性は、服装に工夫をこらし、いかによくみせようかと涙ぐましい努力をする。

弱点をかくし、いかにごまかして、よくみられ、強くたくましい者、頭脳明晰な者、容姿端麗な者たちと張りあおうとする意識が虚栄心であるといえる。

虚栄心の強い男は、自分のことをよく言ったり、悪く言ったりして得

▼私が岩石を持ち上げたから、君が宝石を見つけたのだ

〈イスラエルのことわざ〉

このすさまじい虚栄はどうだろう。オレの能力はたいしたものだろうと虚勢を張って、それだけでは足りずに、相手が手に入れた利益にまで目をつけ、分け前をよこせと迫る。世界を何千年も放浪して、ようやく父祖の地に帰り、周囲をすべて敵にかこまれているイスラエルならではのたくましさ、いや、弱さではなかろうか。

使いに出した召使いが、自分の不注意から、転んで、膝小僧をすりむいた。帰ってくるといきなり、損害賠償をしろという。なぜだと尋ねると、あなたが使いに出したのだから、あなたに責任があると主張してはばからない。そんな例が中近東やアフリカ諸国には少なくないと聞く。こんな言動で人を困らせる手合いはどこの国にもいる。

をする。謙遜なひとは、まったく自分のことは語らない。

ラ・ブリュイエール

ことば巧みに、いかに自分がすぐれた人物か、大きな仕事に取り組んでいるか、自分についていればどんな利益があるか、得々として話す人がいる。虚勢を張っているのである。ほんとうにそうなら、口をつぐんでいるだろう。衆にすぐれている人は、人間として優秀かどうかは、表わすより現われてくるのをよく知っているからである。

また、自分はほんとうに実力がなく、役に立たない人物であり、一人前ではないので、ひとつよろしくと、いかにも謙虚にふるまっている人がいる。自信がないので、第一印象で自分を低く評価させておいて、あとで、オヤッこの人も案外やるな、だめな奴だと思っていたけれど……と、逆転をはかるつもりなのである。

真実謙虚な人は沈黙を守る。どのような形であれ、表面に出たがらない。自分のことは自ら語らない謙遜な人は、実は、内に自負心を秘め、なみなみならぬ実践力の持ち主と考えてよいだろう。だから、真の謙虚さとは、力の表現といいかえてもよい。

が、絶対的な自信をもって、少しもゆらがない人などいるわけはないから、誰でも程度の差こそあれ、虚栄心を心のなかにもっているのがふつうである。虚栄心などまるでないよと広言する人がいたら、それがその人の虚栄心である。

虚栄のかたまりのような人は、醜く、鼻もちならない。が、ときおり、目立たないように虚栄心をみせるのは、いかにも人間味があって好感がもてる。虚栄のために、自信がわき、自らが心に描いた理想像に少しでも近づこうと努力するのであれば、虚栄心は能力ともいえるだろう。

自分が、その価値に値しないのに武勇章をつけて得意になっている連中は、虚栄心の強い人間である。

アラン

▼物乞いするのはやさしいが、戸口に立つのがめんどうだ

〈アラブのことわざ〉

このごろでは、街のなかで、乞食をさがすのはなかなかむずかしい。大都会の地下道や公園、駅の柱のかげには浮浪者をたくさんみるが、橋のたもとや道路の端に座って物乞いしている人はほとんどみかけない。こうした人たちがひとりもいない地方都市もあるのではなかろうか。

誇りの高いアラブ遊牧民の乞食は、ラクダに乗ったまま、家のドアを足で蹴り、金品を堂々と要求するとか。富める者が貧しい者にほどこしをするのはあたりまえといった考え方が強く残っている土地柄とはいえ、乞食の横柄さ、乱暴ぶりには驚いてしまうらしい。が、劣等感をもった、気の強い性格の持ち主は、攻撃的になる、というから、乞食の乱暴さは劣等感の裏がえしかもしれない。

長幼の序をきちんと守り、目上の人を敬い、目下の者に温情をもって接する、というのが日本の社会にこれまで行われてきた人間関係の基本である。が、現在ではこうした上下の関係は乱れてきている。それでも、多少の例外はあっても、会社や団体など組織のなかでは、目上の人が目下の人に使うことばと、目下の人が目上の人に使うことばには、はっきりしたちがいがみられる。

もっとも顕著な例が「君」と「さん」だろう。目上の人は目下の人をたいてい「君」とよぶ。目下の人は目上の人を「さん」づけにする。目上の人が目下の人を「さん」とよぶことはあっても、目下の人が目上の人と、目の前で「君」づけで話すことはめったにない。

しかし、面白いのは、自分より年上であり、しかも実績だってまるでちがうし、社会的地位もずっと高い偉い人と、直接話をするときには「さん」づけでよんでいながら、その人のいない場所では「君」といっている人が、世の中には少なくないことである。そんな人といちどは会った経験はないだろうか。

まだまだ自分は、その人に遠くおよばないのに、さも対等だとでもいうように

「あの会社の社長の佐藤君ね」

などといい、自分を実際以上に大きくみせる人がいる。こんな人は語るに落ちるといえばよいのだろうか。自分が「君」づけにしている相手よりも劣っている事実を知らず知らずのうちに告白しているのである。

年下であろうと、自分より社会的地位も下であろうと、他の組織にいる人を「さん」づけにするのに抵抗を感じる人は、かなり強い虚栄心の持ち主である。が、ごく親しい人の場合はこのかぎりではない。

恋よりも虚栄心のほうが、より多くの女を堕落させる。

デファン夫人

若い人たち、とくに女性は流行には敏感である。誰かが、いままでに

➤雄牛の前では前、ラバの前では後、女の前では四方八方に用心せよ

〈イタリアのことわざ〉

ラバは裸馬ではない。牡ロバと牝馬との交配によって生まれた馬。身体は小さいが耐久力があり、粗食によく耐える。

雄牛に近づいたら、角にひっかけられないように、ラバのそばでは後足で蹴られないように注意しないと怪我をしかねない。が、女性を相手にする場合は、四方八方に警戒の目を配っていないと、いつ、どこで、とんでもない災難に出会うかもしれない、といった意味。女好きで、女とみれば口説くのがエチケットだと心得ているらしいイタリア人が、多くの失敗体験から導き出した教訓といえるだろう。

女性の虚栄心を、それとも知らずにつきあって、被害を受けた男性は、イタリア人ならずとも多いのではあるまいか。

ない新鮮でいかにも現代感覚にあふれているように思えるなにかを身につけると、すぐそのあとを追い、街という街に似たような姿があふれる。と、またどこかから別なものがあらわれてくる。いままでミニスカートをはいていた女性が、ロングスカートになり、細いネクタイの男性が、太いネクタイを締める。他の人とはちがった服装やかっこうをしたいと願って、新しいものを追い、新しいものが古くなると、さらに新しいものへと飛びつく。

「女というものは、自分の前を通ったよその婦人が自分に注目したか、否かを直感的に悟る術を心得ている。というのは、女が身を飾るのは、ほかの婦人たちのためだからである」

とは、デンマークの哲学者キエルケゴールのことばだが、そういえば、男は道の向うから歩いてくる女性をみるが、女は女性をみる。

女性が流行の先端をきろうとするのは、虚栄心のためである。周囲の女性には手に入らない新しいものを身につけ、他の女性とは自分はちがった存在であると誇示したいからである。他人より自分がすぐれているところをみせようとする欲求が流行をつくりだしていく。自分を実際以上に美しくみせたい欲求の衝動を抑えきれない女性が、流行に追いたてられて、ひとつの方向に走っていく。

恋の焔に身をこがして、あらぬ道をたどっていく女性は少なくない。古今の小説のテーマの多くが、こうした女性の運命である。が、美しくみせたいと願う虚栄が、身を守る範囲から、逸脱して大空に舞いあがると、もう止めようがない。恋よりも女性を盲目にする。犯罪さえおかさせかねない。

▼おかみが美しいほど、ますます酒は高くなる

〈ドイツのことわざ〉

まったくそのとおり。こうした傾向はドイツだけのものではあるまい。どこかの国は、その典型的なところだろう。

バーのマダムが美しいほど、酒を飲みにいく男たちは、表面的には平静を装いながらも、内心は、なんとか性的欲求をマダムによって満足しようと、激しい争いを展開する。で、自分を実際以上にみせようと、なるべく高い酒を飲み、勘定が高くなっても気にしないふりをして

「こんなきれいなママさんを眺めながらの酒、高くはないさ」

と笑いとばす。マダムとの交情への期待で、まるで神経が麻痺してしまっている。貯金のつもりでせっせと通いつめる。とんだ深草少将連中である。

虚栄の市

西欧の故事。

一七世紀のイギリスの清教徒作家ジョン・バニアンの散文物語『天路歴程』のなかに出てくることば。どんなによいくらしをしようと、高い地位につこうが、どんな名誉を得ようが、それらはしょせん「空の空なる、すべて空」むなしい営みにすぎない。この世は、虚栄の市でしかないだろう、という意味。

『天路歴程』は二部からなっている。第一部は、主人公クリスチャンが魂の救いを求めて「滅亡《ほろび》の市《まち》」を後にする。「絶望の沼」で福音伝道者に助けられ、「説明者の家」で信仰の教えを聞き、「死の影の谷」での困難を克服して「虚栄の市」に至る。あらゆる虚栄が満ちみちている街を脱けて「安楽の野」にしばし憩い、「まどわしの地」を過ぎ、ついに「妹背《ベウラ》の国」から「天の都」へと入る。

第二部では、残された妻クリスチャナと子どもたちの、夫のあとをたどる巡礼の旅の物語である。『天路歴程』は聖書と並ぶ古典としてイギリス人に親しまれている。

一九世紀のイギリスの作家ウィリアム・M・サッカレーにも『虚栄の市』と題する長編小説がある。この物語でも、この世は虚栄に満ちた「市」であり、人間たちは、そのなかで右往左往しているにすぎないと語られている。

では『天路歴程』のなかの一部を紹介しよう。

「……荒野の外に出た時、二人はやがてその前に『虚栄』という名の町を見た。またこの町には『虚栄の市』と称えられる市が立っている。それは年中立っているのである。『虚栄の市』という名をもっているのはその市の立つ町が虚しきものより軽いからであり、そこに売られている、あるいはそこへ行くすべてのものが虚栄であるからである。……その市というのはあらゆる種類の虚栄の売られるところであり、たとえば家だとか土地だとか地位だとか名誉だとか陞叙だとか国だとか王国だとか色欲だとか歓楽だとか、またあらゆる種類の快楽、たとえば娼婦だとか女手引きだとか夫だとか子どもだとか主人だとか婢僕《めしつかい》だとか生命《いのち》だとか血だとか霊魂だとか銀だとか金だとか真珠だとか宝石だとかその他さまざまのものである。また、その上、この市では、いついかなる時にも、手品や詐欺や勝負事や賭博や道化や物真似師や悪漢や破落戸《ごろつき》など、それもあらゆる種類のものが見られる。ここではまた窃盗や殺人や姦通や偽善など、それも流血淋漓たるものが、しかも無料で見られる。」（竹友藻風訳）

ここで語られている虚栄は、前述した虚栄とはかなりニュアンスのちがったものである。が、このような虚栄もまた人間の心のなかに住んでいる。

6 倦怠感を考える

▼弱い人が生きていくために

仕事は高貴なる心の栄養である。

セネカ

肉体的な労働であれ、精神的な労働であれ、つづけていると疲れてくる。肉体的な労働でも精神への負担はかかる。精神的な労働でも肉体に負担がまったくかからないわけではない。だから、労働をつづけていると心身共に疲れてくる。

プロボクシングの世界選手権試合などになると、三分間ずつ、十五回も殴りあって闘うのだから、肉体的な疲労が一回ごとに重なってきて、フラフラになってしまう、と考えがちだが、そうではないという。肉体的に疲労困憊したようにみえるのは、肉体的な疲れそのものより、精神的な疲労によるものだといわれている。

恐怖感と緊張感、作戦的な思考、推理など、精神にかかる重い負担のために精神がまず疲れ、それが肉体に波及していくのである。三分間ずつ十五回、一分間の休みを入れて、試合のときと同じ量動き回っても、訓練を積んだプロならさして疲労も、疲労感もないとか。

ボクシングにかぎらず、仕事による疲労は、肉体的な疲れよりも、精神的な疲労、疲労感からくるのであるまいか。

足、腰、肩、腕、手首などがだるい、重い、関節から力がぬける、肩や首すじがこる、全身がだるい、頭が重い、頭がのぼせ、ぼんやりする。目がチラチラしてくる、空腹なはずなのに少しも食欲がない。しだいに憂うつになったり、イライラ、むしゃくしゃしてくる、などなどの兆候が少しでもあらわれてきたら、心身のどちらかが疲れていると判断しても間違いではないだろう。こうした症状は、「もう限界だから仕事をやめろ」という心と身体からのサインである。

このように心身を疲労させる仕事も、もしないとどうなるだろうか。労働のあとにくる疲れよりももっとひどい状態がやってくる。

▼希望によって生きる者は、音楽なしに踊るようなもの

〈イギリスのことわざ〉

明るい希望は、人間の心を鼓舞する心地よいリズム、輝かしいメロディである。希望があると、どんな灰色の生活のなかにも、さまざまな、色彩豊かな風景を、そのリズムとメロディとによって、あざやかに描き出せる。想像の世界の風景での主人公となって、軽やかに踊ることもできる。どのように逆境にあっても、希望は、マッチ売りの少女が、一本一本の小さな火で豊かな夢を描いたように、いろいろな夢を綴るマッチ棒となる。

三重苦の教育者ヘレン・ケラーは、「希望は、ひとを成功に導く信仰である。希望がなければ何事も成就するものではない」といっている。目が見えず、耳が聞こえず、口がきけない人のことばである。

うまいものを食っても、八時間食いつづけられるものではない。遊ぶことにしても同じだ。ただ仕事だけは八時間やっても飽きがこない。またやる気がでてくる。

バーナード・ショウ

心身共に、あまり疲れていないのに、仕事から逃れたいという気持になる場合がしばしばある。飽きは、いまたずさわっている仕事への興味がなくなった結果起こってくる。仕事をやりつづけようとする意志が失われると、疲労していなくても、飽きを感じる。

朝からなにも食べていないのに、食べ物にちょっと箸をつけたら、もういやになってしまった、というのと同じ状態といえるだろうか。仕事というおいしい食べ物を前に、あまり食べもしないで、もうたくさんだと箸をおくのが、飽きだろう。

どうしてもやらなければと一所懸命に仕事に取り組んでいるより、責任のそれほどないどうでもよいような仕事にたずさわっているほうが、飽きを感じやすいのは確かである。

厖大な仕事の量を前に、時間は少ししかない、定められた時間内にやれそうもないと感じると、とたんに作業への意欲はなくなってしまう。かなりの仕事量があり、きつい労働を強いられる場合でも、時間内に完成できそうだという確実な成算があれば、やる気が出てくる。

むずかしい仕事であっても、その仕事を消化していく段取りが、細かく段階的につけられ、よくわかっていると、やろうとする強い意志はけっして崩れない。

仕事をしながら、まだこれしかすんでいないのか、と考えるより、もうこんなにすんだのかと思い、声に出していってみると飽きはどこかへいってしまう。一定の量の仕事を半分消化するまでは、時間が長くかかったと感じるが、半分を過ぎると、急に作業能率があがったように感じられてくる。

希望は日光に似ている

▼一年の希望は春が決める。一日のそれは暁が、家族のそれは和合が、人生のそれは勤勉が

〈中国のことわざ〉

勤勉とは、ある目標をもち、それを達成しようとする希望を胸に、毎日仕事に意欲を燃やしつづけることではあるまいか。勤勉さを人に与えてくれるものは、特別な緊張感のない、楽しく、安心してすごせる家庭ではないだろうか。平和な家庭をつくるのは家族一人ひとりが、お互いに相手をひとりの人間として認め、思いやりの気持で接しあう態度ではなかろうか。とげとげした人間関係からは、家族の和合はけっして生まれてこない。

朝、家族が顔をあわせたら「おはよう」と声をかけあい、微笑をかわす。さわやかな雰囲気ができあがり、微笑みのなかから一日を充実して働こうとする気持が、知らず知らずのうちにわいてくる。

つまり、どちらも明るさだ。
一つは荒《すさ》んだ心の聖《きよ》い夢となり、
一つは泥水に金の光を浮かべて
くれる。

ヴェルレーヌ

職業によって、労働につく時間はまちまちである。が、どんな職業の人だって、いま、一日一二時間以上も働く人はほとんどいないだろう。まして、一日中働きつづける職業などまったくないにちがいない。平均的には一日八時間くらいか。むろん休憩時間も含めて……。

仕事をつづけていて疲れた、飽きたといっても、せいぜい八時間のうちである。仕事を終って食事をし、一夜眠ればふたたび体力は回復しているだろうし、仕事への意欲ももどってくるのが、心身共に健康な人である。

しかし、いま自分がたずさわり、生活の資を得ている仕事に対してまったく興味を失い、一夜明けても仕事をやろうとする気持が起こらなくなったり、家庭生活に喜びや安らぎが感じられなくなってしまっている人も、少なくないのではあるまいか。心身共にいまの生活全体に対して疲れ果て、もうこれ以上こうした状態をつづけていると倒れてしまうといった人もいるだろう。

前者を倦怠といい、後者は疲労である。生活における疲労は、人間の心と身体を急速にふけ込ませる。いまの生活からできるだけ早く、なんとかして逃れなければ、若さは日一日と奪われていく。

倦怠は、生活をつづけていこうとする希望が失われたところから生まれてくる。生活の張りがなくなってしまった状態が倦怠といってもよい。大きくとも、ささやかでも、ともかくなにか生きる目標をきめて、なんとかそこに到達しようとする意志を、もちつづけられなくなった人に、倦怠は、例外なくやってくる。

志有るの士は利刃の如し。百邪辟《へき》易《えき》す。志無き人は鈍刃の如し。

佐藤一斎

▼希望により生きる者は飢えて死ぬ

〈イタリアのことわざ〉

なるほど、絵にかいた餅では腹はくちくならない。いくら希望に輝いていたとしても、希望を、なにかをしようとする欲求や意志にかえ、実践しなければなんにもならない。おいしい料理がふんだんに出てくる、豪華なレストランをいくら想像し、そこで食事をする希望や夢をもっていても、レストランまで足を運んでいかなければ、満腹するわけにはいかないだろう。また、料理やワイン、サービスに対して支払わなければならない料金を、まず稼ぎ出す必要もある。座して、ただ希望、希望といっているだけでは、飢えて死ぬしかない。

「希望により……」は、逆説的なものではないか。それとも希望をもてとだけ教えるカトリックの僧侶たちへの痛烈な皮肉か。

なにかをめざしている者は、よく切れる刀のようだ。さまざまな困難は、驚き怖れてむこうのほうから道を開けてどこかへいってくれる。目的もなにもなしに生きている者は、切れない刀のようだ。災難があとからあとからふりかかってくる、といった意味か。

人間はなにかを志し、そのためによかれと思ったことは迷わず実践する。江戸後期の儒学者佐藤一斎は、実践がすべてだどもいっている。いくら豊富な知識をもっていても、それが実践のなかで生かされなければ、無知な者とかわりがない。実践によって身につけた知識こそほんものであるとも説く。

自分なりの生活目標をもち、それを達成しようと努力しない人、目標も、志もない者は、自分がいったいなにをしたいのか、なにをどうすればよいのか、しだいにわからなくなってしまう。そして、倦怠のなかで、ただぼんやりとすごす。

倦怠から、脱け出すにはどうしたらよいか。いろいろな学者たちが、その方法を説明している。それらを総合すると、現在の生活が単調になり、くる日もくる日も同じ繰りかえしがつづくと、いま自分がなにをしたいのかわからなくなってしまうのだから、単調な繰りかえしに変化をつける、なにか新鮮な刺激をみつけるとよいという。

なんでも手軽にやれるもので、いままで自分の生活になかったなにか、たとえば、酒を飲んでみるとか、休日にハイキングにいってみるとか、競馬場に出かけてみるとか、久しくいかなかった映画館をのぞいてみるとか、最新流行の服装を一式そろえるとか、ともかくなにかをやってみるのである。それが生活を転換し、倦怠から逃れるための原動力になる。やはり実践である。

▼酒をついでも飲めやせぬ

〈フランスのことわざ〉

昼寝をしていた男が、ゆり起こされ、「誰だ起こした奴は、せっかくいま大福餅を食べようとしていたところだったのに」と怒り出す、といった小話があるが、これは夢のなかではなく、きびしい現実を教えている。

将来にあまり甘い夢を託し、期待してはならない。どんな実現可能だと信じられる希望でも、ほんとうに実現してみるまではどうなるかわからないものだ。一寸先は闇、なにが起こって、希望の実現は不可能になってしまうかわからない、というたとえ。

アメリカの戦争映画でのエピソード。ある兵士が、真夜中に歩哨を交替して、やれやれとホッと気をゆるめて、煙草に火をつけようとマッチをする。が、その瞬間、ドイツの狙撃兵に撃たれる。声もなく倒れる兵士……。

臥薪嘗胆《がしんしょうたん》

中国の故事。

時は春秋。呉《ご》と越《えつ》の抗争は長い年月にわたって何回も繰りかえされた。

最初の戦い（B.C. 四九八年）は、越の勝利に終わり、呉王は敗走中に死ぬ。臨終のとき、呉王は、太子の夫差《ふさ》を枕頭によび遺言する。

「越王勾践《こうせん》こそ、父の敵だ。忘れるな。きっと復讐して、わたしの無念を晴らしてくれ」

と。父のあとをついで呉王となった夫差は、夜、寝るときには薪の上に臥《ふ》し（臥薪）、父の怨みを忘れないように心がけた。そして、ひたすら兵を訓練して、時の到るのをじっと待った。

越王勾践は、それを知ると忠臣范蠡《はんれい》の諫めもきかず、機先を制しようと兵を起こした。夫差はこれを迎えうった。激しい復讐の念に燃えた呉軍は、越軍をさんざんに打ち破った。大敗した越軍は、やっとの思いで会稽《かいけい》山に逃れる。が、呉軍が山をすっかりとりまいてしまったので、進退きわまって、勾践は恥を忍んで降伏した。

後に、勾践は夫差に許されて、故国に帰る。呉の属国となった越の国をなんとかむかしの姿にかえそうと、こんどは勾践が夫差への復讐を心に誓う。かつて夫差が薪の上に臥して、父の怨みを忘れなかったように、勾践は、いつもそばに胆《きも》をおき、食事をするときも、日常なにかをするときも、その苦い味の胆をなめ（嘗胆）、「会稽の恥」（降伏の屈辱という意味に使われる）を思いおこし、復讐の念を刺激した。

自らは百姓となり畠を耕作し、夫人は機《はた》を織り、粗衣粗食に甘んじて、よく臣下の忠言を聞き、ひたすら苦難に耐えに耐えて、国力の再興をはかること一二年。ようやく復讐の機会がおとずれる。

天下に覇をとなえ、得意の絶頂にあって油断している夫差の留守を狙い、勾践は一挙に呉に攻め込んだ。その後、勾践は何回も呉王夫差と戦い、六年後にようやく、呉を降す。

会稽の恥をそそいだ勾践は、夫差を許し、命を助けようとするが、夫差はその好意をことわって、いさぎよく自ら首をはねて死んだ。

このふたりの話から転じて、復讐のためにあらゆる辛苦を忍ぶこと、また成功を期して苦労に耐える意味に「臥薪嘗胆」が使われるようになった。

呉と越とが、仇敵同士として、長い間争ったところから、非常になかのわるいことを「呉越の思い」とか「呉越」という。

「呉越同舟《ごえつどうしゅう》」ということばもある。

仲のわるい者同士が同じ行動をとること。敵同士でも共通の困難に対して協力すること。あるいは、敵同士、仲のわるい人びとが同座することのたとえである。呉と越の争いは多くの故事を生み出した。

7 嫉妬心とはなにか

▼団体生活をよりよくおくるために

嫉妬とはなんであるか？　それは他人の価値に対する憎悪を伴ふ羨望である。

阿部次郎

娘の結婚に大反対した母親がいた。父親は内心賛成であったが、妻の態度にさからいきれず、表面的には娘がよければ……とさして強い反対はしなかった。一般の家庭とは逆である。娘の結婚に難色を示すのは、ふつう父親のほうであるのに……。で、ふたり姉妹の長女であるその娘は、両親に祝福されずに結婚した。母親は、娘の夫を憎み、絶対に許そうとせず、娘の家庭をけっして訪れようとしなかった。何年もそうした状態がつづいた。

母親をこのように頑《かたく》なにしたのは、なんだったのだろうか。後に、この母親は信仰の道に入り、神にすがって、ひとりの人間を憎みつづけた罪を改める。そして

「あの方を憎んだのは、わたしの嫉妬です。お恥ずかしいことですが……」

と告白している。その人は豊かな商家に生まれたが、女学校（旧制）のころ父親は事業に失敗して破産、没落する。父親は自殺。幼い弟と妹がいたので、学校を退学して働きに出る。少しでも母親の負担を軽くしようとのけなげな思いからである。

やがて同じ職場の人と結婚する。相手は尋常高等小学校しか出ていない人物である。戦時中（第二次世界大戦中）ということもあって、ふたりは四畳半一間、食卓もなく、みかん箱ひとつですべてまかなうといった貧しさから出発する。が、後に夫が独立して事業に成功、生活は豊かになる。

娘は、一流の私立大学を卒業。ある国立大学の教授の秘書として働いているうちに、教授の研究室の助手と恋をして、結婚にふみきるのである。相手は地方の素封家の子どもであり、将来は教授にもと期待をかけられている人物。こうしたふたりの恵まれた条件に、ひとりの女として、母親は嫉妬したのである。

▼天の外には、いたるところ嫉妬だらけ

〈ポーランドのことわざ〉

地上に、たったひとりしかいない人間でも、嫉妬心をもっているという。空を飛ぶ鳥をねたみ、水をくぐる魚をうらやむ。

男と女が、たったひと組地上にあらわれたとき、やはり互いに嫉妬しあった。一糸もまとわない裸の男と女は、相手の身体をしげしげと眺めあったのだろう。

男は女のなめらかな肌やゆたかな乳房に、女は男のたくましい筋肉や男性器に嫉妬し、自分のものにしようと求めあった。

男と女が結びついて、子どもが生まれ、きょうだいができると、兄と弟はことごとに対抗意識をもやして張りあう。旧約聖書の「創世記」では、兄が弟を嫉妬して殺してしまう。地上に人が増えてくるにつれて、嫉妬の数も増えていった。

嫉妬ぶかい男は常に自分の探す以上のものを見つける。

スキュデリ

誰かに対する嫉妬心が、単なる羨望で終ってしまったり、また逆に、憎しみとなって凝結してしまっては、これほどたよりにならない感情、これほど手に負えない情動の心はないだろう。単なる羨望は、けっして行動のエネルギーにはならなく、憎しみは、発展的・建設的な仕事への梃子《てこ》にならないからである。

とくに憎しみは、なにものをも破壊しなければやまない危険な思想を生み出してくる。相手だけでなく、相手に連なるすべてを破壊の対象に選ぶ。ときには自分自身までも……。

嫉妬心は、性欲と同じように、うまくコントロールすると、いや「嫉妬」の勢力が別な方向に転換されると、大きな仕事につながるのではあるまいか。嫉妬心を憎悪を伴った羨望から、相手に優越しようとする競争心へとかえていくとよいだろう。

嫉妬の心はいろいろな危険をはらんでいる。が、これはうまく転換していくと、より豊かな精神の成熟も約束される。

抑圧しなければならない情動を、抑えずに、他に転換して、詩や歌、文芸作品、発明、発見、学問上の研究、教育、宗教など、社会的な偉大な仕事をなしとげる根源的なエネルギーにすることを「昇華」という。

「性の昇華」はよく論議される。また昇華を証明する多くの出来事がある。しかし、嫉妬心は、いまだかつて「性」と同じように「昇華」について論じられてきたことがあるだろうか。浅学非才にして知らない。

嫉妬心は、中世のカトリック教会が悪徳のひとつに数えたように、確かに、悪い情動にはちがいない。が、だからといって、嫉妬心をもつのを恥じる必要はない。生かし方によっては毒も、良薬になり得る。

嫉妬のうちには愛よりもうぬぼれがいっそう多く入っている。

ラ・ロシュフコー

▼女房がやくほど亭主もてもせず

〈日本のことわざ〉

奥さんが嫉妬するほど、ご主人は外でもててはいない。奥さんが嫉妬するのは身びいき、ご主人がもてたと思うのはうぬぼれであり、錯覚である。さもなければだまされているのである、といった意味か。

嫉妬にもいろいろあるが、「やく」とは、男女の間に起こる嫉妬。「やきもちをやく」という。餅を焼くとプーッとふくれる。女は嫉妬するとふくれっ面をする。ふたつを結びつけて、嫉妬するのを、「焼餅をやく」というとする説もある。が、「焼く」にはもともと嫉妬するという意味がある。

「やきもち焼くとて手を焼くな」「やきもち焼くなら狐色」といったことわざもある。嫉妬は、度がすぎるとろくな結果にはならない。ほどよく、こんがりと焼くのがもっとも効果的と教えている。

胸に手をあてて、ちょっと考えてみれば、嫉妬をした経験を誰もが思い出すだろう。嫉妬心は人間の素朴な感情である。人間は、まだ目もみえず、耳も聞こえない乳児でさえ愛を求める。愛を求める心の動きのなかから、まず嫉妬心は生まれてくるからである。

地球上の、最初の人間とされているアダムとイブの子、カインとアベルの兄弟が争ったように、幼い時代には、きょうだい同士の親の愛情獲得競争によって、最初の嫉妬を経験する。幼い胸のおくで、きょうだいを憎む心さえ芽生えてくる。あの子がいなかったら、わたしがお母さんひとりを……と想像して、相手を取り除く工夫さえひそかにこらす。

思春期にみられる嫉妬は、成熟したおとなのもつ愛情とは別で、それこそうぬぼれがいっそう多く入っているような、はっきりしたものではない。主として、依存的な欲求にねざしている。依存欲求のつよい、精神的に未熟な者ほど、親や教師、友だちの愛情を独占しようとする。目をこらし、耳をすまして、相手の態度やことばに敏感に反応し、いちいち喜んだり、悲しんだりする。

成熟した人の嫉妬は、憎しみのにがりが加わり、ずっしりと重いものになる。が、嫉妬心は誰もがもっている感情で、いつまでもなくならない情緒のひとつだが、幼さから脱けきらない心の動きではあるまいか。

真に成熟した人の性欲が、男女の粘膜の接触によらなくとも満たされる場合があるように、ほんとうに精神的におとなになった人の嫉妬は、相手を取り除かなくても、沈めることができるのではないだろうか。成熟した情緒のひとつになり得ると考える。ことばをかえていえば、真に成熟した人は、しだいに嫉妬心がうすらぎ、なくなっていくような気がしてならない。

才能と意志の欠けているところに、いちばん嫉妬が生ずる。

ヒルティ

▼嫉妬は、人類と同じくらい古いものだ。アダムが一度遅く帰ったとき、イブは彼の肋骨を数えはじめた

〈フランス（フランドル）のことわざ〉

創造主の神は、まず土で人の体を造り、生命の息をその顔に吹きかけ、生きた者・男として、アダムと名づけた。神はまた「人はひとりでいるのはよくない」といい、アダムを深く眠らせて、その肋骨のひとつを取り出して女を造り、アダムの前に連れ出した。アダムは女をイブとよんだ、と旧約聖書にある。

男と女が、それぞれひとりずつしかいないエデンの園で、アダムが遅く帰ったら、イブが肋骨を数えた、という情景は、ちょっと滑稽なようだが、嫉妬のすさまじさをあますところなく伝えている。このことわざ、なんともすごいブラックユーモアではあるまいか。

イブは、アダムの肋骨が一本足

才能は結果ではない。ひとつの可能性である。自分はできる。いや、しなければならないと信じて、どこまでも努力をしつづける忍耐力といってもよい。だとすると、才能は、あることをなしとげようとする強い意志だともいえるのではないだろうか。

意志が弱く、なにごとも中途半端にしかなれない人ほど、他人がなしとげた成果に対して、なんやかにやとあげつらう。いかにも簡単にできることのように、自分ならもっとできるよといいたげに批判する。

才能に欠けてると、内心、自嘲している者は、とことん限界までやりぬいた経験のない人ではあるまいか。倒れてのち止むというくらいの覚悟で、なにかに挑戦してみると案外自分のかくされた能力を発見して驚く、と経験を語る成功者は少なくない。

うぬぼれすぎ、周囲の人々にまで話したり、態度に示したりするようでは、なにをかいわんやであるが、困難に出会い、能力にあまると思われる仕事に取り組むとき、オレはできる。偉大なる才能があるのだから……と、自分ひとりでうぬぼれるのは、おおいによいのではないだろうか。それぐらいの気持がないと事にあたる前に、精神的に萎えてしまうだろう。

そして、なにはともあれ、実践にとりかかる。歩き出してみれば、歩けるし、山あり谷ありであっても結構歩きつづけられるのが人間である。疲れたら休めばよい。夢中になって歩いていくと、周囲の風景など少しも目に入らなくなってくる。前後左右に歩いている他人の姿もみえなくなるし、足音も聞こえなくなってくる。他人と自分との比較から嫉妬は生まれてくるが、他人がまわりにいなくなるのだから嫉妬のしようがなくなる。

りなかったらどうするつもりだったのだろう。

▼泣かぬ蛍が身をこがす　〈日本の故事〉

江戸時代に刊行された三味線歌謡集である「松の葉」のなかに

〽声に現われて泣く虫よりも言わで蛍の身をこがす

とある。鈴虫、松虫、こおろぎなどの虫たちは、声に出して鳴き、恋心をつのらせるが、蛍は、ほのかに頼りない風情に光を放って、ひそやかな想いを心にもやす。

恋することを口に出していうより、恋する辛さにじっと堪えているほうが、恋心はかえって強いというたとえ。

恋に身をこがすとも、口でいえないもどかしさに、嫉妬にもだえるとも、どちらにとってもよいことばではあるまいか。恋をすると、まずなによりも顕著になるのは、恋の相手に近づいてくる同性に対する嫉妬の心ではあるまいか。

七つの大罪

西欧の故事。

さまざまな情動の心や本能の欲求を人間はもっている。抑えつけられていても、もぞもぞとうごめき、いつ表面に噴き出してくるかわからない、やっかいな存在である。これらのものに、人々はむかしからおおいに悩まされた。

中世、カトリックの教会は、人間を堕落させる情動の心、本能の欲求を七つあげ、これらの罪を犯した者は、地獄落ちはまぬがれないと戒めた。それが七つの大罪である。

七つの大罪の内容は、書かれている文献によって多少内容がちがっている。いっぽうは「高慢、強欲(特に人のものをほしがる)、淫乱、怒り、貪食、ねたみ、怠惰」としている。

もうひとつは、「怒り、高慢、不貞、虚栄、貪食、ねたみ、強欲」としている。

キリスト教世界の人々にとって、いずれも戒めなければならない悪徳であった。が、どれをとっても、現代でも、どの宗教の世界でも、やはり抑制しなければならない心の動きであろう。

形式的な規範を設けて、生きた人間の行為を抑えつけようとする戒めがあった。という事実は、人々がその戒めを正直に守り、清廉潔白に生きていた証しである。かというと、そうではない。むしろ逆である。抑えても抑えても、なおこれらの悪徳がはびこりそこから数えきれないほどの悲喜劇が演じられてきた証拠である。宗教家が説教し、さとしても、手のほどこしようがなかったので、戒めが規定されたのである。

禁止の法律、規範は、いつも人々の行為のあとからつくられる。目にあまらなければ法律、規範が生まれてくるはずもなかろう。たとえてみれば、誰もいちども塵を捨てたことのない場所に、「ここに塵を捨てないでください」といった立て札が立つわけがないのと同じ道理である。

人間には面白い性質がある。禁止されると、その禁を犯したくなる衝動にかられる。いちども塵が捨てられたことのない場所に、

「ここに塵を捨てないでください」

と、掲示してみるとよい。何日かのうちには夜中にひそかに、塵を運んできておいていく人がかならずあらわれる。なるほど、禁止の掲示によって、ここは塵捨て場としてはよいところだと触発されるからだろう。

中世のカトリック教会に属していた多くの信者たちは、七つの大罪の戒めを、誠実に守ろうと努力したにちがいない。が、いっぽうでは、教会から出された規範に触発されて、罪を犯した者も少なくないのではあるまいか。もっとも当時、いちばん堕落していたのは教会という噂もある。

8 恥と羞恥心のちがい

▼幼さから脱けきらない人に

羞恥心は第二のシュミーズである。

スタンダール

恥ずかしいという感情は、人間だけがもつ可能性のある情動である。なにかをしたいとか、したくないとか、こうありたいとか、こうありたくないとか、なにかの衝動を感じたとき、つまり本能的な欲求がわいてきたとき、それを認めたくない、抑圧しようという理性がはたらく。本能と理性との対立が起こり、そのなかから羞恥心が生まれてくる。

人間以外の動物には、理性とよべるような精神活動はないから、羞恥心をもちようがない。だから、動物たちは、性衝動を感じたり、食欲が出てくると、なんの羞恥心もなしに、それを赤裸々に表現し、さっそく行動に移る。

人間でも、理性を生み出す大脳の前頭葉の発達が十分でない幼い子どもには、羞恥心はなく、さまざまな衝動を素直に、そのまま表現する。が、年齢が高くなり、精神の成熟がすすむにつれて、恥ずかしさを感じるようになってくる。羞恥心はきわめてホモ・サピエンスらしい心の動きなのである。

着物は、寒さから身を守るために考え出されたと信じている人たちは少なくない。が、そうではない。着物を発明するきっかけになったのは、性的な羞恥心である。旧約聖書の「創世記」第三章に

「すると、ふたりの目が開け、自分たちの裸であることがわかったので、いちじくの葉をつづりあわせて、腰に巻いた」

とある。禁断の実をアダムとイブが食べて、性的な羞恥にとらわれるところである。身体のなかでもっとも大切な性器を守るために、腰に布を巻いたり、さげたりしたのが着物の起源である。暑い土地に住みながら、厚い衣装をつけている人々、非常に寒い国に生活しながら、ほとんど全裸で、油脂などを身体に塗るだけという人々もいるのがなによりの証拠である。

▼恥をかいて生きているより砂を噛んで生きているほうがましだ

〈スペインのことわざ〉

恥をかくは、面目を失う、誇りを傷つけられること。砂を噛むのは、味けないことの形容である。ご飯のなかに入っていた一粒の砂でも、ジャリッときたときの不快感は忘れられない人が多いのではないか。まして、海水浴などで波にまかれて、髪の毛も、耳も、口のなかも砂だらけになったら……いうにいわれない思いがする。

「恥をかいて……」は、誇り高い、ラテン民族らしいことばだが、砂を噛んでも生きていると宣言しているところが面白い。日本人ならさしずめ、恥辱を受けて生きていられようかとあっさり切腹するというだろう。

日本と西欧では、同じ、「恥」でも、受けとり方にかなり差がある。日本のほうがずっと重いのではないか。

羞恥心は塩のやうなものである。それは微妙な問題に味をつけ、情趣をひとしほに深くする。

萩原朔太郎

思春期になると、性的欲求をはじめとする身体的衝動が高まってくる。それは社会の道徳的な規範と対立する。規範を守ろうとする理性が強く働きすぎると、恥ずかしがりやの消極的な若者といわれ、理性の抑圧があまりきかないと、破廉恥な若者と批判される。

恥ずかしさは、性的な衝動からばかり生まれてくるわけではない。

自信のもてない仕事などをまかせられ、みんなの前で、結果を公表しろといわれた場合、どんな心の動きがあるだろうか。非常に恥ずかしく感じるのがふつうである。この羞恥心は、失敗したら、みんなに笑われたら、軽蔑されたらという恐怖から生まれてくる。

自信がない仕事の結果を発表したら、予想外の反響があり、誰からも称賛をあびせられたらどうだろう。仕事の結果を自分がそれほどよいとは評価していない場合、なんとなくてれくさく、恥ずかしくなる。この羞恥心は、謙遜から生まれたものである。

軽い恐怖心から出てくる羞恥心は、情緒をひとしお深くはしない。相手は、おずおずしている姿をみて好感を抱かないだろう。いらだたしい思いをさせるだけである。どこかいじけてみえるからである。

謙遜や謙虚さから出てくる羞恥心は、人を美しくみせる。奥ゆきのある、もっとなにか秘めていそうな魅力を感じさせるのではあるまいか。

謙遜から生まれる羞恥心は、人間関係の潤滑油となる。不完全な存在である人間の心のなかには、誰でも謙虚さがあり、羞恥心をもっている。だから、同じ羞恥心に出会うと、ずんと心に響いてくるなにかがあって好ましく思うからである。

羞恥心はすべての人にまことにふさわしいものである。しかしそれを

▼屈辱に生きるよりは、報復に死ぬがいい

〈アラブのことわざ〉

日本人よりも、さらに積極的である。座して自らの命を絶つのではなく、相手に復讐をとげ、恥をすすぐなかで死んでも満足だといっている。

「恥」の概念は、国により民族によりさまざまであるから、恥に対する各国の人びとの反応を比較したり、批判を加え、決定的な評価をするのは避けなければならない。が、西欧諸国の民族よりも、東洋諸国の民族のほうが「恥」に対するボルテージが高いように思われるが、どうか。

西欧諸国でも、恥をすすぐのに決闘をしたりするが、あまり暗い影が感じられない。しかし、東洋諸国の場合は、中国はそうでもないが、怨念といったどろどろしたなにかがある。恥をかかせた人への怨みは深い。

克服するすべを、そしてそれを決して失わないすべを心得ておかねばならない。

モンテスキュー

「負んぶに抱っこ」ということわざがある。おぶってやると、さらに甘えて抱っこしてくれという。甘えや増長、先を求める愚かさを戒めたことばである。また、虫のよい甘えや身勝手な依頼心、自分が少しも努力しないで、他人の努力した結果だけをただで手に入れようとする物乞い根性は、人間をいやしくする。

「負んぶに抱っこ」は、まだ羞恥心の十分に芽生え育っていない幼児だから、かわいらしいのである。もし、かなり年齢の高くなった子どもや成人が、他人におんぶに抱っこを要求したら、厚かましい、ずうずうしいといわれるだろう。

理性のブレーキがきかなくなり、人間として誰もがもっていなければならない羞恥心をまるで感じさせない、おんぶに抱っこ型の者も少なくない。あっけらかんとした厚かましさは、いや味がなくてそれでも愛せるが、理屈で武装した厚かましさは、ふてぶてしい印象を与えて、人びとから敬遠されるだろう。が、厚かましさのうえに、ほんのちょっぴり羞恥心の塩をふってあると、人びとは率直だと評価してくれる。

羞恥心はありすぎても、なさすぎても、人間的な陰影が人の性格から失われ、深みのない人物として軽く扱われてしまうだろう。羞恥心と厚かましさ、というより素直さがほどよく調和したところに、人間的な魅力を人びとは感じるのではあるまいか。

厚かましさと厚かましさがぶつかりあったら、円満な人間関係は保たれないように、羞恥心のかたまり同士がいっしょにいても、有機的な動きはなにも期待できないだろう。

恥を知るひとびとは、殺されるより救われる者多し、されど逃ぐるひとびとには、名誉も安全もなし。

ホメロス

▼旅の恥はかき捨て 〈日本のことわざ〉

隣近所の知人の目を気にして、ふだんとてもできないような非常識な言動を、すぐその場を去ってしまう気軽さから、旅先で平気でする、という意味。

観光地でのバカ騒ぎや塵の散らかしようをみると、ほんとうになさけなくなってしまう。いったい日本人は「恥」をどう考えているのだろうと疑いたくなってくる。

東南アジアでの日本人観光客、とくに男性の連中の行状は目にあまる。顔をあげて歩けなかったと話す女性は非常に多い。ベネディクトに、日本は、「恥」の文化をもった国といわれたのが、いっそ恥ずかしい。

が、旅行先での恥のかき捨ては、実は、地域社会での「恥」と深いかかわりあいがある。恥を知らないような言動は、恥の重圧からの悲しい解放の姿なのである。

アメリカの心理学者ルース・ベネディクトは、日本の文化を詳しく分析した『菊と刀』の著者としてよく知られている。ベネディクトは日本は「恥」の文化をもち、西欧諸国の文化を支えるのは「罪」の意識であるといっている。まことに興味ある指摘ではあるまいか。

ある行動をしていて、行動を妨げるような出来事に出会ったとき、人間の反応はおよそふたとおりにわかれる。こんな事態になったのは、自分の責任ではなく、どこかの誰かが悪いのだと被害者意識をもつ人、いやいや自分の責任であり、やり方がまずかったのだと自責の念にかられる人とである。

が、現実の場では、こんなにはっきりしたタイプにわかれるわけではなく、ふたつの中間型がほとんどだと説く心理学者がいる。

どこかの誰かが悪いとは非難しないが、冷静に事態をみつめ、批判して、自分の思うように事を運んでいこうとする人と、無意識のうちに自分自身を批判しながら、自分のほうを現実に適応させようとする人とであると述べている。

反社会的な衝動を感じたとき、たとえば店頭に並んでいる宝石を万引きしようと強く欲求したときなど、その欲求を抑え、道徳的な規律を守らせるのは、自分を批判する心の動きであり、自分のほうを現実に適応させようとする心の動きであると指摘している。

自分を批判する心の動きには「恥」の感情が伴い、自分を現実のほうに適応させようとする心の動きには「罪」の感情が伴う。いっぽうは「恥ずかしいから、盗みをするなんてよそう」と思い、もういっぽうは「罪を感じるから盗みなどやめよう」と決心するという。

➤恥を知らねば恥かかず
〈日本のことわざ〉

恥ずかしいと思う心のない者は、どんな破廉恥な行為だって平気でやる。恥ずかしいと少しも感じないのだから……。恥を知らない者に、いくら名誉や恥辱、恥ずかしさを説いて聞かせても、しょせんむだであるという意味か。

道徳感、倫理感のまったくかみあわない、ものごとの評価の尺度のちがう者同士は、お互いに常識は通じないのがふつうである。メートルとヤードは、長さがちがう。

「恥を恥とも思わなければ、恥をかいたことがない」「恥なきの恥、真に恥ずべし」というのもある。

「恥」とは、自分自身を大切に思う心でもあるのではないか。外面を飾るのではなく、恥ずかしい言動をしないように心がけていれば、人のそしりをまぬがれるから……。

ひとびとはなんらかの不潔なことを考えることを恥としないが、この不潔な考えが彼らのものだといわれていると感じて恥じる。

ニーチェ

古い時代の日本は、稲作を中心とした農耕社会であった。機械などなく、人の手以外には利用する労働力のなかった当時、村全体の人びとが協力して農耕にあたらなければならなかった。農業にはたいへん多くの労働力が必要だからである。だから村人たちは否応もなく共同体的な生活をよぎなくされた。

入り会地というのがある。一定の地域の住民が特定の権利をもって、一定の範囲の森林や原野、漁場に入って、木材や薪炭、まぐさ、魚、海草などを採ることを、「入《い》り会《あい》」というが、入り会の権利が設定されている土地が入り会地である。これはむかし、農地も労働もすべて村落共同体の共有であったなごりといえる。中世を過ぎて私有財産ができて、少しずつ貧富の差が村落民の間に目立つようになって、村落共同体の共有地を残す意味で、入り会地をもつようになったからである。

喜びや悲しみ、苦しみ、楽しみを村全体のものとして受けとめる意識は、農村のなかにいまも根強く残っている。祭りや婚礼、葬式、村行事をすすめていくやり方をみていると、共同体意識が具体的な形で生きているのがわかる。

大家族が一軒の屋根の下に住む家族制度では、たいてい三代にわたる男女が共同生活をしていた。子どもの育児、教育は、両親だけの責任ではなく、祖父母を含めた家全体のおとなたちにあるという意識に支えられて、道徳が語られ、先祖伝来の生活技術、知恵が、世代から世代へと伝えられていったのである。子どもの恥は家の恥であると人びとが考えたのはこのためである。

大家族で構成される家を、あらゆる災難から守ってくれるのは、村落共同体であるとみんな信じている。そこで、村落共同体にひどい被害を及ぼす行為は、もっとも大きな罪とされた。他の村落共同体から指弾され、軽蔑されるような恥ずかしい行為のあった者もまた罰を受けなければならなかった。個人の恥は家の恥、家の恥は村落の恥であった。

生活の基盤である共同体に、恥をかかせ、損害を与えた者の一家は、罰として村人たちと絶縁し孤立して暮らさなければならなかった。これがよく知られている〝村八分〟である。

村八分とは、文字どおり、〝八分〟、八〇パーセントの交際を絶ち、二〇パーセントだけつきあいを残す風習である。共同体の村人が協力しなければならない一〇の行事は、出産と成人、結婚、葬式、法事、病気、火事、水害、旅立ち、普請。村八分になっても、葬式と火事だけは村人扱いにされた。

9 自殺を考える

▼死にたいと強く思ったことがありますか

自殺は殺人の最悪の形態である。というのは、それは後悔の念を起こさせる機会を少しも残さないからである。

コリンズ

若い人に、いちどでも死にたいと考えたことがあるかと質問すると、ほとんどの例外なく「ある」と答える。また、人を殺したいと思ったことは……と尋ねると、たいてい「……ないな」とためらいがちにいう。

人間は生まれた瞬間に、最初に息を吸い込むとき、オギャーと大きな声を出すが、あの人生の第一声は、人間なら誰でも内に秘めている攻撃性の反応である、と指摘する学者もいる。精神病理学のフロイトも、攻撃性は人間の基本的欲求であり、破壊的本能の心理的表現であると説いている。

幼児から少年へ、少年から青年へと成長していくなかで、人間は心のなかにさまざまな攻撃的な衝動を積み立てていく。が、しだいに、なにかを攻撃したい気持、闘争したくてムズムズする気持を抑えていかなければならないのを学んでいく。で、完全に成熟したおとなでは、表面上からはあらわな攻撃性は消えてしまっている。

思春期以降の若い青年たちは、まだ攻撃性を抑圧すること、心理学の専門語で「攻撃性の統御」といわれるむずかしい作業に直面している最中である。

抑圧されかかっている攻撃性、抑圧されて無意識のものとなった攻撃性の衝動が、なにかのきっかけで、表面に噴出して外に向うと、憎しみの対象を攻撃するという形で表現される。悪口、喧嘩、暴力行為などの反社会的行動がそれである。極端な例が殺人。

憎しみの対象があっても、まともに攻撃できない状況におかれていたり、耐え忍ぶように習慣づけられている者は、噴き出した攻撃性を自分自身に向ける。自責、内気、孤独、不眠など、非社会的行動がそれである。

➤命あっての物種《ものだね》　〈日本のことわざ〉

なにをどうするにしたって、とにもかくにも、まず命あってのこと、死んでしまえばそれまでという意味。命がもっとも大切であり、命がなくてなんの幸せか……。生命を守るためにはいかなる犠牲をもはらわなくてはならない。それがほんとうだろう。

「物種」は、あらゆるもののもとになる材料のこと。

命がすべてのものの出発点であるというのに、自殺をする人があとを絶たない。

「死にたいと考えたことのない人は、教養のない人だ」とは、アメリカの哲学者・心理学者ウィリアム・ジェームズのことば。これがほんとうだとしたら、いったい人間はどういう存在なのだろうか。将来、否も、応もなく確実に死がくるとわかっているのに……。

彼は、死の観念にとりつかれ、頭のなかで死ぬときの状態を想像して、そのリハーサルを行ない、のっぴきならぬ指令を実行する影武者を養っているのである。それは中毒患者のようなもので、麻薬中毒の患者が麻薬にとらえられているように、死につかれているのだ。

ヴァレリー

孤独、不眠など、非社会的行動となってあらわれた攻撃性は、人間に、自殺ばかりを考えさせるようになる。その衝動が強く、大きくなると、ついには自己破壊行動に移る。これが自殺である。

人間は、誰でも極端な攻撃性をときとして噴出させる可能性がある。外に向けられると殺人となり、内に向けられると自殺になる。だから、ある一定の地域、ある県のある地方、大きく日本全体でもよいが、自殺と他殺の平均数は、逆比例すると多くの社会学者は説明している。

戦争をしている国では、自殺者の数は相対的に減少していくという。なぜなら、銃後にいる人びとは、直接の敵を憎み、敵側の死者、被害の状況を知ることによって内なる攻撃性を代償的に発散できて、攻撃性が内に向う危険性が少なくなるからではあるまいか。

戦争のあと、反社会的な行動である犯罪が急に増加するのは、混乱に乗じて敵に対して向けられなくなった攻撃性を自分の周囲に向けるからだろうと指摘する人もいる。

自殺者は、死という厳然たる事実によって、自分自身の存在を世の中に公表する。が、自殺未遂者はごく一部の人びとには知られても、ほとんど秘密裏に事件が処理されるので、表面にはあらわれてこない。で、その数は明確に示すことはできない。が、ひとりの自殺者の背後には、一〇人の自殺未遂者がいるといわれている。自殺ばかりを頭のなかで考えている人はもっと多いのではあるまいか。

自殺とは人間的能力への窮地の確

▼われわれの生まれ方は一つ、だが死に方はさまざま

〈ユーゴスラビアのことわざ〉

自殺にかぎっていっても、各年代によってさまざまな死に方、死に場所がある。老人はごく身近なところで死ぬ。中学生くらいの年齢も自宅が多く、死をさしせまったものと感じているらしい様子がわかる。

青年層は、自殺を美化、合理化するためだろうか。死に場所を選ぶ。名所旧蹟や自殺の名所、美しい観光地など。

一高生（現東大）・藤村操の、日光の華厳の滝への投身自殺は有名である。

「悠々たる哉天壌。遼々たる哉古今。五尺の小軀を以ってこの大をはからんとす。ホレーションの哲学既に何等オーソリティに価するものぞ……」

といった書き出しではじまる遺書もまたよく知られている。

信なのです。ある意味で野心であり、虚栄ですらあるかもしれません。決して自己放棄ではありません。

亀井勝一郎

自殺するのは卑怯である。

ナポレオン

ただ、表面的に文字面だけを読むと、自殺を肯定するかに感じられる先人たちのことばは少なくない。しかし、どのような場合でも、自殺は、自己の放棄だと考えるほうが、より人間的ではあるまいか。人間として卑怯だといわれても仕方がないだろう。

が、なんといわれようとも、自殺したいと考えている人びとは、なにかのちょっとした機会をみつけて、実行する。止めるにも止められない、というのが実情だろう。自殺の決行は突然なので阻止できない場合が多いが、決行前の長い準備期間というか、自殺にまで追い込まれていく過程のなかで、誰かがほんのわずかでも、その人の精神にふれ、手をさしのべると、あともどりする可能性はおおいにある。

自殺をしようとする人は、日常生活でいろいろな徴候をみせる。それを敏感にとらえて、なにげなく話しかけるとよいだろう。

▽「死にたくなった」とか「死にたい。死にたい」など、死ということばをしきりに口にする。

▽「どうしていいかわからなくなった」とか「もうどうなってもかまわない」など絶望的で、あきらめの様子をみせる。

▽うつうつとして楽しまず、なにに対しても消極的で、なげやりで、生気がない。

▽いらいらと落ち着きがなく、ささいなことに腹を立てたり、悲しんだりする。

▽食欲不振、不眠がひどくなる。

これらが自殺の前兆である。

自殺のためのもっともらしき理屈をもち合わせるひとは、つまらぬ人間なり。

エピクロス

▼生きていることが無意味だとわかったときは、死んでしまうか旅に出ることだ

〈アラブのことわざ〉

しかし、やはり旅に出たほうがよいだろう。たとえ、その旅が死の危険をともなう旅であっても、生きて帰ってこれる可能性もおおいにあり、旅の途中でふたたび生きる意味を発見できるかもしれないからである。

生きていることが無意味だとわかった……などと、ことばにしてみると自殺をしようとする気持がずっと同じ強さで継続しているように感じられるが、自殺者の心理的危機は、ほんの一瞬だという。その魔のひと時をのりきると、自殺する決心は鈍り、生きることの意味を、身近な人びと、両親や先生、友人とのかかわりあいのなかで考えようとする心の動きが出てくる。自殺への願望はあっても、願望のまま終る。

ずっと以前は、自殺者は青年層に多かった。が、最近では、自殺する人たちの年齢層は、少年少女から老人にいたるまでぐんと広くなっている。

自殺をはかって、病院にかつぎ込まれて命を助けられた未遂者が、意識を回復したとき、きまっていうせりふがある。

「どうして助けたの。」

「よけいなことをしてくれた……。」

「バカ、バカ……。」

など。死にたかったのに、なぜ思いどおりに死なせてくれなかったのか、とうらみ言を周囲の人びとにあびせかける。しかし、自殺者のすべてが、この世の中にまったく未練がないかというとそうではない。未練たっぷりなのである。青年期にある自殺者はとくにそうだといえる。

老人の自殺者は、さっぱりしている。遺書を残す人も少ない。遺書があってもその内容は簡潔である。自らを責め、人びとに先立つ無礼を詫び、お別れのことばが添えてあるだけのものがほとんどである。死に向かって直進していく印象が強い。

青年には、決心してからすぐ死を迎える勇気がないらしい。いろいろまわり道してから、いやいやながら死を選ぶといった様子がありありとみえる。遺書を残す人も多い。その内容も、老人にみられる一種のいさぎよさがない。くどくどと冗漫である。他人への攻撃と自己主張、自殺を美化することばがつらねられている場合が多い。

自殺の方法をみても、老人は、縊死、溺没、自傷など、致死的な手段が比較的多い。が、青年は睡眠薬の服用など、助かる可能性のある方法を選んでいる人が少なくない。

青年の自殺は防ぐことができる。

➤死人に口なし　〈日本のことわざ〉

死んだ人は、口をきくことができないから、なにかの証人にしようとしても不可能であるという意味。また、死んだ人に無実の罪をきせることのたとえにも使われる。確かに死んだ人は、なにをいわれても反論したりできない。自己の正当性を証明したりできない。無実の罪をきせられても、ただ沈黙しているしかない。

が、死者の沈黙は、どんなことばよりも雄弁で、説得力がある場合がないとはいえないのである。もし、自殺者が遺言に意図的に嘘を書いたらどうだろうか。死ぬ人がまさかでたらめはいうまいとの考え方から、誰からも遺言のなかの嘘が真実と受け取られる可能性は高い。その嘘によって傷つけられた人は、永久に死んだ人に反発を加え、誤りを訂正させることはできない。

諸行無常《しょぎょうむじょう》

日本の故事。

諸行とは、世の中の一切の現象、万物をいう。無常とは、これらの現象、万物は常に変化し、なにひとつ常住不変なものはないとの意味。だから、人の身も、世の中も、草木国土も、一切のものが生滅し、死滅転変を免れない。変化し、無常であることだけが不変であり、常住である。これが諸行無常。

諸行無常は、仏教の教義のもっとも根本的なもののひとつ。流転のなかに生きる人間は、目の前にあらわれる事象に迷わされ、煩悩のとりこになってしまう。が、諸行無常の理法をおぼえると迷いは消え、煩悩は去っていく。自ずから心身の動揺がなくなる。これが悟りの世界である。早く、悟りの世界に入れと、仏教では説く。

これと似た考え方が西欧にもある。ギリシアの哲学者ヘラクレイトス（B.C. 五四四年～四八四年）の学説の中心である「すべては流れる」というのがそれ。ギリシア語で「パンタ・レイ」という意味だが、日本での最初の翻訳が明治時代であったため「万物流転」と訳され、これが親しまれている。ヘラクレイトスは、

「万物は川の水のように流転している。同じ河だとみえるものも、実は、毎秒毎秒ちがっている。人の身も同様である。いまの自分は、一瞬前の自分ではない。変化こそ万物の不変の相である」

といっている。パンタ・レイの学説は、ほんとうは、もっとむずかしく、誰もがよく理解できなかったらしいのが事実。しかし、ともかく「いまの自分は一瞬前の自分ではない」という個所だけはわかり、人びとが口にしたふしがある。当時の喜劇作者エピハルモスは、「パンタ・レイ」を種に使っている。

借金取りに返金を迫られたある男、

「あのとき借金したわたしは、いまのわたしではない。パンタ・レイだ」

と、とりあわない。借金取りは怒って、男を殴る。男は暴力をふるわれたと訴える。が、

「殴ったわたしと、訴えられたわたしは別人だ。パンタ・レイじゃないか」

と、やりかえされる。

諸行無常を一般庶民にわかりやすく、くだいて説明しているのが「いろは歌」である。

色はにほへど散りぬるを
わが世たれぞ常ならむ
有為《うゐ》の奥山今日越えて
浅き夢みじ　酔《ゑ》ひもせず

この歌の文字に「京」の字をつけて四十八文字とす。「イロハ」はここから出た。諸行無常の文句でもっとも有名なのは『平家物語』の冒頭の部分「祇園精《ぎおんしょう》舎《じゃ》の鐘の声、諸行無常の響きあり。沙羅双樹《さらそうじゅ》の花の色、盛者必衰《しょうじゃひっすい》の理《ことわり》をあらわす。」というくだり。

10 自由への憧れ

▼自由とは不自由
であると知らない人に

自由は健全なる制限に比例して存在する。

D・ウェブスター

道標もなにもない砂漠の真ん中に、いきなり放り出されて、さあ、好きなようにしなさいといわれたら、人間はどうするだろうか。これほどの自由はないと喜んで、走り出すだろうか。

もっと現実的な例をあげてみよう。見も知らぬ外国の街のなかに、案内する人も誰もいないのに、これからはあなたの自由です。好きなようにと、何日でもすごしてください、といわれて、ひとりぼっちにされたら、あなたならどうするだろうか。よほど旅なれた人でも途方に暮れてしまうだろう。そこの国で話されている外国語があやつれたとしても、しばらくはどう動いてよいかわからず、とまどってから、通りかかる誰かに、まず、話しかけ、自らがどのような状況におかれているかを知ろうとするのではあるまいか。もし、ことばもままならぬとしたら、それさえできまい。

ひとりぼっちの外国の街で、どうすごすか、どう生きていくか判断し、行動するためには、誰かにその街でどうすることがもっとも安全か、どのようなルールを守っていかなければならないか、まず聞き出さなければなるまい。もし、なにも知らずに自分自身のやり方で、好きなように動きまわったら、たちまちうさんくさい目でみられ、妨害を受けるかもわからない。

郷に入っては郷に従えで、その土地の風俗習慣にあわせて行動しなければ、その土地にとけ込み、自由にすごすことはできないだろう。

自由に、周囲の人びととの摩擦なしに、身に危険を感じないで生きていくためには、その世界のルールを守ることが第一条件である。制限のない自由などあり得ない。まったく制限のない砂漠のなかでは人間は動けない。砂漠でのタブーを知って、はじめて行動に移れるのであるまいか。

➤自由、平等、友愛

〈世界の故事〉

人間は男であれ、女であれ、子どもであれ、成人であれ、働ける者も、働けない人も、黒人であれ、白人であれ、黄色い人であれ、富める人も、貧しい人も、文明人も、未開な人びとも、社会的な地位がどうであれ、名誉のあるなしにかかわらず、誰でもが自由と平等との権利をもっている。何人も自分の自由を侵されず、平等にあつかわれなければならない。

が、自由と平等の権利を主張する者は、義務もまた尊重しなければならないだろう。その義務とは友愛である。隣人のためには、全力を尽して、あらゆる協力をおしまず、援助し、保護するのが友愛である。友愛の義務を果たさず、権利だけを手に入れようとする者は、人類の敵である。隣人とは、地球上の人すべてだからである。

自由には義務という保証人が必要だ。それがなければ単なるわがままとなる。

ツルゲーネフ

自由業という職種がある。自分ですべてを自由に取り仕切って、誰からも束縛されない職業である。まことに気ままで、気軽な稼業だと考えられている。

サラリーマンのように、朝、何時に起きて、何時まで会社に出勤しなければならないという義務もない。いつまで寝ていてもいつ起きてもよいのである。勤務時間などといったやっかいなものもない。仕事は好きなときに好きなだけやればよい。こうしてほしいと注文があっても、気がすすまなければ断わればすむ。

いつまでに仕事をあげてほしいと頼まれても、期限までにできなかったら、つっけんどんに、できなかったといえばよいし、一所懸命にやったのだけれど、どうしてもできなかったと適当にいいつくろってもよい。

が、こんな態度をつづけていれば、とたんに誰もが相手にしなくなり、仕事は跡絶えて、収入がなくなってしまう。メシの食いあげである。

自由業の人がサラリーマンのようにコンスタントに仕事を得、生活の資を手にするためには、きびしく自らを律しなければならない。有給休暇などという結構なものはないし、自分が休んでも仕事をかわってやってくれる人もいない。期限までに間にあわなければ、夜も昼もなく、働きずめに働かなければならないのである。失敗も許されない。いつも入学試験を受けているような状態である。合格点がとれなければ、次からは注文がこない。かばってくれる人は誰もいない。孤独である。

自由とは、このように不自由なものである。不自由だと思われる、束縛の多いサラリーマンがどんなに自由かがわかる。自由は、自分自身への重い義務を課することによって、はじめて手に入る。

自由とは法の許すかぎりにおいて

▼自由の最悪の敵は放縦なり

〈フランスのことわざ〉

人間のもっているさまざまなことばや観念には、国によって、民族によって、世代によって、男女によって、それぞれの解釈がある。が、少なくとも〝自由〟ということば、観念には、どこの国でも、どんな民族でも、老いも若きも、男も女も、ただひとつの解釈しかもっていない。

「自由は、周囲の人びとの自由もまた尊重するところから生まれてくる。で、きびしい自制をしなければならない。気まま、わがまま、好き勝手な言動は、他の人の迷惑となり、自由を奪うので、自由の敵である」という考え方。

フランス革命の嵐のなかで、人権とはなにかを知り、獲得したフランスならではのことわざではあるまいか。世界は、人権の尊さ、自由の重さをフランスから学んだ。

行動する権利である。

モンテスキュー

権利を行使する者は、義務を負わなければならない。義務のない権利は暴力にひとしい。自由にふるまう権利を得るための義務とは、絶対に他人の自由も侵《おか》さないということである。それがなければ、自由はわがまま、放縦になってしまう。

ある男が、ことごとに自分の自由な行動を妨げるひとりの人に憎しみをおぼえ、ある日、どうにも我慢ができなくなって、その人を殺してしまう、といった行為がもし許されるとしたら、世の中には殺人者が何万人も出てくるのではあるまいか。道路には、屍が累るいとするにちがいない。もし、無制限な自由があったら、多分、このような結果を招くだろう。

誰もが真の自由を満喫するためには、お互いの間に厳とした制限がなければならない。その制限とは、法律の許す範囲において行動することである。

法律は、明文化されたものであろうと、その社会の約束ごとであろうと、人びとの反社会的な行動を束縛する。他の人たちの自由を守るために……。が、法の許すかぎりでは、なにものにも侵されない自由を保障してくれる。

反体制的な立場にある人の多くは、法律の寛大さを過小評価して、法律に守られながら、法の不備を攻撃し、法の規制をいろいろにあげつらう。銀行強盗やハイジャックの犯人たちが、卑劣にも無防備の人びとを人質にし自由を奪いながら、自らの自由を叫ぶように……。自分の自由を獲得するために、周囲の人たちの自由をふみにじっている者のなんとたくさんいることだろうか。

法律を破ることのみが、自由だと勘ちがいしている若者がまことに多い。

自由でないのに自由であると考えている人間はもう自由の奴隷である。

ゲーテ

▼絶対の自由は非人間的である

〈イギリスのことわざ〉

絶対とは、いかなる条件もついていない、なにものにも制限されない、という意味である。もし、誰かがいかなる条件も、制限もなしに行動したらどうなるだろうか。おそらく、いたるところで利害がぶつかりあい、他人に迷惑がかかるにちがいない。そんな自由は、真の自由とはいえないだろう。

自由とは、より人間的な生き方を得ようとする、何者にも侵されない権利である。他の人びとの生きる妨げになる自由などあってよいはずがない。

が、人間に絶対的なものなど、考えてみればありようがない。人間自身が、自らに制限や条件を加えなくとも、なにものかによってある限界がきめられている。なにものかを神といってもよく、運命といってもよいだろう。人間はなにか大きな力によって動く。

気ままに、他人の迷惑などおかまいなしに、思いどおりにふるまって、それが自由だと信じて疑わない人間は、どうにも鼻もちがならない。周囲をみると、そんな人は少なくないのではあるまいか。案外、自分自身も気づかずに誤った〝自由〟を自由だと考えているかもしれない。反省してみる必要があるだろう。

じっと考えごとをしていたり、読書をしている友だちや家族の前で、平気でおしゃべりをしている人はいないだろうか。電車やバスのなかで、目を閉じて休息しようとしている人の前で、声高に話しあっている人はいないだろうか。団体生活のなかで、みんながひとつの目的に向って一所懸命に頑張っているのに、自分は考え方がちがうからと、協力しなかったり、妨害しようとする人はいないだろうか。そうした行動を自由だと考えているような人間は、まったく自由の意味を知らないと批判されても仕方がないだろう。

好き勝手をして、したい放題にふるまうのは、自由を行使するのではなくて、自由の奴隷である。お互いの自由を妨げない範囲において、自由に行動していくのが、自由の法則である。

なんの正当な理由もなく、もし、自分の自由を奪う者があらわれたら、どう感じるだろうか。怒りをおぼえ、なんと非人間的な奴だろうと軽蔑するだろう。憎しみをおぼえるにちがいない。だとしたら、他の人の自由も尊重してやらなければならない。

人から、理不尽に自由を奪っていく者は、まさに犯罪者である。自由こそは人間が生きるうえでもっとも必要な根源的なものであり、侵してはならないものだからである。

➤籠鳥《ろうちょう》雲を恋う　〈日本の故事〉

空腹を経験したことのない人には、空腹のつらさはいくら説明してもわからないだろう。自由を謳歌している人に、自由を失った苦しさは、百万言をついやしても理解できないのではあるまいか。人間は、いま自分のもっているものを奪われたとき、はじめてその尊さ、貴重さ、得がたさを知る。

「籠鳥……」は、籠のなかの鳥が、自由の大空を恋したうということ。捕えられた者が、自由な境遇をうらやむたとえである。故郷を恋しく思う心境をあらわすことばでもある。

言論の自由についていえば、現在の日本ほど放縦に近い自由がまかりとおっている国はないのではあるまいか。放縦のゆえに、いまのような自由が万一失われたらどうなるだろうか。いま少しの自制が必要な気がしてならない。

われに自由を与えよ、しからずんば死を与えよ

西欧の故事。

アメリカの政治家パトリック・ヘンリー（一七三六年〜一七九九年）のことば。パトリックは、アメリカ革命運動の指導者である。一七七五年三月のヴァージニアの国民議会の壇上での演説の末尾の句がこれ。革命の「合言葉」となった。

自治独立を願う北米のイギリス植民地と、それらを統制して高い税金をかけて、本国の利益のみをはかろうとしたイギリスとの間に利害対立は絶えなかった。が、七年戦争（プロシア・イギリスの両国の連合軍とオーストリア・ロシア・フランスとこれらの国々の盟邦との間で行われた戦争）で金を使った穴埋めに、さらに高い税金をかけたイギリス本国に反抗して、アメリカ革命戦争は起こった。

南のヴァージニア植民地も、革命に参加するかどうかの決定が迫られた。このとき、パトリック・ヘンリーは、懇請と妥協の時期はもう過ぎ去った。いまや自由のために敢然と武器をとって戦う秋《とき》であると、革命の機運のきたことをつげて、次のように叫んだのである。

「……奴隷の鎖につながれた楽な生活をほしいというのか。とんでもない！　他の人びとがいかなる道を選ぼうとも、しかしこのわたしには、自由か、さもなくば死を与えよ！」

アメリカの小学生も暗記させられる文句なので、原文を紹介しておく。

Is life so dear or peace so sweet as to be purchased at the price of chains and slavery? Forbit it, Almighty God! I know not what course other may take, but as for me, give me liberty or give me death!

ふつう、アメリカ独立戦争として、この出来事を日本の学校では教える。が、これはイギリス側からみた歴史である。アメリカの歴史ではアメリカ独立革命を教えている。

日本にも自由について叫んだ有名なことばがある。

「板垣死すとも、自由は死せず」

明治時代の政治家板垣退助が、遊説中に刺客におそわれ刺されたとき、こういった。

たとえ、この板垣は凶刃にかけられ死んだとしても、人間の自由はけっして死なない、という意味。刺客は捕えられ、板垣退助は一命をとりとめる。が、自由にあこがれていた当時の日本の人びとは、このことばを耳にしておおいに感動した。日本の歴史のなかでも、これほどの名言をはいた人は他にいないのではなかろうか。明治一五年の事件だが、このことばはいまも生き残って、人の心をうつ。自由の尊さは、いまもむかしもかわらないからだろう。

第6章
愛のある人生を生きるために

愛される愛と、愛する愛とがある。どちらも愛にはちがいないが、より純粋で、けがれのないのは愛する愛である。愛する愛は、自らのいかなる犠牲をもかえりみない。

1 青春

▼青春とはなにか
を考える人に

私はその人柄のうちにいくらか老人的なものをもっている青年を好ましくおもう。おなじように青年的なものをもっている老人を好ましくおもう。このような規則にしたがうところの人間は、身体が年をとっても心が老いることはけっしてない。

キケロ

金があれば、この世では多くのことができる。青春は金では買えない。

ラインムント

青春はなにもかもが実験である。

ロバート・スチーブンソン

青春は、狂気と燃ゆる熱の時代である。

フェヌロン

ありそうなことをいうのは、万人の万人に対する戦いであり、ありそうもないのは人々の間の平和である。

ありそうなことをいうのは、愚かさであり、ありそうもないのは理性である。

ありそうなことをいうのは、死であり、ありそうもないのは不滅性である。

このありそうもないことを希求すること、それがわたしたち生の意味であってほしいものだ。

エルンスト・フィッシャー

青春というものは奇妙なものだ。外部は赤く輝いているが、内部ではなにも感じられないのだ。

サルトル

若い時にあまりに放縦だと心の潤いがなくなる。あまりに節制すると頭の融通がきかなくなる。

サント・ブーヴ

精神は行動にならなければなりません。

シュバイツァー

ただ潑剌《はつらつ》とした活動によっての

➤盛年重ねて来たらず

➤年をとってから暖まりたい者は若いうちに暖炉をつくっておかねばならぬ

〈ドイツのことわざ〉

「青春とは、不断の酔心地である。つまり理性の熱病である」とは、フランスのモラリスト、ラ・ロシュフコーのことばだが、とかく若者は、自らの若さにまかせて、うかうかとすごしてしまいがちである。で、過ぎ去った時の重大さに気づいて、後悔する。

青春は、ほんとうにふたたび戻ってきたりはしない。若いとき、できるだけ多くのものを学び、経験し、人生の貯蓄をしておかなければ、年をとってからみじめな思いをするばかりだろう。むだと感じられることだっていい、なんでも貪欲に取り込んでおくとよいだろう。あとでかならず役に立つ。

青春時代に、多くの失敗と後悔をした者は、壮年や老年になってから、退屈しない。

み、不愉快なことは克服される。

ゲーテ

世の中に若さほど尊いものはない。若さは金と同じだ。金と若さはすべてのことを可能にする。

ゴーリキー

真理の司祭でありたいと思う青年諸君。君たちに先立つ大家たちを心を傾けて愛されよ。しかしながら、君たちの先輩を模倣せぬように戒めよ。伝統を尊敬しながらも、伝統が含む永久にあるものを識別することを知れ。それは「自然の愛」と「誠実」とである。これは天才のふたつの強い情熱である。辛抱だ。神を頼みにするな。そんなものは存在しない。真理探求者の資格はただ知恵と注意、誠実と意志だけだ。正直な労働者のように君たちの仕事を歯をくいしばってやりとげよ。

ロダン

青年よ、青年よ、つねに正義とともにあれ。もし正義の観念が汝のうちで薄れるようなことがあれば、汝はあらゆる危険におちいるだろう。

ゾラ

人間の間にあって渇しないためにはあらゆる盃《さかずき》から飲むことを学ばねばならぬ。人間の間にあって純潔を保とうと思う者は汚れた水でからだを洗うことも心得ねばならぬ。

ニーチェ

魂のこもった青春は、そうたやすく滅んでしまうものではない。

カロッサ

青春の喪失にまさるほど甚大な喪失はない。

J・インゲロー

春の初めの日々も、青年に芽ばえる徳行ほど風情はない。

ヴォヴナルグ

重要なことはなにを耐え忍んだか

〈中国の故事〉

若い盛りのときは、一生のうち二度とはこない。だから、若い時代をなまけて、むだにすごさず、せっせと勉強し、働いて充実して生きなければならないという教訓。

中国の代表的詩人陶淵明《とうえんめい》（B.C.四二五〜三六五年）の雑詩の一節である。

「盛年重ねて来たらず
　一日再び晨《あした》になり難し
時に及んでまさに勉励すべし
　歳月人を待たず」

同じような意味で、「歳月人を待たず」「今日の後に今日なし」「人生年少再び来たらず」というのもある。

きのう若々しい肉体を誇っていた者も、きょうは白骨となって朽ち果ててしまうのが人間である。いま懸命に生きなくてなんの人生と、多くの人々がいっている。

ということではなく、いかに耐え忍んだかということだ。

セネカ

酒飲みは自分では節酒していると思っているように、青年たちはみずからを利口だと思いがちだ。

チェスターフィールド

人間には二つの誕生がある。一つはこの世に現われた誕生、一つは生活に入る誕生である。

ルソー

青春の辞書には失敗という言葉はない。

リットン

ぜったいにまたどこもかしこもみにくいというものは稀有である。

ラキスン

才能とは、そこの下の平土間にずらりと並んでおいでの紳士淑女の皆さまがたよ、才能とは軽やかなものではない。ふざけるというようなものではない。根本において才能は欲求である。理想についての批判的な知識である。苦悩によって初めて能力を作り出して高めてゆく容易に満足しない気持である。

トーマス・マン

青年はけっして安全な株を買ってはならない。

コクトー

前にもまして、若い人たちは自分自身で無力だと考えて失望するはめにならぬようにして下さい。まっ先に自分が無力だと考えさえしなければ、人間はだれひとり無力ではないのです。

パール・バック

闘うこと、これが生活である。休息というものはいっさいない。たださそれだけが生活である。理想は常に前方にある。そしてわたしはそれに達しないまでも、その方へ進んでい

▼愛のない青春、知恵のない老年——これ、すでに失敗の一生である

〈スウェーデンのことわざ〉

「若い人をみると、ほんとうに美しいと思う。すばらしいと思う。そして『もう一度若くなりたいわ』などと、口に出してみる。でもさて、ほんとうに神さまが『お前を若くしてあげよう』といったとしたら、私は『いいえ、いいえ、もうこれで結構です』というだろう。」

詩人高田敏子のことばである。なんとまあ、幸福にみちたものいいだろうか。この人の青春はきっとゆたかな愛によって綴られてきたのだろう。そしていまは、若い時代に学んだ数々の貴重な知識を発酵させた、芳醇な知恵によって、充実して生きているにちがいない。「いいえ、いいえ、もうこれで結構です」と何人の人が、これほど大胆にいえるだろうか。

ない間は、決して安心できないのである。

トルストイ

青年は未来があるというだけで幸福である。

ゴーゴリ

諸君が諸君じしんに対して関心をもっているのと同じように、他人が諸君のことにそれほど関心をもっているなどとけっして期待するな。

ラッセル

まず考えること、辛抱強く考えつくすこと。むずかしいことがあれば、すぐ他の人に聞いて解決するというやり方は、決してすすめられる勉強法ではない。他人に教わったのでは、難儀の一時のがれにしかならない。必要なことはまず考えることだ。しかも辛抱強く考えつくすことだ。人間は自分で探し求め、発見したことしかよく覚えていることはできない。しかもなお、知識として覚えた場合と、自分で考えて発見したのとでは、精神の成長のうえからいっても大きな開きがある。

ファーブル

人生のいろいろな楽しみは、それを主要な目的とするのではなく、通りすがりにそれを味わうときにはじめて、人生を楽しいものにしてくれる。

——いったんそれを人生の目的としてしまえば、とたんにそれだけでは物足らない気がしてくる。楽しみなどというものは、細かく吟味すれば必ずボロが出てくるものだ。幸福になる唯一の道は、幸福さでなく、なにかそれ以上のものを人生の目的にえらぶことである。

J・S・ミル

青春時代にさまざまな愚かさをもたなかった人間は、中年になってなんらの力をも、もたないだろう。

モルチモアー・コリンズ

▼少年老《お》い易《やす》く学成り難し

〈中国の故事〉

朱子学の祖といわれる南宋儒学者朱熹《しゅき》（一一三〇年〜一二〇〇年）の詩「偶成」の最初の句。

「少年老い易く学成り難し
一寸の光陰軽んず可らず
未《いま》だ醒《さめ》ず池塘《ちとう》春草の夢
階前の梧葉《ごよう》すでに秋声」

年月のたつのは早く、すぐ老年になってしまう。が、志す学問のほうはなかなか進まないもので、気がついたときはもう遅く、もっとやっておけばよかったと後悔だけが残るものだ。だから若いときに、わずかの時間でもおしんで勉強しなければならないという教訓。

池塘は池のつつみ。梧葉はあおぎりの葉である。池のつつみに萌えていた春の草花がきのうのように思えるのに、もう家の前のあおぎりの葉は黄ばんでいる、早いなあとの感慨。

芸術は長く、人生は短い

ギリシアの医聖とよばれるヒポクラテス（B.C.四六〇年〜三七五年ころ）のことば。

その人の作ったすぐれた作品は後の世まで永く残るが、作った人の命は長くともせいぜい七〇年か、八〇年くらいである。芸術は貴い、あるいは人の生命ははかないといった意味に使われている。

アルス・ロンガ・ヴィタ・ブレビス（Ars longa, vita brevis.）というラテン語を英語に Art is long, life is short. と移し、それを日本語に訳して「芸術は長く、人生は短い」となったのだが、ラテン語の「アルス」は、本来、芸術ではなく「技術」といった意味で、正しくは「術は長く生は短し」である。

医学者であるヒポクラテスが、医師の卵である弟子たちに

「医術はむずかしく、深くて究め難い。が人間の一生はきわめて短い。だから、医術に従事しようとする者は、充分に戒めて、一所懸命に勉強しなければならない」

と諭したことばが「アルス・ロンガ……」である。それが英語に「Art is long……」と翻訳されたばかりに、いつの間にか「芸術は長く……」という意味になった。

ヒポクラテスは「アルス・ロンガ……」の句のあとに、

「また好機は鋭く、試みは失敗し易く、判断は難い。されば人は、必要な手段をみずからつくすのみならず、患者や臨席者や外界の事物に協力を求めねばならない」

とつづけている。文中の「鋭く」とは「一刻を争う」「判断」は、「診断」といった意味だろう。ヒポクラテスに代表されるギリシア医学は、興味深い報告をしている。

「人間の身体はその内部に血液と粘液と、黄および黒の胆汁をもっている。これが人体の自然性であり、これらによって病苦を病みもし、健康を得もする。いちばん健康を得るのは、これら相互の混合の割合と性能と量が調和を得、混合が十分であるばあいである。」（小川政泰訳、ヒポクラテスの『古い医術について』岩波文庫より）

と説明し、さらに、人間の体質は、その基調になる体液で四つにわけられるとしている。多血質、粘液質、胆汁質（黄胆汁質）、憂鬱質（黒胆汁《メランコロス》質）、の四つがそれ。

現代では、憂鬱性をメランコリーといっているが、メランは黒、コロスは胆汁を意味するところから出てきているのである。メランコリーは不快、怒りをもあらわし、神経質の表現にも使われている。

2 友情・友人

▼友情とはなにか
について考える人に

友情と恋愛とは人生の幸福を生み出す。ちょうど二つの唇が、魂を有頂天にする接吻を生みだすように。

ヘッペル

空気と光と
そして友情
これだけが残っていれば
気を落すことはない。
ゲーテ

友情は成長の遅い植物である。それが友情という名に値する以前に、それは幾度か困難の打撃をうけて堪えなければならぬ。

ワシントン

そもそもこの人生から友情を取り去ってしまうなどとは、太陽をこの世界から取り去るというものだ。

キケロ

最良の友とは、いつでも苦しいときに友を見捨てない人のことである。不幸なときに遠ざかるどころか、より近づいてくる人があれば、その人は信頼するに足る人であることをはっきりと示している。ところが世の中には逆に、友人が不幸になると、さっさと背を向けて逃げ出す人が多い。そういう連中にかぎって、運が向いてくると、たちまちまた押しかけてくるのである。その時にきっぱりとはねつけてやるのがわれわれの義務であろう。

ヒルティ

友人に不信をいだくことは、友人にあざむかれるよりもっと恥ずべきことだ。

ラ・ロシュフコー

友情は、けっして二人だけの間のものではない。そこが恋愛とちがうところである。

中島健蔵

友情は愛せられるより愛することに存す。

アリストテレス

➤仲直りした友人と、温め直したスープの肉には気をつけよ
〈スペインのことわざ〉

いちど大きなけんかをした友人は、いくら仲直りして表面的には、また以前と少しもかわらない間柄にもどっても、ほんとうのところはなにを考えているかわからない。気心を許しあっていた仲なので、こちらのことを細大もらさず知っている。だから、温め直したスープのなかの肉のように、どんな悪い結果の原因になるかもしれない。長所も、欠点も心得ているだけに、もし、悪意をもって動かれたら、なまじっかな敵よりもずっと恐しい敵になる、といった意味か。

あまり親しくなかった友人と、ちょっとしたことから激しく争い、そのため無二の親友になったという例もある。「雨降って地固まる」「喧嘩のあとの兄弟名乗」とは、日本のことわざ。

真の友をもてないのは、まったくみじめな孤独である。友人がなければ、世界は荒野にすぎない。

フラシス・ベーコン

何か悲しいことのあるとき、あたたかい寝床に身を横たえるのはよいものである。……だがそれよりもさらによい寝床、神々しい香気の馥郁《ふくいく》としてこもっている寝床がある。それは、やさしくて深く、測り知ることさえできないわれわれの友情のことである。

プルースト

順境のときには招待されたときだけわれわれを訪れ、逆境のときには、招待されなくともやってくるのが真の友である。

テオフラスタス

友情——いっしょに寝られない二人の人間の結婚である。

ルナール

友人だということを示すために、お世辞をいってくる人たちがいる。また、反対の方法を用いて、さまざまな不愉快なことを、それも、必ずしも真実とはいえないことを、厚かましくもいってくる人たちもいる。こうした優しすぎる人たちや、粗暴すぎる人たちは追いはらうことにしよう。かれらは友情を理解しない人たちなのだから。

ボナール

真の友情は、うしろから見ても前から見ても同じものだ。前から見ればばら、うしろから見ればとげ、というものではないか。

リュッケルト

友情には確固たる決心が必要だ。さもないとあまりにも安易なものになるだろう。人は時間でも見るように友情の文字盤を参照するだろう。人は暑がるように愛し、寒がるように忘れるだろう。

アラン

➤親しき仲に垣をせよ　〈日本のことわざ〉

どんな親しい友だちだからといって、なにもかも許しあい、みせあって、ベタベタした親しすぎるつきあいをしていると、心と心とで接しているだけに、相手を傷つけてしまうことがあり、不和になって、友情は長続きしない。

その人を一生の友として大切にしたいと考えたら、慣れすぎず、一定の間隔をおいて、注意深くつきあっていかなければならない。あまりにも深く立ち入ってくる人間は、ときに迷惑になるものである。

「親しき仲にも礼儀あり」「思う(近い)仲には垣をせよ」も同じ意味。スペインにも「友情を保つには、間に壁を」ということわざがある。どこの国でも事情はかわらないのだろう。せっかくの友人を失いたくなかったら、節度をわきまえなければならない。

友人とはあなたについてすべてのことを知っていて、それにもかかわらずあなたを好んでいる人のことである。

エルバート・ハーバート

友情は喜びを二倍にし、悲しみを半分にする。

シラー

どんなに正しいことを言ったり行なったりしたとしても、それがために友の感情を傷つけて友を失うようなはめになるのは、愚かなことである。

ホラチウス

友情は愛と同じく、わずかな途切れによって強まるかもしれないが、長い不在によって破壊される。

サミエル・ジョンソン

最も満ち足りた友情にも、卵と同じように、いつもちょっとした隙がある。

ルナール

われわれが友人として選ぶ人びとの性格によって、われわれ自身が形成されやすいこと、そしてそのうえで世間から必ず判断されるであろうこと。このことをわれわれはしっかり記憶のうちにとどめおくべきである。

ヒュージ・ブライア

真の友情は愛情と同じく実にまれである。もし一生渝《かわ》らぬ友情があるとすれば、それは僥倖といえよう。

シャルドンヌ

見えないところで、私のことを良くいっている人は、私の友人である。

トーマス・フラー

だれの友にもなろうとする人は、だれの友でもない。

ブフェッフェルト

貧困とかその他もろもろの不運の

▼病気をやり薬をやる
〈朝鮮のことわざ〉

「初対面のとき、とっつきが悪くていやな奴だと思った人のなかに、ときとしていい人がいます。でも、最初から調子がよくていまにも大きな取り引きをしてくれそうなおいしい話をする人に、あまりいい人はいませんね。きちっとした仕事をして、しかも長く続くのは、はじめのとき、ブスッとして、取りつくしまもなかったような人です。」

とはあるセールスマンの弁。

「病気をやり……」とは、甘言を弄して近づいてくる奴には注意しなければならない。人に病気をうつしておいて、あとで薬をもってきて、その人のために尽くしているようにみせかけて、実は、自分の利益を計るような人物だからである、といった意味。

むろん、あたりはやわらかで、よい人がいないわけではない。

ばあいには、友だちは唯一の避難所と考えられる。また友だちは、若者たちにとっては過失を起こさないための、老人たちにとってはその世話や老衰によるはたらきの不足をおぎなうための助けとなり、働きざかりの人たちのためにはいろいろのうるわしい行為をするための助けとなる。

アリストテレス

友はメロンのようなものである。というのは、美味しいものを見つけるには、百も食べねばならないからである。

メリメ

もっとも仲のよい同士、互いに認めあっている人びとも、互いの考えをすべていい合ったら、生涯の敵となろう。

ジョージ・バンブルー

「互いに忍耐しよう」と、旗印に書かないような友情は、本物ではない。

アドルフ・ヴィルブラント

友人同士は完全な平等のうちに生きる。この平等はまず第一に、かれらが会った時に社会上のあらゆる相違を忘れるという事実から生まれる。

ボナール

いまだかつて一度も敵をつくったことのないような人間は、けっして友人をもつことはない。

テニスン

友だちがなく財布がカラなくらいなら、性悪な敵でもいたほうがまだましだ。

ニッチ・ヴレトン

酒がつくりだした友情は、酒のように、一晩しかきかない。

ローガウ

▼君子の交りは淡《あわ》きこと水の若《ごと》し　〈中国の故事〉

戦国時代の思想家荘子（B.C.三六五年〜二九〇年）のことば。

立派な教養ある人のつきあいは、淡々として水のようだが、友情はいよいよ親しみを増していくということ。『荘子』には、

「君の交りは淡きこと水の若く、小人の交りは甘きこと醴《あまざけ》の若し。君子は淡くして以て親しみ、小人は甘くして以って絶つ。彼の故無くして以て合する者は、則ち故無くして以って離る。」

とある。ふつうの人は甘い交わりをしていても、すぐ絶交してしまう。たいした理由もなくくっついている者同士は、ちょっとした理由で、すぐ離れていってしまうと説いている。小人は利害の状況によって交わると痛烈である。友情が育つかどうかは、交わりの濃さではないらしい。

管鮑《かんぽう》の交わり

中国の故事。

唐代の詩聖として名高い杜甫《とほ》（七一二年〜七七〇年）の詩「貧交行《ひんこうこう》」のなかにあることば。

手を翻《ひるがえ》せば雲おこり手を覆《くつがえ》せば雨ふる、

紛々たる軽薄なんぞ数うるを須《もち》いん。

君見ずや管鮑貧時の交り、

此道、今人棄てて土の如《ごと》し。

義理人情がすっかり地におちてしまった現代では、堅い交りを結んでいたはずの友人でも、ほんのちょっとしたささいな原因でわかれてしまう。まったく軽薄である。少しは、むかしの管仲《かんちゅう》と鮑叔牙《ほうしゅくが》の間のような、貧富にかかわりのない深い友情を見習うとよいだろう、と綴っている。

杜甫によって称揚された管仲と鮑叔牙との交友ぶりは、司馬遷《しばせん》の著した歴史書『史記』のなかに詳しい。

ふたりは春秋時代（紀元前五世紀ころ）の斉《せい》の人で、若いころからの無二の親友であった。ふたりがいっしょに商売をしたとき、管仲が分け前を余分に取った。が、鮑叔は、管仲が自分より貧しいのを知っていたので、ひと言も欲ばりだとはいわなかった。

管仲が、鮑叔のためを思ってやったことが失敗して、鮑叔をいっそう苦しい境遇に追いこんだこともあったが、管仲をけっして愚か者よばわりはしなかった。ものごとには運不運がつきまとうのを知っていたからである。管仲が、なんども主君につかえては馘《くび》になったけれど、鮑叔は絶対に能なしだと笑わなかった。戦いのとき、何度も敗れて逃げ帰ってきたが、やはり鮑叔は管仲を卑怯者とはそしらなかった。管仲に老いた母がいるのを知っていたからである。

戦いに敗れて、主君が自殺したとき、管仲だけが縄目の辱しめを受けたが、鮑叔は恥知らずと非難しなかった。管仲が、小事にこだわらず天下に功名のあらわれないことだけを恥としているのを知っていたからである。

のちに春秋五覇のひとりとなった桓《かん》公を助けて、天下を動かす大政治家になった管仲は、

「わたしを生んでくれたのは父母だが、わたしを知ってくれたのは鮑君である」

と、感謝の気持をこめて述懐している。

これほどまでに自分を知っていてくれる友人がいたらどうだろうか。誰でも、その人のためにかならず世に出て、友情にむくいようと努力するのではあるまいか。

「管鮑の交わり」とは、利害打算によってかわることのない、互いに心を知りあった親密な交わりのたとえである。

3 愛情

▼愛とはなにかを考える人に

健康は、それ自身、一つの宝ではあろうが、時として健康でなくとも、非常に幸福でありうる。しかし愛なくしては、何ぴとも、すぐれた才能をもっているひとでさえ、幸福ではありえない。

ヒルティ

愛は、私たちを幸福にするためにあるのではなく、私たちが悩みと忍耐においてどれほど強くあり得るかを示すためにある。

ヘッセ

愛し得るということは、すべてをなし得ることである。

チェーホフ

愛を拒まばまた愛より拒まれん。

テニスン

愛はすべてを信じ、しかも欺かれない。愛はすべてを望み、しかもけっして滅びない。愛は自己の利益を求めない。

キェルケゴール

愛せよ。人生において良いものはそれのみである。

ジョルジュ・サンド

いたるところに欺瞞と、猫かぶりと、人殺しと、毒薬と、いつわりの誓いと、裏切りがある。ただ一つ純粋な場所は、汚れなき人間性に宿る、われらの愛だけだ。

シラー

愛は信頼の行為である。神が存在するかしないかはどうでもよい。信ずるから信ずるのである。愛するから愛するのである。たいした理由はない。

ロマン・ロラン

愛は理性の帰結ではない。また、一定の活動の結果でもない。それは、歓喜にみちた生命の活動そのものである。

トルストイ

▼愛の讃歌

新約聖書の「コリント人への第一の手紙」第十三章にあるパウロのことばを後世の人々がこう呼んだ。次は、その一部分。

「愛は寛容であり、愛は情深い。また、ねたむことをしない。愛は高ぶらない、誇らない、不作法をしない、自分の利益を求めない、いらだたない、恨みをいだかない。不義を喜ばないで真理を喜ぶ。そしてすべてを忍び、すべてを信じ、すべてを望み、すべてを耐える。

愛はいつまでも絶えることがない。」

愛へのひたむきな賛美であるが、繰りかえし読んでみると、神へのあこがれのように思えてならないのだが……。「愛」とあるところに「神」と入れてもういちど読んでみるとこのことばは、もっと具体的になるような気がしてならない。そんな読み方はないのだろうか。

なんと、一言も言わずに行ってしまったのか。ああ、真実の愛とはそういうものなのだ。真実は言葉で飾るよりいじょうに実行力を持っている。

ピネロ

愛こそは、天上へわれらをみちびく、みちびきの星であり、乾いた荒野の緑の一点であり、灰色の砂にまじる、一つぶの黄金である。

ハルム

財宝も地位も愛に比すれば塵芥《ちりあくた》の如し。

グラッドストン

愛は奇跡であり、愛は恩寵である。天から落ちる露のように。

ガイベル

愛とは何か、とおまえにたずねる。たちこめる霧につつまれた一つの星だ。

ハイネ

人が天から心をさずかっているのは愛するためである。

ボワロー

やさしい言葉と善心をもってすれば、ただひとすじの愛によって象を曳くこともできるだろう。

サアディ

愛は喪失であり、断念である。愛はすべてをひとに与えてしまったときに、もっとも富んでいる。

グッコー

万物は聖なる愛によって動かされる。

ダンテ

愛されることは燃えあがることだ。愛することは、尽きることのない油で照り輝くことだ。愛されるとはほろびることであり、愛するとはほろびないことだ。

リルケ

▼迷える子羊

新約聖書「マタイによる福音書」第十八章にあるイエスのことばのなかに、幼な子の話と失われた羊のたとえがある。

「そのとき、弟子たちがイエスのもとにきて言った、『いったい、天国でだれがいちばん偉いのですか。』すると、イエスは幼な子を呼び寄せ、彼らのまん中に立たせて言われた、『よく聞きなさい。心をいれかえて幼な子のようにならなければ、天国に入ることはできないであろう。この幼な子のように自分を低くする者が、天国でいちばん偉いのである。また、だれでも、このようなひとりの幼な子を、わたしの名ゆえに受け入れる者は、わたしを受け入れるのである。しかし、わたしを信ずるこれらの小さい者のひとりをつまずかせる者は、大きなひきうすを首にかけられて海の深みに沈められた方が、その人の益になる……。』」

このあと、有名な迷える子羊の

愛とは？ かぎりない寛容。些細なことからくる法悦。無意識な善意。完全なる自己忘却。

シャルドンヌ

愛は人間に没我を教える。それ故に愛は人間を苦しみから救う。

トルストイ

愛の悲劇というものはない。愛がないことのなかにのみ悲劇がある。

テスカ

愛は自足してなお余りがある。愛は嘗《かつ》て物ほしげなる容貌をしたことがない。物ほしげなる顔を慎《つつし》めよ。

有島武郎

愛は理解の別名なり。

タゴール

愛する――それはお互いに見つめ合うことでなくて、いっしょに同じ方向を見つめることである。

サン・テグジュペリ

真に愛することは、やがて真に理解することである。

片上 伸

だれからも愛されないのは、大きな苦痛だ。だれも、愛することのできないのは、生のなかの死だ。

ライクスナー

知は愛、愛は知である。

西田幾多郎

愛することはよいことです。なぜなら愛は困難だからです。人間から人間への愛、これはおそらく私たちに課せられたもっとも困難なこと、究極のことであり、最後の試練です。愛は、他のあらゆる仕事がその準備にすぎないような仕事なのです。

リルケ

謙譲な愛は、暴虐よりもずっと効果の多い怖ろしい力である。

ドストエフスキー

たとえが出てくる。

「ある人に百匹の羊があり、その中の一匹が迷い出たとすれば、九十九匹を山に残しておいて、その迷い出ている羊を捜しに出かけないであろうか。もしそれを見つけたなら、よく聞きなさい、迷わないでいる九十九匹のためよりも、むしろその一匹のために喜ぶであろう。そのように、これらの小さい者のひとりが滅びることは、天にいますあなたがたの父のみこころではない。」

神の慈悲、深い愛を語っているところである。皆んなのなかから迷い出た小さな弱い者、たとえば罪人、を救うこと、罪人の改心こそを特に神は望まれるのであると説いている。信仰のない者に納得できないのは、九九匹を放っておいて、迷える一匹を見つけるのが愛であり、喜びであるとする考え方ではなかろうか。

ひとから愛されないものは、ひとを愛しない。

ゴッホ

火が光のはじめであるように、つねに愛が知識のはじめである。

カーライル

愛は死よりも、死の恐怖よりも強い。愛、ただこれによってのみ、人生はささえられ、進歩をつづけるのだ。

ラファーテル

愛は本質的にダイナミック(動的)であって、愛する対象からその最善のものを引き出す運動である。

マックス・シェーラー

人は愛することを学ばねばならない。そしてそれを手に入れるためには、聖杯を探し求める騎士のように、多くの苦難をくぐり抜けねばならない。そしてその旅はつねに相手の魂に向って進むべきであって、そこから逃げてはいけない。

ツルゲーネフ

愛は遠くにあろうとも、
しかしいつも、そこにある。
星の光のように、
とこしえに遠く、また近くに。

アルント

困窮と逆境、あるいは周囲の圧迫におちいると、囚人となるのだ。何がその牢獄から人を解放するかを知っているか。それは、深い本当の愛なのだ。愛の花咲くところには、生命がよみがえってくる。

ゲーテ

しかし、今私は思う。世に報われない愛はない。

ホイットマン

▼一粒の麦

新約聖書「ヨハネによる福音書」第十二章にあるイエスのことば。

「一粒の麦が地に落ちて死ななければ、それはただ一粒のままである。しかし、もし死んだなら、豊かに実を結ぶようになる。自分の命を愛する者はそれを失い、この世で自分の命を憎む者は、それを保って永遠の命に至るであろう。」

とある。一粒の麦が地に落ちて死に、新しい生命を生み出して多くの実を結ぶように、人もまた実、つまり善果を結ぼうと思うのならば、自らの生命を棄てなければならない、と説いている。

この世に生命をながらえようとも、神を拒む者は永遠の生命を失う。信仰のために、現在の生命を棄てる者はとこしえに生きつづけるという。「愛」のひとつのあり方を教えているのではなかろうか。

蜘蛛《くも》の糸

小説家芥川龍之介の童話の題名。この作品のテーマは、人間の救済である。どのような悪人にも一片の慈悲心はある。それが救済のきっかけとなり得る。が、救われるのを妨げるのは人間のもっている利己心であると芥川は語っているようである。

「或日の事でございます。御釈迦様《おしゃかさま》は極楽の蓮池《はすいけ》のふちを、独りでぶらぶら御歩きになっていらっしゃいました。……。」

という書き出しで物語は始まる。

お釈迦さまが池のふちにたたずんで、水の面をおおっている蓮の葉の間から下をながめると、地獄の底にうごめく大泥棒、犍陀多《かんだた》の姿があった。生きているときには、殺人、放火など数々の悪事をはたらいた男であった。が、この極悪非道の罪人も、生前、たったひとつだけ善事をしたことがあった。山の中で一匹の蜘蛛を踏み殺そうとして、小さな生き物にも生命があるのだと、はっと気づき、憐みの心から助けたのである。

お釈迦さまはふとそのことを思い出して、犍陀多を救うために、極楽の蜘蛛の糸をおろしてやる。銀の糸は地獄の血の池のなかで苦しんでいる男の頭の上に垂れていった。犍陀多は、蘇生の喜びの声をあげ、蜘蛛の糸をつかんで登りはじめる。

が、犍陀多がふと下をみると、自分の下のほうにも無数の罪人が、銀の糸にしがみつきながら登ってくるではないか。これでは糸が切れてしまうと思って、

「こら罪人ども。この蜘蛛の糸はオレのものだぞ。お前たちはいったい誰に尋《き》いて登ってきた。おりろ、おりろ」とわめき叫んだ。と、とたんに犍陀多がぶらさがっているところから、ぷっつりと蜘蛛の糸はきれ、あっというまに犍陀多はこまのようにくるくるまわりながら、闇の底に落ちてしまう。

一部始終をじっとみていたお釈迦さまは、悲しそうな顔をして、また、ぶらぶらと歩きはじめる。

「しかし、極楽の蓮池の蓮は、少しもそんな事には頓着《とんちゃく》致しません。その玉のやうな白い花は、御釈迦様の御足《おみあし》のまはりに、ゆらゆらと萼《うてな》を動かして、そのまん中にある金色の蕊《ずい》からは、何とも云へない好い匂が、絶間なくあたりへ溢れて居ります。極楽ももう午に近くなったのでございます。」

と物語は終っている。

これもまた「愛」のひとつの形を語っているのであるまいか。人間のエゴイズムの浅ましさに、お釈迦さまは、悲しい顔をして去っていくのだが、どう解釈したらよいのだろうか。犍陀多が、もし、下に続いてくる罪人たちをいっしょにひきつれて登ってきたとしたら、お釈迦さまはどうしただろうか。

人間を救うのは結局は自分しかない。超自然的な他に頼ってはならないとの教訓か。

4 恋愛

▼恋愛とはなにか
を考える人に

青年の、最初の、しかも深い恋愛の気持はしばしば成年の婦人に、また少女のそれは年長の権威をもった男性に向けられる。すなわち、彼らに母や父の姿を思いうかばせるような人びとに向けられる。

フロイト

恋愛とは、その二人が一体となることであり、一人の男と一人の女とが一人の天使になって融け合うことである。それは天国である。

ユーゴー

恋ごころというやつ、いくらののしりわめいたところで、おいそれと胸のとりでを出ていくものでもありますまい。

シェークスピア

男の愛はその生活の一部であるが、女の愛はその全部である。

バイロン

地上のあらゆる生物・人間・野獣・魚・家畜・鳥類――すべて恋の炎に殺到す。恋はあらゆるものの王なり。

ヴェルギリウス

恋は遅くくるほど烈しい。

オヴィディウス

恋愛に年齢はない。それはいつでも生まれる。

パスカル

恋とは、われわれの魂の最も純粋な部分が未知なものにむかっていだく聖なる憧れである。

ジョルジュ・サンド

期待なしに恋するものだけが恋の味を知る。

シラー

一つのまなざし、一度の握手、いくぶん脈のありそうな返事などによってたちまち元気づくのが、恋をしている男女なのだ。

モロア

▼恋のない一生は夏のない一年

〈スウェーデンのことわざ〉

生きとし生けるものにとって、太陽はひとしく恵みである、と誰でも考える。誤ってはいない。が、中近東など砂漠のある暑い国々の人にとって、はたして太陽は恵みそのものだろうか。熱帯圏にある国々のなかには、月や星を国旗に使っているところは少なくない。太陽は生命をもたらすと同時に、生命を奪っていく危険をはらんでいる存在だからである。

それはさておき。寒くて暗い、太陽のない長い冬をすごさなければならない北欧の人びとにとって、短くとも、太陽の輝かしい光のある夏がどんなに待ちどおしいか。想像以上である。太陽はまさになにものにもかえがたい恵みなのではないだろうか。太陽のある夏が一年を豊かにするように、恋もまた人の一生を楽しくも、華やかに飾ってくれる。

情熱的に恋したことのない男には、人生の半分、それももっとも美しい半分がかくされている。

スタンダール

恋を知るまでは、男子もいまだ男子ならず、女子もいまだ女子ならず。さらば恋は男女ともに円熟のために相互に必要なるものなり。

スマイルズ

恋をして恋を失ったほうが、一度も恋をしなかったよりもましである。

テニスン

愛人の欠点を美点と思わないほどの人間は、愛しているのではない。

ゲーテ

心が激している時には人は誤って愛する。本当に愛するには落ちついて愛さなければならない。

ジューベール

みずから苦しむかもしくは他人を苦しませるか、そのいずれかなしには恋愛というものは存在しない。

アンリ・ド・レニエ

人間の心は愛することを学びながら苦しむことも同時に学ぶ。

ユウジン・ド・ゲラン

まじめに恋をする男は、恋人の前では困惑し、拙劣であり、愛嬌もろくにないのである。

カント

女にとって恋愛は生涯の歴史である。男にとっては単なる挿話にすぎない。

スタール夫人

ある一人の人間がそばにいると、ほかの人間の存在など、まったく問題にならなくなることがある。それが恋というものである。

ツルゲーネフ

▼みにくい愛はない。愛の対象はつねに美しい

〈フランスのことわざ〉

どこの国にも、これと似たことわざがある。日本にもある。「あばたもえくぼ」がそれ。あばたは天然痘（ほうそう）のあと。愛している人のことは、なにからなにまでよくみえる。第三者がみると醜いと思われるところ、欠点までも美しく、よい点にみえるということ。「恋は盲目」であり「惚れた欲目」である。

フランスの名僧ボッシュエ（一六二七年～一七〇四年）は「情熱にとらわれたすべての心は、情熱の対象を空想のうえで美化する。そして、これに自然の与えない光輝を添える」といっている。

愛する者は、相手のすべてが美しくみえるばかりでなく、どのような言動をも鷹揚に許し、そこに大きな喜びを感じる。

恋するとは、自分が愛し、自分を愛してくれる相手を、見たり、触れたり、あらゆる感覚をもってできるかぎり近くに寄って感じることに快感を感じることである。

スタンダール

人間というものは、年が若くて恋をしている時には、どんなことでもまず恋と結びつけて考えるものである。あらゆる苦痛は恋を豊かにし、あらゆる情熱は、たとえそれが恋とはなんのかかわりあいのないものでも、恋の中に注ぎ込まれ、恋を増大させるのである。

サント・ブーヴ

私がこの手を、ランプの炎の上にかざしていられる間だけでいいから、彼女に会わせてください。

ゴッホ

愛人たちのあいだの争いにおいて、自分のほうがよけいにまちがっていたのだと、つねに認めようとするのは、いちばん強く愛しているほうの側である。

スコット

一生涯一人の女なり男なりを愛するということ、それは一本のローソクが生涯燃えるということと同じです。

トルストイ

人が互いに愛し合っているのは、そのことをもはや口に出して言う必要のなくなった時だけである。

デュブュイ

恋愛は発狂ではないが、両者に共通な点が多い。

カーライル

自分の生活に何物かを加え、あるいは何物かを減じ、自分の生活を変えてくれる相手でなければ、愛する価値はない。

モンテルラン

▼惚れた女はいつでもほんとうのことをいう。でも、ほんとうのことをすっかりではない

〈イタリアのことわざ〉

真実ではあるまいか。が、なにもこうした傾向は女性ばかりのものではあるまい。男性だっていくらかそんなところがある。

誰でも、好きな異性があらわれると、できるだけ自分を知って、理解してもらおうとして、自分の身の上のすべてを、こと細かに話したがる。人情である。が、その場合、少しでもよくみてもらいたいという心理がはたらいて、すべてを赤裸々に告白するのを躊躇する。心ならずもウソが入る。こうありたいと願う自分の姿を語るのではなかろうか。

とくに、以前の異性関係など、深いつきあいがあればあるほど、さりげなくふれるか、まったく口にしないだろう。恋する者のやさしさ、ずるさともいえようか。

愛することは、ほとんど信じることである。

ユーゴー

魂は二つだが思いは一つ。一つになって鼓動する二つの心臓。

ベリングハウゼン

恋の感覚は、二人の生身の活力となってはたらき、心と心とが結ばれ、魂と魂とが全身をあげての結合によって一体となっている。

メレディス

男はみんな嘘つきで、浮気で、贋もので、おしゃべりで、偽善者で、高慢かそれとも卑怯で、見さげはてたものであり、情欲の奴隷だ。女はすべて裏切り者で、狡猾で、見え坊で、物見高く性根が腐っている。……しかし人の世にはただ一つだけ神聖な、崇高なものがある。それはこんなにも不完全で、こんなにも醜悪な二つのものの結びつきなのだ。

ミュッセ

物質の影をやどさない恋愛は不滅です。なぜなら、そうした恋愛を経験する精神は不死だからです。愛し合うのはわれわれの肉体ではなくて精神なのです。

ユーゴー

恋する人間は夢遊病者に似ている。彼らは単に目だけでなく、身体で見るのである。

ドルヴィリー

恋というものは心から心に至る最も短い道である。直線である。

モーリス・ブデル

愛されていることの確信は、内気な人をも自然な状態にすることによって、その人に多くの魅力を与える。

モーロワ

恋をすると、人は信じていることもしばしば疑う。

スタンダール

▼愛は咳、隠すに隠しきれぬ

〈東アフリカのことわざ〉

ただ単なる友人や同級生、会社の同僚、先輩といったかかわりあいのなかでつきあっている若い男女は、互いにかなり大胆にふるまっていても、周囲の人びとの目には、それとは写らないし、あまり目立たないのがふつうである。が、両者の間に恋ごころが芽生えてくると、できるだけふたりの関係を他人に知られたくなくなるのだろう。人目を避け、みんなの間にいるときは、なんでもないようにふるまう。逆に、つらくあたったりする。そうすることによって、いままでと同じ間柄ですよと他人に印象づけようとしているのだが、結果は反対である。周囲は、敏感にあのふたりあやしいぞと感じとってしまう。

隠そうとするとあらわれるのが、人間の感情である。とくに若い男女の恋ごころはそうである。

ナルシシズム

西欧の故事。

うぬぼれ、自己愛、自己陶酔のこと。なぜ、ナルシシズムが自己愛なのか。

「エコー」といえば、こだま、山彦の意味である。たいていの人は知っている。が、ギリシア神話のなかのエコーは、美しいニンフである。ニンフとは、ギリシアの下級の女神、若くて、ほとんど裸に近いかっこうをしていて田舎に住んでいた。川や泉の流れに住むニンフがナイアス、山のがオレアス、森にいるのがドリュアスである。

ここに登場してくるエコーは、ドリュアスのひとり。

美少年ナルキッソスに、エコーが恋をする。が、ナルキッソスはエコーの求愛をすげなく拒絶する。が、復讐と因果応報の神ネメシスはその罰として、ナルキッソスが自分の姿に激しい愛着をおぼえるようにする。

美少年は、それとも知らずにある日、のどのかわきをいやそうと泉をのぞき込む。と、そこに映ったわれとわが身の美しさに心を奪われてしまう。そして、魅入られたようにどうしても身動きできなくなる。長い間そうしているうちに、そのままナルキッソスは水辺の水仙と化してしまうのである。

いっぽう、少年が自分の姿の美しさに魅了されて、少しも顧みてくれないのを悲しんで、エコーはすっかりやつれ果て、いつしか身体がやせ細り、消えうせて、声だけが残る。姿がみえず声だけがするのを「エコー」というのはこのためだとか……。

ナルキッソスのラテン名がナルシサス。水仙の花をナルシスという。

泉の面に映る自らの面影に恋し、死に至るほど烈しく心をゆさぶられたナルシサスの悲劇から、自己愛をナルシシズムというようになった。

精神分析学の創始者フロイトは、人間におけるリビドー（愛欲のエネルギー）の発展段階を次のように分類している。①器官愛（自然愛）、②自己愛、③同性愛、④異性愛。

心身が成熟しても、リビドーが異性愛にまで発達しなかったり、いちど異性愛に到達していながら、また低次元のリビドーに退行してしまう場合があると指摘し、リビドーが自己愛にとどまっていたり、自己愛にまで退行している状態をナルシシズムと名づけた。

が、ナルシシズムは、正常に、心身が成熟をし、しかも異性愛にまで発達した成人の男女の心のうちにも、多少は残されているのではあるまいか。うぬぼれのない人間はいないのだから。

ナルシシズムは、いわゆるエゴイズムとイコールではない。が、無縁でもない。

5 性愛

▼性愛とはなにか
を考える人に

恋愛は、接吻で、固いつぼみを開きますが、接吻は、さらに甘い蜜を求めて、深くおりてゆくものです。

テニスン

手の上ならば　尊敬のキッス
額の上ならば　友情のキッス
頬の上ならば　厚意のキッス
唇の上ならば　愛情のキッス
閉じた目の上ならば　憧憬のキッス
掌の上ならば　懇願のキッス
腕の上ならば　欲望のキッス
さてそのほかは　みんな狂気の沙汰

シュニッツラー

性の自由は大人たちからも、どこからも与えられはしない。思春期とか、青年期の男女が自分たちの手で獲得しなければならない。

中尾ハジメ

性本能なしにはいかなる恋愛も存在しない。恋愛はあたかも帆船が風を利用するように、この粗野な力を利用する。

オルテガ・イ・ガセット

男女が相愛して内欲に至るは自然なり、肉交なき恋は、事実にあらずして空想なり。

国木田独歩

恋愛はただ性欲の詩的表現を受けたものである。少なくとも詩的表現を受けない性欲は恋愛と呼ぶに価しない。

芥川龍之介

もともと人間の性は、リプロダクションの性とオーガズムの性との組み合せによって成り立っているものなのです。もしも、人間の性行為が動物と同じように、子を生むだけが目的であるならば、そこには当然シーズン性があってもよいはずです。ところが現実の人間の性行為には、シーズン性は介在していません。まさにオーガズムの性こそ、人間の

➤どんな穴にでも、はまる栓がある

〈フランスのことわざ〉

いかにもフランス人らしい直截さとウイットのあることばではなかろうか。直截的すぎるきらいがある……と感じる人もいるかもしれない。日本にもよく似たものがある。

「破《わ》れ鍋にとじ蓋《ぶた》」

どんな破れ鍋にも、それにふさわしい蓋があり、きちんと一対をなすものだといった意味から、どのような人にもそれに相応した配偶者があるものだというたとえに使う。また、なにごとも似かよった者同士がふさわしいという用い方をする場合もある。

ふたつのことわざを比較して、どちらにウイットがあると軍配をあげるだろうか。西欧の人々は、日本人にはユーモアやエスプリ、ウイットが欠けていると批評するが、日本人もまんざらでもない。

性と動物の性を遠くへだてる文化の産物といってよいでしょう。

吉武輝子

禁欲主義といふやつは、矛盾を秘めた教へで、いはば、生きてゐながら、生きるなと命ずるやうなものである。

坪内逍遙

肉欲を知らぬ動物はないが、これを醇化するのは人間だけである。

ゲーテ

愛は完成の、合一のドラマである。それは個性的かつ非限定的なもので、自我《エゴ》の横暴から解放へと人を導く。セックスは非個性的なもので、愛と一致することもあればしないこともある。セックスは愛を強めたり深めたりすることもあるし、また逆に破壊的に働くことだってあるのだ。

ヘンリー・ミラー

性欲の発動の醇なるものは、真にこれ天下の至美、人生の至楽なり。

高山樗牛

一夫多妻は性的感覚の欠如である。

チェスタトン

「一心同体」ということばは精神的に真理であるだけでなく、生理的にも真理なのである。

ストープス

愛撫は、単に「さすること」ではない。愛撫は加工である。他者を愛撫するとき、私は私の指の下に私の愛撫によって、他者の肉体を生まれさせる。愛撫とは、他者を受肉させる儀式である。

サルトル

性行為はもっぱら生殖を目的とするものだというのは、人間はその勤め先以外の場所に向って歩いてはならないというのに等しい。

N・ポーター

▼肉体的快楽は永続きしない
〈イギリスのことわざ〉

キリスト教的な道徳観に鎧われ、西欧人のなかには、性欲を悪として考え、結婚は子孫繁栄の必要悪だと指摘する人さえある。それほど極端でなくとも、肉体的な欲望は、快楽以外のなにものでもなく、人間の本来的な要求ではないとしている人も少なくない。

「肉体的快楽は自然現象だから、だれでも知っている。しかし、これは愛情ぶかく情熱的な魂にとっては従属的な地位しかもたない。」

「恋愛論」で有名なフランスの小説家スタンダールのことばだが、精神と肉体のどちらの欲求が主で、どちらが従などということがあるだろうか。相互に支えあっていると考えるのだがどうだろう。肉体的欲望は、精神の支えなしには永続きしないし、精神の欲求もまた肉体の支えなしには永続きしないのではあるまいか。

ただの感興であるような愛の行為は反対物の間の相互破壊的な一種の摩擦であり、死の行為である。真に敵対的な反対物とのこの摩擦のうちには、極度の自己実現、自己感動がある。しかし、他との純粋な結びつきにまで自己を投入する愛の行為があって然るべきである。新しい子供を生み出す前に、愛する者同士の合一のなかに、その創造的精神のなかに、何か新しく創造的なものがなければならない。新しい子供の種を生む前に、まずわれわれのうちに新しい花が咲かねばならないのである。

ロレンス

恋は接触である。

マンテガッツァ

人は愛するときに、わざわざ苦しみを求める馬鹿はいない。誰しも、愛の中に肉体の快楽を、――しからずんば一種の肉体的快楽を期待して愛し始めるのだ。

福永武彦

愛の理論の基本的な例は性の領域にある。男性の性的能力の最高点は与える行為にある。男性は女性に彼自身を、彼の性器を与える。オルガスムの瞬間に彼は精液を彼女に与える。彼は、性的能力があるならば与えざるをえないのである。もしも彼が与えないならば、彼は性的不能者なのである。女性にとっても、経過はやや複雑であるけれども異ならない。彼女は彼女の女性としての中心のものへの門を開く。受ける行為において彼女は与える。もしも彼女が与える行為ができないならば、もし彼女が受けることだけしかできないならば、彼女は冷感症である。

E・フロム

性は、愛しあう二人が、単独者の世界を越えて、一対の意識を生み出そうとして異性を呼ぶ声です。異性へのやさしさです。たとえ子供であれ老人であれ、また独身であっても、人間であるかぎりあたためることができる心と肉体の一致点です。異性

▼女はギターではない。弾きおわってから壁には掛けられない

〈ロシアのことわざ〉

女性を楽器にたとえ、演奏する男性によって、出てくる音色がさまざまにちがってくる、とはむかしからいわれている。主として性的な意味で使われているのだが、あえて、女性蔑視との非難をおそれずにいえば、正直なところ、なるほどそうだとうなずかざるを得ない。性的な面にかぎらず、女性は男性しだいである。が、男性もまた女性しだいである。もちつもたれつの関係ではあるまいか。

「女性はギター……」は、ふたとおりに考えられる。ギターは、弾き終ったあと壁にかけられるからよいが、女性はそうではないからやっかいだという意味と、女性をギターのように扱うのは、愛する者として失礼である。いや愛する男性はそんなことはできないという意味と。どちらだろうか。

世界のありのままの姿を呼ぶ声です。性以外の原理でゆがませられることはいやだと、多くの障害をつらぬいて、異性をゆさぶりつづけている生ま身の声です。自分だけが満足したい心とからだの一致点ではありません。

森崎和江

男女の愛情、性の欲求は、人間自然の要求です。これは、どのようにゆがめられた条件のもとでも、男女ともにはげしい要求となって現われるものです。これは食欲につぐ人間の最大の欲望です。だからこそ、男女が愛情を求め、性の満足を得たいという要求が、正しい解決を望んでそれを実現しうるような社会へむかって進んでいくのです。

平井　潔

正しい人間の結婚は、この本然的な男女の性的相違点の上にこそ、適応させ築かれてゆくべきである。もしその相違が根本的にどうにもならないものなら、それと闘うどころか、否定することさえ無意味であろう。しかし、人間の幸福は少なくとも、むしろこの相違に互いに適応してゆく方向にあるのでなければならない。それは困難かもしれない。しかし、これは〝恋愛〟に対して荷なうべき当然の重荷であろう。

キンゼイ

生命はいつも、唯一のいとなみに身をかけて、それをつらぬき通している。生きるということ、生命はそれに全力をかけている。性の本能も、その生命のいとなみとつらなるものである。いやすべての生命は性の本能をもっていることによって、生命であることの身分証明書をもっているのだともいえる。生命を愛し生命を讃美する私は性の本能もまた、生命のかけがえのない大切な幸福だと思っている。

古谷綱武

➤好きな女の手からは飲め、君の手からは飲ませるな

〈アラブのことわざ〉

男性側からの一方的な感想だと、女性はまことに扱いにくい。ほめるとつけあがるし、叱れば泣く。ちょっとよそみをすれば嫉妬する。殺せば化けて出てくる。というのが定説になっている。アラブの世界でも変りがないらしい。

心を許して、男性の手から酒でも飲ませようものなら、たちまちつけあがる、だっこすりゃおんぶ、おんぶすりゃ……とどこまでもエスカレートしてくるのが女性である。いい気になって鼻の下を伸ばしていると、奥の奥まで、ずかずかと入り込んでくる。だから、女性には絶対に心を許してはならない、というのが「好きな女……」の意味。

女によって失敗する男は少なくないが、なにも女のせいばかりではなかろうに……。

性欲とのたたかいは、きわめて困難なたたかいである。それは、性欲から解放されている幼児と老衰者をのぞいて、境遇、年齢をとわず、だれにとってもそうである。だから、成年者と、まだ老境にはいらない者は、男であれ、女であれ、攻撃の好機をひたすらうかがっているこの敵に対して、つねにそなえていなければならない。

「戦争と平和」「アンナ・カレーニナ」などの作品でよく知られているロシアの文豪トルストイのことば。

性欲の起こり方は男と女は同じではない。男性の性欲曲線は、一八歳から二〇歳にかけて頂点に達し、それからしだいに低下していく。女性は、二〇歳をすぎてから性的成熟がはじまり、円熟のピークを迎えるのは三〇歳前後から四〇歳前半くらいである。五〇歳をすぎても少しも性欲はおとろえない。〝三〇後家はたたぬ〟〝六〇婆の嫉妬〟といわれるのもこのためである。

男性は二〇歳前後に激しく女性を求め、女性は三〇歳をすぎてから積極的に男性を求めてやまない。

西欧の故事に「タンタロスの飢え」というのがある。腹がすいているのに水が飲みたいのに、しかもご馳走や水がすぐ前にあるのにどうしても手に入らず、食べも、飲みもできない、といった苦しさのたとえに使われる。

刺激が与えられて起こった烈しい欲望が、いつも満たされない状態……性的に成熟して相手を求めているのに、相手がいないのは、ちょうどそんな状態である。

「童貞をたもつことは人間の本性に反する、ということはまちがいである。童貞をたもつことは可能であり、それは、幸福な結婚よりも、比較にならないほどの大きなしあわせをもたらす。」

とは、やはりトルストイのことばだが、世の生理学者たちは、例外なくいつまでも童貞を守るのは「タンタロスの飢え」そのものであると説く。ノーベル賞に輝く生理学者アレキス・カレルは、

「性愛こそ、あらゆる人類文化の原動力である。どんな科学者でも、大宗教家でも、芸術家でも、みな偉大な性愛の所有者であった。そして、この性愛を無我献身の愛として、自分が対象とする芸術だとか、文芸作品、または科学の仕事、教育などに打ち込んだ時に、その大事業がなしとげられたのである。性愛を正しい方向に向けて、そして、それを高めよ」

といっている。が、われわれ凡人には不可能事であろうか。

大脳生理学者の林髞は、男と女の性的成熟のズレを埋め、人生をより充実して生きるには、人間は一生に二回結婚するのが最良であると主張して、実行した。

6 結婚

▼結婚とはなにか
について考える人に

結婚もまた一般の約束のごとく、性を異にする二人の間の、私とあなたの間にだけ子どもをもうけましょうよね、という契約である。この契約を破ることは欺瞞であり、裏切りであり、罪悪である。

トルストイ

結婚しようという段になると、人は、選ぶのにハタと当惑する。結婚にはそれほど運不運があるからだ！いや実際一番いいのは、全く選択しないことだと私は思う。

フォントネル

結婚——いかなる羅針盤もかつて航路を発見したことがない荒海。

ハイネ

結婚生活はすべての文化の初めであり頂上である。それは乱暴者をおだやかにするし、教養の高い者にとっては、その温情を証明する最上の機会である。

ゲーテ

結婚とは諸君が諸君の全精神をそそぎ込まねばならぬものである。

イプセン

結婚に成功する最も肝要な条件は、婚約時代に永遠のつながりを結びたいという意志が真剣であることだ。

モロア

結婚するまえには両目を大きく開いてみよ。結婚してからは片目を閉じよ。

トーマス・フラー

夫婦の生活の灯は、一生涯を通じて一本のローソクでは足りない。最初のローソクの火が消えかかると、新しいローソクを持って来て、その火を移し、そのローソクが消えかかると、また別のローソクを持ってその火を移す。

志賀直哉

結婚——それは一つのものを創造

▼馬には乗ってみよ人には添うてみよ

〈日本のことわざ〉

馬はただ姿をみただけではよい馬かどうかわからない。乗ってみてはじめて、どのような長所・短所をもった馬かがわかる。と同じように、人も外見だけでは、性格や真価を知ることはむずかしい。赤裸々な気持になって、深い交際をしてはじめて、その人が正しく理解できるという意味。「添うてみよ」とは、いっしょに生活したり、仕事をしたりしてみよということで、夫婦になってみよといっているのではあるまい。

が、世間一般では「夫婦になってみて、相手の性質がはじめてよくわかる」というたとえに使っているようである。しかし、いちいち結婚していたのでは、世の中は混乱する。やはり、なにごとも実際に経験したり、実行してみてよく理解でき、生きた知識として身につくと考えたほうが正しくはな

しようという二人の意志だ。ただし、その一つのものは、それをつくる二つのもの以上のものだ。このような意志を意志する者として、たがいにいだく畏敬の念を、わたしは結婚と呼ぶ。

ニーチェ

男と女——こうもちがった、しかも複雑な二人の人間が、互いによく理解し愛しあうためには、一生を費してもまだ長すぎはしない。

コント

現代のような男女同権を土台とする夫婦生活においては、両方とも、自分の個我、即ち我がままを露出するようになるから本質的に夫婦生活とは、二人のエゴイストの共同生活なのである。その妥協させ、許し合わせるものが、はじめにあったところの愛着である。

好きな人間同士の結婚であれば、結婚後に露出されるエゴイズムや我がままを我慢するだけの愛着が存続する。だから、愛情は結婚生活で実現されるのではなく、愛情が両方にある場合だけ、人は結婚生活の中に出て来るお互いの醜さを耐えるだけの我慢を持つことができるのである。

伊藤　整

不幸な結婚の半数は、当事者の一方が憐憫の気持ちからする気になった結婚です。

モンテルラン

亀の肉がさまざまな味わいを持っているのと同じく、結婚もまたいろいろと変わった味を持っている。そして、亀が歩みののろい動物であると同じく、結婚もまた足どりののろいものである。

キェルケゴール

ひとびとは、たいがい無我夢中に急いで結婚するから、一生悔いることになる。

モリエール

▼賢人の息子なら、
　バカでも結婚せよ
　バカの息子なら、
　賢くとも結婚するな

〈アラブのことわざ〉

中近東の人たちはすごいことをいう。きびしいと逃げ出したくなるような気がする。が、日本でも、見合いの席などで、同じことをいっている。

「娘さんをみるよりも、母親をよく観察するんだ。何十年かの将来、娘さんも母親とそっくりになるんだからね。それでよかったら、貰う決心をするんだ。娘さんの若さにのぼせちゃだめだぞ。」

などと。娘をみるより親をみるとはいい得て妙である。いかにも道理にかなっている。よくも悪くも、息子や娘は両親の雛形である。それも、口の悪い人にいわせると、欠点ばかりが似ているとか……。いか。

結婚生活でいちばん大切なものは忍耐である。

チェーホフ

結婚の問題は、なによりも「生活」の問題です。それはかならずしも「愛」を条件とはしません。あるいは、愛がありさえすればその果実として出てくるというものでもありません。この場合、結婚は愛の死滅のあとにはじまる共同生活であり、ここで必要なものはもはや愛ではなく、人間としての聡明さや、妥協の技術なのです。

倉橋由美子

接吻は続かない。料理は続く。

G・メレディス

すべての境界をとりはらって性急に一つの共同生活をつくるのが結婚の目的ではなくて、むしろ、各々が相手に、みずからの孤独の看視人たることを求め、そのためにあたえなければならない最大の信頼を相互に証明することこそ、りっぱな結婚ではないかと私は感じています。

リルケ

愛は欲求と感情の調和であり、結婚の幸福は夫婦間の心の和合から結果として生ずるものである。

バルザック

男と女とが一緒に暮らしてゆくために必要なものは、情熱でなく、肉でもなく、それは忍耐にちがいない。相手の存在を燦めく光が取囲んでいたとしても、それはやがて消えさって、地肌の醜い部分が露出してくる。それをたじろがずに見詰め、自分の中に消化しようとする。しかし消化しきれない部分が常に残り、絶え間のない違和感と生ぬるい苦痛とを与えてくれる。それを忍耐することが、男と女とが暮してゆくために最も大切なことだ。

吉行淳之介

夫婦間の愛情ってものは、お互い

▼バカはきれいな妻をもつ

〈イスラエルのことわざ〉

あまり美しくもない妻君をもっている男たちのひがみ節に聞えそうだが、さにあらず。これは真実。

美人の妻をもっていると、いつ他の好き男にいいよられるかと心配しなければならず、会社や仕事の仲間からは、ねたまれたり、そねまれたり。あげく、女房の美しさにうつつをぬかして、閨房がいそがしくて、精も根もつきはて仕事どころではなかろうとあらぬ疑いをかけられ、出世は遅れる。

それよりなにより、女房自身の、わたしくらいの美人はもっとよい生活、よい待遇を受けてもよいはずだという強い要求に悩まされなければならず、それができないと、だらしない男と軽蔑され、冷たくあしらわれる。

結果。とうとう恋人をつくられ、あわれコキュの運命をたどるはめになりかねない。

がすっかり鼻についてから、やっと湧き出してくるものなんです。

オスカー・ワイルド

理想の夫、理想の妻を得ようとするから失望するのだ。凡夫と凡婦が結婚するのである。

亀井勝一郎

結婚は個人を孤独から救い、彼らに家庭と子供を与えて空間の中に安定させる。生存の決定的な目的遂行である。

ボーヴォワール

夫婦という社会では、それぞれの仕事しだいでめいめいが相手を助け、あるいは相手を支配する。したがって夫婦は対等であるが、また異なる。かれらは異なるからこそ対等なのである。

アラン

幸福な結婚においては、恋愛の上にいつか美しい友情が接木されます。この友情は心と肉体と頭脳に同時に結びついているだけにいっそう堅固なのであります。

モロア

いっしょになにかを〝する〟必要なんか少しも感じないで、しかもいっしょに〝いる〟ということ——これこそが結婚の本質である。

シュワルツ

男と夫とは同じものではない。同様に女と妻もおなじものではない。

H・エリス

男と女が結婚したときには、彼らの小説は終りをつげ、彼らの歴史が始まる。

ロミュビルュス

結婚のくわだてにおいては、各人が自分の考えの決定者であり、自ら問うてみるべきである。

ラブレー

➤結婚するなら似た者同士

〈イギリスのことわざ〉

案外、保守的である。が、これもひとつの良識といえるかもしれない。日本にだって、「つりあわぬは不縁《ふえん》の因《もと》」というのがあるし、いまだに生きている考え方である。家系、財産ばかりでなく、教養、習慣のちがう者同士の結婚は、破局を招きやすいといましめているのである。まさかと思うかもしれないが、いちど結婚を経験した者なら、実感として受け取れるのではあるまいか。ささいな事柄だが、味噌汁の味、お茶のいれ方ひとつにしても、生活基盤のちがう、たとえば下町と山の手の出身者がいっしょに暮らしてみると、こうも差があるのかと驚くほどである。

ましして、もっと大きな問題になった場合、いやいや小さな問題でも、夫婦別れの原因に十分なり得るのである。

偕老同穴《かいろうどうけつ》

中国の故事。

夫婦仲むつまじく、あなた百まで、わしゃ九十九まで共に白髪の生えるまでといったふうに、生きているときはいっしょに老い、同じ墓のなかに、ともに連れだって葬られようと誓いあったさま、夫婦の円満ぶりをあらわしていうことばである。

無脊椎動物のなかのひとつに、六方星目カイロウドウケツ科のカイロウドウケツという生き物がいる。海綿動物の一種である。

「からだは一般に白く、多くは直径2～4センチ、長さ20～40センチの円筒状で、体壁に無数の流入孔がある。上端には目のあらい格子状のふたでおおわれた大きな口が開いている。（中略）体壁の骨格は、きわめて繊細な長い骨片が格子状に組み合わさってできていて、全体として美しいガラス繊維で編んだかごのようになっているため、英語では〝ビーナスの花かご（Venus' Flower Basket）〟と呼ばれる。」（朝日＝ラルース『週刊世界動物百科』より）

太平洋とインド洋の深海にいるカイロウドウケツの珪質の骨格のなかには、雌雄一対のエビが入っていることが多い。はじめはこのエビを「偕老同穴」といったが、後に〝ビーナスの花かご〟のほうをさしてカイロウドウケツと呼ぶようになった。ちなみにビーナスは海から誕生した美と恋の女神である。

偕老同穴はもともと夫婦のむつまじさを形容したことばだが、いつ、この奇妙な動物にその名をつけたのだろうか。中国の河南省黄河流域にあった国々の民謡として『詩経』（中国最古の詩集）のなかに出てくる詩や物語のなかで使われている。

「撃鼓」という詩は、出征した兵士が、戦いにあけくれ、いつ故郷に帰る日がくるのかわからないまま愛馬とも死にわかれ、戦場をさまよいながら遠い故郷の女を想って歌ったものである。その四章に、

死生契闊《けいかつ》
子とともに説《ちか》いをなす
子が手を執って
子と偕《とも》に老いん

「氓《ぼう》」という物語詩には、

なんじと偕《とも》に老いんとせしに
老いては我をして怨まん

とある。行商人に嫁いだ村の娘の哀しい物語の一節で、どんなひどい男でもいちど嫁いだら、もう村へは戻れないと歌っている。

また、自分のもとに帰ってこない夫を残して自殺した妻の詩「大車」には、

いきてすなわち室を異にすれど
死してはすなわち穴を同じゅうせん

とある。これらの三つの詩から「偕老同穴」ということばが生まれた。

7 離婚

▼離婚とはなにか
を考える人に

離婚は進んだ文明にとって必要である。

離婚は年ごとに増えている。離婚したいと悩みを訴える人も多い。が、経済的な理由から離婚に踏み切れない人もまた少なくない。

「もし、いまわたしが経済的に自立していたらすぐ別れるわ」と発言する妻のなんとたくさんいることか。驚くほどである。が、こんな女性の心のどこかには、結婚は女が男に養ってもらうためにするものという考えがひそんでいるのではあるまいか。

いうまでもないが、愛のある者同士が寄り添い、共同生活をするのが結婚である。どちらが職業をもち、どちらが家庭を守るかは、結婚する男女だけで決めればよい。男だからかならず外に出て働く、女だから家事を担当しなければならないと考える必要もないだろう。

互いに自立できる能力、技術、仕事をもっている男女の結婚は、自立力がなく、離婚の自由もない男女の結婚よりずっと幸福である。離婚への道をはっきりさせることによって、結婚はいっそうありがたさを増してくるからである。

離婚できる自由があっても、すべての人が離婚するとはかぎらない。ほんとうの意味での夫と妻の心身のつながりがなくなったとき、そしてふたたび心身のつながりを求めることが不可能になったとき、いっしょに生活する苦痛ほど人間を傷つけるものはない。その苦しみからひと組の男女を救うのが離婚であり、離婚の自由である。そんな状態に追い込まれた人たちだけが離婚する。

結婚は、永続的に男女が統合しようと決心して行われる。離婚を前提とした結婚などあり得ない。が、ふたりの間にどうしても共同生活を継続できない事情が発生したとき、その関係を解消するのは当然の帰結ではなかろうか。

離婚できる自由を互いにもっている男女の結びつきでも、家庭づくり

モンテスキュー

▼嫁《か》して人の妻となるは難し、然《しか》れども、嫁の母になるは更に難し

〈東郷益子〉

日露戦争の行方を決定したといわれる日本海海戦当時の、連合艦隊司令長官東郷平八郎の母が、益子である。賢婦人として知られている。

結婚して、夫の家族のなかに入り、人の妻となるのは容易なわざではない。が、嫁を迎えいれて姑となるのはもっとむずかしいとの自戒である。

嫁と姑は敵同士といわれ、現在でも、両者の衝突からやむを得ず離婚をする夫婦があるという。もし、嫁が「人の妻となるは難し」と努力し、姑が「嫁の母たるは更に難し」と自制したら、多くの家庭的なトラブルが避けられるのではあるまいか。東郷家では、姑は嫁の方針に一切従い、ひとつも干渉がましい言動をしなかったと伝えられている。

は円満に進行する。たとえば、女性がわたしだって働けるのだと自覚していれば、現在は夫が経済力を受け持ち、自分が家庭を担当していても、養われているといった劣等感は生まれないだろう。家事そのものが生きがいとなるからである。

子どもから解放されたら働こうと考えている妻は、自分の全生活が育児と家事労働だけ、夫や子どもへの献身と自己犠牲のなかに生き、将来、その労働の報酬として子どもにすがろうとする妻、それしか生きる道のない妻より、人間として魅力的である。

夫と妻の立場が逆になっても同じだろう。まるで主従関係にある夫婦のなかの夫や妻より、人間として認めあい、尊敬しあっている夫婦のなかの夫や妻のほうが、幸福であるのはいうまでもない。離婚できる自由は、より強い結びつきを、夫婦愛を育てる基本である。

悪妻は百年の不作であるという。しかし、女性にとって悪夫は百年の飢饉である。

菊池　寛

妻が夫と離婚したいと考える大きな理由のひとつは、夫の乱れた異性関係、夫の浮気であり、性格の不一致である。また、夫が妻と離婚したいと考える大きな理由のひとつは、妻との性格の不一致であり、妻の乱れた異性関係、妻の浮気である。

性格の相違で平和な家庭生活を営めないと離婚を考える不幸を経験しないように、ほんとうに慎重に結婚の相手を選ばなければならない。軽はずみな、無我夢中での結婚は、自分だけでなく、相手にとっても幸せな結果にならない例が多い。

愛があるのなら、簡単にすぐ別れようなどと結論を出さず、お互いの性格を理解しようとまず努力してみることである。

どんなに平穏無事で、感謝しあいながら生活している老夫婦でも、何回か、いっそ別れてしまいたいと悩み、相手を殺してしまいたいほど憎

▼どちらに離婚の責任があったのか。どちらにもあったのだ。あるいは、どちらにもなかったのである

〈メレジコーフスキー〉

夫と妻のどちらに離婚の責任があるにせよ、別れた父母の間にいる子どもへの重大な責任は、どちらも逃れられないだろう。

「愛のなくなった夫と妻が営む、冷えきった家庭に育つ子どもほど不幸なものはない。両親がいがみあい、憎しみあって、人間的な醜さをみせられる苦痛はなにものにもかえがたいだろう。どんなに心の離れた夫婦でも、子どもを育てるためには、やはり、いっしょに暮らすのがなによりだという意見には賛成できない。

愛のなくなった夫婦の間に育つ子どもの不幸を、少しでも早く、多く償うために離婚することである。そして、ふたりの良識ある話しあいで、別居しながらも、子どもに愛を注げる状態をつくってお

しみあうような修羅場を経験してきているものである。最初から最後まで波風も立たずに生きてきた夫婦などあろうはずがない。

どんなに似た者夫婦であっても、性格の相違からくるふたりの間の溝を、愛の寛容で、忍耐を重ね、長い年月をかけて埋めてきているのである。違った性格をもったふたりが、どこまで相手に順応できるか、歩み寄れるか、努力するのが夫婦の生活だと考えなくてはならないのではあるまいか。自分から相手に順応しようとせず、なにがなんでも相手にこちらへ来いと歩み寄りを強制する夫が悪夫であり、妻が悪妻とよばれるのだろう。

愛する者のすべてを知りたい、すべてを共有したいと願うのは、当然といえば当然である。が、なにもかも共有し、知ってしまうと、うまくいっているうちはよいが、ひとたび、性格の相違に気づき、摩擦や衝突が起こると、お互いに逃げ場を失い、相手の欠点だけを攻撃してはばからないようになってしまう。

夫婦は、独立した個人と個人の共同体である。お互いに別な世界をそれぞれもっているはずである。相手の世界を認め、どのような事態になっても立ち入ってはならないと心に決めておけば、そこが、性格の相違による摩擦や衝突の緩衝地帯の役を果たしてくれるだろう。そうした人間的な関係をふたりの間に成立させるためには、お互いに対等な人間として認め、尊敬しあわなければならない。

生まれた場所も、育った環境も、まるでちがう男と女の間に、完全なる性格の一致を期待するほうがむりである。性格の不一致がふつうの状態なのである。性格を一致させようなどと、なまじ考えるからどこかにひずみが生まれ、しだいに大きくなっていって、埋めることのできない亀裂となる。

結婚したら、悪夫、悪妻にならないようにいつも心がけ、努力する必要があるだろう。

けば、子どもは、両親の争いの嵐のなかにいる苦しさから解放され、両親の醜さではなく、よい面ばかりをみながら育てられる」と、主張する人もいる。なるほど、いちおううなずける意見である。が、夫婦が、別れてから、いっしょにいたときと同じ量と質の愛が子どもに注げるだろうか。

両親の離婚から子どもが受けるのは、利益よりも損害である。離婚した男と女が、互いに納得していても、子どもを、心安らかに相手に会わす余裕がもてるだろうか。そうなるまでには長い年月が必要だろう。

いちど結婚したら、絶対に別れてはならないというのではない。が、別れてから、子どもにも愛情を注ぎつづけるためには、さまざまな困難があり、よほどの努力と忍耐を覚悟しなければならないと考える。

子はかすがいとむかしからいわれている。しかし、子どもを産ん

離婚が自由になると、結婚後もひきつづき婚約時代のように、油断なく互いに相手の心を見守り、そして態度と微妙な感覚とで相手を引きつけるため、熱心に自分を新鮮に保つよう努力するだろう。そして、夫婦のそれぞれは――恋愛時代の初めの頃のように――相手にはあらゆる本質的なことを含めて勝手に生活させ、自分では一時的な出来心を抑制することになるだろう。

……貞節を欲する人は、本質的なものにあらゆる気分を結集し、力を集中し、これを偶発的な突風から守る。これだけが人生に品格と偉大さを加えるものである。

エレン・ケイ

夫と妻からの離婚の訴えのなかで、もっとも多いのが性格の不一致であり、乱れた異性関係であると説明した。が、結婚は愛の契約であり、貞節を誓いあった性生活の形式である。だとすれば、貞節は夫も妻も守らなければならない。浮気は、それがどんな浮気であっても重大な契約違反である。本気ならなおさらだろう。

スウェーデンの思想家エレン・ケイはまた、ほんとうの貞節は、離婚を自由にできるふたりの結婚から生まれ、貞節を守ろうとする意志は、その人が誠実に、正しく生きようとする心であると説いている。離婚できる自由をもち、貞節を守りたいと願う心は、人間らしく生きるということなのである。

しかし、どんなに愛があり、貞節であろうと願っていても、ときに一時的な出来心を抑制できなかったり、偶発的な突風から身を守りきれなかったりする場合もあるかもしれない。そんなとき、契約違反だ、どうしてくれるのと、大声で叫び、わいわい騒いでも、状況は少しもよくなるわけではない。騒ぎが大きければ大きいほど、相手の心は離れてしまうだろう。一時的な出来心が真剣なものになりかねないし、偶発的な突風のなかに進んで身をさらしていくかもしれない。

だから、妻は一生を保証された、夫との離別はない、そう考えての「子はかすがい」であれば、そうした女性の生き方には賛成できない。

が、子どもが生まれ、ふたりが共同して育て、愛を注いでいるうちに、ふたりの愛がさらに深まり、人間としての結びつきが強くなる、といった意味での「子はかすがい」ならば、反対する理由はない。愛情によって結ばれた両親と子どもの生活がつくり出す相互扶助の精神は、永続的なものである。育児の報酬でもなければ、義務感でもない。父と母と子の間にかもし出される相互扶助の精神が、社会に広がり、国家を不動のものとし、人間の幸福を生み出す。

愛を基礎として出発した結婚は、離婚の危機に出会っても、簡単に夫婦の結びつきが切れるものではない。愛だけが、人間の脆さを強くする接着剤である。

愛想《あいそう》も小想《こそう》も尽き果てた

日本のことわざ。

ほんとうに心から愛していたからこそ、身も、心も尽くして、一所懸命につとめてきたのに、少しもその気持をわかってくれない。まるで尽くしがいがない人だ。もうつくづくいやになった、という意味に使われる。

信頼していた相手に裏切られ、誠実のなさに心からあきれて、縁を切るときのことばであるが、おもに男女間、夫婦の関係を断つ場合に妻、女性のほうがよく口にする。

夫と妻のどちらが離婚したいと願っても、誰はばかることなく「別れましょう」といえるのが現代である。手続きさえすめばその場で離婚が成立して赤の他人になれる。

が、封建性の強かった江戸時代では、妻は夫の配偶者というより、隷属的な存在であった。人権はほとんど無視されていた。夫が、この妻を離婚しようと考えたら「離縁状」を書いて渡すだけでよかった。それでもう離婚は成立して、妻は夫の家を出ていかなければならなかった。離縁状はだいたい形式が決まっていて、三行半に書かれるのがふつうだったので、俗に「三下り半」といった。文盲の人が少なくなかった庶民階級の夫は、文字を書かずに、紙に筆で、線を三本と半分だけひいて、離縁状とした例もある。女性がいかに奴隷のような存在だったかがわかる。

夫は一方的に妻を離婚できたが、妻は、どんなに夫に対して、愛想も小想も尽き果てても、離婚を申し出るのは困難であり、妻のほうから希望することはほとんどできなかった。愛想がつきて、夫の家を出た妻は、夫の離縁状がないと再婚できないしくみになっていた。もし、再婚すれば、髪の毛をそり落とされて、親元に帰された。離縁状を渡さずに、妻を追い出し、後妻を家に入れた男は、所払いの刑に処せられた。所払いは、住んでいる町（村）からの追放刑。

江戸の川柳に、

奥の手は鎌倉道を知っている

つい其処のように駈け出す松ヶ岡

去り状とるうち年が三つふけ

などというのがある。「去り状」は離縁状。「松ヶ岡」は鎌倉の尼寺で、松岡山東慶寺のこと。離婚をして新しい生活に入ろうとして、夫から離縁状のもらえない妻は、鎌倉にある尼寺、東慶寺に逃げ込み、三年（後年は二四ヵ月、つまり足かけ三年）間だけ、有髪の尼僧生活を過ごすと、離縁状がもらえるという不文律があった。そこで、この寺を縁切寺ともい い、一般には松ヶ岡で通用した。

まことにあわれな話だが、人妻救済にこんな方法があったのは、なかなか興味深い。

8 肉親愛

▼肉親愛について

考える人に

子どもをもつのは、なんと誇らしいことであろうか。子どもが食事をするのをながめ、子どもが大きくなるのをながめることは。また、夜、子どもが天使のようにねむるさまをながめることは。

ペギー

家族の真の喜びは子供たちに尊敬されると同時に子供をも尊敬し、必要なだけの訓練は施すけれども、決して程度をこえないことを知っている両親たちにのみ与えられる。そのような両親たちは、子供が独立を要求するときのあの恐ろしい紛争を知らずにすませるであろう。

ラッセル

子供には、批評よりも手本が必要である。

ジューベール

親苦労する、その子楽する、孫乞食する。

江島其磧

自分自身に欠けていたものが息子に実現されるのを見ようとするのは、すべての父親の敬虔な願いである。

ゲーテ

子を知るは賢明なる父なり。

シェークスピア

天地の間のあらゆる動物において、犬から人間の女に至るまで、母親の心は常に崇高なものである。

アレクサンドル・デュマ

幼児を抱ける母親ほど見る目清らかなものなく、多くの子に取りかこまれた母親ほど敬愛を感ぜしめるものなし。

ゲーテ

女は弱しされど母は強し。

ユーゴー

子どもは食う権利がある。子どもは遊ぶ権利がある。子どもは寝る権

➤熱火を子に払う

〈日本のことわざ〉

子どもとふたりで並んで、焚火にあたっている。と、火のなかの枝がパチンとはねたはずみに、火の子が飛んできて、親の身体の胸のあたりにくっつく。あわてた親は前後の見境いもなく、火の子を手ではらう。その火の子が隣りにいた子どもにあたり、子どもが火傷をおってしまうといった意味。

人がわが身にふりかかってきた災難を、自分が守ってやらなければならない立場にある者に、転嫁してしまうあさましさを非難する場合に使われることば。

わが身のわざわいを他人に肩代わりさせるのも卑劣な行為なのに、まして、いちばんかわいいはずの子どもに移してしまうというのは、人間としてどう批判され、さげすまれても反発のしようがあるまい。が、こんな親は案外少なくないのではあるまいか。

利がある。子どもはしかられる権利がある。

賀川豊彦

知恵ある子は父を喜ばし、愚かなる子は母の憂いである。

ソロモン

児孫のために美田は買わず。

西郷隆盛

子どもは自分のものであって自分のものではないのである。だが、すでに分立しているのだからして、また、人類のなかの人でもある。自分のものであるから、いっそう教育の義務をつくして、彼らに自立できる能力を与えなければならないし、また自分のものでないからして、同時に解放し、すべてを彼ら自身のものたらしめ、一個の独立人としなければならない。

魯　迅

最もよく育てられた子どもというのは、その両親をあるがままに見てきた子どもである。偽善は親の最初の義務ではない。

ショウ

一人の父親は、百人の校長にまさる。

ジョージ・ハーバート

盲目の母性愛のために破滅した人間は、危険な小児病のために破滅した人間より多い。

オットー・ライクスナー

子供を父や母に結びつけていた絆は決して切れる事はないけれど、それはゆるむのである。それは他人に打ち勝たれ、それゆえ他人が魂のなかへ侵入する時期である。

ロレンス

子供からおとなになるのは、ただの一歩、ただのひとまたぎにすぎない。孤独になること、自分自身になること、両親からはなれること、こ

▼親子は一世夫婦は二世主従は三世

〈日本のことわざ〉

一世二世とは、仏教の考え方から出てきたことば。現在、生きている世の中が現世、いまの世に誕生してくる前に生活をしていた世の中が前世、死んだ後に生まれかわる世の中が来世である。一世とは現世一回、二世とは現世と来世の二回、三世とは前世、現世、来世の三つをさしている。

親と子の愛の絆は現世だけで終りとなるものであり、夫婦は現世だけでなく来世までも堅く結ばれている。主従は、三世にわたって主となり従となって続くほど、結合は深く離れがたい、といった意味。

結婚することを二世を契るともいう。

現代社会での親子、夫婦、主従のかかわりあいをみると、このことわざの反対である。

れらが子供からおとなへ進む第一歩なのである。

ヘッセ

斃れた親を喰い尽して力を貯える獅子の子のように、力強く勇ましく、私を振り捨てて人生に乗り出していくがいい。

有島武郎

思い出の母よ、最愛の恋人よ、おん身、わが歓びのすべて！　おん身、わが絆のすべて！

ボードレール

父のいましめは、みなわが身の幸。

一茶

私は成人してから、よき師、友人に恵まれ、いろいろの恩を受けたが、そのだれにもまして母から受けた愛と教訓と模範が、どんなにすばらしかったことか。

バルフォア

ぼくがお父さんを愛しているとすれば、それは、ぼくのお父さんだからというわけじゃなくて、ぼくの友だちだからなんだ。

ルナール

われわれの両親がわれわれにおいて彼ら自身を愛するごとく、われわれもまた、われわれの子においてわれわれ自身を愛す。

ボーリングルック

いかなる距離も血縁を断ち切らず、兄弟は永久に兄弟なり。いかなる激烈な無情も憤怒もこの磁石にまさることなし。

キーブル

兄弟は金銭よりも尊いものである。金銭は自分が保護しなければならないが、兄弟は自分を保護してくれるものである。金銭は感情のないものであるが、兄弟は同情のあるものである。

ソクラテス

▼親の心子知らず　〈日本のことわざ〉

どんな親でも子どもを思わない親はいない。が、子どもは親の深い愛情がわからず、勝手なふるまいばかりする。そんな意味であるが、親対子の関係だけでなく、目上の人の心を目下の者が、少しも理解しようとせず、まるで反対の言動をして、心配させる場合にも使われることば。

成長して、巣離れしていきながら、反抗的になっていく子どもを、自分ひとりで育ったような気持で……と嘆く。不幸だと悩む。が、よく考えてみるとよい。子どもが幼なかったころ、どんなに親たちに、かけがえのない悦楽を子どもは与えてくれただろうか。このうえもない幸福を味わったのではなかったか。あの時代の、すばらしい経験を思えば、巣立っていく子どもの反抗への苦情など、いえた義理ではないのではあるまいか。

喧嘩をしても打っても打たれても、ののしっても、ののしられても、絶交しても骨肉は骨肉だ。まさかの時は飛んで来て力になってくれる。

徳富蘆花

愛情は家庭に宿る。

プリニウム

一家の親睦をはかるには、欲をはなるること第一なり。一つ美味あれば、一家こぞって食し、衣服を製するにも、必ず良き長にゆずり、自己をかえりみず、互いに誠を尽くすべし。ただ、欲の一字より親族の親しみも離るるものなれば、その証拠を絶つこと肝要なり。

西郷隆盛

親子夫婦の愛こそ第一の道であり、国民全体の義務とその結合関係です。これらの道は神々からきております。その他の道は人間の作ったものでございます。

ヴォルテール

家の美風その箇条は様々なる中にも、最も大切なるは家族団欒、相互にかくすことなき一事なり。

福沢諭吉

数年の修業時代と、免れ得ない流浪生活の後に悦びと愛情とを抱いて再び最も自然な情愛に、この夜のスープを取り囲む団欒に帰ってくる時がおこるのである。この団欒こそ学生や哲学者や大臣や兵士や芸術家を、冷たい残酷な世界で過された骨の折れる日々の終りに、再び人の子に、人の親に、祖父母に、もっと簡単に言えば人間にするのである。

モロワ

人間は自分のほしいと思うものを求めて世間を歩きまわり、そして家庭にかえった時にそれを見いだす。

ジョージ・ムア

炉辺のまどいより愉しきところなし。

キケロ

▼かわいい子には旅をさせよ　〈日本のことわざ〉

ここでいう「旅」は、むろん旅行ではない。家を離れ、故郷の土地を去って、他人のなかで働き、自活すること。

子どもが、ほんとうにかわいいのであれば、甘やかさず、なるべく早く、親の庇護のもとから放り出して、ひとりで苦労させ、人情の厚い薄い、世の辛酸にふれさせ、多くの経験をとおして、実社会を学ばせるのがもっともよい教育であるとの意味。

過保護に育て、ただ学校の、受験のための勉強さえしていれば、よい子よい子となにも子どもにさせない家庭が少なくない。が、こんな育て方をされたなら、将来、苦しさを味わい、不便を忍ばなければならないのは、子ども自身である。大学入試、就職試験にまでついてくる親がいる世の中、どこか狂っている。

連理《れんり》の枝《えだ》

中国の故事。

深い孝心のたとえ。また、夫婦の深い契りのたとえでもある。

後漢末の文学者蔡邕《さいよう》（一三二年〜一九二年）は、経典の文字の統一者として知られているが、たいへんな親孝行な人物としても名高い。

母親は晩年、三年間の病床にあった。その間、邕はずっと着物を脱がずに看病し、くつろいで寝ることもなかった。さらに病気が重くなると、百日の間床にも入らなかった。そして、母親が亡くなると、墓のそばに小屋をつくって、そこで長く喪に服した。

後に、邕の部屋の前に二本の木が生えた。その木はいつの間にかくっついて木目（理《り》）がつながってしまう。世間の人びとは、なんとまあめずらしいことがあるものだと噂しあい、その木をみに、遠く近くから大勢の人がやってきて、邕の親孝行がこのような不思議な現象を起こしたのだと感心し、話しあった。

この話は『後漢書』（南朝の范曄《はんよう》が著した後漢史）の「蔡邕伝」に載っている。が、ここには枝についての記事はなく、ただ「木が生えて理《もくめ》を連ねた」とあるだけ。〃連理〃を孝と結びつけているが、後には、むしろ宋の康王の暴虐に屈しなかった韓憑《かんぴょう》と妻何《か》氏との夫婦愛の物語によって代表されるようになった。

〃連理〃は「比翼《ひよく》の鳥、連理の枝」というふうに〃比翼〃と並べて使う場合が多い。唐代の天才詩人白居易、号は楽天（七七二年〜八四六年）の「長恨歌」の終りに、玄宗皇帝と楊貴妃との永遠の誓いのことばとして出てくる。

天にあっては願わくは比翼の鳥となり、
地にあっては願わくは連理の枝とならん。

比翼の鳥とは、想像上の鳥で、雌雄それぞれ目と翼がひとつで、二羽並んではじめて両翼がそなわるので、いつも一体となって飛んだとされている。

「比翼の鳥、連理の枝」は、男女の契りが深く、夫婦の仲がむつまじいときに使われる。長恨歌のなかのことばも明らかにそうである。

「比翼連理」「連理の契り」「鴛鴦の契り」も同じ意味。

鴛鴦は、おしどりである。おしどりはいつも雌雄がいっしょに行動し、一羽が死んでしまうと残されたほうは思いこがれてやはり死ぬといわれている。

ちなみに「鴛鴦の衾《ふすま》」は夫婦のベッドのこと。

夫婦の情愛が細やかなようすを形容するのに「琴《きん》瑟《しつ》相和《あいわ》す」ということばもある。「瑟」は大型の琴である。琴と大きな琴とはよく合奏され、音の調子がすばらしくて、楽しい雰囲気がかもし出されたところから、夫婦仲のよいことをあらわすたとえになった。兄弟仲、友だち仲のよい場合にも使われる。

9 隣人愛

▼隣人愛について考える人に

富んでいる者が神の国にはいるよりは、らくだが針の穴を通る方がもっとやさしい。

イエス・キリスト

人間の愛、ヒューマニティについて語っていることばは、聖書のなかには多い。「富んでいる者……」もそのひとつ。「マタイによる福音書」の第十九章にある。

「すると、ひとりの人がイエスに近寄ってきて言った、『先生、永遠の生命を得るためには、どんなよいことをしたらいいでしょうか。』イエスは言われた、『なぜよい事についてわたしに尋ねるのか。よいかたはただひとりだけである。もし命に入りたいと思うなら、いましめを守りなさい。』彼は言った、『どのいましめですか。』イエスは言われた、『〝殺すな、姦淫するな、盗むな、偽証を立てるな。父と母とを敬え〟また〝自分を愛するように、あなたの隣り人を愛せよ。〟』

この青年はイエスに言った。『それはみんな守ってきました。ほかに何が足りないのでしょう。』イエスは彼に言われた、『もしあなたが完全になりたいと思うなら、帰ってあなたの持ち物を売り払い、貧しい人々に施しなさい。そうすれば天に宝を持つようになろう。そして、わたしに従ってきなさい。』この言葉を聞いて、青年は悲しみながら立ち去った。たくさんの資産を持っていたからである。

それからイエスは弟子たちに言われた、『よく聞きなさい。富んでいる者が天国にはいるのは、むずかしいものである。また、あなたがたに言うが、富んでいる者が神の国にはいるよりは、らくだが針の穴を通る方がもっとやさしい。』」

人間愛とは、このような自己犠牲の精神ではあるまいか。が、人は、なかなか自分を愛するように隣人を愛せない。

西欧の故事

プロクラステスのベッド

プロクラステスは、ギリシアの

▼天に唾《つば》をする

〈中国のことわざ〉

上に向ってつばを吐けば、かならずそのつばは自分の顔におちてくる。身のほどもわきまえず、人の悪口をいったり、人に危害を加えようとすると、その悪口や態度、行動がそのまま自分の欠点にもあてはまり、かえって自分の身を傷つけ、災いを招く、という意味。

「悪人、賢者を害せんとして天を仰ぎて唾す、唾は天を汚さず、かえりて己が身を汚す」

と、中国の経典『四十二章経』にある。この経典には、愛欲の恐るべきことを説き、身近なたとえをひいて、日常実践の適切な教訓がたくさん盛られている。

「天に唾」に類することわざは、どこの国にもあるが、イスラエルのものが面白い。

「人をそしって傷つくのは、そしった人、そしられた人、それを聞かされている人」

アッチカに住む恐しい盗賊である。

旅人がやってくると、プロクラステスはまず巧みに自分の住み家におびきよせ、特別なベッドに休みなさいとすすめる。そこまではまことにやさしい。が、旅人がベッドに身体をよこたえるのをみて、もし、旅人の背たけが足りないと、むりやりに身体を引き伸ばし、逆に長すぎるとベッドからはみ出した頭や足を切り落した。

プロクラステスは、こうして多くの人々の生命を奪った。残忍きわまりない殺人鬼でもあった。しかし、のちに英雄テセウスの手によって、自分が旅人にほどこしたと同じ方法で殺されてしまう。

「プロクラステスのベッド」とは、この物語から、ある絶対的な基準を設定して、あらゆる現象を画一的に割り切ってしまうこと、なんでもかでも型にはめるやり方を意味するようになった。

人間は誰でも、心のなかに一人ひとり独特の「プロクラステスのベッド」をもっているのではあるまいか。むろんそれは当然であり、そうでなければならないだろう。が、とかく自分自身の基準によって、ものごとを評価、判断しがちである。

そして、よかれと思い、善意でやったことが、相手の身体をむりに引き伸ばしたり、心ならずも頭や足を断ち落す結果になったりする場合が少なくない。善意なのだから、よい行為なのだから、かならず相手のためになると盲信してしまうと、かえって相手に迷惑をかけ、傷つけたりする。さらに哀しいのは、善意の人々はそれを少しも気づかないことではあるまいか。

人間はぜひとも愛することを学ばなければならない、とは誰のことばだったか、愛することはほんとうはむずかしいのである。

西欧の故事

わにの涙。

「わにが、水ぎわにいる人間をみつけると、できればこいつを喰って

▼友だちになっても、隣人にはなるな

〈アラブのことわざ〉

よき隣人になるのはなかなかむずかしい。あまりにも利害が重なりあい、互いに気持を知りつくしているので、ほんのちょっとした言動が敏感にわかるからである。

自分の家の近隣の出来事を思い出してみるとよく理解できるのではあるまいか。また、国際外交の場での隣国同士のいがみあいは、数えあげればきりがないほどである。

「隣人を愛す」のは、至難のわざである。が、だからこそ「愛せ」と説く人は多いのだろう。仲よく、いつまでもつきあっていこうと思ったら、隣人にはなるなとは、生きていくうえでの人間らしい知恵といえる。

「家を建てる前に隣りを建てよ」「悪い隣人は大王さま」というのもある。

しまいたい。喰ってしまったあとで、涙を流して悲しんでやればよい、と考える。わにはそうした残酷な奴だ」といった考え方が、むかしから西欧世界にはあった。ここから「わにの涙」とは、偽善的なそら涙をいうようになり、わには偽善の象徴となった。わにには迷惑な話だろうが。

人間愛と称して、わにの涙を流し、裏ではこっそり甘い汁を吸っている悪い奴が世の中にはたくさんいるのではあるまいか。

「わにの論法」ということばもある。

むかし、エジプトのナイル川のほとりに住むひとりの父親が、わにに子どもをさらわれる。父親は、なんとか子どもを返してほしいと懇願する。と、わには内心せせら笑いながら

「オレが、子どもを返す気持があるかどうかあててみろ。もし、あたったら返してやろう」

という。わににはもともと子どもを返すつもりなどはない。わにの奴は、もし父親が「返してくださるでしょう」と答えたら、「あたらなかった」といい、子どもを喰おう、で「返さないつもりでしょう」といったら「返すつもりだったのに、あたらなかったから返せない」とつっぱねる魂胆である。どっちにしても自分の思いどおりにする、そんな詭弁をろうすることを「わにの論法」というのである。

考えてみると、ずるがしこいこのわにだけでなく、日常生活のなかで、誰もが多かれ少なかれ、自らの言動を正当化するためにわにの論法を使っているのではなかろうか。他人に対してはもちろんのこと、とくに自分自身にはそうではあるまいか。都合のよいように、やすきにつくために、わにの論法は大手をふってまかりとおる。隣人愛も、わにの涙、論法であってはならないだろう。

私は一つの痛切な願いを持っている。それは私がこの世に住んだが故に、少しだけ世の中がよくなったと

▼人は知らずに裁き、神は知って罰する

〈エチオピアのことわざ〉

芸能週刊誌、女性週刊誌など多くの印刷媒体には、さまざまな人々の噂話、ゴシップが真偽をとりまぜて掲載されている。

「わたしも知りませんでした。ほんとうのことを書かれるのならいいんですが、まったくのでたらめですから……」

と、少なからぬ被害、精神的なショックを訴えるタレントも多い。

雑誌や新聞の記事がうそか、ほんとうかは神のみぞ知るだが、よい話ならともかく、人に隠しておきたい事柄が暴露されたのであれば、編集者の意図がどうであれ、一種の裁きではないだろうか。

ジャーナリズムだけではない。同じような裁きを、誰でもが、それとも意識しないでやっている。神も恐れぬふるまいである。

いうことが確かめられるまで生きたいということだ。

リンカーン

まことに人間的な、素朴な願いではあるまいか。誰だってそうだろう。が、自分が存在したために世の中が少しはよくなったと確かめられる人はきわめて少ない。アメリカの奴隷解放という大きな仕事をしたリンカーンでさえ、その成果がどうなったか見届けないまま暗殺されている。

いや、当時、奴隷解放に快哉を叫んだのは北部の知識人とごく一部の黒人たちだけであった。南部の人々と奴隷であるほとんどの黒人は、とまどいをみせ、それほど喜ばなかった。悲しむ者さえいたのである。しかし、リンカーンは、人間愛の立場から、自分がすばらしい仕事をしたのだと、天国からその後の経過を眺めているのではないだろうか。

新約聖書「マタイによる福音書」第五章に

「あなたがたは地の塩である。もし塩のききめがなくなったら、何によってその味が取りもどされようか。もはや、なんの役にもたたず、ただ外に捨てられて、人々にふみつけられるだけである。あなたがたは、世の光である。山の上にある町は隠れることができない。また、あかりをつけて、それを枡の下におく者はいない。むしろ燭台の上において、家の中のすべてのものを照させるのである。」

というイエスのことばがある。塩は防腐性、保存力、調味力をもち、人間の生命維持になくてはならない食品なので、イエスは、信徒たちに社会の模範たれと塩をたとえとしていったのだろう。世の光もまた同じ。

キリスト教徒であろうとなかろうと、隣人愛、ヒューマニズムの根本は、地の塩になることではないだろうか。その人の存在によって、周囲の人々が生かされるのが愛である。

▼遠くからきたものは信じないで、そこから帰ってきたものを信ぜよ

〈スペインのことわざ〉

よそ者への拒絶反応は、どこの国でも強いらしい。東京近郊の田園の町に、引越していき、住みついた人が、その町内の冠婚葬祭の講に参加させてもらったのは、住みはじめてから一五年めだった、という話がある。そこで子を産み、子どもが中学生になるころになって、ようやく信用され、仲間扱いされ、土地の人間と認められたのである。

「遠くから……」は、よそ者に対しては、ゆめ警戒心をおこたるなという教訓。よそ者はなにを考えているかわからないが、土地の人で、旅に出て、さまざまな見聞をつみ、経験をして帰ってきた者は、知識も豊かになっているだろうから、得るところがあるにちがいない、というわけ。

疑心暗鬼《ぎしんあんき》を生ず

中国の故事。

心に疑いの念をいだいてびくびくしていると、暗がりのなかで、なんでもない物が、鬼の形に見えたりする。ということから、先入観があると、あるいは疑う心があると、ものごとは正しく判断できず、往々にしてまちがいを起こすといった意味に使われる。

疑心暗鬼に関する話は、中国の古い本にいろいろ例があげられているが、なかでも『老子』『荘子』と並んで道徳の本として知られる『列子《れっし》』に載っている「説符篇《せっぷへん》」のエピソードは興味深いもののひとつである。

ある男が大切にしていた斧をなくしてしまった。どこでなくしたのかさっぱり見当がつかない。誰かに盗られたのかもしれないと思いはじめた。さて、そう思ってみると、どうも隣の息子が疑わしい。自分と会ったときの挙動も、こそこそしていたし、顔色も悪く、ことばつきもおどおどしていた。斧を盗んだのはてっきり隣の息子だと心に決めてしまった。ところが、なくしたはずの斧は、自分が谷間に置き忘れてきたのだと思い出して、行って探すとひょっくりみつかった。おやおや疑って悪かったなと考えながら家に帰ってきて、隣の息子をみると、挙動も顔色もことばつきも少しもおかしくはなく、ふだんとちっともかわってみえなかった。

日常生活で、自分勝手な想像から、怪しくない者まで怪しくみてくる経験をいちどはしているのではないだろうか。

「説符篇」にある話をもうひとつ。

ある人の庭にあるあおぎりが枯れてしまった。すると隣の親爺が、

「枯れたあおぎりは縁起がよくないですよ」

と忠告してくれた。そこで、その人はあわててその木を伐り倒した。隣りの親父がさっそく薪にするから譲ってくれといってきた。さては薪がほしいばっかりに、人をだましたんだなとすっかり腹を立てたという。

戦国春秋時代の大学者・韓非の表した『韓非子《かんぴし》』の「説難篇《ぜいなんへん》」にも面白い話がある。

宋の国のある金持の家で、ある日、雨のため土塀が崩れた。息子がそれをみて、

「このままにしておくと泥棒が入るよ」

といった。隣家の親爺も同じ忠告をした。ところが、その夜、泥棒が入り、家財をごっそり盗まれてしまった。金持の家では、泥棒を予言するとはなんと頭のよい息子だと感心した。いっぽう、隣の親爺は、塀がこわれていたのを知っていたから、犯人ではないかと疑われた。

同じ忠告が、聞く者の先入観で、このように受け取り方がちがってくるのである。

10 愛国心

▼愛国心について考える人に

他の国々を見れば見るほど、私は母国を愛するようになる。

スタール夫人

いま、真面目な顔で「愛国心」はあるか、などと声高にいったらどうだろうか。若い人びとに、時代錯誤だと笑われそうだが、しかし、自分の生まれ、育った土地、国への愛着心のない人がいるだろうか。愛国心とは、実は、そんな素朴な心情をいうのではあるまいか。

外国旅行を、というより、外国で長い間暮らした経験のある人にはふたとおりのタイプがある。ひとつは、外国の風俗習慣、食べ物などに、なんの抵抗もなくとけこみ、その国の人とまったく同じように生活している人。もうひとつは、外国の生活習慣に従いながらも、できるかぎり日本的なものを取り入れていこうとする人である。

が、どちらのタイプにしろ、外国生活のなかで、否応もなく思い知らされるのは、自分が日本人であるということらしい。

あるときはことばで、あるときは態度やものごしで、日本人とは、日本とはと、さまざまな形で問いかけられる。いきおい、日本と日本人について考えざるを得なくなる、と述懐する人は少なくない。

外国人から、日本についての賛美のことばを聞くのはおもはゆい。が、日本について、フジヤマ、ゲイシャガール的な認識しかない人や、中国の一地方でしかないといった知識の持ち主に出会うと腹立たしい。また、日本への敵意や憎しみ、黄色い平板な顔へのあからさまな蔑視を感じると、激しい怒りをおぼえる。

おもはゆさ、腹立たしさ、怒りなどの感情は、純粋な意味で個人的なものではないだろう。日本人であるがゆえに起ってくる情緒ではあるまいか。こうした心の動きは、誰もがもつ、生まれ育った国への正直な気持ではないだろうか。

私にとって、愛国心は人類愛と同一である。私は人間であり、人間的

▼国乱るれば則ち良相《りょうしょう》を思う
〈中国の故事〉

国が乱れて危うくなると、国民はひとしく心に思う。こんなときすぐれた宰相（総理大臣）がいたらと……。良相の出現を痛切に願うのは、どこの国の人びとも同じらしい。が、願ってもなかなか得られないのが、良相ではあるまいか。ここ百年の日本の歴史をみてもそれがいえそうである。

平和時だからといって、愚劣な宰相でよいわけではない。そんな大臣のもとでは、たちまち平和が平和でなくなるからである。いつの場合でも、国を憂い、国民を考える、真の意味での愛国心をもった宰相でなくては、かえって国を危うくする。

「家貧しければ則ち良妻を思う」ということばが「国乱るれば……」の前についている。良妻はまことに頼もしく、凡夫を勇気づけるのである。

なるが故に愛国者である。

ガンジー

毎日の忙しさに追われて、日本と日本人についてなど、考えもしなかった人が、たまたました外国旅行によって、日本について思いめぐらし、日本はやっぱりいい、日本人に生まれてよかったと自覚する場合がしばしばあると聞いている。外国の風物と自らの国を比較して、はじめて母国とはなにかをおぼろげながらも感じとるきっかけをつくる人は多いのではあるまいか。

話はかわるが、いまもし、外国の軍隊が突然侵入してきて侵略をほしいままにし、自分の家族を凌辱したらどうするだろうか。仕方がないとあきらめて、手をこまねいているだろうか。むだと知っても、せめてもの抵抗をするだろうか。どちらだろう。

ほとんどの人が、相手にむかって攻撃をしかけないまでも、自分がいちばん愛する者を危険からできるだけ遠ざけようと、わが身を犠牲にしても、守ろうとするにちがいない。第二次世界大戦のとき、空襲にあって、子どもにおおいかぶさるようにして焼死していた母親は数かぎりなくいた。うつぶせになって死んでいるその姿には、せめてこの子だけはというせつない親心が、哀しいほどあらわれていた。

愛する者を守ろうとする気持、それらの者たちの幸せを願う気持、そして、いとしい者たちの住んでいる土地が、かぐわしくも、美しく、よいところであってほしいと思う気持は誰にでもあるのではないだろうか。

愛する者たちのためならば、喜んで、自己を犠牲にしようとする心のはたらきが、愛国心につながるのではあるまいか。

愛国心などというと、いかにも大時代な響きがあるが、人間が人間をいとおしむ心情にほかならないのである。

われわれが、ときには祖国よりも

▼いざ鎌倉

〈日本の故事〉

さあ、一大事が起こったというときには……といった意味。

むかし、北条時頼が諸国を巡り、世情をさぐっているとき、大雪に道を迷い、佐野源左衛門という武士の家に一夜の宿を請う。その折、源左衛門は大切にしていた鉢の木を折って薪として時頼のために暖をとり、もてなしながら、自分はいま貧乏のどん底にあるが、いったん鎌倉（幕府のある所）に一大事が起こったら、早速はせ参じ、お役に立てるよう、いつでもその用意はおこたっていないと語る。

謡曲「鉢の木」にある話だが、鎌倉幕府を守るために、いつでも地方武士がはせ参じられるように、関東には鎌倉への道路が開かれていた。いまでも鎌倉街道という名がいたるところに残っている。なにかあると武士たちは「いざ鎌倉へ」とかけつけた。

正義を好んだようにみえたとしても、それは祖国を正義のなかで愛したいと欲したからである。

「祖国を正義のなかで愛したい」 カミュ

という思いは、父親を力強く、正しい人間だと信じたい子どもの願いに似てはいまいか。

幼いころ、父親は子どもにとって、偉大な存在であり、万能である。が、父親との身体的な大きさの差がしだいになくなってくるにつれて、偶像であった父親は、平凡なとるに足りない人間として、子どもの目に写るようになる。いつまでも父親は〝えらい人〟であってほしいと願いながら、現実とのギャップのなかで、父親への軽視の心が育っていく。

どんなにたよりないと感じられた父親であっても、自分が父親という立場になり、子どもを育ててみると、父親の苦しみや悩み、愛情、大きさがわかってくる。そして、ああ、あのとき、もっと理解してやり、思いやりをみせてやればよかったと反省する人は多いのではないだろうか。

話はそれたが「祖国」ということばと、身近にいる誰かの名前を入れ替えてみると、俗な方法ではあるけれど、愛国心とはなにかが、生理的に把握できるのではあるまいか。

愛国心について語るとき、実は、父親よりももっと母親の姿を思い浮かべる。父親に叱られている母親をみたりすると、子どもは、母親をかわいそうだと感じ、守ってやろうと心に決め、父親を憎む、いつかやっつけてやろうとひそかに思った経験のある人は少なくないだろう。

母親は誰よりも魅力的で、クラスの仲間から「お前のお母さんきれいだな」といわれてほしいと、子どもは願う。父母の会のときなど、服装や化粧についていろいろ注文をつけるのはこのためである。醜い、人から蔑まれるような母親はいやだと考えている子どもの純粋さは、愛国心に近い。

祖国愛は家庭愛の中に芽生える。

▼火中の栗を拾う 〈西欧の故事〉

他人の利益のために困難なことに手を出したり、自己の利益にならないのに、紛糾した事態を収拾するために、介入したりするたとえ。人のよい主人のもとで猿と猫が暮らしていた。ある日、炉のなかで栗がおいしそうに焼けていた。二匹とも栗が食べたくて仕方がない。悪知恵にたけた猿が、

「君の腕のみせどころだぞ。ボクだって神様が火のなかの栗を拾えるようにつくってくださっていたら、片っぱしから拾ってみせるのだがなあ。残念だ」

と猫をおだてる。と、猫はおだてにのって次々と火中の栗を拾うが、猿はそれをどんどん食べてしまう。たまりかねた猫は怒り出す。そこに女中がやってきたので、やむなく猿も猫も逃げ出していく。

イソップの寓話である。

ディッケンズ

家族を愛し、家庭を守ろうとする心と、祖国を愛し、守ろうとする心とは本質においてまったくかわりがない。家族を構成する一員であれば、父親であれ、母親であれ、幼い子どもであれ、もし理不尽に侵入してくる誰かがいたら「なにをするのだ。乱暴はよせ」と叫ぶだろう。で、なんらかの手段によって追い出そうとするにちがいない。

祖国へのこうした暴力が加えられたら、やはり同じように武器を手に取って、自分のできる範囲で戦おうとするのではないだろうか。もし、侵入者をただニヤニヤ笑ってみている人がいたとしたら、人間的な感情をもちあわせていない者と軽蔑されてもしかたあるまい。飼い犬だって、見知らぬ客には吠えつき歯をむく。

祖国愛と家庭愛との間には、大小の差があるだけである。

国は、家庭という小さな団体の集まりであり、拡充したものである。温かい家庭愛のよさを味わっている人びとは、だから誰でも、容易に祖国愛を理解し、徹底することが可能である。なんの抵抗も、ためらいもなく、祖国への熱い思いを披歴できるのではないだろうか。よき家庭人であるならば……。

家庭への愛を恥ずかしいと感じる者があるだろうか。多分、あるまい。なのに祖国愛はと尋ねられると顔を赤らめる人びとの、なんと多いのだろうか。あるいはてれくさそうに答えるのをしぶる。祖国について、世界中でこれほど関心の低い国民はほかにないような気がしてならない。

良識あるよい家庭人を育てる教育が、祖国を心から愛せる、みずみずしい青年をつくり出すのである。なんのてらいもなく、青年たちが祖国について熱情をこめて語れる国は、いつの場合でも強い。

▼国を治むるは田を鋤《くさぎ》るがごとし

〈中国の故事〉

国を治め、善良な人びとを幸福にしていくには、田んぼの稲の苗を害する田の草を取り除くように、悪い人間を除去していくことがなにより大切であるという意味。

利権ばかりに目の色をかえて策動し、少しも国民のほうに顔を向けない政治屋が幅をきかせる。銭金のためには、手段を選ばず、人殺しを平気でやる暴力団がはびこる。その両者が手を握りあって勝手放題をしている世の中では、将来、かならず国の発展のために役立ち、稔りを約束してくれる稲の苗、善良な一般市民は、しだいに枯れていってしまう。

政治というものは、なにかよいことをしようとすると、非常な困難がともなう。が、なにか悪いことを除こうとすると案外うまくいく、といわれている。

国破れて山河《さんが》あり

中国の故事。

戦争に敗れて国は滅びても、自然だけは少しもかわらずもとのままであるということ。第二次世界大戦のみじめな敗戦を経験した人なら例外なく、都会は爆撃によって焼きつくされた。が、田舎には豊かな自然が残っていた。国民は疲れはてた心をその自然によってなぐさめられたものだと、当時の情景を思い浮べるのではないだろうか。

唐の詩人・杜甫（七一二年～七七〇年）の五言律詩「春望」の最初の一節である「国破れて……」は、そんな経験からか、日本人にもよく知られている。

玄宗皇帝に仕えていた杜甫は、安禄山《あんろくざん》の反乱に巻き込まれ、捕虜となって、いちどは逃れた長安の都に連れ戻される。が、幸いにも、杜甫の官位はあまり高くなく、弱々しい白髪の老人だったので、殺されなかった。監視も比較的ゆるやかで、ときには外出して、兵火に荒らされた長安の町をみることができた。

町には、安禄山の部下の胡（北方の蛮人）の兵隊たちがわがもの顔に馬を乗りまわし、女子どもはおびえおののいていた。乞食に身をおとして町にひそんでいる貴族や宮廷人たちもいた。

都の建物が破壊され、唐の宮廷が胡人である安禄山に負けたという憤りだけでなく、国が滅び、秩序が乱れ、機構が破られて、よりどころを失って右往左往している人々のようすに、杜甫の心には深い悲しみが、あとからあとからわいてくるのであった。

そのいいしれぬ悲哀を、杜甫は、いくつもの詩に託して歌っている。そのなかのひとつが「春望」である。

国破れて山河在り、
城春にして草木深し。
時に感じては花にも涙を濺《そそ》ぎ、
別れを恨《うら》んでは鳥にも心を驚かす。
烽火《ほうか》三月に連なり
家書万金に抵《あた》る。
白頭掻けば更に短く、
すべて簪にたえざらんと欲す。

国が滅びても、自然は少しもかわらないたたずまいをみせている。町には春がめぐってきて、草木が盛んにおい繁っている。時の移りかわりの激しさをいまさらのように感じ、花をみれば涙が滂沱として流れる。離ればなれになった人々を思い、鳥影に賊ではないかとびくびくする。戦いの合図ののろしが三ヵ月もの間一日としてあげられない日とてなく、家からの便りはなにものにもかえがたいほど貴重に感じられる。白髪頭に手をやれば、冠の紐を結ぶために挿すかんざしも、させなくなるほど短く、うすくなってしまっている。

第7章 男と女の世界

女の能力は、あらゆる場面で男を凌駕する。にもかかわらず、

なぜ女は男に屈してきたのだろうか。もっとも、高い文明は

より野蛮な文明によって滅びるというが……。

1 なぜ男と女がいるか

▼男と女とで　悩む人に

アダムとその妻は二人ともに裸にしてはじざりき

西欧の故事

旧約聖書「創世記」の冒頭の部分にあるよく知られたことばである。ここでは人類の誕生が語られているが、人間は生物のいちばん最後に地上にあらわれる。

「人間は最後に造られた。虫ケラでも、それよりは前だ」

とは、イスラエルのことわざだが、神が、自分のかたちを人に創ったのは、天地創造の第六日目である。生きた者となった人を、主なる神は、東のかたエデンに、ひとつの園を設けて、そこに住まわせる。では、聖書によって、女性誕生のくだりをたどってみよう。

「主なる神は言われた、『人がひとりでいるのは良くない。彼のために、ふさわしい助け手を造ろう』。そして主なる神は野のすべての獣と、空のすべての鳥とを土で造り、人のところへ連れてきて、彼がそれにどんな名をつけるかを見られた。人がすべて生き物に与える名は、その名となるのであった。それで人は、すべての家畜と、空の鳥と、野のすべての獣とに名をつけたが、人にはふさわしい助け手が見つからなかった。そこで主なる神は人を深く眠らせ、眠った時に、そのあばら骨の一つを取って、その所を肉でふさがれた。主なる神は人から取ったあばら骨でひとりの女を造り、人のところへ連れてこられた。そのとき、人は言った。

『これこそ、ついにわたしの骨の骨
わたしの肉の肉
男から取ったものだから
これを女と名づけよう』

それで人はその父と母を離れて、妻と結び合い、一体となるのである。人とその妻とは、ふたりとも裸であったが、恥ずかしいとは思わなかった。」

裸で恥じない夫婦が理想というのだろうか。

おお女性よ。天は男を和らげんと

▼笑う女を信用するな、そして泣く男を信用するな
〈ウクライナのことわざ〉

ほとんどの例外もなく、男は女の笑顔に弱い。若い、美しい女性が、にっこり笑いかけてくるのに何人の男が抵抗できるだろうか。つい、吸い込まれるように口もとをゆるめてニヤニヤしてしまうのではあるまいか。テレビのなかのコマーシャルの女の子の笑顔に対してだってそうである。まして、現実の世界でにっこりされたら、よほどのへそ曲がりでないかぎりよい気分になる。それだけに、意図的に笑いながら近づいてくる女には男性は気をつけなければならない。

男性は強く、泣かないものと信じている女は多い。だから、男泣きしていたり、涙を目に浮べて耐えている男をみると、よほどのことだと同情してしまう。泣いている男には女性は要注意。コロリと騙されかねない。

汝を造れり。汝なかりせば男は野獣なりき。

バーンズ

むかしから、男は戦争、女は平和の象徴であったようだ。パリのルーブル美術館には『戦争と平和』と題する絵がある。そのなかの男は槍をもって戦い、女は赤ん坊を抱いて戦うのをやめさせようとしている。なかなか考えさせられる絵である。

もし、男だけが地球上にいたらどうだろうか。もっと殺伐とした世界であったろう。人類は、まだ歴史をもたない以前から戦いを繰りかえしている。平和は、戦争の小休止というかたちで、たまにやってくる。が、たまゆらの平和を人間の歴史のなかにもたらしたのは女の存在であるとしている人びとは多い。

ギリシアの劇作家アリストパネスの書いた喜劇に『女の平和』というのがある。

くる日もくる日も戦いにあけくれ、狂ったように殺戮をつづけている男たちに、なんとか戦争をやめさせようと、女たちが相談する。そして、戦争をやめさせるためには、なんでもしようと衆議一決した。で、リーダーのひとりが、

「それじゃいうわよ。わたしたちは身を清浄に保たなくてはなりません、男から」と、セックス拒否のストライキを提案する。男を絶つなど、とてもできないと、女たちは騒然となるが、結局、説得され

「色であれ、夫であれ、断じて近づけません」

と一同誓いを立てる。男たちは女のセックス拒否にあって、つらい夜をすごさなければならなくなり、ついには我慢できなくなって戦争をやめる。

これが『女の平和』のあらすじ。交戦国の女同士がセックス・ストライキという奇想天外な作戦で、平和への悲願を訴えるすばらしい芝居である。使えそうな手ではないか。

男にとって女は弓の弦《つる》のようなものだ。

ロングフェロー

➤男と女とが同じしとねに寝てもみる夢はちがう

〈モンゴルのことわざ〉

あるテレビの番組で、見学にきている女性（ほとんどが結婚している人）に、司会者が質問していた。

「セックスのときに、ご主人以外の男性を思い浮べる人は……」

女性たちは、手にしたボタンのスイッチを入れる。掲示板の数字がカチカチと動いて、何人の人が夫以外の男を思ってセックスをしているかパーセンテージがはじき出される。いま正確な数字は示せないが、かなりの妻が別な男……と抱きあっているつもりと答えている。

なんと不貞な、などというつもりはない。男のほうだって似たようなものだろう。実際に調べたら、もっとすごい結果が出てくるかもしれない。男は浮気だから……。

このアメリカの詩人は、大衆的で、道義的な詩をたくさん残している。そのなかのひとつに

　絃が弓に対する関係こそ
　女の男に対する関係。
　女は男をひき曲げるが、男に従う。
　女は男を引き寄せるが、男についてゆく。

　という見事な詩がある。男と女、特に夫婦の関係の〃理想〃をあざやかに浮き彫りにしている。

　女が絃で男が弓。女性は男性をぐいと曲げようとする。男性は曲がらざるを得ない。男にとって女はそれほど魅力的で、心をひきつけられる。が、女性は男性についていくだろう。それが女の男への依頼心であり、男の力である。絃だけで、弓だけで、ばらばらにあってもなんの役にも立たない。矢を射、的を撃ちぬくことはできないだろう。絃と弓、女と男が協力しなければならない。

　男が曲がらざるを得ないような女が、少なくなってきているのではないだろうか。また、女が黙ってついていきたくなるような男もあまりいないのではあるまいか。残念だがそんな気がしてならない。

　とかく、男と女の関係が愛によって結びつかず、物質によって支えられていることが、男を男らしく、女を女らしくしない最大の理由ではあるまいか。

　「愛は恵まれるもので、買われるものではない」とは、同じロングフェローのことば。

　愛は商品ではなく、利をもっては買えない。なんの条件もなしに与えられ、利害とはまったくかかわりあいがないものであると説く。

　絃と弓との関係は、愛によってはじめて成り立つのである。

　女がいなかったら、男は荒々しく粗野で孤独であろう。そして優雅というものを知らないであろう。

シャトーブリアン

　男はどうもあまり素直な生き物ではないらしく、もっとも気にかかり、すばらしい存在だと女を心に深く

▼女は男と結婚したが、しかし男は仕事と結婚した

〈パンジャブのことわざ〉

　そうだろうか。男は女と結婚するが、妻より仕事のほうが大切である、といった気持がどこかにある。女は男と結婚するが、夫の仕事もけっして無視しない。夫そのものより、仕事をもっている夫が重要なのである。

　「男が女を愛する条件は、その女が自分の気に入るかどうかということである。ところが女にあってはもう一つの条件がいる。それは自分の選択が他人の気に入るかどうかということである。」（ロマンヴィル）

　夫となる男が、一流大学を卒業して一流企業に勤めるエリート社員であると、女は、自分の選択を他人が気に入ると信じているらしいところがみられる。いやいや、他人がうらやましがると鼻が高く、自尊心をくすぐられるといったほうが正しいか……。

思っているのに、なんのてらいもなく口にするのを恥ずかしがっているふしがある。だから、このように、率直にというより、手離しで女性を賛美していることばに出会うと「ウムッ」と目を見張ってしまう。男は誰でも、自分の経験をとおして、こうした感慨をもっているのではないだろうか。それなのに

「女がいなかったら男は神々の如く生活するものを……」(デッカー)などとついいってしまうのである。自分の本心を悟られまいとして。

女という厄介な者が、この世の中にいなかったら、男は心をかき乱されることもなく、神さまのように、浄く、尊い生活ができただろうに。いやな奴がたくさんいすぎる。まったく困ったものだ。と女性を批難しているようにみせながら、実は、女というやさしくも、美しい生き物がいるから、男は、たくましく、勇気をもって、しかも楽しく、面白く、人間味のある生き方ができるのだ、女とはなんと素敵なものか、といっているのである。

女性を否定的にとらえたいい方が、古今東西の男性の口から数多く出ているが、額面どおりに受け取ってよいことばは、そうたくさんないのではあるまいか。やんちゃ小僧が、いちばん大好きな母親を、バカ呼ばわりして暴れているのと、どこかおもむきが似ている。むきになっているのである。女性の、男への評価は、たとえ批判、非難であっても、男性連中のことばほど皮肉な響きはない。

「妻たちが一致団結したら、『女の平和』ではないが、天下をとり、世界を動かすこともできるのではないかと思われるほど、妻の隠然たる勢力は、男世界の中に根を張っているのである」

とは、作家・田辺聖子のことばだが、男と女の勝負、はじめからついているのである。奥深いところでは……。

男は女の右に坐るべし。しかして男は左手に女をやさしく抱くべし

〈インドの故事〉

古くからインドに伝えられている性典『カーマストラ』にあることば。

なぜ「男は左手に女をやさしく抱くべし」なのか。おおかたの男性は、なるほどとうなずいているのではあるまいか。右手はあけておけと教えているのである。右手がいつも自由ならば、思いのままに女性を愛撫できるからである。

中国や日本では、右よりも左が位がよく、左大臣のほうがえらかった。だから、雛祭りの内裏びなは、むかし男雛のほうを女雛の左側に飾る習慣があった。

猿には左ききが多いといわれるが、人間は右ききが圧倒的多数である。右手でなにかをするほうがしやすい。そこで、男と女の間では男が女の右に座るのである。

汝《な》が身《み》は如何《いか》に成《な》れる

日本の故事。

もっとも古い日本の歴史書といわれる『古事記』の上巻にある「二神の結婚」のところに出てくるイザナギノ命《みこと》のことばである。

ここにその妹《いも》伊邪那美命に問ひたまはく、「汝が身は如何に成れる」ととひたまへば、「吾が身は、成り成りて成り合はざる処《ところ》一《ひと》処《ところ》あり」と答へたまひき。ここに伊邪那岐命詔りたまはく、「我が身は、成り成りて成り余れる処《の》一処あり。故《かれ》、この吾身の成り余れる処をもちて、汝が成り合はざる処にさし塞《ふた》ぎて国生み成さむとおもふ。生むこといかに」とのりたまへば、伊邪那美命、「しか善《よ》けむ」と答へたまひき。

男女二柱の神の有名な結婚の会話である。古事記の冒頭の部分をちょっと要約してみよう。

天地が初めてひらけたころ、高天原に生まれた神は、アメノミナカヌシノ神、タカミムスヒノ神、カミムスヒノ神の三柱である。三人とも独身であった。当時はまだ国土が若く、脂のように漂っていた。その後、葦《あし》の芽が萌えふくように、さまざまな神があらわれ出る。で、やがて生まれてきたのが男神イザナギノ命と女神イザナミノ命である。

イザナギ、イザナミは、天の神々の命令で、漂っている国をつくり固める仕事をする。「天の浮橋」に立ち、授けられた玉の矛《ほこ》で海をかきまわすと、矛の先から滴《しずく》がたれ落ちて、かさなりそれが固まってオノゴロ島となった。

この島に降り立った二柱の神は、島に柱を立て、住まいをつくり、しばらくの拠り所とした。

ここに男神イザナギがまず問いかける。

「あなたの身体はどのようにできあがっているのですか」

「わたくしの身体は、できあがり、できあがって、ついでき足らないところが一個所あります」

と女神イザナミが答える。すると、

「わたしの身体は、できあがり、できあがって、ついできすぎの余ったところが一個所ある。わたしの身体の余ったところを、あなたの身体のでき足らないところに刺しふさいで、国土を生もうと思うがどうでしょう」

とイザナギが結婚の申し込みをする。イザナミは、

「はい。よろしゅうございます」

と承諾する。

まことにおおらかなやりとりである。男と女はこうありたい。文明は、どうもやっかいな装飾をお互いの心のなかにつけてしまって、男と女の関係をややこしくしている。愛しあった男と女がいる、「結婚しよう」「はい」、これでよいのである。

2 男の役割

▼どう生きるかを
模索している男性に

男は将来に向かって努力し、女は慣習に向かって努力する。

ゲーテ

男は働かねばならぬ。女は泣かねばならぬ。

キングスリー

をとこやも空しくあるべき万代《よろずよ》に語りつぐべき名は立てずして。

山上憶良

男らしい独立と服従、自信と信頼、この四者は相伴って真の男子を作る。

ワーズワース

生きるための職業は、魂の生活と一致するものを選ぶことを第一とする。

阿部次郎

孤独は、すべてすぐれた人の運命である。

ショウペンハウエル

事を行なうに、いつから始めようかなどと考えている時は、すでに遅れをとっている。

クインティリアヌス

頭のいい人は批評家に適するが、行為の人にはなりにくい。凡ての行為には危険が伴うからである。

寺田寅彦

将来を思い煩《わずら》うな。現在為《な》すべきことを為せ。その他は神の考えることだ。

アミエル

明日は、何を為すべきか。これは今日のうちに考えておかなければならぬ唯一のものである。

石川啄木

小さいことを考えていると、人柄も小さくなってしまう。大きなことばかり考えていれば大きくなる。

井植歳男

▼男は気で食え　〈日本のことわざ〉

男がひとり世の中で生きていくには、なによりも精神力がなくてはならない。気性をこそ尊ばなければならないだろうとのたとえ。食えとは、生活せよとの意味である。

精神一到何ごとか成らざらん、である。心をこめて一所懸命に努力すれば、不可能ということはない。どんなことでもできないことがあろうか。気力こそ、生きていくうえでのエネルギーである。

精神力が萎えてしまった男は、もう取るに足りない存在だろう。敵にまわしても少しも恐ろしくはない。味方にすればこれほど頼もしい味方はないが、敵にしたらこれほど恐ろしい存在がないというほど気力の充実している者でなくては、きびしい現代を、最後まで第一線で活躍していくことはできないだろう。精神力があるかないかで勝負はきまる。

人間は優れた仕事をするには、自分ひとりでやるよりも、他人の援けを借りる方がよいものだと悟ったとき、その人は偉大なる成長を遂げるのだ。

カーネギー

忍耐をもつことのできる人は、ほしいものを手に入れることができる。

フランクリン

世界史に残るような偉大で堂々たる業績は、すべて何らかの熱中がもたらした勝利である。

エマーソン

今できないことは十年たってもできない。思いついたことはすぐやろうじゃないか。

市川左団次

人間は自己の運命を創造するのであって、これを迎えるものではない。

ヴィルマン

機会というものは、いつも初めは、一つの危機として来るか、あるいは一つの負担として現われた。

相馬愛蔵

大疑は大進すべし。小疑は小進すべし。疑わざれば進まず。

朱　子

困難は人の真価を証明する機会なり。

エピクテータス

最上の成功は、失望の後に来る。

ビーチャー

まちがったやり方は、いつもたいへん理屈に合っているように見えるものである。

G・ムーア

信念は人を強くする。疑いは活力を麻痺させる。信念は力である。

ロバートソン

➤男の謝罪は打首も同様

〈日本のことわざ〉

男が失敗してわび言をいうのは、取りかえしのつかないほどの不名誉である。だから、慎重に行動して、失敗のないようにせよとの教訓。

まったくそのとおりだが、人間は全知全能ではない。いくらよく準備をし、慎重に行動しても、失策をおかしてしまう場合がままある。が、そんなときはぐずぐずいいわけをするのは、もっともみっともない。男らしくないといえる。失敗を認め、あっさり頭をさげてしまうにかぎる。で、きびしく自ら反省して、次に同じ失策を繰りかえさないように心がけるのである。

失敗を他人のせいにしたり、不可抗力のようにいうのは女々しい、男の風上にもおけない、といったら女性から強く抗議されそうである。女にだってそんなのはいないと。

人間は何をするにも「何々気ちがい」と言われるくらいにならなければ、何もできるものではない。

杉浦重剛

運の悪い人は安心せよ。それ以上の悪運はないのだから。

オーピッツ

明日のことを思い煩うなかれ。明日は明日のことを思え。一日の苦労は一日にて足れり。

キリスト

ミステークを気にしていては革新はできない。打率三割といえば強打者だが、それは十のうち七までがミステークだったということだ。

スローン

仕事をする時は上機嫌でやれ。そうすれば仕事も捗《はかど》るし、身体も疲れない。

ワグナー

明日は何とかなると思う馬鹿者。今日でさえ遅すぎるのだ。賢者はもう昨日済ましている。

クーリー

生涯における予の一切の成功は、仕事を時機よりも常に十五分早くしたからである。

ネルソン

多くの仕事をしようとする人は、今すぐに一つの仕事をしなければならない。

ロスチャイルド

青年よ、意志を強くし身体を強壮にするために、毎日一度は苦しいと思うことを遂行せよ。

ジェームス

怠けていると退屈してくる。それは結局、他人が忙しく仕事をしているために、仲間がなくなるからである。

B・ジョンソン

▼男の心と大仏の柱は太いうえにも太かれ

〈日本のことわざ〉

男はいやがうえにも気が大きくなければならない、という意味。

狂言「空腕」のなかに

「これ迄参って跡へ戻るといふ事はあるまい。何と致さう。それ〳〵男の心と大仏の柱は太い上にも太かれといふ。思い切って行くに行かれぬといふ事があるものか」

というせりふがある。

男がいったん行くと決心して出かけてきたからには、絶対に行けないことがあるものかといっているのだが、気持しだいで不可能も可能になる。可能も不可能になる。

男は度胸なのである。なにかしようとする場合、もし失敗したらどうするか、なんて心配していると臆病になってしまう。失敗したらそのとき、とにかく躊躇せずやろうと心に決めると案外落ち着きが出てくる。

一丈の堀をこえんと思わん人は、一丈五尺をこえんと思うべきなり。
法然上人

決意は遅くとも、実行は迅速なれ。
ドライデン

優しい言葉で相手を説伏できないような人は、いかつい言葉でも説伏できない。
チェーホフ

自分が立っている所を深く掘れ、そこからきっと泉が湧き出る。
高山樗牛

苦中の苦を喫せざれば、上中の上人とならず。
滝沢馬琴

人間の体はひと晩くらい寝なくても決してまいるものではない。
ワシントン

約束するのに晩い者は、履行するのに忠実である。
ルソー

一度に多くのことをしようとするのは、一度にすべてを駄目にすることである。
リヒテンベルク

熱誠は必ず報いられる。
ラシーヌ

あらあらしい毒づいた言葉は、根拠の弱いものであることが多い。
ユーゴー

至誠にして動かざる者いまだ之《これ》あらざるなり。
孟　子

人間にとって一番大切なことは、各自の仕事に進歩を求めて励むことだ。
ミレー

➤東男に京女

〈日本のことわざ〉

男は関東に止どめを刺す。女は京都が最高。元気があって、いきでいなせな江戸っ子と、美しくやさしいが、しんがあってしっかりしている京の女を対照させ、よい取りあわせであるといったことば。こうしたコンビは各地にたくさんある。

越前男に加賀女。南部男に津軽女。京女に奈良男。京男に伊勢女。越後女に上州男。筑前女に筑後男、など。

男は女によって生きてくる。女は男によってやはり生きてくる。女を女らしくできないような男は、男ではあるまい。男を男らしくできないような女は、女ではあるまい。

性格の不一致などといって離婚をする夫婦が多くなっているが、男女の結びつきでは性格がちがっている者同士ほどうまくいくのではあるまいか。

汝は、その男なり

西欧の故事。

「他人ごとではない。お前こそ、その張本人だ」「お前が犯人だ」と相手にいうとき、西欧諸国では、ラテン語で「汝は、その男なり」（トゥ・エス・イレ・ヴィル）という。旧約聖書「サムエル記・下」の第十二章に出てくることば。預言者ナタンとダビデ王との会話のくだりである。

「ナタンはダビデに言った、『あなたがその人です。』」

イスラエルの王ダビデがなぜ、賢者ナタンに「あなたこそ、その男だ」といわれたのだろうか。聖書には次のように語られている。

ある日の夕暮、ダビデ王は、家の屋上を歩いていた。で、屋上からひとりの女が身体を洗っているのをみる。非常に美しい女であった。どんな女かダビデは家来に調べさせる。と、いま国境に出陣中の将軍ウリアの妻バテシバだとわかる。

ダビデは、バテシバを宮中に召しよせて、いっしょに寝る。バテシバは妊娠した。

夫のウリア将軍は戦場から都へ帰ってきても、自宅にはいこうとしなかった。「家来たちが戦場で苦労しているのに妻と寝ることはできない」といって。

ダビデは、ウリアをもっとも危険な最前線に派遣し、計略をめぐらしてウリアを戦死させてしまう。

バテシバとダビデの間に生まれた最初の子は、罪のため早く死ぬ。が、次に誕生した男の子が後にソロモン王となる。ダビデがしたことを怒った神は、ダビデのところへナタンを遣わす。聖書の記述にもどろう。

「……彼はダビデの所にきて言った、『ある町にふたりの人があって、ひとりは富み、ひとりは貧しかった。富んでいる人は非常に多くの羊と牛を持っていたが、貧しい人は自分が買った一頭の小さい雌の小羊のほかは何も持っていなかった。彼がそれを育てたので、その小羊は彼および彼の子供たちと共に成長し、彼の食物を食べ、彼のわんから飲み、彼のふところで寝て、彼にとっては娘のようであった。時に、ひとりの旅びとが、その富んでいる人のもとにきたが、自分の羊または牛のうちから一頭を取って、自分の所にきた旅びとのために調理することを惜しみ、その貧しい人の小羊を取って、これを自分の所にきた人のために調理した』

ダビデはその人の事をひじょうに怒ってナタンに言った、『主は生きておられる。この事をしたその人は死ぬべきである。かつその人はこの事をしたため、またあわれまなかったため、その小羊を四倍にして償わなければならない。』

……。』」

ナタンはダビデに言った、『あなたがその人です

ナタンはダビデ王に一杯くわせたのである。

3 女の役割

▼どう生きるかを
模索している女性に

女性を敬《うやま》え。彼女らは地上の生活のために、天国のバラを織りなす。

シラー

女は最も女らしい時に最も完全である。

グラッドストン

女性の全生涯は愛情の歴史である。

アーヴィング

婦人の優雅は、容貌の美よりもさらに有力である。

ハズリット

婦人の胸中には愛の源泉がある。

リットン

世の中でいちばん楽しく立派なことは、一生涯をつらぬく仕事をもつこと。

さびしいことは仕事のないこと。

みじめなことは教養のないこと。

みにくいことは他人の生活をうらやむこと。

悲しいことはうそをつくこと。

尊いことは人のために奉仕して少しも恩にきせないこと。

美しいことはすべてのものに愛情をもつこと。

福沢諭吉

母の涙は子の不平を洗い去る。

アレクサンダー

習慣は第二の天性となり、天性に十倍する力を有する。

ウェリントン

惣《そう》じて女たしなむべきは言葉なり。

井原西鶴

美しい姿は美しい顔に勝り、美しい行ないは美しい姿に勝る。

エマーソン

万事の成敗は、夫人の愛の多少による。

ディズレーリ

➤女は国の平《たい》らげ　〈日本のことわざ〉

女性がいるので、世の中にはやわらかみが加わり、なにごとも円満にいく。女性は平穏無事の象徴である、という意味。

が、女ばかりのところへ男がひとり加わると、なにやらおかしな雰囲気が出てくる。男を中心に、それぞれが火花を散らす。逆に、男ばかりのなかに女がひとり入るとどうなるだろうか。男たちは、とたんにとげとげしさをかくして、その女性に少しでも認められようと一所懸命になる。男はまことにいじらしいのである。

ひとりの女性を間に、男同士の争い……ありそうな話だが、現実にはあまりみられない。女性がどちらを選ぶかによって、たちまち勝負は決定する。選ばれなかった男は、未練がましいそぶりをなるべく悟られないようにふるまう。案外、男はみえっぱりだから。

どんな愚かな女でも賢明な男をあやつることができる。しかし、馬鹿な男をあやつるためには非常に賢明な女が必要である。

キプリング

いかなる装飾品も、優しい婦人の顔のように室内を美ならしめるものはない。

J・エリオット

男に似ようと努める女は、女に似た男と同じように不具者である。

トルストイ

如何に弱き人と雖《いえど》も、その全力を単一の目的に集中すれば必ずその事の成し得べし。

春日潜庵

美人の涙はその微笑よりも美しい。

キャンベル

女はやわらかに心うつくしきなんよき。

紫式部

品性の美はすべての美中の最美なものである。

国木田独歩

羞恥《しゅうち》は醜婦《しゅうふ》をも愛らしくする。美人を一段と美しくしないことがあろうか。

レッシング

妻は若き時の愛人、中年の相談相手、而して老年の看護婦である。

ベーコン

女の最大の欠点は男のようになろうとすることである。

メストル

有徳の婦人は夫の命にこれ従って、かえって夫を左右する。

サイラス

美しい女にはやがて飽きがくる。

▼男は妻《め》から　〈日本のことわざ〉

女性は、めぐり逢い、結ばれた男性によって、大きく運命が左右される。同じように、男性もまた、どんな女性と出会うかによって、将来がある程度、いや、ほとんどといってよいかもしれない、出世できるかどうかがきまってしまうとの意。また、妻の心がけしだいで男の品行はおさまるというたとえにも使われる。

あまりにうるさく、すべてに干渉しすぎると、男はかえって男ならずとも、表面的には従っているふりをして、陰にまわるとわざと逆な行動に出て、ひそかに溜飲をさげるのが人間ではあるまいか。

あんなにすばらしい奥さんがいながら……と第三者からうらやましがられるような男性が、好き勝手をしている例がある。奥さんが完全すぎると息がつまるのかもしれない。

善良な女には永久に飽きはこない。
モンテーニュ

若いものは美しい。しかし老いたものは若いものよりさらに美しい。
ホイットマン

最も高い美は、清く正しく快活な人の心の美である。

女子を傲慢にするものはその美貌である。
ラスキン

私をひきつけるのは、婦人の美容ではなくして、その親切だ。
シェークスピア

家事を働いている女の人、それは世の中で最も美しいものの一つである。
ロダン

私は婦人が好きです。しかもその黙っている所が好きです。
S・ジョンソン

酒は強い。王様はさらに強い。女はもっと強い。しかし真理は何よりも最も強い。
ルター

子どもは五歳までにその一生涯に学ぶすべてを学び終わる。
フレーベル

家庭をよくし得ない女は、どこへ行っても幸福ではない。
トルストイ

子供は決してこれを他人の手に委ねてはならない。
ルソー

子供は父母の行為を映写する鏡である。
スペンサー

力よりも優しさの方が効き目がある。
ラ・フォンテーヌ

教育は母の膝に始まり、幼年時代

➤女と俎板《まないた》は無ければ叶《かな》わぬ
〈日本のことわざ〉

台所に、まな板がなければ、どのような料理の名手も、手のくだしようがない。炊事道具としてはまな板はぜひ必要である。それと同じように、一家の中心に主婦がいなければ、家庭は成り立たないとの意味。

男は、まったくだらしない。妻である主婦がいないと、なにもできない夫は多いのではなかろうか。靴下やハンカチ、下着などのある場所さえ知らない人もいると聞く。家庭では半人前以下の夫……妻である女性は、そんな男性をもっと教育しなければならないだろう。男自身のためにも……。

夫は外で働いて疲れているのだから、と甘やかしていると、妻は子どもに手のかからなくなったとき、家庭を離れて再び働きに出ることができなくなる。夫という大きな子どもにだんだん手がかかるようになるから。

に伝え聞くすべての言葉が性格を形成する。
バロー

子どもの将来の運命は、その母の努力によって定まる。
ナポレオン

怒りは敵と思え。
徳川家康

勇気こそは、人間のあらゆる特性のなかで幸福に達するに最も必要なものである。
ヒルティ

経験とは、人々が自分の愚かさ、あるいは悲しみに与える名前である。
ミュッセ

言葉花咲く者は実なし。
新井白蛾

いつまでも若くありたいと思うならば、青年の心をもって心としなければならない。
グラッドストン

急がずしかも休まず。
ゲーテ

何人にとっても、最も安全な隠れ家は自分の家庭である。
コーク

不幸はこれを語ることによって軽くすることができる。
コルネイユ

他人の生活と比較することなく、汝自身の生活を楽しめ。
コンドルセ

人に施しては慎みて思うなかれ。施しを受けては慎みて忘るるなかれ。
崔　瑗

➤女と坊主に余《あま》り物がない〈日本のことわざ〉

女性とお坊さんには絶対にすたりものがない。どのように欠点の多い女でも、それぞれ配偶者を得て、一生独身で放っておかれる者はないとの意味。蓼食《たで》う虫も好きずきなのである。蓼は、茎も葉もひどく辛い野生の植物だが、そんな蓼でも好んで食べる虫がいるように、どんな女性でも、好きだといって近づいてくる男がいる。結婚できないまま、年齢が高くなって、とうとう未婚で一生を終わる人もなくはない。が、それは誰も男性が相手にしなかったのではなく、近づいてきた男を、女性のほうから拒否した結果である場合がほとんどだろう。

ま、しかし、結婚だけが女性の一生のすべてでもあるまい。結婚などにこだわりすぎると、ほんとうに人間らしく生きられなくなるおそれだってある……。

弱き者よ、汝の名は女なり！

西欧の故事。

シェークスピアの名作『ハムレット』のなかの、よく知られたせりふである。

デンマークの王子ハムレットは、父の死が、叔父クローディアスの毒殺であると、父の幽霊から教えられる。亡父にかわって王位についている叔父の妃として、母であるガートルードがおさまっているのに、ハムレットは我慢ができない。なんという不貞な女と嘆いたことばが、この「弱き者よ……」である。だから「弱い」とは、女性の発言力、行動力などの弱さをいったのではなく、道徳観、節操の弱さをいったのである。

福田恆存氏の訳でハムレットの嘆き、憂うつぶりを再現してみよう。第一幕第二場から。

「ああ、この穢らはしい体、どろどろに溶けて露になってしまへばいいのに。せめて、自殺を大罪とする神の掟さへなければ。ああ、どうしたらいいのだ、この世の営みいっさいが、つくづく厭になった。わずらわしい、味気ない、すべてかひなしだ！　ええい、どうともなれ。庭は荒れ放題、はびこる雑草が実を結び、あたり一面、むかつくような悪臭。このやうなことにならうとは。たった二月、いや、まだ、二月にもならぬ。立派な国王だった。その父にくらべれば、あいつは雪と墨のちがひ。父はどんなに母上を想うてをられたことか。外の風にもあてまいと、それほどまでに母上を――なんといふことだ、そのやうなことまで憶ひださねばならぬのか？　さう、そのころは、父上の胸もとから溢れ出る情愛の泉を、一滴あまさず飲みほさうと、その項《うなじ》にすがりついて離れようともしなかった母上。しかも、年とともに深まる想ひに身をひたしてをられた母上。それが、たった一月。言ってみてもはじまらぬ……たわいのない、それが女といふものか！　一月もたたぬうちに。ニオベもかくやと思はれるほど、あのやうに泣きぬれて、棺に寄りそひ、墓場までおあとを追うて行った、あのときの靴の踵もまだそのまま、跳ねのあともなまなましいといふのに。母上、それを、母上――ああ、事理をわきまへぬ畜生さへ、主人が死ねば、もう少し歎き悲しむであらうに――あの叔父の胸に身をゆだねるとは。おなじ兄弟とはいふものの、似ても似つかぬあのやうな男と。それも、たった一月。空涙で泣きはらした赤い目もとも、まだそのまま。おお、なんたる早業、これがどうして許せるものか……いそいそと不義の床に駈けつける、そのあさましさ！　よくないぞ、このままではすむまいぞ、いや待った。こればかりは口が裂けても、黙ってをらねばならぬ。」

この訳文では「たわいのない、それが女といふものか！」となっている部分が、「弱き者よ……」とむかしから、いいならわされているところである。

4 男とは……

▼男らしく

生きたい人に

己《おのれ》立たんと欲して人を立て、己《おのれ》達せんと欲して人を達す。

孔　子

ローマは一日にして成らず。

セルバンテス

働いて待つことを学べ。

ロングフェロー

時代を動かすのは主義ではなく人格の力である。

ワイルド

嘲笑や非難を恐れて、自分の計算を狂わせたりしたら、それこそもっとも卑怯者になってしまう。祖国のために恐れることは、少しも恥ではない。人びとの意見や攻撃をきいて自分の意見を翻すのは、責任のある人間の態度ではなく、奴隷の仕草である。

ファビウス

なにごとにも耐えることのできる人は、なにごとも決行することができる。

ヴォルブナルグ

独り断ずべからず、必ず衆と共に宜しく論ずべし。

聖徳太子

なんでも他人を信用する人間は、あまり信用できない。

レッシング

謙遜の者は遂に幸来る。不遜の者は災害来る。

楠木正成

勇気とは進むほうの勇気ばかりでなく、退いて守る力の沈勇もまたこれを養うように心がけねばならない。両者がそろって真の勇気となる。

新渡戸稲造

人間を真理にみちびくには、力づくによってではなく、理性によってでなければならない。

ディドロ

▼男は度胸で女は愛嬌　〈日本のことわざ〉

男らしさ、女らしさの美徳を述べている。男はなにごとにも恐れず、行動する勇気、胆力が必要である。女はやさしく、にこやかな態度がなくてはならない、といった意味。

愛嬌は、愛敬とも書き、むかしはあいぎょうといった。愛敬とは、単なるにこやかさではなく、色気ということであった。いやらしいコケットリーではなく、そこはかとないお色気をさしてあいぎょうといったのである。

西は西京で東は東京、男は度胸で女は愛嬌、坊さんお経、おかずはらっきょで、鶯はけきょ、アーメンソーメン耶蘇《やそ》教で、木魚を打つのがあほだら経、悪しきを払うが天理教……と続いていく。

現代の男女の美徳は、男は度胸で女は愛嬌と単純に割り切れないのではあるまいか。女だって度胸がなくては生きていけない。

為せば成る、為さねば成らぬ成る業を成らぬと捨てる人のはかなさ。

武田信玄

成功する人は錐のように――ある一点に向かって働く。

ボビー

一度失った信用は、二度と帰ってこない。

シルス

発憤しなければ、十分な努力はできない。それがなければまた、十分な成功も得られない。失敗し発憤し努力し、それが成功への第一歩となるのだ。一度の失敗で意気銷沈しては、一生何事も成さずに終ってしまうものなのだ。

古河市兵衛

青年期の過失は成年期の勝利もしくは老年期の成功よりもましである。

ディズレーリ

君たちの精神は、地上的なものを侮《ぶ》蔑するように説得されてきた。しかし、君たちの内臓はまだ説きふせられてはいない。しかもそれこそ君たちにおいても強力なものなのだ！　君たちはまず勇気をふるって君たち自身を信ぜよ、君たちの内臓を信ぜよ！　自分自身を信じない者は、つねに偽る。

ニーチェ

こういうふうにすることもできたろうに！　と思い悩み考えこむことは、人間のなしうる最悪のことにほかならぬ。

リヒテンベルグ

運命を外から受け入れるような人は、運命に殺される。野生のけだものが矢に殺されるように。

ヘッセ

われわれの生涯とはけっきょく己の死所を見つけることにあるのであって、そこでたおれて悔いない、

➤男は当って砕けろ　〈日本のことわざ〉

失敗を恐れて、ぐずぐずしていたのでは、成功の可能性はまったくない。結果など考えずに、こうだと信じたら、まず実践してみる、それが男ではないか。男の意気の持ち方を教えたことば。

が、川で溺れかけている子どもをみて、助けなければと、いきなり飛び込んだのはよいが、はっと気がついたら自分は泳げなかったのだ……では、まるでしまらないだろう。少なくとも、泳げることを確認し、助けられるかどうかわからないが、ともかく躊躇しているときではないと判断したら、迷わず飛び込む。それくらいの冷静さがなくては、文字どおり当って砕けてしまう。

砕けるくらいのつもりで事に当っていると、自ずから道が開けてくるとは、多くの先輩たちの教えるところである。

そういう場所を見つけて彷徨《さまよ》って行く。これが人生というものだと私は思う。

亀井勝一郎

苦労人というのはややこしい苦境を優雅に切り抜ける人のことである。

モーム

腹が立ったら、何か言ったり、したりする前に十まで数えよ。それでも怒りがおさまらなかったら百まで数えよ。それでもだめなら千まで数えよ。

ジェファーソン

信仰と懐疑とは互いに相応ずる。それは互いに補い合う。懐疑のないところには、真の信仰はない。

ヘッセ

優柔不断の心は、見下げた感情にほかならず。

エウリピデス

他人の感情生活に想像力を働かせて、それを察知する技術、つまり共感というものは、自我の限界を打破するという意味で称賛すべきものであるばかりでなく、自己保存のうえに欠くべからざる手段なのである。

トーマス・マン

弁解は裏がえしにした利己心である。

ホームズ

情熱に駆られている男は、狂った馬を乗り回す。

フランクリン

われわれを悩ます多くの主義がある。……魂を殺す唯一の主義があるが、それは悲観主義である。

バッカン

不平は人間にとっても、国家にとっても、進歩の第一段階である。

ワイルド

➤男は三日に一度笑えばよし

〈日本のことわざ〉

男は常に威厳を重んじよとの教え。いつも人の前で、へらへらと笑い、もみ手をしながら、媚びへつらっていたのでは、信用にかかわってしまう。きりりと口元をしめて人に接しなければならないだろう。

「下手なへつらいは、根拠のない叱責よりももっとわれわれに屈辱を感じさせる」(エッシェンバッハ)である。心ある人を怒らせる。軽蔑されるのがオチであろう。

「男は三年に片頬」「男は三年に一度笑う」というのもある。が、苦虫をかみつぶしたように四六時中しかめ面をしているのがよいというわけでもあるまい。いかめしさは必要だろうが、そこはかとない、誰の心をもゆったりさせる雰囲気もなくてはならないだろう。男のやさしさもまた威厳以上の力となる。

第一に必要なるものは大胆、第二に必要なるものも大胆、第三に必要なるものも大胆なり。

キケロ

私が一つの欲望をもつかぎり、私は生きる一つの理性をもつ。満足は死である。

バーナード・ショウ

あまり利口でないひとたちは、一般に自分の及びえない事柄についてはなんでもけなす。

ラ・ロシュフコー

果物を食べる者は、少なくとも種子を植え付けるべきである。

ソロー

支配する前に服従することを学べ。

ソロン

不幸に直面したときに、友だちがわかる。

問題になるのは量にあらずして質。

ヘルダー

決意は、人間の力・勇気・知恵ではない。それは宗教的な出発である。

セネカ

脱皮できない蛇は滅びる。意見を脱皮していくことをさまたげられた精神も同じことである。それは精神であることをやめる。

キェルケゴール

無知は無罪にあらず有罪である。

ニーチェ

氷の上をすべるには、スピードを出すのが安全だ。

ブローニン

もっとも大きな危険は、勝利の瞬間にある。

エマーソン

ナポレオン

男と箸はかたきがよし

〈日本のことわざ〉

心身共に健康で、しかも実直で、うそいつわりのないのが男としてもっとも価値がある。男の心の持ち方、ゆるぎなさを教えることば。

心と身体が健康である男は、接する人に豊かさや可能性、夢などを感じさせる。この人ならいっしょに仕事をしても、遊んでも裏切られないのではないか、大丈夫だと相手を惚れ込ませるなにかがある。

男の実直さは、ときに愚かさにみえる場合がある。が、誰かが愚かにみえたら自分自身が少し軽薄になっているのではないかと疑ってかかってみるとよいだろう。たいていなにか反省の材料が発見されるはずである。

実直さを笑うものは、かならず実直さによってしっぺ返しをされることを覚悟しておくとよいだろう。

預言者、故郷に容れられず

西欧のことわざ。

新約聖書「ルカによる福音書」第四章に出てくるイエス・キリストのことば。

「『あなた方はきっと〝医者よ、自分自身をいやせ〟ということわざを引いて、カペナウムで行われたと聞いていた事を、あなたの郷里のこの地でもしてくれ、と言うであろう』。それから言われた、『よく言っておく。預言者は、自分の郷里では歓迎されないものである……。』」

キリストの奇蹟をみようと集まってきた人々は、なんの奇蹟も行えず、大きな働きさえもできないイエスに、軽蔑のまなざしを向け、信用しなくなり、しまいには怒りをぶっつけてくる。

みな憤りに満ち、立ち上ってイエスを町の外へ追い出し、その町が建っている丘のがけまでひっぱって行って、突き落そうとした。しかし、イエスは彼らのまん中を通り抜けて、去っていかれた。

よく知っている故郷の人びとからひどい仕打を受けたイエスは、

「きつねに穴があり、空の鳥には巣がある。しかし、人の子にまくらする所がない」

と訴えている。このころから、イエスにつき従っていた多くの弟子たちもひとり去り、ふたり去っていく。弟子団の崩壊である。

それ以来、多くの弟子たちは去っていって、もはやイエスと行動を共にしなかった。そこでイエスは十二弟子に言われた。「あなたがたも去ろうとするのか。」（「ヨハネによる福音書」第六章）

故郷ナザレの人びとのみせた不信仰、弟子たちの離反への、イエスの悲しみがそくそくとせまってくる感じの個所である。

多くの弟子を従えてナザレに帰ってきたイエスが「なんだ、あれはマリアのせがれの大工じゃないか」と、軽くあしらわれたように、故郷を出て、都会で出世した者でも、生まれた土地に帰ると「なんだ。あの駄菓子屋の息子じゃないか」とか「ああ、小さいとき、よく鼻をたらしていたあの小僧か」などと、ほんとうのその人の価値を認めようとしないのが、世の中の一般的な傾向である。洋の東西を問わず、今も昔もそうらしい。イエスの「預言者、故郷に容れられず」ということばは、「出世した者は、自分の故郷や親戚、家族以外の人びとには尊敬されるが、生まれた土地ではそうではない」といったたとえに使われている。過去や出身がとかく問題にされるのが故郷である。

5 女とは……

▼女らしく 生きたい人に

自分で身を守らなくてはいけない。イエスとノーをはっきり言わなくてはいけない。そうしないと人々は本当のことを夢にも知ってくれないんだ。

カフカ

人は口に出すことによってより、口に出さないことによっていっそうその人をあらわす。

カミュ

謝恩の念は、牛乳に似て、それを入れる容器がきわめて清潔でないと腐敗しやすい。

グールモン

人生は道路のようなものだ。いちばん近道は普通いちばん悪い道だ。

ベーコン

すべての人は、わが身のしあわせを、わが身の幸福ばかりをねがって生きているのである。しあわせになりたいという気持ちを人がもたないなら、その人間は、自分が生きていることを知らないのである。人はわが身の幸福をねがう気持ちなしに人生を考えることはできない。すべての人にとって生きるということは、しあわせをねがい幸福をかちとるということとおなじである。そしてしあわせを願い幸福をかちとるということは、生きるということとおなじである。

トルストイ

男性が最もよくまた効果的に働くのは女性が彼の血管に少しばかりの火を点じた時である。女性もまた愛を感じなければ喜びをもって家事をなしうるものではない。

ロレンス

それ自体よい幾多のものが過ぎさって行く。それは、過ぎるにまかせて、しいて取りもどそうと思ってはいけない。人生はたえまない前進でなければならぬ。すでにあったこととの単なるくりかえしであってはな

➤女の一念岩をも透《とお》す
〈日本のことわざ〉

女は執念深いことのたとえ。ひと度、こうと思い込んだ女の一途な気持は、烈《はげ》しく、持続的である。雨だれの滴《しずく》が長い間に、石に穴をあけるように、岩をもつらぬきとおしてしまうほどである。

あまり肯定的には使われていなかったことばだが、世の女性たちは、自らの仕事の場でこのことわざを思い起こすとよいだろう。一途に仕事に取り組んでいる女性は、例外なく、非常に美しく、魅力的である。

社会の第一線で活躍している女性が、同性をもひきつけるほどすばらしいのは、そういう女性が第一線に出てきたのではなく、仕事に一所懸命になっているうちに、心身共に磨かれて、よい点が抽き出されたからである。女性もまた、年齢が高くなったら自分の顔に責任をもたなければならない。

らぬ。最後の瞬間まで、毎日毎日が一つの創作であるべきだ。

ヒルティ

この世の中にはいろいろの不幸がある。しかしその不幸からよきものを生み出そうとし、また生み出し得るものは賢い人である。与えられたる運命を最もよく生かすということは、人間にとって大事なことである。

武者小路実篤

自惚れは苦しみの源泉である。自惚れが消えたときから、人生の幸福な時期が始まる。美しさが衰えかけたとはいえ、まだ相当きれいな婦人でも、己れの自惚れによって不幸にもなるし、滑稽にもなる。

シャンフォール

苦しみは人間の偉大な教師である。苦しみの息吹のもとで魂は発育する。

エッシェンバッハ

勇気のあるところに希望あり。

タキトゥス

忙しさは悲しみを忘れさせる。

バイロン

才能は長い努力の賜物である。

フローベル

身体の美は、もし知性がその根底になければ、動物的なものにすぎず。

デモクリトス

美しい顔が推薦状であるならば、美しい心は信用状だ。

フルーバ・リットン

みずからを低評価する者は、まさしく他のひとびとによっても低評価される。

チェスターフィールド

知識のない熱心さは、光のない火である。

レイ

➤女のえくぼは城を傾く

〈日本のことわざ〉

君主が女の愛におぼれ、その機嫌をとるのに忙しく、国政をかえりみず、結局は国を滅ぼしてしまう。女の魅力は恐ろしい力をもつから警戒せよという意味。

むかしから、東洋でも西洋でも、美女による戦争や国の興亡など、歴史的事件は少なくない。そこで美人を、傾城、傾国の美女ともいう。

男にとって、女性は無視できない存在、いつも気がかりで、忘れられないものである。まして美しければなおさらだろう。が、万人が万人ともが認める美女などいない。どのような美女であれ、どうもね……と首をかしげる男はかならずいる。また、どんな女性にでも、きっと何人かの賛美者がいる。自惚れは鼻もちならないが、卑屈な女性を好きになる男もあまりいない。

他人を当てにしてはならない。……われわれはみんな取るために生きているので、あたえるために生きているのではない。

ゴーリキー

われわれは現在だけを耐え忍べばよい。過去にも未来にも苦しむ必要はない。過去はもう存在しないし、未来はまだ存在していないのだから。

アラン

賢者はチャンスを幸福に変える。

サンタヤナ

太陽が照っているうちに乾草をつくれ。

セルバンテス

希望とは、めざめている夢なり。

アリストテレス

苦は楽の種《たね》、楽は苦の種と知るべし。

徳川光圀

目的なしに行動するな、処世の立派なすばらしい原則が命ずるよりほかの行為をするな。

アウレリウス

偶然は準備のできていない人を助けない。

パスツール

人生における大きな悦びは、〈お前にはできない〉と世間がいうことを行うことである。

パジョット

多すぎる休息は、少なすぎる休息と同じく疲労させる。

ヒルティ

年齢は恋のようなもので、蔽い隠すことはできない。

デッカー

他人に汝の秘密を守らせんとせば、まず汝自身が守れ。

セネカ

女の心は女知る

〈日本のことわざ〉

女の微妙な心理は、女でなければやはりわからない。

「女は性の営みのなかで、男の何倍もの喜びを感じる。だから、産みの苦しみがあってもしかたがない。なんて、きいたふうにいう男がいるけれど、女を知らない男の世迷い言だろう。そのとき、女がどんな感覚のなかに泳ぐかなど、どうして男にわかるのか」と、ずばり発言していた女性がいた。なるほどそのとおりだ。女の生理だけでなく、心理だって男にはわかりはしない。ただ、男の理屈でこうだろうと想像しているだけである。

男がかいた女性像、女性心理はたくさんある。が、女のかいた女性はなんと少ないのだろうか。女はもっと自分のなかの〝女〟をかいてほしいものだ。

あまりにも有名になった名前は、なんと重荷になることか。

ヴォルテール

最高位にのぼらんとせば、最下位よりはじめよ。

シルス

夢見る力のない者は、生きる力もない。

トラー

人はどんなに高い所にでも登ることができる。しかしそれには決意と自信がなければならぬ。

アンデルセン

世上にもてはやされる人間は長つづきしない。けだし、流行は移り変わるからである。

ラ・ブリュイエール

返済する術《すべ》を知らなければ、金を借りるな。

レッシング

二つのものは知性の恥なり。語るべきときに黙し、黙すべきときに語るな。

サーディー

弱きひとびとでも、団結は力をあたう。

モロア

仕事は退屈と悪事と貧乏とを遠ざける。

佐藤一斎

春風を以って人に接し秋霜を以って自ら粛《つつし》む。

コリンズ

すべてのひとびとについてよく言う人間を信頼する。

サミエル・ジョンソン

節約なくして誰も金持ちになれないし、節約する者で貧しい者はいない。

▼女の足駄《あしだ》にて作れる笛には秋の鹿が寄る

〈日本のことわざ〉

女の魅力に男は迷い、ひきつけられてしまうとのたとえ。「秋の鹿」は、妻を恋う雄鹿のこと。

鎌倉末期に、吉田兼好によって綴られた随筆『徒然草』に

「女の髪筋をよれる綱には大象もよくつながれ、女のはける足駄にて造れる笛には、秋の鹿必ず寄るとぞ言ひ伝へ侍《はべ》る」

とある。女性は、男性にとってえもいわれぬ魅力的な生き物である。が、女であるという武器だけをかざして男に近づく女は、いくら女好きな男でも、すぐいやになってしまう。「女でございい」といった態度を素振りにもみせず、ひとりの人間として生きている女には、男はたまらない魅力を感じる。「ああ、素敵な女《ひと》」と心ひかれるのである。現代人は、足駄で作った笛の音には感応しない。

厚化粧のイゼベル

西欧の故事。

「Jezebel」という単語を英語の辞書（旺文社版「エッセンシャル英和辞典」）でひくと、①イゼベル《Israel の王 Ahab の放埒な妃》②無恥の女、妖婦。painted Jezebel 厚化粧の妖婦、と出ている。英語読みにすると Jezebel は、ジェジブルであるが、日本語の聖書には、イゼベルとなっている。単にイゼベルというと西欧諸国では、辞書にあるとおり、妖婦である。で、painted Jezebel（ペインテッド・イゼベル）とは、厚化粧の妖婦である。イゼベルは濃い化粧をほどこして、実物以上に美しくみせて人をたぶらかしたという。

イゼベルは、イスラエルの王アハブの妻であり、姦淫と魔術とによって多くの人びとをあざむき、罪におとし入れた毒婦、魔女である。かつて王アハブに従って戦った勇者エヒウが、エズレルのイゼベルのところにやってくる。その後のくだりを、旧約聖書「列王紀下」第九章三十節の記述によってたどってみよう。

「イゼベルはそれを聞いて、その目を塗り、髪を飾って窓から望み見たが、エヒウが門に入ってきたので、『主君を殺したジムリよ、無事ですか』と言った。するとエヒウは顔をあげて窓にむかい、『だれか、わたしに味方する者はあるか。だれかあるか』と言うと、二、三人の宦官がエヒウを望み見たので、エヒウは『彼女を投げ落せ』と言った。彼らは彼女を投げ落したので、その血が壁と馬とにはねかかった。そして馬は彼女を踏みつけた。エヒウは内にはいって食い飲みし、そして言った、『あののろわれた女を見、彼女を葬りなさい。彼女は王の娘なのだ。』しかし彼らが彼女を葬ろうとして行って見ると、頭蓋骨と、足と、たなごころのほか何もなかったので、帰って彼に告げると、彼は言った、『これは主が、そのしもべ、テシベびとエリヤによってお告げになった言葉である。すなわち〝エズレルの地で犬がイゼベルの肉を食うであろう。イゼベルの死体はエズレルの地で、糞土のように野のおもてに捨てられて、だれも、これはイゼベルだと言うことができないであろう〟』」

イゼベルは、エヒウを誘惑しようとして、神の預言どおりに殺され、糞土と化してしまう。エヒウを迎えたイゼベルは、目を塗り、髪を飾った……とある。が、目といっても目そのものではなく、アイシャドウをぬったりしたのだろう。

都会、いや地方の街でも、どこでもペインテット・ジェジブルはいくらでもみられる。髪を染め、目のまわりに色をぬり、イゼベルよろしく、男性に「……ご無事ですか」とやっている。肉を犬に食われないように、ご用心ご用心。

6 男の生き方、女の生き方

▼人間らしく生きたいと強く願っている人に

心からなる愛は、あたえる場合にもっとも豊かであり、犠牲を云々するときには、それだけもう真の愛ではなくなる。

ガイベル

ほんとうの男らしさとは、与える愛だけで女性に接することのできる男の独占物であるといえる。

恋人同士と思われるカップルの女性、新婚早々の夫婦の妻に、「この方のどこにいちばん魅力を感じましたか」と質問すると、

「やさしさです。」

十人中九人はそう答える。女性は男のやさしさに心ひかれ、男らしいと思うのである。強さやたくましさ、理性、荒々しさなどではけっしてない。女性にとって男らしさが、「やさしさ」だとすれば、男性にとっても男らしさはやさしさでなくてはならない。

「お前は誰のおかげで、三食昼寝つきで、のうのうとしていられると思っているんだ」などと、暴言をはく男には、女性はやさしさは感じないだろう。

男女の共同生活で、結婚という形式がごく一般的だが、男が外で働き、女が家庭を守る。で、外で働くほうが金銭的な収入を得るというのは男が女よりもすぐれているからでもなんでもない。たまたま社会的な慣習がそうであるからにすぎないのである。

「オレは、外で働き家庭を経済的に支える、妻は、内にあって精神的な安息の場をつくる。互いにもちつもたれつなのだ。感謝の気持で、接しなければならないな。」

それくらいの思いやりが、やさしさを生む。共同生活での男女はあくまで対等である。夫は「主人」と呼ばれているうちに、いつかほんとうに主人になり、妻を従者のように考えがちである。心得ちがいではあるまいか。

やさしさは、なによりも男性を男らしく、頼もしくみせる。いや、頼もしい男性でなければ、女性にやさしくする余裕がないだろう。

▼女は下げて育てよ　〈日本のことわざ〉

父親は、とかく女の子をかわいがりすぎる。なんでもよしよしと与えてしまう。

甘やかして育てると、嫁にいってから苦労する。だから、家の実際の経済的段階より一段下のつましい衣食住のなかで育てなければならないとの教え。むかしの女は教育が低いものであったことをあらわすことわざでもある。女の子の教育は、きびしく、つつましやかに、ぜいたくにならないようにしなければならないという点では、このことわざは生きている。

現在でも立派に通用する。が、きびしい現代社会で自立していくためには、やはり教育が大切であり、教養がなくてはならないだろう。女性といえども、生きる、収入につながる技術をもたなければならないから。質素に、しかも実力のある女性だけが、社会に受け入れられるだろう。

男の勇気は束縛からのがれることにあるが、女の勇気はそれを堪え忍ぶことにある。

ギゾー夫人

山で嵐に会い、孤立して、救援を待つ山男たちのなかで、精神力の弱い者は、じっと待っていることに耐えられなくなり、飛び出していって自らを死の淵へ投げ込むような挙動に出るという。気も狂いそうになる孤独感と恐怖感、絶望感にさいなまれながら、きっと助かるとわずかな望みにすがって待つのは、なみなみの勇気ではないだろう。

人格円満で、いつもやさしくて、周囲の人びとの気持を明るく、なごやかにしてくれる女性と、なにかひとつの仕事をした経験のある人なら、女性がどんなに忍耐強いかを知っているのではあるまいか。

男なら悲鳴をあげそうな状況になっても、じっと耐える。身体をふるわせ、涙を流すかもしれないが、とことん最後のところまでくると、女の強靱さはいかんなく発揮される。

女らしさとは、だから、勇気であり、強さではないかと考える。

共働きをしている夫婦の夫は、明るい灯の入っていない、冷たい部屋に帰るのがいやだといって、寄り道をして、妻よりも遅くなる人が多いという。が、妻のほうにはそんな傾向はないらしい。暗い部屋に帰ってきて、ひとりで夫を待つ。どちらがやさしさがあり、勇気があるといえようか。

一刻も早く家に帰り、夏ならば部屋の空気を入れかえ、できるだけ涼しくし、冬ならば部屋を温めて、夕食の仕度をぐちもいわずにやる。夫をできるだけ気持のよい場所に迎えようとする妻の思いやりは、勇気を生むのである。

妻を失った男は、暗い家に入らなければならない孤独感に耐えられなくなって、新しい妻を娶る。が、夫を失った女は、けなげにも、ひとり働き、一家の生活を支える。再婚をしない人が多い。

▼男の目には糸を張れ女の目には鈴をはれ

〈日本のことわざ〉

男の目は細くまっすぐなほうが男らしく、りりしく思慮深くみえる。女の目は澄んでぱっちりと鈴のようにまるく、大きいのが愛嬌があり、明るく、女らしくみえるとの意。

男には男のよさがあり、女には女のよさがある。男と対等になりたがるあまり、女のもつ、男にないよい特徴を忘れてしまって、男の真似をする女性がなんと多いだろうか。女としての資質に自信をもって女らしくなることが、男と対等になる近道ではあるまいか。

時代と共に、美意識はかわっていくのだろうが、むかしに比較すると、女の真似をする男性が増えているのではないだろうか。服装、髪形など、後姿だけをみていると男女の区別がつかない場合がよくある。あれは対等であるという意識標示（表示）だろうか。

狼は草に依存している仔羊に依存している。草は狼によって守られている。肉食動物は草木を保護するが、草木は間接的に肉食動物を養っている。

ヴァレリー

肉食動物と草木のかかわりあいは、夫と妻の関係によく似ているのではあるまいか。もっと正確にいえば、自らを完全に自立した男と誤解している夫と妻との依存意識とそっくりである。

家庭の経済生活を支えているから、自立していると考えている夫、男は多い。が、果たしてそうだろうか。

もし妻が突然いなくなったとき、炊事をし、洗濯をし、掃除もして、ときには裁縫もするというふうに、家事労働いっさいを軽がるとやってのける、軽がるとはいかないまでも、妻と同じ程度にやれる夫がいったい何人いるだろうか。一日や二日ではない。ずっと長くつづけられると自信をもっていえる男がどれだけいるか。

家事労働はまったくだめ、という夫、男は自立したとはいえない。家事労働はやれるけれども、現在は自分の責任分担ではないからやらないだけ、妻の仕事を奪うから手を出さない、といえる夫、男でなければ、〃自立〃などとおこがましくいえないだろう。妻に依存しなければ生きていけないからである。

男として完全なる自立をするためには、自分の身のまわり一切のことを、誰の援けもかりずにやれるようにしておく必要があろう。なんでもよい、得意なものから、やりやすいものから始めるとよいだろう。

料理はできるけどね……という男性は少なくないが、ほとんどがまやかしである。まず第一に妻が料理するのより、豪華で、高価な材料を使うようでは失格といえる。次に、あとかたづけ、皿洗いから、フライパンの始末まできちんとできなければ落第だろう。家事労働は想像以上にきついのである。

▼男は辞儀に余《あま》れ女は会釈に余れ

〈日本のことわざ〉

男の遠慮はすぎるくらいでよい。万事ひかえめにふるまう謙虚さが大切である。女もまたできるだけ目立たず、ひかえめなのがよいだろう。周囲の人から愛されるとの意味である。

むろん謙虚で、ひかえめなのは男であれ、女であれ好感がもてる。が、あまりにも遠慮がすぎるのはどうか。相手から、どうぞとすすめられたら、思うところを述べ、実行する行動力がなければならないだろう。特に、女だからという遠慮だったらやめたほうがよい。そんな態度で終始していたら、人形のようにはかわいがられるかもしれないが、人間としてなかなか認めてもらえないだろう。

男のなかには、人形みたいな女が好きという者もいる。しかし、そんな男、こちらから御免こうむって、相手にしないことである。

自ら恃《たの》みて、人を恃むこと無《な》かれ。

『韓非子』

恃むとは、依存するということ。自立して、他人の世話になるなとの意。

たとえ夫婦であっても、片方が配偶者に一方的に依存していると、なんとなく卑屈になってしまう。多くの人びとへの調査の結果によると、

「夫と妻は共同生活者であり、どちらに比重があるとはいえないが、経済力をもたない妻は、どうしても養われているという意識をもって、夫に対して対等になれない」

と答えている女性が多い。共働きの夫婦でも、夫よりもずっと収入の少ない妻は、家事労働のほとんどを分担して、うめあわせをするつもりになるともいう。精神的に自立していないのである。

女として完全に自立するには、やはりまずなにより経済的に独立できるだけの収入を得ることだろう。が、徹底した男中心の社会である日本では、女性が特に結婚した、しかも三〇歳すぎた女性が男といっしょになって働ける場はきわめて少ない。

残念ながらそれが現実である。で、結局はなにもしないまま家庭にとどまっている人が多いのではないだろうか。働きに出てもせいぜいパートタイマーくらいである。

しかし、いま男性と対等に働けないからといって、すごすご引き退ってきたのでは、あとからつづく者への、なんの遺産も残せないだろう。後輩のために、できる範囲で、なにかをしていってほしいのである。家庭にあっては、女の子をひとりの社会人として、自立して生きていけるように育てることである。

「女の子だから……」

などといっては、何年たっても状況はよくならない。実力だけが通用する世界では、どこでも男と女は対等にやっている。そういう世界をどんどん広げる努力が必要だろう。

▼女は己れを悦《よろこ》ぶ者のためにかたちづくる

〈日本のことわざ〉

自分をほんとうに愛してくれる男のために、女は容姿をととのえる。が、男だって、自分を心から愛してくれる女のためなら、なんでもするのではあるまいか。女だけの気持ではないだろう。

女への献身を、人に知られるのを恥ずかしがる男がいるが、そんなのはほんものではあるまい。ことさらにひけらかす必要はないが、誰にみられようともよいではないか。心のままに女性につくすのが男である。

アメリカ式のレディ・ファーストをすすめているわけではない。形だけ真似たって、心がこもらなくては、ただ滑稽なだけだろう。日本人なら、というより自分なりの方法でやることである。どんなに不器用でも、誠意はかならず相手に通じるはずである。女の男への献身も同じではあるまいか。

ダモクレスの剣

西欧の故事。

危険のうえに保たれている幸福のこと。

シシリー島の都市国家シラクサの王デオニシウスは、卑賤から身を起こして現在の地位までのぼりつめた男であった。ここへくるまでには、前に立ちはだかり、行く手を妨げる者があれば手段を選ばず、謀略をもって退け、殺し、数えきれない敵を屠《ほふ》っている。だからいっときも油断がならない。いつ仇討のための刺客に襲われるかもしれない身である。着物の下に鎧をつけ、毎晩寝室を変えるほど用心のうえにも用心をしていた。

毎日、身に迫る危険をひしひしと感じながら暮らしているデオニシウスに、家来のダモクレスは、媚びへつらって、いつも、

「王様のご幸福がうらやましゅうございます。貴い地位、ありあまる富……。われわれ臣下には思いもおよびませぬ。」

そういった。自分の意を迎えるのにきゅうきゅうとしているダモクレスに、ある日、デオニシウスが、

「どうか。お前がかねてからうらやましがっていた王者の座に、一日だけ座ってみるか」

と、宴会の席でいう。ダモクレスは、王の特別のはからいに大感激して、王座につく。目の前には山海の珍味がならべられている。王の趣向に、座は盛りあがり、宴たけなわになったとき、デオニシウスは、王様の服装をして、気持よさそうにご馳走を食べているダモクレスに、

「頭の上をみろ」

とささやく。一日王様が、ハッとして上をみると、ちょうど自分の頭の真上に天井から剣がぶらさがっていた。しかも、鋭いその剣は一本の髪の毛でつるしてあった。ダモクレスの感激はいっぺんにこおりつき、たちまち恐怖にかわる。王座についている間、真青な顔に冷汗を流し、生きた心地もなくふるえていた。そんなダモクレスをみて、

「これがオレの地位だ。王者の身辺には絶えずなんらかの危険が迫っている。みかけほど居心地のよいものではないぞ。わかったか。」

デオニシウスがそういったとギリシアの伝説は伝えている。

日本には「男は閾《しきい》を跨《また》げば七人の敵あり」ということわざがある。命をねらわれる王様ほどの危険はなくとも、すきあらば……とねらっている敵は多いのである。よほど思慮深く慎重に行動しなければ、たちまち足を引っぱられ、現在の地位が危うくなる。社会に出て働くというのは、女性が家庭内で想像しているほど楽ではない。苦労が多く、きびしいのである。ダモクレスのように、表面ばかりをみて、実態を知らないと取りかえしのつかない結果にもなりかねない。

7 女のわるぐち

▼女にさんざん
悩まされている人に

女は女性本来の姿で男の前に立った時、男にとって一切となる可能性をもっているが、男性化されたいわゆる「解放女性」として存在する時には、男の気まぐれの玩具以上のなにものでもあり得ないのだ。

キェルケゴール

どんな貞節な女でも何かしらけっして貞節でないものを自分のうちに持っている。

ディドロ

女にも武器あり、曰く涙これなり。

大町桂月

過去というもののひとつの魅力は、それが過去である、ということなのだ。ところが女は、いつ幕が降りたかけっして知らない。

ワイルド

おお女！　まっさきにわれわれを信じ、まっさきにわれわれを裏切りあざむき、そのうえ、まっさきに悔み惜しむように生まれついたる者。

シラー

女たちは、自分の顔以外のことなら、なんでも許した。

バイロン

計略をもちいるのは、たしかに女の特性である。

アイスキュロス

美しい女たちは、大昔から、愚かであってよい、という特権を持っている。

ハーン

女がどれほど不身持だろうとそれは勝手だが、もし美人でなかったら、たいした効果はまずあるまい。

モーム

女というものは、自分の美貌のためにおかされる行為ならば、悪い行為でも許す。

ル・サージュ

▼女の堅いは膝頭《ひざがしら》ばかり

〈日本のことわざ〉

女の素行には油断がならないこと。

たいていの女性は、一見したところ誰でも身持は堅そうにみえる。が、貞淑にみえる女でも、膝頭を一所懸命に閉じようとするところまで……。いったん膝がわれてしまうと、あとは案外しまりがなくなってくる。男がたじたじとするほど大胆になる女も少なくない。男ははじめ、それを喜んでいるが、すぐにいやになって逃げ腰になる。

最近の女性は、スカートの場合はそうでもないが、パンタロンやジーンズのパンツのときは、膝頭を閉じようとしない人をよくみかける。気の弱い男など、目のやり場にほんとうに困る。男のいやらしい想像力のせいだといわれればそれまでだが、それにしてもである。身も心も堅い女性は、もう貴重品になってしまったのか。

女たるものは、つねに男たちの運の行手に立ちふさがり、かつ不幸なるほうへと導く。

エウリピデス

女をお前と同等までするな。というのは、そうなったら、お前はすぐ尻の下にしかれるからである。

カント

男が女のように献身的になったら、すぐに女はつけあがってわがままになる。

コリンズ

男が誓うと女は裏切るのだ。

シェークスピア

女の歓びは、男の自惚れを傷つけることである。

バーナード・ショウ

美しい女に比べれば、どのような野獣でも残忍ではない。美しい女などという動物からは、ただ逃げるにしくはない。

ペレス

大部分の女は多くの言葉を費やして、ごくわずかしか語らない。

フェヌロン

私は男でなくてよかった。なぜなら、女と結婚しなければならないからだ。

スタール夫人

学問のある女たちは、書物を時計かなんかのように使う。つまり、それを持って歩くのは、たいていは止まっていようと、太陽に正しく合っていなかろうと、ただひとに見てもらうためなのである。

カント

女というものは、始終どこかに故障のある機械みたいなものだ。

スタンダール

たいてい、女性のほうが悪い場合

➤牛に話したことは漏れないが、妻に話したことは漏れる

〈朝鮮のことわざ〉

どこの国でも、女のおしゃべりには悩まされているらしい。おしゃべりについての女への悪口はまったく多い。まだ、小学生くらいのころから、女性は

「あのねェ、これは秘密よ。あなただけに話すんだから、絶対に人にはいわないでね」

と断わりをいって、重大事を友だちにもらす。が、秘密よ、あなただけよ……といって話されることは、日ならずして、誰でもが知っている公然の秘密となる。次から次へと伝わっていってしまうのである。

ある会社の役員が、臨時ボーナスの支給日を、女子社員にこっそり告げたときには、噂が全社に広まるのに一日半しかかからなかったとか。男子社員に実験したら、まったく噂にならなかったという。

でも、金切声をだすとたちまち女性の言い分が正当になります。

ハリバートン

〈男女同権〉とは、男の地位が、女の地位にまであがったことなのです。

太宰　治

世の中には、恋人とか情婦としては通用するが、ほかになんの役にも立たない女がいるものだ。

ドストエフスキー

女の心は男の心より清い――女は始終変わるから。

ハーフォード

女をかまいつけないようにすればするほど、女はあとを追いまわす。なにかしら女には片意地なところがある。

……女は心の中ではみなマゾヒストである。

ヘンリー・ミラー

女とは、毛皮はないけれども、その皮が非常に珍重される動物だといいたい。

ルナール

女が愛する恋人におくる愛の誓いの言葉は、風の上か、急流の上に書かれているにちがいない。

カトウルス

一人でいるとき、女たちがどんなふうに時間をつぶすものか、もしそれを男たちが知ったとしたら、男たちはけっして結婚なんかしないだろう。

O・ヘンリー

女心はどんなに悲しみで一杯になっていても、お世辞や恋をいれる片隅がどこかに残っていないことはけっしてない。

マリヴォ

われわれは女性を解放したが、女のほうは依然として主人をさがして

▼乙女の羞《は》じらいは閾《しきい》まで

〈ロシアのことわざ〉

中国の兵法家・孫子は、

「はじめは処女のごとく、後は脱兎のごとし」

といっている。敵を攻めるのに、はじめは処女のように静かに、弱々しくふるまい、敵に油断させておいて、あとになって逃げ出す兎のようなすばやさで襲いかかり、防ぐことのできない強い力を発揮して勝利を得よ、と教えているのだが、女性は、巧まずしてこの作戦を実践している。

結婚までは、なんとなく気の染まぬふりをして、恥ずかしそうに内心の嬉しさをかくしているが、いったん夫の家のしきいをまたいでしまうと、羞じらいもなにも忘れてがらりと態度がかわる。娘と女房では人種がちがうのである。変身の見事さに、男はあれよあれよというばかり……。

いる奴隷だ。

ワイルド

猿がいつも猿であるのと同じく、女は、いかなる役を演じようとも、いつでも女であるに止まる。すなわち愚にして狂なるものである。

エラスムス

女の批評って二つきりしかないじゃないか。「まあすてき」「あなたってばかね」この二つきりだ。

三島由紀夫

女によってなされなかった大きな悪が一体あるだろうか。

オトウェイ

女は非常に完成した悪魔である。

ユーゴー

二人の女を和合させるよりも寧ろ全ヨーロッパを和合させる方が容易であろう。

ルイ十四世

女子と小人は養いがたし。近づければ不遜、遠ざければすなわち恨む。
孔　子

塵よりも軽いものは何か、風である。風よりももっと軽いものは何か。女である。

ミッセ

三つのものが強く女を動かす。利害と快楽と虚栄心とである。

ディドロ

多くの女性は教養があるというよりも、教養によって汚されている場合が多い。

モーリアック

たいていの女は性格を全然もっていない。

ポープ

病める、しかも幾倍か不純なる子供ともいうべき女性。

ヴィニー

➤前かけと、エプロンと、スカート、この三つが全世界を滅ぼす
〈ドイツのことわざ〉

女は魔物というたとえ。男からみると、女性にはわからない部分が非常に多い。善良であったと思うと、ひどく残酷なふるまいを平気でする。弱々しいと感じていると、どうして男など顔まけの強靱さをもっていて、あっと驚かす。人間は、自分の理性のおよばない存在を「魔物」としておそれる。男にとって女はまさに魔物である。

女がもし、一致団結してその気になれば、世界などひとたまりもないだろう。男には防ぎようがない、といった恐怖感が誰の胸のうちにもある。

が、そんな女を腕のなかに抱こうと近づく男が少なくないのだから、もの好きというべきか。ドイツ語では、女たらしのことを「前かけの猟師」という。

雄つぐみと雌つぐみの話

西欧の故事。

一定の期間をおいて、いつも同じ問題で起こる、くだらない争いのたとえ。フランスの民話から出ていることばである。

守護の聖者のお祭だからと、ひとりの農夫が、肉がおいしいといわれるつぐみ（食用の鳥）を五、六羽網で捕えて帰ってきた。で、台所で、お祝いのご馳走をつくっていた女房に、

「おい、カトリーヌ、雄つぐみを捕えてきたから、夕食のおかずにうまく料理してくれ」

といった。すると女房は、亭主の手にしている鳥をみて、

「おや、これが雄つぐみかい。なんにも知らないんだね、この人は。これは雌つぐみじゃないの」

亭主の無知をそういって鼻先で笑った。亭主には男としての面子もある。

「なんだと。これが雄つぐみでなくて、どれが雄つぐみか。ものを知らないのはお前じゃないか。バカが」

と反発したので、ふたりの間に激しい口争いが起こった。

「雌つぐみですよ、フランソワ。バカね。雌つぐみにきまっているじゃないの」

「いんや。雄つぐみだ。おい、はっきりいってお

くぞ。カトリーヌ、お前はなぐられたくて背中がムズムズしているのか。オレが雄つぐみというのだから、雄つぐみだ。わかったか。雄つぐみだといえ」

「いいや。お前さんがいくらこわい目でにらんでも、おどかし文句をどんなにならべても、あたしゃ平気だよ。フン。これは間違いなく雌つぐみなんだから、誰がなんてったたって、雌つぐみっていうからね。取り消しなんかするもんか」

フランソワはカッカとして、

「このアマが、よおし、そんなら目にものみせてくれる」

太い棒で、強情を張りつづけるカトリーヌの背中を思いっきりどやしつけた。が、女房はいくらなぐられても、

「雌つぐみを雌つぐみといってなにが悪い」

とまったく受けつけない。亭主はあまりなぐると女房が死んでしまうかもしれないと、とうとう棒でうつのを止めた。喧嘩はそれでいちおうおさまった。

それから一年夫婦の間は平穏にすぎた。が、また守護の聖者のお祭がめぐってきた。食事をしているときカトリーヌが一年前の悶着を思い出して、

「あれは雌つぐみだったのに、なぜ、さんざんぶったんだい」とフランソワにかみついた。こうして、この夫婦はそれから毎年一回、つぐみの雌雄のことで喧嘩を繰り返した。

8 男のわるぐち

▼男にさんざん
悩まされている人に

わたしは女性がおろかなものであることを否定しませんが、全能の神は男性につりあうように女性をつくられたのです。

ジョージ・エリオット

ライオンの雄にはたてがみがあり、孔雀には豪勢な翅があるが、人間の男には三つボタンの背広しかない。

サーバー

若い男たちにとっては、女の噂をする以外になにも用事はないものだ。

グリボエードフ

男は女に嘘をつくことばかり教え、また女に対しては嘘ばかりついている。

フローベル

男は自分の知っているたった一人の女、つまりかれの妻をとおして、女の世界全体を好い加減に判断している。

パール・バック

四〇歳以上の男はみんな悪党だ。

ショウ

男というのは大きくなった子どもにすぎない。

ドライデン

男はしばしば愛するが浅い。女はまれにしか愛さないが深い。

バスター

男というものはおそらく女と一緒になるのでなければ、また女の手を借りるのでなければ完全な彼自身になれない。

エルネスト・ルグーヴ

男性における知的な風貌は、自惚れの強い連中の熱望する美の形である。

ラ・ブリュイエール

男心と秋の空

〈日本のことわざ〉

男心も、秋の空も共にかわりやすいものの代名詞。この場合の男心とは、男らしい心ではない。女に対する男の恋心である。男は、女を愛しはじめたときには、その愛が永遠にでも続くかのように誓い、口説く。が、実際は男の恋心は移りやすく、かわりやすい。

「男心と秋の空は一夜に七度《ななたび》かわる」「男心と川の瀬は一夜のうちに変わる」というのもある。男は浮気者なのである。恋する女にとって、こうしたことわざは、男に捨てられたときのあきらめにも、慰めにもなる……という人もある。が、これまた男の身勝手。

「男心」には、もうひとつの意味がある。たとえば「あの女は男心を知っている」といった使い方をする場合、男女の交情で、もう十分喜びを知っている女との意である。成熟し、男に応えられる女をいう。

男――、俺こそドン・ファンだと思いこんでいる多くの野獣たち。

エッシェンバッハ

男というものは自分の気に入らなかった女の歓心を得ることに成功しなかったときには、その女をコケットと呼ぶ。

ド・ビュイジュー夫人

あなた、手を接吻させてあげたら、今度は肩とおっしゃるでしょう……。

チェーホフ

これが男というものです。計画だけはみんな悪者ですが、そのくせ実行となると、弱気になって、それを誠実だというのです。

ランクロ

男は自分の情熱を殺して、自分を殺さない、女は死ぬ気で愛する。

アルセーヌ・ウーセイ

もう二四時間くらい待ったなら、自分の婚約者よりも、もっと好みに合った理想的な女性がみつかるかもしれぬという気持、どんな男性でも、こうした気持を抱いているものだ。

サーパー

男というものは本当は肉体によるものでなければ幸福を感じない。彼の最も深い、最も絶対的な快楽は肉体のなかにある。

ロレンジ・デ・ブラディ

男というものは、自分の愛している女を憎み、そしてどうでもよい女を愛するものだ。

シュニッツラー

男との恋は、情熱ではなく、幻想である。

ジランダ夫人

男子は結婚によって女子の賢を知り、女子は結婚によって男子の愚を知る。

長谷川如是閑

▼**一人の下男は一人の下男、二人の下男は半分の下男、三人の下男はいないのと同じ**

〈ポーランドのことわざ〉

怠け者の男は、どこの国でも多いのだろう。自分がたったひとりしかいなければ、なんとか一人分だけの働きをして、責任を果たす。が、ふたりになると、相棒がやってくれるにちがいないから、と頼りあって、少しでも楽をしようと怠ける。三人になるともういけない。誰かがやってくれるだろうと、まったく働かない。で、叱られるとお互いに責任のなすりあいを始める。手に負えないのが男だとの意味か。

男は、日曜日など、これ以上のだらしないかっこうはないというかっこうで、だらだら一日をすごす。あれをみると百年の恋もいっぺんにさめると嘆く女性は少なくない。日曜日の男は、邪魔者である。

男が女の一生で喜びを受ける日が二日ある。一つは彼女と結婚する日、もう一つは、彼女の葬儀に立ち合う日。

ヒポナックス

立派な紳士方の住んでいる健康で輝かしい宮殿のための下水溝の役をつとめるのは、娼婦ばかりでなく女全体である。

ボーヴォワール

女の寛恕のなかには美徳がある。しかし男の寛恕のなかにあるのは悪徳である。

アルフレッド・カピュス

恋する男は、自分の実際のねうち以上に女から愛されているかのようにふるまう男のことである。だから、すべての恋する男は、笑いものになる。

シャンフォール

性的にいうと、女は自然が最高の完成を保全するために工夫したものであり、男は自然の命令をいちばん経済的に果たすために女の工夫したものだ。

ショウ

男のひとって、一度女を愛したとなると、その女のためならなんだってしてくださるものでしょ。たった一つ、してくださらないもの、それはいつまでも愛しつづけるってことよ。

ワイルド

男にとっては今日一日の浮気心にしかすぎないものに、女はその一生を賭ける。

モーリアック

人生にはいやなことがいっぱいある。中でも一番いやなものは男同士の晩餐だ。

ディズレーリ

男はどんなに理屈を並べても、女

➤男はいつも嘘つきである

〈イギリスのことわざ〉

西欧諸国では、一般に嘘つきで、移り気なのは女と相場がきまっている。

〽風のなかの羽のように　いつもかわる女心　いつもかわるよ

こんな歌もあるほど。なのに、これはめずらしく、男心はしばしばかわるといっている。シェークスピアの『空騒ぎ』第二幕第二場に

〽泣くな　歎くな　御新造衆よ
男の口は　当てにはできぬ
海へ一足　陸へ一足
きのふとけふとで　相手が変はる
なれば　泣くより　笑って別れ
おもしろ　をかしく　この世を送れ
泣けるのどなら　どうせの事に
浮れ調子で　ヘイ・ノン・ノンニ（福田恆存訳）

というのがある。これが出典。

の一滴の涙にはかなわない。

ヴォルテール

女の推量は、男の確実さよりはるかに正確である。

キップリング

些細なことでは男が女に譲歩し、大きなことでは男が頑張ってほしいと女は望むものである。

モンテルラン

どんな男でも、ある女性を自分のものにしようとするときには、そのひとが自分の愛にもっともふさわしい女性であり、自分がこんなに夢中になるのはもっともなことだと思いこんでいるのである。そしてそれが迷いであったと気づくのは、あとになって愛するようになったときである。

アルツィバシェフ

自分の全生命を愛の女というカードにかけた男が、このカードが殺されたとき、がっくりとなって、何事も手につかないほど放心してしまうようなら、そんな人間は――男でなくて、ただの雄である。

ツルゲーネフ

恋する男たちは泥棒と同様、はじめは余計な用心をするが、しだいに用心をなおざりにし、もっとも必要な心も忘れて、恋にとりつかれてしまう。

デュクロ

男は女にすべてをあたえよと求む。女がそのとおりにすべてを捧げ、生涯をあげて献身すると、男はその重荷に苦しむ。

ボーヴォワール

男の愛情は、彼が肉体の満足をえた瞬間から目に見えて低下する。どんなほかの女でも彼が所有した女よりも多くの魅力をもつように思われて、彼は変化を熱望する。それに反して、女の愛情は、この瞬間から増大する。

ショウペンハウエル

▼男やもめにうじがわき女やもめに花がさく

〈日本のことわざ〉

男が妻をなくし、急にひとり者になると、とたんに家事がとどこおり、ウジがわくほど乱雑で、不潔になる。男はもともと無精者だからである。しかし、女が夫をなくし、ひとり身になると、うるさい亭主から解放されて、喪服に色香を包みかねて、とかく世間の噂になる。男たちも放っておかない。いつしか、新しいロマンスの花が開く。女は二度花を咲かせるというわけ。

男にとって、夫をなくした女性は、ひとつの理想であるらしい。馬鹿な男が「うちの女房を未亡人にしてみてえ」といったとか。

十分に男心を知りつくし、しかもさびしさをかこっている女性は、なんとも魅力的なのである。夫に先立たれた妻は、その当初はいざしらず、なぜか生き生きとしてくる。不思議でしかたがない。

オランダの勇気

イギリスの故事。

スペイン王室の援助で、コロンブスがアメリカ大陸を発見したのを先駆として、ヨーロッパ人の世界征服の、何世紀にもわたる歴史がはじまる。執念深く、貪婪《どんらん》な侵略が各国の激しい競争のなかで、ひたひたとつづけられていく。

世界の征覇をもくろむスペインの、無敵といわれた艦隊が、当時の三等国イギリスの海軍にあっけなく破れて、ヨーロッパの勢力地図はにわかに変化をみせる。小国イギリスが一等国にのしあがり、スペインにかわって東洋へと進出する。

一七世紀に入ると、オランダが実力をつけ、商業や海外発展のうえでイギリスのライバルとして登場する。イギリスとオランダは、ことごとに反目敵視しあい、相手にいわれのない蔑《さげす》みの感情をいだくようになる。それにフランスも加わって、三つ巴の争いが繰りひろげられる。

オランダ語については、知識がまるでないのでなんともいいようがないが、この時代の両国のいがみあいが原因となって、英語のなかに、オランダ嫌いをむき出しにしたことばがたくさん生まれている。「オランダの勇気」もそのひとつ。

英語では「オランダの……」という形容詞は「ダッチ」(Dutch)である。で、このダッチのつくことばには、悪い意味の表現であるものが少なくない。英語で勇気を「カリッジ」という。これが「ダッチ・カリッジ」となると、酒でつけた元気、真の勇気にはほど遠いこと。

「ダッチ・ランチ」「ダッチ・サパー」が費用持ち寄りの、割り勘の昼食、夕食。「ダッチ・マン」はオランダ人だが、イギリス人が「それがほんとうなら首をやる」といいたい場合には「オレはオランダ人だ(アイ・アム・ダッチマン)」といった表現をする。

「トリート」は、他人におごることだが、「ダッチ・トリート」となると、オランダ式のおごり方、つまり割り勘という意味をあらわす。「ダッチ・ペイ」ともいう。「割り勘にしようや」は、簡単に「レッツ・ゴー・ダッチ」で通じる。「ダッチ・アンクル」(オランダのおじさん)が、口うるさい、きびしすぎる人。「ダッチ・ワイフ」(オランダ妻)が竹夫人。竹夫人とは、籐か竹で編んだかごで、暑い地方の人が夜寝るときに抱いてねる道具。そうすると涼しくて気持がよいものらしい。味気ない妻の意か。

イギリス人は、フランスにも矛先を向けている。英語で「フランス式のいとまごい」というと、主人や主催者に無断でこっそり中座したり、帰ってしまうこと。フランスも負けてはいない。途中で断わりなしに退席してしまうのを「イギリス流に立ち去る」という。性病を英語で「フランス病」、フランス語では「イタリア病」と書く。男たちのこの稚気。

9 男と女の生理

▼男が女を、女が男を
求める心を知りたい人に

男というものは元来多妻主義者だ。心ある女は男のたまさかの過失をいつも大目にみる。

「たまさかの過失……」に男はいつもあこがれる。好き心のない男なんて、めったにいるものではない。　**モーム**

誰もが、きれいだなあとうらやましがるような美人の奥さんをもっている男が、若い女の子にマンションを買ってやり、一週間に一、二回ずつ通うようになった。噂をきいた物好きな悪友たちが、いったいどんな女かみてやろうと、女のマンションに、男がいるのをみはからって押しかけた。チャイムを鳴らすと、男が顔を出して

「なんだ、お前たちか」

と渋い顔をしたけど、それでも仕方なく「まあ、あがれ」

と請じ入れた。応接セットのおいてある部屋でニヤニヤしながら待っている悪友連中のところへ、女がお茶を運んできた。みると、近ごろでは田舎にいってもめったにお目にかかれないようなイモ姉ちゃん。みんながびっくりして

「おい、あれが彼女か。いっちゃわるいけど、奥さんといまの人じゃまるで月とスッポンじゃないか。お前もまあ……。」

口をそろえてそういった。すると男、にっこり笑って

「うん。まあね。でも、月とすっぽんと、どっちが食べてうまいかな。」

男の視線は、年と共に、女性の上から下へと移っていくといわれている。顔から胸、胸から……と、女性の脚線美にもっとも興味がひかれるなんて男は、心身共に老いているといえそうだが、どうだろうか。

確かに、若い時代は男も女も、とくに男が女性を選ぶ場合には容貌が重要視される。が、年齢が高くなってくると、別な基準が心に芽生え、大きく育つ。

雀《すずめ》海中に入《い》って蛤《はまぐり》となる。　**中国の故事**

いとこ同士は鴨《かも》の味

〈日本のことわざ〉

いとこ同士の夫婦仲は、鴨の味のようによい、円満であるということ。

鴨を食べるようになったのは比較的新しく、江戸時代に入ってからららしい。で、鴨の吸い物が珍重されていたのだが、男女間のむつまじさを、どうして鴨の味にたとえているのかよくわからない。

仲のよい様子を「ちんちんかも」というが、この「かも」も鴨の味の鴨ではあるまいか。

いとこ同士の結婚は「いとこぞい」といってむかしはよくあった。血が濃くつながっていて、わるい子が生まれる可能性もあったが、逆に優秀な子に恵まれることも多かった。で、血族の絆もしっかりしているし、よく相手もわかるので、夫婦を円満にするよい結婚と、いとこぞいは考えられていた。

古い時代の中国にあった俗信である。ものごとがよく変化するたとえに使われる。

仲のよい夫婦の雀がいた。ある日、亭主がどこで聞いてきたのか、寝物語りに
「人間たちは、〝雀海中に入って蛤となる〟といっているそうだ。どうだろう。おかの上のいまの生活も変化はなし、すっかりあきてしまったから、ひとつ、海に入って蛤になって暮してみないか。目先がかわっていいかもしれないよ」

といった。女房は、どっちがよいやらかいもく見当もつかなかった。が、おとなしく従順な女なので、深い考えもなく、亭主のいうままに海に飛び込んだ。人間のいうとおり二羽ともたちまち蛤になっていた。

海中では、昆布のふとんに、荒布《あらめ》の夜着。馬小屋の軒下で、糞やいばりの臭いをかぎながら寝るよりはずっと情緒があり、風情があった。

当初、ふたりともご機嫌で暮していたが、間もなく、女房の蛤がひどくふさぎ込み、亭主の蛤と口をきかなくなった。いっしょに寝ても、不機嫌に背中を向けてしまう。毎晩のことなので、たまりかねた亭主がとうとう声をかけた。

「おい。なにをそんなに怒っているんだ」

すると女房は、いらだたしげに、

「あたし、蛤なんていや。いっしょに寝たってちっとも楽しみがないでしょ。だって、ただ口を吸うだけしかできないんですもの」

女房蛤のいらだつ気持はよくわかる……のではあるまいか。亭主のほうは蛤になってから、義理のおつとめもしなくてよくなり、ほっと安心しているのだろうが、女房はそうはいかない。雀時代に味わった楽しさが忘れられないのである。心ならずも〝海中に入って〟女房蛤と同じ不満を感じている女性は少なくないのではなかろうか。

男にとって恋愛に興味あるのは、征服と離別だけである。その他は埋

意馬心猿《いばしんえん》　〈日本のことわざ〉
煩悩、欲情を抑えがたいことを、あばれる馬、さわぎたてる猿が制しがたいのにたとえたことば。ものの本に
「もろもろの凡夫は、心は野馬のごとく、識は猿猴よりはげし」
とある。人間の心のなかには、駆けまわる馬、跳びはねる猿が住んでいる。とりわけ、若い男女の性への欲情は、なかなか抑圧できない。いや、ほんとうは抑圧などしないで、おおいに発散させたほうがよいのだが、現代社会ではそうもいかないのが現実である。
早く結婚して、思いのままに性的な欲求を満たすことのできる環境に入った男女のほうが、いつまでも性的ポテンツが低下せず、若く、晩婚の夫婦ほど性的に衰えるのが急で、ふけ込みやすいという報告もある。世の中はままならない。

め草にすぎない。

シャルドンヌ

男は、好きな女性を手に入れるためにはあらゆる手段をつくす。根気よく、相手が承知するまで、繰りかえしかき口説く。で、女は、これほどまでわたしを想ってくれるのだから、すべてを許せばなんでも願いを聞いてくれると誤解する。

夫の蒸発には、なんの理由もなく、ふとどこかへいってみたくなって……というのが多いという。が、妻の家出にはほとんど別な男性がからむとか。

まだ、姦通罪があったむかしの話。

若い男にひかれて、夫や子どもを捨てて家を出てきた女。このままでは死ぬしかない。でもひとりで死ぬのはこわい。で、男に死んでくれと迫った。

どうしても心中しなければならないはめに追い込まれた男、

「ここで死んでは旅館に迷惑がかかる。どこか誰にもかかわりのない場所で死のう」

といって、女を説得した。ようやく忍び出て、真っ暗な道を小提灯のあかりをたよりにとぼとぼと歩いていった。

ところが、なにを思ったか、男がふっと提灯を吹き消した。女は男の手をつかまえ、

「ここまできて、ひとりで逃げようというつもりなの。ひどいわ」

と、うらむ。と、男、

「いや。そんなつもりはない。でも、ろうそくが半分以上も減ったからね」

「……でも、どうして消したの」

「だって、すっかりとぼしてしまったら、あとでオレがひとりで帰るとき気味がわるいもの、暗くって……」

女と手を切りたい場合も、男はさまざまな手段を弄する。うんといったからといって、たいていは本心からではない。

女――秘密のないスフィンクス。

ワイルド

▼腐れ縁は離れず

〈日本のことわざ〉

道義的でない関係は、かえって切れにくいというたとえ。

「腐れ」は、もともとは鎖で、つながることとの意味だったが、転じていまは腐敗したという意味になった。腐れ縁も、はじめは不純な男女関係だけをいっていたが、いまは広く一般的な人間のかかわりあいにも使われるようになっている。

純粋な形で結びついていない人間同士は、理屈からいえば、すぐ離れていってしまいそうだが、案外、ずるずるとつづいていくものである。実例はたくさんある。

「世にいう腐れ縁というものが、まあわたしと美沙との現在の関係であった。愛情というような清冽《せいれつ》な感じのものはとうになくなっており、貧しさと無気力にまみれながら……」（井上靖『或る自殺未遂』より）

顔は美人で、身体はライオン、翼をもった女の化物がスフィンクス。人に謎をかけるのを楽しみにしている(66頁参照)。人間の女は謎はかけない。が、やはり化物だという意味か。

衣装などを入れる嫁入り道具のひとつ、長持のなかに、むかしは親がこっそりと笑い絵（春画）と張形《はりがた》（男性器の形をした淫具）をしのばせたという。笑い絵は、夫婦の生活がどんなものか教えるために、張形は亭主が家を外にして相手にしなくなったとき、さびしさを慰めるために、入れたのであるらしい。

江戸時代の話。身なりこそ貧しいが、どことなく気品をただよわせた中年の女が質屋にきた。いかにもきまりわるげに、見事な張形をそっと出して、一分（一両の四分の一）の金を貸してくれとたのむ。が、番頭は承知しない。そこをなんとかと女。

押し問答が始まった。とうとう番頭がいらだち、こんなもので一分とはあんまり虫がよすぎる、世間知らずにもほどがある、と思わず声を高くした。それを奥できいていた主人の後家が番頭を呼んで、

「あの方も大切な品を質に入れるのだから、よくよく困ってのことだろう。気持よく貸しておあげなさい」とたしなめる。番頭はしぶしぶ一分貸したあとで、張形をみながら

「おかみさんも、旦那さまさえご存命ならば、こんなものに一分はけっしてお貸しにならなかったろうに」

と、涙を流した。

身につまされた未亡人が、商売気を離れて、金を貸してしまうのだが、「わたしだってさびしい」という謎なのだろう。人間の女だってこれくらいの謎はかける。

▼性《せい》相近し習《なら》い相遠し

〈中国のことわざ〉

人間の性格は、生まれたばかりには、似たようなものである。それが育ち、成長するにつれて、周囲の環境や習慣、教育などによって大きくかわっていく。善人になるか、悪人になるかは、すべて育て方しだいである。

男女の間にも、同じことがいえる。幼いうちは、子ども、という括弧でひとつにくくられるが、年齢が加わるにつれて、性が男と女をそれぞれ支配していく。

女性は、月経によって女になり、男性は、射精によって男になる。射精ははじめ夢精という形で経験することが多い。早い者で九歳、遅い者でも一八歳くらいまでには射精がある。声がわりをしている男性は、射精経験者と考えてよい。月経はほぼ一ヵ月周期だが、若い男性は三、四日ごとに射精をしたくなるような生理をもっている。

ヰタ・セクスアリス

日本の故事。

森鷗外の有名な小説の題名だから、故事ともいえないが、「ヰタ・セクスアリス」は、ラテン語で性生活という意味である。が、日本では鷗外の小説以来「性生活の歴史」というふうに使われている。

「金井湛《しずか》君は哲学が職業である。

哲学者といふ概念には、何か書物を書いてゐるといふことが伴ふ。金井君は哲学が職業である癖に、なんにも書物を書いてゐない。」

小説は、こんな書き出しで始まる。

金井は、脚本か小説を書こうとするが、なかなか書けない。が、たまたま読んだ小説が、性欲以外に人生はないとの考え方をテーマにしているのをみて、自分も、自分のこれまでの性欲の歴史を書いてみようと決心する。

六歳で春画をみて、性的な世界に強い好奇心をもったことから、自分をとりまく性欲的な環境を年を追って記述していく。

七歳で両親の性生活に関心をもたされる。一〇歳で女性器と自分とのちがいを確かめ、一一歳で同性愛的行為を迫られる。上京後、寄宿舎に入った一三歳から、年上の青年たちの男色（同性愛）を強要するいやらしさに対抗するために、いつも短刀を身につけている。

一四歳で友人と料理屋にあがる。友人の母親から誘惑されたりする。マスターベーションも経験する。一九歳で見合をし、大学を卒業した二〇歳の年、人に誘われてはじめて吉原の遊廓で女性との性交体験をもつ。下谷の芸妓ともあやしげな関係ができる。やがてドイツに洋行し、女中やいかがわしい女と「ずいぶん悪いことのかぎり」をして帰国する。

二五歳で結婚したが、妻に死なれ、三二歳で一七歳の妻と再婚する。

金井は、二五歳の結婚まで性生活を書こうと筆を取ったのだが、

「恋愛を離れた性欲には、情熱のありやうがないし、その情熱の無いものが、奈何《いか》に自叙に適せないかといふこと」を自覚して、以後の性生活の経緯の筆を絶つのである。

「世間の人は性欲の虎を放し飼いにして、どうかすると、其の背に騎《の》って、滅亡の谷に墜ちる。自分は性欲の虎を馴らし抑へてゐる」

と書き、が、

「只馴らしてある丈で、虎の怖るべき威は衰へてはゐない」

と加えている。

同性愛から異性愛へと目覚め、しだいに性的に成熟していく青年の姿があざやかに描かれている。明治時代後半の男性の性生活をとおして、男尊女卑の世界がかいまみられる。

10 男と女の心理

▼男ごころ、女ごころの
微妙さを知りたい人に

り、女の多情はむしろ肉体の奥にお男の多情さはむしろ頭脳的であ

男の多情さはむしろ頭脳的であり、女の多情はむしろ肉体の奥におりこまれていて、いっそう自然に近く、はっきりと目につかない。

シャルドンヌ

目につかないからといって、女は男よりも多情ではないとはいえないだろう。男も女もそれなりに多情であり、多恨である。異性でばかり悩み、苦労する。ほんとうにいくつになっても……。

若い女性の、かわいらしい多情ぶりをひとつ。

ある女性のところへ、たまたまふたつの縁談が舞い込んだ。ひとりの相手は、大金持の御曹子、もし結婚すれば玉の輿である。が、風采がいまひとつぱっとしない。もうひとりの男性は、平凡なサラリーマンで、金はあまりないけれど、すばらしいハンサムボーイであり、たくましい体格のスポーツマン。

母親「ねえ、どうするの。どちらでもお前の好きな人を選んだらいいわ。どちらも願ってもないお話ですもの」

娘「うん。でも、あたし、両方へいきたいわ。だめかしら」

母親「なにを馬鹿なことをいっているのよ。これだけの男性、めったにいないわ。ぐずぐずしていると、よそのお嬢さんにさらわれてしまうわよ。お見合い写真はきっとこれだけではないでしょうから」

娘「ああ、どうしようかな。あのね、昼間はお金持の家ですごして、さんざんぜいたくをするの。夜はハンサムな人のところで寝るっていうのだめかしら」

娘心としては、まことにむりがない。現実にもこんな場面がありそうである。若い女性の心のなかは案外こんなものかもしれない。そして「お金持で、ハンサムな人っていないかしら」などとよくばりをいう。そんな男は何千人にひとりいればよいほうである。平々凡々な男性としては立つ瀬がない。

彼女は美しい、だから男が言い寄

▼遠くて近いは男女の仲

〈日本のことわざ〉

男と女の間柄は、遠いようにみえるが、実は思いがけないほど近いものだとの意味。きのう赤の他人だった男女が、きょうはもう一生離れられない関係になったりする。

清少納言の随筆『枕草子』に

「遠くて近きもの、極楽。船の道。男女の中」

とある。十万億土のかなたにある極楽でも一心に仏を念ずれば、たちまちそこに至る。何の障害もなく、一直線に航行する船は、遠い土地にも早く着ける。男と女も同じ、というわけ。その気になれば、身も心も一心同体にさえなれる。が、身も心も捧げつくしてひとつになった男女でも、ほんのささいな争いから、あっさり別れる場合もある。だから、近くて遠いのも男女の仲である。

るのは当然だ。彼女は女だ、だから口説き落とされぬはずがない。

シェークスピア

絶世の美女といわれる小野小町は、歌人としても知られているが、ひとりの男の熱烈な求愛をふりぬいた、冷酷な女としても有名である。深草の少将は、百夜お通いになったら、そのときは……との小町のことばを信じて、小町のもとに百夜通いつめる。毎夜、牛車の長柄をのせる台に、回数を刻みつけ、百回目のくるのをじっと待ちつづけた。が、その執心もむなしく、あと一晩という九十九夜目に、雪に凍えて死んでしまう。

もっと時代がくだってからの話。

ある高貴な人のお姫さまをみそめたひとりの男が、つけ文《ぶみ》をする。と、今夜から百夜《ももよ》通ってきたら、きっと会いましょうとの返事があった。親切にも、車の長柄にきずをつけて、毎晩きたしるしにしなさいとまでいってくれたのである。

そこで、雨の日も、風の日も、通いつめ、九十九夜となった。車の長柄にしるしを刻んで、帰ろうとすると、腰元が出てきて、

「もうあすで百夜ゆえ、一夜くらいおまけしましょう。お連れしなさいと、お姫さまが申しておいでです。さあ、どうぞ」

という。しかし、男はもじもじして、にえきらない。腰元が重ねてうながすと、男、

「あのう、実は、わたし、一日いくらでやとわれた者で、本人ではありません」

小野小町に、このお姫さまほどの思いやりがあったらとは思うのだが、でも、思いやりがあったばかりに、お姫さまは男のいいかげんさをいやというほど知らされる。男性不信におちいったのではあるまいか。

が、黙って口をぬぐっていればわからないのに、「日やといです」と正直に告白してしまうのも、同じ男なのである。

処女膜の歴史は人間の歴史であ

▼焼けぼっくいには火がつき易い

〈日本のことわざ〉

「焼けぼっくい」とは半分焼けてしまっている杭。いちど燃えかかったのだけれど、途中で火が消えてしまった状態をいう。こんな杭は、生の木やふつうの杭よりもずっと火がつきやすい。

むかし、情を交わしあった男と女が、長い間縁が切れていて、ふとした機会に再会すると、たちまち意気投合して、また以前の深い関係にもどってしまう例は、少なくない。これが「焼けぼっくい……」である。

ひと組の夫婦が何回か離婚して、その度に、同じ配偶者と結婚したという話もある。が、それよりも、むかし恋人同士だった男女が、それぞれ別な相手と結婚していながら、たまたま出会って、再び、わけありになるといった響が「焼けぼっくい……」にはあるのだが、どうだろうか。

る。

シュテーケル

ほとんどの男は、妻に迎えるならばまったく性体験のない女性がよいと考えている。そのくせ、自分は結婚前に女性と交渉をもちたいと願い、多くの者が結婚を前提としないつきあいを女性とする。なんとまあ身勝手とおかしくなるが、それが男の哀しさだろう。女性のほうもしっかりしたもので、結婚前に処女膜再生手術を受けて、心身共にまっさらになったつもりで、嫁入りする。そうした手術をしてくれる病院は大繁昌らしい。

男性の処女への渇望は、滑稽なくらいである。

「オレはまだいちども処女だった女とめぐり逢ったことがない。なんとかして処女と出会いたい」

毎日、そればかりを考えていた男。あるとき、ふとよい案を浮かべた。

（そうか。きりょうが悪くて、誰も男が相手にしないような娘をさがせばいい。そんな女なら、きっと処女にちがいない。）

で、何日かの後、条件にぴったりという娘をみつける。あれならば絶対大丈夫と見当をつけて、呼び出し、熱心に口説いた。ようやく納得させ、待望のベッド・イン。だが、どうだろう。案に相違して、処女どころか男を喜ばせ、自分も楽しむテクニックを心得たなかなかの古つわもの。

「君は、初めてだろうと思ったんだけど、ずいぶん経験があるらしいね」

と、正直に男がいうと、女

「ええ、男の人って、どなたもそういうんですよ」

こうした場面での知恵比べでは、男はとうてい女の敵ではない。こんな形で結ばれた男女、たいてい男のほうがのめり込んでしまって、離れられなくなるのが通例である。女のたくましさにも男はかなわない。

着物を脱ぐ女の眩《まば》ゆさは、雲を貫く太陽のようだ。

ロダン

▼金の切れめが縁の切れめ

〈日本のことわざ〉

世間一般でも、金はものをいい、たいていの出来事は金で解決できる。が、とくに、遊里での色恋は、金次第である。金がなくなれば、どんなにちやほやされていた客でも、鼻もひっかけられなくなる。そのときの女のせりふが「金の切れめが……」である。

金銭によって成り立った関係は、金銭がなくなったときにあっさり切れるという意味。

夫婦の間でも、似たようなことがよくあるのではなかろうか。月給日やボーナス日、その他、臨時収入のあったときは、女房はにこやかで、亭主を下へもおかないように待遇するが、ふだんの日は案外冷たいあしらいをする。

万一、失業でもしようものなら、まるで邪魔者で、つっけんどんにこづきまわされる。金の切れめは縁の切れめだとでもいいたげに……。男はまったくやりきれない。

男は、ほとんどの例外もなく女の前ではかっこうをつけたがる。雲を貫く太陽のような輝かしい女の裸を一刻でも早くみたいと、いじらしいほど一所懸命になる。が、女は、男のそうした想いを少しも知らない。自分の裸がそれほど大きなショックを男に与えるなど、思ってもみないのではあるまいか。ただ恥ずかしいの一念で……。

ある畳屋の職人が、しゃれたかっこうをして吉原へ遊びにいった。むろん、昭和三三年四月に売春防止法が施行される以前の、のんびりした時代の話。

ここでは金銭での取引きだから、相手の女性はそれほどためらいもなく着物を脱ぐ。

床に入って、娼婦とよもやま話をしているうちに、女が職人の肱の大きなたこをみつけ

「あら、あんた、畳屋さんね。そうでしょう」

肱をさすった。すると職人は、すました顔でいった。

「いやいや。オレは腕相撲の横綱だ」

話はかわるが、娼婦は、一人ひとり考え方はちがうが、どの女にも共通しているところがふたつだけあった。いちように不幸な境遇の出身であったこと、それと思いがけないほどの誇りをもっていたこと。それを知らない客の男は、手酷くふられた。

女たちは、自分たちがいましていることをはっきり仕事と割り切っている。だから、へんに同情的なことばをお客がかけると、神経が逆なでされ、ひどく誇りを傷つけられるらしかった。「よけいな心配しないで、やることとやってさっさと帰りゃいいだろう」などといわれる男はたくさんいた。身体は売ってもお前たちに哀れんでもらいたくないという気持だったのではなかろうか。

➤悪女の深情《なさ》け　〈日本のことわざ〉

悪女とは、心根の悪い女ではなく容貌の美しくない女のこと。

容貌が人並以下だと信じ切っていたり、自信があまりなかったりする女性は、男の愛を失うまいとして、献身的な愛情を捧げてつくす。恐らく、自分の女として足りない点を何とか補おうとするためだろう。そんな女性の献身ぶりに、男がありがた迷惑と内心苦笑している情景が、悪女の深情けである。

なるほど、女性にとって容貌の美醜は、自らの価値を決める大きな要素だと考える気持ちはよくわかる。が、多くの男性にとって容貌など、さして、問題ではないのである。少なくとも女性が気にしているほど、男は重きをおいていない。「顔……？　あればいいいんじゃないの」と割り切っている男性だってたくさんいる。うそではない。

ソドムの罪

西欧の故事。

自然に反する邪淫。つまり獣姦、鶏姦、男色、同性愛などの性的倒錯を「ソドムの罪」（ソドミー）という。

パレスチナのシディムの谷にあったペンタポリスの主要都市は、ソドムとゴモラ、アデマ、ゼボイム、ベラの五つで、ソドムは王の都であった。

ソドムとゴモラの住民は、さまざまな不倫、不道徳を行い、神に対して罪を犯したので、神は町を焼きはらおうとした。が、アブラハムは、神の前に立って、正しい者を悪い者といっしょに滅ぼさないでくださいと交渉する。そして、もし町に一〇人でも正しい者がいたら、焼かないとの約束をとりつける。

神のふたりの使者が、ソドムの町にきて、ロトという男の家に入ったとき、ソドムの町民たちが、使者に暴力をふるおうとした。神は怒ってソドムとゴモラの町をやはり焼き払う決心をする。

神の使者は、親切にしてくれたロトを救おうとして、妻とふたりの娘といっしょに逃げるように促した。で、逃げる途中でけっしてふりかえってはならないと命じた。ロトは、その忠告に従って町を逃れ出る。神は硫黄と火を降らせて悪徳のふたつの町を住民、地にはえているものなど、すべてをことごとく滅ぼした。しかし、ロトの妻は命令にそむいてふりかえったので塩の柱となった。

ソドムをはじめとするペンタポリスの主要都市は、現在、死海の南部の水中に没している。この話は、罪悪に対する神の審判の実例として新・旧の聖書にしばしば引用されている。新約聖書「マタイによる福音書」第十章十五節には、イエスのことばとして、「あなたがたによく言っておく。さばきの日には、ソドム、ゴモラの地の方が、その町よりは耐えやすいであろう」とある。

このエピソードから「罪悪の都市」「頽廃の町」を表現するとき、西欧諸国では「ソドムとゴモラ」という。淫乱の罪によって焼かれた町にちなみ、性的倒錯、とくに男色をソドミーとよぶ。女性の同性愛は愛好者だった女流詩人サッポーの名から、サフィズム、この詩人の生まれた土地レスボス島から、アムール・レスボスといわれている。

日本にも、むかしから、男色や獣姦があった。こんな小話がある。

「わたしはこれまで悪いことはしていませんが、たった一回、牝牛の味をみた経験があります」

それを聞いた周囲の人がびっくり。

「牝牛の味ってどんなものかね」

と尋ねると、その男、

「いや、たいしたものじゃありません。牝犬と同じくらいです」

第8章 人に好かれるために

誰からも好かれる人は幸せである。誰からも嫌われる人もまた幸福である。もっとも不幸なのは誰からも相手にされず、無視されつづける人びとである。

1 人に好かれる

▼なぜ人に好かれたほうがよいか

私たち人間は、赤ん坊や大人も、性に関係なく、家族、学校、企業体、社会、国家、民族といったように、いろんな性格と規模の群を作っていっしょに生活してゆこうとしている。利害を考えたり、理屈による納得だけでは決して集団は作れない。ひとりぼっちではいやだ、相手はだれでもよい。とにかく、いっしょになっていたいという、大脳辺縁系で生みだされる集団欲にかりたてられているのである。

時実利彦

人間はしばしば、他人の欠点をほじくることによって、自分の存在をきわだたせようと考える。だが彼は、それによって自分の欠点をさらけだしているのである。

人間は聡明で善良であればあるほど、他人のよさをみとめる。だが愚かで意地わるであればあるほど、他人の欠点をさがす。

トルストイ

あんまりひとりぼっちの人間は、しまいには病気になるもんだ。

スタインベック

孤独はいいものだということをわれわれは認めざるをえない。けれどもまた、孤独はいいものだと話しあうことのできるたれか相手をもつことはひとつの喜びである。

バルザック

退屈は人生を短縮し、その光明を奪う。

エマーソン

仕事は仲間を作る。

ゲーテ

人に交わるに信をもってすべし。おのれを信じて、人もまたおのれを信ず、人々相信じてはじめて自他の独立を実にするを得べし。

福沢諭吉

私は他人の感情に真っ向から逆ら

➤昨日は人の身今日は我が身

〈日本のことわざ〉

あの事故や災難は、他人の身の上に起こったのだから、自分にはまったくかかわりあいがないなどと考えるのは大まちがい。同じ事故や災難がいつなんどき自分のうえにふりかかってくるかわからないのが世の常である。十分に注意せよとの教え。「今日は人の身明日は我が身」ともいう。

人に好かれ、愛される人は、他人の不幸をわがことのように心配し、同情する。災難や事故にあうのは、本人の不注意なんだからしようがない。馬鹿な奴だ、などと冷たくあしらっていると、ひと度自分に同じことが起こったとき、誰からも相手にされないだろう。

人の好意は、ふりかかってくる災難をよけてくれる場合もあるし、不幸にして事故にあっても、その傷や痛みを半減してくれる効果がある。

わないように、また自分の意見だけが正しいといい張ることのないように、常に心がけている。

フランクリン

友と知己とは、幸運に到達するための確かな旅行免状である。

ショウペンハウエル

孤独は神といっしょに暮らさない者には害がある。孤独は魂の力量を強くするが、同時にまた、働きかけるべき対象をすべてかれから奪い去ってしまう。力量を授かった者はその力を同胞のために使わなくてはならない。

シャトーブリアン

朋友とは自己以外の自己をいう。

ゼノン

人生における無上の幸福は、われわれが愛されているという確信である。

ユーゴー

いま敵であるひとも、いつかは自分の友だちになるかもしれないと考えて、憎むのもほどほどにしなければならない。

ソフォクレス

ある年齢になると、友人を選ぶよりは、友人に選ばれる場合のほうが多い。

ジード

女同士の友情を女がつくり出し、あるいはそれを長くたもっていたら、これは女にとって貴重である。女の友情というものは、男たちの知っているもろもろの関係とは非常に性質を異にしている。……女たちは女の運命という一般性の中に閉じ込められているので、かの女たちが結ばれるのは内面生活の一種の共犯といった気持によってである。

ボーヴォワール

男女間の友情は、音楽とそれを生み出す楽器との関係です。男女間の

▼窮鳥懐に入れば猟師も殺さず

〈中国のことわざ〉

なにかに追い詰められた鳥が、せっぱつまって、ふところに飛び込んでくれば、その鳥をとるつもりだった猟師も、あわれさのあまり、殺しかね、かばい逃がしてやる。これと同じように、非常に困った者が、命がけで救いを求めてくれば、誰でも、理由のいかんを問わず、かばってやるのが人間だとのたとえである。

が、たとえはたとえ。現実はかならずしもそうではない。憎い奴と日ごろ思っていた相手が、自分を頼ってきたらどうするだろうか。よい機会だとばかり、助けるふりをして、後から蹴飛ばすような真似をしかねないだろう。そこまでしなくとも、おそらく知らぬ顔をしているのではあるまいか。好意的に感じている相手なら、人は頼まれなくても援助の手をさしのべる。

友情は音楽です。完全に非物質的で天上的な、そして肉感とはまったく趣を異にしているものの、この肉感なくしてはあり得ぬ音楽なのです。

モンテルラン

一切のことを忘れて陶酔するのが愛人同士であるが、一切のことを知って喜ぶのが友人同士である。

アベル・ボナール

恋は愛らしい花であり、友情は甘い果実である。

コッツェブー

完全に孤立した人間は存在しない。悲しんでいる人は、他人をも悲しんでいる。

サン・テグジュペリ

人間の弱さがわれわれを社交的にする。共通の不幸がわれわれの心をたがいに結びつける。

ルソー

人間の社交本能も、その根本はなにも直接的な本能ではない。つまり、社交を愛するからではなく、孤独がおそろしいからである。

ショウペンハウエル

千人の友だち、これは少ない。一人の敵、これは多い。

トルコのことわざ

我ら一たび全く愛の国に踏み入らんか、この世がどんなに欠けたものであろうとも、なお此処は美しく豊かなものとなる。この世はもっぱら愛を生きるための機会から成り立っているからである。

ヒルティ

肉体に苦痛をおぼえるなら、どこかに手ちがいのあることが、わかる。つまり、してはならないことをしているか、しなければならないことをしないかの、どちらかである。精神生活においても同様である。もし憂欝やいらだちをおぼえるなら、どこ

➤義理と褌《ふんどし》はかかされぬ

〈日本のことわざ〉

社会生活は、もちつもたれつである。まるでかかわりあいがないようでも、どこかで世話になっている。まして、少しでも関係のある人なら、きっとなにか恩を受けている。そうした恩には十分な返礼をする義務がある。これが義理。ふんどし（パンツ）をしないで暮らせないように、守らなければ社会生活が円満にいかないのが義理であるとのたとえ。

万事、ドライになった現代日本でも、あるひとつの地域社会で、義理を欠く人間はつまはじきにされる。

褌は、みたとおり衣へんに軍《いくさ》である。むかし、戦場におもむく武士たちは、気持をひき締めるためと、もっとも大切な部分を防御するために、衣できりりと巻いた。これがふんどしの初めだとか。勝った者が首ではなく、その部分を切り取ったともいう。

かに手ちがいがあるものと思わなければならない。つまり、愛してはならないものを愛しているか、愛さなければならないものを愛さないかの、どちらかである。

トルストイ

愛の悲劇というものはない。愛がないことのなかにのみ悲劇がある。

テスカ

気に入る——ということは愛することとは別のことだ。愛することは、この世の中に自分の分身を一つ持つことだ。

吉行淳之介

愛は最善のものである。

ブラウニング

恵も、めぐむも、めぐしも、惨しも、憐も、いとおしも、かなしも、悲も、あわれも、慈も、いつくしむも、あわれむも、皆これ愛である。そして愛は「うつくしむ」であり、「うつくし」であり、「美」なのである。我邦の言葉は斯様に愛を語っている。人の此心の動きのさまざまの中で、愛が最も優美で霊妙で幽遠なものであることは言うまでもない。

幸田露伴

まったく知らないものを愛することはできない。しかし、すこしでも知っているものを愛するときには、その愛によって、そのものをいっそう完全に知るようになる。

アウグスチヌス

孤独が恐ろしいのは、孤独そのもののためでなく、むしろ孤独の条件によってである。

三木　清

孤独は厚い外套である。しかも、心はその下でこごえている。

コルベンハイヤー

世界の不幸はただ一人の仲間もないことである。

ロマン・ロラン

➤驥《き》尾《び》に附《ふ》す　〈中国のことわざ〉

足の速い馬のしっぽについていくとの意。

「驥」は駿足にして一日千里を走りぬくといわれる名馬のこと。馬につくハエは、自分の力ではとうてい遠くまで、しかも速くはいけないのだが、千里をいく名馬のしっぽにくっついて目的を達する。駿馬の尾が転じてすぐれた人となり、学問徳行などにすぐれた人物につき従い、その人の行動にならって自分も学徳、腕前をみがくという意味になった。

多くのものを得られる可能性をもった、優秀な人の「驥尾」につこうと思っても、もし、その人から好意や愛情をもたれなかったらどうだろうか。しっぽをひと振りされて、たたき落されてしまうだろう。好かれていれば、万一ふり落されそうになっても、きっとかばってくれる。不幸にして落ちてしまっても、拾い上げてくれる。

漁夫の利

中国の故事。

お互いに争っている間に、関係のない第三者に利益を占められてしまうとのたとえ。

戦国時代に中国にあった燕《えん》という国は、西は趙《ちょう》、南は斉《せい》の二国に接していたため、絶えず両国からねらわれていた。

あるとき、燕に飢饉が起こった。これを知った趙の恵文王が、その弱身につけ込んで侵略しようとした。ところが、燕の昭王《しょうおう》は、あいにく多くの兵を斉に派遣していた。で、できれば趙と争いたくないので、斉にあって、燕のためにいろいろ尽力してくれている蘇代《ぞだい》という人物に頼んで、趙王を説得してもらうことにした。

蘇代は趙王に説いた。

「きょう、お国にまいります途中、易水（燕と趙との国境を成す）を通りました。そこでおもしろい光景にぶつかりました。ふと川べりをみますと、蚌《ぼう》（貝の一種・どぶ貝）が口を開けて日向ぼっこをしております。と、そこへ、鷸《しぎ》（かわせみ）が一羽飛んできて、どぶ貝の肉をついばんだので、どぶ貝は怒って急に貝殻を閉じ、かわせみのくちばしを挾んでしまいました。どうなるかと立ち止まってみておりますと、かわせみ（雨の降るのを知るといわれる鳥）が、

『きょうも雨が降らず、明日も雨が降らず、このままいったら、お前は死ぬんだぞ』と、おどかします。が、どぶ貝も

『オレが、きょうも離さず、明日も離さなかったら、お前こそ死ぬんだぞ』

と負けずにいいかえします。言い争うばかりで、両者とも意地をはって、動こうともしません。喧嘩はなかなか勝負がつかず、膠着状態になっているところへ、運わるく、たまたま漁師が通りかかりましたからたまりません。両方とも簡単につかまえられてしまいました。いやはや馬鹿な奴らでございます。

そのとき、ハッと思いあたりました。いま、趙と燕が事を構えて、争えばどうなるでしょうか。趙がかわせみなら、燕はどぶ貝です。人民は疲弊してしまいます。すると、あの強大な秦《しん》が漁師となって、かならず利益をひとり占めにするでしょう。危ういかな。」

賢明な趙王は、秦の威力を考え、燕を攻撃するのは得策でないと悟り、侵略を中止したという。

周の安王の世から秦の始皇の世に至る、およそ二百四十余年間における戦国遊説の士の、策謀のことばを、国別に集めた本『戦国策』に出てくる話である。

このエピソードから「鷸蚌《いっぽう》の争いは漁夫の利をなす」ということばが生まれた。

2 第一印象をよくする

▼どんな事柄が
第一印象をよくするか

人間は眼を二つもつが、舌は一つである。というのは、しゃべるよりも二倍も観察するためである。

コルトン

日本には「人はみかけによらぬもの」といういい方があるし、西欧諸国には「外観はあてにならぬもの」「外観で判断するなかれ」ということわざがある。実際にも、第一印象はあてにならないのがふつうである。が、現実的には、最初に受けた印象によって、他人を評価したり、評価が影響を受けたりする。

「あんな人とは思わなかった」などと話すのをよく耳にするのはこのためである。はじめて接する人からよい感じを受けると、その人のすべてが好ましく思えるから不思議である。逆に、どうも感心しないといった場合には、あまりかかわりあいのない点までも、低く考えてしまう傾向が人間にはある。

初対面の人によい印象を与えるかどうかの決め手になるのは、その人の容姿、容貌ではない。確かに、容姿、容貌はかなり大きな比重をもっている。が、永続的なものではない。なんといってもポイントになるのは、清潔さではあるまいか。なんとなく汚れているという印象が、相手の心証をもっとも悪くする。容姿、容貌が立派だと、なおさら汚い感じが目立つのである。

清潔かどうかのわかれめは、髪の毛である。髪の毛がきれいに洗って、整えられ、見た目にもすっきりしていると、清潔感がただよってくる。髪の毛の手入れを十分するような人は、だいたい服装でもなんでも、きちんとしているからだろう。

髪の毛が汚れていると、手がきたなくなり、爪の先が黒くなる。爪が伸びて、黒くなっているのはなんとも不潔である。それから、ワイシャツの襟、袖口がきれいか、靴がみがいてあるかどうかもかなり響いてくる。

人の心は顔に現われる。だからABCの読めない人でも、顔をみれば

▼立派な風采は推薦状である

〈イギリスのことわざ〉

立派な容姿・容貌をしていると、推薦状をもらって人柄を保証されたように、人との交際に役立つものである、との意味。西欧諸国には、これと似たことばが各国にある。代表的なのが、次のふたつ。

美しさはよい紹介状である

〈ドイツ〉

美しい顔は無言の推薦状

〈イタリア〉

が、すぐれた容姿・容貌をしている人は、なるほど得をする場合が多い。といっても、最初のうちだけである。内面的に充実していないと、つきあっているうちにしだいに容姿・容貌が色あせてきて、かえってあわれな感じになってしまう。風采のあがらない人でも、もし、教養豊かで、しかも実行力のある人物だったら、みる人の目がだんだんちがってくる。立派にみえてくるから不思議だ。

性格が読みとれるのだ。

トーマス・ブラウン

「四〇歳を過ぎた人間は、自分の顔に責任をもたねばならない」といったのはアメリカの第一六代大統領リンカーンだが、そこまで年をとらなくとも、二〇歳代から、いや一〇歳代でも、精神的な傾向が顔にあらわれてくる。人間として卑しい者は、どうしても雰囲気に品がない。容貌があまりよくない人でも、充実して、しかも高尚な思考をいつもめぐらしている者は、どこかおかしがたい。

　だから、いまどのような精神生活をすごしているかによって、顔の表情、身体全体の様子に微妙なちがいが出てくる。自分自身の現在の生活、やらなければならない仕事に真剣にうち込み、そのことに満足している人は、接する人によい印象を与えずにはおかない。

　が、人にはそれぞれ好みがあり、ひとりの人間をふたりの人が評価したり、判断したりする場合、まったく逆な結果が出てくることがしばしばある。たとえば、自分の欠点をよく知っていて、いつもいやだなと感じていると、同じ欠点をもっている人に対して、あまり高い評価を与えないだろうし、よい印象も受けないのではあるまいか。同情するより嫌悪してしまうからである。

　反対に、同じ欠点をもつ者に親近感をおぼえる人だっているだろう。自分にはない長所を認めて、すばらしい人だと感心する者もいるだろうし、この野郎とばかり嫉妬し、反感をあらわにする人だっているにちがいない。

　いずれにしても、一所懸命に生きている態度が感じられると、年長者は年下の者を、よほどのへそ曲りでもないかぎり、好感をもってむかえる。たとえ、腹立たしいほど愚直であってもそうである。ほほえましい気持にさせられ、引き立てたくなってしまう。

　声は細《さい》として聞えざることなし、

➤奥《おう》に媚《こ》びんよりは竈《そう》に媚びよ

〈中国のことわざ〉

　奥にでんとかまえている者は、確かにえらい。が、ご馳走をもっていない。かまどのところで働いている人は、さしてえらくはないが、ご馳走のおもとをおさえている。だから、ご馳走をもらおうとしたら、奥にいる者よりも、かまど近くにいる人にお世辞をつかいなさい。実権を握っていない名前だけのえらい人よりも、地位は低くとも実権をもっている者に、接近したほうがましだとのたとえ。

　経験の浅い者は、外見だけをみて判断してしまい、とかく奥の人のことばかりを気にして、かまどの前の人を無視して失敗する。奥にばかり注意を向けているものだから、かまどの前にいる人には、まるで無防備で、すきだらけである。かまど近くにいる人の第一印象は、その後の言動がいくらよくても、なかなか消えない。

行は隠《いん》として明らかならざることなし

『説苑』

声はいかに小さくとも人に聞こえ、行はどんなに隠しても、かならず人に知られる。秘密を保つのはむずかしい。絶対にできないものであるとの教えである。そのとおりだろう。現実の世界でこうした現象がしばしば起っている。

自分をよく知っている周囲の人びとに対しては、声はいかに小さくとも、また黙っていても、気持は自然に伝わっていく。行動をとりつくろってもやがてばれてしまう。が、初対面の人には、きびきびした態度で、はっきりしたことばと声で、思うところを正確に伝えなければ、よい印象は与えられない。

よくとおる声、大きな声、明確なことば遣い、ものおじしない積極的な態度は、心身の健全さの証明になるのである。

積極的といっても粗野ではきらわれるだろう。礼儀正しく、ひかえなければならないところはひかえるつつましさが必要である。どっちつかずのあいまいな言動がいちばんいけない。若い者でも、年配者でもかわりがない、というのが識者の一致した意見である。

「健全は第一の富である」

といったのは、アメリカの哲学者エマーソンだが、健康で、明るく、自信に満ちている人に会うのは楽しい。こちらの気分も浮き立つようになるし、よし自分もやらなければという気持にさせられるからである。

「病人というものは、正常なひとより己れの魂により近く迫るものだ」

とは、フランスの作家プルーストのことばである。が、人の魂をゆさぶるほどの力は、健康でなければけっして出てこないだろう。

身体の健康がそこなわれると、かならず精神が病む。精神に異常があると身体はむしばまれる、とは医学の常識である。

▼行いの美しい者は姿も麗《うる》わしい

〈イギリスのことわざ〉

言動が美しいと、その人の容貌までもすぐれてみえる。だから、美しくなりたかったら、立派な言動を心がけなければならない。言動が立派であるためには、精神も清く、高くなくてはならないとの意。

人間の心の動きは、常識でははかれない。誰かを積極的に受け入れようとするかどうかによって、対象がガラリと姿をかえる。白が黒にみえたり、黒が白にみえたりする。敵が味方になり、味方が敵になる。美しいものが醜くなり、醜いと感じていたものが、美しい存在となる。

第一印象は大切である。ある場合には、将来の方向を左右する。が、問題は自分自身の内容がどうであるかのほうがもっと重要なのはいうまでもない。ほんものは黙っていてもやがてあらわれてくる。

ペンは心の舌である。

セルバンテス

「文は人なり」とは、むかしからいわれている。その人の書いた文章を読めば、性格や教養、品格がよくわかるという意味である。が、文字だって人である。うまい、まずいにかかわりなく、書いた人の人品骨柄が筆の運びのなかから、自ずからあらわれてくる。

綴っている人の心の動きが、読む人に素直に伝わってくるのが、よい文章だといわれている。よい文章が書ける人に出会うと、誰でも、「あ、この人は……」と高い評価をする。だから、できるだけよい文章を書く心がけを忘れないことだろう。文字だって下手であるより、上手なほうが人に与える印象がまるでちがってくる。ある企業の人事担当者の話である。

「論文などの筆記試験では、文字の巧拙や誤字、脱字、かな遣いの誤りがあっても、得点は左右しないという規則です。でもね、やはり、うまくてわかりやすい文字が書いてあると、内容的に同じものなら、わかりにくい、まずい文字の論文より高く採点しますよ。人物も立派なものではないかって感じます。まして、誤字やかな遣いの誤りがあるとどうも印象が悪くなって損ですね。」

面識のない人から手紙をもらったら、どんな人物だろうと、文字の上手、下手からまず判断しようとするのではあるまいか。きちんとした文字であれば、几帳面で、行いの正しい、いいかげんな言動のない人だとの感じを受けるだろう。

男女差別をするわけではないが、美しい文字を書く女性は、心まで清らかな人とたいていの男は思うのではなかろうか。もっとも、教科書どおりに正確に書かれた文字だけが相手の心をうつのではない。むしろ、個性的で、いかにもその人らしさのある、筆勢の鋭い文字が訴える力をもっている場合が多い。

➤顔が醜ければ髪結いの腕がよくてもどうにもならない

〈アラブのことわざ〉

ひどいいわれようだが、このことばに怒り出す者はひとりもいないだろう。人間、誰にも自惚れがあって、自分は醜いとはけっして思っていないから。逆に

「顔の美しい人間は信用できない」

なんて誰かがいおうものなら、蜂の巣をつついたような騒ぎになるだろう。

外観だけを飾っても、髪結いの腕を宣伝して歩くのと同じ、ご本人の価値をちっともあげはしない。行いを正し、神に誠意をもって帰依していれば、周囲の人びとが醜いとはいわなくなる。髪を飾るよりも、心を磨きなさい、との意味。

外観上の美しさなど、はかなく、移ろいやすい。せいぜい保っても一〇年前後である。そこへいくと……。

李下に冠を整《ただ》さず

中国の故事。

「瓜田《かでん》に履《くつ》を納《いれ》ず、李下に冠を整さず」と一対になっていることば。

瓜のなっている畑に、あやまって履が飛び込んだりしたら、いかにも瓜を盗りに入ったように誤解される。また、李《すもも》が実っている下を通るとき、手をあげて冠を直そうとすれば、いかにも李を盗ったようにみえ、疑われてしまうかもしれない。人から疑われるような行動はしないほうがよいとの意味。

時は戦国時代、斉《せい》の威《い》王（B.C.三七〇年ころ）のとき、佞臣周破胡《しゅうはこ》が国政を専らにしていたため、国内はいっこうに治まらなかった。賢明の士をそねみ、批難し、おとしいれ、ぼんくらな人物ばかりをほめ、登用したからである。

威王の後宮にいた虞姫《ぐき》という女が、みるにみかねて、王に訴えた。

「破胡は腹黒い人ですから登用なさってはいけません。斉には北郭《ほっかく》先生という立派で、行ないの正しい方がいらっしゃいます。こういうお方をお用い遊ばすように」

不運にも、虞姫のこの献策が破胡の耳に入った。破胡は虞姫を憎み、おとしいれようと図り、虞姫は北郭先生と怪しいといい出す。威王は、虞姫を捕え、閉じこめて真相を調べさせた。が、破胡の手がまわっているので、取調べの役人は、むりやりに罪をでっちあげようとする。さすがに王も不審に思い、虞姫を呼び出して直々に問いただした。すると虞姫は

「これまでわたくしは一心に王のために尽くしてまいったつもりでございます。しかし、悪者におとしいれられてしまいました。身の潔白ははっきりしております。でも、もしわたくしに罪があるとしますと『瓜田に履を納ず、李園を過ぎるときは冠を整さず』ということを忘れ、人の疑いを避けなかったことと、誰ひとりわたくしの罪を申し開きをしてくださる人がなかったという、わが身の至らなさでございます。

たとえ死を賜りましょうとも、わたくしはこのうえ弁解を致そうとは思いません。けれども、たったひとつだけお聞き願いたいと存じます。いま群臣がみな悪にそまっておりますが、なかでも破胡がもっともひどうございます。王は国政を破胡にお任せになっていらっしゃいますが、これではお国の将来はまったく危いのではないでしょうか」

と、真心をこめて実情を訴えた。虞姫のことばに悪夢からさめた思いの威王は、周破胡を殺し、国政を整えたので、斉はおおいに治まった。（『列女伝』）

人間は、まったくそれとは気づかずに「李下に冠を整す」ような言動をしていることがままある。

3 人間のおかしな心理

▼苦手意識から
脱け出せない人に

この頃久米と僕が夏目さんの所へ行くのは、久米から聞いてゐるだらう。始めて行った時は、僕はすっかり固くなってしまった。今でもまだ全くその精神硬化症から自由になっちゃいない。それも只の気づまりとは違ふんだ。……つまり向うの肉体があんまりよすぎるので、丁度体格検査の時に僕の如く痩せた人間が始終感ずる可く余儀なくされたやうな圧迫を受けるんだね。現に僕は二、三度行って何だか夏目さんにヒプノタイズされさうな……物騒な気がし出したから、この二、三週間は行くのを見合はせてゐる。

芥川龍之介

一座は何の堅苦しさもなかった。自由な心置きのない、同時にとりとめもない呑気な会話が湧くやうに続いてゐた。雄吉が京都の中田博士の周囲で感じたやうな、強ばったやうな雰囲気は其処には微塵も存在して居なかった。……何の腹蔵もなくズバリと突込んで来る松本さんの真率な人間的な温味を有難く思はずにはいられなかった。

菊池　寛

夏目漱石を中心とした文学者たちの会合に出席した、当時のふたりの新進作家の文豪・漱石に対する印象を綴った文章である。

芥川の文章のなかの「久米」とは、久米正雄。菊池の一文にある「雄吉」は菊池自身、「中田博士」が上田敏、「松本さん」が漱石である。いずれも明治文壇の著名な作家たち。

漱石というひとりの人間が、同世代のふたりの青年に与えている影響のちがいに驚くのではあるまいか。芥川は、漱石から生理的ともいえる圧迫を受け、ヒプノタイズされそうな（催眠術をかけられそうな）気がしたといい、菊池は、なんの堅苦しさもなく、漱石の温味をありがたく思ったと感想を述べている。誰でも、人間にはこうした苦手意識というものがある。

菊池と一しょにいると、何時も兄貴とゐるやうな心もちがする。こっ

▼足速き者競争に勝つにあらず、また強き者戦いに勝つにあらず

〈西欧のことわざ〉

旧約聖書「伝道の書」第九章第十一節に、

「わたしはまた日の下を見たが、必ずしも速い者が競走に勝つのではなく、強い者が戦いに勝つのでもない。また賢い者がパンを得るのでもなく、さとき者が富を得るのでもない。また知識ある者が恵みを得るのでもない。しかし時と災難はすべての人に臨む。人はその時を知らない。」

とある。うさぎとかめの寓話を持ち出すまでもなく、強者が弱者をあなどっているとんでもない結果になる。人間関係でもそれがいえる。「あんな奴」と軽く考えている相手に、油断していると、ものの見事にひっくりかえされる例は数かぎりない。精神的に優位であるからといって、安心ばかりもしていられないのが人間関係である。

ちの善い所は勿論了解してくれるし、よしんば悪い所を出しても同情してくれさうな心もちがする。……菊池と或問題を話し合ふと、その議論に勝った時でさへ、どうもこっちの云い分に空疎な所があるやうな気がして、一向に勝ち映えのある心もちになれない。ましてこっちが負けた時はものの分かった伯父さんに重々御尤もな意見をされたやうな甚だ憫然な心もちになる。

芥川龍之介

……この頃から、大正十二年頃までが、芥川と最も親しく往来していた時代で、地震後殊に芥川の死の一、二年前は、あまりに芥川を放りぱなしにして置きすぎた。死んでから今更すまなく思ってゐる。

菊池　寛

　文壇に認められたのも芥川が先、文学的才能にしても、芥川のほうが菊池よりずっとすぐれている。ふたりの関係は芥川のほうが優越しているように考えられるのが、常識である。が、このふたつの文章を比較してみると、社会的名声や才能にかかわりなく、菊池のほうがずっと強い立場にあり、精神面で優位に立っていることがよくわかる。

　漱石と芥川、漱石と菊池との間にあった圧迫とくつろぎの人間関係を、多分、いろいろな場面で経験しているのではあるまいか。

　相手から圧迫され、苦手だなあと感じても、思い切ってヒプノタイズされるつもりで、近づいていくと、案外、ゆったりとした包容力で受け入れてくれるのがふつうである。

　いたずらにかっこよがったり、つっぱったりしないで、赤裸々な自分をさらけ出してみるとよいだろう。すると、芥川が菊池に感じたような兄貴といる気安さになれる。むりに対抗意識を燃やしたり、押えつけてやろうとすると、強いしっぺがえしを食い、傷ついてしまう。

　……聡明な訪問（芥川）は、直ちに私の不安を見ぬいた。私のおどおどしてまごついている様子をみる

▼疑いは破れの本　〈日本のことわざ〉

　協力して仕事をしている相手を疑い出すと、実際にはあり得ないような悪い想像をしてしまうのが人間の常。そうなっては、同じ目的に向って力をあわせていくのは不可能となる。目的も達成できないという意味。

　精神的にどうも気圧される。年齢も、社会的地位も、あらゆる点でも、自分のほうが上だと思うのだけれど、どうもあの男（女）には、強いことばがいえない。よほど勇気をふるわないと叱れない、といった相手がかならずいる。が、こうした相手の行動には、とかく疑い深くなって、あらぬ想像をする傾向を誰でももっている。注意しなければならない。疑いがあったら、躊躇せず尋ねてみるとよいだろう。たいていは、こちらの誤解であったとわかる。しかし、そうした相手はことば巧みだからよほど気をつけないと……。

と、彼は直ちに態度をかへ、急に平易なざっくばらんな調子になって、心おきなく書生流儀で話しかけた。この時以来、自分は芥川君に圧倒された。すくなくとも自分より「上手の人物」から、応接で圧倒されてゐることを感じ、一種の反抗的な気分に駆られた。

萩原朔太郎

当時の世間知らずであり文壇めくらであった私が、彼と対座しただけで遺憾ながら彼を自分以上のものであると云ふ、心からの承認ではなかったとは云へ、徐ろにその朧気なものを感じたことは拒めなかった。

室生犀星

詩人萩原朔太郎は、芥川よりも六歳も年長である。その萩原が、芥川にすっかり圧倒されてしまっている様子がまざまざとみえる。また、芥川が何者であるか、どのような才能のある人物であるか、さっぱりわからなかった犀星が、なんとなく気圧され、負けまいとして胸を張っているところがよく伝わってくる。

漱石や菊池には、苦手意識をもったり、どうもかなわないと感じていた芥川も、朔太郎や犀星には、年齢や社会的な条件にもかかわらず優越感をもっていたのがわかるのではあるまいか。人間は、ある人にはどうも頭のあがらない感じだけれども、別な人には気軽になんでもいえる、といったふたつの面をもっている。

なんでも気安くいえる人に対しては、よほど注意深くしていないと、心ならずも相手を傷つけ、人間関係がうまくいかなくなる場合がしばしばある。頭のあがらない感じの人には、すべてをまかせてしまうのがよいようである。すると、細かいところまで心くばりをしたり、勇気づけたり、慰めたりしてくれるはずである。悩みがあれば相談にのり、心強い味方になってくれる。

一度打っても落付いてゐる。二度打っても落付いてゐる。三度目には抵抗するだらうと思ったが、矢っ張り逆らはない。僕は打てば打つほど

▼痛痒《つうよう》を感ぜず　〈日本のことわざ〉

人から自分に加えられる攻撃は、こちらに弱みがあったり、弱体だと、少しのものでも大きな動揺を感じ、あわててしまう。が、万全の備えと自信、強力な体勢があれば、かなりのものでも、いささかの影響も受けない。また、その事件が自分とは無関係であることのたとえにも使う。

漱石とその妻鏡子との関係で、精神的に優位にあるのは、つねに妻のほうである。夫からどのようなしうちをされても、あまり痛痒を感じない。いくらぶたれても、冷静な目でじっと夫をみている余裕がある。夫は妻からいつも心をみぬかれ、軽くあしらわれてしまう。しかし、夫はまるで蛇ににらまれた蛙よろしく、あがこうとすればするほど金縛りになって身動きできない。だが、夫が必死に反撃にうつると刃傷沙汰になりかねない。

向こうはレデーらしくなる。そのために僕は益々無頼漢扱いにされなくては済まなくなる。僕は自分の人格の堕落を証明するために、怒を小羊の上に洩らすと同じ事だ。夫の怒を利用して、自分の優越に誇らうとする相手は残酷じゃないか。君、女は腕力に訴へる男より遙かに残酷なものだよ。

『行人』

「貴夫がさう邪慳になさると、また歇私的里《ヒステリー》を起しますよ」

細君の眼から時々斯な光が出た。何ういふものか健三は非道くその光を怖れた。同時に劇しくそれを悪んだ。我慢な彼は内心に無事を祈りながら、外部では強ひて勝手にしろといふ風を装った。其強硬な態度の何処かに何時でも仮装に近い弱点があるのを細君は能く承知してゐた。

『道草』

……けれどもその一重瞼の中に輝く瞳子は漆黒であった。だからよく働らいた。ある時は専横といっていいくらゐに表情を恣ままにした。津田は我知らず此小さな眼から出る光に牽き付けられる事があった。さうして又突然何の原因もなしに其光から跳ね返される事もないではなかった。

彼が不図眼を上げて細君を見た時、彼は刹那的に彼女の眼に宿る一種の怪しい力を感じた。其は今迄彼女の口にしつつあった甘い言葉とは全く釣合はない妙な輝やきであった。相手の言葉に対して返事をしやうとして彼の心の作用が此眼付の為めに一寸遮断された。

『明暗』

漱石の妻は鏡子といった。ふたりの間が険悪であったのは有名な話である。漱石は『行人』『道草』『明暗』のなかで、自らの夫婦関係をさらけ出している。『行人』では一郎と直、『道草』では健三とお住、『明暗』では津田とお延の関係に、自分と鏡子をおきかえて書いている。三つのどの作品の妻も、いわゆる悪妻であり、したたかで、夫などなんとも思っていない女たちである。

▼黄牛《あめうし》に突かれる　〈日本のことわざ〉

あめ牛は、茶色がかった黄色の牛で、ふだんは非常におとなしい。が、ばかにして、油断していると、角で突かれて思わぬ怪我をする。相手が弱いからといって、無防備な状態に身をおいていると、やっつけられるというたとえ。

「侮《あなど》り葛《かずら》に倒れるな」（軽蔑していたツル草につまずいて倒れるな）というのもある。

精神的に劣勢にある者が、優位にある人に反発するのは、よほどの出来事であり、並大抵の決心ではできない。相手が恐ろしいから、再び立てないように、致命傷を与えようとする。必死で、余裕がないからかげんしない。優位者には油断があるので、あっさりとやられてしまう。

漱石は、しかし、鏡子夫人に反撃できないまま世を去る。

虎の威を借る狐

中国の故事。

戦国時代のある日のこと。楚《そ》の宣《せん》王が群臣にむかって、

「北方の国々は、わが宰相昭奚恤《しょうけいじゅつ》を恐れているのかな」

と尋ねた。すると、江乙《こういつ》という男が、ひとつの寓話を語り、

「北の国々がなんで一宰相などを恐れましょうや。恐れているのは、その背後にある楚国の軍勢、すなわちわが君の強兵でございます」

と答える。さて、その寓話とは……。

あるとき百獣の王である虎が、一匹の狐を捕えた。すると狐が、

「わたしは天帝から百獣になるように定められています。だから食べてはなりません。それでも食べるというのなら天帝の命にそむくことになりますよ。もし、それを信じないなら、わたしのあとについてきてみるとよいでしょう。わたしの姿をみて逃げ出さない獣は一匹もいないはずです。それをみれば、きっと納得できるでしょう」

といった。なるほど道理だと虎も承知した。狐が先に立ち、虎はそのあとについていった。で、出会う獣という獣がみんなあわてて逃げ出していくのをみて、なるほど狐を恐れて逃げていくと虎は感心する。獣たちが恐れたのは狐ではなく、うしろにひかえていた虎の姿だったのである。

「虎の威を借る狐」とは、小人が権力のある者をかさにきていばること。また、そのような小人のことをいう。

ここまでの話では、江乙が国を憂える忠臣のようにみえる。が、そうではないから人の世は恐ろしい。江乙は、魏の国から使いとして楚にやってきて、そのまま住みついてしまった魏のスパイであった。それに気づいて、ひそかにさぐっていたのが昭奚恤。江乙は昭奚恤が邪魔でしかたがない。そこで「虎の威を借る狐だ」とか「奚恤は魏から賄賂をとった」とか、あらゆる機会をとらえて、宣王の耳に奚恤の悪口をふき込んだのである。

『戦国策』のなかにある話。

いつの世にも、どこの国にも「虎の威を借る狐」は多い。が、狐の策略にまんまと騙されている虎もまたたくさんいることには驚かされてしまう。

芥川龍之介と菊池寛のかかわりあいのなかで、芥川が、議論に勝っても
「こっちの云い分が空疎な感じがする」

で、負けたときには
「ものの分かった伯父さんに重々御尤な意見をされたような」

あわれな気持になると告白している。

4 男性とのつきあい

▼すばらしい男性と
めぐり逢うために

要するに私は、誰にも私を抱いてキッスしてくれとは頼まない。ただふつうの人間として公平に扱って欲しいのだ。

L・アームストロング

要するに運命は女性に似て、若者の友である。つまり若者は、思慮深くなく、あらあらしく、きわめて大胆に女を支配するからだ。

マキャベリ

青年にとってはあらゆる思想が、単におのれの行動の口実にすぎぬ。

小林秀雄

よい妻というのは夫が秘密にしたいと思っている些細なことを常に知らぬふりをする。それが結婚生活の礼儀の基本である。

モーム

二人の結婚は美しかった。なぜなら、彼女は離婚する力を持っていたから。

二人の離婚もまた美しかった。なぜなら彼女は友だちとなれる心を持っていたから。

川端康成

男と女が手に手をとってのみ天国にはいることができるのだ。神話がわれわれに語るごとく、ともに天国を去ったのだから、ともにそこへ帰らなければならぬ。

ガーネット

男はかならずしもその行為によって評価するわけにはいかない。法律を守ってはいるが、しかもつまらない男がいる。法律を破りながらなおかつりっぱな男もいる。

ワイルド

男というものはつねに女の友であることはけっしてありません。他に愛する女を持っているときは別ですが。

リュー

女はたえず背後をふりかえって、

▼口は閉じておけ、目は開けておけ

〈西欧のことわざ〉

周囲の人びととの人間関係、特に、異性との間柄を平和に維持しようと考えたら、できるだけ沈黙を守り、相手を公平な目で観察しなければならないとのたとえ。ことばを慎んで活眼を開けと教えている。財布と口は、どうしても必要なとき以外は閉じておいたほうがよい。相手も自分も傷つかないだろう。

女性はおしゃべりだから、よけいに注意しなければならないといわれているが、なにも女性にかぎったことではない。男性だって、口数が少なく、しかもいうべきときにいうといった心がけがなくてはならないだろう。

口に出していわなくとも、自分を理解しようと考えてくれる人なら、日常のさりげない言動から、どんな人物かちゃんと判断してくれるはずである。

歩んで来た道程の長さを測っているから、躍進力がそがれてしまう。

ボーヴォワール

昔は、男性も女性の保護者をもって任じていたかもしれないが、現在は、雄々しさも名ばかりで、男性たちは、女性の保護を求めている。

A・サンダー

人間を誘惑することのできないような者は、また人を救うこともできない。

キェルケゴール

婦人を遇するの道は、男子みずから身をきよくして彼女の貞節にむくゆるにあり。

内村鑑三

すべての男性が家庭的で、妻子のことのみにかかわって、日曜には家庭的のトリップでもするということで満足していたら、人生は何たる平凡、常套《じょうとう》であろう。男子は獅子であり、鷹である。

倉田百三

愛情は友情を根底にしなければならない。愛情は多かれ少なかれ「奪う」か「与える」ものであり、それに対して友情は争奪でも付与でも必ず貸借対照表をつくるものである。この友情を底に、ときに奪い、ときに与えて、愛は成り立つ。だから、友情は誠実な愛情の一等星なのである。

尾崎秀実

自分にできないと考えている間は、人間はそのことをやりたくないと心に決めているのである。

スピノザ

わたしは人を愛する。けれどもそれは利己心からの自覚があって愛するのだ。

わたしもまた恋人を愛する。そしてそのまなざしの甘い命令に服従する。しかしそれもやはり利己心から

▼嫉妬はいちばん重い病気

〈ドイツのことわざ〉

誰の心のなかにも、嫉妬心はある。男でも、女でもかわりはあるまい。むかしから男と女ではどちらが嫉妬深いかが議論されている。が、男女のどちらかが……という対比のさせかたがおかしいのであって、嫉妬深さは、男女に差があるのではなく、個人差といってよいだろう。

嫉妬心がもし、少しでも態度やことば、行動になってあらわれたら、ブーメランのように、かならずもどってきて、相手を傷つけるより、自分自身をずっと大きく深く傷つけてしまう。人をねたみ、そねめばそれだけ品位がさがり、ますます疎外される結果になるからである。

「嫉妬は、いまだかつていかなる人も富ましたことはない」ということばもある。人間はやっかいな心をもっている。

だ。

シュティルナー

友情と尊敬のどちらかを選ぶという問題になれば、私はあとのほうを取る。

J・ロビンソン

人間の精神がひとつの事柄に向って余りにかたより、また余りに強制的に導かれると、人間は自己の力の均衡ないしは知恵の力を失う。

ペスタロッチ

なんらの証拠はなくても、じぶんの好まないものであり、それに賛成しないものであれば、それに賛成しなくてもいい。

マルサス

偉大な事業を完成するためには、人はつねに緊張していなければならない。

サン・シモン

志を立てて以て万事の源と為《な》す。

吉田松陰

あなたの好きな人間の徳――素朴、あなたの好きな男性の徳――強さ、あなたの特性――ひたむき、あなたがいちばん許せる悪徳――軽信、あなたがいちばんきらいな悪徳――追従、あなたの好きな仕事――本のムシになること。

ジェニー

美しい婦人の美しい着物は、それと気づかれないものでなければなりません。

R・ルクセンブルク

怒にはどこか貴族主義的なところがある。善い意味においても、悪い意味においても。

孤独の何であるかを知っている者のみが真に怒ることを知っている。

三木　清

もしも美しいまつ毛の下に涙がた

▼悪衣悪食を恥ずる者は未《いま》だ与《とも》に議《ぎ》するに足らず

〈中国のことわざ〉

かりにも人の道を学ぼうと志しているのなら、たえずそのことについて思いめぐらしていなければならない。少しでも心が自分の服装や食べ物にいって、立派な服を着てない、おいしいものを食べていない、と人の目を気にし、恥ずかしがるようでは、人の道について語りあう値うちのまだない人物である、との意味。

修業のきびしさについて語っていることばだが、人の道を志している者にかぎらず、服装や食べ物にばかり気をとられているような人は、あまり内容のない人物と思われてもしかたがないだろう。身だしなみは大切である。健康を左右する食べ物もおろそかにはできない。が、人間、それだけではないのではあるまいか。精神の充実が肝心だろう。

まったら、あふれ出ないように、強い勇気でこらえるべきだ。

ベートーヴェン

不平を言ふことの出来ない学生の如きは取るに足らない。しかし破壊主義の学生に至ってはさらに取るに足らない。

新島　襄

男はある女の愛人でありうるときには、その女の友人であることはない。

バルザック

男心は、清らかな美にひかれるものだ。あなたの巻毛を乱雑にしておきたもうな。

オヴィデウス

男というものは、いつもそうだが、わが家から離れているときが、いちばん陽気なものだ。

シェークスピア

すべてを捧げるとき女性は世界を与えたように思いこむ。しかし男性はおもちゃをもらったように思うだけだ。

カルメン・シルヴァ

十二、三歳の少女の話を、まじめに聞ける人をひとりまえの男というべし。

太宰　治

女にもてなくなってしまった男は、それを機会に素行をあらためる。

ヴォルヴナルグ

床の上で、自分の子どもの電気機関車をいじくって三〇分を空費することのできる男は、どんな男でも実際は悪い人間ではない。

ストランスキー

女性は男性のためにつくられている。男性は人生のため、またとりわけ全女性のためにつくられている。

モンテルラン

➤ことばは国の手形

〈日本のことわざ〉

お国なまりでその人の出身地がわかるというたとえ。

「手形」といえば、最近では力士を考えるが、むかしは字の書けない人が署名がわりに押したもの。指紋と同じように絶対にふたつないものだから、本人だという証拠になった。

どんなに教養があり、いかに隠そうとしても、ことばの端ばしに、かならず生まれ故郷のにおいがあらわれる。

若い女性、にかぎらず女性のお国なまりのあることばは、魅力的である。むりに標準語を話そうとおかしなアクセントの日本語を使うよりずっと心ひかれる。自分の生まれ、育った地方の方言に、もっと誇りをもってはどうだろうか。もし、笑う者がいたら相手にしなければよい。長い歴史をもつ方言のよさを理解しない人など、なにほどの者か。

刎頸《ふんけい》の交わり

中国の故事。

刎は切る、頸は首である。友人のためならば、たとえ首を切られても悔いないほど深い友情で結ばれていた交際をいう。生死を共にするほど親しい間柄をあらわすときにも使われる。

藺相如《りんしょうじょ》は、はじめ趙の恵文王の寵臣繆賢《ぼっけん》の食客にすぎなかった。が、次々に大きな手柄を立てて、しだいに出世し、ついには上卿（宰相）に任ぜられた。で、趙の名将とうたわれた廉頗《れんぱ》よりも位が高くなった。これを聞いた廉頗は憤慨して、

「自分には、攻城野戦の大功がある。しかるに藺相如は口先だけの働きで、自分より上位についた。あいつはもともと卑しい身分の者なのだ。おめおめとあんな者の下についていられるか。こんど会ったら恥をかかしてやる」

と宣言した。噂を耳にした相如は、できるだけ廉頗に会わないようにつとめた。朝廷へ出仕のときには病気だといって欠席したり、道で遠くに廉頗がみえると車を横道にそらしたりした。相如の部下たちは、それを歯がゆくてならない。なかのひとりが、

「わたしがあなたにお仕えしているのは、あなたが立派だと思えばこそです。ところが、このごろは廉頗将軍をなによりもこわがり、コソコソ逃げてばかりいらっしゃる。このようなふるまいは、凡人でも恥とするところです。もうこれ以上我慢できません。どうぞお暇をください」

と申し出た。すると相如は、その部下を堅くひき止めて

「廉将軍と秦王と、どちらが恐ろしいか」

と尋ねた。部下が

「もちろん秦王です」と答えると、相如は、

「わたしはその秦王すら恐れずに、秦の宮廷で王を叱りつけたのをお前たちも知っておろう。そのわたしがどうして廉頗だけを恐れようか。よく考えてみるがよい。あの強い秦が、趙を侵略してこないのは、廉将軍とわたしがいるからだ。いまもしそのふたりが争ったら、どちらかが倒れることになる。そうしたらどうなるか。わたしが廉将軍を避けるのは、国家の危急を第一に思い、個人の怨みをあとにするからなのだ」

と説いた。廉頗はこの話を伝え聞いておおいに恥じた。上半身裸になって、茨《いばら》を背負い相如の鞭をうけたいという謝罪の気持をあらわして、相如の家を訪ね、自分は賤しくて、あなたの寛大さがわからなかったと心からあやまった。ふたりは和睦した。以来、刎頸の交わりを結んだという。中国最大の歴史書『史記』にある話である。

刎頸の交わりのできる友人をもっているような男性こそ、女性の理想だろう。また女性同士でもこんな交際をしたいもの。

5 女性とのつきあい

▼すばらしい女性とめぐり逢うために

美しさの極致は一人の女にだけあるのではない。すべての女にある。彼女たちはそれを知らないが、皆がこの美に到達するのだ。ちょうど果実が熟するように。

ロダン

女、この生きている謎を解くためには、それを愛さなければならない。

アミエル

女というものは男の不徳まで愛するものだと聞きました。

トルストイ

女の欠点を知ろうとする者は、すべからくかの女の女ともだちの前で、かの女をほめたたえてみること。

フランクリン

女の顔の美しさは、女の唇の甘さと同じように、味わいかたの問題である。

M・リットル

女の口から出る「いいえ」は、否定ではない。

シドニー

女は弱い男を支配するよりも、強い男に支配されたがる。

ヒトラー

利口な女と嫉妬ぶかい女とは、おのおのことなった、まったく別個のものである。したがってどんな利口な女でも、同時に嫉妬ぶかい女になる。

ドストエフスキー

女というものは、つねに女であり、母であり、姉である。その頭はどんなに冷たくとも、腹はあたたかい。その腹は男のあらゆる情熱に対して慄《ふる》え、共感する。額が支えきれぬほど重いときには、そこに額をのせることができる。

ロマン・ロラン

愛している女は男から愛されてい

▼中《うち》に誠あれば外に形《あらわ》る　〈中国のことわざ〉

心のなかに、相手にほんとうにつくそうとする思いがあると、それはかならず顔や態度、ことばの端ばしにあらわれてくる。だから立派な人は、いつでも慎み、誠実であろうとする、との意味。

口先だけいくらうまいことをいっても、本心がつい、チョロリと顔をのぞかせ、なにを考えているかが知れてしまう。異性との交際の場合でもそれがいえる。変な下心があるとすぐ見抜かれるだろう。

ほんとうに、この人ならばという異性があらわれたら、とにもかくにも誠実にふるまうことではあるまいか。かならず誠実さは伝わるはずである。もし、いくら真剣に接していても、心を開かない人であったら、自分にとって価値のない者として、あきらめたほうがよいだろう。

ないのではないかといつも恐れている。愛していない女は男から愛されているといつも自惚れている。

ディワイエ

ひとはでたらめに婦人の能力を否定せずに、確実なる経験にこれを決定させる必要がある。そのためには女性にその力を試し、その力を発展すべき機会と権利とを与えなければならない。

リップス

相手の女がどんな莫連《ばくれん》だらうと、純潔な青年は純潔な恋を味はうことができる。

三島由紀夫

愛情の輝きをくもらすものはただ我欲と利己主義だということを知っておかねばなりません。

尾崎秀実

衣裳をうつくしくかざり、人に好かれんとするは売女なり。人の見る時所躰《しょさ》をなし、人に誉《ほめ》られんとするは歌舞伎のものなり。

三浦梅園

肉体愛が男のお気に入りのレクリエーションである限り、男は女を奴隷にしておこうと努めるだろう。

M・ウォールストンクラフト

よろこびやたのしみのさなかにいながら鎧を着、甲《かぶと》を被り、楯を手にした一人こそ知慧の女神である。

ハイネ

俺の言葉に泣いた奴が一人
俺を恨んでいる奴が一人
それでも本当に俺を忘れないでいてくれる奴が一人
俺が死んだらくちなしの花を飾ってくれる奴が一人
みんな併せてたった一人

宅島徳光

嫉妬心をなくすために、自信を持てといわれる。だが自信は如何にし

▼先入主《せんにゅうしゅ》となる

〈中国のことわざ〉

ひと度信じてしまうと、その考え方が精神を支配して、それが絶対に正しいもののように頭にこびりついて離れなくなる。ちがった考え方を認めず、自由な思考ができなくなるという意味。いわゆる固定観念となること。「先入見」「先入観」などもここから生まれている。

なにかひとつの対象物を、こうあってほしいと心に思い、ずっと温めていると、しだいに「こうあってほしい」ではなく、「こうである」に変化してくる傾向がある。で、現実と遠く離れているのに気づかない。異性に対する想いには、特にそんなところがある。ある想像が心のなかで育ち、先入主となってしまう。現実に、異性に接してみて、これはちがうと感じ、裏切られた気持になるのは、若者にありがちである。

て生ずるのであるか。自分で物を作ることによって。嫉妬からは何物も作らない。人間は物を作ることによって自己を作り、かくて個性になる。個性的な人間ほど嫉妬的でない。

三木　清

馬鈴薯のほうがざくろよりも劣ったものであるなどとは、だれがよく断定できるであろう。

ミレー

もし女性が今の文化の制度を肯定して、全然それに順応することができたとしても、それは女性が男性の嗜好に降伏して、自分たちみずからを男性化しえたという結果になるにすぎない。それは女性の独立ではなく、女性の降伏だ。

有島武郎

若い娘はまことに毀れ易《やす》い。恋をすると言うことそれ自身が、一つの見方では、若い女が毀れることである。

川端康成

君が、女房を持っているということは、つまり、女房が君を持っていることである。

ガヴァルニ

決して一か八かというきわどいところまで進んではいけない。それが夫婦生活の第一の秘訣である。

ドストエフスキー

男子病の一つ。――自己侮蔑という男子の病気には、賢い女に愛されるのが、もっとも確実な療法である。

ニーチェ

賢い男たちはいう。恋の用心をするためには、「娘や女を眺めないことだ」と。だがもっと賢い男たちはいう。恋の用心をするためには、「娘や女をよく眺めることだ」と。

F・ハウク

最上の男は独身者のなかにいるが、最上の女は既婚者のなかにいる。

R・L・スチブンソン

➤知に働けば角が立つ、情に棹《さお》させば流される。意地を通せば窮屈だ。とかくこの世は住みにくい

〈日本のことわざ〉

夏目漱石の小説『草枕』の冒頭の名文句といったほうがわかりやすいかもしれない。

理性や知識だけで他の人びとと交わると、どうしても穏やかに暮らせなくなる。感情という舟にまかせて世間を渡ろうとすると、想像もおよばないような結果になる。だからといって、自分の意地を張りとおせば、思いどおりにいくかもしれないが、窮屈に感じられる。とかく世の中は住みにくいところだ、といった意味。理知と感情のどちらかに、はっきり割り切れないのが複雑な人間関係である。男と女のかかわりあいは、とくにそういえるのではあるまいか。理知で失敗し、感情でつまずく。

男というものは嘘の国民であるが、女はそこの貴族である。

A・エルマン

男は妻や愛人を嫌いだすと逃げようとする。だが、女は憎む男に反報しようと手許に抑えておきたがる。

ボーヴォワール

女性を力強く守ることのできるものだけが、女性の愛顧を得るに価する。

ゲーテ

すべての財宝のなかでも、最高なのは、女の美しさ。女の誠は、けれどさらに高い賞讃にあたいする。

シラー

生命を張って闘かっている一人の婦人。これこそ静かな忍従の、果敢な女の英雄の姿ではあるまいか。

ヘッセ

男は愛されていると知ると、うれしくなるが、しかし、あなたを愛していますということばを、毎度毎度聞かされているとうんざりしてしまう。女は毎日、あなたを愛していますということばを聞かされていないと、男が心変わりしたのではないかと疑う。

ストーリー

女というものは存在しない。存在するのはさまざまの女たちである。

モーリアック

男にとって大切なものは、愛する女である。男はありとあらゆる幸福と苦労とを女から引き出すのだ。女はあらゆるものに、味気なさや辛味や甘味をつける。

シャルドンヌ

▼思う仲に口さすな

〈日本のことわざ〉

恋人同士の間に起こるいざこざには、第三者が介入しなければ、なかなか解決できそうもない出来事だとたとえ感じても、なまじ口出しをしないほうがよい。自然にうまい方向に流れていくという意味。

知りあいの女性に、誰か好きな人ができると、男はとかく口を出したがる。いろいろ相手の男性について批判がましいことばで忠告する。むろん、その女性のためを思えばこそいうのだが、そんな場合、うらまれるのは忠告してやったほうである。よかれと考えての親切があだになる。そして、ますます燃えあがってしまうだろう。

男性の場合だと、好きになった女性をなにやかやとけなされると、しだいに熱がさめてくるようなところがある。好きな女性はできるだけ完全な人にしておきたいからである。

あなたがどんなものを身にまとっていようと、興奮しやすい女性のそばにピストルをおくものではない。

アメリカの漫画家、随想家であるJ・G・サーバーのことば。サーバーは、たくさんの「たとえ話」をつくっている。そのひとつ。

あるとき、空を飛んでいる鳥をみて、ライオンがわしの翼がどうしてもほしくなった。で、わしに使いを出してきてもらった。洞穴に訪ねてきたわしに

「オレのたてがみと引き換えに、きみの翼がほしいのだがねえ」

といった。翼がないと飛べないからいやだとわしは断った。両者の間にいろいろやりとりがあって、わしもようやく承知する。ライオンは、ほんの少し近くに寄ってくれれば、たてがみを先に渡すと申し出る。それで、わしが近づくと、ライオンは大きな脚で、パンチをくらわして、わしを地面に抑えつけた。

こうして翼を奪ったライオンは、たてがみのほうは渡さなかった。わしはがっくりしたが、しばらくしてひとつの作戦を考えた。

「翼があっても、君は、向うにある大きな岩のてっぺんから、とても飛べないだろうな」

とライオンに誘いをかけた。すると、絶対にできると威張ったライオンは、愚かにもひっかかり、岩の頂上から身をひるがえした。が、身体が重すぎて、わしの翼では支えきれなかった。そのうえ、飛んだ経験などいちどもなかったので、真っ逆様に岩の下まで落ち、大きな音をたてて燃えあがった。わしはすかさずライオンに近づき、翼を奪いかえしたばかりでなく、たてがみを取りあげてしまった。ここまではわしの大勝利なのだが……。

ライオンのたてがみを頸と肩のまわりにつけたわしは、妻と住んでいる岩の上の巣に飛んでいきながら、ひとつ妻をからかってやろうと考えた。

たてがみで、身体をすっぽりとおおったわしの夫は、巣の前に頭を突き出して、できるだけ恐ろしい声で

「ウォー！」

と吼えたてた。ところがこのわしの妻は、非常に興奮しやすい性格だったので、なにがなんだかわからなくなり、とにかく身を守らなければと、洋服ダンスの抽き出しから急いでピストルを取ってくると、相手もしっかりみようとしないで、いきなり撃った。あわれ、いたずら者の夫は射殺されたのである。ライオンと勘ちがいされて……。

いかにもアメリカにありそうな話である。

サーバーの教訓をまつばかりでなく、女性とつきあう場合、その人が恋人であれ友人であれ、若くても年齢が高くとも、男性としては、どのような性格の女かよく理解してから行動したり、話したりしなければならない。

6 相手をひきつける話し方

▼くちべたで悩んでいる人に

社交の秘訣は、真実を語らないということではない。真実を語ることによってさえも、相手を怒らせないようにすることとの技術である。

萩原朔太郎

有益な言葉は飾り気のない口から出ることが多い。

シラー

言葉多ければ口のあやまち多く、人に憎まれ、わざわい起る。つつしみて多く言うべからず。

貝原益軒

わたしの好きな話し方は、単純で、素朴で、紙に書くときも口に出すときもかわらぬ話し方であり、滋味豊かで、力強く、短くて、引きしまった話し方です。繊細で整ったのよりも、激しくぶっきらぼうなのがいいのです。

モンテーニュ

短きことばに、多くの知恵は蔵す。

ソフォクレス

放たれたことばは、再び帰らず。

ホラティウス

小さな親切、小さな愛の言葉が地上を天国のように幸福にする手助けをする。

カーニー

私たちがみなで、小さい礼儀作法に気をつけたなら、この人生はもっと暮らしやすくなる。

チャップリン

人間は他人に関知されない自由、侵されない自由を欲している。そして、知識や活力剤や賞讃を欲しているのと同じように、少しばかりのプライバシーを必要としている。

F・マクギンリー

ものの理を説くことは、人をつき飛ばすことに等しい。

アラン

➤言うは易《やす》く行なうは難し

〈中国のことわざ〉

なにごとにつけても、かれこれ口にするのはやさしい。が、いざ自分でそれを実行するとなると非常にむずかしい。「夫婦のあり方について」など、男女の幸福論を説いている評論家の家庭が、あまり円満でなかったり、「経営学」のすぐれた理論家として知られた人が会社をおこして社長になったら、うまくいかなかったり、例をあげればたくさんある。

子どもたちには、やかましく注意して、きびしい育て方をしている父親が、一家でもっともだらしない存在、といった家庭は多いのではなかろうか。自分ができないことを人に押しつけてもあまり効果がない。まず自分で無言のうちで実行してみせれば、人はついていくだろうし、実行している人が注意すれば、いわれたほうも納得する。

悪いマナーは理性も正義もぶちこわしてしまう。洗練されたマナーは、いやなこともよく見せる。年寄りにも美しさを添えてるものである。

グラシアン

最善のことを言うよりも、もっとよいことは、つねに最善のことを言わずにおくことである。

ホイットマン

話しじょうずの第一の要素は真実、第二は良識、第三は上機嫌、第四は頓知。

テンプル

あらあらしき言葉を語らず、道理と真実の言葉を語り、言葉によりなんぴとをも怒らしめない者、われはかかる人を聖者と呼ぶ。

スッターニパータ

話をすることは、舌ではなく頭脳の運動でなければならない。

アヴェブリー

議論する時には、言葉はやさしく、しかし論旨を確実にのべるように努力せよ。相手を怒らせるな。相手を説き伏せることが目的である。

ウイルキンソン

人は誤れることを言うべきにあらず。ただし真実なることは黙すべからず。

キケロ

人は黙ってはならない場合にだけ語るべきだ。そして、自分の克服してきたことがらを語るべきだ。――他はいっさい饒舌、しまりのなさにすぎない。

ニーチェ

ほんとうの雄弁は必要な事は全部しゃべらず、必要以外は一切しゃべらぬということである。

ラ・ロシュフコー

人からよくいわれたいと思ったら、自分のよいところをあまり並べ

▼心の師となれ心を師とせざれ

〈日本のことわざ〉

人間は、誰にでも怠け心、わがままな心がある。それを押さえつけてよい方向に導いていかなければ、世の中を無事にわたっていくのは不可能である。だから、自分の心の先生となって、正しい方向に歩いていけるようにきびしく指導しなければならない。逆に、自分の心を先生として、そのいいなりになり、思いのまま行動すればいつか身を滅ぼしてしまう。

自分の心の先生となれ、自分の心を先生とするなとの教訓。

自分の心の先生となるためには、いつも、怠け心を叱咤激励するためのことばをひとつもち、絶えず声に出して自分自身に話しかけるようにするとよい。案外、うまくいく。

「ほら、しっかりしろ」「ここが我慢のしどころだ」「もう少しの頑張りだぞ」など。

たてないことである。

パスカル

洒落は会話の調味料であり、食物ではない。

ハズリット

気持よく断ることは半ば贈物することである。

ブーテルヴェーク

汝の舌が、汝の思うことより先走らざるごとくせよ。

キロン

自分が他人にしてもらいたいことは他人にしてやってはならぬ。他のひとの趣味は自分と同じではないかもしれないのだから。

ショウ

素晴らしい冗談は批評のできない一つの究極の神聖なものである。

チェスタートン

諸君が多弁を弄すれば弄するほど、人々は諸君の言ったことを記憶しないだろう。言葉数が少なければ少ないほど、その利するところは大きい。

フェヌロン

言いたいことを言うものは、聞きたくないことも聞かねばならない。

イギリスのことわざ

上機嫌は、ひとが社交界にまというる最上の装身具の一つである。

サッカレー

嵐をまき起こすものは、もっとも静かなことばである。鳩の足でくる思想が世界を左右する。

ニーチェ

言語において分別をもつことは、雄弁以上のものである。

ベーコン

心にもないことばよりも、沈黙の

➤解語《かいご》の花　〈中国のことわざ〉

ことばのわかる花、つまり美人のこと。

唐の玄宗皇帝が、楊貴妃といっしょに太液《たいえき》の池に咲く白蓮の花をみていた。人びとが、あまりの美しさに感嘆しているのを聞いて、そばにいる楊貴妃を指さして

「いくら蓮の花が美しいといっても、このことばを解する花にはおよぶまいが」

といったと伝えられている。玄宗の貴妃への傾斜ぶりを語るエピソードである。

が、美人というものは、人の話を聞くとき、とかく自分の都合のよいように解釈するものらしい。とんだ誤解をされた経験をした人は多いのではあるまいか。なにげなく、一般的な事柄を口にしたのに、自分への賛辞だと受けとったりする。わたしのことをこの人は好きらしいと勝手に思い込む。ことばを解する美人は稀といえる。

ほうが、むしろどのくらい社交性を損わないかもしれない。

モンテーニュ

皿はその音によりてその場所の有無を知り、ひとはその弁によりてその知の有無を示す。

デモステネス

人間にとりて、ことばは苦悩を癒す医者なり。なぜならば、ことばのみが魂を癒す不可思議なる力を有するからなり。まことのことばこそ、古の賢者たちは〈妙薬〉と呼ぶ。

メナンドロス

心なしと見ゆる者も、よき一言はいふものなり。

吉田兼好

雄弁は人格。

尾崎行雄

言うべき時に否《ノー》というのは、人生の平和と幸福との要訣《けつ》である。ノーと言うことができず又言いたがらぬ人間はたいてい零落する。世の中の悪が栄えるのは我々がノーという勇気をもたないためである。

スマイルズ

うまい言葉の一言は、悪い本の一冊にまさる。

ルナール

「皮肉」と「憐憫」とは二人のよい助言者である。前者はほほえみながら人生を愛すべきものにし、後者は涙を浮べて人生を神聖なものにする。

A・フランス

なんでも言える人は、なんでもできる人になる。

ナポレオン

▼以心伝心

「心をもって心に伝う」〈日本のことわざ〉ということ。

ことばや文字では、とても表現できないほど深遠な内容を、こちらの心の力をもって相手の心に直接伝えることである。禅宗などでは、仏法の極意を、師から弟子に伝えようとするとき、ことばでは伝えられないとして、「以心伝心」を重んずる。

「心をもって相手の心に伝え、すべて自分で悟り、自分で解かせる」のでなければ、仏の法はわからないとしている。

一般的には、心と心で言外に通じあうことで、想い想われている男女、堅く結ばれた友人同士、先輩後輩などが、ひと言もいわなくても、すっと相手の心を理解するといった場合に「以心伝心」という。ことばが不必要なほどの相手のいる人は幸福である。

雄弁は銀、沈黙は金

西欧の故事。

　以心伝心の西洋版か。ことばにあらわしたり、文字に綴ると微妙なニュアンスがちがってしまう心の動きなどは、沈黙によって語るほうが、ずっとなまなましく、しかも正確に伝わるのではあるまいか。

「沈黙はことばよりも雄弁である」という言い方もある。

「沈黙は話術上の一大秘訣である」

とは、ローマの雄弁家キケロ（B.C. 一〇六年～四三年）のことば。「黙するは高き叫びである」ともいっている。ことば巧みに話しつづけるよりも、沈黙して相手に考えさせる時間を与えると、話しあいの目的はより早く達せられると説いているのだろう。さすがに雄弁家として知られている人だけに、ことばについての研究のほどが感じられる。タイミングのよい沈黙が効果的なのだろう。

「沈黙は清純な恋の花である」

とは、ドイツの詩人ハイネ（一七九七年～一八五六年）のことば。愛しあっているふたりが、楽しそうに話しあっている姿は、美しい風情がある。が、胸のたかぶりのあまり、言いたいこともいえず、沈黙をつづけている恋人同士は、清純で、なんともいえないおもむきがある。身体いっぱいをつかって、想いのたけを相手にわかってほしいと語りかけている様子はいじらしくも、かわいらしい。

「沈黙は無意義の言語に優《まさ》る」

とは、ギリシアの哲学者ピタゴラス（B.C. 五八二年～四九三年）のことば。なにかいわなければとあせって、いわずもがなのことばを口にしてしまうことがよくある。が、これはまったく無意味であるばかりでなく、自分の無能ぶりを告白するのと同じだろう。

「汝よろしく沈黙せよ。でなければ沈黙に優ることをいえ」

とも、ピタゴラスは教えている。

「沈黙は自らを信じ得ない者には最も安全の道である」

とは、フランスの政治家ラ・ロシュフコー（一六一三年～一六八〇年）のことば。意見をいう以上は、それについての十分な確信と信念がなければならない。自らがこれだと信じられないような意見は、相手の心をうたないだけでなく、危険でさえある。だから、信念も確信もない場合には、沈黙を守り、人のことばに耳を傾けるとよいだろう。

「沈黙する者は承諾したとみなされる」

とは、ローマ法王ボニファキウス二世（在位五三〇年～五三二年）のことば。堂々と反対意見をいわなければならないときに、黙して語らなかったら、同じ意見であると思われてもしかたがない。

7 相手から敬遠される話し方

▼人に嫌われ
敬遠されないために

はげしい意見はつねに間違っている。

ドライデン

君といっしょに陰口をきく者は、君の陰口もきくだろう。

スペインのことわざ

人はどこへいっても、弱い思想に強い言葉の上衣を着せることが好きである。

ハイゼ

人は何も言うことがないといつも悪口をいう。

ヴォルテール

荒々しく、毒づいた言葉は、その根拠が弱いことを示唆する。

ユーゴー

口論では、真理はつねに失われている。

シルス

人間は考えることが少なければ少ないほどよけいにしゃべる。

モンテスキュー

慎みのない言葉は弁護の余地をも与えない。なぜなら品位の欠如は意味の欠如であるから。

ロスコモン

上手にしゃべるだけのウィットを持たず、さればといって、沈黙を守るだけの分別を持たないということは大きな不幸である。

ラ・ブリュイエール

言葉さえあれば、人生のすべての用は足るという過信は行き渡り、人は一般に口達者になった。

柳田国男

悪口をいったら、すぐあなた自身の悪口をいわれていると思え。

ヘシオドス

駄洒落《だじゃれ》が栄えるのは聴き手の耳が

ああ言えばこう言う　〈日本のことわざ〉

筋のとおらない屁理屈ばかりをならべたり、人のことばじりをとらえて攻撃したり、口ごたえをすること。

ある問題について話しあいをするとき、人数が多くなればなるほど、議論は百出する。それらのちがった意見をまとめる場合、あくまでも妥協せず、頑固に自説をまげない者がひとりでもいると、まとまるものもまとまらない。多少の譲歩がお互いにないと、集団としての正しい意見を抽き出せないだろう。

自分の存在を知らせたいあまりなのだろうか。反対のための反対をする人をよくみかける。が、こんな人は周囲から評価されないのがふつうである。しまいには相手にされなくなってしまう。まず、相手の意見をよく聞き、賛成ならば黙っていれば反対する。拍手をおくればよい。

幼稚で馬鹿者のいうことを持てはやすからです。それをいう舌に値打があるからではありません。

シェークスピア

むやみに質問することは、紳士間の会話ではない。

S・ジョンソン

論争に応ずる場合、双方にとっていちばん不愉快なやり口は立腹して黙っていることである。というのは、攻撃者の方は、一般に沈黙を軽蔑のしるしと考えるからである。

ニーチェ

言訳《いいわけ》は嘘よりももっと悪くもっと恐ろしい。けだし言訳は防衛された嘘だから。

ポープ

愚痴はいかなる高尚な内容でも、またいかなる理由があっても決して役に立たない。

エマーソン

ことばもて、人は獣にまさる。けれど、正しく話さざれば、獣、汝にまさるべし。

サーディー

不平をこぼす人間に与えられているものは、一般に憐れみよりむしろ軽蔑である。

S・ジョンソン

いつも逸話を語るのは利口でない証拠である。

ラ・ブリュイエール

言葉は木の葉のようである。それが非常に多くある所には多くの意味の果実がひそんでいる事は稀《まれ》である。

ポープ

どうにもならぬことを議論しても役には立たない。東風を論議して役に立つのは外套を着ることだ。

ロウエル

拒絶するのに多くの言《ことば》は無駄であ

▼大おしゃべりは大うそつき

〈フランスのことわざ〉

口がうまくて、いかにも真実であるごとくに話をする、必要以上に弁じたてる人は、まず実行力のない人物とみられてもしかたがあるまい。不可能なことまで、すぐさまできるように受けあい、あとで、「あれはちょっとね」などと、いいわけをする者も少なくない。

多くの約束をして、ひとつ、ふたつを果たすより、ひとつの約束を完全に果たすほうが信頼される。

むかしから「大言壮語する人に、そのことばにふさわしい行為が伴っていたためしはない」といわれている。不言実行の士より、有言不実行の輩がたくさんいたものとみえる。

が、誰かからぜひにと頼まれると、なんとなくかっこうつけて「よし」と胸をたたいてみせたくなるのが凡人の常だが、頼まれると断わりにくいのも確かである。

だけだ。相手はただ否という一言をきくる。

ゲーテ

失策の言訳をすると、その失策を目立たせる。

シェークスピア

冗談は良いものだ。他の何ものも傷つけなければさらに良いものだ。

サンタヤナ

人に小言を言われた時に腹を立てるな。腹の立った時小言を言うな。
新島　襄

弁解は裏返しにした利己心である。

ホームズ一世

一つの事件を自分と反対の意見を聞かずに決定する人は、よし彼の意見が正当であったによせ正当とは考えられない。

セネカ

最初に言葉で譲歩すれば、その次にはだんだんと事実について譲歩してしまうものだ。

フロイト

民衆にへつらうことは、お偉方にへつらうことより以上に卑劣で、汚いことである。

ペギー

ある人は十銭をもって一円の十分の一と解釈する。ある人は十銭をもって一銭の十倍と解釈する。同じ言葉が人によって高くも低くもなる。言葉を用いるは人の見識次第である。

夏目漱石

よいことを言うのは善行の一種だが、しかしことばはけっして行為ではない。

シェークスピア

引用は好かない。知っている事実を語ってくれ。

エマーソン

▼空《から》の器がもっとも音をたてる

〈イギリスのことわざ〉

内容のない者ほど、口が達者で、ギャアギャアと騒ぎたてるとのたとえ。

「空樽は音が高い」「深い川は音をたてずに流れ、浅い川は騒々しい」「からの馬車がもっとも大きな音をたてる」「からのカバンは音をたてる」というのと同じ。

誰かと相対した場合、沈黙に耐えられなくなって口を切るのは、たいてい力関係の弱者のほうである。気圧されて、落ち着きを失って、話をしなければいられなくなる、そんな経験はないだろうか。

相手よりなにもかも上であると自負している者は、いつまで黙っていても、いっこうに平気である。モジモジと身体を動かしている相手を冷静に観察さえできる。

話す内容が十分にあって、しかも沈黙を守れる人は強い。

われわれは何かを信じたくなると、それに都合のよい、あらゆる議論が急に眼について、それと反対の議論には眼を閉じるものだ。

ショウ

口に才ある者は多くの事に拙なり。

伊藤東涯

言うべき時を知る人は、黙すべき時を知る。

アルキメデス

機知を用いるならば、喜ばすために使い、傷つけるために使うな。

チェスターフィールド

世間はユーモアが好きだが、聞くときはみんな恩きせがましい顔をするものだ。

E・ホワイト

論争には耳を傾けよ。だが論争の仲間入りをするな。いかなる些細なことばの中にも、怒りや激情を吹きこむことを警戒せよ。

ゴーゴリ

思慮なき人は常に談ず。

ホーマー

沈黙は愚人の知恵であり、賢者の美徳である。

ボナール

お世辞とはヴェールごしの接吻のようなもの。

ユーゴー

雄弁家の三つの大切な心得は、教えること、喜ばせること、動かすことなり。

キケロ

いかなる悪事も虚言より始まらざるはなし。

ドライデン

あげ足をとる

〈日本のことわざ〉

地面から離れ、宙に浮いている足をとられ、ひっぱられたら、誰だって倒れてしまう。片足で立つのはなかなかむずかしいからである。人のことばじりをとらえたり、ちょっとしたいいそこないにつけ込んで、相手をやりこめてしまうたとえに使われる。卑劣な手段といえるだろう。

人の失敗を敏感にとらえて、自分が有利になるように利用するのが巧みな者は、かならず周囲からきらわれる。本人はよい気持かもしれないが、やられたほうは足をすくわれただけに、口惜しさは、堂々と勝負をして負けたよりずっと強いからである。

多少のいいちがいは、黙って、聞こえぬふりをしているのが親切である。大きな間違いであれば、ちゃんと注意して訂正する機会を与えてやるのがエチケットだろう。

節度のないおしゃべりは禍のもと

インドのことわざ。

ある偉い王の宮廷に生まれた仏陀は、成人して王の最高顧問に任命された。王はさまざまな美徳をそなえていたが、ひとつだけ悪い癖をもっていた。四六時中するおしゃべりである。仏陀は、ずっと王の悪い癖を直してあげようと、機会のくるのを待っていた。

ある池のなかに一匹のカメが住んでいた。そこへ若い夫婦のガチョウが餌をあさりにきて、カメと大の仲よしになった。故郷へ帰る季節がきたので、二羽のガチョウはこもごも

「カメさん。わたしたちの住まいはヒマラヤ山脈のなかにあります。すてきな洞穴だよ。どうだろう。いっしょにいって、みんなで暮しませんか」

といった。するとカメは応えた。

「ほんとうにいけると嬉しいけど、空を飛べないぼくは、どうやっていけるかしら」「なんだ。そんな心配をしていたの。大丈夫、心配ないですよ。ひと言もしゃべらないと約束さえしてくれたら、いっしょにいけますよ」

ガチョウは、手ごろな棒切れをみつけ、カメの歯の間にくわえさせ、自分たちもそれぞれ棒の端をくわえると、空高く舞いあがった。

旅の途中、二羽と一匹が王の宮殿に近づいたとき、その付近で遊んでいた子どもたちが、この奇妙な団体をみつけてびっくり、

「二羽のガチョウが棒切れでカメを運んでいるよ。おかしいな」

とはやしたてた。もともとおしゃべりなカメは、子どたちの声を耳にすると黙っていられなくなった。

「このいたずら小憎たちめ……」

とどなろうと唇を開いたとたん、歯が棒切れから離れ、広々とした宮殿の中庭に真っ逆様に落ちた。身体はふたつに割れ、死んでしまった。人びとが、カメの死体の周囲に集まってきた。王も仏陀もなにごとだろうと近づいていった。王はなぜカメは落ちてきたのだろうと仏陀に尋ねた。最高顧問はようやく王に忠告する機会に恵まれたのを喜んだ。

「王さま、このカメは三度の飯よりおしゃべりが好きだったのです。で、節度をしらないほどよくしゃべりました」

そう、口を開き、カメが落ちた理由を話し、節度をわきまえ、思慮深く行動するのが名君です。おしゃべりは禍のもと、ふかく肝に銘じてください、と諭した。

その日から、王は、おしゃべり好きの悪い癖を改めようと、堅く心に誓い、実行した。やがて口かずの少ない人となり、民がひとしく名君と仰ぐようになったという。

8 言葉のエチケット

▼相手によって話し方をかえる

討論は男性的、会話は女性的。

オルコット

おしゃべり好きの男だって少なくない。自分も話して楽しむが、相手の話に黙って耳を傾けるのも大好きである。男同士が夢中になって、互いにゆずらず話すと、いつか議論になってしまう。だから、かならず一方が沈黙する。女性は会話が好きである。仲のよい友だちと話す内容がよくつきないものだと驚くほど、話しあっている。が、女性がほんとうに好きなのは、自分のおしゃべりである。相手の話を聞くことではない。

女性が話をはじめたら、男たるもの、興味深く聞こうとする態度が大切である。しかし、女性は初対面の人やあまり親しくない人には、はにかんだり、警戒したりして、自分から口を開こうとはしない。で、そんな女性には、さりげなく、なんでもなく答えられる話題を選んで、男性から話しかけていく必要があるだろう。少しでも心が開いて、警戒心がうすらいでくれれば、口もとがほぐれて、自然に話し出すはずである。

女性が、警戒をといたなとわかったら、あまり堅苦しい話し方、ことば遣いをしないほうがよい。ぞんざいなもののいい方は感心しないが、打ちとけた話しぶりに徐々に、しかもなるべく早く変えていくようにすると、話ははずんでくる。いつまでも、裃を着た話し方に終始していると、開きかけた心の扉をまた閉じてしまいかねない。

女性との会話での絶対のタブーがある。話の内容への批判、弱点、欠点にふれることである。女の人は、あまり冗談を好きでないし、よくわからない。皮肉や駄洒落も男ほど喜ばないと考えたほうがよいだろう。

お世辞も、ある程度、許されるが、度がすぎるとしらけてしまう。自分の長所・短所はよく知っているからである。人のうわさ話などは無難だろう。

言葉は人類によって使われた最も強力な薬品である。

▼言わぬが花　〈日本のことわざ〉

ことばによってなにかを表現すると、好むと好まざるとにかかわらず、その対象は限定されてしまう。「ああ、あれはよくない」といえば、他の人からみて、どんなによい点があっても、聞く人には「よくないもの」に感じられる。

社会の人間関係は複雑で、ことばでは表現しきれない、限定しきれない面がたくさんある。で、どんなに正確に表現したつもりでも、誤りを含んでいたり、万全でなかったりする。だから、ぜんぶいってしまわないで、ある程度表現したら、その先はいわず、余韻を残して、あとは聞く人の想像にまかせたほうがよいとのたとえ。

欠点や失敗、よくない事柄を露骨にいうと、事が荒立つ。そこで、みなまでいわずに、ほのめかすほうがよいとの意味にも使う。

キプリング

多くの男性のなかには、例外的な存在もいるだろうが、たいていの男は、女性のつつましさには好感をもつ。だが、従順なばかりで、自分自身の意見をいおうとしない人には失望する。自分が自分がと出しゃばってくる女性は苦手とするが、たとえ反対であっても、自分なりのしっかりした考え方をもっている人に会話の相手として魅力を感じる。

男は、開放的で、実際的である。暗い話題より明るくて、理性的な話が好きである。この人はいまどんな問題、事柄に興味をもっているか、得意としているのはなにかをできるだけ早く発見して、それに共感し、あいづちをうってくれる女性に、男性は非常に心ひかれる。ことばが強力な薬品として作用する。

男性は、次のような話し方をする女をきらう。ときには憎む。

▽自尊心を平気で傷つける
▽なんでも否定的にとらえる
▽暗くて、さっぱりしていない
▽一方的に考えを押しつける
▽自己中心的で客観性がない
▽ズケズケとしたものいいをする
▽背伸びしている
▽きどっている
▽卑屈である
▽高慢ちきである。

「あなた女みたいね」「男らしくはっきりしてよ」「のろまよねえ」「チビなのね」「けちねえ」「冷たい人」「でぶだわ」「痩せっぽちね」などが、もっとも男性の自尊心を傷つけることばであるから注意する。

女性にあまえられたり、なにかをねだられるのは、男として悪い気持ではない。が、第三者がいる前だと体裁をとりつくろって、つっけんどんにしかねない。

親しくなったら、いつまでも他人行儀なことば遣いをしていないで、その相手にふさわしい話し方で、打ちとけるとよい。なれなれしすぎるのもきらわれる。

▼江戸べらぼうに京どすえ

〈日本のことわざ〉

土地、土地の気風をあらわしたのが、方言である。江戸っ子は「べらぼう（ばか、とてもたくさん）」といった荒っぽいことばをよく使い、京の人は「どすえ（ですよ）」といったやさしい言いまわしを好む。方言の土地によるちがいを簡単なことばのなかで巧みにいっていることわざ。

「大阪さかいに江戸べらぼう」
「長崎ばってん江戸べらぼう、神戸兵庫のなんぞいや、ついでに丹波のいも訛《なまり》」

というのもある。

どこの土地でも、しだいに純粋な方言を話せる人びとが少なくなっているという。それだけ標準語化が進んでいるのだが、なんとか方言は残しておきたいものである。各地方で、方言と標準語が同じくらいの比重で話されるのが理想だろう。しかし……。

あいまいな言葉は嘘の始まり。

西欧のことわざ

もし、愛する人が目の前にあらわれたら、まず、ことばによって相手に自分の気持を伝えなければならない。音声をともなったことばであれ、ボディ・ランゲージであれ、ことばが語られることによって、愛は確かになり、すくすく育っていく。

愛する者同士の会話は、音声によることばはあまり多くないほうが雄弁である。ひとつの省略が五つの事実を語り、ほどよい沈黙が十の気持を伝える。短いひとことでも、喜びや幸福の響きがあり、表情が伴っていれば、百を語るよりもっと相手の心をとらえる。

ただ黙って、恋する人の眼をじっとみつめてみるとよい。きっと「目は口ほどに……」という俗っぽいことわざが、輝きのあるすばらしいものだとわかるにちがいない。

勤務先の不平不満、同僚の悪口、自分の身内の自慢話などは、想いあう男女の会話としてはふさわしくない。趣味やスポーツ、読書、旅行など、なるべく日常生活のあかを感じさせない内容が好ましいのではなかろうか。

欠点や弱点など、ことさららしく告白するのは、よしたほうが賢明だろう。相手の判断にまかせればよいのである。

いくら愛しあっていても、ときとして、ふたりの間にいきちがいが生ずることだってあるかもしれない。そんな場合、こだわりなく、悪いと思ったら「ごめんなさい」とひと言、謝まる素直さがなければならない。ほんのちょっとした心遣い、思いやりがなかったばかりに、せっかくのすばらしいパートナーを失った例はあまりに多い。ただ頭をさげるのではなく、はっきり声に出していうほうが相手の心をやわらげる。

とにかく、心の動きをかくさずに伝えるように努力することが大切だろう。かくしだてはなんの役にも立たない。

心内《こころうち》に動きては言葉外《ほか》に表わす

〈日本のことわざ〉

なにかを自分の心のなかで考えると、あるいはこうしようと意図していると、外部に気持をもらすまいとしてもどうしてもあらわれてしまい、隠しおおせることは不可能であるとの意味。どんなに注意深くふるまっていても、かならずその人のことばの端ばしに、考え方があらわれ、周囲の人びとに知られずにはいない。

表面的に、好意があるように装っていても、悪意をもっている人は、少し話をしてみると、すぐにわかる。が、誰でも自分は悪意などもたれているはずがないと信じているから、「おやっ」と思っても、敏感にそうとは気づかないでいるだけである。何回かの繰りかえしがあって、ようやく「そうか」と理解する。たとえ口に出していわなくても、態度や雰囲気が教えてくれる場合もある。

何たる言葉がお前の歯という障害
物を避けて出たことだろう。

ホーマー

新婚のうちは、お互いにまだ緊張感が残っているから、相手を傷つけるようなことばは、出てこないだろう。が、しだいに慣れ、妻が、夫がめずらしい、新鮮な存在でなくなると、わがままになり、だらしなくなってくる。そうした心の動きが、ことばや態度にすぐにあらわれる。

慎まなければならないのは、夫は「だから……っていったじゃないか」。妻は「だって……だったんですもの」といったことばだろう。「だから」と「だって」は、トラブルの解決のためにはまったく逆効果をもたらすだけである。

欠点や弱点をあげつらって争うのも、問題をこじらせる。どちらかがいいまかされても、うらみを残す。本人同士の欠点や弱点のいいっこなら、二、三日もすればあらかたうらみも消えてしまうが、身内をひきあいに出していがみあうと、もう泥沼だろう。

夫も、妻も、一心同体にはちがいないが、それぞれが占領できない部分をもち、その領域には絶対に足をふみ入れない心がけがないと、なにかがあったとき、感情的になって取りかえしのつかない結果になるケースが少なくない。

共通した趣味、娯楽をもっておおいに楽しみ、それについて語りあえる夫婦であったら、どんなに充実した生活がおくれるだろうか。妻のほうに無趣味で、家事労働以外はほとんどだめ、といった人がいる。とくに三〇歳すぎの妻に多い。将来、子どもの手がかからなくなったとき、ひとりでどうするのだろうと、ひとごとながら心配になる。

語るべきなにものももたない妻、夫は、飽きられるだろう。ただ仕事一本槍では、ふたりの間に会話の生まれようがない。

➤売りことばに買いことば

〈日本のことわざ〉

話している相手が、乱暴なことばをなげつけてくれば、こちらもつい、ぞんざいなことばになり、争いの種をまく。

同じ強い調子でも、言い回しがていねいであったり、ちゃんとしたことばを使ってこられれば、丁重に受け答えができる。腹もたてずに話しあえる。

こうした例は、数かぎりなく経験しているのではあるまいか。警察官や公務員など、公の仕事についている人びとのことば遣いが乱暴でも、弱い立場にいる一般庶民は、反発のしようがないので、つい内にこもってしまう。注意してほしいと願うばかりである。全員がそうだといっているわけではない。ごく一部の人びとだから、いっそう目立つのである。同列には論じられないが、レストランなどの女子店員の無礼さも気になるひとつである。

言葉は思うところをいつわるために人間に与えられた。

西欧の故事。

フランスの劇作家モリエールの笑劇に『強いられた結婚』というのがある。そのなかの登場人物のひとり、パンクラース博士はことばについて次のように説明している。

「言葉が人間に与えられたのは思惟を説明するためじゃ。思惟が事物の映像であると同じく、言葉は思惟の映像である。しかし、言葉が他の映像と異なる所以は、他はすべてその原型と区別し得るのに反し、言葉はそれ自体が原型を内包する点にある。言葉は外的記号によって説明された思惟以外の何者でもない。従ってよく思惟するところの者は又よく語るものである。よって、あなたの思惟するところを、即ちあらゆる記号中もっとも伝達性のある言葉によって御説明願いたい」。(岩瀬孝訳による)

一読、二読しただけではさっぱりわからないせりふだが、要するに

「ことばは、心に思ったことを表現するために人間に与えられている。ことばは心の代弁者であり、魂の姿である。さあ、気持を話してみなさい」

といったほどの意味ではあるまいか。

一七世紀に、モリエールが明快にことばについて語っているのに、一八世紀に入って、これを極端にねじ曲げて、まるで逆な意味に使った男がいる。政治家タレーランである。フランス人らしいエスプリのつもりなのだろうか。

「言葉は、思うところをいつわるために人間に与えられた。ある連中にいわせると、思うところをかくす助けをさせるためである」

そういわれてみると、なんとなくそんなものかなあと思わせる迫力があるから、タレーランもなかなかの政治家だったのではあるまいか。

恋をしている人間は、ふだんの日常生活を知っている人がみると、「あ、恋をしている」とすぐわかる。どこか言動に張りがあるし、目の輝きがちがう。で、若い女性に

「ずいぶんきれいになったね。恋をしたの」

と尋ねると、顔を赤く染めて、身体ではそのとおりと肯定しているくせに

「いいえ。そんな。絶対にしていません。」

などという。それはそれでよいのだが、タレーランの指摘するとおり、「思うところをいつわっている」のである。

若い女性の恋愛に関する否定しながらの肯定だから、罪はなく、恥らいになんともいえぬ新鮮さがあってよろしい。が、これが法律上の罪をおかしながら、ぬけぬけと否定してはばからぬおとなたちとなると許せない。なんと多くのことばが、思うところをかくすために語られているか。

9 年長者に接する

▼年長者に好感を
もたれるには

賢明な思考よりも慎重な行動が重大である。

キケロ

つねに行動の動機のみを重んじて、帰着する結果を思うな。報酬への期待をバネとするひとびとの一人になるな。

ベートーヴェン

謙遜は力に基づき、高慢は無力に基づく。

ニッツ

あまり他人の同情を求めると、軽蔑という景品がついてくる。

バーナード・ショウ

謙遜は青年を飾る。

グリルパルツァー

怒りよりも軽蔑をかくすことがより必要である。前者はけっして忘れられないが、後者はときには忘れられる。悪意はしばしば忘れられるが、軽蔑はけっして忘れられない。

チェスターフィールド

人間の行動にも潮時がある。満潮に乗じてことを行なえば首尾よく運ぶ。

シェークスピア

お父さん、僕は嘘は言えません。手斧でそれを切りました。

ワシントン

軽蔑されまいと恐れているのは、軽蔑されてしかるべき輩《やから》ばかりである。

ラ・ロシュフコー

過度に謙遜なひとを真に受けてはいけない。ことに自分で自分を皮肉るような態度を信用してはいけない。たいがい虚栄心と名誉心の強烈な一服がひそんでいる。

ヒルティ

感謝して受くる者に豊かなる収穫

▼一飯の徳も必ず償い睚眦《がいさい》の怨《うら》みも必ず報《むく》ゆ
〈中国のことわざ〉

「睚」も「眦」もまぶたのこと。ただのいちど食事をご馳走になったくらいのわずかな恩も、けっして忘れずに返し、ぐっとにらまれたくらいの小さな恨みでも、かならず仕返しすること。恩も、恨みもいいかげんにしていると、軽く扱われてしまう。なにごともけじめをつけ、「ああ、あの人は」と人の心に印象を残しておくことが大切だろう。なにをされてもあいまいな態度では、忘れられ、相手にされなくなる。

日本にも「一宿一飯の恩義に報ゆる」というのがあるが、この場合、恩義があると、多少の理不尽な出来事があっても、我慢していたものらしい。睚眦の怨みなどはらそうものなら、恩を知らぬ奴として指弾された。もっとも「ヤクザ者」の世界ではどうだったかはよくわからない。

あり。

いかなる過ちも犯さぬ人は通常何事もなさぬ人である。
ブレーク

驕《おご》るものは心ではなく、小さな頭脳である。
フェルプス

巧を求むるなかれ、拙を蔽うなかれ、他人に恥ずかしがるなかれ。
長与善郎

着るものは新しいうちから、名誉は若いときから大事にせよ。
正岡子規

狐はわが身をとがめずして罠《わな》を責める。
プーシキン

おおむね大きな誤りの底には高慢があるものである。
ブレーク

けっして後悔せず、けっして他人を咎めるな、これらは英知の第一歩である。
ラスキン

お世辞を言うは容易なるも、真に賛美するは難事なり。
ディドロ

へつらい者――右を向けと言われ、そのとおりにすると、うしろから足蹴にされることがないように、腹ばいになったまま、えらいひとに近づこうとする人間。
ソロー

模倣はもっとも純粋なへつらいである。
ピアス

野心というものは、愛に劣らず欲求の激しい、よい見通しを持ったものである。
コルトン

アラン

➤聞くは一時の恥、聞かぬは一生の恥

〈日本のことわざ〉

あまり知識がない人ほど知ったかぶりをして、結果的には恥をかく。素直に知らないといえないからである。自信がないせいだろう。知識も豊かで、よくものを知っている人は、未知の事柄に出会うと、なんのためらいもなく、知らないといい、誰からでも教えを乞う。

こんなこと知らないのか、ばかだなと他の人びとから軽蔑されるのを恐れて、聞かずにすごすと、一生涯、知らないままになっているか、あとで大きな失敗の原因になったりする。だから、いっときの恥ずかしさを我慢して、積極的に他人から教えをうけようとする心がけが大切とのことわざ。

知らないという意識があると、始終びくびくしていなければならず、しまいにはいじけてしまうのがおち。

勇気を修養するものは、進む方の勇ばかりでなく、退いて守る方の沈勇もまたこれを養ふやう心掛けねばならぬ。両者そろって真の勇気がなる。

新渡戸稲造

意志の固い人は、幸いである。君は苦しむ。だが長くは苦しまない。また、誤っても苦しまない。

テニスン

われわれは、ことばではなしに、行為を見守らなければならない。そしてまた、われわれも、ことばではなくて行為で示さなければならない。

J・ケネディ

聴くことを多くし語ることを少くし行ふところに力を注ぐべし。

成瀬仁蔵

自分の生命を打ちこむことのできる仕事をもっているものは幸福である。そこに如何なる苦難が押し寄せようとも、たえざる感謝と新しき力のもとに生きていくことができる。生命は仕事とともに不滅である。

九条武子

大変な仕事だと思っても、まず、とりかかってごらんなさい。仕事に手をつけた、それで半分の仕事は終ってしまったのです。

アウソニウス

各人はその能力に応じて働き、その労働に応じて与えられる。

サン・シモン

勤勉にとって堅すぎる壁はなく、勇気にとって、近寄りがたい深淵はない。

ノヴァーリス

人城を頼らば城人を捨てん。

織田信長

汝の活動、ひとり汝の活動のみが、

▼温良恭倹譲《おんりょうきょうけんじょう》

〈中国のことわざ〉

「温」は人に冷たくあたらないこと、「良」は素直でおおらかな気持、「恭」はうやうやしく、礼儀正しいさま、「倹」はつつましやかな態度、「譲」は出しゃばらないこと。孔子は、この五つの態度をいつ、どこで、誰に接してもくずさなかったという。聖人といわれる孔子だからこそ、実行できたのだろうが、われわれ凡人も、せめて十分の一でも見習いたいものである。どんなに人間関係がうまくいくか……。

人を人とも思わず、フンといった態度をとり、ひねくれ、ねじけている心をあらわにし、粗野で、礼儀知らず、謙虚さがみられず、なんでも自己中心的な考え方をする若者、いや老人、壮年の人びとが増えている。

順番を待っている列に割り込む人びとのなんと多いことか。温良恭倹譲の逆の行為である。

汝の価値を決定する。

フィヒテ

目下の者たちに少しも気がねしない人間にかぎって、目上の者には、ひどく気がねするものだ。

ツルゲーネフ

人間は変わらなくとも、立場が変わると別人のようになる。

増井経井

規律は、宗教の儀式に似ている。ばからしいように見えても、それが人間をつくるのだ。

サン・テグジュペリ

至上の処世術は、妥協することなく、適応することである。

ジンメル

諸君はいっしょにいるひとびとよりも、けっして利口に思わしてはならないし、またより物知りにみられてはいけない。

チェスターフィールド

九分は足らず十分はこぼると知るべし。

徳川光圀

一度信用を得たならば進路はおのずから開ける。

バーク

年を取るほど多くのことが覚えられる。

アイスキュロス

小さいことで満足しない者は、大きいことにも満足しない。

エピキュロス

人は二つの教育を受ける。一つは他人から受けるもので、他の一つは自分が自分から受けるものである。

ギボン

▼折れるより曲《ま》がれ

〈イギリスのことわざ〉

若者は正義感が強く、なにがなんでも、自説を押しとおそうとして、決定的な打撃を受けることがしばしばある。そんな無謀はやめたほうがよい。意地をはって破滅してしまうより、一時的に、屈服しておいて、機会をみて反撃するのが賢明であろうとの意味。柳に雪折れなしである。

屈服して、冷静になり、よくよく考えてみると相手の意見が正しかったといった例は多分数かぎりなくあるのではないか。年長者の言動には、若者を疑わせるようなところがよくある。が、長い間の経験によって裏打ちされたものである場合が少なくない。

しかし、なぜそのような言動をとるのか、なぜ自分のやり方が間違っているのか、謙虚な気持で質問し、納得がいくまで話しあうことは必要だろう。

かれは世界を知っているが、自分自身を知らない。

フランスの詩人ラ・フォンテーヌのことば。こんな人をたくさんみかける。明らかに、自分の能力ではおよばないような仕事に挑戦して、失敗。大きな損失をこうむったり、周囲の人びとから物笑いの種になる者はあとをたたない。が、若い時代にはそれくらいの蛮勇があってもよいのではなかろうか。

イソップ物語に次のような物語がある。

羊の群が草を食べていた。岩の上からその群を、じっとねらっている一羽の大わしがあった。一羽のカラスがどうなるのかと好奇心にかられて両者の様子をうかがっていた。

一匹の子羊がなにを思ったか群からふらふらと離れた。機会を逃がすはずもない大わしは、高い岩の頂上から疾風のようにかけおりた。羊飼いが追うひまもあらばこそ、子羊を鉤爪で、がっきとひっつかむと、さっと舞いあがり、得意気に獲物を岩かげにある巣へと運び去っていった。

一部始終をみていたカラスは

「なるほど、あんなふうにするのか。オレだってやれそうだ。いつも意地悪をする羊飼い、羊を盗んで思いしらせてやろう」と、岩の上に飛んでいって、めくらめっぽうに羊の群に近づき、一匹の牡羊の背中の上に降り、爪を立てた。

羽根をバタバタさせて飛びあがろうにも、牡羊は重くて、カラスの手にはおえない。牡羊は暴れ出す。身の危険を感じたカラスは、爪を離して逃げようとした。が、爪が羊のまき毛にひっかかって離れない。ますますあわてて、バタバタすればするほど、爪に毛がまきつくばかりである。その騒ぎをとうとう羊飼に気づかれてしまった。

カラスは、急いで走ってきた羊飼に、むんずと捕えられ、羽根の端を切られてしまった。

羊の群を追って、夕方、家に帰ってきた羊飼は、子どもたちに

「さあ、きょうはいいお土産があるぞ」といって、よく飛べなくなったカラスを渡した。不思議そうに眺めていたひとりが

「これなんていう鳥なの」

と、尋ねた。羊飼の父親は

「うむ。誰もがカラスっていう鳥だって知っているのだが、でもな、やっこさんのほうじゃ、大わしのつもりでいたらしいよ」

そういうと大声で笑った。子どもたちもいっせいに騒ぎたてた。

中途半端な知識で、自らの力の限界も知らず、なにかをやろうとするのは危険である。むずかしい問題は専門家にまかせるのが賢明なのだが、しかし、失敗を恐れず、冒険してみる積極性もほしい。

10 同僚・後輩に接する

▼同僚・後輩に慕われるためには

称賛されたときでなく、叱られたときに謙譲さを失わないひとがあれば、その人間は真に謙譲なのである。

ジャン・パウル

人間の真実な唯一の威厳は、みずからをさげすむそれの能力である。

サンタナヤ

実るほど頭を垂るる稲穂かな。

川柳

地位いよいよ高ければ、いよいよ謙遜ならざるべからず。

キケロ

平凡な才能をもった人びとにおいては、謙遜は正直である。しかし偉大な才能をもった人間においては偽善である。

ショウペンハウエル

公正を以て生活すれば、往くとして安全ならざる処なし。

エピクテトス

軽蔑はもっともきびしい叱責である。

ボーン

決心する前に、完全に見通しをつけようとする者は、決心することはできない。

アミエル

善人になるだけでは十分ではない。進んで善事をなさねばならぬ。

ツルゲーネフ

いま時の若い者はなどと、口はばたきことを申すまじ。

山本五十六

他人のために尽くすことによって、自己の力を量ることができる。

イプセン

高慢は弱者の慰めの手段である。

ヴォルヴナルグ

寛大は正義の花である。

ホーソン

➤威《い》あって猛《たけ》からず

〈中国のことわざ〉

年配者や指導者、人格者の必要不可欠な条件がこれ。いかめしくなければならないが、しかし、たけだけしくては人がついてこないとの意。あたたかく人を包む雰囲気をもっていながら、きびしい一面があり、圧倒するような威厳がありながら、温和で、やさしさも秘めている。こんな人は、誰からも好意をよせられ、慕われるのではあるまいか。

たけだけしいばかりの人、すっかり角がとれてただおとなしい人では、周囲の人は敬遠するにちがいない。

最近の年配者のなかには、若者に遠慮しているのだろうか。いたずらに迎合的になっている人びとが少なくないが、なんでも唯々諾々としている人物など、若者は軽蔑するだけだろう。かといって頑固一点張りでも相手にされない。かねあいがむずかしい。

感謝は当然支払われるべき義務である。しかしだれもそれを期待する権利をもっていないところの義務である。

J・J・ルソー

人の過失を責めるには十分を要せず。宜しく二三分を余し、彼をして自棄に甘んぜず、以って自新せんことを求めしむべし。

佐藤一斎

空威張りする人間は賢者に軽蔑され、愚者に感嘆され、寄生的人間にたてまつられ、彼自身の高慢心の奴隷となる。

F・ベーコン

愚痴はいかに高尚な内容でも、またいかなる理由があっても決して役には立たない。

エマーソン

肩書きが人間を持ちあげるのではなく、人間が肩書きを輝やかせる。

マキャベリ

たとえそちが、氷のように清浄であろうと、雪のように潔白であろうと、世の悪口はまぬがれぬぞよ。

シェークスピア

諸君にとって、へつらいほど危険なものはない。嘘と知りながら信じてしまうからである。

リュッケルト

女はおべっかによっては、けっして武装を解除されはしないが、男はたいてい陥落される。

ワイルド

すべての偉大な人々は謙虚である

レッシング

正直とか親切とか友情とか、そんな普通の道徳を堅固に守る人こそ、真の偉大な人間といえる。

A・フランス

▼思召《おぼしめ》しより米の飯《めし》

〈日本のことわざ〉

「召《め》し」と「飯《めし》」は同音異義であり、耳で聞く心地よさをねらったものか。

上に立つ人から、ことばをかけられ、ほめられたり、励まされたりするのはなるほど、下の人にとってありがたい。が、いかによいことばをかけられても、米の飯、つまり具体的な昇給や出世、収入につながらなかったらなんにもならない。ことばでは腹いっぱいにはならないとのたとえ。一杯の米の飯は百万言にもまさるものである。

口でばかりいくら保証しても、現物をみなくては誰も、しだいに信用しなくなる。現実的な利益がなくては、人は動かないのがふつうである。即物的で、味もそっけないようないい方だが、「思召しより……」は、どうして、なかなか真実味のあることばではないだろうか。

氷山の動きのもつ威厳は、それが水面上に八分の一しか出ていないことによるのだ。

ヘミングウェイ

偏見は判断をもたない意見である。

ヴォルテール

われわれは、自分の力以下の仕事をしていながら、人にえらく思われることがある。しかし、自分の力以上に大きな仕事をしていながら、とかく人に小さく思われがちだ。

ラ・ロシュフコー

自分と意見のちがう同志たちと団結し、いっしょに仕事をしていくように注意することである。

毛沢東

上目《かみ》を用うれば、下観《しも》を飾る。上耳を用うれば、則ち下声を飾る。

『韓非子』

本当のリーダーは人をリードする必要はない。ただ道を示すだけでよい。

ヘンリー・ミラー

人に従うことを知らない者は、良き指導者になりえない。

アリストテレス

わからないことや知らないことは、下級のものにきくようにし、かるがるしく賛成または反対の意をしめしてはならない。

毛沢東

自分の部下にどういうことをしたいかを聞いたうえで、その通りどんどんやらせれば満足な運営ができるという考え方は、民主主義の幼稚園である。

A・ディール

秩序、秩序だけが、まさしく自由をつくりだす。無秩序は隷属をつくりだす。

ペギー

▼握髪吐哺《あくはつとほ》

〈中国のことわざ〉

人材を求めるのに忙しく、席のあたたまる暇さえないというたとえに使う。

仕事が一段落したと、ほっとして入浴しながら髪の毛を洗っていても人が尋ねてくれば、洗い髪を握ったまま、面接し、話をきく。夜遅く、ようやく食事にありついて、食べていても、人が訪問すれば、いちど口に入れた食べ物も吐き出して、すぐさま出迎えて用件をきく。一回の髪洗いに三回も髪を握ったり、一回の食事に三度も口のものを吐き出して、立っていって人をもてなすような覚悟でなければ、人材は集まってこない。自分の私生活を犠牲にするくらいでなければ、人の上には立てない、との教訓でもある。

中国の話であるが、日本でも同じだろう。モーレツ社員ははやらなくなったが、まだまだこんな忙しい人びとはたくさんいる。

良兵の少数は多兵にまさる。

クロムウェル

男尊女卑は野蛮《やばん》の陋習なり。文明の男女は平等同位、互に相敬愛して独立自尊を全《まつた》からしむべし。

福沢諭吉

他人に自由を拒否するものは自ら自由を享《う》けるに値しない。

リンカーン

兵卒は問題ではない。重要なことは、誰が指揮をとるかである。

ドゴール

巧妙さの極致は、力を用いずして統治することである。

ヴォルヴナルグ

道理に於いて勝たせたいと思ふ方に勝たすがよし。

徳川家康

取らんと欲する者はまず与えよ。

老　子

何人も信用しないというのと、すべての人を信用するのとはともに誤りである。

セネカ

学生をして自重の風を養わしめるためには、これを紳士として待遇しなければならない。

アーノルド

鉄は熱いうちにこれを打て。

D・ウェブスター

体力、気力、努力。

金栗四三

礼儀は人を神聖にする。

カント

➤怒りを移さず

〈中国のことわざ〉

腹をたてると、まったくかかわりあいのない部下にまで、八つあたりしている上司をよくみかける。これでは部下の心は離れていってしまう。「怒りを……」は、怒るべき人に向って怒って、関係のない人には怒らないのが、正しい怒り方であるとの意。どうも凡人はなかなかそれができない。立腹の原因をつくった強い立場の人には、なんとなく卑屈にもみ手などをしながら、反発してこない弱い者にあたり散らす。会社で面白くなかったからといって、家に帰って女房、子どもを叱りつける亭主は案外いる。

腹のたつことがあったら、自分が正しいと信じたら相手が誰であれ、その場で指摘するとよいだろう。かなりの勇気がいるが、そんな人のもとには優秀な者たちが大勢よりつどうのではなかろうか。

越王怒蛙《どあ》に式《しょく》す

中国の故事。

呉と越の二国間の、激しくも長い争いは、さまざまな故事を残してくれている。「臥薪嘗胆」（286頁参照）もそのひとつ。

呉王夫差《ごおうふさ》のために敗れた越王勾践《えつおうこうせん》は、なんとか復讐をと常住坐臥、そのことばかりに心をくだいていた。で、部下たちが勇んで死んでくれるほどの忠誠を誓ってくれたら、かならず呉軍をくだせるだろうと信じた。

あるとき、馬車に乗って越王は外出した。と、馬車の前に立ちふさがって、動こうとしない一匹のガマ蛙に出会う。ひどく怒っているようすが、その小さな身体から感じられた。越王は、馬車を降り

「いや、驚かしてすまなかった」

とガマ蛙にていねいにお辞儀をして、再び馬車の人となった。つきそっていた部下が、王の奇怪な行動を不思議に思い、

「なぜ、ガマ蛙に頭をさげたのでございましょうか」

と尋ねた。すると勾践は、得たりと

「ガマ蛙は勇気をもっていたからである。わたしは勇気ある者には、ガマ蛙といえども敬意を表する」

そう答えた。この話を伝え聞いた人びとは

「ガマ蛙でさえ、勇気があったといって、あんなにも厚く遇された。人間がもし勇気あるふるまいをしたら、なおさら尊敬されるのではないだろうか」

と噂しあった。で、翌年には自分の首を王に献上したいと申し出る者が十人余りもあったという。

「越王怒蛙に……」は、ほめるだけでも人を殺せるというたとえに使われる。

勇んで死んでくれる多くの部下を従えた越王勾践は、呉王夫差を破ったのち、さらに軍を北に進めた。淮河《わいが》を渡り、斉《せい》、晋の諸侯と徐州に会し、呉にかわって天下の覇者となるのである。

勾践は、なかなかの人物らしく、人心を収攬する手をいくつも使っている。やることがお芝居がかってはいるが憎めない。ガマ蛙に頭をさげるなど、なまなかの人間がやれる行動ではない。

勾践はまた部下の進言をよく聞いた。いちど敗戦のうきめをみたのち、よく立ち直って天下に覇をとなえられたのは、名臣范蠡《はんれい》の諫めを素直に実行したからである。呉王夫差に会稽山で敗れたあと、越王勾践は、どうしたらよいか范蠡に尋ねる。するとこの名臣はいう。

「常に心をみなぎらせている（満を持す）者には、天の助けがあります。危難をささえた（傾けるを定める）者には、人の助けがあります。用を節約して質素を守る（事を節する）者には、地の助けがあります。今後は、この天と地と人との助けを得るように努めなければなりません。」

第9章　道をひらく

人跡未踏の荒野をいくように、人は自らの道を開いて進んでいかなければならない。たったひとりぼっちである。頼れる者は自分自身しかない。どこまでもひとりである。

1　自信をつける

▼なにごとにも不安を
もっている人に

私の力は十人に当たることができる。それは私の心が清いからである。
テニスン

人間自《おのずか》ら用に適する所あり、天下何ぞ為《な》すべき時なからむ。
橋本左内

何よりもまず汝自身を尊敬せよ。
ピタゴラス

この世の中で二つと同一の物はなく、すべての物が多少の優れた特性を持つ。
H・チャーチル

私はまだ一度も自分が孔雀《くじゃく》に生まれなかったのを後悔したことはありません。
A・ディクソン

常に顔つきをにこにことしてきげんよくすること。
手島堵庵

一事をよく為す者は多くをよく為す。
トマス・ア・ケムピス

貧困はあらゆる偉人の揺籃に付き添って、彼らを立派な人間に育て上げた。
ハイネ

天は人の上に人を造らず、人の下に人を造らず。
福沢諭吉

正義によって立て、汝の力二倍せん。
ブラウニング

自分は体は曲って醜いが、作る詩は真直《まっすぐ》で美しいのだ。
ポープ

信仰を有する一人は、普通人九十九人にも匹敵する社会の力である。
J・S・ミル

目から鱗《うろこ》が落ちる　〈日本のことわざ〉

人間のある事柄に対する能力は、ゆるやかな上昇線をたどって伸びていくものではないらしい。いくら一所懸命に取り組んでも、いっこうに上達しない期間が長くつづく。それでもなお努力をしていると、ある日、突然、ぐんと力がつく。壁を破ったように大きく飛躍するのである。

迷いに迷っていた者が、なにかの拍子に、ハッと真理に目を開く。魚の目に鱗がついていたのがとれて、急に視界が広く、よくみえるようになるたとえである。

ある時点で、急速に進歩する、ハッと真理に気づく、といったきっかけになるのは、他の人びとからの忠告や注意などではない。自分はやればできるという信念をもつかどうかである。きわめて、主観的な体験によって自信は生まれ、能力は伸びていく。

人は機会さえ与えられれば、何人でも無限にその能力を発揮するものである。

吉野作造

自分ひとりが賢いものになろうとするのは大馬鹿者である。

ラ・ロシュフコー

柔《じゅう》よく剛《ごう》を制し、弱《じゃく》よく強《きょう》を制す。

『六韜三略』

人退くとも退かず、人進めば我いよいよ進む。

沢庵和尚

言うべき時に「否《ノー》」というは、人生の平和と幸福の要訣《ようけつ》である。

スマイルズ

余り考え過ごす者は何事をも成し得ない。

シラー

目の見える人間は、見えるという幸福を知らずにいる。

ジード

まず汝自身を落ち着かせよ。そうしたら他人の間にあっても落ち着くことができよう。

トマス・ア・ケムピス

幾千万とある顔のうちに同様なものの一つもないことは人類共通の驚異である。

T・ブラウン

とてもかくても、つとめだにすればできるものと心得べし。

本居宣長

神は自ら助くる者を助く。

フランクリン

人にはすべて能不能あり。一概に人を棄《す》てあるいは笑うべからず。

山岡鉄舟

世には卑しい職業はなく、ただ、

▼杖にすがるとも人にすがるな

〈日本のことわざ〉

依頼心の強い人間は、けっして自信をもつことはできないだろう。人にばかり頼っている人間は、失敗したり、挫折したりする経験をあまりしていない。深く傷つく前に、かならず誰かの助けを借りてしまうからである。なんども失敗し、胸にずっしりと重い挫折感から、さまざまな手段をこうじて立ち直ってきた者は、「なあに、失敗したって、また一からやりなおせばいいさ」という気持が、しだいに心のなかに育ってくる。これが自信である。

人に頼らず、自分自身で意志決定し、行動する経験が、人間の精神を成熟させ、なんでも主体的に、自主的にしようとする自立心を芽生えさせ、伸ばす。自信のない者ほど依頼心をもってはならないだろう。杖にすがっても人にすがるような弱気は捨てるべきである。

卑しい人があるだけである。

リンカーン

苦しい時には、自分よりもっと不幸な男がいたことを考える。

ゴーガン

心は磐石の如くおし鎮め、気分は朝日の如く勇ましくせよ。

黒住宗忠

始まりはすべて小さい。

キケロ

疑わしき事は問うを恥ずべからず。過ちたる事は正さざるを恥ずべからず。

エラスムス

すべての人にはその個性の美しさがある。

エマーソン

神の前には、あなたも私も平等です。

ウェリントン

私の念願は一流になることだった。ゴルファーに、この気持がないならばやらないほうがよい。

J・ニクラウス

意志あれば道は通じる。

ハドソン

一般的にいって、苦しみと悩みとは、偉大な自覚と深い心情の持ち主にとって、つねに必然的なものである。

ドストエフスキー

恐怖は常に無知から生ずる。

エマーソン

自分というものがある。あるがままで十分だ。

ホイットマン

人間のもっとも偉大な力とは、そのひとつのいちばんの弱点を克服したところから生まれてくるものである。

▼煩悩《ぼんのう》すなわち菩提《ぼだい》　〈日本のことわざ〉

人の心身を迷わせ、いつまでも悟りの境地にさせないのが煩悩。菩提は、煩悩を断ち、極楽に往生して手にする仏の位である。真理を悟ることでもある。

人は多くの悩みがあるから悟りが開ける。どのような深い悩みがあっても、苦しむにはあたらない。悩みと悟りはひとつのものの両面であるとの意味。

なにに対しても自信がもてず、不安に陥って、悩んでいる人は少なくない。が、「煩悩は……」の論法をもってすれば、「不安すなわち自信」であるといえる。不安があり、悩みがあるから、最終的に確固とした自信をもてるのではあるまいか。自分の能力をあるがままに信じきって、できる範囲しかできないのが人間と割り切って、真剣に生きていれば、将来は開けてくるはずである。

利口になるにもスピードが肝心だ。四十歳の馬鹿は、本物の馬鹿だ。

レターマン

人間の中に偉大な者といっては、詩人、司祭、兵士しかない。歌う者と祝福する者と、犠牲を捧げ、またみずから犠牲とする者と。

E・ヤング

人間が根源的であればあるほど、不安はそれだけ深い。

ボードレール

自分が無力だと考えない限り、人はだれでも無力ではない。

キェルケゴール

思い高ぶらない人間は、本人が信じているよりもはるかにたいした人物である。

パール・バック

二人の人間が同じ城内からながめている。一人は泥土を、ひとりは星を。

ゲーテ

阿呆《あほう》はいつも自分以外のものを阿呆だと信じている。

ラングブリッジ

しっかりやれ。立って、突撃、風車に突撃……。早く行け！

芥川龍之介

意志は、自ら願うにあらざれば決して滅びず。

ゴーゴリー

偉大なる知恵は懐疑的である。

ダンテ

賢者には未知なもの、不可能のものあり。

ニーチェ

アンティステネス

▼鳴かない猫は鼠をとる
〈日本のことわざ〉

鳴き声ばかりたてている猫は、鼠たちによって、すぐに所在を知られ、警戒される。だから、なかなか鼠を捕えられない。が、おとなしい猫は、鼠が油断しているのでいつもたくさんの獲物を手にする。いざという場合よく働くのである。転じて、黙って行動している人ほど役に立つという意味になった。

とかく、実力もなく、実践力もない人ほどことばが多く、いかにも自信にあふれてみえる。一般の人びとはそんな人をみると、気圧されて劣等感をもったりする。

自信に満ち、行くところ可ならざるはなし、といった人物がいたら、

「よく鳴く猫だなあの人は」と考え、怖じ気づかないことだろう。かなわないかもしれないと感じたら、もう敗れてしまっているのと同じである。

アキレス腱《けん》

西欧の故事。

足のかかとのすぐ上の、ふくらはぎの筋肉につづく堅い腱が、アキレス腱である。ここの部分をアキレス腱というのは、ギリシアの詩人ホメロスの叙事詩『イリアッド』のなかに登場する英雄アキレスに由来する。

アキレスは、ふつうの人間ではない。父親はテッサリアの領主でペレウスといい、人間である。が、天界の主神ゼウスの孫にあたる。母親テティスは、海の老神ネレウスの娘であり、位の低い女神である。

テティスは、息子が生まれるとすぐ、やがて死ぬべき人間以上の者にしようと考え、両手で赤ん坊の両脚をもって、逆さに釣りさげ、冥土と現世の境を流れるスティクス河の黒い水に全身を浸して傷をうけないようにした。アキレスは不死身となったが、そのとき、両方のかかとの上の部分は、母親の手の指でもたれていたので、水に漬らなかった。そのため、人間の肌のまま残り、身体中で傷つく唯一の場所、つまり急所・弱点となった。

アキレスは、ギリシアのトロイ遠征軍に加わり、数々の武勲をうちたて、ギリシア第一の勇士として武名をはせる。しかし、トロイの王子パリスの放った矢が、あの傷つきやすい急所にあたり戦死する。

どのような強い人間、堅い組織、要塞などでも、入念にさがしてみると、外からではちょっと気づかない、小さいけれども、そこを攻撃されたら致命傷になってしまう弱点をもっているものだといった場合に、その部分を「アキレスの腱」という。

西欧には、これとよく似た話がもうひとつある。ゲルマン民族の伝説的英雄ジーグフリードの物語である。ジーグフリードは、人びとを苦しめ、災難をふりまく悪竜を退治する。竜はおびただしい血を流して死ぬが、溢れ出た血は大きな池となる。ジーグフリードは、悪竜の血の池のなかで全裸となって泳ぐ。そして不死身となった。が、そのとき、一枚の木の葉がひらひらと舞い落ちてきて、ジーグフリードの肩に止まり、へばりついて離れない。そのため、肩のところに木の葉の型の傷つきやすい弱点・急所が残ってしまう。ジーグフリードも、アキレスと同じく、その弱点をつかれて生命をおとすのである。

どこにも突くすきをみせない強者のもつ弱点といった意味で「ジーグフリードの肩」というふうに使われる。「アキレスの腱」と同様である。

ふつうの人間は、いたるところに「アキレスの腱」や「ジーグフリードの肩」をもっている。が、どんなに堅固で、攻撃をしようもないほどの鉄壁の守りを誇る対象であろうと、かならず一個所は急所があり、弱点がある。根気よく、観察し、研究をつづければいつかはその点を発見できる。急所をつかれたら、巨象といえどもあっけなく倒れる。

2 決断力を養う

▼いつもちゅうちょし
迷ってしまう人に

使わぬ宝は無いも同然。

アイソポス

誰でも機会に恵まれないものはない。ただそれを捕えられなかっただけだ。

カーネギー

しやせまし、せずやあらましと思う事は、おおようはせぬがよきなり。

吉田兼好

明確に見ることは、詩であり予言であり、宗教であり、一つですべてを兼ねる。

ラスキン

死を決するの何の難きことやある。ただ死すれば足る。難きは死地にありて生を決するにある。

河村瑞軒

右手に円を画き、左手に方を書く、二つながら成らず。

『韓非子』

正しく思考されたものであるかぎり、それは必ず明瞭な表現をとる。

ボワロー

鶏鳴《けいめい》に起きざれば日暮《にちぼ》に悔あり。

楠木正成

優柔不断の心は、見下げた感情にほかならず。

エウリピデス

ときとして勇気は、征服者の心さえ動かす。

ヴェルギリウス

道徳的勇気が正しいと感ずれば、なしえないという個人的決意はない。

ハント

行為の最中にも思考の余地がある。

ゲーテ

一つの冷静な判断は千のやかまし

▼うんだものはつぶせ
〈日本のことわざ〉

おできは、完全に化膿してしまったら、ぐずぐずせずに、つぶしてうみを出したほうがよろしい。ものごとの解決を早めるためには、あれこれ迷わず思い切って決断することが大切であるとのたとえ。

なにかをやろうと決心して、断乎実践すれば、どのような困難も克服できるし、目的は達成されるはずである。

決断する前に、十分に考えることはぜひ必要である。が、「下手な考え休むに似たり」とむかしからいわれている。失敗するしないは考えずに、まず決断する。失敗したら再び起きあがり、またスタートから歩き出せばよいではないか。

迷いのなかでの思考では、解決の糸口を発見するどころか、ますます自分自身を混迷のなかに追い込んでしまうだろう。

い会議に勝っている。なすべきことは光を与えることであって熱を与えることではない。

T・W・ウィルソン

兵力に訴える前に、まず百種の穏和策を試みよ。

ケント

世の中には勝利よりももっと勝ちほこるに足る敗北があるものだ。

モンテーニュ

人生は活動の中にあり、貧しき休息は死を意味す。

ヴォルテール

過ちては則ち改むるに憚《はば》かることなかれ。

孔　子

人間の一生について、また彼の運命全体について決定するのはただ瞬間のみ。

ゲーテ

過ぎ行く時をとらえよ。時々刻々を善用せよ。人生は短き夏にして、人生は花なり、彼は死す。ああ、何ぞ死するの早きかな。

S・ジョンソン

機会が二度君のドアをノックすると考えるな。

ジャンフォール

よく始められた仕事は、なかば終ったものである。

プラトン

大人物と小人物の差異は、一度意を決すれば死ぬまでやりとげるという覚悟があるかないかにある。

シェリング

骰子《さい》は投げられた。ルビコンは渡らなければならぬ。

シーザー

善に遷《うつ》るはまさに風の速やかなるが如く、過ちを改むるはまさに雷の

▼選んで粕《かす》をつかむ　〈日本のことわざ〉

ああでもない、こうでもないとえり好みをしていると、かえって残りかす（悪いもの）を取る結果になるとのたとえ。プライドの高い、娘の縁談などによく使われるが、そんな場合だけではない。一般的にも、選んでかすをつかむ例は少なくない。欲心があると、心の目がくもり、対象物がゆがんでみえ、よいものが、そのままの形に写らなくなってしまうからである。

欲心は、正しくものをみる目をくもらせ、決断をにぶらせる。あまり多くを望まず、自分にふさわしい取り分をと思っていると、案外、すっきりと決心できる。

「自分にふさわしい取り分」がなかなかむずかしい。が、もう少しほしいとやや不足を感じるくらいが、実は、自分にふさわしいのである。

猛きが如くなるべし。

朱子

最も偉大な人間とは彼自身の判断に信頼することを敢えてした人間である。最も愚かな人もまたそれと同様である。

ヴァレリー

自ら省みて縮《なお》くんば千万人と雖《いえど》も我行かん。

孟子

できる事でもできぬと思えばできぬ。できぬと見えてもできると信ずるがためにできる事がある。

三宅雪嶺

毎日を最後の日なりと心得て生活せよ。

セネカ

なにはともあれ、われわれはわれわれの畑を耕さねばなりません。

ヴォルテール

賢くなることを明日に延ばすな。明日の太陽は汝の頭の上に輝かないかも知れない。

コングリーズ

勇断なき人は事を為す能わず。

島津斉彬

為せば成る、為さねば成らぬ成る業《わざ》を、成らぬと捨つる人のはかなき。

武田信玄

最も堅固な決心は最も有用な知識である。

ナポレオン

剛毅《ごうき》の志によりて地球上何事にてもなし得うるべし。

スマイルズ

いやしくも疑う所あらばむしろ之《これ》を為さざるに如《し》かず。

羽倉簡堂

人を見るのに過去の行状のみにこ

▼可を見て進み難を知りて退く

〈中国のことわざ〉

決断したら、目的に向かって一直線に進んでいく。これが成功のひとつの秘訣ではある。が、猪突盲進ではいけない。周囲のあらゆる情勢をよくみ、分析して、進んでよいと判断したら、猛進する。しかし、止まらなければならない状況であれば、じっと止まる。止まることさえ困難であったら、いさぎよくいったん退く勇気がなくてはならない。

機に応じ進展を決断する、これが成功への近道であるという意味。

勢いにのって突き進んでいるときには、ふだん自分ができないような行動も、できる気がしてくる。危険は一瞬である。力量の不足している者ほど、十回に一回しかできないことを、自分の実力だと誤解する。あとの九回の失敗を忘れて、一回の僥倖に賭けてしまうのである。

だわる人は愚物である。

ブライアント

心強くして進め。汝のすべて往く処には汝の神も偕に在せば、懼《おそ》るるなかれ、戦慄くなかれ。

『旧約聖書』

石のかいも、真鍮《ちゅう》の伸べ金でできた金の城壁も、空気のかよわない土牢も、いかに強い鉄の鎖も、毅然とした精神力を拒むことだけはできない。

シェークスピア

人を許すはよし。忘れることはさらによし。

ブラウニング

恐れを知って、しかもそれを恐れざる者こそ真の大勇者なり。

ウェリントン

大胆、また大胆、そして常に大胆。

ダントン

過ぎ去ったことは過ぎ去ったことだから、過ぎ去ったこととしてそのままにしておこう。

ホーマー

大道行くべし、又何ぞ妨げん。

木戸孝允

苦痛なくして勝利なし。いばらなくして王座なし。苦患なくして栄光なし。受難なくして栄冠なし。

ウィリアム・ペン

アラーは汝がどこへ行くとも共にありて汝を守らん。

マホメット

七難八苦を合わせて賜わり候え。

山中鹿之助

用事を弁ぜんとせば自ら行け。

リチャード

▼うまい事は二度考えろ

〈日本のことわざ〉

おいしい話には、十分気を配らなければならないだろう。ほとんど努力しないで、あるいはなんらの犠牲を払わないで、なにかが手に入る、なんて話はまったくないと考えてよい。うまい事柄には、どこかに大きな陥穽が用意されている。危ういかな、危ういかな。

めざすところへ到達するためには、さまざまな困難が予想され、それらがのり越えられるとの自信があったら、決断するとよい。なにもしなくともスムーズに事が運ぶようなら、避けるほうが賢明である。

おいしい話が持ち込まれたら、話ができすぎているなと感じたら、少なくとも二度、三度と考え、慎重に対処しなければ、思わぬ傷を負わされかねない、注意しようとのたとえに使われる。

およそ世に障害のない仕事はない。障害が大きければ大きいほど、その仕事も大きい。

イギリスの政治家マクドナルド（一八六六年〜一九三七年）のことば。

マクドナルドは、スコットランドの貧農の子として生まれた。小学校を卒業しただけで、あとは独学で勉強し、労働党の党首にまでなった不屈の人である。大きな仕事をいくつもしている。

未知なるなにか大きな仕事に取り組もうとするときには、誰だって不安を感じないはずがない。が、不安があっては決断はできないだろう。早く不安から脱出しなければならない。そんな場合どうすればよいか。

不安は、原因が漠然として、正体がはっきりつかめないところから生まれてくる。だから、「なぜ自分はいま不安なのだろう」と、自問自答してみると効果がある。なぜ不安なのかわかれば対処の方法も発見できる。自然に不安は解消され、意欲がわいてくる。そんなことで大丈夫かなと疑問に思う人は多いだろう。が、騙されたつもりでやってみるとよいだろう。自問自答を繰り返していると、胸の重いしこりが嘘のようにとれてくる。

「背水の陣」ということばがある。「うしろに川や沼を控えて陣を取る」「一歩も退くことのできない絶体絶命の立場で決戦する」「失敗すれば再起できないことを覚悟して事にあたる」などの意味に使う。

もし、どうしても決断しなければならない場に追い込まれたら、失敗したときの逃げ道などいっさい考えず、背水の陣をしいて、ただ前進あるのみといった状態に自らをおく。すると落ち着きが出てきて、心も決まる。

なまじ、第二、第三の安全弁をつくっておいたりすると、どうしても安易な気持がどこかに生まれてきて、最大限に自分の力を発揮できず失敗してしまう。なにがなんでもやりとげなければという意欲がわいてこなくなるからである。

意欲的に仕事を進めていっても、目標にたどりつくまでには、いくつかの山があり、壁が目の前に立ちはだかるだろう。右するか、左するか決断を迷う場面にしばしば出会うはずである。迷いに迷って、どうしてもこれはと納得できる結論が引き出せなくなったら、まず、初心にかえる。仕事をスタートしたとき、多分、この仕事はこうではあるまいかとの第一印象をもったはずである。いわゆる直感があったのではなかろうか。その感を思い出すのである。そして、直感による結論に従って実践してみるとよいだろう。なまじ理性と論理によって導き出された結論よりも、すぐれた結論であったと驚かされる場合が多いのである。

直感による結論が、成功へのステップになるかどうかは、実は、その後の努力、行動にかかっている。

3 劣等感を克服する

▼他人の言動ばかりがよくみえる人に

自然淘汰とは、有用でさえあればいかに微細なものでも保存される原理である。

ダーウィン

力は一切のものを征服する。しかしその勝利は短命である。

リンカーン

各人は天より与えられて、各自自身の思想の主人公たる権利を有す。

スピノザ

溝《みぞ》をばずんと飛べ。危うしと思えばはまるぞ。

沢庵和尚

だれも皆自分で真理と考えることを発言する権利を持っている。そして彼以外のだれも皆その事について彼をやっつける権利を持っている。

S・ジョンソン

思案しないで我々を働かせよ。これこそ人生を堪えるものにさせる唯一の方法である。

ヴォルテール

美貌は酒よりも悪い。それはこれを持つ者と見る者と両方を酔わせるからである。

チンメルマン

各人はその能力に応じて働き、その労働に応じて与えられる。

サン・シモン

人生最高の価値は知識にあらず、黄金にあらず、名誉にあらず、ただ一個の善人たるにあり。

綱島梁川

心に奢《おごり》ある時は人をあなどる。奢なき時は人を敬《うやま》う。

手島堵庵

勤労しない人間は、富めるも貧しきも強きも、すべてこれ無用の長物たるに過ぎない。

トルストイ

➤孔子《くじ》の倒れ　〈日本のことわざ〉

孔子といえば、聖人として知られた人である。人びとの鑑である。失敗などありようがないと誰でも思う。が、そのように欠点のない、偉大である孔子さまでも、倒れる。どんなに立派な人にも思わぬ失敗はある、まして凡人が日常つまずき、よろめくのはあたりまえとの教訓である。

「権者にも失念」「猿も木から落ちる」「文殊も智慧のこぼれ」なども同じ意味。

周囲の人びとの言動をみていると、なんとなく自分よりもえらく感じられるから不思議である。大きく、すばらしいと目に写る。が、ほんとうはそうではない。隣りの麦飯で、とかく人の長所はより以上によくみえ、自分がなんとなく貧弱に思われるのが、人間の心理である。胸を張って、われこそはと行動すれば劣等感から脱出できる。

正直と勤勉とを汝の不断の伴侶たらしめよ。
フランクリン

人間のまことの富は彼がこの世で行う善事である。
マホメット

他人の言葉、他人の行動を軽率に非難するな。
トマス・ア・ケムピス

田舎で生まれ田舎で育ったということは教育の最良の部分だと思う。
オルコット

自らの曇りのない胸のうちに光を抱く者は、中央にすわって明るい陽を懐かしむであろう。だが暗い魂と汚れた思いをかくす者は、真昼の太陽の下をも暗澹《あんたん》として歩む、自らが自らの土牢《ろう》であろう。
ミルトン

人は決して死を思考すべきではない。ただ生を思考せよ。これが真の信仰である。
ディズレーリ

出る月を待つべし。散る花を追うことなかれ。
中根東里

それ浄土というも、地獄というも、外には候わず、ただ我等が胸の間にあり。これを悟るを仏という、これを迷うを凡夫《ぼんぷ》という。
日　蓮

世のなかは君の理解する以上に光栄にみちている。
チェスタートン

不能の一字はただ愚人の辞書にあり。
ナポレオン

災難にあう時節には災難にあうがよく候《そうろう》。死ぬる時節には死ぬがよく候。これはこれ災難をのがるる妙法

▼九百九十九匹の鼻欠け猿が満足な一匹を笑う
〈インドのことわざ〉

ある山に千匹の猿が住んでいた。どうしたのだろうか。猿たちの鼻は一匹を除いて、残りの九百九十九匹すべて満足ではなかった。欠けていたのである。猿たちは、よるとさわると鼻のある猿を醜いと笑い、不幸な者よと同情した。この話から転じて、仏道を志すすぐれた人間を、世の凡人たちがおかしな奴だなと笑い者にするたとえになった。正しいことも衆愚の力に押し切られること。また、おろかな者は、仲間が多ければ自分たちの欠けているのに気づかず、かえって満足な者をそしる愚をいう。

他の人と、自分がちがっていたとしても、劣等感をもつ必要はない。ちがっていることが個性なのである。いたずらに周囲の人びとにあわせようとする愚はやめよう。

にて候。

人間にとって苦労に負けることは恥ではない。快楽に負けることこそ恥である。
良　寛

「ここに十分考え、ほんの少し試み、沢山失敗したところの人、ねむる」

――たしか彼の墓碑にはこう書かれるだろう。しかし彼はこれを毛頭恥じる必要はないのだ。

パスカル

私はだれの意見にも賛成したいとは思わない。私は自分の意見を持っている。

スチーブンソン

偉人の達した高峯は一躍地上から達したのではなく、同伴者が夜眠っている間も、一歩一歩とよじ登ったのである。

ツルゲーネフ

他人を支配せんと欲する者は、まず自らの主人であらねばならぬ。

ブラウニング

無知を恐るるなかれ、偽りの知識を恐れよ。

マシンジャー

一つも馬鹿な事をしないで生きている人間は、彼が自分で考えているほど賢明ではない。

パスカル

敵に勝ったからとて勇者ということはできない。おのれに勝った時初めて真の勇者といえる。

ラ・ロシュフコー

より多く持つことよりも、より少なく望むことを常にえらべ。

T・ブラウン

私たちが恐れねばならぬ唯一のも
トマス・ア・ケムピス

➤剛の者には矢は立たぬ
〈日本のことわざ〉

映画やテレビ、劇画、小説などに登場するヒーローたちは、なかなか死なない。まわりの者たちが次々と倒れても、最後まで危険をかわして生き残る。ご都合主義のつくりものめいて感じられる。が、そうでない。現実の世界でも、臆病風に吹かれて、びくびく行動し、なんとか逃げおおせようなどとおよび腰で、人のあとからついていく人物は、たいていまっ先にやられてしまう。

身を犠牲にしても、なにがなんでもと積極的に事にあたる人は、案外、矢や弾丸のほうからよけていくのである。

「オレはだめだ。とうていできない」

と、初めからあきらめている者には、幸運の女神はけっして味方しない。勇ましく、強い者は敵も避けて通り、思いのままに活躍できるという意味か。

のは恐れそのものである。

F・D・ルーズベルト

速やかに成長するものは早く枯れ、徐々に生長するものは永存する。

ホーランド

努力によって得られる習慣のみが善である。

カント

後悔するな！　それこそ卑怯で女《め》女《め》しいことだ。

シェークスピア

おろかなる者は思うこと多し。

松尾芭蕉

足の皮は厚きがよし、面の皮は薄きがよし。

三浦梅園

人におせじを言われた時、いい気になって嬉《うれ》しそうな顔をする者は傲《ごう》慢《まん》な人である。人が他人の悪口を言うのを聞いて喜ぶ者は心のいやしい人である。

J・エリオット

私たちが偉大な人に接近すればするほど、私たちは彼等が単なる人にすぎないことをハッキリと見る。だから彼らはその従者たちの眼には稀《まれ》にしか偉人に映じない。

ラ・ブリュイエール

千日の稽古を鍛とし、万日の稽古を練とす。

宮本武蔵

多くの失錯は意とするに足らぬ。むしろ天の忠告として感謝すべきである。

J・ラボック

人は自分の仕事が終わらないうちは死なない。

リビングストン

▼君子は多能を恥ず

〈中国のことわざ〉

あるとき、孔子がなんでもよくできますねと人からほめられていった。

「わたしは若い時代には卑しかったので、つまらないことがたくさんできるのです。教養のある立派な人は、いろいろたくさんのことができるでしょうか。できはしないですね。」

立派な人物にとっての必須条件は、なんでもできる能力をもっていることではなく、人の道を心得ていることである。なんでもできるのは恥ずかしい、との意味。

多くの才能に恵まれているのはよい。が、ひとつの事柄に対する深い理解、追求をどこまでもしていこうとする態度こそ、もっと好ましい。なにかひとつ、自分でなければできない仕事をとことんやることではなかろうか。あれもこれもと目を移さず、ある一点に集中するのがよい生き方といえる。

人間の世界には、真に煩悶すべきほどのことなどはない。

ギリシアの哲学者プラトン（B.C. 四二七年〜三四七年）のことば。

人間の世界は、人間がつくっているのである。だから、そこから生まれてくるもろもろのものは、人間の知恵によって解決できないわけがない。どのようにむずかしい出来事でもかならず、いつかは光明が見出される。命がけで煩悶する事柄などないはずである。ひとりで解決がつかなかったら、ふたりで考えよ。それでもだめだったら時にまかせるとよいだろう。かならず結末がつく、と説いている。

袋小路のなかに迷い込んで出られず、いつ解決がつくのかと思い悩んでいる人びとの多くは、たいてい劣等感の持ち主である。自分ではどうにもならないと信じきって、内心であきらめている。どのような錯綜した迷路にもかならず出口はある。どうせやってもできはしないという気持を捨てて、まず歩き出さなければならない。

世の中で、成功者といわれ、尊敬を集めている人の少年時代、あるいは成功する直前までの、世の評価を調べてみるとよい。ほとんどの人が、劣等生といわれ、馬鹿だと蔑《さげす》まれ、気狂いではないかと笑われている。が、他人からなにをいわれようと、自ら信ずる道をそれこそ馬鹿みたいに歩き続けた人が、最後に栄光の座についている。偉人だって、天才だって、われわれとさしてかわりのない一面をもっているのである。そう思うと心がやすまる。

数学の大天才といわれ、世界的な数学者として生涯を終わった岡潔は、小学校、中学校時代には数学が苦手で、入学試験にまで失敗している。数学がなぜできないのだろうと、悩みに悩んでいるのである。劣等感は誰もがもっている。完全な人間などいないのだから当然だろう。

「アキレスの腱」は、どんなにすぐれた人物にもある。もし、どうしてもかなわない、あの人にはいつも負けてしまうという相手がいたら、なんでもよいから、その人のあらさがしを丹念にしてみる。きっと欠点が発見できるはずである。鼻があぐらをかいているとか、手の指が短いとか、案外せっかちで、あわて者だとか、なにかをみつけて、なんだふつうの人間じゃないか、自分のほうが長所をたくさんもっているぞ、と居直ることである。すると自信がわいてくる。

あるいは、いつも気圧され、どうしても堂々とふるまえない相手がいたら、彼も人、我も人と考え、自分と同じ欠点はないかと、やはりさがしてみるとよいだろう。いろいろな共通点がさがし出せるにちがいない。たくさんの共通点があるとわかると、圧迫感はいつの間にか消えてしまい、対等な気持で接しられるようになる。

4 まず行動せよ

▼いつも慎重すぎる人に

井戸を掘るなら水の湧くまで掘れ。
石川理紀之助

人生の大目的は知識ではなくて行動である。
T・ハクスリー

一日延《のば》しは時の盗人である。
上田　敏

善い思想もこれを実行しなかったらよい夢と同じである。
エマーソン

われわれは臨機応変に行動せねばならない。
セルバンテス

人は働くために創造せられた。瞑《めい》想《そう》し感じまた夢みるためではない。
カーライル

実践によって人間の真理性を論証せねばならない。
マルクス

神は行動せざる者をけっして助けず。
ソフォクレス

汝ら善《よ》き行《おこない》をもってその身の飾りとせよ。
キリスト

意志も人間の行動する瞬間からしかなすすべを知らない。それは航行の場合によくわかるとおりである。動かないでいる船は操縦できない。一つの動きによって操縦可能な力が生じ初めて舵もきくようになる。
モロア

嶮《けわ》しい山に登るためには、最初からゆっくりと歩くことが必要である。
シェークスピア

行動は知識の適切なる果実である。
フラー

▼蛙の行列

〈日本のことわざ〉

町の蛙と田舎の蛙が、それぞれ田舎へ、町へいってみようと思い立ち、町と田舎をわける峠までやってきた。やれやれと腰を伸ばし、立ち上がって、町は、田舎はどんなところかと眺めた。するとどうだろう。田舎は町とそっくり、町は田舎と少しもかわらなかった。二匹の蛙はいささかがっかりして、旅を途中でやめ、町へ、田舎へと帰っていった。蛙が立ち上って、町と田舎を眺めたとき、蛙の目はうしろについているので、自分がきたほうをみてしまったのである。

蛙が後足で立って行列をつくると、目がうしろ向きになり、前がさっぱりみえない。蛙のように前もみず、がむしゃらに前に進む向こうみずの連中を「蛙の行列」という。「まず行動せよ」といっても、目標をしっかりみきわめなくては失敗する。

初めに計画せよ。然る後に実行せよ。

モルトケ

確信をもつこと、いや確信をもっているかのように行動せよ。

ゴッホ

功の成るは成る日に成るにあらず。

蘇老泉

悲しみのための唯一の治療は何かをすることだ。

ルーイス

心ある人は時間の損失を最も悲しむ。

ダンテ

人の持つ尺度は、その異常な努力によってではなく、その日常的な行為によって測定さるべきものである。

パスカル

今日一字を覚え明日一字覚え、久しければすなわち博学となる。

中井竹山

最大多数の最大幸福を得る行動が最善である。

ハッチスン

真面目《まじめ》とは実行するということだ。

夏目漱石

ただ動機だけが、ひとびとの行為の真価を決する。

ラ・ブリュイエール

まず疑い、次に探究し、そして発見する。

バックル

人間のもろもろの行為はすべて、結果となってあらわれる時期が遠くへだたっていればいるほど、それだけ立派な、尊敬される行為なのである。

ラスキン

➤千里《せんり》の行《こう》も足下《そっか》に始まる
〈中国のことわざ〉

一里は四キロだから千里は四千キロメートル。が、中国の一里はもう少し短い。それにしても千里は、長い長い道のりである。千里という長い旅も、足元の一歩から始まる。どのような大きな仕事も、スタートの小さな第一歩を踏み出さなければ完成しない。小さい仕事が積り積ってはじめて事が成るのである。小さいからといって、第一歩を踏み出す気持をおろそかにしてはならない、との意味である。

考えているだけでは、なにごとも成就するのは不可能である。一日、どんなに少なくとも、目的達成のために行動する。明日二倍やればよいなどと怠け心を出さず、コツコツと積み重ねていく努力が大切ではあるまいか。きょうやれる仕事を翌る日にまわすと、かならず後悔する結果となる。

汝もし真に熱心ならば、後と言わず今ただちにこの瞬間においてなすべきことを始むべし。

ゲーテ

一日作《な》さざれば一日食わず。

百丈禅師

行動はわれわれの生活の四分の三であり、大半の関心事である。

アーノルド

道徳的な百万遍のお題目より、道徳的な一つの行為の方が正しいことはいうまでもない。

スウィフト

明日為《な》すべきことは今日これを為せ。

フランクリン

自分がなにかをやることさえ確かだったら、少しぐらい待ってもなんでもない。

ロダン

われわれは四年待った。最後の一年は熱烈に待った。もう待てぬ。自ら冒瀆する者を待つわけには行かぬ。しかしあと三十分、最後の三十分待とう。

三島由紀夫

弁論の時代は去った。今や実行の時である。

ホイッティア

我らの喜びは我らの行為にある。だから我らの最善の行為は我らの最高の幸福である。

ヤコービ

ことばと行動は、神の力のまったく異ったモードである。ことばも行動であり、行動もことばの一種である。

エマーソン

一日一字を記さば一年にして三百六十字を得、一夜一時を怠《おこた》らば、百歳の間三万六千時を失う。

吉田松陰

▼好機逸すべからず　〈日本のことわざ〉

行動するにも、行動してよい時機とそうでないときとがある。適当な機会を逃さず敏速に動けば、かならずよい結果が期待できる。が、そのときでもない場合には、いくら頑張って動いても、努力がむだになってしまうことがしばしばある。

好い機会は、めったにやってこない。いちど逃したら次まで長く待たなければならなくなる。いや、再びこないかもしれない。だから、絶対に逃してはならないとの教訓。

きょうがだめなら、明日があるさと気軽に考えている人びとは少なくないが、そんな人は、あとになって、あのときこうしておけば、ああしておけばよかったと、かならず悔やむ。しかしいくら悔やんでもはじまらないのである。次の好機をつかまえたとしても、それだけ人より遅れをとっている。

自《みずか》ら助けられる前に、まず人を助けなければならぬ。

ランケ

われわれがいくつかの危険に気づいているというので、動かずにじっとしていることを自己に課するならとんでもないことである。

トリアッチ

人間の行動は思考の最上の通訳者だ、と私はつねに考えた。

ロック

生きることは呼吸することではない。行為することだ。

ルソー

してしまえば片付くのだったら、早くやってしまったほうがいい。

シェークスピア

一日善いことをしなかったら、生きている価値はない。

ロバーツ

おのれの職分を守り黙々として勤めることは、中傷《ちゅうしょう》に対する最上の答えである。

ワシントン

認識は実践にはじまり、実践をつうじて理論的認識に達すると、ふたたび実践にもどらなければならない。

毛沢東

言語は地の娘である。しかし行為は天の息子である。

ジョーンズ

行いは必ず人に先んじ、言は必ず人に後《おく》る。

『大戴記』

知って行わざるは知らざるに同じ。

貝原益軒

➤馬に乗るまでは牛に乗れ

〈日本のことわざ〉

馬に乗ろうと待っているが、なかなか馬がやってこない。そこへ牛を引いた人がきて、「どうです。牛にしませんか」とすすめた。けれど、牛は遅いからといって断わる。馬はこない。牛はずっと先まで行ってしまった、といった状態は、日常生活のなかでよく起こってくる。

牛でもなんでも乗って、少しでも先へ進むほうがよいとのたとえ。なにもしないでじっと待っていたり、停滞したり、ちゅうちょしているよりも、次善の方法をとって、一歩でも、二歩でも、完成や解決、目標に向って近づくほうがよいと教えている。

あとになって、馬でいっきに追い抜こうとしても、離された距離は大きく、むりをすれば落馬の危険もある。牛歩といえども、あなどれないと知るべきだろう。

愚公山を移す

中国の故事。

ものごとは、ばか正直に努力をつづけていけば、かならず成功できるとの意味に使われている。

むかし、冀《き》州の南、河陽《かよう》の北に、太行《たいこう》山と王屋《おうおく》山というふたつの山があった。この山の麓に愚公と名のる九〇歳近いひとりの老人が住んでいた。どこへいくにも山が邪魔になってしまい不便でしかたがなかった。で、愚公は家の者を集めて

「みんなで力を出しあって、あの険しい山を平にして道を切り開こうと思うがどうだろうか」

と相談した。一同は賛成する。が、妻だけが首を傾《かし》げ

「人間の力では、小さな丘でさえ切り開くのが困難なのに、あの太行や王屋のような大きな山がどうなるものですか。切り取った土や石をどこへ捨てようというのですか」

そういって反対した。しかし、一家の者たちは、たいへんな意気ごみで

「土や石は渤海《ぼっかい》の浜《ひん》に、隠土《いんど》の涯《はて》に投げ捨てればいいでしょう」

といって決心をかえない。愚公は三人の子どもと孫たちを引きつれ、石を割り、土を掘りかえして、モッコで渤海に運び出す作業を始めたのである。だが、一年かかってやっと渤海まで一往復するというありさまだった。

黄河のほとりに住む智叟《ちそう》という人が、この様子をみて、愚公に忠告した。

「そんなことしたって、一生涯かかっても知れたものじゃありませんか。老い先短いあなたに、とても山など動かせるわけがないでしょう」

愚公は、哀れむように嘆息しながら、

「お前さんみたいな浅はかな心の持ち主にはわかるまい。たとえ、わしが死んでも、子どもが残る。子は孫を生み、孫はまた子を生む。子々孫々とだえることはあるまい。こうして、倦まずたゆまずやれば、山は増えないのだから、いつかきっと平になるときがくるでしょう」

と答えた。智叟はその気の長さ、決心の堅さにびっくりした。が、もっと驚いたのは、ふたつの山の主である蛇神である。山をほんとうに切り崩されてはかなわないと、天帝に訴え出た。天帝は、愚公の真心に感心して、力のある神に命じて、山を背負わせ、ひとつを朔東《さくとう》の地に、ひとつを雍南《ようなん》の地に移させた。

『列子』に出てくる寓話である。まことに中国的なスケールの大きな話ではあるまいか。事にあって行動するとき、智叟にならずに、愚公のようになりたいと考えるが、しかし、われわれ凡人は、なかなか愚公にはなりきれない。目先の利にとらわれ、困難に気力を失ってしまうからである。

5 勇気とはなにか

▼ほんとうの勇気について考える人に

死を軽んじて暴なるは、これ小人の勇なり。死を重んじ、義を持してたゆまざるは、これ君子の勇なり。

荀　子

真の勇気とは全世界を前にしてなおなし得ることを、目撃者なしにやってのけることにほかならぬ。

ラ・ロシュフコー

勝てると思えば勝てるのだ。自信こそ勝利の条件である。

ハズリット

家族、友人、祖国、すべての人間に尽くせ。むら気、女々しい弱さと戦え、勇気を持て。強くなれ、つまり男になれ。

アミエル

運は我々より富は奪いうるが、勇気は奪い得ない。

セネカ

五尺の少身すべてこれ胆。

新井白石

寝ていて人を起こすな。

石川理紀之助

悪が、われわれに善を認識させるように、苦痛は、われわれに喜びを感じさせる。

クライスト

勇気の最高の段階は、危険に際しての大胆さである。

ヴォルヴナルグ

君の心の庭に忍耐を植えよ。その根は苦くともその実は甘い。

オースティン

この秋は雨か風かは知らねどもきょうのつとめの田草取るなり。

二宮尊徳

余が宗教を信ずるは天国または極楽に行かんがためにあらず。人らしき人たらんがためなり。

内村鑑三

▼臆病者の拠所《よんどころ》なし　〈日本のことわざ〉

臆病な者は、なにごとにつけても積極的に自分からやろうとしない。ふんぎりが悪く、決断力に欠けるところがある。が、臆病な者といえども生きている以上、目をつぶっては通れない場面にしばしばぶつかる。ほんとうは自信もなく、恐しくて、やりたくないのだけれども、ことのなりゆきから、しかたなく、やむ得ず、おっかなびっくり事にあたるとのたとえ。

いやいやながら、よんどころなく仕事をするのだから、よい結果になる可能性はあまりない。あとからあとから恐れていた出来事がもちあがって、仕事の妨げとなる。しかし、とにかくやるしかない、成るか成らぬかは努力しだいと、がむしゃらに事にあたっていくと、案外、うまくいく場合が少なくない。および腰ではなにもできないだろう。

しばしば勇気の試練は死ぬことではなく、生きることだ。

アルフィエリ

苦痛は人間の偉大な教師である。苦痛の息吹きのもとで、魂は発育する。

エッシェンバッハ

あえて馬鹿に見せるということは大きな知恵である。だが、そのためにはわたしにはいつも欠けていた、ある種の勇気を必要とする。

ジード

仁者は常に人の是《ぜ》を見る。不仁者は常に人の非《ひ》を見る。

伊藤仁斎

愛に恐怖なし。最上の道徳なればなり。

内村鑑三

人生においてなによりむずかしいことは――嘘をつかずに生きることである……そして自分自身の嘘を信じないことである。

ドストエフスキー

苦しむには死ぬことよりももっと勇気がいる。

ナポレオン

幸運と愛とは勇者とともにあり。

オヴィディウス

勇気こそ、君よ、これこそ男をも女をもいと美しく見せしむれ。

テニスン

もっとも深い真理は、ただもっとも深い愛のみにひらく。

ハイネ

実におそろしいものは人間の努力である。

マルコーニ

無人島で紳士たり得る者が真の紳士である。

エマーソン

▼大人《たいじん》は虎変す
〈中国のことわざ〉

勇気のある者は、あやまちをおかした場合でも、それと気づくとすぐ改めて、善行に移る。いつまでもぐずぐずといいわけなどしていない。転換がはっきりしているのである。いわゆる「君子は豹変する」。きのうの強い主張だって、さっとひっこめて、反対の言動をとって平然としている。むろん事が正しければだが……。

が、臆病な者、気が小さく卑怯未練な者は、なかなかあっさりと、自説をひっこめて、他人の意見に従えない。なにやかやと理屈をつけて、ゆずろうとしないのである。自分がどうも正しくないとわかっていても、意地になって頑張る。いかにも勇気がありそうにみえるが、こんな人はほんとうに勇気があるとはいえないだろう。自信のある人は、非は非としてあっさり認めてしまう。

汝の剣を鞘《さや》に収めよ。そはすべて剣を把《と》る者は剣にて亡ぶべければなり。

キリスト

学問は脳、仕事は腕、身を動かすは足である。しかしいやしくも大成を期せんには、先ずこれらすべてを統《す》ぶる意志の大なる力がいる。これは勇気である。

大隈重信

現在われわれは悪い時期を通過している。事態はよくなるまでに、おそらく現在より悪くなるだろう。しかしわれわれが忍耐し、我慢しさえすればやがてよくなることを、わたしはまったく疑わない。

チャーチル

卑劣な行為を怖れるのは勇気である。またかかる行為を強いられたとき、それを堪忍するのも勇気である。

ベン・ジョンソン

泣くことも、笑いも、愛欲も、憎悪も長くはない。一度死の門をくぐれば、それはもはやわれわれにかかわりがない。

ドースン

公正をもって生活すれば、ゆくとして安全ならざるところなし。

エピクテトス

希望は強い勇気であり、あらたな意志である。

マルチン・ルター

人間のことをあの人は善い人だとか、この人は悪い人だとか、そういうふうに区別するのはまったく馬鹿げた話である。

ワイルド

希望が逃げていっても、勇気を逃がしてはいけない！　希望はしばしばわれらをあざむくが、勇気は力の息吹である。

ブーテルヴェク

▼虎穴に入らずんば虎子を得ず　〈中国のことわざ〉

虎穴は、おそろしい虎の住んでいる洞窟である。虎の子どもを手に入れようと思ったら、虎穴に入っていかなければならない。思いきった危険をおかさなければ、大きな成功はつかめないとの意味である。

自らは矢面に立たず、うしろにかくれていて、甘い汁だけを吸おうとする人びとがたくさんいる。自分の手を汚さずに、なにかを得ようとする。が、虎穴に入らず、虎子を……と考えたら、どうしてもなにかよからぬ手段をとらなければならなくなる。人を騙したり、よけいな犠牲を他の人びとに強いる結果になりかねない。で、最終的にはもっとも傷つくのは自分自身である、といったケースが非常に多くみうけられる。ある種の危ない橋をわたらずに、大きな成果を期待するのは、しょせんむりではなかろうか。

義務は強要されて行うべきにあらず。

カント

恐怖と勇気がどんなに近くに共存しているかは、敵に向かって突進する者がいちばんよく知っているであろう。

モルゲンシュテルン

人は何事も小児のように始め、小児のような熱烈な興味を持たなければならぬ。

ゲーテ

人我《われ》に背くとも、我人に背かず。

佐藤一斎

勇敢な行為は、けっして勝利を欲しない。

フラー

畏《おそ》れることなく醜にも邪にもぶつかってみよう。その底に何があるか。もしその底に何もなかったら人生の可能は否定されなければならない。

有島武郎

平和が見つからぬというものは、見つけようとする努力を怠ったものだ。

ミラー

おのれの苦悩を精細に見ることこそ、おのれの心を慰める手段である。

スタンダール

卑劣者は、安全なときだけ威たけ高になる。

ゲーテ

いやしくも悔恨しないことを欲するならば、人は何事もしないほうがよい。しかしながらまた、何事もしないところの人生も、ひとしくまた悔恨なのである。

萩原朔太郎

苦痛はみじかく、喜びは永遠である。

シラー

▼臆病の自火

〈日本のことわざ〉

自火とは、自分の妄念から、ありもしない事柄を心のなかに起こして、そのために苦しみに責められ、悩むこと。臆病な人は、こわがらなくてもよい問題をあれやこれやと臆測して恐れ、自ら苦悩を招く。

妄想にとらわれると、なにもかもがそのように感じられて、なかなかそこから脱け出せないのが人間である。臆病な人でなくてもそうした傾向をもっている。たとえば、ある人をいちど疑うと、なんでもないその人の行動が意味あり気にみえてくる。嫉妬心がそこに加わるともう地獄である。人間を鬼にしてしまう。緊張感に耐えられなくなって暴走する。自制心を失って、思いがけない行動をする人も少なくない。

臆病者と思われたくないために、虚勢を張って、乱暴な言動をする者もいる。

匹夫の勇

中国の故事。

道理もわからず、むやみに血気にはやる、知恵のない勇気のこと。あざけりのことばである。

時は戦国時代。弱肉強食がまかりとおり、隙あらば乗じて他国を攻めとろうとする風潮があった。

孟子は諸国遊説の途中、梁の恵王のもとをおとずれた。恵王はさっそく、隣国との国交はどのようにするのがよいかと尋ねる。孟子は

「大国は小国につかえる気持で、謙虚な態度で交わらなければなりません。これは仁者にしてはじめてできます。小国もまた大国につかえなければなりません。これまた容易なわざではなく、知者にしてはじめて可能でしょう。

小が大につかえるのは天の道理です。それを認めながら、大国の立場をもって小国につかえるのは〝天を楽しむ〟態度といえます。天の道理に逆らわず、大国につかえる小国は〝天を畏《おそ》れる〟ものです。天を楽しめば天下を保つことができ、天を畏れる態度は国を保つもとです」

と説いた。恵王は、まことに立派なことばであり、道理としてはすばらしいと感心する。が、わが身のこととして考えると「つかえて」ばかりいるのは、威勢がわるく、我慢がならないと思い、

「……わたしには勇を好む気性があるので……、どうも……」

という。すると

「王さま、小勇を好んではなりませぬ。剣を撫して、眼を怒らして、お前など敵ではないぞといった姿勢をみせるのは、〝匹夫の勇〟です。せいぜいひとりの人間を相手にすることができるだけです。どうかもっと大きな勇気をもたれるように」

孟子はそういって忠告した。

孔子は、勇気について、弟子の子路に次のように語っている。

「虎を素手でなぐりつけたり、大きな河を徒歩で渡ろうとするといった無謀な行動に出て、自らを危険にさらすような者とは、わたしはいっしょに戦場におもむこうとは思わない。事に臨んで、まず相手をあなどらずに恐れる気持をもち、細心の注意をはらって計画を立て、用心深くそれを実行しようと、かならず心がけるような者とでなければ、共に事を行なおうとはしないだろう。

いたずらに野蛮な勇気をふるう者は、慎重さが欠けているので失敗をする。無用な犠牲をはらわず、事にあたり成功させる実行力が真の勇気であると説いている。

ほんとうに賢明な人物が、凡人には愚かにみえるように、真実の勇者は、ときとして臆病者のように人びとの目に写る。こけおどしの言動をしないからである。落ち着いて、ゆったりとしている。

6 自らに命令する

▼ともすれば
気弱になる人に

己《おのれ》に克《か》つの苦功を用ひずして、怒りを遷《うつ》さず、過《あやまち》を再びせざるは、柔《じゅう》惰《だ》振わざるの士にあらずんば、必ず奸《かん》を掩《おお》ひ非《ひ》を飾る者なり。

大塩平八郎

むかしから、自分に勝つことがいかにむずかしいか、多くの人びとによって説かれている。これもそのひとつ。おのれ自身の欲望をおさえ、おのれにうち克つといった努力もしようとせず、怒りもせず、過ちも繰りかえさない、ただそれだけでは、柔弱な、なまけ者である。そうでなければ、邪悪な心をかくして、自分の不正を飾っている偽善者にすぎないとの意味。かなりはげしい考え方である。

が、これほどのきびしさで自らを律しなければ、克己ということはむずかしいのではあるまいか。

もし、欲望のとりこになり、どうしても抑圧できないと感じたら、「お前は弱い奴だ。これくらいの我慢ができないのか。やればできるぞ。まず、やってみろ」といい聞かせると効果がある。怒りをおぼえたら、黙っていないで怒りをあらわして、叫べばよい。ただし、誰かを対象にするのではなく、ひとりで発散する。

人に迷惑がかからないところで大声をあげてののしる。川原の石ころを拾って水面に投げる。日記に悪口のありったけを書きつらねる。思いつくままに暴れまくると心がやすらいでくるから不思議である。過ちをおそれるあまりに消極的になるのも馬鹿げている。失敗、けっこうではないか。

「あ、またやってしまった」とわかったら、その失敗を早く忘れてしまおうとはけっして考えてはならない。絶対におぼえておこうと、失敗の原因と結果、経過、周囲におよぼした影響などをこと細かくたどり記憶する。最後にあやまりを訂正しておく。怒りが、社会的な広がりのあるものであったら、公の場で堂々と発表してかまわないだろう。いや、そうすべきである。

▼心頭《しんとう》を滅却《めっきゃく》すれば火も自《おの》ずから涼し

〈日本のことわざ〉

武田一族を亡ぼすために甲斐に攻め込んだ織田信長は、武田家の菩提寺である恵林寺に火を放つ。国師快川和尚は、端座合掌し、

「安禅は必ずしも、山水を須《もち》いず、心頭を滅却すれば火も自ら涼し」

ととなえ、泰然自若として火焔のなかで大往生をとげたのである。

禅の修業をし、安心立命するのに、かならずしも、山水を使用しなくてもよい。水でなくともよい。火でもよい。涼しいとか、熱いとかいうのは精神的な感覚である。その感覚をなくすれば、水もあつく、火も涼しい。精神の持ち方ひとつで、苦痛も苦痛でなくなるという意味。

「火だって涼しい。火だって涼しい」と、となえなければ、快川和尚といえども熱かったのだろう。悲しいというしかない。

人間五十年、下天《げてん》の内をくらぶれば、夢幻《ゆめまぼろし》の如くなり。一度生《せい》を得て滅せぬ者のあるべきか。

織田信長

二七歳の若武者信長は、今川義元の軍勢の優勢を聞き、前線基地からの敗報をつぎつぎ受け取りながら、少しも騒がず、しばしまどろむ。夜半すぎて、にわかに起きあがり、すばやく鎧や具足を身につけ、馬には鞍《くら》を置かせ、湯漬を食べる。出陣を前にして、牀机《しょうぎ》に腰かけたまま、小鼓をとりよせ

「人生五〇年、下天のうちを……」

と、謡曲「敦盛」の一節を謡い、立ち上がって舞う。

舞い終るやいなや、信長は清洲の城門を開いて、桶狭間に向った。最初、つき従う者わずかに七、八騎だったとか。

信長の人生は、この桶狭間の合戦の勝利によって充実して、天下を握るところまでいく。が、本能寺の変によって自害して果てる。四九歳のときである。

若年ながら、信長は、生者必滅の道理を悟り、人生はわずかに五〇年と割り切って、生死を超越しようと努力していたのではなかろうか。しかし、人間、いくらふだんから覚悟ができていたとしても、いざ死地におもむくとなったら平静ではいられない。信長の大敵を前にしての落ち着きぶり、「敦盛」を舞う余裕は、凍えるような恐怖感を抑えつけようとする必死の努力のあとではなかったか。

「人生五〇年……夢幻……滅せぬ者の……」

と謡ったのは、自分への最後の説得であった気がしてならない。いまでいう「自己暗示」である。

「尾張のおおうつけ、信長よ。死生は一如、人間、生き死にこだわっていては、なにもできないぞ。覚悟

▼こけの一念

〈日本のことわざ〉

愚かな者でも、一心不乱、わきめもふらずにひとつの事にあたればかならず立派な仕事ができるという意味。

能力がないからといって、最初からあきらめていたのではなにもできない。やればできるという気持が非常に大切である。また、多少、ひとにすぐれた才能があるからと、天狗になって、努力をおこたっていたのでは、それこそ「こけ」に遅れをとってしまうだろう。

「もしかしたら、不可能かもしれない」

なにか困難な仕事に取り組む前に、そんなふうに思うと、不安が不安をつのらせ、集中できなくなり、目的の達成はむずかしくなる。とにかく、力いっぱい、できるところまでやろう。結果はあとで考えればよいではないか、というくらいの余裕があると案外うまくいくものである。

をきめよ」

三度も同じ舞をまいながら、このようにいい聞かせていたのではあるまいか。

重ねて信長打出で候間、一際《ひときわ》これあるべきかと掠量《きょうりょう》せしめ候処に、案外に手弱き様躰《ようてい》、此分に候はば、向後、天下までの仕合、必安く候。

上杉謙信

なんというまあ、自信の強さだろうか。この当時、信長の勢力は強力、かつ大で、おそらく謙信のひきいる越後の強兵といえども、そう簡単には打ち破ることなど不可能であったにちがいないのに……。

一文の意味は、

「またまた信長の軍勢が出陣してきたので、目をみはるようなめざましい合戦ぶりがみられるかもしれないと期待していたところが、思ったよりも強くない様子である。このぶんでいくと、今後、京にのぼって天下を手に入れるのは、案外、簡単であろうと考えられる」

である。こんな強弁にもかかわらず、結局は軍勢を従えての上洛はとうとうできないまま、謙信は生涯を終っている。

天下を着々手の内におさめようとしている信長と雌雄を決して、覇をとなえんとする謙信の心意気はなかなか壮といわなければならない。が、謙信には、その前に決着をつけなければならない強敵がいた。武田信玄である。信玄と謙信は互いにゆずらず、時を逸してしまうのはよく知られた歴史的事実である。

謙信は、自信の強い、行動力のある武将であるが、これくらい自信のほどをみせているのはめずらしい。いつもはもう少し謙虚な男なのである。よほど信長の力を恐れていたのではあるまいか。

「信長ごとき、なにするものぞ」との態度を示して、部下たちの士気を鼓舞する意図がありありとみえる。むろん、自らの気持もひきしめる意味もおおいにあったのだろう。

▼充分はこぼれる

〈日本のことわざ〉

欲の深いのが人間である。で、失敗してしまう場合がたくさんある。

茶碗に水をつぐとき、適当に入れればけっしてこぼれはしないのに、欲ばって、なみなみとついでしまうからこぼれて、かえって少ししか水が飲めなくなる。ものごとはほどほどにしないと失敗するというたとえ。

七か、八の力しかないくせに、十の力があると過信しがちである。八個しか入らないケースに、十個の卵を入れようとすれば、かならずいくつかはこわれる。いや、ぜんぶこわれてしまう危険だってある。十個入れたいと思ったときには「いや待て、七個か、八個にしておいて、あとは様子をみよう」とする心がけが大切だろう。

積極的なのは悪くないが、自らを抑える気持も、ときにはなくてはならない。

人は、弱点を知られまいとして、ときに大言壮語する。この謙信のように……。

昨日《きのう》憎しと思ふこと心に染み、昨《こ》年《ぞ》の嬉しと思ふこと心につきて、はなれねば、それより根ざして、まよふとか、聞けり。

松平定信

きのう憎いなと思ったことが心にしみ込み、残っていたり、昨年、嬉しいと感じたことが、心につきまとって、なかなか離れなかったりするのが人間である。が、過去の感情にいつまでもこだわっていると、新しく、広い世界に出発できず、迷ってしまうものだと聞いている。

過去の感情を捨て去り、過去から開放されることによって、新たなる境地の入口に立てる。希望をもって生きる心境になれるのである。過ぎてしまった問題にかかわっているので、どうしても迷いをふっきれない。過去を忘れろと教えている。

しかし、過去の感情の支配から早く脱出せよといっても、これはかなりむずかしい作業である。嬉しかったことは、むりに忘れろといわれなくとも、時がたつにつれて記憶がうすれていってしまうが、憎しみはそう簡単にはいかない。心のなかでしだいに大きくなってくる種類の感情だからである。

憎しみからは、ほんとうはなにも生まれてこない。憎しみの前にあるのは破壊だけではあるまいか。憎悪を殺そうとすると、ますます強くなってくる。逆効果である。だから、憎いと思ったら、徹底的に憎めばよい。想像のなかで、憎しみの対象を八つ裂きにするのである。これでもかこれでもかとありったけの残虐な行為を繰りかえす。罵詈雑言をとことんぶつけてやる。胸がすっとする。もうよいと感じてもつづける。すると、しだいに憎悪はうすらいでくる。

感情は抑えつけようとするほど、反発し、高ぶるから、勝手にさせておくほうが賢明である。そのうち消えてなくなる。

▼大敵を恐れず小敵を侮らず

〈日本のことわざ〉

常に全力を尽くそうと努力することが勝利につながる。恐れ、ひるむ、侮る心があるとかならず敗れる。相手がどのような強い力をもっていても、けっしておじけづいてはならない。逆に、力が弱いからといって、馬鹿にしてはいけないという意味。

獅子は兎を追うにも全力を尽くすといわれている。どんな相手、仕事にあたる場合も、力いっぱいにやり、結果にこだわらないのが、成功する秘訣のひとつではなかろうか。恐れていては、全力は出しきれないまま終るだろう。侮っていては、どこかに隙ができる。実力を十分に発揮できない。

虚心になり、それまで貯えてきた力をすべて出しきるつもりでなにかに挑戦すると、思いがけない成果につながる。そんな例はいたるところでみられる。

気随《ずい》に成り行き候はゞ、一日一月と延び、一月は一年と遅々に及び、一生空しく打ち過ぐべし。

徳川幕府初期の大老、家康の従弟にあたる土井利勝が、子孫のために残した『土井利勝遺訓』のなかの一節。

人間は好き勝手に生きていると、つい怠けぐせがついてしまう。一日でやるはずの仕事が一月に延び、一月でやる予定だったものが一年も遅滞する。で、ずるずるとあたら一生を空しく過ごす結果になる。しっかりと心して毎日を生きなければならない、と教えている。まったくそのとおりである。まるでわがことを注意されているような気がする。

人間は生身である。一日でやる予定の仕事が、なにかの都合で三日にも、四日にも延びることがあるのはしかたがない。が、こんなとき、けっしていってはならないことばがある。

「どうせできないだろうと思ったけど、やっぱりできなかった。オレはだめだ」

こんな気持になってしまうと、「一日は一月と延び、一月は一年と……」なる。「どうせ」「やっぱり」「しかたがない」「やむを得ない」など、あきらめを表現することばは、いったん口にすると、ひと言ごとに、意欲は減退していく。

多少、仕事が予定より遅れても、

「計画どおりにはいかなかった。が、よくここまでやれたじゃないか。予定をオーバーしたのは、計画の立てかたが悪かったからだ。この次からは、周囲の状況、自分の力をよくみきわめて計画を立てよう」

と、自らを励まさなければならない。失敗を正当化することばは麻薬のように心を蝕《むしば》んでいく。避けたほうがよいだろう。

自分の問題として考えるとわかりにくいが、他人からのことばにおきかえるとよく理解できるのではあるまいか。

たとえば、なにかに挑戦して失敗したとする。気落ちして帰ってきたところへ

「そうか。だめだと思っていたけれど、やっぱりだめだったか。君の力もその程度だったんだな」

といわれたらどうだろう。再び、挑戦しようとする気力は失われるにちがいない。

「そうか。大丈夫だと思っていたけれど、だめだったか。しかし、時の運もあるさ。君の力があれば次はきっと成功するよ。こんどの失敗を反省材料にして、また頑張るんだね」

といわれたらどうか。「よし、やろう」と意欲的になれるだろう。

ことばには、不思議な魔力がある。消極的で、マイナス面ばかりを強調して、自分にいっているとそのとおりになる。が、よい面を繰りかえしていると、しらずしらずに積極的な気持がわいてくる。

7 逆境に耐える

▼いまの境遇に不満をもっている人に

道に堀があるからといって、渡るのを嫌って、そこに止まってしまったのでは、その人はいつまでたっても、進歩することは難しい。大きな溝の中に落ちたからといって、いたずらに悶えるばかりであったならば、その人は一生溝の中で終わらねばならない。

藤原銀次郎

琴を弾《ひ》いていると寒さも痛さも忘れます。

今井慶松

人が不幸であるのはその人自身のあやまちである。天は万人みな幸福であるようにと望んでいる。

エピクテトス

困難とは作業衣を着た好機会にすぎない。

H・カイザー

諸君が困難に会い、どうしてよいか全くわからないときは、いつでも机に向かって何か書きつけるがよい。

小泉八雲

いかなる教育も逆境に及ぶことなし。

ディズレーリ

生命のあるかぎり希望はあるものだ。

セルバンテス

何事につけても、希望するのは絶望するよりもよい。可能なものの限界をはかることは、だれにもできないのだから。

ゲーテ

今日はよく働いたと夕方になって考えることほど、私にとって大きな楽しみはなかった。

大倉喜八郎

天下の事我が力になし難きことは唯天に任せおくべし。その心を苦し

➤裸で物を落す例《ためし》なし

〈日本のことわざ〉

まる裸であれば、なにか落そうと思っても絶対に落せない。なにも身についていないからである。まったく無一文になれば、それ以上失うべき財産もないから気が軽いということ。貧しい一般庶民の、ちょっと負けおしみのまじった生活の知恵といえるだろう。

ひとつの貯えもなく、しかも悠然と毎日をおくっている人に、なぜ、そんなに落ち着いて暮らせるのですかと尋ねた。すると

「たくさん貯金のある人は、毎月、毎年の物価の上昇によって、少しずつ目減りするお金を心配しなければなりませんね。だけど、わたしにはそんな心遣いはまるで必要がないんですよ。一銭もありませんから。食うだけかせぐ。それだけでいいんですから……」と答えた。なるほどものは考えようだと感心したのだが……。

むは愚なり。

貝原益軒

煩悶せざる青年は、人生初期において足らざる所あり。

長谷川如是閑

人間は、妙なものだ。悲しい事、淋しい事があっても、その悲しさ、淋しさに浸れば、かえって、それらを忘れる。忘れるばかりでなく、嬉しさも感ずる、好んで、その悲しさ、淋しさに耽けろうとする。その人にとっては、そうする事が慰めとなるのだ。

吉田大次郎

人間は境遇の作物にあらず、境遇が人間の作物なり。

ディズレーリ

身には疾あり、胸には愁いあり、悪因縁は逐えども去らず、未来に楽しき到達点の認めらるゝなく、目前に痛き刺激物あり、慾あれど銭なく、望みあれど縁遠し、よし突貫して此逆境を出んと決したり。

幸田露伴

不遇はナイフのようなものだ。ナイフの刃をつかむと手を切るが、把手をつかめば役に立つ。

メルヴィル

他人の環境はよく思われるも、他方、われわれの境遇は他人からよく思われる。

シルス

逆境は真実への第一歩。

バイロン

順境の美徳は節度である。逆境の美徳は忍耐である。

ベーコン

境遇とか！　われ境遇を作らん。

ナポレオン

自分の研究は死んでからでなけれ

▼蒔《ま》かぬ種は生えぬ

〈日本のことわざ〉

宝くじが当ったら、家を増築するんだと楽しげに話をしている人がいたから、ほほう、いつもたくさんお買いになるんですかと質問すると、

「いやなに、いちども買ったためしはないんです。夢のまた夢ですな」

と笑っていた。なにも手をくださないで、よい結果を得ようとしても不可能である。無から有は生じないとのたとえ。

不運な境遇にあっても、なにもしないで、ただ不遇な自分を嘆いてばかりいる人は多い。ちっとも行動しようともせずに、ぐちだけはいう。これでは、どうにもならない。たとえ、むだになるかもしれない事柄でも、よかれと思うところを実行してみなければ、出口は発見できないだろう。どんなに堅い皮におおわれた種でも、やがて芽をふく。

ば世に出ないであろう。

鹿持雅澄

飢《ひも》じいということは食物のよい調味料である。

キケロ

金を失うことは、小さく失うことである。名誉を失うことは大きく失うことである。しかし勇気を失うことは、すべてを失うことである。

チャーチル

よし今度も立派に乗り越えて見せるぞ、朝の来ない夜はないのだから……。

吉川英治

いちばん賤しい者となり、いちばんひどい逆境に沈んでいる者は、つねに望みをもってこそおれ、おびえることはない。最上の幸運から零落することは悲しむべきだが、不運のどん底に沈むと、また浮かび上って笑うことにもなる。

シェークスピア

逆境における仲間は、苦難を軽くする。

フラー

男子、死中に活を求むべし。坐して窮すべけんや。

范　曄

暗黒の日も明日まで永らえたならば過ぎ去るであろう。

クーパー

憂きことのなおこの上に積れかし限りある身の力試さん。

熊沢蕃山

あらゆる難関を乗り超えて初めて真の安息日が来る。

ゲーテ

私たちは苦悩をとことんまで経験することによってのみ、苦悩をいやされる。

M・プルースト

▼布衣《ふい》の交

〈中国のことわざ〉

布衣は、むかしの中国の庶民の服のこと。転じて身分の低い人びとをあらわすことばになった。そこから、お互いの身分や地位、経済力をはなれて、ひとりの人間として、裸のつきあいをするという意味にも使われている。

日のあたらない場所にいる人は、とかく友人たちとのつきあいを自ら絶ってしまう。さもなければ、友人たちのほうから去っていく。悲しいけれど、現実はそうである。よほどの友人、知己でないと、なかなか身分や地位、経済力をぬきにして交際するのはむずかしい。不遇をかこつ人は、どうしても卑屈になる。いまよい状態にいる人は、つい相手を見下してしまいがちだからである。意識しないにかかわらず、そうなるのが人情といえる。そうなるまいと意識しはじめると、ぎこちなくなってうまくいかない。

われら四方よりなやみを受くれども窮せず、せん方《かた》つくれどものぞみを失はず、責めらるれども捨てられず、倒さるれども亡びず。

パウロ

天を怨まず、人も咎めず。

孔　子

苦悩こそ人生の真のすがたである。われわれの最後の喜びと慰めは苦しんだ過去の追憶にほかならない。

ミッセ

理想はわれわれ自身の中にある。同時に、理想の達成をはばむもろもろの障害もまた、われわれ自身の中にある。

カーライル

狭量は逆境に馴らされるが、宏量はそれに打ち克つ。

アーヴィング

人もし忍辱《にんにく》の鎧を着て戦うときは、一人の力をもって八万四千の魔軍を挫《くじ》くべし。

釈　迦

人は幸運の時には偉大に見えるかも知れないが、真に向上するのは不運の時である。

シラー

禍福は天上より出ずるにあらず、地中より出ずるにあらず、おのれ自ら之《これ》を生ずるなり。

『説苑』

大海の怒涛の中に落ちた磁石のように、人間の忍耐は、逆境の中にあってもすぐに見分けがつく。

F・ハウク

人間が困っている問題を解決するためには、もう一組の新しい問題が必要である。

ディズニー

▼目《め》明千人盲千人《あき》

〈日本のことわざ〉

もしかすると「差別用語」なのかもしれないが、むかしからあることばなのでお許しを……。世の中にはものの道理に明るく、なんでもよくわかって、正しく評価してくれる人もたくさんいる。が、目が不自由ではないのに、なにもみない連中もまた多いという意味。いくらすぐれた資質をもっていても、周囲に、それを認め、伸ばしてやろうとする人がいなければ、いつまでも陽の目をみられないのが実情だろう。具眼の士は多いようで少ないというのが、不運な人びとの正直な感想ではあるまいか。

が、あせるのは禁物である。一所懸命にたゆまずわが道を歩いていれば、きっと具眼の士にめぐり逢えるはずである。よい才能はきっと発見され、表面に浮びあがる機会が与えられる。疑ってはならない。

それ知恵が多ければ憤り多し

西欧の故事。

旧約聖書「伝道の書」第一章第十八節にある句である。

新旧の聖書のなかで、「伝道の書」はまことに異色である。数々の人生への絶望が綴られているからである。これほど否定なもののいいを他のところではけっしてしてしていない。

まず、次のようなことばで始まっている。

「空の空　空の空　いっさいは空である。

日の下で人が労するすべての労苦は

その身になんの益があるか。

世は去り　世はきたる。

しかし地は永遠に変らない。」

続いて「曲がったものは、まっすぐにすることはできない。欠けたものは数えることができない」とある。では、「伝道の書」のなかの印象深い、虚無的な句を綴ってみよう。

「それは知恵が多ければ悩みが多く、

知識を増す者は憂いを増すからである。

(それ知恵が多ければ憤り多し、

知識を増す者は憂患を増す)」

「愚者に臨むことはわたしにも臨むのだ。それでどうしてわたしは賢いことがあろう。……これもまた空である。……知者も愚者も同様に長く覚えられるものではない。きたるべき日には皆忘れられてしまうのである。知者が愚者と同じように死ぬのは、どうしたことであろうか。そこで、わたしは生きることをいとった。……すべての日はただ憂いのみであって、そのわざは苦しく、その心は夜の間も休まることがない。これもまた空である。」

「人は獣にまさるところがない。すべてのものは空だからである。……わたしはなお生きている生存者よりも、すでに死んだ死者を、さいわいな者と思った。しかし、この両者よりもさいわいなのは、まだ生まれない者で、日の下に行われる悪しきわざを見ない者である。」

「わたしはこのむなしい人生において、もろもろの事を見た。そこには義人がその義によって滅びることがあり、悪人がその悪によって長生きすることがある。あなたは義に過ぎてはならない。また賢きに過ぎてはならない。」

この編の最後の部分には

「多くの書を作れば際限がない。多くを学べばからだが疲れる」

とある。なにかに絶望するとき、虚無的な気分にとらわれて、なにもかもがいやになってしまうとき、「伝道の書」を開き、声に出して読んでみると、なぜか心が休まるのである。自分の精神の状態が、ここに登場する伝道者の絶望よりも、ずっと軽いからだろうか。不思議に励まされる。

8 意識を転換する

▼いまいきづまりを感じている人に

衣《い》、新《しん》を経《へ》ざれば、何によりて故《こ》を得ん。

中国の故事

着物も新しいときがなければ、どうして古くなれようかという意味から、古いものも、かつては新しいことがあったとのたとえに使われている。

ある男、新しい着物が嫌いで嫌いでしかたがなかった。なのに、入浴したあと、男の妻は、わざと新しい着物を用意しておいた。男は怒って、こんなものが着られるかと投げかえした。が、妻は押し返して、もういちどそこにおいた。そしていった。

「着物は、新しいときがなければ、古くはなりませんよ」

男は、なるほどとうなずき、おおいに笑って、その着物を身につけた。

よく、ものは考えようといわれるが、まさにそのとおりで、頭から、新しい着物を嫌う男のように、ひとつの固定観念にとらわれてしまい、そこから脱け出せず、苦しんだり、自分の世界を狭くしている人びとは少なくない。

なにか自分にとって不都合で、具合の悪い出来事が起こると「どうもいけない。これからが思いやられる」と心配して、前途に不安を感じるのが人間の常である。悪いほうに、悪いほうにとものごとを考えると、ほんとうに悪くなってくる。不思議なほどそうである。逆に、なにが起こっても、よい前兆だ、幸先がよいぞと思っていると、よい結果が得られる。まさかと馬鹿にしてはいけない。現実は、心の持ち方ひとつで白が黒になり、黒が白くなるといったことがあるからである。考え方しだいでよくも悪くもなる。

出がけに、玄関で、靴の紐が切れたとき、「あ、なにか悪いことが起こらなければいいが……」などと思わず、もしかしたら、よいことの前ぶれかもしれないぞと解釈しておくのである。すると気が楽になる。

梅を望んで、渇《かわき》を解く

中国の故事

➤損せぬ人に儲《もう》けなし

〈日本のことわざ〉

絶対に損はしたくないと、石橋をたたいても、なかなか渡ろうとしないような、慎重すぎる性格の人は、けっして大きく儲けることはできない。仕事や事業には勝負時があり、時機を失うと再び、よい機会はなかなかめぐってこないからであるとの意味。

袋小路に迷い込んで、脱けられず、いつまでも低迷している人びとをみると、ほとんどの例外もなく、目先の利にばかりとらわれて、大局がみえず、なにがなんでも一銭も損をしまいと頑張っている人である。

「損をしたっていいじゃないか。ここはひとつ、他の人びとのために奉仕するつもりで働いてみよう」

こう決心したらどうだろうか。一年先、二年先を考えて橋を渡るのである。かならず投資した分はもどってくる。

梅の実をみて、食べたときのすっぱさを想像すると、口のなかにつばがたまり、一時的に喉の渇きがおさまるという意味から、ほんとうにほしいものがない場合は、かわりのもので一時しのぎをするとよいとのたとえとなった。

ある将軍が軍を率いて進んでいたが、すっかり水がなくなってしまう。そのうえ、水を汲みにいく道までわからなくなって、全軍の兵士たちは、喉の渇きに苦しんでいた。将軍は、そこで全軍にいった。

「前をみよ。大きな梅林があるだろう。たくさんの青梅がなっている。すっぱいだろうなあ、あんなのを食べたら。そうは思わないか」

兵士たちはこれを聞き、梅の実のすっぱさを思って、口のなかにつばがわいてきた。喉の渇きも一時的におさまって、再び、元気を取り戻し、進軍した。そして、水のある場所を発見した。こんな話から「梅を望んで……」の故事が生まれたという。

苦しい状況に追い込まれたとき、絶望感にとらわれ、どうしよう、どうしようとばかり右往左往しても、けっして事態はよくならない。かえって、状況は悪化していく。喉は渇く、水はない、ああもうだめだ、と思ったらだめなのである。せめて、梅ぼしを食べると……ぐらいの気持の余裕をもちたい。

苦しい状況にある場合には、まったく逆のことを考えると、気分的に明るくなり、希望がわいてくる。喉が渇いているのに、飲む水がなかったら、生ビールのうまさを想像し、もう少しで飲めるぞと心で繰りかえすのである。大きな困難にぶつかって、くじけそうになったら「オレほどの人物がこの事態を収拾できなくて、誰がやれるものか」と自らを叱咤激励するとうまくいく。

跬《き》歩《ほ》を積まずば、以て千里に至るなし。

荀　子

「跬歩」とは一足の半分である。半歩ずつでも、たゆまず歩いていけ

よく泳ぐ者は溺れる

〈日本のことわざ〉

このあとに「よく騎《の》る者は堕《お》つ」とつづく。水泳自慢の者は、水を怖れず、自分の力量に慢心して、水への警戒心が足りないので、遠く沖合いまで出ていったりして、かえって、溺れ、水で死ぬ者が多い。また、乗馬自慢の者は、自分の技術にたよって、危険を平気でおかすので、かえって落馬する。馬乗りの怪我は、きまって落馬が原因である。水泳や乗馬ばかりでなく、なにごとでも、少し上達したからといって、おごりたかぶると思わぬ失策で身をあやまる。自信をもちすぎてはいけない。才子は才に倒るである、というたとえ。

これは得意の分野だ……と安心してはいけない。得意な分野であればあるほど、失敗しないように、細かい心くばりが大切である。「猿も木から落ち」「弘法も筆を誤り」「河童も川に流される」から。

ば、かならず千里の距離もいつかは、踏破できる。少しずつ進むことをおしんでいては、目的達成はできない。小さな努力が大きな成果を生み出すとの教訓である。

話はかわる。どのような自分であろうと、現在の自分は、誕生してから何年何十年の間、少しずつ歩みつづけている。ちがうだろうか。まったく話せなかった赤ん坊が、口をきけるようになり、現在はどうだろう、意志を相手に正確に伝えるだけの能力を身につけている。書けなかった文字が書けるようになり、できなかった計算がちゃんとできる。小さな積み重ねがいまの自分をつくっているのである。

いつも自信満々で、積極的に生きていける人間などひとりもいない。スランプがあったり、自分に疑問をいだいて意気消沈してしまうことがしばしばある。そんなとき、周囲の人びとをみると、ますます自信を失って、オレはだめな奴だと悲観的になる。他人がみんなすぐれてみえるからである。

自信がもてなくなったら、幼かった時代を回想するとよい。もし、小学校のころ、中学校のころの成績物、絵や作文、工作物などがあれば、取り出してきてみるのである。そして、現在の自分と比較するのである。そのころに比べていかに進歩しているかがわかって、自信がわいてくるはずである。あるいは、幼い時代に、いかに伸び伸びと屈託なくすごしていたかが伝わってきて、よし、むかしの元気を取り戻さなくてはという気持になる。

成績物だけではない、過去に読んで感激した本だとか、日記だとかをもういちど読みかえしてみると、よい気分転換になり、一歩ずつでも歩いていかなくてはと決心できる。

中国の故事

大丈夫《だいじょうぶ》、当《まさ》に雄飛すべし。

立派な、気骨のある男子（大丈夫）は、決して世にうもれたまま終らない。いつかはおおいにあらわれて活

➤借着より洗着

〈日本のことわざ〉

人から借りた新しく、美しい着物より、古くても、洗いざらしでもいつも着ている自分の着物のほうがよい。転じて、人の援助を受けてぜいたくをするよりも、貧しくとも自立して生活するほうがどれだけよいかわからないという意。

物質的な面ばかりでなく、精神的な意味でも、自立することは大切である。過保護な家庭が増えて、年ごとに、母親から物心両面の自立ができない若者が多くなっている。就職試験に母親がつき添ってくるのだからなにをかいわんやである。これほどでなくとも、母親というシッポをつけて世の中に出てくる青年は少なくない。で、母親のかわりになる誰かをみつけて頼ろうとする。そんな人物が、男性にたくさんいるのはどうしてだろうか。ひとりで孤独に生きる勇気がほしい。

躍できるはずだ、との意味。

むかし、篤実な人柄で、学問にも熱心な人がいた。ある王につかえていたが、王にさえ、きわめて率直に諫言することで知られるほどであった。

功績のなき者にまで恩恵を施そうとすると、功なき者に賞を与えてはいけないといったり、立派な庭を作ろうとすると、もっと質素にしなければと反対した。

この人の性格は、その甥によって引き継がれた。甥は、下級役人として働いていたが、あるとき

「男子たるもの、こんな職で満足していてはだめだ。世に出て活躍できる時代がきっとくる」

といって、辞職する。ある年、たいへんな飢饉があり、人びとが困窮した。甥は、いままで貯えてきたすべての財産を放出して、人びとを救った。

その力と徳が広く認められて、高い位の役人にとりたてられ、おおいに働いたという。

男性にかぎらず、女性だって、すぐれた能力をもっている人であれば、そして、世に出て活躍したいと願って、機会を待っていれば、かならず迎えられて、力を発揮できるはずである。

くさってはならない。もし、現在が不遇であり、世に入れられなくとも

「きっと自分の時代がくる」

と繰りかえし、こんなよい点もある、こんなすばらしい能力もあると自画自賛するとよい。あるいは、

「なるほど、わたしにはこれこれの欠点もある。が、しかし……」

といい、そのあとに自分の長所をできるだけたくさん数えあげていく。そして「大丈夫、当に雄飛すべし」と唱えていると気持が大きくなってファイトがわいてくる。

➤勝つことばかり知って負けることを知らぬ

〈日本のことわざ〉

いつの世でも生存競争はきびしい。ひと度、敗者となると、立ち直るのが困難である。そこで、おとなたちは子どもに「いつも勝て」と教える。受験戦争はその典型的な例ではあるまいか。

「勝つこと……」は、いつも勝つことばかり考え、適当なときに人にゆずる気持を少しも起こさない人をいう。

勝つことばかりに専念していて、負けるという経験がないと、初めて負けたとき、その敗北感にうちひしがれ、絶望して、どうしてよいかわからず、周囲に迷惑をかけるような行動に出る。内向的な者は、自らを傷つけ、極端になると自殺したりする。大きな勝利をおさめるためには、まず負ける経験をたくさん積むことではないか。勝気いっぽうだと、攻撃を受けやすく、敵も多くなる。

ゴリアテとダビデ

西欧の故事。

雲つくような巨大漢が、軽快な小男にやられる、といった場合に「ゴリアテとダビデ」にたとえられ、使われる。さしずめ西洋版の弁慶と牛若丸といえばよくわかるだろう。

旧約聖書「サムエル記上」第十七章に

「さてペリシテびとは、軍を集めて戦おうとし、ユダに属するソコに集まって、ソコとアゼカの間にあるエペス・ダミムに陣取った。サウルとイスラエルの人々は集まってエラの谷に陣取り、ペリシテびとに対して戦列をしいた」

とある。このとき、ペリシテ軍の陣営から、ひとりの巨人の勇士が進み出てきて、イスラエル軍の陣に近づいた。これがゴリアテである。

ゴリアテの身のたけは約三・八一メートル。頭には青銅のかぶとをいただき、身にはうろことじの鎧を着ていた。巨人は大音声でよばわった。

「やあ、やあ、イスラエルの者どもよ。お前たちのなかからひとりを選び出して、わたしと一騎打をさせよ。もし、わたしを殺すことができたら、わが軍はすべてお前たちの家来となろう。しかし、わたしが勝ったら、お前たちはわれわれの家来になって仕えなければならない」

ゴリアテは、四〇日の間、毎日朝夕に出てきて、戦いを挑んだが、イスラエルのすべての人びとは、怖れ、おののき、誰ひとり挑戦に応ずる者はなかった。

羊飼の少年ダビデは、兄たちの陣中見舞にやってきて、ゴリアテがイスラエル人をののしる声を聞く。「この生ける神の軍隊に挑む者はいったい何者か」と怒って、ゴリアテとの勝負をかって出る。イスラエルの王は、鎧、かぶとをダビデに与えようとしたが、慣れないからとことわり、手に杖をもち、谷間からなめらかな石を五個選んで袋に入れ、手に石投げをとって、ゴリアテに近づいた。ダビデは、羊の番をしながら、ライオンや熊を小石で殺した経験をもっていた。ゴリアテは羊飼い姿のダビデをみて、杖をもってなにしにきたとあざけり笑いながら、ひとつかみにしてくれようと突き進んできた。

ダビデは、袋から一個の石をとり、石投げではっしと投げた。石はゴリアテの額に命中する。巨人はどうとばかりにうつむきに倒れてしまった。これをみたペリシテの軍勢は総崩れとなり、イスラエル軍は勝利をおさめた。ダビデは後にイスラエルの王となる人物である。

どのような強敵にも、方法さえあやまらず、勇気をもってあたれば、かならず勝つとの教訓だが、われわれの日常にも、ゴリアテはたくさんいるのではなかろうか。

9 人をほめ、批判を受ける

▼甘い生き方を改めたいと考えている人に

賢者は聞き、愚者は語る。
ソロモン

心焉《ここ》に在らざれば、視れども見えず、聴けども聞えず、食えどもその味を知らず。
『大学』

苦中の苦を喫せざれば、上中の上人とならず。
滝沢馬琴

朝夕の食事は、うまからずとも褒めて食うべし。
伊達政宗

いかなる賢人にも他人の忠言が必要であり有効な時がある。
T・A・ケムピス

人民の声は神の声である。
トルストイ

人の過ちをいわず、わが功に誇らず。
中根東里

吾《われ》と争う人は、わが神経を強くし、わが思考を鋭敏ならしめる。わが敵はわが補助者である。
バーク

彼女の徳行は親切に見てやれ、彼女の非行は見て見ぬふりをせよ。
プライヤー

談話の際は誰に話すか。何を話すか。どこで話すかに注意せよ。
ホラチウス

もし人の悪口を言うならば、それが自分に返ってくることを予期せよ。
プラウタス

その席にいない人を非難するな。
ワシントン

自ら責むることに厚ければ、何ぞ人を責むる暇あらんや。
春日潜庵

▼我が身を抓《つね》って人の痛さを知れ
〈日本のことわざ〉

相手の立場になってものを考えるのは、よほど心していないとつい忘れがちになってしまう。また、そうしたほうがよいと知っていても、実際にやってみるとかなりむずかしい。が、なにごとでも、自分の身におきかえて、相手について考えるとのたとえ。

叱る場合、忠告するときなど、このことばを、こんなふうにいったら、相手はどう感じるだろうか。自分だったらどうだろうと思案してからにするとよい。余裕もできるし、ことばも選択できる。で、表現も多分やわらかくなるはずである。強いことばも、ときとして効果があるが、やさしいことばよりも、気持が伝わらないことのほうが多い。

叱られたとき、忠告を受けた場合も、この人はどういう意図でいっているのか、相手の気持になって考えると素直に聞ける。

人を裁くことなかれ。しからば汝らも裁かれざらん。

キリスト

良薬は口に苦くして病に利あり。忠言は耳に逆《さか》らいて行ないに利あり。

孔　子

人を責むる如《ごと》くおのれを責めよ。おのれを恕《じょ》する如く人を恕せよ。

『小学』

すべての人間は、他人の中に鏡を持っている。

ショウペンハウエル

一度の冗談で十人の人から軽蔑される。

スターン

言葉をもって教えるよりは、実行をもって示せ。

スマイルズ

鳥のまさに死なんとするや、その鳴くや哀《かな》し。人のまさに死せんとするや、その言うや善し。

曽　子

怒る時祈れ。

ルター

譴《けん》責は著名となるために、ひとが大衆に支払う税金である。

スウィフト

聴くことを多くして、語ることを少なくし、行うことに力を注ぐべし。

成瀬仁蔵

人からよく思われたいなら、自分のいい所を並べ立てないことだ。

パスカル

大衆はものを書かない批評家である。

ヴォルテール

子供の時よく叱られた者は狂人に

➤私に戒めて公に誉めよ

〈フランスのことわざ〉

叱るときはこっそり、本人ひとりがいるところで、ほめる場合は、大勢の仲間がいる前で……と心がけると、こちらの思いがまっすぐに伝わる。

もっとも悪い叱り方は、第三者をとおして叱ることである。叱られたほうは、どうしても率直に受け入れる気分にはなれない。かえって反発をするだけだろう。やはり直接、叱るのがよい。もっとも、よいほめ方は、不特定の何人かの口を通じて、称賛のことばを伝えることである。面と向って、ほめられるよりずっとうれしい。経験はないだろうか。

「あの人は、ずいぶん君をほめていたよ」

と、聞くのはなんとも心がはずむ。そうか、黙っているけれど、認めてくれたんだな。よし、あの人のためにもっと頑張ろう……となる。間違いない。

ならぬ。

人の長短は見易く、おのれの是非は知り難し。

三宅砿一

口に怒れども眼には笑みを湛《たた》う。

伊藤東涯

わが気に入らぬことが、わがためになるものなり。

カーライル

人に小言《こごと》を言われた時に腹を立てるな。腹の立った時小言を言うな。

鍋島直茂

求められる前に忠告をするな。

新島　襄

人の言は、須《すべか》らく容れて之を択《えら》むべし、拒むべからず、又惑ふべからず。

エラスムス

佐藤一斎

忠告は雪に似て、静かに降れば降るほど心に長くかかり、心に食い込んでいくことも深くなる。

ヒルティ

どんな忠告を与えるにしろ、長々としゃべるな。

ホラチウス

忠告は秘やかに、称賛は公に。

シルス

忠告はめったに歓迎されない。そして、それを最も必要とする人がそれを最も好まない。

チェスターフィールド

悪を責むることは朋友の道なり。

孟　子

頭の一隅に開放された自由な場所をいつも持っていなければならない。友達の意見に一つの場所を与えるために、そしてその意見の通過する時に泊めるために。

ジューベル

▼小言は言うべし、酒は買うべし

〈日本のことわざ〉

若い人たちの上にあって仕事をしていく心がけと考えてよいだろう。部下に対して、注意したり、叱ったり、不満をぶちまけるのは上司として当然である。が、小言のいいっ放しでは、部下はついてこない。小言をいったあと、不満は不満としても、それまで努力した結果を評価し、慰労してやるのを忘れてはならない。

強く叱責されても、あとはさっぱりとして、こんど頑張れよ。そこまでやれたのだから、もう少しだ。ま、一杯いこう……といわれたら、部下たる者、張り切らざるを得なくなってしまう。緩急の呼吸が大切なのである。

いうべきこともいわないで、酒を買い、部下のご機嫌とりばかりしている上司は、軽蔑されるのがおちだろう。そんな人はたいてい陰へまわると部下の中傷をするから……。

妄《みだ》りに人の師となるべからず、妄りに人を師とすべからず。

吉田松陰

愚者は教えたがり、賢者は学びたがる。

チェーホフ

己を知るを明と言い、人を知るを知と言う。

老子

知りたることを人に教えざるは、借りたる金を返さざるがごとし。

石川理紀之助

飾らない愚論にこそ、創造の芽がある。あまりソツのない意見は生産力を持たない。

渡辺省吾

ひとに聞くより良い知恵はない。

山口貫一

ひとを熱烈に動かそうと思うならば、まず相手の言い分を熱烈に聞きなさい。

D・カーネギー

ある程度の反対は、人間にとって大きな助けになる。

カーライル

多くのひとびとは忠告を受けるも、それによりて利するは賢者のみ。

シルス

忠告をあたえるよりも、あたえられた忠告を役立たせるほうが、いっそうの知恵を必要とする。

コリンズ

みずから勇敢に闘った者にしてはじめて、英雄を賞賛するだろう。暑さと寒さに苦しんだ者でなければ、人間の功績なんかわかりはせね。

ゲーテ

▼可愛くば二つ叱って三つほめて五つ教えてよき人にせよ

〈日本のことわざ〉

むかしから日本に伝えられている子どもの教育法である。叱りすぎても、ほめすぎてもいけないと教えている。子どもだけでなく、新入社員など、新しく組織に参加してきた人びとの教育についても同じことがいえるのではないだろうか。

年齢が低く、内向的な者、能力の低い者ほど、ほめると意欲的になる。年齢が高く、外向的な者、優秀な者ほど、叱責に対してなにくそと頑張る傾向があるといわれている。叱る場合、

「こんなよい点をもっている君が、これしきの仕事ができないとはなにごとか」

と、長所を認めながら、叱るとより効果的である。どこかに逃げ場をつくってやるのが上手な叱り方といえる。

パンドラの函

西欧の故事。

美しく、魅惑的で、みる者の欲望をそそるような品物から、とんでもない災いがひき起こされることがよくある。特に、女の持ち物や、関係するものが災難、不幸のもとになる、といった場合に、それを「パンドラの函」という。この函には、もろもろの災いがいっぱい入っているのである。

ギリシア神話をひとつ紹介しよう。

人間がまだこの世に生まれたばかりのころ。もう多くの悪事を働いていた。それで、大神ゼウスはおおいに怒り、人間をひどくみじめな状態に陥れようと考えて、人間から火を取り上げ、隠してしまった。

火を失った人間たちは、冬の寒さに痛めつけられ、夜は野獣たちの襲来に脅えて暮らさなければならなくなった。そんな人間の様子をみて、同情したのが、狡智にたけた巨人神プロメテウス。

灯心草（山にんじん）の枯れたずいを着物の下にそっとしのばせて、天に昇り、太陽神の馬車の燃えたつ車輪に、灯心草を押しつけた。と、枯草は燃え出したので、プロメテウスは大急ぎで下界に降りて、人間のところに持ち帰った。そして、火の燃やし方、使い方などを詳しく教えてやった。人間は再び、暗闇でも野獣たちを恐れず、ものを煮炊きして食べ、冬も暖かくすごせるようになり、以前よりずっと安楽に暮らせるようになった。

ゼウスは、激怒してプロメテウスを逮捕して処刑を命じた。それでもあきたらず、人間どもには禍いとして、鍛冶の神ヘファイストトスに命じて、泥と水から女をつくらせた。それまでは男ばかりだったらしい。で、いろいろな神に申しつけて、それぞれしかるべき贈り物をさせた。たとえば、美しさや優雅な身ぶり、針仕事や機織のわざ、ものうい憧憬心、恥知らずな偽りの心や悪がしこさ、弁舌の巧みさなど。この女の名がパンドラである。パンドラとは「すべての贈り物」という意味である。

きれいな粧いに身をととのえた最初の女パンドラは、プロメテウスの弟エピメテウスのところへ連れてこられた。エピメテウスは兄から、ゼウスの贈り物には気をつけろと忠告されていたにもかかわらず、あっさり、パンドラを家のなかに迎え入れた。

パンドラは、ゼウスからひとつの手函を贈られ、けっして開けてはならぬと命じられていた。開けるなといわれれば、なおさら開けてみたくなるのが人情である。とうとう我慢できなくなって、そっと蓋をとった。すると、怪しい煙と共に、ありとあらゆる害悪が飛び出して、人間の世界に広がっていった。あわてて蓋をしたときには、残ったのは「希望」だけであった。

人間は、いついかなる状況になっても、だから希望だけは残されているのである。

10 自らの道をひらく

▼もっと積極的に生きたいと考えている人に

希望は永遠の喜びだ。人間の所有している土地のようなものだ。年ごとに収益があがって、けっして使いつくすことのできない確実な財産だ。

スチーブンソン

昨日が曇りなく公明であったら、今日は力づよく自由に働け、明日にも希望がもてる。明日も同様に幸福であれと。

ゲーテ

半途《かえ》にして怠れば前功を失い未熟に復る。

安積艮斎

天高うして鳥の飛ぶに任せ、海闊《ひろ》うして魚の躍《おど》るに従う。大丈夫この度量《どりょう》なかるべからず。衣を千仞《せんじん》の岡に振《ふる》い、足を万里の流れに躍らす。大丈夫この気節なかるべからず。

石川丈山

人生は咲き誇る時は短く、凋落《ちょうらく》の時は長い。

ウーラント

学ぶに暇《いとま》なしと言う者は、暇ありといえども、学ぶこと能わず。

『淮南子』

紳士は音を立てず、淑女は静粛である。

エマーソン

志なき人は聖人もこれを如何ともすることとなし。

荻生徂徠

よろしく身を困窮に投じて、実才を死生の間に磨くべし。

勝　海舟

臨終《りんじゅう》の夕までの修行と知るべし。

上島鬼貫

学びて止まず、棺《かん》をおおいてすなわち止む。

韓　嬰

▼悔《くい》は凶《きょう》より吉《きち》に赴《おもむ》くの道なり

〈江戸時代の儒者・中江藤樹のことば〉

事を成すにあたって、後悔が多いというのは悪いことではない。後悔は、良心をもつ者だけがするからであり、悔いによって、その後の言動を改めるから、凶運を一転して吉運に導く手段となると教えている。後悔をひとつもしない者は、良心が麻痺していて、改心しようとしないから救いがたい。

悔いが多くて、鈍だといわれても、ねばり強く、繰りかえし、なにものかに挑戦していると、天運が自然に開けてくる。運、根、鈍、つまり、天運と根気、鈍根の三つが一体となったとき初めて大きな仕事が成就する。天運をよぶのは、どのようなつらい状況に追い込まれても、じっと我慢をする辛抱強さである。

いくら敏でも、根気がよくなかったら、天運も逃げていくだろう。

なんじら施済《ほどこし》をなすとき、右の手のなすことを左の手に知らすな。是《こ》はその施済の隠れんためあり。しからば、隠れたるを見たもう汝の父は報い給わん。

キリスト

人々よ不可解は可解なりとの信念を抱け。この信念のない所には進歩がない。

ゲーテ

危ぶむこと淵《ふち》に臨むが如く、慎《つつし》むこと氷を履《ふ》むが如し。

孝謙天皇

知らずを知らずとせよ。これ知るなり。

孔　子

少にして学べば壮にして為すあり。壮にして学べば老いて衰えず。老いて学べば死して朽ちず。

佐藤一斎

たとえ小さい斧《おの》をもってしても、数百度これを打てば堅い樫の巨木も切り倒される。

シェークスピア

多くの事をするのは易いが、一事を永続きするのはむずかしい。

B・ジョンソン

善を見ては渇《かつ》する如くし、悪を見ては聾《ろう》するが如くす。

太公望

桜に百年の樹《き》少なく、松に千年の緑多し。

繁栄の極むるの家は数世を出でず、質朴《しつぼく》を守るの家は百世を保つ。

雨森芳洲

物には時節あり。花の開閉、人間の生死なげくべからず。

井原西鶴

人は自分は神から出たものであることを信じたら、野卑《やひ》な思想などは

▼一時に怯懦《きょうだ》の心を発作《ほっさ》して、終身の恥辱《ちじょく》を帯《お》ぶる勿《なか》れ
〈明治時代の将軍・乃木希典のことば〉

緊急の場にあって、ふと卑怯な心を起こし、正義感を失い、勇気を示せないで、一生涯、辱しめを受けることにならないように心しなければと戒めている。

正しいと信じながら、少しも反発できず強い者に従ってしまったり、大勢の意見に屈したりしてはいないだろうか。たとえ、たったひとりでも、正しかったら、百万人といえども、われゆかん……というくらいの気概がないと、自分の主張はなかなか通らないだろう。道もひらけてこない。人の歩んだあとに、なんとなくついていくのでは、独自の世界を発見し、充実して生きるのは不可能ではあるまいか。

臆病で、卑劣な心を捨てて、わが道をひとりゆく勇気が必要である。

決して起こらないであろう。

エピクテトス

心は非常に楽しむべし苦しむべからず。身は常に労すべしやすめ過ごすべからず。

貝原益軒

和をもって貴しとなす。上和《やわら》ぎて下睦《むつ》ぶ。

聖徳太子

服従は人間の普遍的義務である。屈曲しない者は挫折するより外はないであろう。

カーライル

人見て善しとするとも、神見て善からずということを為さず。

熊沢蕃山

過去を思い、現在に働き、未来に楽しむ。

ディズレーリ

訓練には制限はありますまい。

東郷平八郎

登山の喜びは山頂を極めた時にその頂点に達する。しかし私にとって一番の楽しみは、険《けわ》しい山道をよじ登っている時である。険しければ険しいだけ、心臓は高鳴り、勇気は湧き出る。

ニーチェ

倹勤《けんきん》愚の如しといえどもその為《な》すところ必ず成る。奢怠《しゃたい》賢に似るといえども、その為すところ必ず敗る。

二宮尊徳

大丈夫の志たる、窮してはますます堅かるべく、老いてはますます壮なるべし。

馬　援

我《われ》日々に三度わが身を省りみる。曰《いわ》く午前中何ほど世界に善を為したりやと。さらに夕と夜に。

ブース

▼士大夫《したいふ》道に志《こころざ》し、誠によく伏雞《ふくけい》の卵を育するが如きを得ば、又何ぞ其の生ずることなきを憂《うれ》へん

〈江戸時代幕末の志士・吉田松陰のことば〉

母どりが卵を温めるときは、昼となく夜となく、少しも卵を放っておかない。二日に一度巣を出て、少しの水を飲み、いくつかの米粒を食べるだけである。心身を卵に集中する。そんな母どりをみていると、雛はかならず生まれるなと期待できた。男子がひと度、目的に向って歩き出したら、伏雞が卵を温めるように、一途に専念するとよい。結果がどうなるかなどと心配するのは愚かである。一所懸命に努力していれば、必ずやよい結果があらわれるはずである。

誠の道を貫こうとしたら、なによりもまず忍耐が必要であると説いている。にわとりにかぎらず、鳥たちの卵をかえすときの熱心さはすばらしい。

完全なある物を創作しようとする努力ほど、心霊を純潔ならしめるものはない。

ミケランジェロ

大洋よりも一層壮大なものは大空である。大空よりも一層壮大なものは人間の心である。

ユーゴー

教育は学校卒業をもって終わるものではなく、生きている間続くべきものである。

ラブレー

渇《かつ》しても盗泉の水を飲まず。熱しても悪木の陰に息《いこ》わず。
陸　機

学問とは僅少の時日の間に古今数百千年の人類の経験を受け取ることである。

ルソー

終わりを慎むこと初めの如くなればば敗るることなし。
老　子

生活は簡素に、思索は複雑に。

ワーズワース

人間は自然の与えた能力上の制限を越えることは出来ぬ。そうかといって怠けていれば、その制限の所在さえ知らずにしまう。だから皆ゲーテになる気で精進することが必要なのだ。

芥川龍之介

教養とは全体に生きんとすることである。

M・アーノルド

ひとは実際には、学術において何も知ることはできない。つねに実践が必要である。

ゲーテ

▼努力だ。勉強だ。それが天才だ。だれよりも、三倍、四倍、五倍、勉強する者、それが天才だ
〈世界的な細菌学者・野口英世のことば〉

天才といわれる人びとは、最初から衆にすぐれ、抜きん出た能力の持ち主だと思われがちであるが、そうではない。誰でも、努力に努力を重ねれば、かならず天才になれる。人の何倍も勉強することだと教えている。野口英世もまた、「天才とは努力である」という金言を実践して、世に出た天才である。

が、努力に努力をつづけても、一定の限界までしかいけないのが、われわれ凡人である。だからといって、努力しなければ、自らの限界さえも知らないまま終ってしまう。十を願って、叶えられるのは三か四、大天才になるつもりで頑張って、中の上くらいの人物になれればよしとしなければならないだろう。

悩みを突き抜けて喜びに到れ

西欧の故事。
ベートーベンの全生涯を表現したことばとしてよく知られている。
すばらしい数々の音楽遺産を残した楽聖ベートーベンは、まことに不幸な、恵まれない生涯をおくった。

ベートーベンは、生まれつき醜くかった。母親はやさしく、おとなしく、愛情を示してくれたが、ときとして感情的に非常に沈んでしまう欝病傾向をもっていた。宮廷楽団のテノール歌手であった父親は、酒飲みで、アルコールが入ると残虐になり、ベートーベンに苛酷な音楽教育をほどこした。そのため、幼児期からベートーベンは泣いてばかりいた。性格的にも暗く、近所の少年たちから嫌われるほどだった。たいへん不器用で、動作がぎこちなく、よく物をこわした。

祖母はアルコール中毒であり、入院先の病院で死んでいる。きょうだいはベートーベンも入れて六人だが、そのうち三人は子どものころ死んでいる。残ったふたりの弟もまともではなく、特に末っ子の弟は、ひどく貪欲で周囲の人びとを困らせた。

ベートーベン一家をみると、本人も含めて社会にうまく適応できない人物の集まりであったことがわかる。

こんな家庭環境で育ったベートーベンは、幼児期から、精神的に不安定で、感情の変化が激しく、身体のことをひどく気に病む心身症傾向があり、しばしば自殺を考える人間になった。晩年にはもの忘れがひどく、誰も信じられないほど、とっぴな言動が多くなった。また、横柄で、尊大な態度もときにはみられ、あまり人から好感をいだかれる人物ではなかったのである。

家庭の不幸、自分自身の心身の欠陥からくる不幸、さらに音楽家としては致命的な不幸に見舞われる。耳の病気にかかり、まったくの聾者となってしまうのである。それでもベートーベンは、さまざまな不幸、絶望的ともいえる悩みを克服して、一曲また一曲と偉大なる音楽を創り出していく。

が、世俗的な意味では恵まれず、自作の第九交響曲を自ら指揮して初めて演奏したのは、死のわずか三年前である。

ウィーンのケルントナートーア劇場での演奏会は大成功だった。演奏後、満場の聴衆は熱狂して、割れんばかりの大喝采、大拍手をおしみなくベートーベンにおくった。しかし、客席に背中を向けて指揮棒をとっていたベートーベンには、なにが起こっているのかわからなかった。側にいたアルト歌手が手をとって聴衆のほうに向かわせて、はじめて第九交響曲のかつてないほどの成功を知ったのである。

第10章 希望の明日のために

どんなに愛着のある対象であっても、いつ存在しなくなるかわからない。が、絶望的になってはならないだろう。すべてを失ったところから希望はわいてくる。

1　生きがいの探究

▼より充実した人生を
と考えている人に

一年じゅうが、ただ遊ぶだけの休暇だったら、遊ぶことは働くことと同様に退屈だろう。

シェークスピア

もしも人間の価値がその仕事で決まるものならば、馬はどんな人間よりも価値があるはずだ。……馬はよく働くし、第一、文句を言わない。

ゴーリキー

労働は適時にはじめること
享楽は適時に切り上げること。

ガイベル

つねに今日のためのみ働く習慣をつくるがよい。明日はひとりでにやってくる。そしてそれとともに新しい明日の力もまた来るのである。

ヒルティ

人間が自分の仕事において幸福であろうとするならば、その人間はその仕事を好きでなくてはならぬ。その人間はその仕事をやりすぎてはならぬ。その人間はその仕事を成功するという感じを抱いていなければならぬ。

ラスキン

役に立つ仕事はそれ自体が楽しみであって、ひとがそこから得る利益によって楽しみなのではない。

アラン

パンさえあれば、たいていの悲しみは堪えられる。

セルバンテス

学殖のふえるのを味わうのは趣味だけである。

シラー

風流には嫉妬はない、利己的なものはない、没我的であり、非人工的なものである。

風流には愛情が必要だが、その愛情には淡々たる味が必要で、熱烈すぎると風流ではない。

武者小路実篤

▼こころよき疲れなるかな息もつかず仕事したる後のこの疲れ

〈明治末期の詩人・石川啄木の歌〉

一所懸命に働くことがどんなに人間の心に充実感、満足感を与えるか、経験した者でなければ理解できないだろう。全力をあげて取り組める仕事があることが、誰にとっても、なによりの生き甲斐ではあるまいか。労働はたとえ心身を疲れさせても、快いものである。

啄木には、労働についての短歌がまだある。

こころよく我にはたらく仕事あれ
　それを仕遂《しと》げて死なむと思ふ

はたらけどはたらけど猶《なお》わが生活《くらし》
　楽にならざりじっと手を見る

大なり小なり、誰もが生活に追われ、苦しみながら暮らしているが、そのなかで、こころよく働ける仕事があるというのは、なんともいえない幸福ではないだろうか。啄木の歌には共感させられる。

レジャー生活そのものが美的で高潔に映るほどの教養を身につけたいものである。

S・ヴェブレン

レジャーと好奇心は人類に有益な知識を発展させる。しかし、つまらない争いごとや、骨の折れる仕事からは何も生まれない。

S・ジョンソン

幸福は閑暇にこそあると思われる。なんとなれば、われわれは閑暇をうるために働き、平和のうちにすごさんがために戦争をするからなり。

アリストテレス

ひまなことは、忙しいよりはよいものだ。余分なものは何ひとつないわれわれ庶民にとって、時間だけが財産である。

B・グラシアス

真の閑暇とは、われわれの好きなことをする自由であって、何もしないことではない。

ショウ

ひとびとは閑暇を犠牲にして富裕をうる。だが、富裕をはじめて望ましいものにする唯一のものである自由な閑暇が、富裕のために犠牲にせねばならないならば、私にとって富裕が何になろう。

ショウペンハウエル

レジャーの少ない国に高い文化は育たない。

H・ビーチャー

わたしは、旅行に出る理由をたずねる人があると、いつもこう答えることにしている。「わたしは、自分が何を避けようとするのかはよくわかるのだが、何を求めているのかはよくわからない」と。

モンテーニュ

旅をすることは多くの利益を生

▼恋愛は美的生活の最も美《うる》はしきものの一つか

〈明治中期の文学者・高山樗牛のことば〉

男女が愛し愛される恋愛ほど、人間生活のなかで美しいものはない。生きようとする大きな勇気を与えてくれる、もっともすばらしい精神のたかぶりが恋愛であろう。相愛し、相慕いあった若い男女、いや、年齢など恋愛には問題あるまい。男と女が、手をたずさえ、恋情を語りあうのは至上の幸福である。楽しさはなにものにもかえがたい。

恋愛は、誤解と迷いにしかすぎないと指摘する人もいる。が、それでもよいではないか。恋愛の甘美のなかにひたっている男女は、誤解や迷いからいつまでも醒めたくないのではなかろうか。もし、醒めてしまったとしたら、誰もが悔恨にほぞをかむだろう。

恋愛は、例外なく人びとを成熟させ、しかも若がえらせる。

む。新鮮さを心に、すばらしい事柄についての見聞、新しい都市を見る喜び、不知の友との出会い、高潔な作法の習慣である。

サーディー

快こそ第一の、生得的な善であり、快が浄福なる生の初めであり、終わりなり。

エピクロス

望みどおりの幸福をえられなかった過去を否定して、自分のために、それを変えていこうという希望こそ、甦生した人間のもつ魅力なのである。

モロア

勤労は日々を豊饒にし、酒は日曜日を幸福にする。

ボードレール

その酒の力、その酒の甘さ、その酒のよろしさ、お前の血のうちに不死の生命をはぐくまん。

制御しがたいものを順にあげれば、酒と女と歌である。

ヴェルレーヌ

F・アダムス

一壺の紅の酒、一巻の歌さえあらば、それにただ命をつなぐ糧さえあらば、君といっしょに、たとえあばら屋に住もうとも、心は王侯の栄華にまさる、愉しさよ。

O・カイヤム

アリストテレスとその学説がいかに申しましょうともたばこに匹敵するものはありません。それは紳士の熱情です。たばこなしで生きているひとは、生きているだけの価値のないひとです。

モリエール

たばこよ、汝のためなら私は死以外の何でもしよう。

ラム

➤学問は、ただ年月長く、倦まず怠らずして、励み力むるぞ肝要にして、学びやうは、いかやうにてもよかるべく、さのみは拘はるまじき事なり

〈江戸中期の国学者・本居宣長のことば〉

学問をこころざす者への心得を説いている。学問というものは、長い年月の間、うまずたゆまず、ただただ努力していくことが大切である。学ぶ方法は、どのようなやり方でもよく、好きなようにしてかまわない。別に、拘泥する必要はない。

学問をする、勉強をするのは、なにも学者だけではない。人間一生が勉強であるといわれている。いつも、なにかを学ぶ姿勢があり、意欲的に生きている人は、充実した人生がおくれる。どんな方法であれ、ひとつの事柄を追求し、知識を深めていく作業は、思いがけない喜びを与えてくれる。仕事のなかで学べれば最高である。

シガレットは完全な愉楽の完全な典型である。実にうまい。そして不満を追い払う。それ以上なにを望もうか。

ワイルド

ランプがまだ燃えているうちに、
人生を楽しみ給え。
しぼまないうちに、
ばらの花を摘み給え。

ウステリ

宗教は不滅の星である。地上の夜が暗黒を加えるにつれ、天上においてますますその光輝を増す。

カーライル

信仰とは、熱望の形をとった愛である。

チャニング

学問と芸術をもっている者は、
同時に宗教をももっている。
学問と芸術をもたない者は、
宗教をもて！

ゲーテ

芸術なくしてわれは生きじ。

エウリピデス

音楽とは、ことばをさがしている愛である。

S・ラニエ

音楽は猛々しい胸をなごめ、岩を柔らげ、節ある樫の木をも曲げる魅力をもっている。

コングリーヴ

最も純粋で最も考えぶかい人は色彩を最も愛する人々である。

ラスキン

打ち明けた心のほかに神が求め給うものは愛を措いてほかにない。

ヒルティ

愛は幸運の財布である。
与えれば与えるほど、中身が増す。

ミュラー

▼神を有せざる人は、巨人にして小人なり。富貴にして赤貧なり
〈明治・大正の宗教家であり、思想家であった内村鑑三のことば〉

神を信じない人びとへの痛烈な批判である。この場合の神とは、キリスト教の神である。

信仰心がなく、神の存在を疑っている人、信じていない人物は、たとえ、その人がどのような立派な仕事をなしとげた、歴史上の偉人であっても、本来の姿はとるに足りない者である。で、いかに富み、栄えていたとしても、貧乏で、生活に苦しんでいる人と少しもかわりがない。心のまずしい、あわれな人間である、と説いている。

どのような信仰であれ、神を心のなかにもっている人びとは幸せである。世の中で起こってくるもろもろの出来事を、神の目をとおしてみ、すべてを肯定でき、信じられるからである。救いを求め、しかも得られる。

邪念を抱く者に災いあれ

西欧の故事。

イギリスの最高勲章である「ガーター勲章」に書いてある文句。イギリスの勲章であるにもかかわらず、フランス語である。一三四四年エドワード三世が創設したといわれているが、その時代のイギリスの上流社会や宮廷ではフランス語が使われていたためである。

この勲章は、幅一インチの濃い緑のビロードの「靴下留」（ガーター）の形をしている。つける場所は胸ではなく、左の膝の下であり、文字どおり靴下留である。イギリスの大礼服はいまでも半ズボンなので、この勲章をつけたとき、ちゃんとみえる。ガーター勲章をつけるのは、国内では国王を入れて二六人と決まっている。

ガーター勲章の起こりについては、いろいろな説がある。そのひとつ。

エドワード三世（一三一二年～一三七七年）は、母親のイザベラとその寵臣モーティマーに実権を握られていた。が、モーティマーを殺し、母親を宮廷から追い出した。そして、ウインザー宮で再び名実共に王位についた。そのとき、エドワード三世は、騎士たちにそろいの「青い靴下留」をつけさせて、演出をはでにしたと伝えられている。勲章が現在のようになったのは一五世紀の中葉からである。

もうひとつの伝説。

エドワード三世が、舞踏会で、美しいソールズベリ伯爵夫人と踊っていたとき、こともあろうに、夫人がガーターを落してしまう。婦人が靴下を人目にさらすのさえ大騒ぎの種になる六百年もむかしの出来事である。ガーターを落すなどたいへんにはしたない行為であった。夫人の恥辱になり、社交界から消えなければならない原因をつくりかねなかった。が、エドワード三世は、自分の落し物のように、そっとガーターを拾って、なにげなく自分の脚にはめ、夫人の危機を救ってやる。これをみていた女王は不快な表情で顔をそむけ、人びとは意味あり気に笑ったので、国王は「邪念を抱く者に災いあれ」といった。ガーター勲章に、このことばが金文字の縫いとりで書かれているのは、こうした理由からだという。

別な説では、伯爵夫人の落した靴下留が、特別の品であったので、「魔女」だと誤解されかねなかったので、エドワード三世が「邪念を……」と叫んだともいわれている。あるいは、クレーシーの戦いのとき、突撃の合図がわりに、国王が靴下留をふったのを記念したのだともいう。

もう一説には、勲章を脚につけるのは下品だと考えている者への返答のことばが「邪念……」だとする人もいる。

2 願望の実現

▼努力する目標を
みいだしたい人に

「熱望」することはこの上もなく容易なのに、「志す」ことはなぜ、そんなに難かしいのか。熱望のさい、口を利くのは弱さであり、志すさいには強さだからである。

リントネル

人間が、自分で自分の内から才能をつくらずに、これを他人から貰い受けることができると考えるのは、無理な話であって、あたかも招かれた先で、医者とたびたび晩餐を共にするだけで、健康を養うことができると考えるようなものであろう。

プルースト

水を飲んで楽しむ者あり。錦の衣きて憂うる者あり。

中根東里

ひとつの物が多すぎるのは何の役にも立たない。

ソロモン

日に新たに、日に日に新たにして、又日新たなり。

『大学』

機会を待て。だがけっして時を待つな。

W・ミュラー

人間は神ではあり得ないが、最も人間らしい行動をした時神の姿に似る。

テニスン

天地の間に、己一人生きてあると思ふべし。天を師とし神明《しんめい》を友とすれば外人《がいじん》に頼る心なし。

中江藤樹

あまりに高く飛躍しないものは、あまりに低く落ちることもない。

シルキン

生まれる時に泣き声をあげ、不平を言いながら生活し、失望して死んで行くのは人間だけである。

W・テンプル

▼急がば回れ

〈日本のことわざ〉

急いでいるときは、危険な近道はやめて、回り道でも安全な本道をいけということ。

望みがかないそうになり、願っていたものが目の前にぶらさがると、とかく人間は足元をみないで突き進んでいく傾向がある。で、結局、失敗したりする。ほんとうに願望を実現させ、よい結果を手に入れるためには急いではならないと教えている。

急がずば濡れざらましを旅人の
あとより晴るる野路の村雨

もののふのやばせの舟は速くとも
急がば回れ瀬田の唐橋

こんな歌もある。この他「近道は遠道」「走ればつまずく」「急行に善歩なし」「一番遠い回り道が一番近い道」など、同じ教訓を説いていることわざはたくさんある。よほど近道で挫折した人が多かったのだろう。

晴れた空、清い空気、嫩《わか》い草、愛らしい小鳥、自然は限りない美の世界である。

ドストエフスキー

百万石の米と雖《いえど》も粒の大なるにあらず、万町の田を耕すも、そのわざ一鍬ずつの功による。

二宮尊徳

金のないのは悲しいことだ。だがあり余っているのはその二倍も悲しいことだ。

トルストイ

一個人がいかに富んでも、社会全体が貧乏であったら、その人の幸福は保証されない。その事業が個人を利するだけでなく、多数社会を利してゆくのでなければ、決して正しい商売とはいえない。

渋沢栄一

志《こころざし》成《な》らずんば再びこの地を踏まず。

野口英世

生涯における予の一切の成功は、仕事を時機よりも常に十五分早くしたからである。

ネルソン

私は学問そのもののために研究するのだ。金を儲けるためにするのではない。

パスツール

人が身体をこわすのは勤勉からではない。それは怠惰からである。

ピット

一夫耕さざれば天下必ずその饑《き》を受け、
一婦織らざれば天下必ずその寒を受く。
『潜夫論』

奉仕を主とする事業は栄え、利得を主とする事業は衰う。

H・フォード

▼老驥《ろうき》千里を思う
〈中国のことわざ〉

年老いてしまった良馬が、厩《うまや》につながれても、なお千里も走っていたむかしに思いをはせるという意味から、英雄や賢者が老年になっても、なおも志を高くもち、大望を抱いて、意気盛んであることのたとえになった。

現代人は、若い時代からどうも、小さな望みしかもたず、年齢が高くなるにつれて、千里を思うどころか、身の回りのことでいっぱいになる人びとが多いのではないだろうか。いくつになっても、できるだけ大きな目標をもち、努力を怠らないで生きていくのが、人間らしい生き方ではあるまいか。先日、テレビの対談に、あと三カ月で百歳の誕生日を迎えるという学者が出ていた。で、二百歳まで生きて、日本一の大学者になるのが、これからの目標である。いつまでも恋をしていたいと語っていた。驚くべき気力である。

格言とか名言とかいうものは、よく解釈できなくても、驚くほど役に立つ。

プーシキン

落ちんがために舞いあがるよりも、むしろ起《た》たんがために身を屈せよ。

フラー

欲望の荷を負いすぎているものは、小さな喜びを買うにも苦しみかつ損をする。

S・ブラント

我等もし事業をなさんと欲せば、必ずまずこれがために仆《たお》るの決心なかるべからず。

新島　襄

私の処世信条は、仕事だ。自然界の神秘を究明して、これを人類の幸福に資せんとする仕事だ。万物を明るく眺め、人類を幸福の角度から眺める仕事だ。

エジソン

貧乏と希望は母と娘である。娘と楽しく語らっていれば、母のほうを忘れる。

J・パウル

人生の幸福とは何であるかを知ったら、お前は人の持っている物など羨ましがる必要はない。

プルターク

われわれの理想はもはや「善」や「美」に対する空想であるわけはない。いっさいの空想を峻拒して、そこに残るただ一つの真実――「必要」！　これ実にわれわれが未来に向って求むべきいっさいである。われわれは今もっとも厳密に、大胆に、自由に「今日」を研究して、そこにわれわれ自身にとっての「明日」の必要を発見しなければならぬ。必要はもっとも確実なる理想である。

石川啄木

真の快楽は無限である。読書・音楽・詩歌・絵画・彫刻・会談・運

▼棒ほど願って針ほど叶う

〈日本のことわざ〉

志を大きくもち、一所懸命に努力しても、現実に得られるものはほんのわずかである。まして、大志もいだかず、さして苦労もしなければ、一生の間になにほどのことができようか。志は大きく、願望は高いほどよい、との意味である。

「天を幕とし地を席とする」といったことばがある。志の大きく、ひろいさまを表現しているのだが、若者たるもの、これくらいの気持でなくてはならないだろう。小学生に、将来、なんになりたいのかと尋ねても、「まさか、本気かい」と驚くような答はほとんど返ってこない。悲しい現実である。

馬鹿も休み休みいいなさい、といいたくなる発言をどんどんするほど気宇壮大な若者たちの多からんことを祈るばかりである。

動・休息・自然の美・親戚と朋友・夏と冬・朝と晩・昼と夜・晴と雨・森と野・川と湖・動物と植物・花と実等、挙げるに暇はなく、これらはただその万分の一に過ぎない。

ラブレー

およそ事業をするのに必要なのは、する力ではなく、それをやりとげるという決心である。

リットン

快楽は求むべきものではなく、自然に来るのを待つべきものである。しかしそれは働いて待つべきものである。

雨宮敬次郎

余が宗教を信ずるは天国または極楽に行かんがためにあらず。人らしき人たらんがためなり。

内村鑑三

河《か》に臨みて魚を羨むは家に帰りて網を織るに如ず。

『淮南子』

思うに、希望とは、もともとあるものだともいえないし、ないものだともいえない。それは地上の道のようなものである。地上には、もともと道はない。歩くひとが多くなれば、それが道になるのだ。

魯　迅

眼のまえにいかなる黒雲がうずまいていようとも、全人類のうえによりよき世界が年一年、早足でちかづきつつあることに寸毫のうたがいもない。

河上　肇

貧苦に堪える者は多いが富貴に堪える者は少ない。

カーライル

正しく働こうとする者は、最もよい道具を選ばなければならない。

ゲーテ

➤星守る犬

〈日本のことわざ〉

能力のない者が、およばぬ望みをかけるとのたとえ。犬が星を守って、吠えてもなんにもならない。むだであるところから、こんな使い方をするようになったのだろう。むかしは否定的な意味だったのだが、もっと肯定的に考えてもよいのではあるまいか。

たとえ、一介の野良犬であったとしても、美しい星を守ろうとする気概はほめてやらなければならないだろう。不可能だからと少しも願わなければ、なにもかなうはずがない。努力する目標がなければ、一歩も前に進めないし、進んだとしても、足どりはふらつき、右往左往するだけである。

星を守ろうとする犬のような発想から、新しいなにかが常に生まれてくる。常識をはみ出して行動する勇気と若さ、無鉄砲さも人生にはときに必要なのである。

酸っぱいぶどう

西欧の故事。

イソップ物語には誰でも幼いころから親しみ、よく知っている話がたくさんあるのではないだろうか。イソップは、紀元前六世紀初めころのギリシア人。もとは奴隷の出身で、話が非常に上手だったので、自由な身にされたといわれている。

イソップ物語には、狐の話が一〇以上もあるが、なかでも特に名高いのが「狐と葡萄」の話である。

腹のへった一匹の狐が、ぶどう棚の下にやってきた。うまそうになっているぶどうをなんとか取って食べようとする。が、棚が高くてどうしても手が届かない。そこで口惜しがっていった。

「ありゃあ、まだよく熟れていない。酸っぱくて食べられないぶどうだ」

この狐の話から、欲しくても手に入らないものに、けちをつけて自らを慰める、負け惜しみのことを「酸っぱいぶどう」というようになった。

ヨーロッパでは、狐は、狼とならんで悪者の筆頭におかれている。狡猾で、抜けめのない存在として憎まれているが、牧畜や農業をなりわいとしていたヨーロッパの人びとに、大むかしから、いろいろ被害を与えてきたせいだろう。

日本でも、狐は人間を化かす動物として恐れられている。が、ヨーロッパの狐よりは、人間に親しまれている。稲荷信仰がむかしから盛んであるのをみてもそれがいえる。

話はかわる。

日本には古くから人獣交婚譚、つまり動物と結婚する人間の話がたくさんあった。女性が結婚する相手には蛇が多く、男性の相手は狐というのが通り相場になっている。外国では、ギリシア彫刻などでみられるように、男性の相手は羊がもっとも多い。

牛婚、馬婚、犬婚、鶏婚など、古代人の獣姦の習慣をしのばせる動物との結婚の話はいろいろあるが、不思議に日本では羊はまったく登場してこない。

そのかわりといってはおかしいが、狐がさかんに美しい女性となってあらわれてくる。狐の容姿の柔軟さ、神秘性からの空想なのだろう。

往古、狐のことを「きつね」とはいわなかった。野干（やかん）とよんでいた。ある男と、野干の化けた若い美人とが結婚して、ふたりまでも子どもをもうける。が、不幸にして犬に噛みつかれそうになったとたんに、夫の目の前を一匹の野干の姿にもどってしまう。夫は、それをみて嘆きながらも、

「わたしはお前が忘れられない。これからも、夜になったらきて、いっしょに寝てくれ」

とかき口説いた。すると野干も夫のことばに従って、夜ごと通ってきて、閨を共にした。そこから、野干を「来《き》つ寝《ね》」というようになったとか。

3 現状を打破する

▼少しでも向上しようと望む人に

盲目の母性愛のために破滅した人間は、危険な小児病のために破滅した人間より多い。

O・ライクスナー

多くの場合、才能のある子どもにとって、家庭は温室であるか火消し道具であるかである。

エッシェンバッハ

病を受くることも多くは心より受く。外より来る病は少なし。

吉田兼好

病気はためになることが多い。肉体をいためつけることによって魂を解放し、浄める。いちども病気をしたことのないものは十分に自己を知っているとはいえない。

ロマン・ロラン

睡眠は労働なくしても神々が与えてくれる。だが労働すればそれは三倍も甘美になる。

ウェーベル

自然と時と忍耐の三つが、もっとも偉大な医者である。

ボーン

皮膚から心臓の表面の心膜までの距離は、たった二センチしかない。だが、この二センチ奥にある心臓の手術をするために、人類は二千年の歳月を費した。

榊原　仟

生まれた者に、死はかならずやってくる。死せる者は、必ずまた生まれる。避けられないことを、嘆いてはいけない。

B・ギーター

窮すれば当《まさ》にますます堅く、老ゆれば当にますます壮《さか》んなり。

『後漢書』

社会の大多数と違った考え方をする作家の存在は、その社会にとって価値ある財産でこそあれ、決して不名誉や汚点でない、ということが、

新しき酒は新しき革袋に

〈西欧のことわざ〉

新約聖書「マタイによる福音書」に、イエスのことばとして

「だれも、新しいぶどう酒を古い皮袋に入れはしない。もしそんなことをしたら、その皮袋は張り裂け、酒は流れ出るし、皮袋もむだになる。だから、新しいぶどう酒は新しい革袋に入れるべきである。そうすれば両方とも長もちがするであろう」

とある。新しいぶどう酒とはキリストの教えである。この教えは旧い律法のおきてをついだものでもなし、パリサイ人のように腐敗した心にもふさわしくない。神を信ずる人びとの心にのみふさわしいとの意味。転じて、新しい思想、考え方などを入れるには、新しい形式が必要であるとのたとえに使われている。酒は、当時、革袋のなかに保存されていたのだろう。

彼らには全然わからないのだ。

ソルジェニーツィン

もはや沈黙の季節は去った。この緑の大地の上に、男性と同じ権利を獲得するために闘おう。

S・アンソニー

あらゆる事件には女がいるものです。私は事件の報告を受けると、直ちにいいます。「女を探せ！」と。

デュマ

私は想像する。私はそう思う。私はそう信ずる。私はそのとおりになる。

「ヨガのことば」

向うを好めばゆたかなり。

『書経』

怒りはつねに愚行にはじまり、悔恨に終る。

ピタゴラス

重役の七割の賛成するプランは時すでに遅く、七割が反対するプランくらいでやっと先手がとれる。

松下幸之助

人事を尽して天命を待つ。

「古諺」

大仕事を先にやることだ。小仕事はひとりでに片がつく。

D・カーネギー

二年たったら再検討せよ。五年続いたら疑え。十年たったら捨ててしまえ。

パールマン

方程式や法則は変更されるために作られるようなものだ。これらのものは、いつか科学者や技術者が、以前に作られたものを変えてしまうためにのみ存在するのだ。

H・レンツラー

会ってじかに話すのが悪感情を一

➤艱難汝を玉にす

〈日本のことわざ〉

「玉」は、人が地中から掘り出したあらい玉石を、丹念に磨きあげて、はじめて「玉」となり、美しい光と色を放つ。いかに素材がよくても磨き方が悪ければ、よい玉とはならない。苦労は、人間を玉のように磨きあげる。なんの苦労もなしに成長したのでは立派な人間にはなれないとのたとえ。

他人にまじって働くのは苦しい経験である。が、そうした苦労によって、他の人の辛苦を知り、自らも困難を克服していく知恵を身につけ、努力していこうとする意欲が生まれる。艱難辛苦を重ねていくと、人間がひとまわりも、ふたまわりも大きくなっていく。

が、苦しさに打ちひしがれ、負けてしまうと、玉のように磨かれるどころか、傷だらけになり、せっかくの資質がだめになる可能性もある。

掃する最上の方法である。

リンカーン

熟考は格言のごとく最上のものである。

キケロ

科学における偉大な進歩は、新しい大胆不敵な想像力からもたらされる。

J・デューイ

天の時は地の利に如《し》かず、地の利は人の和に如かず。

孟　子

信仰をもって闘えば、われわれの武装力は二倍になる。

プラトン

問題を正しく摑めば、なかば解決したも同然である。

C・ケタリング

臨機応変の効用は無念無想より来る。

山岡鉄舟

私なく案ずる時は、不思議の智恵も出づるなり。

山本常朝

予想外の事態といっても一八種ぐらいしかない。すなわち予想できる。

山田忍三

今日立てたプランは、その日に最高なのであって、次の日には、すでに最高とはかぎらない。周囲の状況は、生きかつ動いているから、毎日毎日、計画を検討すべきだ。

加藤升三

たとえば、一トン積みのトラックに二トンの荷を積むのはむりであり、半トンしか積まないのはむだである。二トン積んだり、半トン積んだりするのがむらである。一トン車には、いつも一トン前後の荷を積むのが、合理的、能率的な車の使い方

▼おだやかな海は上手な船乗りを作らぬ

〈西欧のことわざ〉

「艱難汝を玉にす」の西欧版である。

平穏無事な生活は、なるほど楽でよいかもしれない。が、変化や困難、苦しみのない生活は、人間から緊張感を奪い、平凡にし、進歩向上をとめてしまう。人間の能力は、艱難に遭遇したときに、それを乗り越えようとして大きく伸びる。努力によって精神的な成熟が期待できるのである。さまざまな試練が人間を鍛え、成長させる。

危険にはあえて近づかずとする態度も、それなりの生き方だろう。だが、もし、危険を乗り切ってみようと決心したら、周到な準備のもとで、果敢に挑む勇気が大切である。誰の手も借りず、無事に目的の達成ができたら、立ちはだかる壁が厚く、高く、危険が大きければ大きいほど、それだけ大きな成果が得られるはずである。

である。

できる事でもできぬと思えばできぬ。できぬと見えても、できると信ずるがためにできることがある。

三宅雪嶺

われわれが無知によって道に迷うことはない。自分が知っていると信ずることによって迷うのだ。

ルソー

君は自分を賞賛する者、自分に優しくしてくれる者、自分に味方する者だけから教訓を得ているのではないか。自分を拒む者、自分と敵対する者、自分と議論する者から、大きな教訓を得たことはないか。

ホイットマン

真実とは苦い薬である。人はそれをのもうと決心するよりも、むしろ病気のままでいる。

コッツェブー

旅は私にとって、精神の若返りの泉である。

アンデルセン

真の知恵は、常に人間を落ちつかせ、正しい釣合いを基礎に事物を観察させる。

林語堂

あることを真剣に三時間考えて自分の結論が正しいと思ったら、三年間かかって考えてみたところでその結論は変わらない。

ルーズヴェルト

静かに横たわって、のんびりして、待っていること、しんぼうすること――だが、それこそ、考えるということではないか。

ニーチェ

あるのは目標だけだ。道はない。われわれが道とよんでいるものは、ためらいにほかならない。

カフカ

上野陽一

➤居てすることを立ってする

〈日本のことわざ〉

坐ってゆっくりできる仕事でも、納期が切迫してくると、立ってあわただしくやらなければならなくなる。そうなったら、いくらよい腕があっても、できた品物の品質は落ちる。悪くすると間にあわず、注文主に迷惑をかけてしまう結果になりかねない。時期に遅れるとろくなことはないという意味。

あわてて、事前の準備もなしに、仕事にとりかかるのもよくないが、遅れるというのはもっと悪い。ちょっと遅れたために、運命を大きく狂わせている人びとは少なくないのではなかろうか。ほんの少しの心がけしだいで、「居てすることを立って」しなくてもすむのである。くれぐれも時機を失してはならない、成功への道、問題解決の方法が発見できなくなるから……。なにごとも、予定よりちょっぴり早めにする気持が必要。

ゴルディオスの結び目

西欧の故事。

英語で「gordian knot」（ゴーディアン・ノット）。ゴーディ（ゴルディオス）の結び目といえば、「難事業」「難問題」のことをさす。

古代ギリシアの伝説を紹介しよう。

小アジアのフリギアという国で、自分たちの国にもっともふさわしい王を選ぼうとして、なかなか決定できず、思いあまって神に伺いをたてると、

「未来の王は荷馬車に乗ってやってくる」

とのご託宣があった。人びとは、どんな人物がやってくるのだろうと期待していた。ちょうどそこへ、ゴルディオス（ゴーディ）という貧乏な農夫が荷馬車に乗って通りかかった。ゴルディオスはフリギア国王になった。で、国をよく治め、賢者として周囲の国にも名が高くなった。

ゴルディオス王は、ご神託を下された神に、自分が乗っていた荷馬車を奉納して、綱で神殿に結びつけた。この結び方がひどく複雑で、厳重でちょっとやそっとではほどけないようにしてあった。後世、この結び目をほどいた者は、アジア全体の王となるだろうといい伝えられ、多くの人びとが挑戦するが、誰ひとりとしてほどける者はいなかった。

紀元前三三四年、アレクサンダー大王は、東征の途中、小アジアのフリギアの古都ゴルデオンの町に着いた。アレクサンダーは評判の高い町の神殿を訪れると、神殿に、複雑に結びつけられている結び目のところへ、つかつかと歩み寄った。そして、結び目をとこうとするがどうしてもできない。ええい面倒だと、不意に剣を抜き、一刀のもとに結び目を断ち切ってしまった。

「余こそアジアの王である」

と宣言して、古代の全アジアを征服した。

「ゴルディオスの結び目を切る」というと、非常手段によって難問題を解決すること、一刀両断の処置をとること、英断を下して問題を処理すること。

話はかわる。

結婚のときかわす結納の「結《ゆい》」は結社のことである。女性を中心とした母系社会（血縁結社）に、男性が新しく加入させてもらうときの儀式が結納の起こりである。女のつくっている生活共同体である「結」に入るために、男が納めた品物が結納である。

それぞれの家（結）では、その家（結社）独特の紐の結び方をもっていた。紐や帯、下帯の結び方によって、どこの結社に属する人間かがすぐわかった。結び目には、結社や家の神、当人の心が結び込まれていると信じられた。結び目の形は女から女へと秘伝として伝えられ、男は教えてもらえなかった。ちょっとした旅に男が出るときは、下帯（褌）の紐を妻が結んだ。いったんほどくと男には結べないので、すぐに浮気がばれたとか……。

4 やる気はあるか

▼十の力を十二分に発揮したい人に

われわれが悩めるひとにあたえることができるいちばん正しい助力は、そのひとの重荷を除去してやることではなく、そのひとがそれに堪えうるように、そのひとの最上のエネルギーを喚び出してやることである。

ヒルティ

最も偉大な人とは、日常の小さなことを軽蔑する人ではなくて、それらの事柄を細心の注意をもって改善する人のことである。

スマイルズ

学問は興味から、もしくは好奇心からはいったものがもっとも根強い。

柳田国男

自分より偉い人はみんな利用しなければだめだ。自分より偉い人を思うままに働かせることが事業成功の秘訣だ。

五島慶太

革新を行なうのにあまりに困難な場合には、革新が必要でないという証拠である。

ヴォルヴナルグ

人間は自己の運命を創造するのであって、これを迎えるものではない。

ヴィルマン

人間の目は、失敗の時にはじめて開くものだ。

チェーホフ

ヒューマニズムとは解放の精神であり、多かれ少なかれ反抗的精神を含んでいる。

三木　清

大欲は無欲に似たり。

吉田兼好

人間は意欲すること、そして創造することによってのみ幸福である。

アラン

▼成るは厭なり思うは成らず　〈日本のことわざ〉

とかく世の中はうまくいかない。あまり努力しないでも、できる仕事はやる気がせず、ぜひやりたいと考えている事柄は、むずかしくてできない場合がしばしばあるとのたとえ。

特に望んでもいないことが実現しているのに、肝心の望みごとはかなわないという意味にも使われる。こうあってほしいと待ち望んでいると、常に気がかりなので、ことさら遅く感じられる。が、たいして望んでいないと、すっかり忘れていられるので早くきたように思われる。

さほどの努力をはらわなくてもできる仕事であっても、全力をあげてやるとよりよい結果が生まれてくる。簡単にできると軽くあしらっていると、どこかに注意のゆきとどかない点が出てきて、想像もつかないような失敗をしでかすことがある。

空想はすべてのものを配置する。それは美、正義、幸福を創造し、そしてそれらがこの世のすべてである。

パスカル

天才とは自ら法則を作るものである。

カント

ばかげたアイデアでも紙に書いてみよ、そうすればすばらしいアイデアが生まれてくる。

オスボーン

努力しない天才よりも、努力する鈍才のほうがよけいに仕事をするだろう。

J・アヴェブリー

大発見は、すべて思考よりも感情に長じた人によって成されている。

バークハースト

人間の強い習慣や嗜好を変えるものは、いっそう強い欲望のみである。

マンデヴィル

正しく哲学するためには、一生に一度、自分のあらゆる持説を捨てる決心をしなければならない。

デカルト

見たがらない人間ほど、ひどい盲人はいない。

スウィフト

読書は人間を豊かにし、会議は人間を役に立つようにし、ものを書くことは、人間を正確にする。

ベーコン

平凡なことを、毎日平凡な気持で実行することが非凡なのだ。

A・ジード

自分に欠けているものを嘆くのではなく、自分の手元にあるもので大いに楽しむ者こそ賢明である。

エピクテトス

➤勇士はへつらえる如し

〈日本のことわざ〉

戦場では、なにものも恐れず武勇をふるう剛の者でも、主君に対する態度は、心から仕えているので非常にうやうやしい。一見すると、こびへつらっているようにみえる、といった意味。わきめもふらずに、一所懸命仕事をしているサラリーマンも、ちょっと観察しただけでは、上司にへつらう点取り虫に思われがちである。へつらいでしているのと、ほんとうに一心不乱に働いているのとでは、しばらく行動を追っていれば、かならず差がわかってくる。仕事熱心な者はいつも、誰に対しても態度はかわらないが、点取り虫は、得になると思われる事柄にしか集中しないので、長い間にはきっとボロを出す。

真実、意欲的に仕事に取り組もうとする気持のある者は、考えたらすぐ実行に移る。逡巡してはいない。

われわれはみな真理のために闘っている。だから孤独なのだ。さびしいのだ。しかし、だから強くなれるのだ。

イプセン

失敗は資本の欠乏よりはエネルギーの欠乏からしばしば起こる。

D・ウェブスター

神は知恵深くも未来の成行きを真黒き夜をもって蔽《おお》えり。

ホラチウス

やってみなわからしまへんで、やってみなはれ。

鳥井信治郎

何でも見てやろう。

小田　実

わたしの前には道はない。わたしのうしろに道ができる。

高村光太郎

立てる農夫は、坐せる紳士より尊し。

フランクリン

一度に一つずつ行なえ。あたかも自分の生死がそれにかかっているような気持で。

U・グレース

剣は折れた。だが私は、折れた剣の端を握ってあくまで闘うであろう。

ド・ゴール

一日に少なくとも一つは自分の力のあまることをなしとげようとしない限り、どんな人間でも大した成功は期待できない。

E・ハーバート

汝の欲するところをなせ。

ラブレー

相談するときは過去を、享楽するときには現在を、何かするときには

▼理屈とこう薬はどこにでもつく

〈日本のことわざ〉

こう薬はつけようと思えば、身体のどこにでも貼りつけられる。理屈も同じで、つけるつもりならどんなことにでも、もっともらしい理屈はつけられるとのたとえ。

失敗のいいわけも同様で、「そんなつもりじゃないけど、ついそうなった」とは、誰もがいえる。失敗をするつもりで失敗をされたのではかなわないが、屁理屈をこねまわしてのいいわけほど醜い態度はない。やめたほうがよいだろう。

真剣にやっていての失敗は、もっとも残念なのが本人自身であるる。周囲の人びとにはそれがよくわかる。反省もしきりだろうから、いいわけもしないし、まわりからことさらに咎める者もいない。しかし、本気を出してやっていない場合の失敗は、感じでそれと察せられるから、叱責されるのである。

未来を思うがよい。

ジューベール

心を打ち込んで事にあたれば、右手を二本得たも同様である。

E・ハーバート

運命の武器に守られると考えるな。己自身の武器で戦え。運命は決して武器を与えはしない。

ポセイドニオス

今こそ働くべきときなれ。今こそ戦うべきときなれ。今こそわが身をいっそうすぐれたる人にすべきときなれ。今日能《あた》わずんば明日何をかしえんや。

T・A・ケムピス

求むればこれを得、捨つればこれを失う。

孟子

得たきものは、しいて得たるがよし。見たきものは、つとめて見たるがよし。また重ねて見べく、得べき折もこそと等閑《なおざり》にすごすべからず。重ねて本意とぐることは、きわめて難きものなり。

与謝蕪村

ほとんどすべての人間は、もうこれ以上アイデアを考えるのは不可能だというところまで行きつき、そこでやる気をなくしてしまう。いよいよこれからだというのに……。

T・エジソン

何事かを試みて失敗する者と、何事も試みないで成功する者との間には、測り知れない相違がある。

ジョーンズ

こちらがやる気を出せば部下はついてくる。

土光敏夫

信念の力が、あなたの内部に運動力を起こさせて、それによって、あなたの人生に余分の価値が生まれてくるのだ。

ブリストル

文章ある者はかならず武事あり

〈日本のことわざ〉

「文章」とは、いわゆる手紙などの文章ではない。学問や教養、知識などのこと。

教養ゆたかな人、学問をおさめた立派な人物は、度胸もすわっているものである。いざという場合にも、少しも騒がず、勇気をもって、沈着な態度で事にあたり、困難を解決する。たとえ白刃をかざして迫ってくる暴漢に出会っても驚かないとのたとえ。

真に賢者といわれる人びとは、むやみに争いごとを起こそうとせず、話しあいによって、局面の打開をはかろうとあらゆる手段を講じる。けっしてあわてずに、じっくり取り組む。無教養な者ほど無益な争いを好む、という意味にも使う。

とはいわれているが、文章ある者でも、武事を身につけていない人もなかにはいるのも確かである。

ここがロドスだ、ここで跳べ

西欧の故事。

「そんなに自慢するのなら、論より証拠だ。実際にやってみてくれないか」

といいたい場合に「ここがロドス……」と欧米諸国ではいう。

ロドスは、ギリシア本土からずっと離れた小アジア西南海岸に浮かぶ小さな島の名前。前述（572頁「酸っぱいぶどう」参照）のイソップが活躍していた時代、多くのギリシア人たちが移住して栄えていたイオニアの南方にあたり、貿易や交通の要衝であった。たくさんの商人が集まり、さまざまな市がたち盛んなにぎわいをみせていた。また、学問の一中心としても知られていた。

ロドスは、ギリシア人にとって忘れられない島である。が、それは商業と学問によってだけではない。オリンピア大祭の競技祝典が、ロドスにあるゼウス神殿の境内で行なわれたからである。

第一回の競技は紀元前七七六年である。それから四年ごとの盛夏に、ギリシア中から貴賤を問わず人びとが集い寄ってスポーツの技を四日間にわたって競った。五日目に神事と優勝者への祝宴があった。優勝者は、生国町村の仲間から神さながらに尊敬された。競技には見物人が四万人から五万人もやってきて、スタジアムは国際社交場と化した。

近代オリンピックには五種競技という種目がある。走り幅跳びとやり投げ、二百メートル競走、円盤投げ、千五百メートル競走（近代五種競技）をひとりの選手が行なって記録を争う。古代オリンピックでも五種競技があった。競走とやり投げ、円盤投げ、幅跳び、レスリングの五種目を併せて競うのである。

前置きが長くなった。本題に入ろう。

イソップ物語のなかに、次のような話がある。

ひとりの五種競技の若者がいた。あるとき、外国旅行して故郷に戻ってきた。で、しきりに旅行中に出会った出来事を語り、経験を仲間たちに聞かせた。その大部分が自慢話であった。いろいろしゃべってもう話の種がつきるだろうと思うころになって、とっておきのがあるとことわり、鼻をうごめかして、

「ロドス島に寄ったんだが、いやあ、オリンピックの優勝者も遠くおよばないような幅跳の大記録を出してね。あそこで。みせたかったよ。でもね、君たちがこんどロドスに出かけると、島の人たちがきっとその話をしてくれるにちがいないがね。もう大評判だったから……」

と、大ボラを吹いた。聞いてたひとりが、

「でも、それがほんとうなら、島の人の評判を聞く必要はないさ。ここがロドスだ、ここで跳んだらどうかね」そういった。それまで大言壮語していたほら吹き男も、すっかり小さくなったとか。

5 人間の真価

▼他の人のために働くことに
価値をみいだしたい人に

偉大とは方向を与えることだ。どんな大河も多くの支流を迎えることによって河を大きくする。精神の偉大さもそれと同じだ。多くのものが流れこむ方向を与えることが問題なのであって、天分が貧しいとか豊かだとかということは問題ではない。

ニーチェ

中才は肩書によって現われ、天才は肩書を邪魔にし、小才は肩書を汚す。

B・ショウ

全体は個人のために、個人は全体のために存在する。

デュマ

美は、自由な魂と強い健康の子供である。

シェーファー

美は内部の生命からさし出でたる光である。

ケルナー

美というものは、愛の子どもである。

エリス

人間は毅然として現実の運命に耐えてゆくべきだ。そこに人生の一切の真理がひそんでいる。

ゴッホ

人多き人の中にも人ぞなき、人となれ、人となせ人。

『松翁道話』

知はいつでも買えるが、情は市場には現われない。

ローウェル

人間の信用は一本の針で試みらるること多し。

フォード

私は人間である。人間的なものの何一つとして無関係であるとは思わない。

テレンティウス

▼我は兵を以つて戦ひを決せん。塩を以つて敵を屈せしむる事をせじ

〈戦国の武将・上杉謙信のことば〉

越後の謙信と甲斐の武田信玄は宿命のライバルである。川中島では前後五回、一〇年におよぶ対立があった。

信玄の勢力を少しでもそぎ、戦力を弱らせようと、駿河の今川義元と相模の北条氏康が連合して、塩の輸送を禁じた。海のない甲斐・信濃の人びとはおおいに困った。が、この武田氏の困却を救ったのが、好敵手の謙信、敵に塩を送ったのである。そのとき

「わたしは軍兵をもって戦の結着をつけようと考えている。塩を絶って敵を困窮させるような卑怯未練な方法はけっして選ばない」と大見得をきった。正義を常に口にしている謙信は、からめ手から敵を弱らせて勝つことを、非常に恥としていた。

心に高下あり、人に高下なし。

ボードレール

大巧は拙なるごとく、大弁は訥《とつ》なるごとし。

老子

何が起こっても、そのいちばんよい部分に注目するよう習慣づけると、一年たてば、それに千ポンド以上の価値が出てくる。

S・ジョンソン

想像力は万事を左右する。

パスカル

いかなる自然の中にも、美を認めないものは、その人の心に欠陥のあることを示す。

シラー

人間とは一つの総合——無限と有限、時間的なものと永遠なもの、自由と必然——である。

キェルケゴール

反対の立場に立って考えてみると、これまでどうしても解けなかった難問が、ふしぎなほどすらりと解けてくる。

長谷川克次

上機嫌は、社会において着ることのできる、最上の衣裳の一つである。

サッカレー

大事なことは数字を使って話すことではなく、数字に裏うちされた行動を起こすことである。

中村輝夫

他人の書物を読むことに時間を費やせ。他人が辛苦したものによって容易に自己の改善をなしとげられうる。

ソクラテス

賞賛には能力を育てる力がある。

T・ドライザー

私はこれまで世界中のさまざまな

▼己が欲を遂げんとて義を失ふは、小人と申すべし、されば、義を目的として欲を制し申すべきこと存じ候

〈江戸末期の随筆家・広瀬久兵衛のことば〉

人間は、誰でもその人なりの欲望をもっているが、義理を欠かなければならないときは、欲望を捨てるべきだろう。自分の欲望を満そうとして義理を失うのは立派な人物とはいえない。だから、人間関係ではまず義理を第一と考え、それによって自分の欲望を抑えていくのがよいとの意味。

現代人にも、なるほどと納得のいく教えではあるまいか。義理を義務とおきかえてもよい。義務をおこたっていながら、権利ばかりを主張する者が少なくないが、このことばのもつ意味をじっくりと考えてみるとよいだろう。自分の望むところがかなえられなかったとしても、人のために行動するのが、真の人間だと説いている。

大人物と会ってきたが、人にほめられて働くより人に叱られて働くことがよい仕事ができるという人間には、まだ会ったことがない。

C・シュウォブ

幸福になりたければ、やれ恩を返せだの、恩知らずだのと言わないで、人につくす喜びだけを生きがいにしようではないか。

D・カーネギー

学問ありて、しかるのち先見あり。先見ありて、しかるのち力行あり。

カント

指導者は、何をなすべきかをはっきりつかんで、自ら先頭に立たなくては成功しない。

大松博文

己がまず進むべき地に進み、「われにつづけ」と言ってこそ人も進んでくるのである。真に人を進ましめる道はこのほかにない。

人はプラス面だけを見ると成長し発展する。

蒲生氏郷

死ぬよりも、生きている方がよっぽど辛い時が何度もある。それでもなお生きていかねばならないし、また生きる以上は努力しなくてはならない。

中島三郎

自分の前に敵がいっぱいあらわれたときは振り返って見よ。味方がいっぱいいるものだ。

榎本健一

如何なる思想の持ち主でも、一たびその所属する団体が戦争にまきこまれた時は、勝利のために協力すべきである。

生田長江

大衆の中にいて、皆と同じように

パール・バック

▼何でも、断定することはいけない。断定した時、そのものは、既に別なものになっている

〈小説家・田山花袋のことば〉

なにごとにつけても断定してしまうのはよくない。なぜなら、断定したとき、そのものは、もう別なものになってしまっているからだ。自然とはそれほどつかまえにくい存在といえるだろう、と説明している。自然に対してだけではなく、あらゆる事物、むろん人間に対しても、断定的になるのは危険である。

ほんとうに、ある対象に深くせまろうと考えたら、まず、疑ってかかるのが第一歩ではなかろうか。

「あの人は多分こう思っているだろう」

ではなく、あの人はどのような考え方をしているのか。自分と同じか、ちがうか、どう同じか、どうちがうのかから検討していかなければ、真の理解には到達できない。

ふるまっていれば悪口をいわれないですむ。しかし大衆の先に立って一つの主義主張をとなえ、行動すれば必ず悪口をいわれる。したがって指導者としての資格は、たえず悪口をいわれ、批判されることにあるといってよい。もっともこの際、全部から悪口をいわれては落第で、少なくとも半数の支持がなくてはいけない。

市川房枝

これはただやるのだから返さなくていい。利子もいらないし事業の報告もいらない。君の好きなように使ってくれ。ただ一つ希望がある。それは君が独立を貫徹することだ。

日田重太郎

先生とごいっしょだった七年間、私は自分をちっとも犠牲にしませんでした。別世界のような生活だったといえるかもしれませんが、ほんとうに楽しかった。すばらしい人でした。亡くなります時、「かあちゃんや、とうとうおまえを一度も抱いてあげることができなかったね」といったのが最後のことばでした。

小倉遊亀

話せばわかる。

犬養　毅

有声の声は里に過ぎず。無声の声は四海に施す。

『淮南子』

どんな人でも生きている限り存在の必要がある。

エマーソン

分かちたる喜びは倍したる喜びなり。

ゲーテ

▼此節は、日夜、強気起こり、一日も君の為に死に度き心持に相成り、何卒《なにとぞ》よろしき死に場御座なく候や

〈江戸幕末の志士・高杉晋作のことば〉

尊王攘夷論者に対する幕府の弾圧が、しだいにきびしくなってきた安政の末。国の行く末を憂える青年晋作は、

「このごろは、日夜、世の中をどうにかしなくてはという強い気持がわいてきて、主君のために死にたい、死んで奉公したいと思う。どこか、よい死に場所はないだろうか」

と決死の覚悟を、真剣なことばで披瀝している。

生命をすてても、世につくし、他人のためになろうとする人間ほど強いものはない。なにごとも恐ろしくないからである。高杉晋作は、このときわずかに二一歳。自らの理論を行動、それも死によって実践しようとした。

怨《うら》みに報《むく》ゆるに徳を以ってす

中国の故事。

うらみのある者に対して、いつまでも根にもって、ひどいめにあわせてやろうなどとは思わず、博愛の心によって、恩徳を施してやらなければならないという意味。

『論語』にも『老子』にも出てくる句で、当時の中国ではかなりよく知られた金言だったのではあるまいか。

このことばに接すると聖書のなかのキリストの教訓を思い出す。「マタイによる福音書」第五章第三十三節に、

「もし、だれかがあなたの右の頬を打つなら、ほかの頬をも向けてやりなさい。あなたを訴えて、下着を取ろうとするならば、上着をも与えなさい」

とある。自分を害する者がいても、うらんだりしないで、かえって親切をかえしてやりなさいとこれも説いている。同じように人間のとらなければならない態度について教えているのだが、微妙なちがいがある。

「怨みに報ゆる……」の考え方のほうが少し積極的で、おおらかに感じられる。が、「右の頬を……」には、どこか悲壮感がただよい、必死な隣人への献身の姿がみえるようである。事実、イエスは、裏切られ、蔑まれ、あらゆる心身の苦痛を与えられても、誰も憎まず、神に許しさえ乞い、相手のなすがままに身をゆだね、十字架の上で死んでいる。

いっぽうは、もっとからりとしている。自分の財布を奪おうと襲ってきた強盗と争って勝ち、事情を聴いてやって、

「そうか。そんなに困っているのなら、みんなもっていけ、困ったらまたこいよ。強盗をはたらくような了見を起こさずにな、ホレ」

と、財布を投げ与えて、ニコニコしている金持といった様子がうかがわれる。どうだろうか。

昭和二〇年、第二次世界大戦に日本が敗れたとき、当時の中華民国の大総統、蔣介石が、日本人の処遇について命令した布告のなかに、「怨に報ゆる……」の句が引用され、それがある程度実行されたのは有名な話である。現在にいたるまで、さまざまな評価がされているが……。

もし、うらみを受けるような行為を相手に心ならずもしたとして、恩徳をもって接してこられたらどうだろうか。きわめて個人的な感情で一般的ではないだろうが、多分、気味が悪くなって、逃げ出してしまうのではあるまいか。いや、そうするにちがいない。

「なにをされるかわからない。想像していたより恐ろしい奴だ」

といった思いにとらわれ、ふるえるかもしれない。まったく小人は養い難しである。

6 自らを鍛える

▼自分自身に克つことを願っている人に

すべての学問は相互に結合しているゆえ、一つを他から分離するよりも、すべてを一度に学ぶほうが、はるかに容易であることをよく心得ねばならぬ。

デカルト

あなたがコントロールすべき人間の中で地上最低で最も手ごわく、最もキザな人間、それはあなただ。もし、あなた自身をコントロールできるなら、他の人間を扱うのはいともたやすい。

J・ベックレー

毎日が組織づくりであり、毎日、会社そのものをつくっている。

井深　大

信仰とは目に見えないことを信ずることだ。そして、この信仰のもたらす報酬は私たちが信ずるものを見るということだ。

アウグスチヌス

たとえ信仰をもたなくても、祈るのはなんとなく気の休まるものである。

チェーホフ

仏道をならうというは自己をならうなり。

道　元

人は己を美しくして、始めて美に近づく権利が生まれる。

岡倉天心

勝つは己に克《か》つより大なるはなし。

プラトン

人間には不幸か、貧困か、あるいは病気が必要なのだ。そうでないと、人間はすぐ高慢になってしまう。

ツルゲーネフ

哲学するのは、いかに死すべきかを学ぶためである。

モンテーニュ

➤**若者の遊山《ゆさん》を好むは、然《しか》るべからず候。御奉公の道油断なく候えば、遊山がましき事存ぜず候。又徒然《つれづれ》なる事もこれなく候**

〈戦国の大名・藤堂高虎のことば〉

若者がレジャーを好むのは、あまりよくない傾向である。仕事をせいいっぱいやっていれば、レジャーのことなど考えている余裕はないだろう。また、暇をもてあまして退屈してしまうこともなかろう、と説いている。

武家奉公の心がけについての教えだが、現代のビジネスマンにも、そのままあてはまるのではないだろうか。平凡に生きたいと願っている者はいざしらず、少しでも他人よりも抜きん出ようと心に決めている人であれば、身にしみることばではあるまいか。しかし一週間にいちどくらいの「遊山」は、むしろ働くためのエネルギー源となり、仕事に張りが出てくる。

孤独は山になく、街にある。一人の人間にあるのではなく、大勢の人間の〝間〟にある。

三木　清

人類を支配しているのは想像である。

ナポレオン

自然は教師なり。自然をよく観察し、自然に即してよく考えると、必ずそこからアイデアは生まれてくる。

小川栄一

天才？　そんなものは決していない。ただ勉強だ。方法だ。不断に計画しているということである。

ロダン

自分がわずかなことしか知らないということを知るために、多くのことを知る必要がある。

モンテーニュ

観察することは、人生の喜びの中でいちばん長続きするものだ。

メイディス

旅は真正な知識の偉大なる泉である。

ディズレーリ

精神にとっての読書は、肉体にとっての体操である。

スティール

考えずに読むのは、よく噛まないで食うのに似ている。

バーク

桃李《とうり》もの言わざれど、下おのずから蹊《こみち》をなす。

『史記』

人類は、いわば不断に学ぶ唯一の存在である。

パスカル

生き、苦しみ、戦うことだ。苦し

➤己が智にほこり、人の不才をあざけり、物ごと我意にまかせまじき事

〈家康の九男・尾張藩主・徳川義直のことば〉

自分の才能、知能を自慢にし、他人の能力の低さをあざけり、なにごとにつけてもわがまま勝手をしてはならない、と戒めている。

わずかな才智にうぬぼれ、周囲の誰かれとなく侮り、軽んじて、いい気になっていると、いつの間にか、侮っていた者に追い抜かれて、人後に落ちてしまう。江戸のむかしにかぎらず、現代にもそんな人びとは少なくない。人の上に立つ者も、人に従う者も、共に自戒しなければならないのは、うぬぼれではないだろうか。

「慢心は芸のとどまり」といわれているが、芸ごとだけではない。あらゆる点でそういえる。自分がいちばんだと考えたときは、もう、一流ではなくなっていると反省しなければならない。

みと、戦いと、男々しく堪えていくことによってのみ、一個の人間になれる。

ロマン・ロラン

七転び八起きは歩みの経験において避くべからざることである。

三宅雪嶺

幸福は身体にとってタメになる。しかし精神の力を発達させるのは悲しみだ。

M・プルースト

人生とは今日一日のことである。

D・カーネギー

今日を捕えよ。他日ありと信ずることなかれ。

ホレース

創業者の初心は新しい時代を切りひらく原動力として生きつづける。

西村竜介

見ることひろければ迷わず、聴くこと聡《さと》ければまどわず。
朱　子

「いったいどれだけ努力すればよいか」と言う人があるが「キミは人生をなんだと思うか」と反問したい。努力し創造していく間こそ人生なのである。

御木徳近

人生はすべて勝負だ。勝負は闘志と努力がすべてだ。

石田退三

念仏を唱えたからお金がもうかり、或は会社が発展するとか、或は念仏によって病気が直り、健康が保てるとか、長生きできるとか、念仏そのものをまるで魔法使いの呪文のように考えることは間違いです。

加藤弁三郎

本だけでは将棋は勝てない。本に書かれている基本定跡は必要だが、

▼上《かみ》に居りて驕らざれば則ち危ふからず

〈江戸中期の米沢藩主・上杉鷹山のことば〉

人の上に立っている者でも、おごり、たかぶらなければ、その地位を奪われるような状態には追い込まれない、と戒めている。

が、かなりの実力者でなければ、ただ低姿勢でいるだけでは、現在の地位は危うくなるのではあるまいか。常に、前向きになって自己研鑽を積む必要がある。

実力一本でのしあがってきた人でも、ひと度、上位につき、権力を手にすると、とかく、部下や同僚に対して高姿勢になり、人もなげな言動をする人びとは少なくない。弱い者をおどかし、力のない者を軽蔑する。が、上位者にはおもねるのである。

しかし、そうした人が長く上位の座にとどまっていた例は多くはない。誰からも協力が得られず、隙あらばと狙われてしまうから。

それにとらわれては駄目だ。その基本定跡をいかに運用するかが問題だ。一々手にとって教えると誰でも始めは真面目に聞いているが、しまいにはくたびれて分らなくなっても、はい分りましたというようになる。自分で本を調べ、基本を忠実に覚え、実戦でやってみて、それで分からないところがあった時には聞きにこい。その時は教えよう。

木見金治郎

一　寝室の窓は必ず開けたままやすむ
二　冷水浴を一年中毎朝行なう
三　石鹼、歯磨は用いない
四　なるべく生のものを食べる
五　いつでもどこでもよく眠る
六　脳の健康のためにものを書く
七　毎朝一万歩以上歩く

竹内薫兵

どんな境遇におかれて辛い思いをしても、天も地も人も恨まない。

田中角栄

一　自ら活動して他を動かしむるは水なり
二　常に自己の進路を求めて止まざるは水なり
三　障害に遭い、激しくその勢力を百倍し得るは水なり
四　自ら潔うして他の汚水を洗い、清濁併せ容るる量あるは水なり
五　洋々として太洋を充たし、発して蒸気となり雲となり雪と変じ霰と代り、凝っては玲瓏たる鏡となり而もその性を失わざるは水なり

黒田如水

百年たったあと「これが昭和時代にうまれた昭和古典だ」といわれる人形劇を創りたいと思います。

結城孫三郎

日々を神とともに始め、神とともに終われ。

ウェスリー

学生よ勤勉なれ。この語の中には学生の有すべき一切の美徳が含まれている。

カーライル

▼生中、ばくち・双六、惣別、かけのあそび無用に候。碁・将棊・兵法・うたひ・まひの一ふしに至るまで四十までは無用に候

〈戦国時代の豪商・島井宗室のことば〉

生涯、ばくち、すごろく、特に、賭けの遊びはしてはならない。また、碁、将棋、兵法、うたい、舞のひと節にいたるまで、四〇になるまではしてはならないだろうと説いている。これらのものを強く禁止しているのは、商売の妨げになり、蓄財ができなくなるからである。が、次に、

「何たる芸能なりとも、五十に及び候はゞ、くるしからず候」

とも述べている。うたいや舞などは、趣味として五〇歳になったらよいとしているのは救いだが、なんとまあきびしい教訓なのだろうか。現代の、老若あげての賭ごとの流行をみたら宗室はなんと評するか。ことばもないのではあるまいか。

靴の紐をとくにも足りない

西欧の故事。

あの人にはすべての点で遠くおよばない、と自分の能力や才能を謙遜する場合に使われることば。

欧米諸国で日常的に話されているフレーズのなかには、聖書からとられたものが圧倒的に多い。ちょうど日本語の慣用句に仏教からきたものが少なくないように……。キリスト教がそれだけ欧米の文化、文明に深く浸透している証拠といえる。

「靴の紐……」もそうした句のひとつ。

新約聖書「マルコによる福音書」第一章第七節に、

「わたしより力のあるかたがあとからおいでになる。わたしはかがんで、そのくつのひもを解く値うちもない」

とある。「あとからくる力のある人」とは、むろんイエス・キリスト。話をしているのはヨハネである。

聖書の時代の靴といっても現在のものとはまるでちがう。映画などで知っている人もいるだろうが、革や木で作られた底だけの靴である。いまの靴の敷き皮みたいなのを紐で足に縛りつけるサンダルである。家に入る場合は靴を脱いだ。土足で部屋にはけっしてあがらなかった。むかし、日本人は外から帰ってくると、草履やわらじを脱ぎ、水で足を洗ってから家にあがった。テレビのドラマで、旅人が旅館に入ると女中がすぐ、小さなたらいにすすぎ水をもってくる、あれである。

イエスのころも、家にあがる前には靴の紐をとき、水で足を洗う習慣があった。誰もいなければ、その作業は自分ひとりでしなければならないが、ふつうは、召使いのなかでもっとも身分の低い下男下女の仕事であった。日本でもそうだったが……。ヨハネは、

「イエス様の弟子のなかでは、もっとも身分の低い者です。靴の紐をとく仕事さえさせてもらえないのですから」

といったのである。もっとも謙遜ではあるが。

「マタイによる福音書」の第三章第十一節にも、ヨハネの同じ話がのっている。

「わたしのあとから来る人はわたしよりも力のあるかたで、わたしはそのくつをぬがせてあげる値うちもない」

文章が少し異なるが同じ意味である。

「むかしイスラエルでは、物をあがなう事と、権利の譲渡について、万事を決定する時のならわしはこうであった。すなわち、その人は、自分のくつを脱いで、相手の人に渡した。これがイスラエルでの証明の方法であった。」

旧約聖書「ルツ記」第四章第七節には、こんな話もある。日本語訳ではわからないが、英文訳では a man plucked off his shoe となっていて片一方の靴だけを脱いだことがわかる。面白い習慣である。

7 真実をくみとる

▼真実を愛し
求める人に

軽率に朋友となるなかれ。すでに朋友たれば軽率に離るるなかれ。

ソロン

神道に書籍なし。天地をもって書籍とし、日月をもって証明となす。

吉田兼倶

落ちぶれて、袖に涙のかかるとき、人の心の奥ぞ知らるる。

『道歌』


欲望と感情とは人間性の発条《バネ》である。理性はそれを統御し、調節する衡器である。

ポーリングブルック

良書とは期待をもって開き、得るところあって閉じる書籍である。

オルコット

一善微なりと雖《いえど》も、日に養うて害せざればついにその徳をなす。一悪小なりと雖も、日に長じて除かざればついにその身を失う。


室に書籍がないのは体に魂のないようなものだ。

伊藤東涯

力の伴わない正義は無効であり、正義の伴わない力は暴虐である。

キケロ

敵から受ける賞讃はあらゆる賞讃の中で最も快いものである。

パスカル

美しいバラは刺の上に開く。悲しみのあとに必ず喜びがある。

スティール

真理の言葉は単純である。

W・スミス

蟻にまさる説教者はいない。しかも彼女は物を言わない。

アイスキュロス

フランクリン

▼あなたはこのような夕焼を見たいとはお思いになりませんか
〈イギリスの画家・ターナーのことば〉


展覧会に出品されたターナーの絵「夕焼」をみて、ひとりの天文学者が、

「この絵は嘘である。天文学上からいってこんな美しい夕焼けはあり得ない」

と批判した。するとターナーは
「あなたはこのような……」と応じた。

「それはみたいですね」

天文学者がいうと、こんどは、

「そうですか。わたしは誰もがみたいと感じている理想の美を描いたつもりです」

そういってほほえんだ。

芸術は、ときとして事実よりも、もっと事実に近いものを生み出す。つまり真実を。現実をただ写しとるだけなら、芸術家で苦労する人などひとりもいないだろう。

善《よ》いものは常に美しく、美しいものは常に善い。

ホイットニー

尽《ことごと》く書を信ずれば書無きに如《し》かず

孟子

最大の災害は自ら招くものである。

ルソー

信言は美ならず、美言は信ならず。

老子

アイデアの秘訣は執念である。

湯川秀樹

人間の能力は、いまだにその限界が知られていない。人間に何ができるか、先例から判断することもできない。人間の試みてきたことは、あまりにも少ないから。

ソロー

人間の弱さというものが、人生を究《きわ》めるのに必要になってくることがしばしばある。

メーテルリンク

ものを観るのに目をあいただけでは足りない。心の働きがなくてはならない。

ミレー

冗談のうちに真実な言葉が語られることがなかなか多いものだ。

スイフト

あくまで自分自身と自分の取り組んでいるアイデアを信ずるならたいてい成功することが私にはわかった。

C・F・ケタリング

皮一枚に人惑うなり。

一休

ささいな出費を警戒せよ。小さな穴が大きな船を沈めるであろうから。

フランクリン

▼大文字ばかりで印刷された本は読みにくい。休日ばかりの人生もそれと同じだ

〈ドイツの言語学者・パウルのことば〉

ローマ字によって綴られる欧米諸国の文章は、大文字があり、小文字があって、両者がバランスよく配置されているので、読む者にとって心地よい。大文字ばかりで印刷された本が読みにくいように、毎日毎日が休みで、働かないでよかったらさぞ楽しいだろうと考えるが、けっしてそうではなく、退屈で死にたくなってしまう。

カタカナとひらがな、漢字ばかりの文章はとても読みにくい。三者が適当にまじりあっているとほっとする思いがするが、人生には、カタカナあり、漢字あり、ひらがながあるからこそ充実して生きられるのである。

休日はたまにあるからよいので、永久につづくとしたら、まさに地獄ではあるまいか。

本というものは、僅か数行でも役立てば、それだけで十分ねうちのあるものだ。

津田左右吉

偉くなったらバカになる修業をせよ。

藤原銀次郎

常識のあることは非凡なことである。

グリーリ

懐疑とは方法である。

デカルト

世界を怖れるな、唯自己を怖れよ。

杉浦重剛

苦しみこそ悟りの母という掟をたて、人間に思慮を教え給うた神なるゆえに、忘れえぬ苦しみは、眠られぬ胸にしみ入り、否応なく悟りは訪れる。

アイスキュロス

自愛、自識、自制、この三者だけが人生を導き、高貴な力に至らしめるものである。

テニスン

悦びは人生の要素であり、人生の欲求であり、人生の力であり、人生の価値である。人間は誰でも、悦びへの欲求する権利を有している。

ケップラー

人間は安楽に満足して生きたいと思うが、自然は人間が安楽と無為の満足に甘んじさせずに、労苦や労働に打ち克つ手段の発見に知恵をしぼらせようとして、労苦や労働のなかに人間をほうりこむ。

カント

汝の敵には嫌うべき敵を選び、軽蔑すべき敵をけっして選ぶな。汝は汝の敵について誇りを感じなければならない。

ニーチェ

▼そこを退《ど》いて下さい。日陰になります

〈ギリシアの哲学者・ディオゲネスのことば〉

桶を住宅として住み、いつもそのなかでじっと瞑想にふけっているので、人びとは、ディオゲネスを「桶仙人」とよんだ。

アレクサンダー大王が、あるとき、ディオゲネスのすばらしい賢人ぶりの評判を聞いて、桶の家にわざわざ訪ねてきた。そして、その前に立って、宮殿に迎え入れて師として仰ぎたいと申し出た。が、ディオゲネスは、ただ頭を横にふるだけで黙したままであった。で、大王はその賢をおしんで

「では、なにか望みはないか。なんでもかなえてやろう」

といった。王のことばに顔をあげたディオゲネスは「はい、たったひとつございます」といい、ついて「そこを退いて……」と要求したのである。王者に対して一歩もゆずらない勇気に感心する。

価値は名声より尊い。

F・ベーコン

お前自身を知ろうとするならば、いかに他のひとびとが行動するかを観察せよ。

お前が他のひとびとを理解しようとするならば、お前自身の心を見よ。

シラー

偉大なる精神は、偉大なる精神によって形成される。ただしそれは同化によるよりも、むしろ多くの軋轢《あつれき》による。ダイヤモンドがダイヤモンドを研磨するのだ。

ハイネ

理想主義のない現実主義は無意味である。

現実主義のない理想主義は無血液である。

ローラン

真理はたいまつだ。しかも巨大なたいまつだ。だから、私たちはみんな目を細めて、そのそばを通りすぎようとするのだ。火傷することを怖れさえして。

ゲーテ

すばらしい英知は、極度の無知と同じく、狂愚として非難される。

パスカル

ひとびとは彼らが理解しがたいことを嘲笑する。

ドイル

よい記憶力はすばらしいが、忘れる能力はいっそう偉大である。

ハーバート

もっとも困難な三つの事柄は、秘密を守ること、受けた害を忘れること、余暇を善用することである。

チロ

▼夫婦はなお鋏《はさみ》のごとし

〈ドイツの哲学者・シェリングのことば〉

「相結んで固く離れざるのみならず、時に反対の方に動くも、他人その間に入らば、左右たちまち接近して、これを切断し去るなり」とつづく。

すべての夫婦がこのとおりだというのではないだろう。夫婦のあるがままの理想を綴ったのではあるまいか。

夫と妻の間に他人が入ってきたとき、ふたりで力をあわせ、取り除く人びとは少なくない。が、左右に別れたまま、邪魔者を切断しようとしない夫婦もまたよくみかける。間に割って入った者が、男か、女であり、どちらかに心を寄せる存在だと、特に、事は簡単に解決しなくなってしまう。

固く結びあっていて、離れそうにもない夫婦でも、ほんのちょっとした出来事が原因で別れていく場合がめずらしくない。

紺屋《こうや》の白袴《しろばかま》

日本のことわざ。

紺屋は「こんや」「こうや」といわれ、現在では染物屋一般をさす。が、むかしは「紺搔《こんか》き」ともいい、紺染めの職人にかぎられた名称であった。藍を瓶の水のなかに入れ、沈澱しないようにかきまわしながら染めたからである。紺屋に対して、紅染めの職人は紅師、紫染めの職人は紫師といった。これらを総称して、染屋、染師、染物師などとよばれていたが、紺染めがもっとも盛んに行なわれたので、紺屋が染物師全体をいう名称になった。

　さて「紺屋の白袴」とは、人の白い布を染めるのを生業とする紺屋が、自分は白いままの袴をつけがちであるという矛盾を示すことば。つまり他人のためにはするが、自分自身にはなかなか手がまわらず、しかも平気でいる。わが身を顧みようともしないと皮肉っているのである。

　「紺搔き白袴を着る」というのもあるが、実は、これは皮肉でもなんでもないとする説もある。紺屋が白袴をわざわざはくのは、藍染をするとき、藍の一滴もはねかえさないように作業をしてみせる。白袴に藍のしみはつくらない手腕をもっているのだとの見栄と誇りのためだという。多分、こちらのほうが真相だろうが、職人の心意気はわかってもあまり面白くない。やはり巷間に流布されている説をとることにして、「紺屋の……」と同じ意味、皮肉に使われていることばはいくつかある。

　医者の不養生
　箕《み》売り笠にて簸《ひ》る
　椀づくりの欠けごき
　大工の掘っ立て
　坊主の不信心
　髪結の乱れ髪
　易者の身の上知らず

など。いずれも人に対して毎日してやっていることが、自分の身にはおよばない矛盾への指摘と笑いである。

　人に健康上の注意をする医者が、自らは不養生なことをする。箕売りは人に売るほど箕がありながら、自分は箕を使わずに笠を代用して、穀物などをあふって屑取りをしている。お椀づくりの職人が欠けた御器（食器）を使っている。腕のいい大工が本格的な建築に住まずに掘っ立て小屋にいる。人に信心を勧める坊主が自分はいっこうに信仰心をもっていない。髪結は人の髪の毛を結うのに急がしくて、自らの髪はとかく乱れがちである。

　易者が客待ちしている前で、悪童連がはやしたてたり、客と話しているとき、騒ぎたてて邪魔をするので、易者が怒って「お前たちはどこの子だ」と叱ると、子どもたち、ケロリとして「当ててみな」といった。これが「易者……」である。

8 愛と希望に生きる

▼生きる勇気のほしい人に

天にありては星、地にありては花、人にありては愛、これ世に美しきものの最たらずや。
高山樗牛

光はわが世に来りつつあり。人は闇を厭《いと》い光を愛す。
カーライル

神の合わせ給えるものは、これを離すべからず。
キリスト

財宝も地位も愛に比すれば塵芥《じんかい》のようなものである。
グラッドストーン

一夜君と共に語る、十年書を読むに勝る。
程伊川

神は正しく働く者を助けようとして待ちもうけておられる。
T・A・ケムピス

確実に幸福になるただ一つの道は人を愛することだ。
トルストイ

しろがねも　黄金《こがね》も玉も　何せむに　まされる宝　子にしかめやも
山上憶良

すべての人を愛し、わずかな人を信じ、何人《なんぴと》にも悪いことをしてはならない。
シェークスピア

友と知己《ちき》とは幸運に到達するための確かな旅行免状である。
ショウペンハウエル

愛は涙に漬《つ》けて保存される時最も愛らしい。
スコット

十人中九人までは、親しくなってみると、前より好感がもてる。
F・スウィトナン

▼同舟相救《どうしゅうあいすく》う
〈中国の兵法家・孫子のことば〉

「呉人と越人とは相悪《あいにく》む。その舟を同じゅうして難に遭う時、相救うや左右の手のごとし」と説いている。たとえ仇敵同士であったとしても、知人であろうとなかろうと、利害を同じくする者は、心をひとつにしてお互いに救いあうとの意味である。

逆に、利害の対立があると、たとえ親しい人であろうと、身内であろうと、たちまち敵同士のように攻撃しあうのが人間ではなかろうか。残念ながら……。

不思議なことに、相対して長い間戦っていると、敵への憎しみのなかに、そこはかとない愛情が芽生え、育ってくる。相手が堂々としていて、強ければ強いほど愛着は深くなる。で、突然、敵が死んでいなくなったりすると、心にポッカリと穴があく。

恋人同士の熱が冷めても、夫婦の仲が悪くても、両親の愛だけは永久に変わらないものである。

ブラウニング

結婚愛は人間を作り、友愛は人間を完成する。

ベーコン

われわれは他人を幸福にしてやるのに正比例して、それだけ自分の幸福を増すものである。

ベンサム

花のかおりは風に逆《さか》らえば匂わず。されど、善《よ》き人のかおりは風に逆らいても匂う。

『法句経』

愛あるところ常に楽園あり。

J・ポール

汝は百エーカーの農場を持つよりも、一冊の聖書を持つ者となれ。

リンカーンの母

幸福は人生の意味の追求の結果から生まれる。

フランクル

愛は生命の花である。

ボーデンシュテット

平等は愛のもっとも固いきずなだ。

レッシング

どんなに思いこがれているかをいえる人はほんのわずかしか愛していないのだ。

ペトラルカ

わたしたちが愛し合うのを非難する者があっても、それに心をわずらわしてはならない。

非難はなんの力も持たない。ほかのことはどうか知らぬが、非難したって罵《ののし》ったって愛を非難すべきものにすることはできない。

ゲーテ

▼鶴台先生のような方の妻になりたい
〈江戸中期の儒者・滝鶴台夫人のことば〉

封建の世の中であり、一八世紀ころの女性のことばとしては、なかなか思い切った発言ではあるまいか。現代女性でもこうもはっきりいいきれる人はそう多くはないだろう。

娘時代の鶴台夫人は、容貌がかなり醜く、いくつになっても嫁にもらおうという男性はあらわれなかったとか。醜いハイミスが、当時、すでに名をなしはじめていた学者の妻になりたいと宣言したのだから、周囲は驚いた。が、この話を伝え聞いた鶴台は、

「ああ、それこそわたしが妻にしたい女性である」

と、すぐさま結婚の申し込みをした。鶴台の目に狂いはなく、儒者夫人として恥ずかしくない存在となったという。

……ああ、愛する者の魂を覗きこんで、ちょうど鏡を見るように、そこに映る自分の姿を眺めることができたらどうだろう！　他人の中に、自分自身におけると同じように、いやそれ以上にはっきりと自分を読むことができたらどうだろう！　その愛情はどんなに穏やかなものだろう！　その恋はどんなにきよいことだろう！

ジード

見渡せば遠き近きはなかりけり、己れ己れが住処にぞよる。見渡せば生死生滅無かりけり、見渡せば善きも悪しきもなかりけり、見渡せば憎いかはゆい無かりけり。

二宮尊徳

愛には、たんなる性交への欲求をはるかに超えたなにかがある。それは、人生の大部分を通じてたいていの男女が苦しむ孤独というものから抜けだす、おもな手段である。たいていの人間には、冷たい世間と群集の残虐さにたいする根ぶかい恐怖の気持がある。その一方に、愛情へのあこがれがあるのだ。

ラッセル

愛よ、お前こそはまことの生命の冠、やすみなき幸。

ゲーテ

真の愛は悪に対する憎悪を充分ふくむものである。仮面的な愛または浅き愛は、悪を憎むことを知らない。けれども深き真なる愛は、かくあることはできないのである。

内村鑑三

他人の運命を自分の問題とするときにのみ真の愛はあると思います。

倉田百三

自己満足しない人間の多い人種は、永遠に前進し、永遠に希望をもつ。

魯　迅

➤惻隠《そくいん》の心無きは人に非ざるなり

〈中国の儒家・孟子のことば〉

「惻隠」とは、不幸な人をみて、痛ましい、気の毒だ、かわいそうだと思う気持である。そうした心をもたない者は人間とはいえないと教えている。

「羞悪《しゅうお》」とは、間違った言動を恥ずかしいとする心。

「辞譲《じじょう》」とは、人にへりくだり、謙虚にふるまう態度、心。

「是非」とは、善悪を冷静に判断できる心。

惻隠と羞悪、辞譲、是非の心を中国では「四端《たん》」とよんでいる。四端の心をもたない者は、「四体」つまり頭と身体、手、足のないのと同じであり、人間でないとする。

なかなかきびしい考え方ではあるまいか。ふりかえってわが身を反省してみると、四体のない人間ではないかと愕然としてしまう。改心の情しきりである。

すべてのひとの目からあらゆる涙を拭い去ることが私の願いである。

ガンジー

永生の希望なくして、もっとも幸福なる生涯もあわれむべき生涯なり。永生の希望ありて、もっとも不幸なる生涯もうらやむべき生涯なり。生涯の幸不幸はこの希望の有無によりて定まる。

内村鑑三

いつも変らなくてこそほんとうの愛だ。

一切を与えられても、一切を拒まれても、変わらなくてこそ。

ゲーテ

愛は精神を与える。そして精神によってみずからをささえる。

パスカル

愛は一切のものを達成する。

ペトラルカ

許すということの甘美さを知らぬ愛は、愛ではない。

ホイッティア

愛するもののために死んだゆえに彼らは幸福であったのではなく、反対に、彼らは幸福であったゆえに愛するもののために死ぬる力を有したのである。日常の小さな仕事から喜んで自分を犠牲にするというに至るまであらゆる事柄において、幸福は力である。徳が力であるということは、幸福の何よりもよく示すところである。

三木　清

尊い希望よ、お前はすでにお前が約束する幸福の始めだ！

ヴィーラント

希望は万事をやわらげ愛は万事を容易にする。

ラムネー

▼一日《いちじつ》見ざれば三秋の如し

〈中国の詩集『詩経』のなかにあることば〉

「三秋」とは、一秋三ヵ月の意。

相思相愛の男女が一日逢わないでいると、三ヵ月も顔をみなかったような気がするということ。

「一日千秋の思い」ということばもある。千秋は三千ヵ月にも当るから、これもまた非常におおげさな表現である。が、待つ者の気持をあますところなくいいあらわしている。

「一日見ざれば……」というくらい熱烈な恋をできる人がうらやましい。恋をいちども経験しない人などいるはずもないが、これほどの恋愛はめったにないだろう。互いに強く心ひかれながら、障害物かなにかがあって、思うにまかせない男女の間柄に、燃えるような恋が育つ場合がしばしばである。だから、第三者がみているほど、うらやましい心情ではないかもしれない。

パリスの審判

西欧の故事。

ヨーロッパ絵画史上最大の巨匠のひとりといわれるP・P・ルーベンス（一五七七年〜一六四〇年）の名画に「パリスの審判」というのがある。代表作のひとつとしてよく知られている。

三人の、半裸体の豊満な美女たちが、身をくねらせ、とりすまし、あるいはかすかにほほえんで立ち並んでいる。その前に、美少年がひとり、ういういしい頬をほのかに染め、手には黄金のりんごをもっている絵である。多分、そのりんごには「いちばん美しい女神に」と赤い小さな字で書いてあるはずである。少年の名はパリス。トロイアの王プリアモスの子である。パリスが誕生したとき、将来、国家に大禍を招くとの神託があったので、イーダの深い山中に棄てられていた。牝熊の乳を飲んで美しく育ったという。

パリスのもつ黄金のりんごは、争いの女神エリスが、大神ゼウスの祝宴に招待されなかったのをうらんで、祝宴の席に投げ込んだものである。

祝宴につらなっていた自信満々の三人の女神たちは、誰がもっとも美しいかで争いを始めた。ゼウスは、その審判の大役を羊飼いの少年パリスに委任する。これがギリシアの詩聖ホメロスの叙事詩『イリアッド』、つまりトロイ戦争の物語の発端である。

さて、その三女神（ルーベンスの絵のなかの美女三人）とは、

ゼウスの妃であるヘラ。結婚の女神であり、貞淑で家庭的な美人。気品に充ちた威厳につつまれている。が、浮気者の亭主を監視する目つきは鋭く、恐ろしい。

理知的で、とり澄ました冷たい雰囲気があり、上品で、清潔だが、気の強いアテナ。

美と愛の女神だけに、愛嬌がたっぷりあり、性的魅力あふれる、肉感的な美女だが、人殺しをたびたびしているヴィナス。

三人とも人間ではなく女神である。完全なる美人だけに簡単には優劣はつけがたい。迷っているパリスに、ヴィナスは「世界一の美女を与える」と約束し、買収する。他のふたりも黙ってはいない。地位や権力、知恵、技術などを与えようと誘うが、パリスは美女に傾く。で、黄金のりんごをヴィナスに捧げてしまう。

ヴィナスは、絶世の美女トロイのヘレネをパリスに約束どおり渡した。が、ヘレネは、そのときすでにギリシアのスパルタ王の妃であった。

スパルタからヘレネを奪ったパリスは、トロイへと帰ってくる。ヘレネを取り戻すために、ギリシア軍はトロイ遠征の兵を起こした。

パリスといえば、美少年、美青年の代名詞だが、ヘレネを妻にしたばかりに身を滅し、国を亡ぼした。

9 先人の知恵

▼賢者の知恵を知るために

改めて益なきことは改めぬをよしとするなり。

吉田兼好

不快な騒音も遠く離れて聞けば音楽かと思われる。

ソロー

生を必する者は死し、死を必する者は生く。

上杉謙信

本は人生を楽しむことを教えるか、さもなくば人生を我慢することを教えるものでなければならない。

S・ジョンソン

二人は昼も夜も聖書を読んだ。だが私が白と読んだところを、あなたは黒と読んだ。

ブレーク

幸いある日には楽しめ、禍《わざわい》ある日には考えよ。神はこの二つを相交えて下し給う。

『旧約聖書』

読書を廃す、これ自殺なり。

国木田独歩

私は、私の足を導いてくれるただ一つのランプを持っている。それは経験というランプである。

P・ヘンリー

人間のあやまちこそ、人間を愛すべきものにする。

ゲーテ

春に百花あり秋に月あり。
夏に涼風あり。
冬に雪あり。
すなわちこれ人間の好時節。

松尾芭蕉

真の真理というものは、つねに真理らしくないものである。

ドストエフスキー

勤めても、また勤めても勤め足ら

▼修身斉家治国平天下《しゅうしんせいかちこくへいてんか》
〈中国の儒教経典『大学』にあることば〉

「明徳を天下に明らかにせんと欲する者は、まずその国を治む。その国を治めんと欲する者は、まずその家を斉《ととの》う。その家を斉えんと欲する者は、まずその身を修む」

『大学』の冒頭にこう書いてある。修養を積んで隙のない人物になれば、家のなかの者が黙って従うから、家がきちんとまとまる。家をまとめる力のない者が、国を治めようとしても治められるものではない。まして国をよく治め得ない者が天下を平らかにすることができようか、できない。天下をとるには、まずなによりも身を修めるのが基本であるとの教えだ。

「お父さんみたいになっちゃだめよ」

などと配偶者から軽んぜられる男では、どこの世界でもとても天下を望めないだろう。夫を侮辱するような妻では家庭は守れまい。

ぬは勤めなりけり。

『道歌』


最良なる予言者は過去なり。

バイロン

富は糞尿と同じく、それが蓄積されている時には悪臭を放ち、散布される時には土を肥やす。

トルストイ

天のその人に禍するは、天いまだにその人を棄てざるなり。

藤原藤房

人の心はパラシュートのようなものだ。開かなければ使えない。

オスボーン

自分をいつわるのは容易であるが、上司をいつわることはむずかしい。また、同僚をいつわるのも困難であるが、あなたの部下をいつわることはほとんど不可能である。

セイヤー

決心することが社長と大将の仕事である。

松下幸之助

心の破産を防ぐ道は読書に限る。

武藤山治

私一生涯、一日の仕事も持ったことがない。すべてが慰みであったから。

エジソン

事業をやろうと思うと人を使わなければならない。人を使おうと思えば、自分があまり物を知っていてはいけない。物を知らない人にして、初めて他人の知恵を利用することができる。

山下亀三郎

常識は本能であり、それが十分にあるのは天才である。

B・ショウ

われわれの理解できないことを軽

▼非理法権天《ひりほうけんてん》
〈南北朝時代の武将・楠木正成のことば〉

「非は理に勝つこと能わず、理は法に勝つこと能わず、法は権に勝つこと能わず、権は天に勝つこと能わず」と説いている。

はっきりした戦う理由をもっている者は、正義もなく、理由もない者にかならず勝つ。理由があっても、法律によって守られている者にはかなわない。法律を盾にとっても権力を握っている者の力にはおよばない。いかに強大な権力を誇る者でも、天の摂理には負けてしまうだろう。だから、自分は天道に従って行動するという意味である。

正成は「非理法権天」を旗印として戦い、縦横の活躍をして、敵方に恐れられる武将であった。機略奇襲によって、よく大軍を悩ました。正成は、古流楠流忍術の祖といわれている。

視するのは、危険きわまる大胆さであって、途方もない無鉄砲を惹起するのみならず、あとあとまで禍いをのこさずにはいない。

モンテーニュ

遠くにいると恐怖を感じるが、近くに迫ると、それほどでもない。

ラ・フォンテーヌ

顔を太陽に向けていれば、影を見ることはできない。

ケラー

人ヲ用フル道ハ、其ノ長所ヲ取ッテ短所ヲ構ハヌ事也、長所ニ短所ハツキテハナレヌ者ユエ、長所サヘ知レバ短所ハ知ルニ及バズ。

荻生徂徠

貧は自由の伴侶である。束縛は富に伴ふ者である。

内村鑑三

格言は哲学者たちの機知のほとばしりである。

ヴォルヴナルグ

考えることは己れ自身と親しむことである。

ウナノム

生活は簡素に思想は高く。

エマーソン

山高きがゆえに貴《とおと》からず、樹あるをもって貴しとなす。人肥えたるがゆえに貴からず、知あるをもって貴しとなす。

『実語教』

独創的――何かの新しいものを初めて観察することではなく、古いもの、古くから知られていたもの、あるいはだれの目にもふれていたが、見のがされていたものを新しいもののように観察することが、真に独創的な頭脳の証拠である。

ニーチェ

➤**致良知《りょうち》**

〈江戸初期の儒者・中江藤樹のことば〉

陽明学の祖といわれる王陽明の学説を奉じて、知行合一説を述べている。

知行合一とは、実践を重んじ、知的分析より、行動をという教え。およそ知ることと行うことはひとつである。行わなければ知っているのではないとする。

藤樹は、

「良く知るとはよく行うことである。それに到達するのが人の道である」と説き、「良く知を致す」のを学問にたずさわる者の理想とした。

知行合一は、どのような仕事にあたる場合でも、ぜひ心得ておかなければならない考え方ではあるまいか。実践のなかで身につけた知識。実践できる知識こそ本物である。知行合一なくして、なんの知識か。

敵手を否定せんとする戦いは冗談である。敵手の態度を否定せぬ怒りは洒落である。

阿部次郎

人間の心は三つの部分、すなわち知力・理性・情熱に分けられる。知力と情熱は他の動物にも備わるも、理性は人間のみ……理性は不滅なり。

ピタゴラス

経験は数千年前からなされてきたが、その跡をたどっても無駄である。他人が自己のために経験したことは、そのまま諸君に通用しない。諸君は己れ自身のために経験し直さねばならない。

リュッケルト

ただ健康のみが人生。

ハーゲドルン

不幸は大半が、人生に対する誤った解釈のしるしである。

モンテーニュ

改変しえぬ計画は悪しき計画なり。

シルス

とぼとぼ歩きが競走に勝つ。

イソップ

私はつねに、二年先のことを考えて生きている。

ナポレオン

人生においては、チェス競技のように用心が勝利を収める。

バックストン

二十五歳まで学べ、四十歳まで研究せよ、六十歳まで全うせよ。

オスラー

▼益者《えきじゃ》三友損者《そんじゃ》三友あり

〈儒家の祖・孔子のことば〉

交際して有益な友だちには三とおりある。また交わって損になる友だちにも三様ある。直言して隠するところのない友と信実にして嘘のない友、学深く古今に通ずる友とつきあっていると益がある。が、ものごとにこだわる偏屈な人、顔色をうかがって、こびへつらう人、心に誠なき虚偽の人を友だちとするとかならず損害を受ける。だから、その点をよく考えて友だちを慎重に選べと教えている。

南北朝（日本）の文人吉田兼好の説は……。

友とするにわろきもの七あり。一つには、高くやん事なき人。二つには、若き人。三つには、病なく身強き人。四つには、酒を好む人。五つには、たけく勇める人。六つには、虚《そらごと》する人。七つには、欲ふかき人。よき友三つあり。一つには、物くるる友。二つには、医師《くすし》。三つには、智恵ある友。

三人市に虎ありと言わば王これを信ぜんか

中国の故事。

戦国時代の法家・韓非(?〜二三四年)が選した『韓非子』のなかの「内儲説上《ないちょせつ》」に次のようなエピソードがある。

龐恭《ほうきょう》は、魏の太子といっしょに趙の都邯鄲《かんたん》に人質として送られることになった。出発を前にして龐恭は、魏王に質問した。

「いま、もし誰かひとりが〝町に虎が出た〟といったら、信じられますか」

「いや、いや、信じないな」

「では、もしふたりの誰かが〝町に虎が出た〟といったら、信じられますか」

「いや、信じないな」

「では、もし三人の者が〝町に虎が出た〟といったら、信じられますか」

「うむ。それなら信じる」

魏王の答を聞いて、龐恭はいった。

「町に虎が出てきていないのははっきりわかっているのです。それなのに三人が同じことをいったら信じるといわれる。邯鄲は、町よりもはるか遠くにあり、外国です。そこでなにが起こり、行なわれているかはなかなかわかりません。そんな邯鄲にいくわたしに関して、多分、留守中にとやかく中傷する者は、三人どころではないでしょう。どうか、このことを深くお心にとめておいてくださいますように」

しかし、龐恭が邯鄲から帰国したとき、留守中に、大勢の者たちから受けたざん訴をそのまま信じて疑わない魏王は、二度と再び目通りを許さなかった。

最初、どうも疑わしいと感じていた事柄でも、何回も何回も繰りかえし同じようにいわれると、いつの間にか、真実だと信じ込まされてしまう。心理学で「レペチションの効果」つまり「反復の効果」とよぶ現象である。テレビのコマーシャルなどは「レペチションの効果」を基本的な手段として、おおいに利用しているのがわかるだろう。あれはまったくの嘘ではないのだから、その効果も大きい。

最初、なにかを依頼にいってけんもほろろに拒絶された者が、あきらめず、根気よく通って説得にあたると、相手の態度がしだいに軟化してきて、ついには陥落してしまうのも、「反復の効果」のあらわれと考えてよいだろう。宣伝、説得には欠かせないのが繰りかえしである。

もし、ある意図があり、悪意をもって、反復の効果を誰かが試されたとしたら、きわめて危険である。よほどしっかりした現実をみきわめる目と判断力がないと、ころりと騙されてしまうだろう。龐恭にあれほどいわれたのに、魏王がすっかりざん訴を信じたところをみても、その恐ろしさが理解できるであろう。

10 珠玉のことば

▼生きている
喜びを頌《うた》う

私の愛人は人類である。

ヘルダーリン

愛に国境なし。

バイロン

正義がほろびるなら、人はこの世界に住む必要はない。

カント

自由の住むところ、わが郷里なり。

フランクリン

生命以外に富はない。

ラスキン

男子決して貧窮を口にすることなかれ。風は吹けよ。浪は荒れよ。希望は近づけり。

ルーテル

どこにも神を見た者はないが、もしもわれわれが互いに愛し合うならば、神はわれわれの胸に宿るのである。

トルストイ

いかに快くとも未来を信頼するな。死んだ過去はその死んだものを葬るがよい。生きた現在に行動せよ。意気を心に、神を頭上に。

ロングフェロー

いつまでも続く不幸というものはない。じっとがまんするか、勇気を出して追い払うかのいずれかである。

ロマン・ロラン

飲め！

ラブレー

私は何でも古いものが好きだ。古い友、古い時代、古い風俗、古い本、古い葡萄酒。

ゴールドスミス

機会はどの場所にもある。釣針を垂れて常に用意せよ。釣れまいと思う所に常に魚あり。

オヴィディウス

▼かすみ立つ長き春日を子供らと
手毬《てまり》つきつつけふもくらしつ
〈江戸後期の禅僧・良寛の歌〉

脱俗の老僧の生活が、ゆかしく、ほほえましくしのばれる一首ではあるまいか。

円頂洒脱の老いたるひとりの僧が、童心にかえり、村童たちを子守りしながら、無心に手毬遊びにうち興じて、ひがな一日をおくる。平和な心境がしみじみと伝わってくる。かくれんぼをしていて、つい眠ってしまい、夕暮がきて、村童たちがみんな帰ってもまだ、ひとりかくれていた……のも良寛である。

老いて童心にかえれる者は幸せである。死しても極楽にいけるだろう。年をとって、貪欲になり、金の勘定ばかりしている人もなかにはいる。老いの醜さがますます加わって、あわれをもよおす存在にならないように心がけたいものである。老いはやがて誰のうえにもやってくるのだから。

之《これ》を知る者は、之を好む者に如《し》かず。之を好む者は、之を楽しむ者に如かず。

孔　子

知は愛なり。

プラトン

愛あるところ、神あり。

ストー夫人

笑いはちょうど音楽のようなものである。笑いが心の中に漂いそのメロディの聞えるところでは人生のもろもろの禍は立ち去ってしまう。

サンダース

希望は永久に人間の胸に湧く。人間はいつでも幸福であることはなく、いつもこれから幸福になるのだ。

ポープ

理想はひとり青年の夢想ではなく、また単なる抽象的観念でもなく、われわれの生活を貫いて、いかなる日常の行動にも必ずや現実の力となってはたらくものである。

南原　繁

欲望をもつことが少なければ少ないほど幸福になるだろう、という言葉は昔から言われているが、しかし非常に間違った真理である。

リヒテンブルク

我をさえぎるアルプスあらんや。

ナポレオン

時代を動かすものは、主義にあらずして、人格である。

ワイルド

心だに誠の道にかないなば、祈らずとても神や守らん。

菅原道真

我を牛と呼べば、これを牛となし、我を馬と呼べば、これを馬となす。

荘　子

▼現在は過去と未来との間に劃《かく》した一線である。此の線の上に生活がなくては、生活はどこにもないのである

〈文豪・森鷗外のことば〉

日本人はいったい生きるということを知っているのだろうかと嘆いている。小学校に入学すると、ただひたすら卒業しようと一所懸命に走り出す。その先によい生活があると思ってしまうからである。で、学校時代を駆け抜けて、職業につくと、こんどは一日も早く職業をなしとげようと頑張る。その先にもっとよい生活が待っていると誤解しているからである。が、先には生活などない。現在は、過去と未来との間に引かれた一本の線である。この上にだけ生活がある。それ以外のところには絶対に生活はない。いま、現在を充実してよりよく生きていく。それが生き甲斐のある、ゆたかな生活、人生といえる。昭和の現代にもぴたりあてはまることばではないか。

主《しゅ》は平凡な顔をした人々を好む。だから主はそういう人を沢山創り給うたのだ。

リンカーン

王様であろうと、百姓であろうと、自己の家庭で平和をみいだす者が、いちばん幸福な人間である。

ゲーテ

さらばここにまた一日、青空の朝は明けた。考えよ。汝《なんじ》はそれを無用に過ぎ去らしめようとするか。

カーライル

その日その日が一年中の最善の日なり。

エマーソン

簡素で高ぶらない生活の仕方は、だれにとっても最上のものである。肉体のためにも精神のためにも最上のものである、と私は信じている。

アインシュタイン

酒は人間そのものに外ならぬ。

ボードレール

君子は交《まじわり》を絶つに悪声を出さず。

『史記』

家の仕事にかかっている女の人、この世の中で最も美しいものの一つです。

ロダン

眠りは人間の思いをすべて覆うマントである。眠りを発明した人に幸あれ。

セルバンテス

神経質といわれても我慢なさるがよろしい。あなたは地の塩ともいうべきすばらしい、そして悲しむべき一族に属していらっしゃるのですよ。私たちの知っている偉大なものは、すべて神経質の人から来たものです。

宗教をはじめ、傑作をつくったものは、神経質者であってほかの人ではありません。

▼手まへのすれ切れも苦にならず、沈みいらぬ心だての、水に流るる瓢箪《ひょうたん》の如くなる。これを浮世《うきよ》と名づくるなり

〈江戸前期の文学者・浅井了意のことば〉

自分の貧乏ぐらしも苦にならず、憂うつにならず、いつも陽気に暮らしていく気持をもっているのは、ちょうど、水に流れていくひょうたんのようである。そんな性格の人は、このせちがらい世の中、憂き世も、浮き世となる。楽しく生活していけるだろうとの意味である。

なにごとも否定的にとらえてしまうと、どうしても、生きる勇気が失われ、生活にはりがなくなる。憂うつに暮らすのも一生、愉快に、なんの屈託もなくすごすのも一生である。だとすれば、現実を素直に肯定して生きていくほうが、ずっとよい。バタバタとあがき、額にしわをよせて深刻がっても、効果はないだろう。

芸術家とは、才能があっても、いつも初心者のつもりでいる人間のことだ。

プルースト

すべて良き書物を読むことは、過去の最もすぐれた人々と会話をかわすようなものである。

ルナール

労働なしにひとり休息に達することなく、戦闘なしに勝利に達することもない。

デカルト

頭のいい女とは、一緒にいるとき、こちらが好きなだけ獣になれる女のことだ。

T・A・ケムピス

どんなに粗末でも、立派な客間よりも、自分の居間のほうがよい。

ヴァレリー

カヴール

酒の中に真理あり。

エラスムス

葉巻をくゆらす者で、自殺した者はいない。

マッギン

朝に飲む一杯のコーヒーは一日の活力を生む。ひると夕方に飲む紅茶はこれほどの効果はない。

O・ホームズ二世

聖書にこれあり、赦さるる事の少き者は、その愛する事もまた少し。この意味がわかるか。間違いをした事がないという自信を持っている奴に限って薄情だという事さ。罪多き者は、その愛深し。

太宰　治

災難は人間の真の試金石である。

フレッチャー

▼世を長閑《のどか》に思ひて打ち怠りつつ、先《ま》づさしあたりたる目の前の事にのみまぎれて月日を送れば、ことごとなす事なくして、身は老いぬ

〈南北朝の文人・吉田兼好のことば〉

のんびり暮らしていても、そのうちなんとかなるだろうと、ついつい怠けてしまい、目先のことばかりをあくせくとかたづけ、将来、大きな仕事を成就させるための修業や学問、心の準備を少しもしていない。それが世間一般の人びとの通例である。現実にとりまぎれて、日一日とすごしていると、なんにもできないまま、年齢を重ねてしまう。思ったほど出世もできず、名も残せず、坂道をころがる車のように、老いさらばえていくしかないだろう。そのときになって、いくら後悔しても、一生を取り戻すのは不可能である、と説いている。まことにきびしい指摘ではないか。耳が痛い、痛い。

冬来たりなば春遠からじ

西欧の故事。

イギリスのロマン派の詩人シェリー（一七九二年～一八二二年）の『西風に寄せる歌』という長詩の最後の文句。

名言名句と聞くと、かならずこのことばを想い出す。努力とか、成功とか、いかつい文字を使わずに、苦しいときがすぎれば、かならず成功がその先にある。くじけずに、もう少し辛抱しよう、と巧みに、しかも詩的に表現しているのが印象的だからだろうか。まず、英文を紹介しよう。

If Winter comes, can Spring be far behind?

四季のうちで、もっとも陰うつで、暗く、人間の心を閉じさせるのは冬である。が、自然は実に巧みな季節の配列をしている。冬につづくのが、一年のうちでもっとも楽しく、明るい春である。

シェリーは、そこを見事に綴っている。いまは暗くて、不幸であるが、寒い冬がきたらやがて暖かい春がやってくるように、前途には輝かしい希望がみえる。悲観したり、くよくよ思い悩むことはない。そう教えている。

幸福から見放されて沈んでいる人を慰めることばとしてよく使われる。

興味をひかれるのは、「冬来たり……」の考え方は、日本人の思考とよく似てる点である。むかしから日本では、「大凶は吉に通じ、大吉は凶に通ずる」としている。戒めや励ましは、どこの国でも同じらしい。

イギリスのハッチンソンの小説『イフ・ウインター・カムズ』が第一次世界大戦のあとでベストセラーになった。この小説の扉に、シェリーの詩が書いてあった。

……O Wind
if Winter comes, can Spring
be far behind?　　——Shelly

……おお、風よ
冬が来たなら　どうして春が
ずっと遠かろうか　　——シェリー

翻訳者は木村毅で、『冬来なば』と題名をつけて、婦人雑誌に連載された。最初は「冬来なば」であったのに、原作がアメリカ映画となって日本に輸入され、封切られるときに「冬来たりなば」となってしまっていた。で、それ以来、「冬来たりなば」が人びとに親しまれているのだという。

冬来たりなば、春遠からじ

いつ聞いても、すばらしい響きをもっていることばだが、聞くたびに、あるひとつの風景が浮んでくる。なぜか、葉をすっかり落した、背の高いけやきの木と、ぬけるような青空。その下に憩うマント姿の旅人……。「冬来たり……」から、どのような風景を思うだろうか。一人ひとりに尋ねてみたい。

本を閉じる。
よき友とあかずに語りあったあとのような興奮がまだ残っている。
別れがたい思いがする。いいがたい楽しみがそこにある。

座右《ざゆう》の銘《めい》
信念《しんねん》・勇気《ゆうき》・決断《けつだん》——自《みずか》らの道《みち》をひらく

2004年 9 月30日　初刷発行
2008年 3 月15日　第11刷発行

編集者　ティーケイシー出版編集部《しゅっぱんへんしゅうぶ》
発行者　深澤　徹也
発行所　株式会社　ティーケイシー出版
〒173-0004　東京都板橋区板橋3-2-1
TEL.03-3962-4521　FAX.03-3962-7115
発売元　本の泉社
〒113-0033　文京区本郷2-25-6-101
TEL.03-5800-8494　FAX.03-5800-5353
印刷／製本　ティーケイシー印刷事業部

ISBN4-88023-866-X　C0036
Printed in Japan
定価はカバーに表示してあります。
落丁本・乱丁本はお取り換えいたします。